甘 肃 省 志

·商 务 志·

（1986—2010）

甘肃省地方史志编纂委员会
甘肃省志商务志编纂委员会 **编纂**

甘肃人民出版社

图书在版编目（ＣＩＰ）数据

甘肃省志. 商务志 ：1986—2010 / 甘肃省地方史志
编纂委员会编纂. -- 兰州 ：甘肃人民出版社，2018.11
ISBN 978-7-226-05379-9

Ⅰ. ①甘… Ⅱ. ①甘… Ⅲ. ①甘肃－地方志②商业史
－甘肃－1986-2010 Ⅳ. ①K294.2

中国版本图书馆CIP数据核字(2018)第271477号

责任编辑：王建华

封面设计：王高峰

甘肃省志·商务志（1986—2010）

甘肃省地方史志编纂委员会　编纂

甘肃人民出版社出版发行

（730030　兰州市读者大道 568 号）

甘肃新华印刷厂印刷

开本 787毫米×1092毫米 1／16　印张 49.5　插页 22　字数 784 千
2018年12月第1版　　2018年12月第1次印刷
印数：1~3 000

ISBN 978-7-226-05379-9　　定价：280.00元

甘肃省地方史志编纂委员会

主　　　任：夏红民

副　主　任：李德新　马　森　常正国　张正锋　王忠民
　　　　　　张军利

委　　　员：（按姓氏笔画为序）

丁　杰　丁军年　马学礼　马虎成　王　砚

王奋彦　王嘉毅　车安宁　包东红　白文晖

孙　伟　朱　涛　张云戟　张旭晨　张建昌

张勤和　李志勋　李明生　李振宇　李清凌

杨建武　杨建新　杨维俊　陈　青　陈卫中

赵国强　赵凌云　唐晓明　贾廷权　都　伟

黄泽元　管钰年　臧秋华

甘肃省地方史志办公室

主　　　任：张军利

副　主　任：车安宁　李振宇

《甘肃省志》

主　　　任：张军利

副　主　任：车安宁　李振宇

《甘肃省志·商务志(1986—2010)》
编纂委员会

（2016年8月—2017年12月）

主　　　　任：张应华

副　主　任：王军需　马相忠　张世恩　肖立群　马　琨

任福康　丁红星　王颖玲　李书敏　刘　萍

王新平　慕社军　车晓林　吴丽霞　李　斌

主　　　　编：张应华

常务副主编：张世恩

副主编兼总纂：张明斌

执行副主编：孙继龙　方向明　于　清　王高峰

《甘肃省志·商务志(1986—2010)》
编纂委员会

（2013年4月—2016年8月）

主　　　　任：杨志武

副　主　任：王军需　马相忠　张世恩　肖立群　马　琨

任福康　杨文廷　丁红星　王颖玲　李书敏

王新平　车晓林　吴丽霞

主　　　　编:杨志武

常务副主编:张世恩

副主编兼总纂:张明斌

执行副主编:孙继龙　方向明　于　清　王高峰

《甘肃省志·商务志(1986—2010)》
编纂委员会

（2011 年 9 月—2013 年 4 月）

主　　　　任:肖庆平

副　主　任:王代喜　冯毅广　张立民　王　旭　马相忠

　　　　　　张世恩　肖立群　杨文廷　丁红星　王玉武

　　　　　　王颖玲　任福康　车晓林

主　　　　编:肖庆平

常务副主编:张世恩

执行副主编:李　春

《甘肃省志·商务志(1986—2010)》
编纂委员会

（2010 年 6 月—2011 年 9 月）

主　　　任：王　锐

副　主　任：刘杰华　冯毅广　王代喜　张立民　王勇谦

　　　　　　王　旭　马相忠　张世恩　杨文廷　肖立群

　　　　　　王玉武　任福康　车晓林

主　　　编：王　锐

常务副主编：张世恩

执行副主编：李　春

总 序

GANSU SHENG ZHI SHANG WU ZHI

甘肃省副省长、甘肃省地方史志编纂委员会主任　夏红民

　　《甘肃省志》第一轮修志工作已经全面结束。二轮修志工作陆续启动后，已有部分志书先后修成付梓。按照《全国地方志事业发展规划纲要（2015—2020年）》和《甘肃省地方志事业"十三五"发展规划》的要求，我省将在2020年全面完成二轮修志任务。这是一项艰巨的任务，也是我省在新的历史时期文化建设方面的一项重要工程，需要全省各级史志工作者努力去完成！

　　编史修志是中华民族的优良文化传统，两千年延绵不断，十数万卷典籍熠熠生辉。地处黄河上游的甘肃作为中华民族的发祥地之一，在其历史上，据不完全统计，也曾诞生过数百部几千卷的不同类型的志书。其中既有像《十三州志》《沙洲都督府图经》这样的全国性名志，也有许多流传下来的通志、州志、府志、厅志和县志，还有一些著名的山川志、人物志等。民国时期，作为偏安一隅的兰州等地，局势相对稳定，也曾产生过多部不同类型的经典志书。

20世纪80年代始，中国进入改革开放时期，全国上下兴起编纂新方志的热潮。1985年5月，省人民政府制定全省修志规划，启动《甘肃省志》的编纂。经过省上80多个部门、单位和数千名党政领导、专家学者和社会人士多年的艰苦努力，到21世纪初期，基本完成全志编纂。《甘肃省志》上起商周，下讫20世纪后期，凡72卷、5000多万言、3000多幅图片，是甘肃有史以来卷帙最为浩繁，内容最为丰富的创修通志。该志以辩证唯物主义和历史唯物主义为指导，采用新观点、新材料、新方法和新体例，统合古今，突出当代，全面记述甘肃自然地理和社会因革演变的发展历程，举凡舆地沿革、山川形胜、江河流水、物产矿藏、税赋徭役、书院学校、职官人物、金石艺文、民族风俗、气候灾异等情无不穷搜毕罗，堪称"甘肃之全史"和甘肃百科全书。《甘肃省志》的刊行，不仅在资治教化、服务现实、促进经济社会发展中发挥着重要作用，而且为传承历史、垂鉴后世留下了宝贵的文化遗产。

《甘肃省志》二轮续志主要记述甘肃改革开放以来的辉煌历史。30多年来，在中国共产党的正确领导下，中共甘肃省委、省人民政府带领全省各族人民，高举中国特色的社会主义伟大旗帜，把中央的路线、方针、政策同甘肃的改革实践紧密结合起来，始终扭住科学发展这个执政兴国的第一要务，紧紧抓住国家实施西部大开发战略的历史机遇，坚持以科学发展为主题，以加快转变经济发展方式为主线，不断强化农业基础地位，深入实施科技兴省、工业强省战略，着力加快经济结构战略性调整，加快资源节约型、环境友好型社会建设，大力促进社会公平正义，促进经济平稳较快发展和社会和谐稳定，经济社会发生了历史性巨变。全省生产总值由1985年的123.39亿元增加到2015年的6790.32亿元；大口径财政收入由16.3814亿元增加到1386.28亿元；粮食总产量由530.55万吨增加到1171.13万吨；工业增加值由50.54亿元增加到1662亿元。农民人均可支配收入和城镇居民人均可支配收入2015年分别达到6936元和23767元。教育、科技、文化、卫生等社会事业全面推进。经过30多年的持续发展，全省社会主义经济建设、政治建设、文化建设、社会建设和生态环境建设迈出了新步伐，呈现出政治安定、经济繁荣、文化发展、社会进步、民族团结、宗教和顺、生态向好的景象。

记录伟大时代，续写壮丽史章，是历史赋予史志工作者的光荣使命。2004年，根据国务院的统一部署，省人民政府适时启动全省第二轮修志。《甘肃省志》续志是我省历史上规划的第一部断代体省志，上限一般与《甘肃省志》各卷下限衔接，有些卷目稍有前移。下限断于21世纪初叶。编纂工作仍由省上各有关部门、单位、相关学术机构和社会人士承担。出于前后两志体例统一的考虑，同时遵循续志编纂的通例，《甘肃省志》续志继续采用横排门类、纵述沿革，卷类相从、以卷为志的大编目体式，在主要卷目与前志基本对应的同时，于不同层面增设了反映新的社会门类和新兴产业的卷目或篇章。全志仍由《概述》《大事记》、各专志、《人物志》和《附录》等70卷组成，总篇幅规划为5000万文字，4000多幅图片。《甘肃省志》续志的编纂借鉴第一轮修志的成功经验，吸收方志理论研究的最新成果，顺应时代发展变化，既继承传统，又积极创新，力求全面、系统、客观、准确地记述历史，多角度、全景式反映现状，是一部具有重要学术价值、文化价值和社会价值的资料性文献。与其他史籍明置褒贬以寓惩戒的方式不同，志书向以辑录资料为第一要旨，即所谓"述而不作"，寓观点于资料之中。《甘肃省志》续志尊崇治志所重的"实录"精神，记述改革开放的当代史实，档案资料系统完备，采访资料时近迹真，加之编纂人员钩沉提要，取精用宏，注重以资料反映消长，彰明因果，体现规律，力求达到资料性与思想性、科学性的统一，使该志质量力争有新的提高。志书编纂过程中，数千名参编人员不辱使命，黾勉以之，殚精竭虑，忘我工作，为按期完成任务、保证志书质量付出了艰辛的努力。他们的业绩将和这部志书一道载入史册。

"欲知大道，必先为史。"孔子辑五经为世所重，汉兴收篇籍先典攸高。方志内容宏富、包罗万象，是一地一方的信息总汇和百科全书，就辅翼治道而言，其借鉴意义和参考价值为其他史籍所不及。历代前贤常常览方志而察形势，经国济世。革命先辈每每借方志而知地情，成就大业。古人云："读史可以知兴替。"习近平总书记2014年2月在北京首都博物馆考察时强调，要"高度重视修史修志""把历史智慧告诉人们，激发我们的民族自豪感和自信心，坚定全体人民振兴中华、实现中国梦的信心和决心"。

因此，肩负领导责任的各级决策者和各行各业的带头人，要善于从历史经验中汲取营养，尤其要重视读史用志，通过方志这一地情信息宝库深入了解当地历史，把握地方特点，从而作出切合实际、富有前瞻性的科学决策和规划，推动各项事业科学发展。

2006年5月，国务院颁布了《地方志工作条例》，以政府法规确立了地方志工作在经济社会发展全局中的地位和作用，地方志工作进入依法推进、科学发展的新阶段。2009年1月，省人民政府制定了《甘肃省地方志工作规定》，对全省地方志工作作出了进一步规范。各级党委、政府要充分认识地方志工作服务改革发展的功能和作用，认真抓好《条例》和《规定》的贯彻落实，加强领导，明确责任，进一步加大对地方志工作的支持力度，为地方志工作创造良好条件。

经过多年努力，特别是党的十八大以来，我省的地方志编纂工作实现了由单纯编纂志书向以编纂志书为主，编辑年鉴、编写地情资料和史志信息化建设齐头并进、多元发展的转变。《甘肃省志》续志的刊行，将对全省地方志事业的进一步发展产生积极影响。希望各级地方志工作部门和广大修志工作者进一步增强责任感、使命感，继续发扬默默无闻、无私奉献的精神，以对党、对人民、对历史高度负责的态度，再接再厉，再创佳绩，不断推出更多更好的优秀志书，为促进全省经济社会发展作出新的贡献。

回顾过去，我们充满自豪；展望未来，我们满怀信心。让我们紧密团结在以习近平同志为核心的党中央周围，在中共甘肃省委和省政府的领导下，团结带领全省各族人民，进一步解放思想，真抓实干，为党的十八大提出的在2020年实现全面小康社会而努力奋斗！

谨以上述，是为序。

2016 年 11 月于兰州

《甘肃省志·商务志》（1986—2010）从2012年开始组织编纂，历经6年正式出版发行。这部史志是甘肃商务系统的一部众手之作，是甘肃商务领域的一件喜事，也是甘肃商务文化建设的一大成果。本志书显示了众志成城和团结奉献的力量，凝聚了集体的智慧，饱含着广大参与者、支持者、关心者对商务工作的情分和热爱，每一滴汗珠和辛劳将与志书一道载入史册。

本志是第二轮续修，以章节为主，诸体并用，横排门类，综述沿革，全面反映了1986年—2010年的甘肃商务发展历程，基本做到了突出行业特色，反映时代特点，资料翔实可靠，分类科学系统，体例规范，内容丰富，重点突出，期望能在借鉴往夕、资政当今、启迪未来的甘肃社会主义现代化建设中发挥积极作用。

1986年—2010年是个值得回望的年代。这25年是世界平稳跨越千禧年、迈入新世纪的伟大时代，是我国建设中国特色社会主义、构建和发展社会主义市场经济体系的关键时期，是甘肃省经济社会和人民生活发生巨大变化、商务领域改革创新和转型发展的历史见证。伴随社会主义市场经济体制的建立完善和不断发展，25年前严格计划管理的流通行业（包括内外贸），始终站在改革开放的前沿，走过了一条艰辛而伟大的道路。甘肃商务机构几分几合，人员多次重组，职能多次调整，经历了历史性的变迁。从某种意义上说，甘肃商务事业的发展壮大是全省深化改革、扩大开放的一个历史缩影，这值得我们为之自豪并珍爱珍惜。

党中央、国务院十分关怀甘肃社会经济发展和改革开放。党和国家领导人以及商务部、海关总署、质检总局、中国贸促会等部委的领导人，曾多次来甘肃指导对外开放和商务改革发展。甘肃省历届领导非常重视商务事业改革与发展，在改革开放的重要历史时期，出台一系列促进对外开放和实现内外贸统一管理的政策措施，指导商务领域稳增长、促改革、调结构、惠民生、防风险等工作，亲临参与指导举办兰洽会等重大活动的决策。甘肃省省直各部门、各市州党委政府、中央在甘各有关单位，对商务发展给予了大力支持。甘肃省商务厅历届班子认真贯彻落实党中央、国务院和省委、省政府的重大决策，带领广大干部群众积极投身于甘肃改革开放的伟大实践之中，为甘肃省的对外开放和商务发展贡献力量。甘肃商务领域特别是从事国内贸易流通管理、涉外经济贸易、对外经济技术合作和招商引资工作的广大干部群众，是不断深化改革开放的实践者和创造者，用汗水和智慧创造出了辉煌成绩。

历史的脚步从来就没有停止，机遇只垂青那些有准备的人。展望未来，国际经济环境深刻变化，经济全球化进一步加快，创新引领发展的趋势更加明显，对商务领域将会带来革命性的影响，甘肃省商务发展和对外开放面临新的机遇和挑战。全省商务系统要在省委省政府的正确领导下，牢固树立和贯彻落实"创新、协调、绿色、开放、共享"发展新理念，深刻把握商务发展新趋势，突出商务发展新任务，探索商务发展新措施，开创商务工作新局面。也希望商务工作研究者和商务战线广大干部职工以史为鉴，认真总结和汲取历史经验教训，努力探索商务发展规律；以史为基，扎实做好新时期的商务工作，力争呈现更多亮点，更好地为甘肃经济社会发展服务，谱写商务事业科学发展新篇章。

张元华

2016 年 12 月于兰州

丝绸之路

甘肃省对外贸易有着漫长的发展历史，2010年进出口总额73.24亿美元，同比增长90%。其中出口额16.39亿美元，同比增长123%；进口额56.86亿美元，同比增长82%。贸易伙伴遍及全球137个国家和地区

温州

南京

九江

西安

兰州

中国

乌鲁木齐

霍尔果斯

阿拉木图

塔拉兹（怛罗斯）

比什凯克（碎叶）

喀什

红旗拉普

白沙瓦

巴基斯坦

阿富汗

卡黑丹

德黑兰

伊朗

阿斯特拉罕（萨莱）

厄尔布鲁士山（欧洲最高峰）

索契

塔拉不宗

土耳其

安卡拉

伊斯坦布尔

伊斯密亚

伊兹密尔

里海

黑海

罗马尼亚

保加利亚

埃及

津巴布韦国家体育场
Zimbabwe National Sports Stadium

津巴布韦发行的国家体育场工程纪念邮票
Commemorative stamp of Zimbabwe National Sports Stadium

1987年，由甘肃省海外工程总公司承建的中国政府援津巴布韦国家体育场投入使用。该工程被誉为"中津两国人民世代代友好的纪念碑"。右下图为津巴布韦发行的国家体育场工程纪念邮票

1991年，甘肃省地质工程总公司承建的中国政府援助喀麦隆政府以打人畜饮水井为主要内容的援外项目竣工，受到当地居民的欢迎。图为出水瞬间

1992年9月10日—20日，在古丝绸之路重镇甘肃省省会兰州的东方红广场、兰州天河大厦、皋兰路一条街举办了历史上一次规模宏大的节会——"首届中国丝绸之路节"，是兰洽会的前身。图为开幕式现场艺术表演

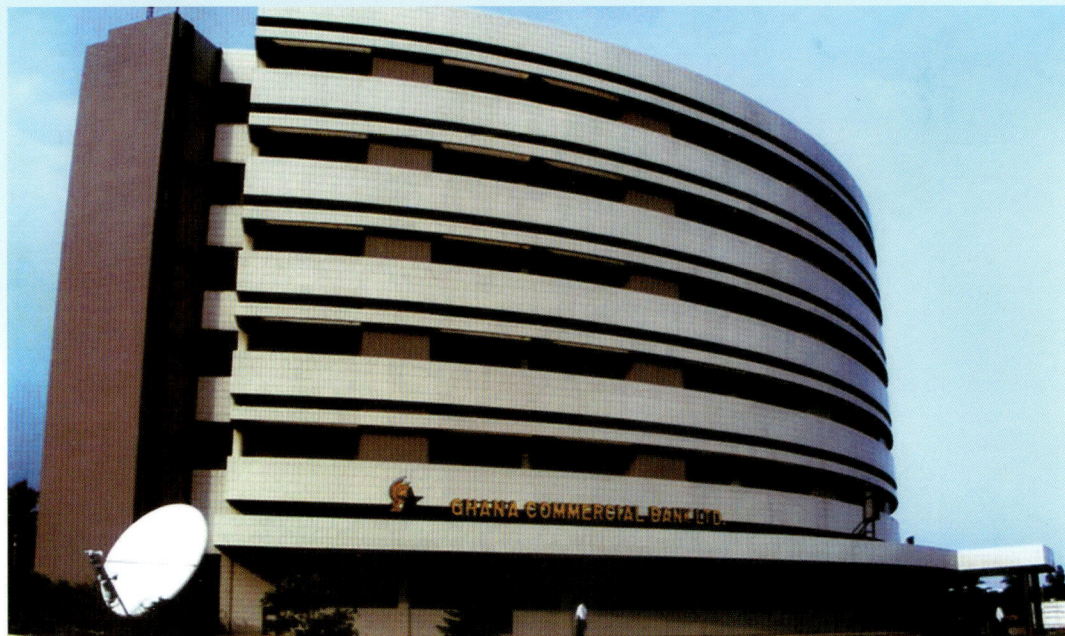

1997年，甘肃省建设投资集团承建的加纳高尔夫大厦竣工

2006年8月，甘肃省甘南州临潭县冶力关镇洪家村村民们在"信福工程"试点站上网学习发布信息

2006年9月，甘肃省开展诚信兴商宣传月活动启动仪式

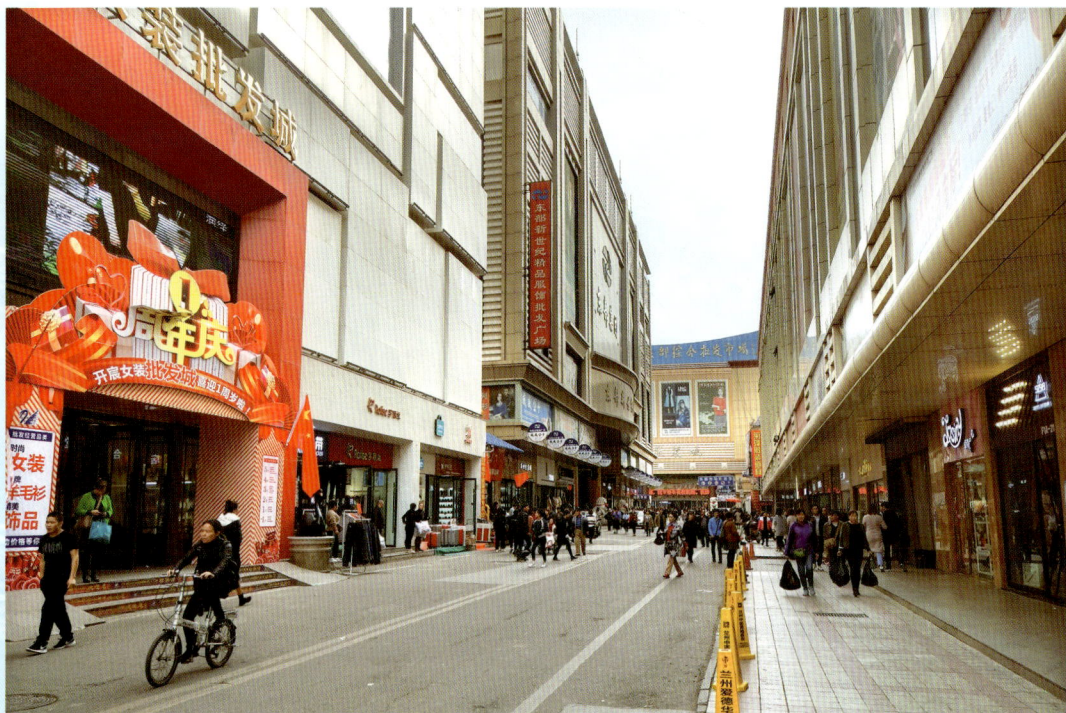

2006 年，兰州市东部批发市场一角

2006 年，兰州市张掖路商业街

2006年9月，甘肃省商务厅组织兰州市申报联合国丝绸之路明星城市。图为活动现场

2006年12月，兰州市西单商场

2007年4月，甘肃省商务厅承办了第101届广交会开幕招待会。左上图为14日晚举办的甘肃特色文艺晚会——《丝路花雨》片段。右上图为甘肃省政府向广交会组委会赠送的琉璃雕塑"反弹琵琶"

2007年，第三届中国甘肃美食节暨"天龙杯"宴席展评会在兰州举办。图为名为"龙凤雕刻"的菜品展示

2007 年，甘肃省酒类商品管理局组织开展打击假冒伪劣酒类商品活动，左上图为销毁现场，右下图为活动宣传现场

2009 年，甘肃省商务厅开展"家电下乡"惠民工程。图为兰州市"家电下乡"活动启动仪式

2009年，"万村千乡市场工程"惠及全省86个县。图为兰州市榆中县一家"万村千乡市场工程"超市

2009年6月12日—15日，第十五届兰洽会在兰州瑞德摩尔城市购物广场万国港商城举行，右下图为第十五届兰洽会开幕式上太平鼓表演

2010年6月，甘肃省商务厅在北京举办"甘肃商品大集"活动，甘肃名优特色商品受到首都人民欢迎

2010年7月，外国嘉宾参加第十六届兰洽会

2010年9月，第三届中国·敦煌（国际）葡萄节吸引了大量中外宾客

2010年9月，第三届中国·敦煌（国际）葡萄节期间，"魅力敦煌——2010国际友谊小姐世界大会""国际葡萄产业发展论坛"等14项活动穿插进行

2010 年10月，舟曲特大山洪泥石流灾害发生后，商业流通网点加快重建

2010 年11月，甘肃省组团参加在深圳举办的第 12 届高新技术成果交易会

2006 年，商务部授予中华老字号称号之一的兰州景扬楼外景

2010 年，商务部授予中华老字号称号之一的悦宾楼外景

2010 年，兰州中川机场

2007 年，敦煌机场夜景

2009 年，甘肃建投集团开发（加纳）有限公司商品混凝土搅拌站

2010 年，天水华天机械有限公司生产车间

2010 年，兰州海默科技股份有限公司出口的多相流量计

2010 年，兰石集团出口土库曼斯坦的石油钻采设备

2010 年，酒钢集团不锈钢冷轧出口产品

2010 年，金川有色金属集团公司硫酸镍生产车间

甘肃出口农产品和特色农产品（摄于2010年）

百合瓣

百合

扁豆

蚕豆

荞麦

麻籽

芸豆

小黑豆

平凉金果

大板瓜子

兰州佛慈制药股份有限公司出口产品

番茄酱

酿酒葡萄种植基地

党参

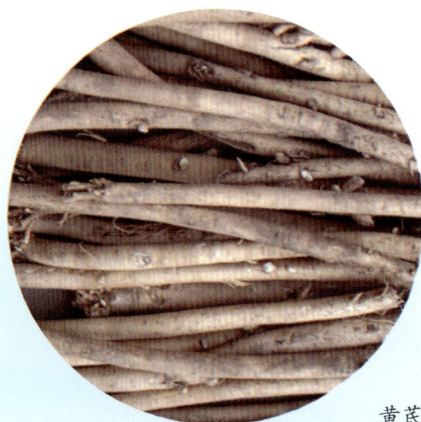

黄芪

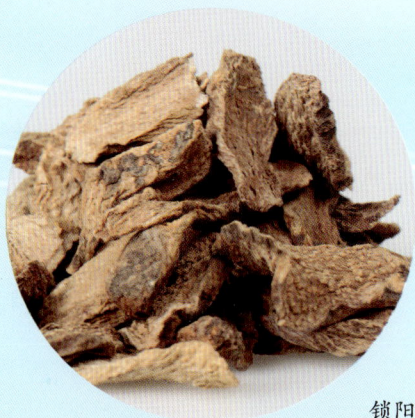

锁阳

黄芪

当归

大黄

兰州三毛实业股份有限公司出口产品

春夏休闲面料

全毛休闲面料

春夏套装面料

时尚女装面料

正装面料

凡 | 例

一、《甘肃省志·商务志（1986—2010)》以马克思列宁主义、毛泽东思想、邓小平理论、"三个代表"重要思想、科学发展观、习近平新时代中国特色社会主义思想为指导，坚持辩证唯物主义与历史唯物主义的方法论，全面系统记述商务行业这一时期的发展历程，力求做到思想性、科学性、资料性相统一，突出时代特点，反映行业特色。

二、《甘肃省志·商务志（1986—2010)》是《甘肃省志·商业志》和《甘肃省志·外经贸志》的续志，系第二轮编修。上限始于1986年，下限断至2010年，为保持记述事物的完整性，本书个别章节有适当上溯或下延。

三、本志采用国家规范的现代汉语语体文、记述体，述而不论。事以类分，类为一志，横排门类，纵述始末。所引文献资料保存原貌，引文均注明出处。

四、本志采用章节体，设章、节、目，必要时设子目，以

一、1. （1）为序。全志7章33节，近70多万字。采用述、记、志、图、表、录等体裁，以志为主，辅以图表。

五、文字除个别特定意义的繁体字外，其余一律采用2013年6月5日中华人民共和国国务院公布《通用规范汉字表》中的简化字。

六、数字的使用遵循中华人民共和国国家标准《出版物上数字用法》（GB/T 15835-2011）。计量单位的使用遵循《量和单位》系列国家标准，标点符号的使用遵循中华人民共和国国家标准《标点符号用法》（GB/T 15834-2011）。专业术语均为本行业标准专业用语。

七、本志中的机构、职务、地名等，均以当时的称谓为准。机构、职务名称首次出现时用全称，并括注简称，之后一般用简称。同一地方古地名和志书下限时的地名不同或同一地名原管辖区域与志书下限时的管理区域不同时，在古地名后括注志书下限时的地名。

八、附录收入地方性法规、省委省政府文件、甘肃省中华老字号企业等内容。

九、入志资料来自多种年鉴、工作档案、报纸杂志、文献资料等。数据以统计部门公布的统计资料为准。人物采用以事系人办法记述，载入有关章节。其他采用本单位和有关单位经核实无误的数据。

目　录

目录

1

甘肃省志

商务志

目　录

2

概 述

　　商务工作涵盖国内贸易流通、对外经济贸易、投资促进等多个方面，是拉动经济社会发展"三驾马车"的重要组成部分。1986年之后，随着中国特色社会主义市场经济体制的逐步建立和深化改革，甘肃商务工作呈现良好的发展势头。2010年，全省实现社会消费品零售总额1369.40亿元，外贸进出口73.24亿美元，对外直接投资0.99亿美元，对外承包工程和劳务合作营业额1.91亿美元，实际引进省外资金807.99亿元。

一

　　国内贸易流通（以下简称内贸流通）是中国改革开放最早、市场化程度最高的领域之一，对国民经济社会发展具有基础性支撑作用和先导性引领作用。甘肃省内贸流通伴随着国家流通体制改革的不断深入，以建设社会主义市场经济为导向，不断调整流通结构、减少流通环节、降低流通成本，丰富商品供应，促进货畅其流、市场繁荣，在改革开放中使广大人民群众不断分享改革开放的成果。2004年甘肃省商务厅成立，积极实施"流通活省"和"质量兴省"等战略，充分发挥流通产业引导生产、扩大消费的作用，以开拓城乡市场、扩大居民消费、促进城乡流通结构协调发展为主线，全面推进商贸流通工作，提升内贸流通现代化水平。在大中城市积极培育以大型购物中心、超市连锁等为主体的新型业态，在社区全面推进"便民服务进家庭、便民消费进社区"等便民活动，在农村大力实施"万村

1

千乡"等重点工程，加快流通网络建设，初步形成具有甘肃地方特色的社会主义市场经济流通新体制。

1986年—1990年（"七五"时期）。甘肃省内贸流通在所有制改革和价格改革上加大力度，探索形成与有计划地商品经济相适应的流通模式。在食品和副食品的供应上，逐步取消了凭票凭证供应，取消了生猪派购，放开了蔬菜市场。在管理形式上表现为"经理任期目标责任制"或"承包经营责任制"，在流通形式上表现为计划经济向有计划的商品经济的转变，以国合商业为主导的多元型、开放式的新型流通体制逐步形成。到1990年，全省社会消费品零售总额达96.16亿元。

1991年—1995年（"八五"时期）。以1991年中共十四大明确提出建立社会主义市场经济体制和1992年邓小平南方讲话为标志，甘肃省内贸流通部门加快国有流通企业经营方式转变和所有制多元化改革，坚持建立现代企业制度和"抓大放小"的改革思路，先后制定下发了《关于搞活流通若干问题的通知》《关于在全省国合商业企业扩大推行"四放开"经营的意见通知》，对国合商业"四放开"改革中的许多重大问题作了明确规定。全省有90%以上的商品实行放开经营，打破了"三固定"的批发模式，实行了"三多一少"的流通新体制。非国有经济成分异军突起，打破了公有商业的"一统天下"。到1995年，甘肃省社会消费品零售总额达到240.65亿元。

1996年—2000年（"九五"时期）。面对国合商业经济效益下滑、亏损增加的情况，甘肃省内贸流通领域积极推进"三改一加强"（改制，将国有企业改制成为民营企业、私营企业、混合企业；改组，将不同的国有企业进行优化组合，组建成集团公司，设立成若干分公司和子公司；改造，将国有企业进行经营机制改造和技术改造；加强国有企业管理），加大企业扭亏增盈力度。1998年亚洲金融危机爆发、国内特大洪涝灾害发生后，一方面实施扩大内需战略，一方面抗洪救灾，全省消费品市场逐渐回暖，流通企业亏损势头有所遏制，市场运行逐步走出低迷状态。到2000年，甘肃省社会消费品零售总额达到363亿元。

2001年—2005年（"十五"时期）。甘肃省内贸流通部门紧紧抓住西部大开发和中国加入WTO的历史机遇，建设大市场、发展大流通，整顿规范市场秩序，发展新兴业态，推进流通现代化。2001年开始，严厉打击制售假冒伪劣商品、偷税、骗税、骗汇、走私、制贩假币等违法犯罪活动，整顿建筑、文化、旅游等市场秩序，打破地区封锁和部门、行业垄断。2003年，甘肃省政府办公厅批转原省计划委员会制定的《甘肃省市场体系发展规划》，提出了战略布局和战略重点。到2005年，甘肃省社会消费品零售总额达到638亿元。

2006年—2010年（"十一五"时期）。甘肃省内贸流通部门全面落实西部大开发战略和区域发展战略，深入贯彻省委省政府"四抓三支撑"的总体思路和决策部署，积极应对陇南地震灾害、舟曲特大泥石流灾害、冰雪冰冻等自然灾害，加强市场宏观调控，推动城乡市场体系建设，实施商务便民惠民工程，培育发展新兴流通业态，城乡流通网络逐步完善，市场秩序逐步规范，消费环境明显改善，促进了工农业生产，带动了城乡就业，拉动了居民消费。启动万村千乡市场工程、双百市场工程等项目建设，实施"家电下乡""家电以旧换新"活动，开展"农超对接"，建立全覆盖的城乡生活必需品监测体系，在洋葱、土豆、高原夏菜等大宗农副产品重点产区建立产销衔接机制。2008年全省社会消费品零售总额首次超过1000亿元，2010年达到1394亿元。

二

对外开放是甘肃省转型升级和繁荣发展的必由之路。其中，对外贸易是对外开放的基石，甘肃省进出口贸易在对外开放中从无到有不断发展壮大，多元化市场基本形成，拳头产品国际市场份额不断扩大，外贸企业国际竞争力不断增强。促进甘肃对外开放和利用外资是发展经济的重要方式，甘肃省直接利用外资是从零起步不断发展，招商引资和利用外资水平不断提高。美国路博润国际公司与兰州石化共同投资6320万美元的石油添加剂生产等一批项目，都是利用外资的成功范例。国际经济技术合作是国家对外经济和对外交往的重要组成部分，甘肃省国际经济合作随着对外开放事业的不断发展而发展，经过不断拓展市场，经营规模逐步扩大，经济和社会效益不断提高。

1986年—1990年（"七五"时期）。随着"政企分开、实行代理、工贸结合"外贸体制改革的深入，甘肃省各地州市相继成立了地区级的对外经济贸易委员会。全省开始建设出口商品生产基地，增设驻省外办事机构，开设境外贸易窗口。1988年—1990年，实行外贸承包经营责任制（又称第一轮承包经营制），调动了外经贸企业的积极性。"七五"期间，甘肃累计出口创汇7.19亿美元。日本、美国、意大利、西德、英国、瑞典等国家从甘肃省进口的商品约占全省出口总额的70%。利用外资尚处于探索起步阶段。1985年7月29日，省政府在兰州首次举办"甘肃省对外经济技术合作贸易洽谈会"，签订利用外资项目27项，合同金额1.6亿美元。1989年9月，省政府制定并发布了《甘肃省鼓励外商投资优惠办法》。截至1989年底，共设立中外合资企业24家，合同总金额6345.17万美元，合同外资额1882.99万美元，注册资本4373.37万美元。外商投资来自5个国家和地区，区域分布主要集中在省会兰州。外经工作以承接对外工程承包为主，至1990年底，甘肃省已先后与日本、伊拉克、利比亚、津巴布韦、加纳、苏丹、埃及、约旦、新加坡、喀麦隆、美国等国家建立了承包工程与劳务合作关系，并稳定打入了非洲市场。

1991年—1995年（"八五"时期）。邓小平南方讲话发表之后，省委省政府于1992年12月召开首届全省对外开放工作会议，提出以对外贸易为先导，对外经济技术合作为重要内容，引进外资和发展"三资"企业为突破口，以开放促开发。在一系列政策措施的推动下，对外开放取得显著成效。外贸方面，1991年—1993年开始新一轮的外贸承包经营责任制（又称第二轮承包经营），地方政府开始对本地区出口担负起领导责任。1994年全省外贸进出口总额达到50959万美元，首次迈上5亿美元台阶，同比增长5%。利用外资方面，全省共批准外商投资项目1145个，合同外资总额7.3亿美元，实际投资3.1亿美元。截至1995年底，全省累计批准外商投资企业1177家，合同外资额7.6亿美元，实际利用外资额3.4亿美元。投资的国家和地区由1989年的5个扩大至32个。外商投资行业分布逐步扩大，区域分布也遍及全省14个地州市。外经方面，甘肃省出现了第一次对外投资办企业的热潮。在中国与原苏联关系解冻、继而苏联解体，独联体国家都欢迎外来投资的大背景下，在境外办企业有了较快发展。至1995年，甘肃省在境外设立的非贸易性企业和机构达到47家（其中各类企业45家，驻外经理部2家），合同总额1881万美元，其中中方投资合同额为1078万美元，占合同总额的

57.3%，分布在16个国家。

1996年—2000年（"九五"时期）。外贸方面，在国家下调出口退税率、大宗资源型产品国际市场价格下跌等不利条件和亚洲金融危机影响波及下，1998年以前全省外贸出口仍保持小幅增长，1999年出现下滑。2000年开始出现恢复性增长，当年全省进出口总额达到56953万美元，同比增长40%，其中出口41495万美元，同比增长31%；进口15458万美元，同比增长73%。利用外资方面，1994年开始，国家进行宏观政策调整，实行新税制，全国统一进口税收政策。1995年开始对新办"三资"企业取消办公设备及自备车辆的免税进口政策，"三资"企业的工商统一税改为增值税和营业税。虽实际利用外资额增速呈短暂下降态势，但仍保持了每年近4000万美元以上的引资规模，并自1999年开始由负转正，外商投资企业项目数和合同外资额保持了增长势头。外经方面，在1995年进行清理整顿的基础上，境外投资开始进入稳定增长阶段。至1999年，由整顿后的22家发展到30家，全省对外投资总额达到2200万美元。主要集中在非洲和独联体及东欧地区。1996年12月，由国家直接规划领导、商务部批准并由甘肃省承建管理的中国科特迪瓦投资开发贸易中心在阿比让市建成开业，成为中国在科特迪瓦开展投资贸易的重要基地和开拓非洲市场的窗口之一。全省对外承包工程共新签合同151份，合同金额52229万美元，新签合同额在全国居中等水平，在西北五省区居首位，完成营业额21472万美元。签订对外劳务合作合同42份，合同金额2015万美元，完成营业额895万美元。

2001年—2005年（"十五"时期）。随着中国加入世贸组织和西部大开发战略的深入实施，甘肃对外开放进入快速发展新阶段。进出口额由2000年的5.7亿美元发展到2005年的26.33亿美元。2004年，随着国家新的《对外贸易法》的实行，对外贸易经营权由审批制改为备案登记制，加快了外贸主体多元化步伐，全省外贸提前两年完成"十五"计划目标。利用外资方面，全省共批准设立外商投资企业279家，合同外资额9.7亿美元，实际使用外资2.2亿美元。全省累计新签境外招商引资合同项目166个，实际利用外资折合人民币19.5亿元，分别占到1978年以来甘肃省累计合同和实际使用外资的43.6%和26.8%。其中2003年引进外资1000万美元以上的项目9个，占甘肃省累计审批千万美元以上项目的四分之一。单项平均合同外资额达到454

万美元，同比增长144%。外经方面，甘肃省共在境外投资新开办企业18家，总投资额9800万美元，其中中方投资9600万美元。全省累计对外直接投资企业达56家，核准对外直接投资（非金融类）协议额1.25亿美元。2005年全省境外直接投资达3657万美元，序列全国第13位。民营企业开始涉足境外投资，2003年4月兰州海默科技股份有限公司在阿联酋设立海默国际有限公司，成为全省第一家在境外设立分支机构的民营企业。

2006年—2010年（"十一五"时期）。外贸方面，认真落实并努力消化国家有关宏观调控措施（如限制"两高一资"产品出口、连续降低或取消出口退税等）对甘肃的不利影响，积极应对2008年国际金融危机的严重冲击，围绕保增长、扩规模，调结构、转方式两条主线，加大对外贸经营要素的服务协调力度，推动对外贸易迈上新台阶。全省进出口总额在2005年首次突破20亿美元的基础上，2006年—2008年分别达到38.25、54.96、60.94亿美元，连续跨越了3个10亿美元台阶。2007年提前完成"十一五"规划确定的50亿美元的目标。2008年—2009年，受美国次贷危机引发国际金融危机的影响，全省增幅出现回落甚至下降。2010年，外贸下滑势头得到遏制，迅速恢复到金融危机前的水平并创历史新高，全年完成进出口73.24亿美元，同比增长89.7%，增幅居全国第二，超过年初省政府确定增长20%工作责任目标69.7个百分点，比"十五"期间翻了一番多。利用外资方面，进一步强化政府在招商引资中的主导作用，积极改善基础设施条件，加快支柱和优势产业发展，加大对已引进战略投资者的服务和促进力度，引进了一大批龙头外商投资生产制造项目以及服务业、商业贸易项目。全省批准设立外商投资企业164家，实际利用外资金额5.45亿美元（年均增长46%）。新能源开发、制种业成为热点，矿业对外开放取得了较大进展，利用外资的质量和水平有明显提高。外经方面，省内资源型国有企业开始尝试通过开展国际资本运营参与境外资源的开发与合作。2009年受国际金融危机影响，在全球外商直接投资和跨国并购同比分别下降54%和77%的不利背景下，甘肃省对外直接投资却呈逆势上扬态势。"十一五"期间全省核准境外投资企业及机构83家，核准对外投资协议额7.62亿美元，实际对外直接投资额6.97亿美元，是"十五"期间的16.7倍，年均增长22%，在全国各省排名居中靠前，2008年度序列第5位。全省对外承包工程与劳务合作开始进入快速发展阶段。对外承包工程企业在70多个国家和地区广泛从事工程承包、设计咨询等各项经济技术合作业务：新签工程劳务设计项目200项，对外承包工程新签合同额13.37亿美元，是"十五"期间的5倍，年均增长34.2%；完成营业额2.35亿美元，是"十五"期间的4倍，年均增长28.5%，亚洲新兴市场营业额由"十五"期间的27.52%上升到60.48%。甘肃建投集团成功跨入"百亿元"企业行列，并连续跻身"中国建筑承包商"60强。2008年以后，随着全省对外劳务输出管理体制的逐步改革完善，原长期在对外经济合作业务中处于短板的对外劳务输出总量有了明显增长。2009年，成立了甘肃省境外劳务办公室，统一负责全省对外劳务的管理。

三

　　1978年改革开放特别是1986年之后，甘肃商务始终处于全省对外开放的前沿。商务部门从一次次机构改革，到政府职能的不断转变；国内贸易从国有经济一统天下，到多元化经济成分并存相互促进发展；对外贸易、利用外资、外经合作等外向型经济从无到有，从小到大，区域经济合作、招商引资力度不断加大，领域不断拓宽，已成为甘肃对外开放和转型发展的重要力量。

　　全省商务机构改革的突出特点是：坚持党的领导，走中国特色的社会主义道路；坚持改革开放，精简机构，简政放权；坚持对外扩大开放，对内搞活经济，发展社会主义市场经济；坚持国有经济为主体和多元经济成分并举发展，从而调动了各方面的积极性和创造性。全省商务工作的突出特点是：坚持改革与开放互动，增强了内在活力；坚持稳增长与调结构并举，提高了发展质量；坚持全面推进与重点突破并重，拓展了发展空间；坚持抢抓机遇与服务国家战略结合，深度融入全省经济社会发展大局，努力走出内陆省份对外开放的新路子，得到了国家领导人和商务部的重视，得到了省委省政府的肯定。

　　总之，甘肃省的商务发展是一个由点到面、由浅入深、逐步扩大的过程。从人们思想领域的大解放、大开放，到农村、城市商务管理体制的大变革、大转变；从发展对外贸易扩大出口多创外汇，到建立进出口商品基地规模化经营；从利用外资引进技术设备和人才，到创办外商独资、合资和合作企业；从建设经济技术开发园区，到形成科技成果转化和新兴产业集聚；从精神文明和物质文明建设的不断提升，到与时俱进、科学发展和充分利用"两个市场、两种资源"同国际经济发展融为一体；从与国（境）外民间的经济技术文化交流，到人民群众吃穿用住行等方方面面的大变化，都佐证了甘肃商务事业的重要作用，也是甘肃改革开放波澜壮阔历史的真实写照。

大事记

1985年12月，甘肃省进出口总额达到10004万美元，首次突破1亿美元。

1986年5月，甘肃省外经贸委在日本设立陇江兴业株式会社。

1987年7月，甘肃省外经贸委在美国设立美国陇山有限公司。

是月，香港贸易发展局驻京办首次在甘肃省举办"香港经济贸易展览会"。甘肃省相关公司与港方企业达成协议7项，签订合同13份，合同金额达22万美元。

1987年12月，甘肃省政府在香港地区设立陇港有限公司，成为甘肃省在香港的窗口公司。该公司是甘肃省政府派驻香港地区的联络机构，承担甘肃省招商引资、代理本省进出口业务工作。

1988年，酒泉钢铁公司从德国和瑞典引进高速线材轧机及其电器设备和技术，结束了酒钢公司有钢无材的历史。

1988年6月，甘肃省外经贸委在联邦德国设立陇汉有限公司。

1989年8月，甘肃省外经贸委在甘肃省博物馆隆重举办对外经济技术合作展览会。

1989年11月，由联合国开发计划署、外经贸部交流中心和甘肃省政府联合主办的"发展中国家太阳能利用国际研讨会"在兰州召开，来自25个国家和地区的代表及知名专家共35人参加了会议。

1991年9月，甘肃省首次在日本东京举办历时4天的综合性经贸洽谈会，总成交额8078.9万美元，其中出口成交5414.4万美元，超过全省1990年向日本出口3800万美元的42.5%。

1991年11月，甘肃省外贸委经在新西兰克赖斯特彻奇市举办"甘肃省贸易展览会"，省内16家外企共25人参加此次活动。

1992年9月，甘肃省在德国汉堡举办甘肃对外经济贸易洽谈会。甘肃省副省长李平率甘肃省政府代表团和企业代表参加洽谈会。

是月，经国务院批准，马鬃山陆路边境口岸开放。

是月，兰州市政府举办了"首届中国丝绸之路节"。

1992年12月，甘肃省召开首届全省对外开放工作会议，确定了90年代全省对外开放总体思路。

1993年4月，甘肃省在香港地区举办甘肃省对外经济贸易洽谈会。

1993年8月，蒙古国单方面提出关闭马鬃山—那然色布斯台口岸。

1994年，甘肃省进出口总额达到56953万美元，迈上5亿美元台阶。

1995年1月16日，国家对外贸易经济合作部批准设立西北地区中外合资最大火力发电项目靖远第二发电有限公司。

1996年，甘肃省建筑工程总公司承担我国政府援建科特迪瓦阿比让文化宫（剧场）项目。1999年1月，国家副主席胡锦涛在科总理的陪同下到施工现场视察，并题词"中科友谊的象征，南南合作的硕果"。

1996年，兰州电机厂向伊朗出口电机生产线成套设备及技术服务，合同金额2500万美元。这是1978年以后甘肃省对外签订的最大的一项技术出口合同项目。

1997年8月，"兰州丝绸之路经贸洽谈交易会"更名为"甘肃·兰州交易会"（简称"兰交会"），举办方式也相应改为由甘肃省政府和兰州市政府联合主办。

1999年2月，甘肃省委省政府召开全省对外开放工作会议，通过了《中共甘肃省委、甘肃省人民政府关于进一步扩大对外开放的决定》，在全省实施开放带动战略。

1999年8月，"甘肃·兰州交易会"更名为"中国兰州投资贸易洽谈会"（简称"兰洽会"），此后该名称一直沿用。

2000年5月，甘肃省对外经济贸易合作厅和甘肃省商业厅合并，成立甘肃省贸易经济合作厅，主管全省内外贸工作。

2000年11月，甘肃省贸易经济合作厅批准兰州兰石国民油井石油工程有限公司，由美国国民油井公司和兰石集团共同出资设立，主营业务以机电产品出口为主。

2001年4月，中国甘肃商品展销会在沙特阿拉伯王国吉达哈拉姆国际展览中心举办。这是甘肃省首次在中东地区举办的展销会，有33家企事业单位参展。

2001年8月，甘肃省浙江企业联合会成立。在此后的几年里，包括甘肃省温州商会、甘肃省晋商商会、甘肃陇台经贸协会先后成立。

2001年，甘肃省承办外经贸部组织召开的"全国第三次多双边无偿援助工作会议"。外经贸部副部长龙永图为省直部门及兰州市副地（厅）级以上领导干部做了"入世报告"。

2002年3月，国务院批复同意兰州经济技术开发区为国家级经济技术开发区，这是甘肃省第一个国家级经济技术开发区。

2002年底，美国商务部正式宣布永久性撤销对天水海林轴承厂的反倾销令，海林轴承厂成为我国对美圆锥滚子轴承出口反倾销全面胜诉的唯一企业。

2003年，甘肃省进出口总额达到132758万美元，迈上10亿美元台阶。

2003年4月，兰州海默科技股份有限公司在阿拉伯联合酋长国设立海默国际有限公司，这是甘肃省在境外设立分支机构的第一家民营企业。

2004年，酒钢集团在南非设立基萨发展有限责任公司，与澳大利亚DOYLE资本有限公司共同出资15716万美元经营南非BUFFELSFONTEIN铬铁矿资源。

2004年4月，甘肃省政府撤销甘肃省贸易经济合作厅，成立甘肃省商务厅，主管全省内外贸工作。

2004年10月，甘肃省与津巴布韦西马绍纳兰省缔结为友好城市。

2005年，兰州电机厂与清华大学合作开发的兆瓦级双馈异步风力发电机控制系统填补了国内空白。

2005年1月，甘肃省与法国科雷兹省缔结为友好城市。

2006年，天水星火机床有限公司被认定为国家级企业技术中心。

2006年4月，《读者》杂志发行量达1003万册，成为中国期刊发展史上第一个月发行量达千万册的杂志。

是月，天水长城开关厂成为全国高压电器行业第一家通过国家产品质量认证并获得PCCC产品认证证书的企业。

2006年6月，甘肃海外工程总公司通过投标承建加纳库马西城市宾馆工程。

2006年8月，甘肃省商务暨招商引资工作会议在兰州召开，副省长孙小系、省商务厅厅长陈克恭、省投资贸易局局长张世恩等出席会议。"投资甘肃网"（http://www.gsinvest.gov.cn/）正式开通。

2006年9月，由兰州市委市政府主办，甘肃省浙江企业联合会承办的"2006兰州·全国浙商论坛"在兰州开幕。近400名来自全国25个省市自治区的浙商，对兰州市进行了经贸投资考察洽谈。

2006年10月，甘肃省与英国法夫大区缔结为友好城市。

是月，第100届广交会开幕，国务院总理温家宝等领导出席百届庆典活动后亲临广交会邕州馆巡馆，并到甘肃省综合品牌展位视察。

2007年，《读者》杂志海外版、舞剧《大梦敦煌》被列入国家文化出口重点项目的118个目录中。

2007年，兰石集团出口突破1亿美元大关。兰石集团生产的陆地、沙漠、海洋石油钻采系列成套设备、石油化工和炼油成套设备、各种塔器、高压容器、加氢反应器和球罐等产品技术水平国内领先。

2007年4月，甘肃省政府和商务部合办第101届广交会开幕招待酒会，会议期间举办了"多彩甘肃"大型文艺演出、甘肃投资环境说明及项目推介会等活动。

2007年7月，商务部批准组建兰州威立雅水务（集团）有限责任公司，投资总额23亿元人民币，注册资金10亿元，中外方各占55%和45%，是当时甘肃省利用外资额最大的项目。

2007年10月，敦煌航空口岸临时对外开放正式开放，由日本福岛起飞的首架国际包机顺利飞抵敦煌机场，使敦煌成为中国西部第一家、全国第二家开通国际航空通道的县级城市。

2007年12月，甘肃省进出口总额达到549556万美元，突破50亿美元大关。

2008年1月，金川集团有限公司以2.14亿加元收购了加拿大泰勒资源公司，获得墨西哥巴霍拉齐铜金银钼锌矿，这是该公司自2000年对外投资开发矿产资源以后，第一次通过收购国外公司来开发境外资源。

2008年4月6日—8日，由匈牙利政府主办，甘肃省政府支持，省商务厅、省外事办、省投资贸易促进局等部门承办的"匈牙利节"兰州活动在兰州举办。

2008年12月，甘肃省投资环境暨项目推介会在香港地区举行。甘肃省商务厅与香港贸发局签订了《进一步促进双方经贸合作备忘录》。

2009年4月，甘肃省委书记、省人大常委会主任陆浩，省委副书记、省长徐守盛率省党政代表团赴天津学习考察，中央政治局委员、天津市委书记张高丽会见了党政代表团一行，双方就进一步加强合作交流交换了意见。

2009年5月，甘肃省委副书记、省长徐守盛带领省发改委、工信委、财政厅、农牧厅、省政府研究室、兰州海关、甘肃进出口商品检验检疫局等部门主要负责人，来省商务厅调研工作。

2009年6月，首届陇商大会在兰州成立。

2010年5月1日—10月31日，由中国举办的首届世界博览会–中国2010年上海世界博览会在上海市举行。甘肃馆被上海世博局等单位评为"上海世博会世博园区服务保障先进集体""青年文明号"。9月11日—15日甘肃活动周吴邦国、王岐山、吴仪等党和国家领导人参观了甘肃展馆。

2010年6月，甘肃省商务厅在北京举办"甘肃商品大集"活动。

2010年10月，商务部、中国贸促会与甘肃省政府建立部省、会省合作机制。

第一章　国内贸易流通

　　从1986年开始，甘肃商业流通管理体制改革在逐步打破原来一、二、三级批发环节的基础上，以连锁经营、配送代理、电子商务等为重点不断发展新型流通业态。流通企业改革在利改税、划小核算单位的基础上，走上承包经营、国有民营、产权制度改革到探索建立现代企业制度的道路。1986 年—2010年，甘肃省国内贸易流通领域多种经济成分并存发展，多条流通渠道公平竞争，多种经营方式更加灵活，商品流通规模、服务方式、商业业态以及流通现代化水平都发生了深刻变化。

第一节 流通管理体制改革

甘肃省商业管理体制改革始于1979年。自1986年开始，商业管理体制在前些年改革的基础上，不断深入推进和探索实践，进一步下放和扩大企业经营管理自主权，发展集体、个体商业，构建多种经济成分、多种经营方式、多种流通渠道和少环节的商品流通体系；继续打破条块、部门分割，组建新型商业联合群体，广泛开展横向经济联合等一系列改革，初步取得了搞活企业、促进生产、繁荣市场的成效。

一、产权制度改革

1. 企业承包经营责任制继续深化。1986年—1990年，国有商业的大中型企业改革主要是深化经营承包责任制，由过去企业内部承包改为企业对国家财政实行"包死基数、确保上交、超收多留、歉收自补"。1986年1月，省商业厅开始在省五金公司、兰州商业通用机械厂、兰州冷冻厂、咸阳百货公司试行经理（厂长）负责制。1987年1月，省商业厅党组正式印发《关于决定咸阳百货批发公司实行经理负责制的通知》，这是全省商业企业中第一家实行经理负责制的企业。1987年4月—1988年4月，省商业厅党组先后批准省糖酒副食公司、省飞天贸易公司、省百货公司、省五金公司、省民族贸易公司、省友谊服务公司、河西堡盐站、驻咸阳糖酒副食采购供应站、天水盐业购销站、驻咸阳五交化站、兰州冷冻厂等12个省属企业实行经理负责制。1987年下半年开始，由经理（法人代表）出面直接向财政承包。7月22日，在全省深化企业改革工作会议上，省五金、百货、糖酒、民贸等公司当场与省财政厅和商业厅举行承包经营合同签字仪式。到11月末，全省458个大中型企业中，有291个企业实行承包经营，占63.54%。到1988年年底，有95%的大中型企业实行了经理负责制。

引入竞争机制，实行公开招标，规定先企业内后企业外、先系统内后面向社会选拔承包经营者。招标经过公开答辩、考核组（由主管部门领导和专家组成）审议、职工投票或民意测验等程序，择优聘用，最终选定承包经营者。1988年，实行承包的企业有一半以上实行了公开招标，选择品德好、诚信可靠、有经营能力的人担任承包经营者。建立约束机制，实行风险抵押，由承包经营者和职工缴纳一定数额的抵押金，使企业既能负盈又能负亏。有的承包企业还在内部建立了风险基金，以担负亏损风险。1988年有37%的承包企业实行了风险抵押承包，有18%的承包企业建立了风险基金。企业内部实行层层承包。由承包经营者将承包的任务、责任进行分解、逐级实行分包，使承包任务分解落实到各个商品部、柜组和个人。深化内部配套改革，完善企业经营机制。承包企业普遍推行人事、用工、分配制度改革，在企业内部实行"三制"（全员劳动合同制、干部聘用制、内部待业制）、"三岗"（上岗、试岗、待岗），体现了优化劳动组合的原则。在分配上，按照工效挂钩的原则，实行百元销售（利润）工资含量、联销联利计酬、结构工资、拨货计价、定额工资、计件计时工资等多种分配形式，有效地调动了职工积极性。在新旧两轮承包期转换期间，商业部门加强承包审计工作，对新一轮承包认真测算承包基数，选好承包经营者，对承包合同、公司总承包和分承包、实行目标管理等进行严格把关。同时，对承包企业增加了经济效益、企业管理和企业发展指标，避免以包代管的弊病；对企业留利分配比例和补充自有流动资金、提取风险金比例也做了科学合理的规定，防止资金的乱支滥用。企业经营承包在规范完善中逐步扩大推行。到1987年年末，商业企业实行承包的企业323户，占全部大中型企业的60%；1988年，新增承包企业61户，累计499户，占92.07%；1990年承包企业累计520户，占96%以上。

1986年，在企业扩权的基础上出现了新的商业形式——横向经济联合体。全省批发企业和大中型零售企业、商办工业等已有80%开展了各种不同形式的横向联合，共计1000余项，新增销售1.5亿多元，实现税利450多万元。兰州、天水、张掖、咸阳等4个百货批发公司出资30万元，组织铝锭5万千克，同兰州铝制品厂联合扩大经销产品，基本上满足了省内市场对铝制品的需求；兰州市蔬菜局与兰州、天水、张掖、酒泉、嘉峪关等蔬菜公司联合成立了甘肃省兰州蔬菜商品购销服务组，协调各成员的蔬菜购销活动。省上也成立了蔬菜瓜果协调办公室，组织了相当规模的推销班子，先后与全国23个省市的100多个县市签订了瓜果蔬菜外销合同。全年外销瓜菜

第一章 国内贸易流通

1.5亿千克，比1985年增长67%；省内瓜果蔬菜市场也始终保持繁荣稳定。

2. 小型商业企业进一步放开。小型商业企业主要是小型零售、饮食服务企业，这类企业点多面广，在以往的改革中经历了扩权、租赁、承包、"四放开""改转租"等多种形式的改革，到1986年后，小型企业改革由"改转租"改为"以租为主，改转并举"。"改"，即企业改为"国家所有、集体经营、照章纳税、自负盈亏"，按照主管部门对待集体所有制企业的政策和办法管理，企业原有的财产和资金属于国家所有，新增的归集体所有；"转"，即企业直接转为集体所有，国有的固定资产按现值计价，包括流动资金，实行有偿转让，分期归还；"租"，即企业的固定资产租赁给经营者个人，由经营者和职工交纳租金，经营者除缴纳租金外，还缴纳统筹保险金，企业税后收入由经营者决定分配。1987年，在小型企业"以租为主，改转并举"的改革中，实行租赁经营的企业1684户，占小企业总数的55%。嘉峪关市小企业全部实行了租赁；武威、张掖地区实行租赁的小企业达到85%以上，其余实行了"改、转"改革。1988年，全省实行"改转租"的小型商业企业3064户，占小型企业数的99.7%。"以租为主，改转并举"的改革，使小型企业实现了转型建制，经营和经济效益普遍好转。

小型企业"改转租"持续到1992年年底。1993年，省商业厅总结定西、庆阳两地区小型商业企业实行国有民营改革的经验做法，会同省体改、工商、税务等部门，提出了《关于国有小型商业企业实行国有民营的意见》，报请省政府批转印发各地实行。国有民营改革的做法是，在保证国有资产所有权不变、企业隶属关系不变、职工身份不变的前提下，引入个体、私营企业的经营机制，通过承包、租赁固定资产，交纳承包费或租赁费，抽回流动资金，实行风险抵押，工商重新注册，实行定额纳税，使企业成为自主经营、自负盈亏、自我约束、自我发展的经营者。"国有民营"以后亦称为"抽资租赁承包经营"。1996年，为了进一步规范完善这一改革形式，省商业厅会同省体改、工商、税务等部门印发了《关于进一步规范抽资租赁、承包经营的通知》，要求实行国有民营必须具备五个要素：交纳租赁费、抽回流动资金、实行风险抵押、定额纳税、单独办理营业执照，使改革按规范要求实施，达到预期效果。1993年—2000年，这一改革形式成为小型企业改革的主要形式，推行范围逐年扩大，为众多小企业所采纳，同时也取得了使企业脱困转好的成效。1993年，全省有2594户小型商业企业实行了国有民营，实行面80%以上；据统计，该年国有民营企业（门点）商品销售3.3亿元，同比增长216.5%，实现利润248万元，同比增长181.8%；定西地区国有民营企业上年亏损9万元，该年转亏为盈17万元；庆阳地区国有民营企业盈利72万元，同比增长20%，该地区环县49个小型企业（门店、柜组）实行国有民营后全部盈利，无一亏损；兰州市蔬菜公司所属小型企业（网点）实行国有民营后实现利润同比增长26倍。1994年，全省实行国有民营企业数比上年略有增长。1998年实行国有民营企业2600户，占85%；2000年实行国有民营企业3072户，占96%以上。

3. 批发企业改革。1986年以后，国有商业一、二、三级批发企业受各种因素影响，处于经营萎缩、效益下滑或亏损状态，改革难度加大，成为商业系统改革的重点。国有商业采取"分类指导、一户一策"的办法，提出企业改革的思路，制定企业改革方案，从调整经营结构和组织结构入手，寻找和探索企业生存发展的途径。很多批发企业按照优化经营、两头延伸、甩开包袱、分离裂变、调整结构、重构体系的思路，积极推行母体裂变、新老划断、组建单体公司、实行总代理、总经销、兴办加工实体等方法，对有些批发企业实行兼并破产，通过一系列改革措施的落实，多数企业出现转机。兰州综合批发站针对市场特点和企业成立时间短、自有资金少的实际，放弃一部分商品经营，集中实行名牌彩电、洗涤用品的总经销、总代理，扩大经营规模，形成"拳头"产品，经营比例占80%以上，赢得经营主动权，1994年，商品销售4593万元，人均65万元，实现利税38万元，企业总资产3172万元，比1989年建站时增加26倍。

4. 临泽县商业改革经验推广。临泽县商业局于1993年7月报请县政府批准组建了商业总公司，实行"一套机构两块牌子"，加大改革力度，开拓发展，创新经营，兴办工业企业，与乡镇联合办厂，走工商、农商一体化路子。到1995年年末，组建的两个商业公司新建轧钢厂1座、冷库2座、宾馆1家、加油站1个、养鸽场1个、商厦1座、批发市场2个，还联建果品厂、面粉厂、地砖厂等6个实体，并扩建了酒厂。两年多的时间，全县国营商业实现利润35.8万元，1993年职工人均收入1843元，1995年达到3170元，两年多人均增加1327元；1994年还盖了住宅楼6栋，总建筑面积1.28万平方米，加上原有宿舍楼，全县国营商业职工基本解决了住房问题。省商业厅认真总结这一典型经验，于1994年9月在该县召开了"全省国有商业开拓发展现场会"，之后张掖地区也在临泽县召开现场会，使这一典型经验在张掖地区和全省逐步推开，到1995年全省有一半以上的县（市、区）国营商业学习借鉴临泽县经验做法，转变增长方式、开拓创新经营、培育新的经济增长点，使县级商业经营结构发生了深刻变化，走上了良性循环的轨道。

5. 股份制改造。1994年，国有商业进入以公司制为重点建立现代企业制度的改革阶段。兰州民百股份有限公司被列为全国百家建立现代企业制度试点企业；其后，兰州百货大楼、兰州工贸商场、天水百货站、兰州百货站等8户企业先后被列为全省试点企业。试点工作推动了全省商业企业建立现代企业制度和公司制改制的全面展开。截至1995年，全省商业企业已有50多户组建为股份制企业，还有15户中小型企业改组为股份合作制；1997年，国有商业独立核算企业的改革累计达2900户，占企业总数的85%。其中股份有限公司15户，有限责任公司130户，股份合作制220户，抽资租赁经营（国有民营）2450户，实行兼并、破产、拍卖、联合等多种形式改组改制企业30多户，组建集团11个；1998年，全省已改制企业累计达3200户，占企业总数的90%以上，其中股份有限公司30多户，有限责任公司225户，股份合作制350户，抽资租赁经营（国营民营）企业2600户，兼并、破产、拍卖30多户，企业集团14户。兰州金城旅游服务集团公司、兰州市蔬菜公司、酒泉商厦、金塔县百货公司、咸阳百货站等企业改制后均出现良好的发展势头。兰州民百股份有限公司在建立现代企业制度改革中增添了新的活力，1994年商品销售4.43亿元，同比增长64.35%，实现利润3140万元，同比增长31.77%。

连锁经营、电子商务、网络购物等新型业态开始起步。1995年以后，全省商业系统按照商业部和省政府关于积极发展商业连锁经营的要求，先从兰州、天水、酒泉等城市试行，逐步扩大范围。到1995年年末，国营商业发展蔬菜、食品、副食品、百货便民连锁店79个，餐饮服务连锁店7个，其中兰州市便民连锁店41个。1998年，全省共有各种经济类型、各种业态连锁企业40余户，连锁店、超市450多户。到2000年，全省各地食品、蔬菜、百货、家电、照相器材、粮油制品、小杂货以及餐饮服务连锁店快速

上原有宿舍楼，全县国营商业职工基本解决了住房问题。省商业厅认真总结这一典型经验，于1994年9月在该县召开了"全省国有商业开拓发展现场会"，之后张掖地区也在临泽县召开现场会，使这一典型经验在张掖地区和全省逐步推开，到1995年全省有一半以上的县（市、区）国营商业学习借鉴临泽县经验做法，转变增长方式、开拓创新经营、培育新的经济增长点，使县级商业经营结构发生了深刻变化，走上了良性循环的轨道。

5. 股份制改造。1994年，国有商业进入以公司制为重点建立现代企业制度的改革阶段。兰州民百股份有限公司被列为全国百家建立现代企业制度试点企业；其后，兰州百货大楼、兰州工贸商场、天水百货站、兰州百货站等8户企业先后被列为全省试点企业。试点工作推动了全省商业企业建立现代企业制度和公司制改制的全面展开。截至1995年，全省商业企业已有50多户组建为股份制企业，还有15户中小型企业改组为股份合作制；1997年，国有商业独立核算企业的改革累计达2900户，占企业总数的85%。其中股份有限公司15户，有限责任公司130户，股份合作制220户，抽资租赁经营（国有民营）2450户，实行兼并、破产、拍卖、联合等多种形式改组改制企业30多户，组建集团11个；1998年，全省已改制企业累计达3200户，占企业总数的90%以上，其中股份有限公司30多户，有限责任公司225户，股份合作制350户，抽资租赁经营（国营民营）企业2600户，兼并、破产、拍卖30多户，企业集团14户。兰州金城旅游服务集团公司、兰州市蔬菜公司、酒泉商厦、金塔县百货公司、咸阳百货站等企业改制后均出现良好的发展势头。兰州民百股份有限公司在建立现代企业制度改革中增添了新的活力，1994年商品销售4.43亿元，同比增长64.35%，实现利润3140万元，同比增长31.77%。

连锁经营、电子商务、网络购物等新型业态开始起步。1995年以后，全省商业系统按照商业部和省政府关于积极发展商业连锁经营的要求，先从兰州、天水、酒泉等城市试行，逐步扩大范围。到1995年年末，国营商业发展蔬菜、食品、副食品、百货便民连锁店79个，餐饮服务连锁店7个，其中兰州市便民连锁店41个。1998年，全省共有各种经济类型、各种业态连锁企业40余户，连锁店、超市450多户。到2000年，全省各地食品、蔬菜、百货、家电、照相器材、粮油制品、小杂货以及餐饮服务连锁店快速

兴起，遍布各个城镇，成为商贸服务的主要经营方式。同时，电子商务、网络购物异军突起、方兴未艾，初步显示了较强的生命力。

经过流通体制的深入改革，2000年全省市场流通面貌与1985年相比发生了深刻变化，市场主体不断多元化，流通网络逐步健全，市场体系初步确立，市场对全省经济发展和社会进步的带动和导向作用越来越明显和重要。国有流通企业的改制改组取得阶段性成效，效益下滑的态势得到遏制。部分国有流通企业适应了市场竞争的新形势，逐步发展壮大。

非公有制经济和新型零售业态在全省社会消费品零售总额和市场容量中的比重不断增加，市场主体所有制成分多元化的趋势在加速发展。如白银市，2000年全市社会消费品零售总额22.54亿元，增长9.4%，其中非国有流通企业零售总额13.9亿元，增长12.28%，非公有制企业零售总额已占61.7%的市场份额，增长速度高出全市平均值2.88个百分点。白银的这一数据在全省各地有一定代表性，实际上酒泉、武威等经济发达地市的比重还要高一些。兰州市新型营销业态发展较快，华联、亚欧、百盛、佳福、兰新等一大批超市投入运营，华联最高创日均销售额318万元的纪录，拉动了兰州市社会消费品零售额的整体上升。全省除个别地方外，大部分地州市也都有一批新型超市、专卖店出现，其销售额明显高于传统营销方式，发展势头强劲。在甘肃省比较偏远的文县，国内一些名牌厂家也开设专营店，其销售的单个商品市场占有份额占当地市场的60%左右。新型营销业态不仅改变了传统营销方式，也改变了消费者的消费方式，一些消费者逐渐形成从门边店零星采购日用品，转向到超市集中采购的习惯。消费的时段、地点，一次性消费量都发生显著变化，对整个社会消费影响重大。国合商业企业数量和市场份额在总量和增量上均呈逐年下滑态势，2000年全省社会消费品零售总额362.7亿元中，国合企业仅占30%的份额。在酒泉地区，国合企业占全地区社会消费品零售总额的比重仅为0.6%。同时，全省国合企业数量也在减少，张掖地区国有流通企业从改制前的42户下降到32户，下降32%；兰州市改制前为248户，2000年下降到124户，下降50%，其他大多数地州市也有不同程度下降。

商品市场的硬件建设呈数量级快速扩张态势，市场类型也逐步由过去单一的综合市场向专业市场发展，功能、档次、规模有一定提升。2000年全省各级各类商品批发市场已达到350个，形成了如兰州东部批发市场、张苏滩瓜果市场、秦安百货市场等一批有一定区域辐射力、成交额在数亿元以上的大市场。武威市1997年各类商品市场83个，2000年发展到118个，其中专业市场10个，年成交额达到8.3亿元以上，其中仅武威市蔬菜市场，通过电子大屏幕公布全国主要市场蔬菜价格信息，对本地蔬菜通过互联网进行交易宣传，年成交额1.8亿元，市场范围辐射到新疆、青海、内蒙古等省区及整个河西走廊。兰州市通过抓特色区域批发市场的改扩建，十大骨干市场的成交额达到129.53亿元，占全市市场成交总额的64%。全省各地基本已形成以城市市场为骨干，以小城镇、大集镇市场为依托，连接城乡的市场网络体系。在市场监管方面，随着开展对石油、煤炭、医药、烟草、酒类等重点市场的整顿有所规范，一段时期市场混乱加剧的状况有所遏制。按照省政府的安排部署，各地组织工商、公安、质检等部门对成品油、烟草、医药、酒类、煤炭等重点市场进行了阶段性的集中整顿；对假冒伪劣商品进行了联合集中打假，市场秩序开始好转，社会各界的反映普遍较好。

国合商业企业改革改组的步伐加快、力度加大，经营机制得以转换，开始从效益低谷中走出来。14个地州市国合流通企业的改制面全部达到85%以上，其中，酒泉地区最为彻底，改制改组面达到100%，其中60%的企业规范为有限责任公司，按现代企业制度运营；35%的企业改制为股份合作制企业，并在部分企业完成了经营者持大股的目标。兰州市国合流通企业实施破产30户，占国合流通企业总数的24.19%；改制面达到96.5%，当年企业利税同比增长2.75倍，亏损面下降24.66个百分点。甘南州改制面达到85%，2000年亏损面下降19.5%，张掖、陇南地区亏损面分别下降8.5%和7.1%。通过改组改制，明晰了企业产权，大多数企业的效益有了提高。如白银地区改组改制的45户商流企业中，效益上升的有30户，占66.6%，效益稳定的有5户，占11%，下降的有10户，占22.4%。

农村市场和地产品市场受农民收入低和产品结构落后制约较大，开拓市场特别是开拓农村市场和地产品市场的工作已在各地市基本开展起来。2000年全省农村市场消费稳步增长，但整体消费水平依然很低。全省农民人均纯收入1428元，比1995年增长62.2%；农村消费品零售总额129亿元，比1998年增长13.16%。地区之间农民收入水平差距大，最高的酒泉地区达到3316元，最低的陇南地区仅956元，一定程度上掩盖了全省农村消费低水平的状况。14个地州市中，农民人均纯收入低于1400元的7个地州市的农民占全省农村总人口的70%。消费结构发生明显变化，但仍以传统消费为主，体现在生活性支出上升、生产性支出下降、非商品性支出增加。如2000年酒泉农民生活性支出上升0.45个百分点，生产性支出下降13.6个百分点，交通通讯服务等非商品性支出增加14.6个百分点。农副产品种类比较丰富，商品率提高，但"卖难""价跌"现象严重。2000年—2001年，全省粮食、苹果、洋芋等主要农产品出现"卖难"（500克苹果的价格在一些地区一度比洋芋还便宜），全省重要农产品均呈量多价跌的趋势。从地产品看，甘肃省为数不多的地方工业品大多只在商品市场的低档的消费品摊位上摆放，能够销得出去的也只有烟、酒、酱、醋等副食品，消费者普遍反映地产品包装落后，价高质次，服务不到位，省内消费者对地产品的认同度仅为30%。各地在开拓农村市场和地产品市场上普遍存在畏难情绪，除了少数典型外，整体进展不大。

在市场流通工作中，各地州市结合区域经济特点，因地制宜采取了多种做法。在陇南、临夏、张掖等地，选择确定了符合当地实际的改革发展方向和突破口，取得了实质性进展。陇南地区国合流通企业在十一届三中全会后经历了多种形式的改革，但没有大的起色，反而出现了经济效益大幅下滑的情况，全地区国合商业1992年开始亏损，1994年全行业亏损，到1996年年底净亏损达到4.2亿元，流通业除烟草行业外，商业、供销、物资、粮食等行业市场占有份额不到20%，物资行业甚至基本关门，占三分之一的国合企业职工领不到工资。严重的形势引起陇南地委、行署的高度重视，决定调整和确定新的改革与发展途径。经过调查研究，自1997年开始连续3年召开全区商贸流通工作会议，按"有所为有所不为"的思路，推进和实施了国有经济退出部分流通领域的途径和措施，让非公有制经济发挥优势作用。退出的办法有买断、抽资经营、租赁经营等多种形式。经过3年的努力，到2000年，在国有商业和供销社资产成分中，集体和个人资产已达到60%—70%，真正实现了产权变股权、职工变身份、企业变性质的"三变"，行业和企业的效益也大幅度上升。流通行业亏损从1996年的4000万元下降到2000年的600万元。流通企业经济效益也相应上升，经营好的企业已占50%，一般的占35%，亏损的仅占15%。建立完善的市场体系，使国有流通企业退出有条件、有手段，加快转轨变型。陇南通过市场机制建市场，给国合企业职工发展个体、私营经济提供了广阔的舞台。到2000年全区发展个体工商户5万多户，从业人员11万余人，零售总额3年平均增长在30%以上。临夏州州委州政府继续把大力发展非公有制经济作为全州经济发展的突破口，通过放手发展和切实保护非公有制经济，使流通行业国有经济的比重较快下降，实现了国有经济在一般性竞争行业的有序退出。到2000年，全州流通领域1386户企业中，国有仅占479户，约12万从业人员中，国有企业仅占6000人。

一些涉及产权改革程度深的地方和企业，由于彻底改变所有者与经营者分离的状况，改革取得实质性成效。天水百货站是一家国有中型商业企业，由于1998年以前未涉及产权改革，用企业的话说就是改革工作搞了形式主义、走了过场，致使到1998年企业债台高筑，资产负债率高达150%，欠银行贷款本息总额高达7200万元，职工工资长期拖欠，年亏损额达到1000多万元。1998年调整后的班子下决心从产权入手进行实质性改革，采取带资经营、抽资经营等各种形式使职工真正变成自我经营主体，企业面貌在短期内发生了显著变化。2000年在欠债累累、银行未贷一分钱的情况下资产收益达到300多万元，保证了在职职工和离退休职工的工资发放，初步实现了企业脱困目标。天水百货公司通过实施职工入股，国有股减持的产权多元化改革，2000年实现利润达到122万元，成为天水市国合商业流通企业领域内唯一连续盈利的企业之一。白银市景泰县饮食服务公司依靠公司股东自筹和社会投资的210万元，筹建金城商厦，没有向国家贷1分钱，采取"谁投资、谁所有、谁受益"的政策，实行联合投资、统一管理、分散经营、照章纳税的股份合作与民营形式相融合的特殊的资产组织形式，建立了以职工投资为主的民营合作型投资模式和经营机制。公司除按投资额将一楼、二楼和三楼的部分营业面积量化给职工和社会投资者所有外，还拥有部分三楼、四楼全部700多平方米的房屋产权和15万元现金。公司将拥有的经营场地全部对外出租，以保证公司12名退休职工、6名管理人员的工资发放和公司积累，公司职工有了看得见、摸得着的实际效益。据一位经营鞋类的女职工反映，她与另一名职工投资7万元买下了约10平方米的经营场地的产权，当年即可收回全部投资并开始收益。这种以市场为轴心按市场需求来配置企业的资源，变商品经营为资产经营，即使国有资产保值增值，又使国家、集体、个人三者都受益的做法，为国合流通企业盘活存量资产、提高闲置、低效资产使用效率、增强发展后劲提供了一个典型。兰州市先后对30户长期亏损、资不抵债、产品无销路、扭亏无望的商贸企业依法实施破产，为国合商业企业整体扭亏奠定了基础。

　　酒泉、张掖、武威等地州市，以提高农民收入为切入点，调整农业产业结构，发展贸工农一体化龙头企业，拓宽工业和农业产品的双向流通渠道，开拓农村市场和地产品市场成效明显。武威地区大力发展贸工农一体化，通过扩大农副产品加工规模、延伸农业产业链，带动农村经济结构的优化和农业产业化，提高了农民收入和农民手中现金收入的比重。到2000年年底，武威地区以农副产品为加工对象的企业占全区企业总数、年完成工业总产值的比重均在70%以上，一批大型贸工农一体化龙头企业已经成为解决农产品卖难问题的重要通道。短期内发展起来的武威荣华公司年产淀粉2亿多千克、加工消化玉米原料4亿多千克，仅此一项，即增加当地农民收入1.6亿元。酒泉地区把农业结构调整作为系统工程来抓，使农民收入大幅提高。其主要做法是，立足市场需求进行结构调整。鉴于全国主要粮食作物价格持续低迷的情况，结合地理自然优势，大力发展经济作物，2000年全区粮食种植结构比例为3:7，仅在花海乡种植孜然的面积就达70公顷，其产量居全国第二位，品质系全国第一位，在收购季节，产品供不应求。同时根据订单情况，及时进行结构调整，2000年酒泉市巨龙集团棉花订单1000公顷，农民每公顷收入达22500元。立足科技进步进行结构调整。2000年全区引进农业新品种500多个，提高了农副产品附加值，使农民增加了收入。立足于农业综合效益搞调整，在推进农业产业化的过程中，把农副产品加工作为重点大力发展，2000年加工脱水蔬菜130万千克、消耗鲜菜1500万千克。全区191户贸工农一体企业2000年收购当地农副产品达5.4亿元。河西五地市积极帮助和引导农民进入市场，扶持农副产品运销大户，促进了当地农产品的顺畅销售。玉门市的王正明、临泽县的杨发虎、鲁维林等一批"能人"，吃苦精神强，经营方法灵活，热心为农民群众服务，组织大量的农副产品向省外和境外销售，成为农副产品流通的骨干力量。民勤县原粮油公司职工刘光祯说"农民富裕我发展"，他自己创办农副土产开发公司销售农副产品，每年将200万千克以上的农副产品销往江西、浙江、山东、广东等地。同时，河西地区重视建立农副产品流通协会，张掖市、武威市、玉门市、临泽县、永昌县的协会有章程、有组织，流通网络比较广泛，积极配合当地政府的工作，大力组织农产品外销，已经成为这些县农副产品销售和开拓农村市场的重要力量。临泽县的各类农副产品流通组织已发展到983个，从业人员6000名，在省内外建立相对稳定的销售网点45个，发展养牛、养鸡、蔬菜贩运协会13个，各类组织年销售农副产品总值2.9亿元。酒泉地区所有乡镇都开通网络销售，利用电脑网络传递信息和交易，在网上政务公开、为农服务，利用网络经销农副产品，也成为扩大农产品外销的重要渠道。金昌市在开拓地产品市场方面进行了有效的探索，组织流通企业深入农村乡镇、村社调查摸底，掌握第一手资料，探索开发适合农村需要的生活资料和生产资料，引导工商企业及时组织适销对路的商品供应农村市场。如金化集团组织科技人员携土壤快速测定仪，深入农民的田间地头，为农民测土配方，生产适合土壤需要的肥料。金川公司电控厂深入周边农村，为农村架设电网，制作配电柜及其他零件，既解决了农民购买实用配电柜的难题，又增加了企业销售收入。贯彻省政府"同质同价，优先使用地产品"的精神，引导有关工业企业互为市场。金川公司和金昌钢管总厂达成协议，金川公司从金昌钢管总厂购进钢管20万千克，金昌钢管总厂从金川公司购进电焊条。特别是金川公司坚持"省内物资优先采购"原则，水泥、汽油、柴油、润滑油、电焊条100%从省内采购；选矿药剂、碳素制品、二三类建材达到80%以上，煤炭78%在省内采购，纯碱80%在金化集团采购；重油50%在省内采购；工具、量具、刃具、电气材科等在省内的采购比例稳步上升。通过省内采购，帮助了省内企业调整结构、走出困境，特别是与兰州通用标准件厂密切合作，扩大该厂产品销售，使该厂由濒临破产倒闭到起死回生、经营出现转机。引导工商企业共同开拓市场，金化集团和金昌市供销社及其农副生资有限责任公司达成协议，市农副生资公司利用其在河西的仓库开设化肥农资超市，经营金化集团、兰化集团生产的各种化肥，既扩大了地产品市场、规范了化肥市场秩序，又提高了流通企业的经济效益。

兰州、陇南、定西、天水等地州市，运用市场机制的办法建设市场，集中力量联合执法整顿规范市场秩序。陇南地区在市场建设中着力挖掘存量资产效能，积极推动商业、供销、物资、医药等行业企业利用其闲置的仓储设施办市场，既解决了农村集贸市场长期占路为市的状况，又为这些流通企业找到了扩销增效渠道。全区利用闲置设施办的市场达50个以上。利用多种方式吸引社会资源共建市场，由建筑商垫资建市场，由农民以土地投资入股形式建市场，由国企与个体、私企联合建市场。拍卖土地使用权，由经营者投资建市场。据不完全统计，陇南通过这几种主要形式，在国家未投一分钱的情况下，筹集资金达3000多万元，建成各类市场20多个。兰州市和定西地区在对重点市场进行整顿中，通过协调工商、公安、质检等部门联合执法，市场整顿工作在短期内取得了阶段性成果。兰州市在医药市场整顿中查出大案10余起，涉及金额94.4万元。在酒类市场整顿中查处各类假冒伪劣酒案件1500余起，价值约450万元。定西县依靠联合执法，2000年查处经济行政违法案件1232起，其中万元以上50多起，价值500多万元。

2000年，市场流通工作中的困难主要是：（1）以产权为核心的改革需要加强。各地在改制中已触及了产权改革，但大多是一些经营不善或接近破产边缘而被逼进行产权改革的企业，一些效益比较好的国合企业改革措施无力，进展不大，没有硬政策，缺少硬杠杆。部分改制企业仍在"穿新鞋、走老路"，企业的管理体制和运行机制还不完善。改革的进展不平衡，深度也不够，这在不同地区或同一地区的不同企业普遍存在。产权关系没有完全理顺、权责还不明确，尤其是部分已改制为股份合作制的企业，虽然资产已量化给职工个人，但实际上产权并没有彻底明晰，量化给职工的资产，职工感觉还是看不见、摸不着，经营机制也没有得到彻底转换，影响了职工投身改革的积极性，职工自觉地参与决策、经营、管理的意识不强。法人治理结构不完善，没有建立起科学合理的领导体制和组织制度。企业管理薄弱，相当一部分企业决策随意，制度不严，纪律松弛，管理水平低下，企业监督机制不健全，"内部人控制"的情况比较普遍；企业退出渠道不畅。部分地区一些长期亏损、扭亏无望的企业还在死守烂摊子。（2）市场整顿规范工作需要加强。在市场发展的同时，市场的混乱程度也在加剧，表现在农村市场假冒伪劣商品泛滥。特别对影响国计民生和人民生命安全的化肥、种子、药品、烟草等商品，一些违法分子把重点放在农村，既严重损害了农民的利益，给自我保护能力弱的农民的生产和生活安全构成威胁，又使合格商品不能进入农村市场，损害了正规经营者的利益。有些地县政府重视不够、执法力量薄弱，有些执法主体不明确、执法力度不到位，这是农村存在的全局性问题；还没有真正开始进行日常严格的监管，只是阶段性的整顿工作，存在很多隐患。比如医药市场整顿，地县一级的机构尚未建立起来，就存在执法主体不明确的问题。 （3）市场建设低水平扩建问题需要引导。在市场体系建设中，各级政府对市场建设比较重视，出现了各地大办市场的良好局面。但另一种不好的苗头也开始出现，一些地方不顾当地市场的实际容量，盲目大铺摊子建市场，出现了低水平重复建设的倾向，市场的数量发展快速扩张，出现了一批有场无市的空壳市场。另一方面，原有的市场在档次、功能、规模和专业化上长期在低层次徘徊，市场辐射力和带动力明显不足，还尚未从数量扩张转到质量提升上来。 （4）开拓农村市场中帮农增收的工作需要加强。一些农村，农民负担重，农产品比较效益下降，过剩和卖难等问题比较突出。与当时全国80%的农民只有20%的购买力相比，甘肃省农民人均纯收入在1400元以下的地方，还没有20%的购买力。一些地方开拓农村市场仅着眼于扩大工业品到农村市场，农民在低收入水平下对工业品的有效需求不足。 （5）国合流通企业负担重、债务重、税负不公平的问题需要从政策上落实解决。国家解决国合流通企业历史形成的政策性亏损政策还没有落到实处；在一些成立时间较长的流通企业，离退休人员比例较高，离退休费用全由企业负担。这些企业问题较多、比较困难，离退休人员的养老问题继续由企业负担既不合理，也容易影响社会稳定；在改制后，税收负担依然按国有的执行，没有和个体、私营企业一样对待等，影响到国合企业的改革和发展。粮食流通体制改革确定的"三项政策一项改革"难以全面贯彻执行。各地粮食部门反映，只能落实"粮食收购资金封闭运行"这一项政策，其他政策落实起来困难较多。 （6）地产品市场占有率需要提高。据调研，在省内市场、商场里见到的产品多为外省生产，这在兰州比较普遍。兰州市地产品的品类主要是化工、酒类、纺织、服装、鞋帽、日用品、家电、副食品、农副土特产品等，其综合销售额除化工产品占60%，酒类（地产）占80%以上外，其他产品份额较低，其销售额占总销售额的5%左右，品种只占0.5%左右，呈萎缩、下降趋势。究其原因，主要是品种单一、花色单调，产品工艺粗、包装粗，新产品开发少、产品宣传少、经销中服务少。

2001年11月中国加入世界贸易组织后，甘肃省国内贸易流通管理体制在不断深化改革的基础上，加快发展国内外贸易一体化。2004年甘肃省商务厅组建成立，全省内外贸统一管理体制初步形成。

2001年3月，省经济贸易委员会、省贸易经济合作厅、省体制改革领导小组办公室、省工商局、省政府研究室、兰州市商贸委员会、兰州市商贸办等7个单位的有关人员组成3个调研组，深入14个地州市就全省市场流通工作进行全面调研。2001年7月份，甘肃省政府在金昌市召开了全省流通工作会议暨开拓农村市场现场会。会议以"深化改革、加快发展"为主题，对1985年—2000年的国内贸易流通改革发展情况进行系统总结，明确国合流通企业的改革方向和出路，提出开拓城乡市场特别是农村市场、规范市场秩序、加强流通企业扭亏增盈管理、推进流通现代化等工作的要求，即：培育和完善市场流通体系，向统一、开放、竞争、有序的方向发展，为全省经济和社会发展营造良好的市场环境。坚决贯彻中央"有所为有所不为"的方针，加强对国合流通企业改革与扭亏增盈工作的政策落实、扶持和指导。对已具有较大规模和竞争优势的骨干国合流通企业进一步促其发展壮大，在全省范围内形成若干个实力强、规模大，对市场发展有较大辐射带动作用的流通企业集团。对中小型国合流通企业引导其向非公有制经济转变，全面全部退出国有企业序列，让其在市场竞争中谋求自我生存发展，让市场决定其优胜劣汰。重视地产品市场和农村市场的开拓，着力提高全省工商企业和农民的市场开拓意识和市场营销水平。市场流通工作搞得比较典型的19个地县和企业参加了会议。具体是，武威荣华集团：国家大型一级乡镇企业，以当地农业资源作为主导产品的主要原料，生产、加工、流通结合较好、农业产业化的综合效益较为明显。武威凉州市场：市场规模扩张较快，交易活跃；建市投资机制较为灵活。永昌县朱王堡镇：小城镇建设投资机制灵活，通过发展小城镇带动了农村市场发展。金川公司："同质同价，省内优先"，加大地产品采购比例。玉门市农副产品流通协会：

利用政府网络系统和协调功能，吸收贩运大户加入，当地82.85%的农副产品通过该渠道消化，较好地解决了农民"卖难"问题。酒泉巨龙供销集团：建立科技示范农场，引导农民调整种植结构，走"龙头带基层社、基层社带基地、基地带农户"的贸工农一体化路子，企业和农户风险共担、利益共享。临泽县政府：大力发展各种农副产品流通组织，积极支持贩运大户，全县农副产品销售渠道较为畅通。张掖市物资公司：企业加强和改善营销、资金、人事、民主等方面的管理成效显著，持续盈利。陇南地区行署：构筑非公有制经济发展框架，在国合流通行业实行国退民进，扭转了国合企业效益下滑的被动局面。成县沙湾供销社：与农民共建药材生产基地，依靠供销渠道销售，真正实现了供销社为农民合作组织的宗旨，既提高了农民收入，又发展了供销事业。徽县医药公司：依靠实施"内抓管理，外拓市场"的方针，企业持续盈利，成为陇南地区医药行业唯一的盈利企业。天水百货站：在资产负债率高达150%，累亏1000多万元的形势下，调整后的新班子锐意改革，在银行未贷一分钱的情况下，2000年减亏500多万元。天水百货公司：依靠深化改革，内抓管理，不断拓宽经营渠道，保持了企业的持续盈利和发展，企业净资产收益率达到30%左右，2000年实现利润122万元。兰州市商委：在对流通企业抓大放小的同时，对长期亏损、资不抵债的30户企业依法使其进入破产程序，奠定了国合流通行业整体扭亏的基础。兰州市红古区经贸局：大力开拓农村市场、创办农产品交易市场，建成宏伟、维特尔两个公司，发展订单农业，加快了农业产业化进程。景泰县饮食服务有限责任公司：改革进行得比较彻底，依靠职工自筹、社会集资等方式，盘活了存量资产，扩大了经营范围，发展势头良好。兰州华联超市：营销方式超前，管理比较好，以连锁的方式在白银开了一家华联超市，效果良好。临夏州食品公司：注重市场营销，以特色产品开拓省内外市场，产品辐射范围涉及广东、江苏等多个省份。临夏州饮食服务公司：以资产运营的形式，对所属企业进行抓大放小，资产总额由原来的291万元猛增至1631万元，同比增长56%。

二、新型流通业态发展

2002年1月20日全国流通现代化工作会议在北京召开之后，甘肃省以流通方式和组织形式的改革与创新为切入点，重点推动连锁经营、物流配送和电子商务等新型流通业态发展，不断推进流通基础设施、技术装备、工艺及标准的现代化，以及管理体制、经营方式、组织形式、管理观念和人员素质的现代化。2002年5月16日，省经贸委、省贸易经济合作厅联合起草了《关于大力推进流通现代化的意见》，共27条。2002年8月30日，甘肃省政府办公厅将该意见批转各地执行。全省流通系统开始将流通现代化与国家西部大开发相结合，与甘肃省产业结构调整相结合，与观念、机制、管理、技术创新相结合，与企业的改革、改制、脱困相结合，与"扩大内需、开拓市场、引导消费"的要求相结合，与整顿和规范市场经济秩序相结合，完善流通设施，调整流通产业结构，在充分发挥市场机制作用的同时，加强政府的宏观调控和指导，构建安全、通畅、高效的现代流通体系。

1. 连锁经营。与全国一样，连锁经营是甘肃省流通领域带有方向性的一项改革，自1990年开始起步，后来逐步成为零售业、餐饮业和服务业普遍应用的经营方式和组织形式。截至2001年上半年，甘肃省连锁店发展情况是：石油系统799个，医药行业6家连锁企业249个连锁店，其中，绿叶连锁公司15个连锁店，红花医药公司12个连锁店，酒泉绿叶102个连锁店，武威寿星医药公司13个连锁店，临夏医药公司15个连锁店，天水太和医药公司92个连锁店。烟草行业"六统一"（统一采购、统一配送、统一核算、统一管理、统一商号、统一形象）的批发网点365个。商业系统总体上新型流通业态发展迅速，但规模普遍偏小。截至2001年10月，全省商业系统共有连锁总店32家（包括限额以上和限额以下企业单位）、连锁分店285家（包括总店不在甘肃的分店），实现销售额62254万元，与1999年相比分别增长52.38%、39.65%和346%，从业人员和营业面积分别为5319人和13096万平方米，有配送中心25个。专业店、快餐店是连锁企业的主体。已引入来自北京的赛泰公司、华联公司和来自马来西亚的百盛集团进入兰州，其销售额也比较高，如兰州华联综合超市年销售额达25110万元，占连锁销售额的40.34%。但甘肃省当时的连锁企业平均每家拥有4.45个分店，且大多数只有2个分店，销售额只占社会消费品零售总额的1.6%。另外，规范化程度低，零售业态单一也影响了连锁企业的发展。由于大规模的连锁经营、超市、物流中心等新型业态所带来的效益已被整个流通业所认同，因此在2002年乃至以后的流通业态调整扩张中，规范运行、扩大规模是流通企业发展的主要手段，规范和整合成为流通企业参与竞争的主流。2001年省内医药行业红花、绿叶两家连锁企业的合并，已拉开了规范和整合的序幕。2002年，省政府选定医药绿叶连锁项目争取国家国债贴息和技术改造资金支持。

2003年，在抓好消费品零售和餐饮服务业连锁经营规范化发展的基础上，推动书刊音像、电脑软件、汽车消费及租赁、汽车配件及维修、房地产中介、家政服务、旅游等新兴服务业以及铁路、邮政、电讯、石化、药品、烟草等比较集中的行业发展连锁经营。支持优势连锁企业加快向城市社区、郊区集镇、农村小城镇以及全国扩张步伐，以连锁经营提升传统商业经营管理水平。支持特色突出、具有知识品牌和拥有自主知识产权的老字号企业，运用商品、商号、配送、经营模式、管理技术等优势发展特许经营网络，把众多的"小门店"连起来，积极探索特许经营的发展模式，实现社会商业资源的有效整合。通过连锁经营对传统百货业态进行改造，推进其向现代较大型综合超市、购物中心转型和功能创新，特别是鼓励龙头商贸企业兼并吸纳传统小百货、副食、杂货店、夫妻店进行连锁改造，扩大经营网络。采取的政策扶持措施主要有，省财政每年根据财力情况，安排一定数量的资金作为重点扶持大型连锁经营企业和社会化、专业化物流配送企业的贷款贴息，省财政厅会同省推进流通现代化工作领导小组办公室制定了具体办法。税务部门对实行统一采购、统一配送、统一核算、统一管理、统一商号、统一形象的、总部及其配送中心设在省内跨区域的连锁经营企业，可由总店向其所在地主管税务机关统一申报缴纳增值税和企业所得税，统一纳税的连锁企业分布在各地的直营连锁店可持总部批准认可文件，到当地税务部门办理统一纳税有关手续。工商管理部门对连锁企业经营范围的核定扩展为按行业大类核定。对直营连锁企业各门店，可由总部统一办理专营商品许可证，总部已取得经营许可的，其门店持总部批准文件（或许可证），加盖总部印章的复印件，按照国家工商局、国内贸易部《关于连锁店登记有关问题的通知》要求到工商部门办理登记手续。经营烟草制品零售业务的，总部及其门店都应按《烟草专卖法》及其《实施条例》的有关规定，到所在地的烟草专卖行政管理部门办理烟草专卖零售许可证。公安交通管理部门对连锁、配送企业已登记挂牌的送货机动车，提供市区通行、停靠的便利。在禁行区域、路段和禁止时间通行及禁止路段停靠的车辆，可凭公安交通管理部门核发的通行证通行。新闻出版和文化部门准许连锁企业经营图书、报刊、电子出版物、音像制品，并简化登记手续。城乡建设部门将商业网点建设纳入市县城市及集镇建设规划，本着"拆一还一"的原则，充分考虑连锁门店和物流配送的商业需要。

2005年开始，国家商务部启动实施"万村千乡市场工程"，通过安排财政资金，以补助或贴息的方式，引导城市连锁店和超市等流通企业向农村延伸，发展"农家店"，力争用3年的时间，培育出25万家连锁经营的农家店，构建"以城区店为龙头、乡镇店为骨干、村级店为基础"的农村现代流通网络，使标准化农家店覆盖全国50%的行政村和70%的乡镇，满足农民消费需求，改善农村消费环境，促进农业产业化发展。根据商务部关于开展"万村千乡市场工程"试点和开展农产品连锁经营试点通知精神，2005年省商务厅会同省财政厅审核上报甘肃省18个县（市、区）由29家企业开展"万村千乡市场工程"试点工作，经商务部批复同意后开始实施。计划用3年时间在18个县（市、区）建立3800家连锁"农家店"，并积极与世界著名连锁经营企业家乐福联系，力争其到甘肃投资开店，通过引进外资提升甘肃省零售业的层次和水平。省商务厅还会同有关部门制定了搞活农产品流通、大力培育农村消费品市场的政策措施。

2006年，商务部核准甘肃省新增35个试点县，省商务厅在扩大试点县范围的基础上，调整完善规划，制定《甘肃省"万村千乡市场工程"实施方案》，明确了工作原则、工作程序和各级商务主管部门的责任。先后两次对已核准的试点企业资格进行严格审查，在兰州市还采取公开招标的方式选择试点企业，使有实力、有连锁经营能力和经验的龙头企业参与"万村千乡市场工程"，对5家没有连锁能力和商品配送渠道的企业向商务部申请作了调整。召开了全省"万村千乡市场工程"电视电话会议，举办了全省"万村千乡市场工程"培训班。一些试点工程与省内重点工作相互衔接，如"万村千乡市场工程"与建设社会主义新农村、开拓农村市场、扩大内需相结合积极推进。

2007年，"万村千乡市场工程"已在全省14个市州、74个县区实施，建设改造标准农家店5213个。在全省确定的100个新农村建设试点村中，建成合格农家店58个。改造农家店营业面积约8.6万平方米,配送中心1.2万平方米,增加配送车180多辆。"万村千乡市场工程"已覆盖全省73%的县、68%的乡镇、45%的行政村,较好解决了农村消费"不安全""不方便"和"不实惠"的问题,提高了农村流通商品质量,初步形成了现代农村流通零售网络,扩大农村消费5.7亿元,其中农家店实现销售3.3亿元,吸纳社会劳动力近5000人,受益农民约100万人。

2008年,省商务厅进一步扩大"万村千乡市场工程"实施成效,对建设改造的农家店进行了抽查复检,会同财政厅制定《甘肃省2008年度"万村千乡市场工程"实施方案及政策措施》,与省委组织部联合下发《万村千乡市场工程与农村基层组织相结合示范工程试点工作方案》。完成2007年"万村千乡市场工程"清算工作,落实商务部补助资金2550万元。2008年争取商务部补助资金1800万元。2009年建设了4000个标准农家店、32个承办企业配送中心。

截至2010年年底,全省经国家商务部核准备案的承办企业共104户,累计建设农家店14548个,其中乡级店864个,村级店13684个,商品配送中心84个,已覆盖全省14个市州的86个县区,县、乡、村覆盖率分别达到了100%、95%、70%以上。共争取国家项目扶持资金2亿多元,带动试点企业投入资金近8亿元,吸纳农村劳动力近3万人,使全省1000余万农村消费者从中受益,年新增农村消费额40亿元以上。"万村千乡市场工程"的实施,使得全省农村流通体制改革取得重大突破,社会各方都给予了广泛的支持和关注,"万村千乡市场工程"成为甘肃省新农村建设的亮点工程。

2006年—2010年("十一五"期间),通过实施"万村千乡市场工程",全省农村市场体系建设全面展开,农村流通体制改革深入推进,农村流通基础设施得到加强,农村现代流通网络框架已经初步形成。这项工程得到了各级党委、政府的高度重视,主管领导多次视察和指导工作,各市州、县区政府均成立了专门领导协调机构,兰州市、天水市等10余个市县连续每年将"万村千乡市场工程"列入为民办的实事工作,将项目建设纳入部门绩效考核体系,省市县各级财政累计配套建设资金3000多万元。"万村千乡市场工程"成为农民得实惠、企业得市场、政府得民心的民生工程。2010年年底,全省农村超市商业面积达65万平方米,平均单店面积36平方米以上；平均单店品种500多种，经营品种大幅增长。经过标准化改造，超市、便利店等新型商业业态引进来，农村商业面貌明显改善。统一标识，易于农民识别；统一布局，商品摆放整齐；统一采购，商品丰富；统一经营模式，开架售货。改造后的农村超市成为农村一道靓丽的风景线，农民也能像城市居民一样享受方便、舒适的购物环境，在家门口就能买到所需商品，原来的"黑房子、土台子"形象和"日常用品赶大集，大件商品跑县里"的购物模式正在发生变化。武山金鑫商贸公司、张掖新乐超市有限公司、泾川南北购销公司、礼县联华有限公司、西和糖酒公司等一大批承办企业对配送中心建设高标准、高投入，成为当地或县域物流配送中心之一。"全覆盖、多层次"的农村商品配送体系初步形成，提高了农村商品配送率，大大缓解了农村物流成本高的问题。承办企业充分发挥自身管理和经营渠道优势，引导农家店规范经营、诚信服务，赢得了广大农民群众的信任。连锁农家店已逐步成为农村居民购物的主渠道之一。2010年，全省连锁农家店销售超过40亿元，2008年以后连续3年农村社会消费品零售额同比增幅超过城市，"万村千乡市场工程"拉动农村消费的作用日渐显现，农村商品应急体系得到加强。一些流通企业发展壮大后，社会责任感不断增强，在2008年汶川地震、2010年舟曲泥石流等灾害中，陇南市、甘南州许多"万村千乡市场工程"企业都挺身而出，对保证市场供应、维护灾后社会稳定和商业网点重建发挥了重要作用。

到2010年，由于该项目已连续实施6年，按照"一乡一店、一村一店"以及市场化运作的原则，经济和自然条件相对较好的乡镇和行政村，均已经布点建店，个别偏远山村由于农民居住分散、消费能力弱等原因，农家店改造成本大、商品配送成本高、盈利能力弱，企业建设积极性不高。进一步提高覆盖面的难度加大。由于大部分承办企业是县域民营商贸企业，尽管通过实施"万村千乡市场工程"，企业配送中心、配送网络、配送的商品种类有了很大提高，但机械化、信息化水平低，农家店综合服务能力和水平低，连锁网络发挥"双向流通"即工业品下乡和农副产品进城的作用还不明显，农家店发挥多种服务即食盐、烟草、书报、邮政、移动电信业务代办，农产品、务工信息发布、刷卡消费和娱乐休闲服务等功能还不突出，承办企业与农家店共同发展、利益共享、风险共担的机制还没有完全建立。

从2010年起，省政府连续两年将"万村千乡市场工程"列入为民办的实事工作，以电子商务、信息化及物流配送为依托，推进发展直营连锁，规范发展特许连锁，引导发展自愿连锁。引导便利店等业态进社区，促进全省连锁经营企业由城市向农村延伸。支持连锁经营企业建设直采基地和信息系统，提升自愿连锁服务机构联合采购、统一分销、共同配送能力，引导便利店等业态进社区，规范和拓展其代收费、代收货等便民服务功能。引进一批大型连锁企业，通过加盟等多种方式改造提升一批城市社区连锁便利店。鼓励超市、便利店、机场等相关场所依法依规发展便民餐饮点。鼓励中华老字号传承与创新发展，鼓励经营者开发自有品牌，完善连锁经营网络和流通渠道。支持大中型流通企业加强县乡村三级消费品连锁经营网络建设，提高统一配送率。鼓励农家店不断拓展经营范围，开展医药、音像制品、书籍报刊、烟草零售、电讯器材、邮政代办、保险代理、建筑装饰材料等商品经营业务，提高农家店综合服务质量，形成沟通城乡、便民利民的消费品连锁经营网络，拉动农村消费的作用逐年显现，特别是小型超市、连锁便利店等零售业态逐步走进农村，促进和带动了农村流通业态的逐步改变。

2. 现代物流。随着流通管理体制改革的不断深入，加之甘肃东西狭长的地理位置，以及市场体系的不断完善，甘肃物流业发展得相对较早，但没有真正意义上的现代物流企业，这种状况持续了很长一段时间。据2001年的调查，甘肃物流业大致归纳为以下几种：以原甘肃省商业、物资、外贸、粮食等系统内仓储分拨为主的物流服务企业；以铁路运输部门为主开办的三产物流企业；以全省交通和航空运输部门所属企业与有关企业联合形成的物流配送企业；以工业企业为主的内部物流企业；以私营、个人等零散业主为主的非专业物流，由于人数较多从而形成一个庞大的甘肃物流队伍，在社会物流中发挥着重要作用。大部分企业对物流发展不重视，管理模式和思想意识还没有从传统计划经济下的产、运、销一条龙的模式中转变过来。服务方式和手段比较原始和单一，从事物流服务的企业只能简单地提供运输(送货)和仓储服务，而在流通加工、物流信息服务、库存管理、物流成本控制等物流增值服务方面没有全面展开。企业经营管理水平低，缺少竞争意识及市场需要、用户至上的经营理念，人才队伍主要是从事简单购销的业务人员，知识结构不全面，具有信息、金融、管理、法律等复合型物流专业人才奇缺，特别是第三方物流设计与管理人才更是难以觅得。物流管理制度缺乏必要的服务规范，经营粗放。物流活动各环节分属于商贸、铁路、公路、民航、水运等多个管理领域，在计划经济体制下建立的甘肃物流体系，管理体制比较分散，法规、政策、利益部门条块分割化，难以科学统一地配置资源。物流中心无规模效益，"大而全、小而全"作坊式的经营方式，重复布点，重复投资，不是社会的合理分工，而是一种分散、低效率、高耗能的物流组织形式。物流作业效率不高，各种运输方式之间无合理分工关系，企业在同类货源上进行盲目竞争。各种运输方式之间装备标准不统一，物流器具标准不配套，物流包装标准与物流设施标准之间缺乏有效衔接。物流信息系统建设滞后，一方面，工商企业内部物流信息管理和技术手段都比较落后，多数企业没有建立完善的物流信息管理系统（MIS）、电子数据交换系统（EDI）和货物跟踪系统，另一方面，缺乏必要的公众物流信息平台，服务与需求信息不能在全社会范围内有效共享共用。

2002年9月30日，甘肃省政府办公厅批转省经贸委《关于加快甘肃省现代物流发展的意见》，提出以加快工业发展和经济增长为目标、以市场为导向、以企业为主体、以信息技术为支撑，大力推进物流业的社会化、系统化、电子化、多元化，全面降低物流成本，提高服务质量，推动甘肃省物流产业快速、健康发展，经过5年左右的努力，把甘肃省建设成为西北地区的现代物流中心。第一阶段：加强现代物流知识的学习宣传、加大培训现代物流管理和技术人才、加快对物流资源的整合重组与改造。用两年左右的时间，在全省大中型企业中选择2—3户有一定经营能力和规模、经济效益较好、基础设施完善、物流量大的企业进行现代物流推进试点。以建设兰州商贸中心为依托，对各大批发市场按照现代物流的要求加以改造，完善物流服务功能。通信、信息服务部门基本具备对物流信息平台的技术支持功能。邮政系统充分利用原有的物流体系，进一步扩大经营范围、增强物流服务功能，向现代物流企业发展。第二阶段：建成功能完善的物流基础设施平台、物流信息技术平台和物流政策平台，为甘肃省物流业的发展奠定良好基础。重点建成兰州物流园区。在铁路、交通、物资仓储行业以及大型商贸批发市场的基础上，组建2—3个在国内有影响、年营业收入在5亿元以上，5个在西北地区有影响、年营业收入在1亿元以上，10个在省内有影响、年营业收入在3000万元以上的物流企业集团或第三方物流企业。把甘肃省现代物流发展成为现代化、网络化的高科技产业，使其成为甘肃省新的经济增长点和国民经济重要的支柱产业。

省经贸委牵头组织协调省直有关部门，编制全省现代物流发展规划，制定有关规范物流管理、鼓励物流发展的法规政策并统一实施，吸引物流产业投资。培育现代物流服务市场，重点发展需方市场。引导工业、商业和其他服务企业转变传统观念，推进物流管理体制改革，逐步将原材料、商品等的采购、运输、仓储和产成品加工、整理、配送等物流服务业务有效分离出来，按照现代物流管理模式进行调整和重组，向"零库存"的管理方式迈进，逐步降低物流成本，加快资金周转，降低物流管理成本。扩大物流产业开放力度，吸引境外物流企业进入，营造国际国内双重竞争环境。促进第三方物流发展，已有的储运、商业、物资、供销、货运代理行业以及企业运输部门逐步向第三方物流服务角色发展，鼓励非国有资本投入物流行业，组建新兴的第三方物流企业。发挥专业化、规模化、网络化的优势，引进供应链管理人才，吸收国内外物流管理经验，建立物流信息系统，将物流服务与工商企业的生产和营销紧密结合，支持工商企业与物流企业、物流企业与运输、仓储、集装箱运输等企业结成合作联盟，建立长期合作关系。在积极发展现代物流的基础上，推进流通行业连锁经营、规模化扩张、规范化运作和扩大对外开放，培育拥有自主知识产权、主业突出、核心竞争力强的跨地区、跨国经营的连锁物流企业集团。利用第三方物流网络，鼓励省内企业一方面努力改进企业内部物流，另一方面在更为广泛的领域接受第三方物流企业的服务，把甘肃企业的市场营销与现代物流结合起来，提高企业营销水平，组织大型企业、企业集团的领导到沿海地区或境外参观学习。帮助解决物流企业在跨地区经营中遇到的工商登记、办理证照、统一纳税、进出口货物查验通关等方面的实际困难。整顿规范市场秩序，打破地区封锁和行业垄断，不许利用本部门的经营管理职责和地理权属对货物进行垄断经营。清理废除不利于物流发展的法律规章，维护以货主利益为中心的市场环境，逐步建立起与国际惯例接轨的物流法律体系。对有条件的地区通过建立物流园区的方式鼓励和吸引有关物流企业进驻，并在税收、土地使用等方面给予政策上的优惠。经物流主管部门批准认证，对市场准入各项条件的现代物流企业，按高新技术企业对待，享受高新技术产业的优惠政策。对于按现代物流模式进行重组的生产企业，在技术改造项目上优先安排。设立现代物流产业发展基金，支持物流园区和重点物流中心建设，对国有大中型工业企业实行行业流通成本目标控制制度，对推进现代物流发展、流通成本下降的企业给予奖励。新建或改建项目，增加与现代物流相配套的信息系统建设，原则上不再批准企业自备仓储、运输设施建设。建立物流服务市场准入制度，研究制定现代物流企业准入规则，明确物流企业的注册资本、信息化程度、经营范围、人员要求、注册手续等。实行信用资质评级制度，对经营不善、信誉低下的企业，实行退出机制。有序推进物流基础设施建设，加强对中心城市、交通枢纽、物资集散和口岸地区大型物流基础设施的统筹规划，新建物流基础设施与已有物流基础设施的改造、重组、挖潜相结合，形成配套的综合运输网络、完善的仓储配送设施、先进的信息网络平台。将物流基地的建设纳入城市总体规划，兼顾近期需要与长远发展，注重硬件建设与软件管理。采用信息技术，加快企业信息化，促进电子商务与现代物流融合。推进物流信息平台建设，广泛利用电子数据交换、互联网等技术，通过网络平台将企业经营网点连接起来，与第三方物流企业和企业的客户群实现资源和信息共享，使物流信息传送与电子商务的数据交换融为一体。加快推广应用先进适用技术，采用标准化、系列化、规范化的运输、仓储、装卸、搬运、包装机械设施及条形码等技术。组建甘肃省物流协会，加强物流业的行业协调交流。物流协会协助政府制定相关政策，协助立法部门调研和制定行业法规、条例，加强信息与业务交流，制定行业服务标准和技术标准，提供多种咨询服务，帮助物流企业与各部门建立良好的沟通关系，建立物流监测诊断中心。加快对外开放步伐，学习借鉴国外先进经验，支持国外物流企业进入甘肃省市场，同时鼓励甘肃省物流企业走向国际市场。加强物流人才培养，利用已有教育资源建立物流人才培训基地，开展多层次、多方面的人才培训，加强对物流企业经理、物流策划人员和物流信息系统开发人员培训。有一定基础的高等院校设立物流管理专业，扩大招收物流本科和硕士学位研究生，培养中高级物流人才。

为加快物流产业发展，2002年，省物资局由原来政企合一的体制转化为独立的市场主体，成功退出政府序列，改组为甘肃物产集团公司。当年安置职工再就业400多人，招商引资1亿多元，加强了物流基础设施建设，盘活了大量有效资产。营业收入达到7.5亿元，同比增长36%以上，减亏55%以上。省经贸委选定天水万达、工贸商场物流配送中心、商业储运公司物流配送项目，争取国家国债贴息和技术改造资金支持。自2005年开始，随着商务部13项工程如"万村千乡市场"工程、"双百市场"工程的实施，商贸物流发展较快。

2008年年初，省商务厅对全省物流发展情况做过一次调查。基本情况是：2006年全省货物周转量92.4万亿千克/千米（其中，铁路77.6万亿千克/千米，公路14.6万亿千克/千米，民航1200亿千克/千米），比上年增长8.02%；旅客周转量3199586万人/千米，增长10.96%；运输线路长度100703.7千米(国家运营线1986.7千米，电气化线2208.3千米，公路95642千米，民航2200千米)；客运量19066万人，货运量2700亿千克，民用汽车拥有量4685万辆；物流仓储设施超过600万平方米。提出的建议是：充分利用甘肃省地处西北地区中心的区位优势，发挥甘肃省有较好工业基础和交通枢纽的条件，根据甘肃省经济结构调整的思路，分为5个经济区：中部经济区，包括兰州市、白银市和定西地区；河西经济区，包括金昌、嘉峪关、武威、张掖和酒泉5个地级城市；陇东经济区，包括平凉、庆阳两个地区；陇东南经济区，包括天水市和陇南地区；民族经济区，包括临夏、甘南两个民族自治州。围绕各经济区的产业结构特征并在城市比较集中的地区，如兰州—白银地区、酒泉—嘉峪关—玉门地区，发挥城市群体的综合功能，形成点（城市）轴开发格局。依托铁路、国道公路，加快沿线经济的发展，尽快形成物流、商流、信息流优势，形成新的经济增长带。建立第三方物流模式，工业、商贸、运输、仓储等部门合理布局，有效连接，注重培植龙头企业，建立一批物流配送中心。加快连锁企业内部物流配送体系建设，抓紧规划建设和完备大中型连锁经营企业的物流配送中心，构筑物流基础平台，重点打造以农资、建材、汽车等物资商品为主的青藏物流园区和以兰州东部市场群等生活资料为主的东部生活资料物流园区。积极进行物流技术改造，把新建与已有物流基础设施的改造、重组、挖潜相结合，尽快形成配套的综合运输网络、完善的仓储配送设施、先进的信息网络平台等。构筑现代物流信息平台，建立完善的物流信息管理系统（MIS）、电子数据交换系统（EDI）和货物跟踪系统，全面提高企业的信息管理水平。在运输、仓储、分拣、装卸、加工、整理、配送、调度等方面，通过公众信息网络平台，联结信息技术制造商、供应商以及货主、用户与物流公司，实现资源共享和综合调度，对物流各个环节及时跟踪、有效控制和全程管理，避免空载、漏运等现象。充分发挥甘肃"口岸物流"的作用，提升通关速度，形成集电子商务、进出口贸易、国际货运代理于一体的供应链。（由于物流发展与市场建设密不可分，商贸物流部分内容见第二章市场体系建设。）

3. 电子商务。甘肃省发展电子商务从2000年左右开始探索起步，以个体运营发展模式为主，相对分散，随着互联网技术的发展，从2012年之后纳入全省发展大局，进入加快发展阶段。1997年5月19日—22日，国家经贸委在苏州召开会议，国家经贸委主任王忠禹提出组建中国商品交易中心。该中心采用有形市场和无形市场相结合的办法，扩大商品销售。商品交易中心在北京组建并建立网络中心，有形市场在福建石狮市设立，要求各省组建商品交易分中心，先组织企业于1997年8月底前入网，包括企业名称、产品等信息，同时将产品样品运往福建石狮，采用现场展示、网上订货、电子结算的方式。国家经贸委确定中国商品交易中心为企业性质，各地的商品交易分中心在没有股份前全部为中国交易中心的子公司，企业自愿报名参加。1997年6月份，全省组建中国商品交易分中心工作会议在兰州西北宾馆召开，提出全省上网企业数量7000户，按14个市州进行安排，但是，由于互联网的不发达和甘肃省企业规模小、实力弱等问题，甘肃分中心始终没有组建起来。

2002年，甘肃省经贸委开始推进流通信息化，利用信息网络平台，加快建立包括有形市场电子交易系统、工商企业网络营销系统等电子商务基础网络服务平台，努力促进商流、物流、信息流和资金流的结合。促进条码技术、时点销售系统、管理信息系统和电子订货系统以及卫星定位系统、EDI系统等在流通领域的普及应用，引进品类管理和供应链管理等现代管理技术，提高管理的科技含量，加快实现企业内部商务活动电子化，实现供货商、制造商之间的电子订货、电子转账和票证自动处理。积极稳妥地推进电子商务，重点发展企业间（BtoB）的交易模式，对以重点地区、重点商品为依托的电子商务活动进行引导，促进网络资源的合理利用，逐步提高网上营销在流通企业尤其是大中型流通企业中的营销比例，但进展缓慢。

2006年，商务部开始实施"新农村商务信息服务体系建设工程"，简称"信福工程"，作为服务"三农"所采取的重要举措之一，为农民提供农产品购销信息，使农民及时了解市场行情和产品价格，及时销售产品并卖出好价钱。实施"信福工程"的目标是建立覆盖农村的商务信息服务网络，将信息服务推广到农村基层，提升农村信息化应用水平。2006年—2010年（"十一五"期间），甘肃省商务厅全面推进"信福工程"，逐步解决甘肃省农村居民生产过程中面临的缺乏信息的困扰。借助于新型的信息平台，农民不仅可以获取农业生产技术、农产品市场需求、农产品流通服务、国家农业政策等方面的信息，提高适应市场科学生产的能力，而且也为他们提供了一个学习、娱乐、了解外部世界的新渠道，对于树立法制观念、倡导新风尚、推进新农村精神文明建设起到了积极作用。此外，甘肃围绕信息服务"三农"进行了有益的探索，各地推出了"金塔模式""家家e模式""千乡万才计划模式""秦安模式"等，在解决信息进万家方面取得明显成果。2009年，甘肃省开通了国际电子商务应用平台，打造甘肃全方位、数字化，覆盖在线交易、电子支付、贸易金融、货物跟踪、贸易管理、单证传输、跨境追踪等全流程的第三方电子商务平台。当年，甘肃省参加"商务部农产品网上购销对接会"的企业和农户，累计实现总成交额13.1亿元人民币；参加第106届广交会的75家甘肃国际电子商务应用平台的会员企业，实现成交额10204万美元。

2010年，甘肃省迈出了合作社电子商务模式创新的第一步。省农牧厅、省商务厅和千乡万才科技（中国）有限公司合作打造甘肃农民合作社综合信息服务平台，以政府职能部门的力量主导推动，利用千乡万才的核心产品CISS打造服务于农民专业合作社、服务于农村电子商务的云计算平台，在这个平台上通过一系列的服务（信息、产品、生产、质量、市场等）协助合作社的建设和规范化，基于平台海量的资源信息，形成农产品交易的集群效应，2010年已有1007家合作社加入该电子商务平台，发布产品供求信息2458条。靖远金桥蔬菜合作社理事长张兴唐在谈到合作社综合服务信息平台带来的改变时很感慨，他说，"金桥蔬菜合作社以往一直在循规蹈矩地走着种菜、收菜、卖菜的老路子，经济效益始终没有大的突破。2009年，白银市农牧局的洪科长介绍来千乡万才的相关主管，在看了白银市三县两区10个地方以后，选中了金桥做数码网络服务站，千乡万才公司给金桥蔬菜合作社建起了网上交易平台。也就是在这一年，我们在网上销售蔬菜100万千克，创收218万元。此后，我们金桥蔬菜合作社成为农民合作社综合信息服务第一批平台的会员。2010年通过网络渠道销售蔬菜达到130万千克，创收260万元。实实在在的销售业绩让我感受到了网络经济时代发展农产品电子商务的重要性"。在网上交易的同时，合作社还完善了网上内部管理系统，管理数据和产品出货跟踪记录等数据都上了平台，为规范管理、提高工作效率带来了便利。2006年—2010年，甘肃省网上展厅注册企业达111家，拥有16个网上贸易市场，2005年—2008年甘肃农民互联网农产品交易量累计达151亿千克，交易额231.22亿元。

第二节 省属流通企业改革

省属流通企业主要包括省商业系统、外贸系统由省直厅局直属管理的省一级内外贸流通企业，这些企业曾经在计划经济时期承担了部分行政职能，在搞活流通、繁荣市场、保障供应、扩大外贸出口等方面发挥了积极作用。随着社会主义市场经济的发展，大部分企业由于多种原因陷入了经营困境。2003年2月，省委省政府调整组建了新一届省贸易经济合作厅党组。新一届厅党组实施了5项改革：企业改革、机关人事制度改革、事业单位人事制度改革、公务用车改革、公务接待改革，本节只记述企业改革，主要措施是以产权改革为突破口推进政企分开。

一、改革活动

省贸易经济合作厅直属企业政企分开及企业管理体制改革工作自2003年3月开始，至2005年6月基本结束。在随后几年对遗留问题的解决中，历届厅党组稳步推进，完成了收尾工作。

1. 改革问题的提出。2003年3月17日，省长助理兼省商务厅厅长陈有安到任后，首先去省外贸包装、土畜、地毯、飞天等8户严重资不抵债的特困企业与干部职工见面，倾听他们的意见，接着与厅机关89名干部职工谈话，走访14位担任过原省外贸厅、省商业厅实职副厅级以上的离退休老同志，召集18户重点外贸企业法人代表谈话，到兰州铝厂、兰州三毛纺织集团等15户年出口创汇500万美元以上的企业调研，到省财政厅、省国税局、省体改委、国土资源厅、劳动和社会保障厅、中国银行、东方资产公司、兰州海关、省出入境检验检疫局等相关部门沟通情况，寻求支持；3次召开处以上干部会议专题讨论内外贸直属企业改革发展问题，召开全厅干部大会通报情况。在深入调查研究的基础上，集中大家智慧，广泛听取各方面意见，分析寻找内外贸改革发展的困难和关键问题。

截至2003年4月，省贸易经济合作厅直属企业46户（外贸22户，内贸24户），总人数为11335人。其中企业职工9197名，占职工人数的56%；离岗、待岗4046人，占44%。离退休职工2138人（离休156人、退休1982人）。企业党员总数3240人，其中在职党员1313人，离退休党员1074人，其他代管、离岗、待岗等党员853人。企业资产总额24.3亿元，负债总额41.3亿元，净资产为-17亿元。平均资产负债率为170%，其中外贸为204%，远远高于全国外贸企业平均资产负债率77%的水平。省土畜产进出口公司负债率最高为1643%。按原贸易经济合作厅直属企业内外贸职工平均分担，人均负债44.9万元，其中外贸人均负债126.4万元；按贷款所产生的利息计算，每天所产生的利息高达59.8万元，每秒产生利息6.92元。累计亏损18.8亿元（其中外贸企业累计亏损16.9亿元），各项潜亏10.9亿元，合计明潜亏29.7亿元。

当时的内外贸直属企业行政管理体制和企业体制障碍是制约内外贸直属企业改革发展的主要因素，一些深层次矛盾已无后推的余地。（1）企业体制陈旧、改革十分滞后。企业大多沿袭计划经济时期的管理模式和管理体制，绝大多数企业没有建立现代企业制度。企业经营管理行政色彩十分浓厚、内设机构套用政府机关的机构设置，企业人员还套上县级、副县级、调研员等级别，"等、靠、要"，吃大锅饭思想十分严重。一有困难就找厅长、怨天尤人，而不主动去找市场。公司法人频繁变动，新官不理旧事，也无人追究决策失误造成的损失，各种矛盾问题日积月累、积重难返，决策及操作失误造成的损失由公家承担，挣钱发财的则另立门户自己单干。（2）企业超额负债，严重亏损，生产经营极度困难。原省贸易经济合作厅直属企业共欠银行贷款28.5亿元，其中剥离到四大资产公司20.18亿元（东方18.1亿元，华融1.48亿元，信达0.55亿元，长城0.05亿元），另有各商业银行贷款8.35亿元无法偿还。80%以上的企业不同程度地受到债务诉讼、执法部门查封企业资产、冻结账户及资金，严重影响了企业的正常经营活动和职工稳定。一些公司因贷款担保引发的国外、国内官司甚至追索到厅机关，厅机关财务账户屡次被查被封，原省贸易经济合作厅连带成为被告，给甘肃省在国际、国内造成十分恶劣的影响。（3）企业职工生活困难，情绪非常不稳，上访告状者不断。截至2003年3月底，有26户企业拖欠下岗职工基本生活费434万元，拖欠在岗职工工资1066万元，拖欠养老金310万元，失业保险金194万元，共计3004万元。有18户企业上无片瓦、下无立锥之地，长达七八年歇业。由于职工的基本利益无法保障，基本生活费、"三金"

无力支付，一些特困企业如省土畜、包装、飞天等公司的下岗职工经常到厅里上访、静坐、堵门，甚至到省委、省人大、省政府越级上访。有些职工还扬言要进京上访。据统计，原贸易经济合作厅每天发生上访事件2至3起，平均每天接待上访群众10多人，平均每天收到信访件3封，严重干扰了厅机关的正常工作秩序，造成十分恶劣的社会影响。这些不利于社会稳定的因素，已经到了无法回避、必须正视、非解决不可的地步了。 （4）政企不分。原省贸易经济合作厅是省政府组成部门中唯一直接管理46户国有企业的行政机关，既要行使宏观管理的职能，又要将大量工作精力投入企业诸如人事、劳资、财务经济纠纷与法律诉讼等具体事务中，应有的职能没有充分发挥，却管了许多不该管也管不好的事，不符合党中央、国务院及省委、省政府关于政府机构改革的要求，有碍于市场经济体制的形成与建设。

经过41天的调查研究和反复论证，厅党组提出了省贸易经济合作厅实施政企分开与企业体制改革的意见。2003年4月28日，陆浩省长主持召开的省政府第七次常务会议听取专题汇报，充分肯定了改革思路并同意实施。厅党组坚持以股份制为主要实现形式的产权多元化改革，坚持优化国有经济布局，坚持有进有退、改革发展稳定统筹协调，先易后难、先行试点、分步实施、突出重点，确定了"严格规范程序，公开透明操作，一企一策谋划，妥善安置职工，全面放活改制，快速有序退出，多种形式并举，确保发展稳定"的方向。成立了由省贸易经济合作厅牵头，省经贸委、财政厅、劳动和社会保障厅、国土资源厅、体改委等有关部门参加的甘肃省内外贸企业体制改革指导小组。

2.改革方案制定。根据厅直属企业实际，选择了省粮油进出口公司、省五交化公司、陇丰食品厂、金棕榈商贸公司4户企业进行试点，对解除职工劳动合同关系、产权重组、职工安置等热点和难点问题进行大胆探索实践，在试点企业取得明显成效的基础上，全面部署了直属企业改革工作。

2003年6月9日，召开省内外贸企业体制改革指导小组第一次协调会议，对改革中的具体问题进行了深入研究，省经贸委、财政厅、国土厅、劳动和社会保障厅、体改委对贸易经济合作厅的内外贸企业改革工作给予了支持和帮助，各商业银行、资产管理公司、法院也给予充分的理解和配合。省贸易经济合作厅把企业体制改革作为当年厅党组的中心工作，成立省贸易经济合作厅企业改革领导小组。抽调一名副厅长兼任改革办主任，各分管副厅长每人负责15户企业改革工作，建立处室改革联系责任制度，22名处长责任到人，帮助指导企业制定改革方案。在推进企业改革过程中，厅党组集中2天时间，听取了26户重点内外贸企业党政负责人对企业改革工作的意见，厅党组主要负责人和党组成员分头带队深入企业征求企业干部和职工代表的意见，改革工作得到了大多数干部职工的支持和理解。

2003年6月18日，厅党组主要负责人在厅系统学习贯彻"三个代表"和"两个务必"教育活动大会上，对厅属企业改革工作进行了动员部署，接着又召开厅系统改革经验交流会，一些改革成功的企业介绍了他们的具体做法和经验，厅改革办组织编印了《省贸易经济合作厅直属企业深化改革宣传提纲》。厅党组主要负责人亲自带领相关处室、企业负责人向省财政厅、省劳动和社会保障厅等相关部门汇报。找中国银行、东方资产公司等债权人协商处置历史巨额债务。对重点难点企业及时派出帮促组。在不到3个月的时间里，召开各种形式的改革动员会、经验交流会、难点问题与热点研讨会、方案讨论会等90多次，接待上访、咨询人员600多人次。

厅党组主要负责人多次向省委、省政府领导口头和书面汇报厅直属企业改革进展情况，省委、省人大、省政协和省政府督查组也分别来厅听取和调研内外贸企业改革工作情况。经过依法规范改制，坚持公开透明操作，委托有资质的资产评估机构，对企业逐个进行审计和资产评估，确保资产、债权债务、职工人数准确，制订规范的改革方案范本，保证改制方案内容全面，政策依据充分，改制方案和职工安置方案向全体职工张榜公布，充分征求意见，经过职代会或职工大会同意后上报，按规定对国有资产确认等必要的程序，审计核实违纪金额1032.57万元，甄别核实已调出、被除名、已死亡等有争议的职工身份75人，查阅核实档案8950份，张榜公布改制方案和职工安置方案50余次，提出整改意见及建议59条，纠正查实问题15项。至2003年8月31日，省贸易经济合作厅对企业改制和职工安置方案全部进行了论证、上报和批复，顺利完成了改革的阶段性目标。另有中国出国人员服务中心甘肃公司等7户企业搭车，提出了改制方案。

3. 改革方案实施。2003年9月1日，企业体制改革工作转入方案实施阶段。按照"集体起立，结束过去，重新应聘，面向未来"的原则，稳妥有序推进改革方案的实施。改革的核心内容是，按政策规定把企业的有效资产量化给职工，重组设立新公司，实现产权多元化、股份化，由股东按《公司法》选举产生新的领导班子，使企业真正走向市场；原国有企业与职工解除劳动关系，职工或转为股东或接受一次性经济补偿，续接社会保险手续，转变为自由劳动者；内退、离退休人员由改制后的企业承接或托管的形式妥善安置，坚持"无情置换，有情操作"，合理安置职工，使职工身份转换，社会保障不断。

2003年10月30日，在省内外贸企业改革指导小组第二次协调会议上，省贸易经济合作厅通报了企业改革工作进展情况及下一步的打算。厅党组还向副省长孙小系、副秘书长张力学专题汇报了厅直属企业改革的进展情况及存在的问题和困难，孙小系充分肯定了省贸易经济合作厅前一阶段企业改革工作，同意省贸易经济合作厅再次向省政府常务会汇报。

2004年3月25日，省贸易经济合作厅向各企业下发《关于实行政企分开的通知》。主要内容是：根据《中共甘肃省委、甘肃省人民政府关于印发甘肃省人民政府机构改革方案实施意见的通知》精神，撤销省贸易经济合作厅，组建省商务厅。按照政府机构改革赋予新时期的职能和市场经济的要求，省商务厅不再直接管理企业，将职能的重点放在对市场的监管及企业的服务上。企业改制后，使企业真正成为适应社会主义市场经济的自主经营、自负盈亏、自我约束、自我发展的法人实体和竞争主体。按照《公司法》和企业《章程》选举产生公司领导班子，建立健全公司法人治理结构，按照现代企业制度运行。企业党组织严格按照《党章》的规定开展工作，选举产生党的基层组织，报当地上级党组织确认。企业工、青、妇等群众组织依照《工会法》等有关规定开展工作。新组建的省商务厅与省贸易经济合作厅直属企业脱钩，不再承担直接管理企业的职能，职能转为向全省内外贸企业指导和服务上来。省商务厅组建后，对原省贸易经济合作厅直属企业及其他企业向省贸易经济合作厅的各种借款、资金使用等情况进行全面的清理，确认债权、债务关系，并与重组设立的企业签署相关法律文件，依法、依规、按时回收资金。省贸易经济合作厅直属企业改制方案已经批复，各有关企业规范推进，使其成为真正的市场主体。

4. 改革过渡收尾。2004年4月1日，省商务厅挂牌成立。当月22日，省商务厅向省长陆浩主持召开的省政府第39次常务会议汇报《省贸易经济合作厅企业改革进展情况与下一步实施意见》。会议肯定了省贸易经济合作厅前一阶段改革的做法并专题研究了内外贸特困企业职工安置资金问题。会议认为："去年以后，省商务厅（原省贸易经济合作厅）认真贯彻落实省政府第7次常务会议精神，积极稳妥、全面迅速地推进厅属内外贸企业改革，取得了明显的阶段性成果，为甘肃省流通企业改革积累了经验、探索了路子"。对下一步的工作，会议要求，"对改制企业特别是18户'三无'企业委托有资质的资产评估机构，逐个进行审计和资产评估，切实做到资产、债权债务、职工人数准确，确保国有资产不流失"；"要切实处理好债务问题。积极主动地与银行、资产公司等债权人联系，探索多种形式的债务处理方式，妥善处理历史遗留的债务问题。对于严重资不抵债的，要坚决依法有序地实施破产"；"要妥善安置职工。对于已经转换了身份的国有企业职工，要续接社会保险手续，确保得到妥善安置"；"对改制进行资金支持，目前节余的西部外贸发展促进资金和2003年省外贸发展资金在省财政厅的监督管理下，可用于解决困难改制企业人员安置问题。具体数额由省商务厅会同财政厅、省劳动和社会保障厅再做进一步核定"（引自2004年第39次甘肃省人民政府常务会议纪要)。

按照省政府常务会议要求，省商务厅分两批报请省劳动和社会保障厅、省财政厅核准了拟歇业20户特困企业职工人数、职工安置资金。第一批6户特困企业职工安置资金省财政厅于2004年年底拨付到位，第二批14户特困企业职工安置资金省财政厅于2005年6月20日拨付到位。在厅党组的统一部署和分管厅领导的带领下，制订《省贸易经济合作厅直属特困企业职工安置资金使用与管理办法》等程序性文件，成立20个职工安置实施工作小组，由各企业改革联系人为组长，指导企业规范有序完成职工安置工作。通过严格规范程序，做好职工思想工作，把工作做实做细做真。把好"六个"关键环节：即突出"一个责任心"，核实"一套资料"，做好"一次公示"，签订"一组协议"，会签"一份审批表"，落实"一个存折"，稳步有序推进，确保了职工妥善安置和安置资金的兑付。

鉴于绝大部分企业顺利完成了以产权制度改革和妥善安置职工为主要内容的企业改革工作，2005年6月10日，省贸易经济合作厅企业改革领导小组印发了《关于结束原省贸易经济合作厅直属企业改革收尾工作的通知》，2005年6月30日，召开了原省贸易经济合作厅直属企业改革工作总结汇报会。2005年7月5日，甘肃省委组织部下发《关于调整理顺省商务厅所属改制企业党的关系的通知》，要求：省商务厅改制任务完成后的21户存续企业和20户关闭企业以及挂靠的甘肃中服商贸有限公司、华洋进出口公司党组织和党员组织关系全部移交兰州市管理。中石油西北销售公司、中外运甘肃公司党的关系移交省政府国资委管理。企业党的关系移交后，属地党组织只负责党的建设和党员教育管理工作，凡涉及企业改革改制、职工安置等事宜，均由省商务厅负责。考虑到移交的企业党组织和党员人数较多，以及目前街道社区的实际困难，根据中央有关规定，按照"费随事转""共驻共建、资源共享"的原则，由省商务厅对拟接转党组织关系的属地党组织在经费和活动场所等方面给予适当支持。具体移交工作由易到难依次进行，改制工作结束、条件成熟的先行移交，其他的待改制任务完成后再交。省商务厅和兰州市各负其责，互相配合，加强沟通，搞好衔接，严格履行党组织移交和党员组织关系传递手续，防止出现差错和"挂空"现象，整个移交工作于7月中旬完成。随后，省商务厅印发了《关于将原省贸易经济合作厅企业改革领导小组调整为省商务厅商务改革和发展领导小组的通知》，实现了工作重点的战略转移。上述各项工作历时2年零3个月13天。

二、改革成效

1. 实现了企业产权多元化，初步建立现代企业制度。省贸易经济合作厅直属46户企业改革后，改制重组省盐业（集团）股份有限公司等4户股份有限公司，组建甘肃美迩康进出口有限责任公司等22户有限责任公司（其中：兰州商通锅炉股份有限责任公司改制后下放兰州市管理），省工艺进出口公司等20户企业歇业。改制重组的26户股份制企业，总股本20926万元，其中职工股12936万元，占62%；企业法人股3386万元，占16%；国有股4604万元，占22%。除省盐业（集团）股份有限公司外，其他改制企业国有股已全部退出。改制后的企业转为民营企业，召开首届股东大会，民主选举产生董事会、监事会，聘任经营管理人员，实现企业产权制度的根本转变，初步建立现代企业制度，完善法人治理结构，转换经营机制，步入健康发展的轨道。如省食品股份有限公司改制后已召开第一次股东分红大会：每股红利2.5分，最多的分到红利1.5万元，最少也分到500元。长期亏损，扭亏无望，停业多年，难以启动重组的20户企业歇业并有序退出市场，实现了国有流通经济布局有进有退、优化重组的目标。

2. 企业职工妥善安置，职工情绪稳定。省贸易经济合作厅企业改革中提出了多种职工安置方案供职工选择。其中有，将企业与职工解除劳动关系的一次性经济补偿金或量化资产由职工自愿转为个人股份，职工成为新公司的股东并在新公司就业，改制中大部分职工选择了这种方式。对距法定退休年龄不足5年的职工实行自愿内退，由改制企业保证这部分职工生活费的发放和社会保险费的续接和缴纳，绝大部分符合内退条件的职工选择了这一方式。企业与职工解除劳动合同关系，领取一次性经济补偿金，企业协助其续接社会保险，转变为自由劳动者，自主就业，少部分职工主要是歇业企业职工选择了这种方式。改制后未能选入新班子的原企业领导成员，尽可能按企业实际情况，妥善安排。

离退休人员的安置分两种情况：改制后有存续企业的，按政策规定从企业有效资产中提留出一定比例的资产，其收益用于离退休人员的养老、医疗费用的支付；改制后无存续企业的，参照破产企业退休职工安置的政策，预留出离退休人员的基本养老、医疗保险费，转当地社保部门发放，退休人员的管理逐步移交当地社区。在企业改革中，鼓励企业职工持股，实行多改制少歇业，尽量保持企业稳定，避免了大量职工下岗。

截至2005年6月30日，20户特困企业职工安置资金全部发放到个人手中，省贸易经济合作厅政企分开与企业体制改革工作宣布结束。厅党组召开了企业改革工作总结汇报会。这次企业改革，使原贸易经济合作厅所属的46户企业10349人得到安置，占职工总数11335人的91%，其中解除劳动关系重新上岗6081人，解除劳动关系自谋职业1332人，办理内退798人，离退休职工2138人。还有986人由于企业存量资产变现困难等原因，经济补偿金尚未兑付，占职工总数的9%。

26户企业通过量化或变现有效资产2.2亿元，妥善安置在册职工7245名，其中6081名职工在改制企业重新就业，占83.9%；674名内退人员和抚恤人员由改制企业全部接收，占9.3%；490名职工自谋职业，占6.8%。有

1925名离退休人员由改制后的新公司全部承担，占改制企业离退休人员的100%。20户特困企业报请省政府同意并经省劳动和社会保障厅、省财政厅核准拨付职工安置资金5329.9万元，合理安置职工1179人，其中解除劳动关系，领取一次性经济补偿，自谋就业的842人，占72%；内退和抚恤人员124人，占10%，离退休人员213名，占18%。实际支付资金3164.28万元，人均2.68万元。预留内退、离退休职工生活费、养老、医疗保险费2165.62万元。11名在职工民主选举中落选的原企业班子成员也都得到妥善安排，本人也比较满意。

企业改革全面铺开后，虽仍有一些人员上访，但主要是咨询改革政策，要求加快改革、落实改革政策的。来信、集体上访明显减少，人数较多的群体上访基本再未出现，职工情绪基本稳定。企业改革使特困企业中的困难职工、弱势群体得到实惠，使经营良好原企业的大部分职工拥有了股权，取得了实实在在的利益，可以理直气壮地参与民主管理企业。在兑现职工安置资金时，一位内退职工含着眼泪说："多少年没有人管我们了，企业垮了，人心散了，老板跑了，做梦都没有想到省政府、省商务厅最后把我们安置了，使我们老有所归，老有所养。"

3. 企业债务合理重组，改制企业轻装上阵。26户企业采取剥离资产与债务等额承担、打包重组、债转股、以资顶债等多种方式处置债务35亿元，处理企业累计亏损29.7亿元。如省五矿进出口公司等5户企业积极与债权方协商处置债务7.9亿元，债务清偿比例3%—15%不等；省五交化、陇丰食品厂等6户企业整体承担债务，债务总额5.1亿元；省飞天工贸总公司等3户企业与银行和资产管理公司达成债务整体打包处置协议，处置债务1.3亿元；省粮油进出口公司等5户企业与债权方沟通，采用以资顶债等形式处置债务1.8亿元。另有省外贸进出口公司等7户企业积极与债权人接洽、协商寻求符合企业实际的债务处置方式。20户特困企业职工安置后，拟依法破产关闭，进行债务核销。

4. 达到了政企分开的目标。随着省贸易经济合作厅直属企业改革工作结束，政企分开的格局已经形成，除省盐业（集团）股份有限公司外，其他改制企业均转为民营企业或非公有制经济组织。新组建的省商务厅不再履行管理原省贸易经济合作厅原直属企业的职责，将负责全省国内外贸易和国际经济合作，履行经济调节、市场监管、行业管理和公共服务职能。26户改制企业依据《公司法》规定，选举产生了领导班子；企业与职工解除劳动合同关系，国有企业职工转为自由劳动者，新企业与职工重新签订聘用合同。原企业党组织关系经请示省委，省委同意除省盐业（集团）股份公司因食盐专营体制拟转让股份，移交中国盐业总公司后另行确定外，其他企业党组织关系全部移交兰州市或企业所在地地方党委，实行属地化管理。20户歇业企业、离退休职工党组织关系移交党员常住所在地街道办事处或社区党组织。

企业改制后，有的改制企业制度创新能力不足、竞争力不强、应对市场变化的能力仍十分脆弱。个别企业仍延续了传统的管理模式，管理人员简单过渡到新公司，经营理念、营销手段、管理体制的市场化转型较慢，各项管理制度建设滞后，影响企业的进一步发展。个别原国有老企业过渡存续、土地过户、国资核减、存量资产变现、改制企业县级干部政治待遇、离休干部管理、个别企业改革收尾等遗留问题，还需进一步完善。在原省贸易经济合作厅直属企业改革工作结束后，工作重点转移到加快商务改革发展上。对原省贸易经济合作厅企业改革中存在的不足和问题，厅党组继续高度重视，厅机关各分管厅领导和各企业改革联系人仍然关注已改制企业的发展，为企业做好服务，帮助企业处理改革善后事宜。

三、遗留问题处理

到2008年，在自费改制的企业中，如省飞天工贸总公司、省百货公司、省地毯进出口公司毛纱厂、省外贸开发公司这4户企业由于公司主业经营已基本停止，职工生活困难，加之历史遗留问题多，涉及职工2000多人，解决难度大，致使改制工作一直拖延，未能完成。这些遗留特困企业存在的矛盾极其复杂。一些企业领导贪污腐败，班子成员之间矛盾尖锐，领导班子与职工之间积怨较深，职工反映强烈的问题长期得不到解决；个别企业官司缠身，资产被冻结，资金筹措困难，已批复的改制方案无法顺利实施，致使职工在改制中应享有的权益未能及时兑现，部分下岗职工数年不能领取最低生活保障金等。由于企业重组已无望，改制又久拖不决，职工工作无着落、生活没盼头，整天无所事事，导致一些职工产生仇视情绪，言行

第一章 国内贸易流通

偏激极端，各种矛盾叠加。连续几年职工上访不断，群体性上访时有发生，机关大门被堵被锁、干部职工进不了单位、上不成班，厅领导被围追堵截、办不了公，已是家常便饭。一些缠访户、闹访户长期滞留厅机关，不断上访省委、省政府，甚至赴京上访，在社会上造成了很坏的影响，也严重影响了厅机关的正常工作秩序。相比之下，企业改制难，商贸流通企业改制困难很多，没有政策支持，没有专项资金，国家和省上只对国有工业企业的改革出台了一系列支持促进的政策，但这些政策商贸流通企业都不沾边，给实施改制增加了相当大的难度。商贸流通企业改制一直没有专项资金，且随着时间的推移，安置职工的相关费用逐年增加，改制成本水涨船高。如省地毯进出口公司毛纱厂在2004年制订改制方案时，测算欠缴养老保险金380万元，但是到2008年，仅这一项已增加到近600万元。另外，还有企业债务处置问题，46户企业在2003年改制前银行债务29.76亿元，改制时部分存续企业利用有效资产，同债权方协商处置或承接了16.1亿元，到2008年3月，尚有约13.66亿元的债务未处理。这些债务大部分在关闭歇业企业名下，虽然牌子尚在，但实际上已无力偿还。由于企业领导干部待遇一直未能够解决，在很大程度上也影响了他们参与改制、配合改制的积极性和主动性。

2008年4月，新一届厅党组成立后，本着"正视历史、敢于负责，面向未来、勇于创新"的精神，把企业改制作为学习实践科学发展观活动的一项具体行动，作为落实保增长、保民生、保稳定总要求的一项重要措施，从"突出解决问题、解决突出问题"出发，把妥善安置职工、解决职工生活困难问题作为改制工作的着眼点和落脚点，转变改制理念，创新改制方法，采取一企一策，改制维稳齐抓。成立了企业改制领导小组，由厅党组书记、厅长王锐担任组长，副厅长王旭、副巡视员肖立群任副组长，下设厅企业改制办公室。进一步明确企业联系人制度，对改制企业明确分管厅领导和企业联系人（处级领导），抽调得力干部，实施分片包干，责任到人，对重点、难点企业增加帮促人员。针对4户特困企业选派4个改制工作小组进驻企业帮促改制，对企业改制方案的制订、矛盾的化解、企业资产的申报、债务的清理核销、人员的安置、产权的置换、档案的移交等各项工作全程进行帮促和指导监督。

1. 用市场化运作筹集改制资金。筹集安置职工资金，实现国有资产增值，为顺利推进改制创造了有利条件。省百货公司综合经营楼落成于1993年，处置这座大楼是百货公司改制和安置职工的主要资金来源。尽管买家不少，但出价却一直很低，最高都没超过2000万元。而百货公司的改制资金高达3500万元，这样，改制工作刚一开始就悬在了空中。功夫不负有心人，细心的驻企业工作组经过详细调查后，终于发现了其中的"猫腻"，原来买家都是兰州本地人，且相互认识，是他们私下从中作梗，串通压价。面对这种情况，工作组及时调整策略——对外招商，通过向温州、台州、福州、深圳等地招商，这座大楼在2009年10月份的卖价已经在2900万元左右，这就大大缩小了省百货公司改制资金缺口。这时候工作组经过再次分析后认为，房产涨价还有空间。通过充分培育买家市场，最大限度地挖掘价格潜力，经过近一年的市场化运作，按照处置国有资产的法定程序，最终的网络竞买价锁定在3470万元，基本上解决了安置职工的资金。这比最初的不足2000万元高出近1500万元。省飞天工贸总公司由于经营已陷入困境，无法筹措3797万元职工安置资金。改制领导小组及时转变最初通过转让股份安置职工的思路，先行筹措资金安置职工；待职工得到妥善安置后，省飞天公司所持有的飞天大酒店股权及长期投资4624.5万元，由省商务厅持有；省飞天公司对省信托投资公司债务继续挂账，视以后飞天大酒店股权处置情况再研究解决。这样做，既可妥善安置省飞天公司861名职工，又可保全公司在飞天大酒店的权益，也有利于解决影响飞天大酒店正常经营问题。这个新思路得到了副省长刘永富、常务副省长冯健身和省长徐守盛的同意和支持。由省财政出资1385万元，其余安置资金由省商务厅筹措。同时，商务厅向兰州市中级人民法院对省飞天公司提起诉讼，申请兰州市中级人民法院对省飞天公司采取财产保全措施，查封、扣押其房产。通过以上有力措施，利用法律手段对省飞天公司有效资产进行保全，并从产权关系上对省飞天公司与飞天大酒店进行分割，使省飞天公司的债务纠纷不再连带到飞天大酒店，使飞天酒店一直保持着正常而良好的经营状态，从而为解决省飞天公司和飞天大酒店各自的问题创造有利的条件。

2. 按政策安置改制职工。这次大规模改制，需要安置职工2000多人。首先是保障职工的知情权，所有改革的政策、措施、方案均实现对所有职工全公开；其次是保障职工的参与权，改制方案和安置方案都必须经过职工代表大会通过，大会通不过的方案坚决不执行；职工安置补偿金实行一次到位。改制办开通接访渠道，相关部门及企业开通政策咨询平台，把矛盾解决在基层、化解在萌芽状态。同时，改进工作方法，变上访为下访，宣传政策、倾听呼声、化解矛盾、解决问题、理顺情绪。

3. 依法依规推进企业改制工作。从改制一开始，厅党组就决定聘请有企业改制工作经验的律师事务所担任法律顾问单位，由专业的团队为改制工作提供法律支持，在处置资产、参加法律诉讼、处理劳动争议等方面都发挥了不可或缺的作用。坚持把企业改制的步骤方法、资产处置、评估结果、债权债务清收和偿还等及时向职工公示，实施阳光操作。在处置百货公司综合楼时，聘请公证机关到省产权交易所对网络竞价活动进行现场公证，保证交易活动合乎法规，推进改制有理有据、有力有序，进而让广大职工相信改制、支持改制。

4. 一企一策进行分类指导。针对省飞天工贸总公司因歇业时间长、职工人数多、资产全部涉案涉诉、职工无法安置，欠债无力偿还，银行账户被冻结查封的实际，厅党组多次研究解决办法，由一名厅领导具体跟踪落实，厅主要领导主动上门与法院等有关部门就该公司股权处置、债务清偿、资金筹措等问题进行反复商谈，多次向省政府相关领导汇报，积极争取省政府给予多方面的支持。针对省百货公司历史遗留问题复杂、资产变现困难、领导班子凝聚力不强、推进企业改制不力的现状，及时成立了由厅领导为组长、4名处级干部组成的改制帮促工作组。通过聘请有经验、懂政策的老同志协助企业制订改制方案，测算职工安置成本；聘请法律顾问就安置职工方案、国有资产变现、债务纠纷调处等方面提供法律咨询服务，想方设法帮助企业变现资产，筹措改制资金。针对省外贸开发公司人员身份复杂、资产涉及面广、林权证被抵押、企业改制难以推进的实际，确定了以资产量化方式进行改制的方案。在推进改制中，主动对职工进行正面引导，化解情绪，做耐心细致的思想工作，妥善办理职工养老、医疗、失业金接续、转出和内退人员托管等工作，使职工解除了后顾之忧，为改制顺利进行打好基础。针对省地毯进出口公司下属二级企业多、长期经营不善、职工生活困难、债务纠纷复杂、残疾人较多，加之资产不足，多届班子之间、班子与职工之间矛盾尖锐突出的实际，积极配合省纪委从群众反映强烈的经济问题入手，对企业进行司法审计。在查清经济问题的基础上，省纪委对贪污受贿、违法违纪的企业负责人开展了调查，并将10名原企业涉案人员移交司法机关依法进行了查处。从而极大地化解了职工积怨，为推进企业改制创造了有利条件。紧接着，改制小组乘势而上，积极争取，得到了兰州市政府在企业土地变现中的大力支持；多方协调，由省民政厅、省社保中心、省残联等有关部门对55名残疾职工给予了一次性社会保险补贴，使伤残职工今后的生活有了基本保障。

到2010年，通过变现企业资产、多方筹措、预借资金等方式共筹集改制资金8000多万元，安置4户重点企业职工近2000人，占全部转换身份职工总数的95%。历时两年的遗留特困商贸企业改制攻坚工作已近尾声，老大难的企业改制终于实现了突破和转折。困扰省商务厅多年的企业改制遗留问题和由此引发的群体上访问题终于得到了基本解决。

5. 国有资产得到有效保护和升值。通过法律手段，最大限度地防止国有资产的流失。2007年8月28日，省百货公司以每公顷平均1110万元的价格把位于七里河区的西部糖酒市场4.43公顷土地进行了协议转让。但职工认为转让价格过低，对此意见大，心存不满。工作组通过多方调查了解后，协调建议省百货公司委托律师事务所，以土地转让过程中存在违反国有资产管理办法规定为由，将其诉诸法院。飞天工贸公司几年来一直想方设法转让其在飞天大酒店的股份，以有效资产妥善安置职工。但由于外方出价过低，致使股份转让迟迟不能实现。如果继续按照转让股份解决安置职工问题，会很容易造成股权缩水和国有资产流失。通过积极争取，省飞天公司所持有的飞天大酒店股权及长期投资，由省商务厅持有，保全了公司在飞天大酒店的权益，使国有资产得到升值。

第三节　市场体系建设

甘肃省市场体系建设主要从放开搞活城乡集市贸易开始的，当时国有商业部门或依托自身的仓储设施和批发零售网络，或从多方面对城乡集市的恢复与发展给予支持，还有一些国有商业饮食服务业门店直接到集市、庙会摆摊设点，参与交易，促进了城乡集市的繁荣、活跃。随着经济社会的发展，按照"建设大市场、发展大流通"的发展思路，逐步兴建一批具有现代商业特色的零售商场、酒店、宾馆，改造扩建一批规模大、辐射能力强的大中型综合市场和专业市场，形成一批具有特色的商贸街、专业商店，发展一批城乡集贸市场和边贸市场，组建一批旧货市场、拍卖市场，商品市场的集散、价格、信息、结算等功能不断得到开发，推动了市场向网络化、规模化、规范化、功能化方向发展，初步形成了种类齐全、辐射全省的商品交易市场体系，建立起适应市场经济发展的商品流通新格局，对活跃地方经济、推动相关产业发展和扩大内需、开拓市场、宏观调控发挥了重要作用。

一、集贸市场建设

1986年—2000年，甘肃省坚持"以消费品市场为基础、以生产资料市场为支柱、以生产要素市场为重点"的方针，在建立和健全市场体系方面取得了较大成就。1988年年末，集贸市场已发展到1425个（其中城市393个，农村1032个），而1978年全省只有集市481个，这些集市遍布城乡各地，成为居民生活用品的重要供应渠道和农民交易产品的场所。兰州商贸中心的建设，逐渐形成了门类齐全、专业服务、辐射西北的商品流通网。截至2000年年底，全省各类批发市场350个，其中，生产资料市场114个，消费品市场236个。全省农产品批发市场374个（部分市场与消费品市场有交叉）。截至2002年年底，全省登记注册的市场已达1711个，年成交额390.81亿元。其中：消费品市场1557个，年成交额295.2亿元；生产资料市场122个，年成交额58.5亿元；生产要素市场32个。全省城乡集贸市场已达1681

个，成交额390.5亿元。零售商业、餐饮业共有连锁总店32家，连锁分店285个，配送中心25个。

1985 年—1995年甘肃省城乡集市贸易情况表

表 1-3-1 单位：个、万元

年　份	1985 年	1986 年	1987 年	1988 年	1989 年	1990 年
集市数	1051	1192	1292	1425	1450	1451
城市	162	280	259	393	398	391
乡村	888	912	1033	1032	1052	1060
集贸成交额	75756	107392	140282	186435	213873	227826
城市	12043	51505	69065	97170	123695	136168
乡村	63713	55887	71217	89265	90178	91658
年　份	1991 年	1992 年	1993 年	1994 年	1995 年	—
集市数	1464	1564	1682	1756	1884	—
城市	421	455	528	582	596	—
乡村	1043	1109	1154	1174	1288	—
集贸成交额	311168	444016	702733	1089633	1794930	—
城市	207738	309753	471540	766976	1350174	—
乡村	103430	134263	231193	322657	444756	—

1995 年—2002年甘肃省城乡集市贸易情况表

表 1-3-2 单位：个、万元

年　份	1995 年	1996 年	1997 年	1998 年
集市数	1884	1832	1823	1819
城市	596	591	599	610
乡村	1288	1241	1224	1209
集贸成交额	1794930	2283278	2646739	3185651
城市	1350174	1771598	2065814	2546756

年 份	1995 年	1996 年	1997 年	1998 年
乡村	444756	511680	580925	638895
按类分				
粮食类	202746	74761	99321	103920
油脂油料类	35016	53343	55903	66550
棉烟麻类	7936	6279	9837	8166
肉食禽蛋类	184684	256565	288446	338623
水产品类	33853	41981	55062	79318
蔬菜类	165464	280546	276147	347969
干鲜果类	467855	152564	169062	191352
大牲畜类	26333	34595	34553	42884
家禽类	28364	31343	36711	37626
工业品类	608704	846377	1028994	1151832
生产资料	300420	282300	323952	362179
其他	169025	222624	268761	455232
年 份	1999 年	2000 年	2001 年	2002 年
集市数	1800	1739	1681	1679
城市	592	563	526	703
乡村	1208	1176	1155	976
集贸成交额	3463482	3760672	3905067	3537208
城市	2728178	3010548	3078670	2676126
乡村	735304	750124	826397	861082
按类分				
粮食类	128706	124331	121069	114140
油脂油料类	67162	66375	66462	78011
棉烟麻类	10202	11359	9331	11851
肉食禽蛋类	334875	378110	443948	436566

续表

年 份	1999 年	2000 年	2001 年	2002 年
水产品类	95427	112282	122105	108448
蔬菜类	406290	401041	473923	447082
干鲜果类	215204	215399	251880	248237
大牲畜类	26424	26219	25636	32048
家禽类	22272	27318	27055	28954
工业品类	1200370	1275051	1193628	957008
生产资料	465854	584156	521382	584747
其他	490696	539031	648648	490116

二、批发市场建设

甘肃省批发市场建设起源于1980年左右，大致由3个方面组成：是在原有农贸市场和集贸市场的基础上发展起来的，在原有商业、粮食、物资、供销等流通部门的购销中心的基础上形成的，还有为适应经济发展的要求而新建的。1990年以后，甘肃省批发市场建设规模由小到大快速发展，成为全省经济发展的一个新增长点。第一，在扩大内需、开拓市场和宏观调控中发挥了重要作用，特别是农产品批发市场（蔬菜批发市场）成为"菜篮子"供应的重要载体。小商品市场以农村居民为主要消费群体，基本上满足了广大农村对日用工业消费品的需求。生产资料市场为工农业生产提供了必不可少的原材料，粮食批发市场在国家粮食宏观调控上发挥了积极作用。第二，在丰富商品流通模式，形成大市场、大流通等方面发挥了重要作用。批发市场的建立，突破了传统的仅靠商业零售和一、二、三级批发站的流通模式，实现了通过批发市场进行批发、零售的新模式，有效解决了分散的小生产与大市场之间的矛盾，成为甘肃省当时流通模式中不可缺少的组成部分。第三，在活跃地方经济、推动相关产业发展方面发挥了重要作用。通过建立批发市场，一方面为农产品与乡镇企业产品找到了销售渠道，另一方面又为农业与乡镇企业调整产品结构提供了市场需求等方面的信息。建立批发市场还带动了交通运输、通讯、旅游、商业服务业、加工业的发展。批发市场也已成为当地财政税收的重要来源。总之，真正起到了"建一个市场，富一方百姓，活一方产业，兴一方经济"的作用。

1992年，省政府印发《关于加强商业网点建设的通知》，在加快商业网点建设方面做出了进一步的规定。各地商业部门抓住机遇、统筹规划、全面安排、多渠道筹集建设资金，加快基础设施和市场建设。在用好用活用足支持商业网点发展各项政策的同时，打破"等、靠、要"的思想束缚，敢闯敢"冒"，树立主要靠自己发展、敢于负债经营的思想，大胆开拓新的资金渠道，包括实行职工集资、招工带资、发行债券、引进外资以及银行贷款等多种形式，筹措资金进行网点开发，先后从食品风险基金中拿出一部分用于扶持食品企业的资金掉头转向，安排兰州、武威、张掖、平凉肉联厂和天水市食品公司批发市场等六个项目；争取使扭补项目一次性安排商业企业设施建设，首批安排安西瓜州商场，靖远、武山蔬菜批发市场，泾川温泉扩建，景泰县糖酒副食楼和徽县商业综合楼等一批项目。国家计委、商业部也很支持甘肃商业网点建设，安排了几个重点仓储和营业设施建设项目。兰州一、二商业局共投资近4000万元，对1024个商业网点进行了翻建、改造、装饰和美化。在消费品批发市场建设方面，各地商业部门按照"谁建、谁管、谁收益"的政策规定，积极兴办和建设各类批发交易市场，1992年全省由国有商业建成、在建和批准立项的批发市场共有11处，其中已建成投入使用的有省储运公司陇西药材批发交易市场、兰州市一商工业品批发市场等6处。

作为西部内陆省份，甘肃省市场基础相对薄弱，市场体系尚不健全，这一时期主要表现在：市场结构不完整，市场发育不平衡。资本、劳动力、技术、信息等要素市场主要集中在兰州等中心城市，与全国性、国际性市场联系不够紧密。一些现代化的流通方式和市场中介组织发展缓慢。要素市场特别是期货市场、产权市场和劳动力市场发展滞后。经营特色不够明显，市场关联度不够紧密，现代物流发展缓慢。设施不配套，布局不尽合理。特别是农产品市场储藏、运输和加工能力不足的问题比较突出，检验、检疫制度和质量保证体系尚未建立，市场信息网络建设相对滞后，专业批发市场档次不高。市场建设缺乏统一领导、统一规划，重建设、轻管理的问题普遍存在。市场管理法规不够完善，市场主体交易行为不够规范，市场执法人员的素质需进一步提高。部分市场信用缺失，存在较为突出的

"假、冒、伪、劣"商品问题，有待进一步完善。

2002 年甘肃省销售额前20名的市场、商场统计表

表1-3-3 单位:万元

序号	市场名称	成交额	序号	商场名称	成交额
1	兰州市兰新市场	299607	1	兰州市国芳百盛	53000
2	兰州市西北物资市场	184600	2	兰州市亚欧商厦	46600
3	兰州市物资城	108476	3	兰州市华联超市	25248
4	兰州市东部批发市场	98946	4	兰州市西太华商厦	17800
5	兰州市西北电子商贸城	97694	5	兰州市苏宁电器超市	10471
6	临夏市八坊集团活畜交易市场	69800	6	兰州市兰新超市	8276
7	兰州市雁滩家具市场	59687	7	兰州市天乐商厦	8006
8	兰州市张苏滩蔬菜瓜果批发市场	59000	8	平凉中山商场	6800
9	兰州市义乌商贸城	42356	9	兰州市百安购物中心	6142
10	兰州市黄河药材市场	40079	10	兰州市佳福超市	6000
11	兰州市汽车自选市场	37689	11	天水市百货市场	5568
12	兰州市焦家湾粮油市场	36500	12	兰州市黄金大厦	5328
13	武威市西凉市场	35000	13	张掖市河西大厦有限责任公司	3000
14	天水市秦安小商品市场	31700	14	酒泉鑫利商城	2154
15	张掖市甘州工业品批发市场	28000	15	酒泉百货大楼	2500
16	张掖市南关蔬菜果品批发市场	26000	16	平凉新星商厦	2212
17	庆阳陇东批发商场	25000	17	天水市商业大厦	2154
18	武威市蔬菜批发市场	25000	18	酒泉商厦	2000
19	白银市公园路市场	24489	19	天水市秦城商场	1744
20	临夏市广河县滨河市场	16001	20	白银百货大楼	1572

三、商品交易市场建设

2003年2月6日，省计划委员会制定《甘肃省市场体系发展规划》，随后，甘肃省政府办公厅批转各地执行。2003年—2005年，全省加大市场基础设施建设力度，增强市场关联度，重点发展区域性批发市场和市场中介组织，进一步完善市场规则，培育各种要素市场，不断规范和整顿市场经济秩序，建立市场信用体系，大力发展现代物流。坚持"统筹规划、合理布局、总量控制、优化结构"的原则，以改扩建为主、新建为辅，突出区域特点和比较优势，围绕特色产业进行重点建设。在战略布局上分为4个区推进。河西经济区，包括武威、金昌、张掖、酒泉、嘉峪关5市。市场的培育和发展，主要围绕发展"两高一优"农业和培育农村支柱产业来进行，充分发挥当地各类原材料和农畜产品的资源优势，建设面向西北地区的生产资料市场和农副土特产品批发交易市场。酒泉、嘉峪关以钢材、矿产品、石化产品为主，建立相互配套的生产资料市场。敦煌积极发展旅游产品市场。中部经济区，包括兰州、定西、白银和天水4市(地)。围绕兰州商贸中心建设，建立畅通、有序的商品流通网络和适应国内外竞争的市场运行机制，使兰州成为西北重要的商贸中心、金融中心和现代物流中心。定西、白银和天水在配合兰州商贸中心建设的过程中，以优势资源为依托，扩大商品流通和对外贸易，发展具有竞争力的各类生产要素市场。陇东、陇南经济区，包括平凉、庆阳2市和陇南地区。围绕农业开发和长庆油田油气开发、华亭煤矿开发的机遇，加快发展具有地方特色的生产资料及农副土畜产品专业市场，提升市场档次，建设各类特色农产品市场及边远地区集贸市场，促进农村经济发展。临夏、甘南经济区，按照少数民族聚居的特点，重点发展以土畜产品、民族特需品为主的商品市场。开发少数民族地区旅游资源，发展独具特色的旅游及旅游产品市场，带动经济发展。

1. 大力开拓农村市场。坚持"依托城市、开发农村、服务城乡、富县富民"的原则，以小城镇建设、农业产业化和提高农产品商品率为重点，以乡镇批发、集贸市场和收购、加工网点为依托，开拓农副产品流通领域。根据粮油、果菜、花卉、肉蛋禽、畜产品等农副土特产品的不同流通特点，区别产地、销地、集散地的不同情况，完善提高农副产品市场功能和辐射能力。2005年恒温保鲜库容能力达到3亿千克，在东南沿海地区发展市场销售网点，实现生产、加工、营销一体化。培育农村中介组织，扩大"公司+中介组织+农户"的贸工农一体化经营模式，发展订单农业，以贸促农。优化调整农村产业结构，推动农业产业化进程，促进农副产品商品化，缓解农产品卖难问题，增加农民收入，刺激和带动其分消费品市场的发展。建设兰州农产品信息网络中心，实现与全省各地的资源共享，使之成为内联千家万户、外接国内、国际市场的信息平台。充分发挥省内资源优势，大力发展绿色农产品，创立优质名牌。

2. 加快特色优势资源市场开发。新建和改造一批特色农产品市场，如靖远瓜果蔬菜批发市场、临洮康家崖国家级洋芋批发市场、张掖南关批发市场、兰州蔬菜综合批发市场、玛曲县畜产品交易市场、陇南农特产品专业批发交易市场、武山洛门蔬菜批发市场、平凉畜产品批发市场、张家川龙山皮毛批发市场等。支持陇西文峰中药材市场、兰州粮油批发市场自我发展，不断提升市场的档次和规模。建设省级农产品批发市场，具体项目包括酒泉春光市场、白银西部农产品综合批发市场、凉州区西城区蔬菜瓜果批发市场、陇东农产品综合贸易市场、临夏八坊市场、敦煌七里镇农产品批发市场等。

3. 改造提升消费品市场和生产资料市场。进一步改造、扩建兰州东部综合批发市场、兰州布料批发市场、兰州物资城、兰州电子市场。有条件的市(州、地)改扩建了一批商品批发市场。积极发展便民店、直销店及电子商务、网络购物等现代购物方式，满足不同层次消费者的需求。培育有色金属、黑色金属、木材、建材、化工、纺织和轻工市场，以兰州为中心，天水、酒泉为两翼，利用铁路、公路干线横贯全省的便利条件，努力形成较完整的生产资料购销体系。结合消费领域不断扩展的趋势，发展汽车直销商场。进一步完善种子、苗木、农药、化肥、农膜、饲料添加剂、农业机具等农业生产资料的销售网络，加强农业生产资料的配送和售后服务。

4. 进一步提升要素市场功能。发展金融市场，建立以国有银行、合作银行、外资银行和非银行金融机构并存的多元化金融组织体系。壮大资本市场，拓宽融资渠道，探索发展投资银行、民营银行的途径。发展高新技术市场，以兰州等高新技术开发区和经济技术开发区为基地，以兰州、天水、金昌、白银等工矿城市为中心，重点培育农牧良种繁育、新医药等生物工程、精细化工、新材料、光机电一体化、电子与信息、新能源、高效节能技术与环境保护技术应用等领域的高新技术市场。建成兰州技术交易市场，通过设立技术市场发展基金，规范科技计划项目推荐、申报、信贷渠道，扶持技术市场成交项目，强化技术市场法律、法规和政策保障体系建设，促进全省科技成果转化。培育完善家政服务、钟点工等社会化劳务市场，增加就业机会，缓解就业压力。完善房地产市场体系，基本形成以城乡土地使用、房地产开发、商品房销售、物业管理及房地产评估、咨询、仲裁等中介服务机构为主体的房地产市场体系。

5. 发展流通现代化和新型流通组织形式。打破部门、地区、系统间的界限，加强流通企业间的联合，逐步走上"集团化、规模化和社会化"的发展道路。建立以产地、集散地为中心，多种经济成、多种经营方式、多种物流渠道，"开放式、少环节、高档次、多功能、多层次"的物流体系。继续推进连锁经营，通过兼并、收购、联合、特许等方式，跨地区、跨行业、跨所有制发展连锁企业。批发、仓储企业切实发挥资源和网络优势，减少环节，提高流通效率。继续推行工商联手、农商联手、总代理、总经销、品牌买断经营等营销方式，在探索中扩销增效，在销售中推广新的策略和手段。开创社区服务、家政服务等新的市场热点，探索和发展网上交易，完善和规范网络交易行为，推进企业管理的自动化和科学化。

6. 加快市场体系建设配套。增加市场建设投入，培育市场建设投资主体，鼓励各种经济主体扩大投资和经营。省财政根据财力情况，每年都安排一定数量的资金，重点扶持市场升级和改造项目，地县财政也安排相应的资金与之配套。按照公平、有序的原则，规范市场交易行为，加大市场执法力度，建立健全市场服务机构、完善服务功能。构建与市场化程度相适应的信用制度体系，为市场体系发展提供信用保证。

截至2005年年底，全省登记在册的各类商品交易市场1092个（其中上亿元的55个），其中生活资料市场1028个，生产资料市场64个，已形成农副产品、日用工业品、生产资料等多门类，大、中、小型批发市场等多层次，大型超市、购物广场、专卖店等多业态的商品市场体系。市场规模不断扩大，市场功能不断完善，流通中介组织发展迅速，市场营销协会、农产品流通协会、饭店协会、肉类食品协会、商业联合会等成为搞活流通健全市场体系的重要力量。

四、重要项目建设

2006年—2010年（"十一五"期间），全省城乡市场体系建设着力实施商务便民惠民工程，积极培育发展新兴流通业态，促使流通网络逐步完善、市场秩序逐步规范、消费环境明显改善、市场调控能力明显增强，促进了农业生产，带动了城乡就业，拉动了居民消费。全省累计投资22.06亿元，带动社会投资18.9亿元，在农村，改造提升商贸流通基础设施58.47万平方米，果菜保鲜库容量1.87亿千克，新建改建16个大型农副产品批发市场，200个县乡农村集贸市场；建设14548个农家店，84个商品配送中心，覆盖全省100%的县、95%的乡镇和70%的村；日用消费品配送率提高到50%以上，农业生产资料配送率达到90%。在城市，创建6个国家级、5个省级社区商业示范区，改建50个社区示范肉菜市场和一批便民社区超市网点。实施放心早餐、放心酒、放心肉、放心豆制品工程、废旧物资回收工程。省商务厅在9市、13个县开展商务综合执法试点，在全省建立全覆盖的城乡生活必需品监测体系。在重点产区，建立洋葱、土豆、高原夏菜等大宗农副产品产销衔接机制。重点工作主要有（"万村千乡市场"工程、批发市场、连锁超市、兰州商贸中心等项目建设在其他章节有所涉及，这里不再赘述）：

1. "双百市场"工程实施。2006年，商务部配合社会主义新农村建设，开始组织实施"双百市场"工程，通过政府政策引导、企业自主建设，培育一批面向国内外市场的大型农产品批发市场和流通企业，重点改造100家大型农产品批发市场，着力培育100家大型农产品流通企业。

甘肃省商务厅制定《甘肃省推进农产品批发市场标准化实施方案》，规定工作原则和申请申报程序，明确考核评分标准和评审组的组成范围。制定《甘肃省"双百市场工程"实施规划》，确定目标任务，明确培育支持的主要内容。成立由省政府办公厅、商务厅、财政厅、农牧厅、质监局、国税局、地税局等部门负责人组成的评审组和专家考评组，具体负责"双百市场工程"的考评和评审推荐工作。2006年4月下旬，专家考评组对符合申报条件的10个农产品批发市场，进行实地考察和评分。对兰州赛和农产品连锁经营公司、临洮县腾胜蔬菜土特产购销有限责任公司、庆阳市陇东农副产品集团公司、金昌市食品有限责任公司、甘肃世纪武明经贸有限责任公司等5家农产品流通企业进行资格确认并上报商务部。向商务部推荐张掖市南关蔬菜果品批发市场、定西市安定区马铃薯综合交易中心、广河县滨和商贸有限公司、酒泉春光蔬菜批发市场、临洮县花卉产品标准化批发市场等5家市场。经过商务部批准,甘肃省张掖市南关蔬菜果品批发市场、定西市安定区马铃薯综合交易中心、酒泉春光蔬菜批发市场3家批发市场,临洮县腾胜蔬菜土特产购销有限责任公司等3户流通企业进入"双百市场"工程范围,全面启动实施。

甘肃省商务厅结合商务部"双百市场"工程实施,围绕县区的主导产业,构建区域性、综合性和专业性市场。在张掖市围绕河西走廊的瓜果蔬菜生产基地,建立瓜果蔬菜专业批发市场;围绕定西市的马铃薯产业,在定西建设马铃薯专业市场;在临洮县围绕近郊农业的发展,建立农副产品综合批发市场和农产品深加工企业。2006年度"双百市场"工程项目实施市场(企业),共实现销售额16亿元(新增出口2500万美元)。覆盖农户40万户,增加就业人数1万多人,带动50多万农民增收,取得了多方面的成效。"双百市场工程"项目的实施,一方面改善了农产品批发市场的环境,提高了农产品批发市场的功能;另一方面将小生产与大市场连接,形成城乡双向流通网络,扩大了农产品的流通。张掖南关蔬菜果品批发市场的改造,拉动了河西走廊的瓜果蔬菜生产基地建设,形成无公害农产品基地20万亩,当年市场新增各类摊点近3000个,增加商户2050户,农产品交易品种由原来的180多种增加到220多种,满足不同客户、农户的需求,提高市场的整体吞吐能力,市场交易额和交易量不断增加。2006年交易量和交易额分别达到10亿千克和8亿元,分别比2005年提高11.1%和6.7%,成为甘肃河西地区农产品批发的集散中心、信息交流中心、农产品物流中心的骨干市场。陇东农副产品集团有限公司冷链系统的建设和农副产品配送中心的运行,当年收购加工苹果263万千克,新增苹果种植基地70公顷,南瓜子、油葵的出口加工、超市配送带动基地建设近6700公顷,惠及农民约30万户。定西市安定区马铃薯综合交易中心的建设改造,已成为甘肃特色农产品马铃薯的专业批发市场,有效地解决了陇中12个县80多个乡镇马铃薯的大宗交易，解决了马铃薯集中上市时安定区全区占道交易的局面，解决了市场车辆无法停放、仓储能力不强、购销周期短，价格波动大，不能形成旺吞淡吐的格局等问题。2006年马铃薯交易量达4.2亿千克，交易额3.2亿元。

按照商务部的要求，全省对建设农产品批发市场公益性设施进行引导，包括检验检测中心、信息中心、安全监控中心、废弃物及污水处理中心、结算中心等，贴息支持大型农产品批发市场建设农产品物流中心、交易大厅、仓储等设施，贴息支持引导大型农产品批发市场建设内外贸一体化的优质农产品常年展示交易中心。支持大型农产品流通企业建设冷链系统，主要包括连锁超市内的恒温冷藏保鲜柜（库）、低温冷冻冷藏柜（库）、高温制冷机组、低温制冷机组、气调保鲜系统、低温冷藏运输系统等。贴息支持大型农产品流通企业或第三方物流企业新建和改造生鲜农产品配送中心。直补支持农村流通合作组织开展农商对接项目。选择部分具备条件的农村流通合作组织，进行农产品流通标准化与实用技能对接试点；在纳入试点的农村流通合作组织中，选择部分优势农产品进行商标注册等市场营销推广。到2010年年底，全省共建设改造农村集贸市场200个，实施单位共完成投资54720万元；建成交易大棚110000平方米，冷库、气调恒温库容量5300万千克，废弃物处理中心4个，安全监测中心1个；铺设污水管道9569米。截至2010年，甘肃省有各类商品市场1711个，营业面积约500万平方米，其中，大型商品批发市场43个，年总成交额约400亿元。

2. "退市还路"工程实施。2006年开始，省商务厅着力解决"占道经营、以路为市"的问题，制定了支持改造县乡集贸市场退市还路试点实施方案，引导县乡集贸市场（马路市场）"退市还路"。围绕优势农产品主导产业，完善市场基础交易设施，改造提升农产品专业批发市场，加快乡镇集贸市场改造，加强农村市场体系建设。

2006年，省商务厅在庆阳、平凉、张掖、酒泉、甘南、临夏各选择一个县乡集贸市场进行改造试点，规范交易行为，提升市场档次，取得经验后逐步推开。以国道、省道干线为重点，以解决市场交易场地为主，引导"占路为市"的县乡集贸市场，进场交易，归行入市。重点支持改造完善农村集贸市场基础设施、提升服务功能。建设市场交易大棚、仓储设施，提升服务水平，提高农产品流通效率，逐步构建与国家标准化农产品批发市场接轨的农产品现代流通体系。引导特色农产品市场依托产区优势发展壮大。通过政府引导、企业自主建设的方式，促进有地方特色、产地依托和区域优势、辐射面广、影响力大和跨区域的县乡集贸市场（马路市场）逐步发展壮大，形成区域性特色农产品市场，解决农民"卖难"等问题，增加农民收入。2006年—2007年，"退市还路"工程投资额7000多万元，建成市场交易大棚、硬化市场路面、改选综合交易设施近3万平方米，实现商品交易额4亿多元，解决就业2000多人。

3. "农超对接"项目实施。2009年6月，商务部牵头在全国确定15个省市进行"农超对接"试点（甘肃省不在全国试点范围），减少农产品流通环节，探索农产品流通新模式。

2009年年底，甘肃省商务厅参照商务部做法，在兰州等4个城市开展"农超对接"试点，积极探索城市支持农村的有效途径，发展农产品现代流通方式，推行鲜活农产品"超市+基地"供应链模式，引导大型连锁超市与鲜活农产品产地的农民专业合作社直接对接，保障城乡居民商品供应和食品安全、促进农民持续增收、扩大农村消费，加快农业和农村经济发展。2010年3月2日，甘肃省政府办公厅批转《甘肃省商务厅甘肃省农牧厅关于开展"农超对接"试点工作实施意见》，提出以"带动产业、助农增收、高效低耗、安全消费"为目标，以鲜活农产品"农超对接"经营为农产品流通体制改革突破口，探索建立符合甘肃省实际的农产品现代流通体制，推进农产品流通现代化，构建流通成本低、运行效率高的农产品营销网络。

在"农超对接"试点工作中，全省加大对鲜活农产品现代流通设施的投入，引导大型连锁超市农产品流通企业加大对鲜活农产品冷藏、冷冻设施投入，对部分鲜活农产品试行强制性冷链流通，降低鲜活农产品流通损耗，保障鲜活农产品质量。增强鲜活农产品加工配送能力，支持大型连锁超市通过新建鲜活农产品配送中心，提高鲜活农产品配送功能。积极发展第三方农产品物流配送等多种方式，逐步建立与农产品生产基地规模及零售规模相适应的物流配送体系。提高鲜活农产品经营信息化水平。大型连锁超市和有条件的专业合作社加强鲜活农产品信息系统建设，广泛应用数字终端设备、条码技术、电子标签技术、时点销售系统和电子订货系统等信息化手段，积极推广品类管理和供应链管理等现代管理技术。以农产品产业链为基础、以供应链管理为重点，通过电子信息技术，实现连锁超市与农民专业合作社之间业务流程的融合和信息系统的互联互通，逐步建立和完善鲜活农产品质量可追溯体系。培育农民专业合作社自有品牌，依托试点连锁超市广泛宣传和支持农民专业合作社自有鲜活农产品品牌，积极向消费者提供质量安全的农产品及加工制品，增强城乡居民对鲜活农产品的消费信心，进一步调动农民专业合作社发展优质鲜活农产品生产的积极性。引导调整连锁超市商品经营结构，围绕扩大鲜活农产品经营规模，引导连锁超市调整商品布局，增加鲜活农产品销售种类，扩大鲜活农产品经营面积，加大鲜活农产品销售比重，提高连锁超市经营效益。大力拓宽"农超对接"渠道，商务和农牧部门密切合作，采取专场对接洽谈、产品展示推介等形式，为连锁超市与农民专业合作社搭建对接平台、疏通对接渠道、建立合作关系、签订购销合同。连锁超市加强对农民专业合作社市场信息、加工包装技术、运储及价格等方面的支持、服务和优惠。

省商务厅、省农牧厅牵头成立全省"农超对接"试点工作领导小组，统一指导全省"农超对接"试点工作。加大政策扶持力度。落实农产品仓储设施建设用地按工业用地对待政策。各市州安排专项配套扶持资金，重点扶持鲜活农产品冷链系统建设，支持鲜活农产品"农超对接"经营。参照2009年商务部、财政部、农业部试点主体条件，对实力较强、积极性较高、对接工作较好的连锁超市和农民专业合作社，组织推荐实施国家"农超对接"项目。拓宽投融资渠道。创新体制机制，采取有效措施，引导社会资金加大对鲜活农产品流通基础设施的投入。鼓励引导各类大型连锁超市进入鲜活农产品流通领域，进行示范带动。协调金融机构对鲜活农产品农超对接试点予以信贷支持，及时为连锁超市和农民专业合作社申请贷款提供帮助。培育农产品现代流通人才，根据连锁超市和农民专业合作社实际，大力开展人才培训，编制符合企业和农民专业合作社发展需求的人才培训规划，着力培养适应农产品现代流通经营需求的管理人才，为加快鲜活农产品"农超对接"发展提供人才保障。

2010年，全省开展"农超对接"的农民专业合作社发展到386个，与省内外579家超市建立了合作销售关系，年销售农产品12.8亿千克，实现交易额14.5亿元，较2009年平均增长了45%以上。产品涉及马铃薯、蔬菜、苹果、小杂粮、蜜瓜、红枣、百合、花椒、人参果、沙葱和猪、牛、羊、兔、鸡、鱼、蛋、奶畜等禽产品30多个产品系列。通过实施"农超对接"和品牌战略，静宁县格瑞苹果、兰州百合等甘肃特产成功进入了北京、上海、杭州等地的家乐福和沃尔玛等大型连锁超市。

4. 社区"双进"工程实施。自2006年开始，根据商务部的安排，省商务厅启动"便民服务进家庭，便民消费进社区"的"双进"工程。"双进"工程主要内容包括：选择和培育一批连锁经营企业，通过资金、政策等措施，支持和引导连锁企业运用连锁的方式在社区设立综合超市、标准化菜店、餐饮店、洗衣店等各类便民、利民商业网点，改变社区商业散、小、差的现象，以满足社区居民多样化、个性化的消费需求，解决居民生活不方便、消费不放心、不安全的问题；鼓励连锁企业采取收购、兼并、特许加盟等多种形式整合分散的社区商业资源，规范社区内的小型门店，实现资源共享、综合利用。指导连锁经营企业利用现代信息技术开展社区便民服务，发展网上交易、网上服务和送货上门、送餐上门、修理上门的"三上门"服务，为社区居民提供定向、快捷、周到的服务，不断延伸服务功能，提高服务水平。

省商务厅在全省有计划地开展社区商业建设和标准化菜市场建设改造工作，有重点地选择有关市州进行全国和省级商业示范社区创建活动。先后制定并下发《甘肃省商务厅关于加快城市社区商业发展的指导意见》《甘肃省商务厅社区商业"双进"工程试点实施意见（草案）》《甘肃省社区商业示范社区建设评估规范（试行）》《甘肃省社区商业"双进"工程试点项目资金审核和拨付暂行管理办法》和《甘肃省兰州市标准化菜市场示范工程试点方案》等文件。在全省范围内开展社区商业发展情况调研，同时组织相关人员赴天津等地考察学习先进地区社区商业发展情况，学习好的经验和做法。按照规划优先、市场取向、便民利民、网点连锁的原则，采取有效措施，进行社区商业建设工作，先后筹资1400万元在兰州、金昌、白银、武威和嘉峪关等市创建全国商业示范社区15个，省级商业示范社区10个。

2010年，财政部、商务部把兰州市列入全国标准化菜市场示范工程试点城市，在国家以奖代补资金2000万元的支持下，兰州市各级政府配套资金近1000万元，吸引社会资金1.5亿元，在兰州市三县五区新建和改造标准化菜市场47个。各市州创建商业示范社区和建设改造标准化菜市场工作良好发展，社区业态种类多，服务设施全，为社区百姓提供安全便利的消费环境，方便人民生活，改善和优化经营者的经营条件和消费者的购物环境，在完善市场基础设施、扩大经营场所的同时，起到了平抑物价、保障供应的作用。

5. 再生资源回收体系建设。2008年，省商务厅会同省发改委、省公安厅等部门印发《关于贯彻再生资源回收办法的通知》，从提高认识、理顺体制、实行备案、规范行为等方面对再生资源回收管理工作安排部署。向全省印发《甘肃省再生资源回收经营者备案登记说明》，对建立健全再生资源回收工作体系、严格实行备案制度、认真执行政策法规等方面提出要求。统一印制下发《再生资源回收经营者备案登记证明》和《再生资源回收经营者备案登记证明（续）》，规范再生资源回收经营者备案登记的各项内容。对各市州再生资源回收体系建设现状和重点项目进行摸底调查。通过以上措施，摸清全省再生资源回收企业情况，明确管理职能，各市州再生资源回收经营者向当地商务部门进行备案登记。

2008年5月，商务部等部委先后颁发关于商品零售场所塑料购物袋有偿使用管理办法和通知，为企业执行"限塑令"明确了各项政策规定。省商务厅向全省转发办法和通知，提出具体要求。加大"限塑令"的宣传力度，主动邀请媒体撰写宣传材料，宣传贯彻《办法》的意义、内容和要求。借助省节能宣传活动，制作宣传展板，具体解释《办法》条款，提高了群众对塑料购物袋有偿使用的认识。在要求各级商务部门对有偿使用塑料购物袋情况进行监督检查的同时，对兰州多家大型商场、超市和个体经营户以及蔬菜、副食品市场等场所执行塑料购物袋有偿使用的情况进行了检查督导，纠正存在的问题。到2008年年末，全省各地大型超市、商场、连锁店塑料购物袋使用量大幅下降，降幅在60%—80%以上。

2009年，省商务厅对全省再生资源回收市场建设情况进行摸底考察，经向商务部推荐，兰州市和白银有色集团被商务部确定为全国第二批再生资源回收体系建设试点城市和试点企业。省商务厅多次和兰州市商务局深入企业进行调研，制定试点实施方案，与财政厅联合向商务部转报了白银有色集团西北再生金属集散市场建设项目1000万资金申请报告。应省经委要求，参加编制《甘肃省循环经济发展规划》中的再生资源回收内容。

2009年12月24日，国务院正式批复《甘肃省循环经济总体规划》，这是中国第一个由国家批复的区域循环经济发展规划。甘肃省商务厅承担着循环经济发展环节中的再生资源回收体系建设责任。与省工信委共同起草《甘肃省再生资源回收综合利用管理办法》；制定《甘肃省再生资源回收体系建设实施方案》，明确再生资源回收体系建设"十二五"时期的发展规划和发展目标；制定《甘肃省再生资源回收体系建设规范》，明确再生资源回收站点、分拣中心和集散市场建设项目的升级改造与建设标准。开展再生资源回收利用体系建设试点，组织兰州市加快城市再生资源回收利用体系建设试点工作，完成了200多个标准化社区回收站点的改造建设，提升和完善甘肃西部废金属专业市场、兰州市废旧电子产品市场、兰州艺祥废塑料分拣加工中心，新建兰州泓翼废电子产品拆解加工中心、兰州鑫源物资再生利用有限公司圣宜废旧电子产品分类加工等项目。兰州市再生资源回收行业主要品种回收率从原来的40%提高到"十一五"末的60%以上，吸纳就业2万多人，并带动了物流、包装等相关产业发展。组织甘肃省再生资源回收体系建设项目的申报工作，积极争取国家资金支持，安排兰州市回收网点建设471个、集散市场1个、报废汽车升级改造项目2个、分拣中心4个，以及信息系统和人员培训项目等，补助资金3300万元；安排酒泉市废旧物品回收交易市场有限责任公司再生资源回收利用基地建设项目1个，补助资金1200万元。

2010年，按照《中共甘肃省委甘肃省人民政府关于加快推进循环经济发展的决定》等系列文件精神，省商务厅继续推进再生资源回收体系建设。针对再生资源回收行业门槛低，企业和门店的流动性较大，零散乱现象严重，家底不清的情况，进行了多次摸底调查和实地调研，根据各市州主要回收品种、数量等不同情况，引导各地因地制宜开展工作，有所侧重错位发展。引导支持兰州、白银、金昌、嘉峪关、酒泉、临夏等废旧钢铁和废旧有色金属回收量较大的市州，加强以废旧金属回收利用和分拣加工为主的回收体系建设；引导兰州、天水、酒泉、平凉、庆阳、陇南等市着力做好废纸、废橡胶等品种的回收分拣利用；引导武威、张掖、庆阳、定西、甘南等农牧业发展比重较高的市州重点做好废塑料、废玻璃、废旧纺织品等废旧商品的回收加工利用。在兰州、武威、白银等城市开展回收网点、分拣中心和集散市场"三位一体"的再生资源回收体系建设，指导陇南、临夏、庆阳、敦煌、静宁等地龙头企业率先开展标准化分拣中心（分拣集聚区）、集散市场（大型基地）建设。建立全省再生资源回收行业重点项目库，对工作突出、成效明显的项目，在国家和省上开展试点工作时优先推荐，有力调动了企业的积极性。加强行业管理，越来越多的企业开始主动配合商务部门工作，行业统计更加全面，管理渠道日渐顺畅。积极推荐符合条件的市州和基地争取国家再生资源回收体系建设试点。经商务部、财政部评审确定，兰州市和武威市被确定为国家第二批、第三批试点城市，酒泉、敦煌被确定为国家第二批、第三批区域性大型回收基地建设试点，共下达中央财政扶持资金7950万元。截至2010年，兰州市再生资源回收公司等2家企业投入资金2.6亿元，按照"七统一、一规范"（即统一规划、标识、着装、价格、计量、车辆、管理及经营规范）的标准，建设改造标准化社区回收站点471个，配备流动回收三轮车520辆、厢式大型专用运输货车21辆、电子显示屏471个、垃圾分类箱2500个，使城乡社区回收网络得到了有效整合，形成了较为完善的回收网络；建设完成兰州艺祥废塑料分拣加工中心，年处理废塑料达1500万千克；兰州泓翼废电子产品拆解加工中心，年处理电冰箱、洗衣机等废旧家电2.6万台、废旧电视机等9万台；建成年处理报废汽车3万辆的利源报废汽车回收中心自动化生产线。支持兰州鑫源物资再生利用有限公司在兰州新区征地10公顷，建设完成以报废汽车拆解、废旧电子产品回收利用、分拣加工中心为核心的再生资源产业园。甘肃西部废金属有限公司按照集散市场"五区一中心"（商品交易区、分拣加工区、仓储配送区、商品展示区、配套服务区和信息培训中心）的标准建设改造了甘肃西部废金属专业市场。由于城市规划需要，新市场迁至兰州市彭家坪，以更高标准进行建设，投入运营后预计年回收各类废旧金属6亿多千克。武威市3家龙头企业（武威市招标确定）通过自建、改造及连锁加盟等方式，建设改造300个城乡标准化再生资源回收站点；民勤威瑞环保有限公司投资8820万元，建设改造多条废旧地膜、塑料、玻璃等分拣加工生产线，新建占地面积1.54公顷的再生资源回收利用基地；武威市回利再生资源有限公司投资3500万元，建设占地面积5.76公顷的再生资源集散市场；武威帅年再生资源回收利用有限公司投资3744.5万元，建成两座占地面积合计5.47公顷的再生资源分拣加工利用中心。酒泉市实施企业对原有集散市场进行基础设施升级改造和区域划分，完善市场功能；在距原址2.5千米处征地7公顷，投资2000多万元建设全新标准化的再生资源回收利用基地。敦煌市实施企业建设完成占地面积15公顷，辐射敦煌、瓜州、肃北、阿克塞及青海油田等地的标准化大型再生资源回收利用基地。该项目总投资1.37亿元，在完成商品交易区、仓储配送区等"五区一中心"建设的基础上，结合当地实际增加废旧金属分拣加工和服务普通市民的废旧商品交易等区域建设，年回收处理各类再生资源2亿多千克。白银、陇南、临夏3个再生资源回收体系建设列入省级试点。

随着一批标准化回收站点、分拣加工中心和集散市场的建设，行业规范化程度不断提高，落后局面得到改善，初步构建了全省再生资源回收体系，并形成了一些地域特色明显的发展模式。酒泉再生资源回收利用发展模式主要是：利用当地废钢铁、废有色金属等再生资源比较丰富、非耕地类土地资源较多、辐射区域广阔等有利条件，加强再生资源集散市场建设，积极发展分拣加工中心，初步建立了覆盖全市的再生资源回收体系。为有效解决酒泉地区再生资源回收企业任意布点、随意堆放、污染环境和集散加工能力不足等突出问题，酒泉市加强再生资源行业管理，率先于2010年在肃州区建设了再生资源回收市场，引导回收企业进入市场，集聚发展。静宁废纸再生利用与苹果产业联动发展模式主要是：大力发展以废纸加工为主的纸箱包装产业，促进废纸再生利用，积极支持苹果产业发展，延伸产业链，形成了再生资源回收利用与苹果产业联动发展的复合型循环经济发展模式。静宁县废纸再生利用主要依托龙头企业静宁恒达有限责任公司，由最初废纸收购延伸到造纸生产，进而延伸到包装纸箱生产。企业造纸所需原料大部分为废纸，废纸回收利用量很大，在省商务厅的支持下，企业积极开展标准化回收站点和分拣加工利用集聚区建设，废纸回收、分拣加工利用水平明显提高，厂区环境得到很大改善，公司废纸利用量逐年增加，形成了废纸回收、分拣加工、造纸及纸箱生产为一体的完整产业链条。纸制品年销售总量达到30万吨以上，带动了当地10多家再生纸箱企业发展，促进了当地苹果产业的发展，产生了较好的经济效益、社会效益和生态环境效应。静宁县将再生资源回收利用与当地主导产业发展相结合，形成新型的循环经济联动发展模式，对全省循环经济示范区建设具有一定的借鉴意义。兰州再生资源产业集聚发展模式主要是，通过建设再生资源产业园区，引导各类再生资源回收加工企业和经营者进入园区，实行统一规划管理，推动再生资源回收、加工利用产业高水平集聚发展。

五、甘肃省农村市场体系建设

1978年—1990年，由于农民生产生活的需要而自发形成的农村市场发展相对缓慢。由于全省农村经济总量小，自我发展能力不足，农业生产组织化、产业化、标准化水平低，农产品商品率、优质率和加工转化率低，流通基础设施条件差，交易方式落后，大多数农产品市场长期是露天市场，地面没有硬化，市场配套设施更不完备。加之市场主体实力弱，市场监管不到位，相当多的农民依旧是"买大件到城里，油盐酱醋找个体，日用百货赶大集"。一些集贸市场由于功能不全、设施不齐和效益不佳，处于停顿或半停顿状态。不少县乡市场以经营农副产品为主，辐射功能不强，进场交易的客户不多，交易量有限。

1990年—2006年，随着流通体制改革的逐步深入，全省农村市场建设开始兴起，但规模普遍偏小，整体呈现"小、散、乱"的局面，市场运行方式比较落后，经营手段采用一手交钱，一手交货的老办法，单体网点多，连锁经营少，经营环境差，资金投入不足，影响商品市场的成长发育。大棚式市场、露天市场普遍存在，由于城镇市场逐步规范，假冒伪劣商品涌入农村，使农村市场成为假冒伪劣商品的销售之地。给城乡居民食品安全带来隐患。农村市场欺行霸市、强买强卖、价格欺诈、乱收费等现象时有发生，制约农村市场的健康发展。

2006年—2010年，全省农村市场体系建设出现新趋势。新型业态迅速发展，在传统商业模式快速发展的同时，连锁、代理、配送等现代营销方式得到推广。电子商务、商品配送、仓储经营、冷链物流、农超对接、直供直销等新型业态发展迅速，推动了农村市场稳步发展。农村商品向质量型发展，随着农村经济的快速发展和农民收入的逐年增加，对日常消费品的需求由数量型向质量型转变。"万村千乡"市场工程的实施，也有效提升了商品质量，一定程度上杜绝了假冒伪劣产品流入农村市场。农村市场向城镇化发展，随着多元化市场主体和多层次市场网络的发展，农村市场购物环境大大改善，商品质量有效提升，商品种类琳琅满目，满足了不同阶层、不同消费者的需求。农村市场和城镇市场差距逐渐缩小。农村居民收入的较快增长，大大提高了农民的消费能力。饮食和食品消费量向多样化、营养化转变，为农民生活质量的改善提供了物质基础，农民由过去的吃饱向吃好转变。在饮食结构中，主食消费比重下降，营养价值较高的肉、蛋、奶等食品消费比重上升。农村居民家用电器的更新明显加快，随着农民购买能力的增强和农村消费环境的改善，特别是家电下乡政策实施以后，通过给予下乡产品补贴，农村高端家电消费市场逐步扩大，电视、冰箱家庭耐用消费品迅速推广和普及，提升了农村消费者的高端家电消费意识。农村家庭文化娱乐投入不断提高，农民群众开始重视精神、文化、娱乐消费，农民对子女和自身教育培训的投资增加，对精神文化生活的追求越来越高，学文化、学技术意识增强。同时，旅游休闲也进入众多农家。信息化发展推动农村生活方式转变。随着社交媒体、移动互联网等新兴技术的迅猛发展，电脑、手机、平板电脑等普及率越来越高，一些智能化、数字化、环保化的电讯、通讯类进入农村居民家庭，使农村信息化驶入快车道。服装类消费呈上升趋势。随着农村居民生活水平的提高，居民对个人仪态仪表的重视程度上升，使农民对"仪表消费"产生兴趣，农村家庭的服装消费支出不断增多，人们追求漂亮、时尚休闲的享受型消费逐步形成。

1. 兰州市。截至2011年年底，全市共有农贸市场91个，其中乡镇农贸市场54个，占60%，农贸市场基本达到重点乡镇全覆盖。全市累计建设农家店956家，覆盖全市64个乡镇的764个行政村。乡镇覆盖率100%，行政村覆盖率达65.7%。农村对消费品的需求量逐步增多，消费需求逐步扩大，消费增速呈现上升趋势，农村消费增幅超过城市。农村消费热点突出，受农民收入增加及促进消费政策等因素影响，农村耐用消费品开始呈现爆发性增长，电脑、空调、照相机、电冰箱、手机、汽车等消费需求成为农村消费热点。

2. 嘉峪关市。该市是新兴的工业旅游城市，城市化率达到92%，农村只有3个镇17个村，全市30万人口中农村只有1.55万人。截至2011年年底，

70%以上的行政村设立了交易市场，农村商业网点超过160多家，主要以日常生活用品类、农资类、水果蔬菜类经营为主，基本形成以城区大型超市连锁店为主、农贸市场为辅、村级经销店为补充的立体流通体系。统一采购、统一配送、统一建立销售网络的"农家店"等新型业态快速发展，开架式经营方式已基本取代了传统的柜台式经营方式。截至2011年年底，新建、改造标准化农家店20个，覆盖100%的乡镇和98%的行政村。农村市场主体呈多元化格局，农村经纪人、农产品运销大户、农民专业合作组织和农业产业化龙头企业构成农产品流通的主体。农资经营已形成由供销社、农资公司、农资生产企业、个体工商户等多种市场主体、多种流通渠道共同参与的格局，分销、总代理、总经销等多种经营模式蓬勃发展。农产品加工业初具规模，以宏丰公司为主的集养殖、种植、酿造、乳产品、粮油为主的农业产业化龙头企业，以金汇果蔬为主的洋葱加工企业，以中昌肉食品为龙头的肉制品深加工企业，以兴盛公司为龙头的啤酒花加工企业，以及各种蔬菜加工合作社等，已经成为嘉峪关市农产品加工、销售的代表性企业。农副产品生产销售总体良好，设施农业和优质蔬菜基地建设快速发展，培育出嘉峪关无公害洋葱生产基地，如文殊镇河口村、冯家沟村和峪泉镇安远沟村的日光温室反季节蔬菜种植专业村，新城镇泥沟村反季节胡萝卜生产专业村，文殊镇冯家沟村、塔湾村优质食用菌种植示范村，文殊镇优质大蒜、马铃薯种植基地。洋葱、大葱、马铃薯、胡萝卜等4个无公害农产品通过相关部门产品认证。

3. 金昌市。金昌市是资源型工业城市，工业相对发达，农业占全市GDP比重相对较小。截至2011年年底，共有各类农产品交易市场31个，其中按地域划分：城区市场13个，乡镇市场18个；按市场类型划分：批发市场10个，专业市场3个，集贸市场18个。通过实施"万村千乡市场工程"，新建一批农村商贸中心和农家店，农村流通网络体系得到进一步提升，市场规模不断扩大，尽管农业经济占国民经济生产总值的比重不高，但农村各类产业总量仍在持续扩张，由此带来农村流通规模的迅速增长和农村有形市场平均规模的不断扩大。除了传统的集市贸易市场外，各种综合市场、专业市场以及批发市场都有一定程度的发展，初步形成了集消费品和生产资料、批发市场和集贸市场、有形市场和无形市场于一体的农村市场体系，连锁经营、物流配送等新型经营方式和小型超市、便利店等经营业态，在农村乡镇逐步发展壮大。

4. 白银市。截至2011年年底，该市形成规模的县乡集贸市场有44个。其中城镇集贸市场22个，农村集贸市场22个，年成交总额达13.5亿元。其中，年成交额在亿元以上的有2个，5000万元以上的有6个，3000万元以上的有10个。城区内集贸市场依托城市经济社会发展，服务城镇居民，辐射周边乡镇乃至周边地区，是全市农副产品的主要集散地和销售渠道。农村集贸市场是为附近村落的广大农村群众提供农副产品、日用品、食品等生产、生活必需品的重要场所。国有、集体、私企以及个人等多渠道、多方位投资已成为主流，基本形成以中型市场为龙头，综合、专业市场为骨干，中小型集贸市场为联结点，农村、居民小区市场为补充的网络化市场流通体系格局。城镇集贸市场要好于农村集贸市场，专业化程度较高的市场好于综合类市场。该市"万村千乡市场工程"已建农家店1660个，其中存续经营1439个，关闭歇业221个，存活率86.69%。全市69个乡镇，存续经营的农家（资）店实现了全覆盖。701个行政村已建农家（资）店并存续经营的行政村数量为484个，覆盖率69%，仍有217个行政村未建店，主要原因是这些村交通不方便，留守人口少，经济欠发达。截至2011年年底，白银市"万村千乡市场工程"已建成会宁县金海商贸有限公司刘寨乡镇商贸中心、靖远县欣峰商贸有限公司刘川乡镇商贸中心和景泰县积德商贸有限公司喜泉乡镇商贸中心，运行良好，白银、平川两区尚未建立乡镇商贸中心。已建成商品配送中心14个。

5. 天水市。该市是中国北方最佳水果和蔬菜生产基地之一，花牛苹果、秦安蜜桃、秦州大樱桃等果品在国内外享有较高声誉，国家级天水农业科技园区是中国西部唯一的航天育种基地。2011年，全市农村市场拥有连锁日用品超市1854个，农资连锁超市580个，家电、建材、服装专卖店1730个，农贸交易市场108个，专业批发市场15个。农村市场组织形式多样化，连锁超市、便民店、专卖店、集贸市场、专业批发市场等多形式、多业态竞相发展，组织形式日益多样化。天水磐业农资连锁有限公司、天水联商贸有限公司、武山金鑫商贸有限公司、天水永盛五交化有限公司等一批本土骨干流通企业利用已建立的品牌优势，大规模设立乡镇直营店、便利店、加盟店等，一批"棚台式"市场逐步向具有现代化雏形的市场转变，市场功能进一步完善，开始从单一的商品交换功能向商品展示、信息交流、价格形成、商品配送、资金结算等多功能扩展。

2011年年底，该市有"万村千乡市场工程"承办企业10家，累计建成农家店1852个，乡镇商贸中心2个，配送中心10个（日用品配送中心9个、农资配送中心1个），农家店建设乡级覆盖率达100%、村级覆盖率达42.1%。对全市550个农家店实施信息化改造，市农行、市移动开展了金融、无线通信网络服务业务，完成了设备布放。2011年又推荐上报8个农贸市场实施升级改造，截至当年5月底，已有4个建设项目建设进度超过80%，共硬化场地24369平方米，新建交易大棚11230平方米，卫生设施880平方米，垃圾处理设施225平方米，累计投入资金8467万元。截至2011年，市政府从财政专项和副食品调节基金中安排投资320万元，秦州、麦积两区筹资1600多万元，在两区建成菜篮子基地7.4万公顷，带动发展露天蔬菜3300公顷，年增蔬菜产量5000万千克，先后投入资金196万元购买配送车10辆和部分蔬菜超市货柜，流动售菜车10辆，扶持该公司建成储备能力300万千克的蔬菜配送中心，在秦州麦积两区建立农超对接菜篮子超市7个，日销蔬菜3万多千克，安排下岗职工就业300余人。

6. 酒泉市。截至2011年底，全市已建成各类大中型商品交易市场26个，其中：农产品市场8个，工业品市场和日用消费品市场各9个。建成小型便民市场和专业市场48个。"万村千乡"市场工程建成县级配送中心17个、乡镇商贸中心和农贸市场61个、农家店1703个，实现了县城有配送中心、乡镇有商贸中心和农贸市场、村组有农家店的"三个全覆盖"。甘肃酒泉春光农产品市场是国家商务部"双百市场""南菜北运"项目试点单位。2000年10月建成投入运营，占地面积14.5公顷，总资产1.9亿元，是甘肃省农业产业化重点龙头企业，先后获"全国蔬菜批发50强市场"等荣誉称号。2011年交易量85亿千克，交易额15亿元，辐射带动周边县市区形成12万公顷以上的果蔬农产品种植基地，是兰州以西、乌鲁木齐以东规模最大、档次最高、功能最完备的农产品集散中心、物流中心。

截至2011年年底，全市有年成交额达到10亿元以上的大型商品交易市场1个（甘肃酒泉春光农产品市场）。1亿元以上10亿元以下的大型商品交易市场7个，涉及日用百货、农副产品、水产品、家居及装修材料等，主要分布在肃州区、金塔县和敦煌市，分别是：酒泉市彩虹桥批发市场，于2001年10月建设，是一家集批零兼营的综合小商品交易市场。营业面积3.5万平方米，仓储面积达8000平方米，有经销商800多户，从业人员5000多人，主要经营服装、副食品、日用百货等。敦煌夜市，于1991年建设，经过近几年的开发建设已经成为一个以仿唐建筑为主，集文化、旅游、休闲、娱乐、餐饮、购物于一体的综合市场和人文景观，由沙州市场、商业街、敦煌风情城三部分组成。营业面积4.2万平方米，有经营房屋（摊位）3000多个，从业人员8000余人。酒泉市东州家具城，于1995年4月建设，是酒嘉地区最早建设的专业家具市场。经营面积达4.3万平方米，仓储面积达1.5万平方米，入驻商户230多家，从业人员260多人。酒泉富康家世界，于2003年10月建设，是一家家具及装饰材料营销市场。营业面积9.1万平方米，仓储面积达7700平方米，有从业人员2100多人，分精品家居馆、建材馆、窗帘布艺城、大众家具城等。酒泉福华市场，于2001年建设，是集门点租赁、仓储为一体综合性批零市场。营业面积2.3万平方米，有经销商380户，从业人员1200多人，主要经营食品、五金、电器、家具及装饰材料等。酒泉市肃州市场，于1996年建设，2004年改制为民营企业，是酒泉市最大的室内综合贸易零售市场，主要经营蔬菜、肉品、熟食品、调味品、服装、小家电等日用百货。经营面积2.4万平方米，有经销商580户，从业人员达1500多人。金塔县众鑫市场，于2003年8月建设，是集工业品、日用百货、服装鞋袜、农副产品批发零售，小吃、修理服务为一体的综合性市场。营业面积1.47万平方米，有商业门点275个，经营摊位600个，从业人员1300余人。

7. 张掖市。截至2011年年底，全市共改造建设标准化农家店1440户，正常运营农家店1209个，农家店建设乡镇覆盖率达100%。除个别行政村交通不便、人口稀少及消费习惯等无法布点外，基本达到了县（区）、乡、村三级全覆盖。全市建设"万村千乡市场工程"商品配送中心9个、乡镇商贸中心3个，基本形成了以配送中心为龙头、乡镇店为骨干、村级店为基础的农村消费网络。全市农家店配送日用工业品单品均在1200种以上，农资单品均在110种以上。日用工业品统一配送率达58%以上，其中食品统一配送率达到82%；农资统一配送率达到75%以上，其中化肥、农药等二类农资商品的配送率达到80%以上。乡镇集贸市场及农、畜产品批发市场成为农村商品流通的主要渠道。全市各类集贸市场83个，其中，农村乡镇集贸市场41个，农贸市场乡镇覆盖率达到68%，总经营面积13万平方米，年交易额27亿元。有大型批发市场、各类专业市场29家，入驻商户3793户，年交易额74.5亿元。自2006年省商务厅实施"退市还路"工程以后，该市甘州区沙井、大满，高台县新坝、骆驼城，山丹县东乐、马营，肃南县明华等乡镇自然形成的农贸市场在"退市还路"工程扶持奖励资金的引导下，通过县区商务局积极协调、当地乡镇和社会力量共同努力，先后建成了一批具有示范引导作用的标准化乡镇农贸市场，为该市过去的大篷车赶集提供了农产品和畜禽产品交易平台，有效解决了乡镇交易人群"以路为市、占道经营"、农村商品"买难卖难"等问题。全市有各类商贸流通网点2.2万户，其中：城镇商流网点16291个，农村商流网点5868个。有农产品加工流通企业71户，农产品冷链收储企业40户。营销大户、农业产业化龙头企业、专业合作社等农民合作经济组织进入流通领域，成为重要的市场流通主体，大型农产品流通企业在农村市场流通中的作用越来越明显。城乡各类运销户、经纪人及各类经济合作组织、专业协会等通过直销、订单、网上销售等直接收购农民手中的农产品、畜产品，逐步形成多种形式、多种经济成分市场主体共同参与的多元化农村商品流通格局。

8. 武威市。该市辖凉州区、民勤县、古浪县和天祝藏族自治县，有93个乡镇，常住人口181.5万人，其中：农村人口131.5万人，有汉、藏、回、蒙古等38个民族。截至2011年年底，全市共建设改造农家店1370个，商品配送中心15家，商贸中心1家。农家店覆盖全市93个乡镇，854个行政村，乡镇覆盖率达100%，行政村覆盖率达76.3%。全市各类农产品（农贸）批发市场快速发展，促进农产品的集散、信息发布、价格形成，全市建成农产品（农贸）市场36个，覆盖全市30个乡镇，农产品冷藏库容达7000万千克。农产品营销大户和农产品经纪人迅速增加。截至2011年年底，农民专业合作组织发展到1000个，从业人员5000余人，生产经营已覆盖了农作物种植、养殖、运销、加工、贮藏、农技服务等多个领域。

9. 定西市。截至2011年，全市共有各类市场196个，按照交易商品的品种分，农产品市场25个，消费品市场161个，生产资料市场10个；按照市场交易额分，年交易额5000万元以上37个，亿元以上的21个，5亿元以上5个；按照区域分，农村市场138个，城区市场58个。全市初步形成了以大型农产品市场、消费品市场、生产资料市场为主的市场流通网络体系。大型农产品市场档次明显提高。围绕建设"中国薯都""中国药都"的目标，着眼于推动马铃薯、中药材、蔬菜、草畜产业的开发，按照"合理规划、大小结合、新建与提升并重"的原则，先后建成定西马铃薯交易中心、陇西文峰中药材交易城、陇西首阳中药材产地交易市场、岷县当归城、渭源渭水源中药材市场、临洮康家崖蔬菜批发市场等5个年交易额在5亿元以上的大型农副产品产地交易市场和集散型交易市场。全市建成单次贮存能力400万千克以上的马铃薯、中药材和蔬菜贮藏库6个，贮藏能力达2400万千克。积极动员社会资金投入，先后新建和提升改造了50个县乡农贸市场。全市乡镇农贸市场总数达到98个。有15家企业实施"万村千乡市场工程"，实施企业和农家店建设实现7县区全覆盖，累计建成"万村千乡市场工程"商品配送中心14个，乡镇商贸中心4个，配送中心面积达2.3万平方米；共建成农村超市1261个，商业面积达5.6万平方米，覆盖全市95%的乡镇和70%的行政村。临洮奇乐商贸有限公司被商务部列为全国大型流通企业开拓农村市场重点联系单位，在创新经营模式、开拓农村市场、保障群众消费安全方面，进行了有益的探索，走在了全省的前列。

10. 陇南市。2006年以后，陇南市各乡镇加快市场建设。如徽县泥阳镇蔬菜批发市场招商引资2860万元，完成9800平方米商铺主体工程。宕昌县栗川镇招商引资1亿元建成中药材专业市场。康县望关依托成武高速招商引资上亿元建设集农贸市场、商业一条街、物流园为一体的贸易园区。还有武都隆兴、外纳，文县中寨、桥头，徽县永宁，成县苏元、鸡峰，礼县洮坪、湫山乡都通过招商引资建市场。大型超市进乡村，礼县永兴、盐官、成县小川、徽县江洛等乡镇建的超市，最大面积达到3000平方米，方便了村民购物需求。在大宗农产品主产区，新建一批规模较大、设施先进、功能完善、辐射带动力强的农产品专业市场或批发市场。核桃、花椒、马铃薯等产业大县都建成专业批发市场，正在把武都建设成为全国最大的花椒交易中心、信息发布中心、价格形成中心，把成县小川建成全国核桃集散地，把宕昌哈达铺建设成为中药材仓储、集散基地。截至2011年，建设

"万村千乡市场工程"农家店2015个、配送中心7个、农贸市场96个。此外，还有粮食、供销系统的店铺及山村购销店、网上购物、购销贩运大户等形式，商品流通灵活快捷、商品周转较快、品牌质量有保证。全市共有195个乡镇，已建成并投入运营的农贸市场有96个，有12个农贸市场正在建设。

11. 平凉市。随着经济社会的不断发展和县乡农贸市场标准化改造、"万村千乡市场工程"的不断深入，全市农产品流通基础设施不断完善、市场规模不断扩大，逐步形成以崆峒区陇东蔬菜瓜果综合批发市场（原东郊蔬菜批发市场）、泾川县陇东果品瓜菜交易中心、静宁县西综市场为重点的区域农产品批发市场，以崆峒区花所乡、庄浪县南湖镇、泾川县飞云乡等66个县乡标准化农贸市场为基础的农产品市场，以乡镇商贸中心、"万村千乡"日用品农家店和农资农家店等零售业态为核心的农村生活用品流通网络。截至2011年，全市102个乡镇，已有56个乡镇建成农贸市场66个，其中19个市场获得以奖代补资金扶持，投资9714万元，占地面积26.14万平方米；建成无财政资金扶持的有47个市场，投资42109万元，占地面积56.62万平方米。累计新建或改造农家店1590个，直营店或示范店76个、商品配送中心10个、乡镇商贸中心2个。2011年在建的3个大型农产品批发市场项目投资额达到5.34亿元，总占地面积达到35.2公顷。其中静宁县金果国际博览城和崆峒区陇东农副产品交易中心投资均在2亿元以上。农村市场网络建设逐步完善，截至2011年年末，培育"万村千乡市场"工程实施企业10家，新建或改造的10个物流配送中心，仓储面积达到35000平方米，农家店营业总面积达到78000平方米，覆盖全市100%的乡镇和61.1%以上的行政村，日用消费品和农资商品的配送率分别达到60%以上和80%以上。

12. 庆阳市。伴随着市场经济转型、农村经济迅速发展，该市农村日用消费品供应及农产品销售体系逐步建立，除了传统的集市贸易市场外，综合市场、专业市场发展迅速，农村消费日趋活跃。农产品交易分两种类型，一种是农民直接进场，通过综合市场和农贸市场进行交易；另一种是无形市场，通过城乡各类运销户、经纪人以及农村各类合作经济组织等中介市场交易。在农业结构调整和农业产业化经营过程中，通过农业产业化龙头企业、专业合作经济组织等签订合同，依托流通组织发展订单农业，使订单农业在部分品种上得到重视和快速发展。到2011年年底，全市116个乡镇，有46个乡镇建设农贸市场68个，占地面积818175平方米，总投资51838万元，从业人员16510人，主要进行农副产品、土特产品、蔬菜、瓜果、日用品、活畜、粮食等农产品贸易，全市8个县（区）、3户企业参与建设"万村千乡市场工程"，完成建设和改造日用消费品农家店1443家（其中：村级店1347个，乡级店77个，直营示范店9个），覆盖了100%的乡镇和90%以上的行政村，建设改造配送中心6个，建设乡镇商贸中心3个。全市农民专业协会、农民专业合作社等服务组织迅速发展，广泛参与农产品的销售。截至2011年，全市已建成各类农民专业合作社843个，发展社员7.78万人，带动农户15.38万户。其中创建省级示范社30个、市级示范社60个。

13. 临夏州。启动建设临夏穆斯林物流园区、东乡县达板清真鲜羊肉物流（配送）中心、民安粮油市场、临夏市富临农贸市场、东乡县城综合交易市场、广河西北茶城等一批大中型市场。持续推进"万村千乡"市场工程建设，截至2011年年底，全州9户承办企业共建设改造农家店1100多户（其中直营店55户），建设商品配送中心18个，乡镇商贸中心5个。农家店在行政村的覆盖率达96%，商品平均配送率60%以上。市场开放程度不断扩大，多种商贸流通业态并存，流通规模不断增大。全州共有174个大中型市场，其中专业市场98个，综合市场76个，包括农畜产品交易市场79个（专业市场41个，农贸市场38个），商业网点23700多个，平均每万人拥有100个网点。经营方式也向连锁店、便民超市、代理制、厂家直销、网上购物、物流配送、电子商务等多种现代新型商贸业态转变，基本形成了遍布城乡、纵横交错、大小结合，依托外部资源、市场，临夏市和7个县城为中心，42个重点集镇为骨架，各类市场竞相发展、层次分明，州、县、乡、村四级商品网络配套的格局。临夏州农村商品流通格局及特点是，大进大出、过境集散的物流优势更加凸现。鉴于临夏州的区位特点，历史上就形成了中国东部农区和西部青藏高原牧区两大经济区域结合部的商品流通中转枢纽和过境集散地。大宗商品过境交易繁荣，每年仅八坊、三甲集、康乐3个活畜市场销往陕西、新疆、西藏、河北、山东等地的牛70万头，羊160万只，三甲集市场茶叶年销量达250万千克，经双城销往甘南的粮油产品年均在1600万千克以上；临夏州销往甘南、青海及省内的蔬菜1亿千克以上。日用品、手工地毯、清真食品、民族用品、建材、农产品等过境交易亦为可观。

临夏州年过境集散贸易占40%以上。特色商品逐步凸显规模优势。全州民营企业迅速发展壮大，已初步形成了以清真肉制品、乳制品、农产品、清真餐饮、皮革制品、手工地毯为主体的清真食品和民族服饰等特色商品生产格局。清真牛羊肉加工业年产值达7.2亿元，从业人员近2000人。皮革产量达到142万平方米，销售收入达到4.36亿元。穆斯林及藏民族特色用品加工生产也迅猛发展，已占有一定的市场份额。务工经商成为农民增收的主要来源。在农民家庭总收入中务工经商收入占到77.16%，城乡剩余劳动力转移人数约40万人，其中有30万人长年活跃在青藏线上，主要从事餐饮、建材、家电、药材、长途贩运等多种行业。在中东部发达城市以"牛肉拉面"为主的餐饮业已成为外出务工人员最重要的创业途径和致富门路，已形成了独具特色的产业优势。

14.甘南州。截至2011年年底，拥有各类商业网点8600多个，营业面积68万多平方米，从业人员18000多人。全州8县市具备一定规模的各类商场、购物超市、批发零售市场有39家，从2006年开始到2011年，在全州七县一市共建设"万村千乡市场"工程农家店980个，争取改造资金668万元；2011年新建和改建农家店200个，在一定程度上改善了县乡村的消费环境，拓展了县、乡、农牧村的市场。商贸流通业的发展，为广大农牧民群众购物消费提供了良好的环境，成为财政收入的重要来源和解决就业的重要渠道。流通规模不断扩大，从业人员不断增加。市场化程度显著提高，经营机制不断完善。流通设施建设步伐加快，规模化、产业化程度不断提高。小城镇建设和旅游业带动作用明显，乡镇商贸得到新发展。民间节会发展旺盛，引进外域商业步伐加快。新型业态初步发展，消费品市场体系不断完善。但是，商贸流通企业弱、小、散，规模化、组织化程度不高。单体规模小，自我发展能力差，融资的难度大。多数市场还处在摊位经营的初级流通阶段，辐射面狭窄，影响带动力不强，经营设施较差，大部分市场缺少必要的加工、储藏、信息网络服务等设施，也影响着市场的发展壮大和市场体系的有序正常发展。商贸流通业发展项目资金短缺，投入有限，各类市场建设方面的投资少，加之货物运输运距长，物流成本高，在某种程度上影响了全州商贸流通业的发展。

第一章 国内贸易流通

第四节　兰州商贸中心建设

1994年，国家五部委批准兰州作为建设西北商贸中心的改革试点。当时全国有3个城市，即：郑州、兰州、成都。兰州是中国陆域版图的几何中心，位于亚太经济圈与伊斯兰经济圈乃至欧洲统一大市场的结合部，在西北地区处于"座中四联"的位置。作为国家商贸中心改革试点城市，兰州市提出，以建立社会主义市场经济体制为目标，以改革开放为动力，以陆桥为依托，以生产为基础，以金融为支撑，构建大商贸、大流通、大市场格局，努力把兰州建成市场体系完整、机制灵活、功能齐备、网络畅通、内外贸结合，生产流通相互促进，辐射西北，沟通全国，走向世界，具有丝绸之路特色的开放型、市场化、社会化、现代化商贸中心。重点建设内容即"410585"工程：建设商品贸易区、民族贸易区、出口加工区、货运仓储区4个功能区；形成金属、石化、皮毛、中药、建材、机电、粮油、蔬菜瓜果批发、布料服装肉禽蛋批发等10大市场；培育金融、技术、房地产、劳动力、信息等5大生产要素市场；建设8个繁华商业中心；完善交通、通信、公共、中介、旅游等5大配套服务系统。目标是5年见中效，10年见大效。2005年，建设任务全面完成，随后进入了新一轮的提升发展时期。

一、初期五年发展

1995年9月份，国家五部委和甘肃省、兰州市政府联合召开建设兰州商贸中心改革试点现场办公会，国家5部委领导对一年来的工作进展给予充分肯定，对综合配套改革试点工作提出指导意见，就市场建设有关项目给予一定的支持。1995年年底，兰州已建成各类消费品市场293处，生产资料市场22处，其中年成交额过亿元的14个；改扩建的兰州东部市场、兰州轻纺城等8个市场启动良好；上档次的亚欧商厦、金达大厦等11个重点商厦已经建成或部分建成投入营业。要素市场稳步发展，其中金融市场较为活跃，发行国库券15.88亿元，各类债券15.52亿元，拆借资金66亿元，分别比上年增长32%、21.5%和6.45%，证券经营机构10个，下设营业部21个，兰州产

74

甘肃省志

商务志

权交易中心正式挂牌营业，省人才交流中心运转效果良好。

鉴于建设兰州商贸中心的系统性、艰巨性，1997年10月，成立建设兰州商贸中心改革试点办公室，启动省市联合建设。1997年，市场网点建设有了新的发展。全年新建各类市场25个，累计达326个，商品市场成交额达147.29亿元，同比增长17.67%；年成交额过亿元的市场27个，比1996年增加了4个；商业饮食业网点7.4万个，从业人员26.2万人；新建粮油肉菜交易市场和零售网点42个，面积达6.3万平方米。

2000年，积极改善商业环境，会同有关部门组织四街整治现场办公室，街容街貌焕然一新，店铺经营档次、文明经商、优质服务得到全面提高，营造了良好的商业氛围和购物环境。编制了《兰州市场体系建设发展规划》等法规性文件和行业标准。大力开展"百城万店无假货"活动。对百城万店无假货示范店实行有进有出的动态管理。在"3·15"期间，举办以纪念"3·15"暨深入开展"百城万店无假货"活动为主题的大型宣传活动，创建"购物放心店""放心街""放心市场"，全市大型商厦、示范街的商品质量、自查自律制度、售后服务制度和服务意识普遍提高，购物环境进一步改善，个别商家还率先提出了"零风险购物、无障碍退货"的服务承诺。大力培育新业态，华联、亚欧、百盛、佳福、兰百、兰新、惠客佳等一批大型超市的出现，活跃了消费品市场，刺激了居民消费欲望。特别是亚欧、兰百、工贸等传统零售业引入超市机制后，带动销售额的整体上升。据不完全统计，亚欧商厦在节假日期间，日均销售在200万元以上，全年销售达5.6亿元，列甘肃省零售企业第一；兰新、工贸等一批企业的销售额也有较大增长。连锁经营实现了重大突破，金鼎清真牛肉面在西宁、天水等地创办了加盟连锁店，医药集团在兰州市开办医药连锁店。物资代理也在原来代理钢材、汽车的基础上，逐步扩大代理品种、范围和规模。积极实施品牌战略，把外地好的品牌引进来，把兰州好的品牌打出去，提高兰州知名度。在广泛调研、认真筛选的基础上，制定了振兴牛肉拉面、树立新形象的实施方案，成功举办首届"金鼎杯"全国兰州牛肉拉面技术比赛，培育发展牛肉面龙头骨干企业和示范店全顺楼。兰州市名酒批发有限责任公司积极推行品牌代理，对"陇上人家"等3个品牌的滨河系列酒买断经营，总销售达6000万元；代理品牌占总销售的90%，占兰州地区区域性市场的15%

左右。

2000年8月11日，《人民日报海外版》第4版以《兰州，建设中的西北商贸中心》的专题，刊登了5年见成效的情况。经过5年的努力，兰州商贸中心改革试点工作顺利实现"五年见中效"目标，大商贸、大流通、大市场格局初步形成，吸纳辐射面达20多个省、市。有各类市场323处，占地面积352万平方米，其中过亿元的市场33个，5个国家级市场中有2个市场被国家经贸委确定为第一批（全国35家）重点联系市场。8个繁华商业区已各具特色、日趋繁荣。6条商贸金融街已充满现代化气息。连锁店、专业店、专卖店、超市、购物中心等新型商业业态悄然兴起。商贸中心建设促进了招商引资步伐的加快，外地来兰设立窗口已达2000余个，兰州已与80多个国家和地区建立了经贸合作关系，其中香港地区、澳门地区、日本、东南亚、北美、西欧是主要的贸易伙伴。1999年全市进出口总额达3.22亿美元。其中出口2.51亿美元，全市先后在乌克兰、香港地区、匈牙利、哈萨克斯坦等国家和地区开办企业或设立机构28处。

二、中期五年发展

2000年以后，兰州商贸中心建设以深化改革为动力，以结构调整为主线，以项目带动为突破口，以现代信息技术为支撑，积极推进管理创新、技术创新和体制创新，整合社会资源，培育市场主体，加快商贸流通领域的网络化、信息化建设，构建现代市场流通体系，充分发挥商贸流通在经济增长中的先导带动作用，促进三次产业协调发展，实现商贸中心建设"10年见大效"的目标。

2002年，商贸经济带（圈）和中央商务区已显雏形，即东部商贸经济带、西部商贸经济圈和城区中心的中央商务区。东部商贸经济带，重点以东部综合批发市场为中心，实施"东扩西展"和各类市场整合工作，扶持东部鞋业商城、兰新商业广场"西部摩尔"建设和雁滩十大市场路网等配套设施建设，及西北最大专业化商场东部品牌服饰广场和国芳百盛二期工程建成开业。西部商贸经济圈，以"两线三区一中心"为重点，打造商业新格局，两线即西津路和滨河路；三区即小西湖小商品民贸功能区、西站综合贸易繁华区、土门墩仓储批发服务功能区；一中心即马滩等三滩建成商业中心，重点支撑兰石商贸小区、兰州黄河药材市场、金港商贸城二期工程的规划建设和义乌商贸城二期——义乌百货购物广场建成开业。中央商务区，以张掖路商务示范街的整治为重点，对永昌路、酒泉路、中山路、武都路、甘南路等六条商贸金融街进行规划、整治和提升。重点扶持和启动永昌路百货大楼、中广大厦、陇鑫大厦、陆都花园商业广场一期、万盛商务大厦等一批骨干商业项目，使西关十字、南关十字、东方红广场等不同功能繁华商业区连为一体，构建网络式、辐射型和现代化中央商务区。

针对建设东部商贸经济带、西部商贸经济圈、中央商务区，培育三大"商城"。以高新技术开发区、东部市场群、雁滩商务区为支柱，以科技一条街、雁滩工业城、兰钢休闲娱乐购物广场、电子商贸城、兰大科技广场、火车站、国芳百盛等为依托，以点成线，以线促带，以科技为支撑，集科、工、贸、餐、娱、宿为一体含家具服装加工业、小货运业、房屋租赁业等为经济增长点的东部商贸经济带。继续实施东部市场东扩西展工程，充分发挥东部品牌服饰广场的示范效益，使其成为西北地区最大的品牌服饰广场，启动东部鞋业商城，努力建设西北最大的专业化鞋业商城；加快永新市场的开发建设力度；全面改造和提升东部市场；规范提升和发展兰新市场，全面提高东部市场群的辐射作用。加大雁滩十大市场的整合力度，以现代企业组织形式和经营方式为核心，努力打造雁滩蔬菜瓜果、粮油、家具、日杂等专业市场"航母"，全面提升雁滩十大市场的档次。扶持培育兰新商业广场"西部摩尔"、兰钢大型休闲娱乐购物广场、兰州货运集散中心、兰州商贸城等标志性商业设施和批发市场，全面提升东部商贸经济带的地位和作用。

以经济开发区、兰州新城区建设、小西湖小商品民贸功能区、西站综合贸易繁华区、土门墩仓储批发服务功能区、西津路和滨河路商贸带为依托，培育打造兰州西部经济商贸圈。进一步提升文化宫、小西湖、西站等商业繁华区的商气、人气、档次。以义乌商贸城和义乌购物广场为龙头，全面启动民贸城和女人街商城，引导发展以餐饮为主的民族商业贸易，全力打造小西湖小商品民族贸易功能区，全面提升其区位优势。全面启动西太华商厦、兰石商贸小区，调整黄金大厦、佳福超市经营结构，强化建兰路市场、西站蔬菜市场、建兰路综合市场、敦煌路市场的整治和规范管理，加快并启动西站机车厂家属区3万平方米大型超市的合资联建项目，以增强西站综合贸易繁华区的辐射能力。规范完善黄河市场，全面启动黄河中药材市场和西药配送中心及桃海商业广场。启动西部废金属专业市场二期工程，扶持兰州物资城、汽车自选市场、西北轿车博览中心等生产资料市场的启动和发展；繁荣糖酒副食品等生活资料市场，培育土门墩仓储批发服务功能，科学构建培育提升西部商贸经济圈。

以张掖路、永昌路、酒泉路、中山路、武都路、甘南路、皋兰路等商贸金融特色街为基础，把西关什字、南关什字、东方红广场等不同功能的繁华商业区连为一体，构建网络式、辐射型和现代化的中央商务区，突出亮化、美化、绿化和特色化，聚集人气和商气，繁荣街区商业。规划和引导将永昌路中段、北段建成精品服装百货一条街；甘南路建成休闲娱乐餐饮一条街；武都路东段建成通讯一条街；大众巷、道升巷、老酒泉路南段、大众市场、北滨河路徐家湾段等建成特色餐饮小吃城或特色街，重点建成老酒泉路南段和永昌路中段2个灯光夜市；隍庙建成文化古玩城。充分利用中山路、永昌路、大众巷、通渭路等街道延伸至黄河风情线的优势，发展特色商业街和灯光夜市，为黄河风情线做好配套点缀和服务，使示范街集购物、观光旅游、商务、展示、文化、休闲于一体，为提升构建全新中央商务区奠定坚实的基础。以西关什字、南关什字、东方红广场等繁华商业区为重点，构建中央商务区的支撑点。其中：西关什字繁华商业区以亚欧商厦为龙头，以金达大厦、荣华商厦、金英商厦、仁和春天百货等大中小型商厦和特色专卖店、专业店为依托，集购物、娱乐、服务等功能为一体，逐步形成全市最大的现代化商业中心，同时向张掖路、陇西路、永昌路、临夏路商业街辐射。重点扶持中广大厦、民基商场、万盛商场等商厦的招商启动开业和永昌路百货大楼项目建设。将西关什字交通枢纽站向西关清真大寺延伸，解决公交车拥挤和客流不畅以及人车争路的不安全问题；利用人防地下商场优势，从整体上形成立体交叉的综合性繁华商业区。南关什字繁华商业区，以世纪广场、中匈友好大厦、兰州医药大厦、糖酒大厦、民安大厦、西北书城等大中型网点为中点，辐射酒泉路、中山路、庆阳路等商业街。充分利用三条商贸金融街纵横交会的特殊地理优势，以改建、新建的国际贸易中心、石油大厦、金运大厦、西部大厦、润城花园、陇鑫商厦、金运商厦等一批重点项目为骨干，形成人流集中、商业网一点连片、都市气息浓郁、餐饮服务配套的集科文贸为一体，以科技、金融、保险、邮电通讯为主的繁华商业区。东方红广场商业繁华区，以国际博览中心为骨干，东方红地下商城、电信大厦、华瑞大厦、陆都花园商业广场、街心花园为依托，突出国际博览中心和体育馆承办国际性、全国性、区域性博览会、交易会、洽谈会、展销会的功能，积极吸引国内外客商进驻展示交易，营造城市中心特色商业，使其成为兰州商贸中心城市的象征和标志，铁路局商业区，以民百大楼、工贸商场、商贸大世界、锦华商厦、金轮大厦等大中型商业网点为骨干，辐射皋兰路、民主西路、铁路新村南路等商业街。加快临街网点和皋兰路一条街现有商业网点的改造，形成综合性商业区。

2003年，继续加大"一区、一带、一圈"的建设力度，加快具有网络型、多层次、多业态、多功能的现代化中央商务区建设步伐。以改造和提升西关什字以东、东方红广场以西的"三区五巷七城十街"的规模和档次为重点，加大张掖路文明商业街、酒泉路商业步行街的整合力度，增强西关什字商业繁华小区、南关什字商业繁华小区和东方红广场商业繁华小区的竞争力，全力打造兰州中心商务环岛使其成为集购物、商务、金融、旅游、餐饮、娱乐、信息、中介等为一体的商业服务聚集中心。继续建设现代化、品牌化、高品质的新型东部商贸经济带。以提升发展东方红广场以东、夏官营以西的"一群二区三板块"为重点，加快一站式消费的北京华联店、高档次、大规模的家世界店，以及现代化的酒钢兰州物流中心等重点工程的建设步伐，推进东部综合市场、永新商贸小区、家世界滩尖子店、6413厂综合商贸区、雁滩贸易区十大市场等提升改造，创新交易方式，提高管理水平，实现商贸经济信息电子化、设施现代化、经营规模化、品牌化，带动传统商业、金融娱乐、物业经济的发展。打造专业性强、规模大、辐射面广的西部商贸经济圈。以西关什字以西至西固河口含安宁区的"一城两网三线四区十市场"的培育发展为重点，加快兰州新城区商业规划步伐，着重加大以国家级高新技术产业开发区（西区）和经济开发区为支撑，以兰海、兰临高速公路、兰武铁路复线改造工程和西津路、南北潮路为主要构架，以十类专业市场为依托，以各类社区服务中心为网络，以兰州国际集装箱结点站和中川空港为辐射源的西部物流经济圈的建设力度。

2004年，以"一区、一带、一圈"为载体，推进大商业发展战略。全力提升中央商务区的档次和水平，建设兰州商贸经济发展的现代化展示平台。重点加快华联购物中心、西单广场店、张掖路步行街、中广大厦、科技商务大厦、红楼商贸广场、百盛二期等一批现代化水平高、内涵丰富项目的建设和启动步伐，不断提升商贸基础设施的档次和水平，以品牌设施引进品牌企业入驻，实现品牌的强势融合，增强品牌经济的聚集度，加速规模扩张。增强西关什字繁华商业小区、南关什字繁华商业小区和东方红广场繁华商业小区的竞争力。探索引进沃尔玛、家乐福、麦德龙、天津家世界等国际、国内知名大型零售企业，与兰州市流通企业合资、合作。将中央商务区打造成为具有网络型、辐射型、多层次、多业态、多功能的商业现代化、国际化大都市商业平台。进一步繁荣提升和做强做大东部商贸经济带，打造西北最大的零售业采购平台。加快兰州酒钢宏顺物流中心、雁滩商贸广场、兰州家世界购物广场、万国商厦、兰州日杂市场二期、雁滩家具市场二期等一批业态新颖、理念超前、管理先进的重点项目的建设和启动。加速东部商贸经济带的延伸，加快和平、定远、夏官营镇的市场体系建设，大力发展新型业态，促进批发市场、农产品加工企业与农村各种经济的结合，增强东部商贸经济带的吸纳力和辐射力。加快西部商贸经济圈的发展步伐，建设全省最大的现代物流发展平台。适应先进技术的工业基地、高新技术产业基地、现代物流基地和铁路集装箱节点站的功能要求，发挥商业为生产和生活服务的双重作用，促进生产资料加工配送和第三方物流发展，重点发展商贸物流配送业和集装箱节点站相连接的产业服务业。加快新时代文化广场、西夏城市广场、西部广场购物商场、民族风味餐饮一条街、兰州新世纪种子市场等重点项目的建设和启动，加大专业性强、规模大、辐射面广的西部商贸经济圈的建设力度。实现商贸经济信息电子化、设施现代化、经营规模化、品牌化，带动传统商业、金融娱乐、物业经济的发展。规划建设区别于老城区商业中心的新城区新型市级商业中心区。

2005年，完成投资11亿元，建成新世界百货、金佰川鞋业、汇胜购物中心、金城古玩城、鱼池口小商品批发广场、兰州国际摩托车汇展中心等一批重点项目并启动运营。其中，金佰川鞋业总投资达1亿元；金城古玩城集拍卖、展览、学术研讨为一体、总投资3000万元，总建筑面积达8000平方米；鱼池口小商品批发广场集化妆品、文化体育用品、工艺品、小百货于一体、总投资3300万元，总建筑面积2.2万平方米；兰州国际摩托车汇展中心占地面积4.5公顷，建筑面积3.2万平方米，总投资8679万元。投资25亿元的雁滩商贸广场、甘肃亚欧国际家居生活广场、东部综合市场三期、阳光家园四期、兰州汽配城等一批重点项目正在加快建设。其中，占地面积近4公顷，总建筑面积43556平方米，总投资1.2亿元的雁滩商贸广场正式开工建设；甘肃亚欧国际家居生活广场集建材、家具、家居装修、家居装饰、家用饰品等为一体，总占地面积3.4公顷，总建筑面积10万平方米，总投资2亿元，即将完工；以"三级跳"为发展方向的东部综合批发市场投资2.6亿元的三期改造主体工程已全面封顶。大力发展"钟摆经济"，以多种途径、方式向白银、临夏、天水、武威、定西、西宁等周边城市推介兰州区域消费中心的1小时商贸经济圈已具雏形。亚欧商厦策划组织了天水、西宁、临夏等周边城市购物主题周活动，将节会与消费、旅游有机融合，吸引周边城市消费群体到兰州旅游购物，提升了消费档次和水平，推动了综合消费。

2005年6月27日，兰州市商贸委主任接受甘肃日报记者采访。他说，10年来，兰州商贸中心建设的成就可以概括为提升了城市的综合竞争力、培育了市场体系、改善了投资环境、扩大了对外开放、深化了企业改革、实现了产业联动和区域经济联合、树立了城市对外新形象等多个方面。2004年与1993年相比，全市市场成交额由39.1亿元增加到192亿元，增长了4.9倍；社会消费品零售总额由62.5亿元增加到228亿元，增长了3.6倍；第三产业增加值由36.1亿元增加到207.6亿元，增长了5.8倍；财政收入由127亿元增加到504.3亿元，增长了5.7倍；城镇居民人均可支配收入由2260元增加到7684元，增长了3.4倍。总体上，兰州商贸中心建设有力地促进了经济发展、财政收入和人民生活水平的不断提高。

2006年6月16日，全省省市建设商贸中心新闻发布会宣布，经过10年试点，2005年年底，《总体规划》确定的"三步走"目标和"410585"工程建设目标全面完成。2005年，兰州市生产总值和第三产业增加值分别达到567.04亿元和294.92亿元，分别是1994年的3.64倍和5.67倍，流通的先导功能逐步显现，流通规模也不断扩大，大市场格局基本形成。兰州已与90多个国家和地区建立了经贸合作关系，与38个国内外城市结为友好合作城市；累计批准设立外商投资企业1468户，有480种商品出口到90个国家和地区，市场开放度不断提高。

三、提升发展时期

自2005年开始，兰州商贸中心建设开始十年的提升发展阶段，在现代商务经济总量、中心城市辐射能力，流通现代化等6个方面上寻求新突破，把兰州建成区域性生产资料流转基地、生活资料集散基地和内外贸并举、城乡和谐发展的现代服务业中心。积极探索"三圈"发展战略，"三圈"第1圈为构建以兰州"一区一带一圈"为中轴的核心商务发展圈，第2圈为构建以兰州为核心的面向全省乃至西部其他省(区)市的紧密商务发展圈，第3圈为构建以西部圈为依托的面向全国乃至世界的辐射发展圈，并以构建此"三圈"作为兰州商贸中心建设持续、长期、稳定发展的方向。主要工作有：

1. 以"一区一带一圈"为重点，提升商贸流通业整体水平。加快推进大型批发市场改造升级，继续对东部市场、雁滩家具市场、西部综合市场、桃海综合市场、张苏滩蔬菜瓜果市场等大型批发市场进行高起点改造提升。提高商品质量、档次和加工、包装水平，争创名牌、品牌。不断创新交易方式，积极引入竞价拍卖、网上交易等先进方式，提高市场的知名度，努力扩大交易辐射范围。加强分类引导。突出重点，整合资源，着重培育现代化的汽车专业市场，品牌化的服装专业市场，辐射广、流通快的小商品专业市场，安全、高效、畅通的副食品专业市场，规范化、信息化的生产资料专业市场，专业化的家具建材市场和区域化的电子专业市场。加大市场监管力度。不断强化制度建设，完善内部管理，打破部门、行业的垄断、封锁和保护，彻底清理阻碍市场发展、交易的政策规定和制度，健全市场管理体系，建立适应市场经济发展要求的组织制度及市场准入、交易规则。进一步整顿和规范市场经济秩序，重点抓好运输市场、废旧金属市场、化学危险品市场、中药材市场、旧机动车交易市场、食品市场的专项治理，加强综合执法，提高执法和依法行政水平，营造统一开放、竞争有序的市场环境。进一步完善生产要素市场。继续抓好技术创新体系建设，完善技术交易市场，健全平等竞争、合理流动、人力资源有效配置的市场体系。严格执行土地储备制度，控制土地规划审批，全面启动住房二级市场，逐步健全房地产市场体系。加快信息化进程，在重点抓好电子政务一期工程的同时，做好二期工程的前期准备工作。加快医疗保险、社区公众网络信息系统以及兰州地理空间数据库等重点建设项目，推进政务信息化、社区信息化和企业信息化。加快推进流通业态升级，继续发展连锁经营。以批发配送企业为龙头，积极推广新型连锁经营模式，重点扶持众友医药、绿叶医药、赛和农产品、金鼎牛肉面、碧波豆制品等一批连锁品牌企业，连锁店总数达到460家，销售额占社会消费品零售额的比重接近30%。创新连锁业态，推进标准超市向专业超市、折扣店、专卖店发展；推进传统百货业向专业百货和连锁百货转型；推进百货店、社区购物中心、老字号品牌、生鲜超市和新兴服务业导入连锁经营方式；推进超市、便利店公司的跨地区兼并、联合重组、特许加盟；大力发展汽配、通讯、服饰及中介服务业的连锁经营。加快现代物流业发展步伐，制定兰州现代物流发展规划，加快大中型连锁经营企业物流配送中心建设，大型连锁企业的统一采购、配送比重分别达到100%和80%。大力培育和发展以农资、建材、汽车等商品为主的西部生产资料物流园区和以雁滩贸易区、东部市场群、酒钢兰州宏顺物流中心等为主的东部生活生产资料物流园区，以众友医药黄河配送中心、佛慈中药、奇正藏药、兰州生物制品研究所、兰药集团等为主的医药物流园区，以国际集装箱节点站为依托的集装箱物流中心。建立健全商务信息服务体系。整合原对外经贸网和兰州商贸网，建立兰州商务信息服务网，实现企业网上审批、年检、登记等业务，为社会、企业、个人提供便利、快捷的信息服务，逐步实现数据库技术、网络技术与信息技术的有机结合，形成数据信息采集系统和应用服务系统。加快发展流通加工业。依托县区蔬菜基地、大型专业批发市场、著名商业集团，加快空港循环产业园区、小商品加工园区、食品加工园区和食用农产品加工园区的规划建设。积极支持商贸流通业与相关产业的相互依存、相互渗透和联动发展，促进商工结合、商农结合、商旅结合、商银结合，不断开辟新的经营和服务领域，丰富商贸流通业发展内涵。

2. 加快发展都市经济圈，增强商贸中心城市辐射带动功能。以陇海、兰新、兰青等铁路主干线和西兰乌、兰西拉等国家光缆主干线完善的交通通信系统为载体，通过西北地区规模最大的兰州铁路编组站，发展国际商品贸易，扩大跨国流通规模，推进兰州商贸流通国际化。加快发展3小时商贸经济圈，发挥沿兰州—定西高速公路东向经济带、沿兰州—白银高速公路北向经济带、沿兰州—中川—徐家磨西北向经济带、沿兰州—临洮高速公路南向经济带和沿黄河、湟水、大通河西向经济带的作用，建设通过兰州联结省城与周边城市的贸易通道，实现与圈内城市的密切联系、合理分工。发展县域商贸经济，以新城区、榆中新区、新型石化城、连海开发区和中川航空港为重点，加快商业服务设施建设，拓展都市经济圈的范围和空间。借鉴"北京—天津"消费模式，多途径、多方式向白银、临夏、定西、西宁等周边城市推介兰州区域消费中心整体形象，努力将兰州发展成为婚庆、购物、餐饮、休闲娱乐等综合消费中心。组织一年一度的"兰州欢乐购物节""甘肃美食节"等节会活动，将节会与消费、文化、旅游有机融合，推动综合消费。利用"春节""五一"和"十一"黄金周，开展以"购物在兰州、消费在兰州"为主题的营销活动。大力发展第三产业，支持拍卖、租赁、典当、咨询、展览、展示等服务业的发展。充分利用"百里黄河旅游风情线"及黄河河道开发的独特资源，使西部商贸经济圈尽快形成以满足外地游客观光旅游为主的旅游商业区。鼓励发展多种类型的餐饮、旅馆等旅游休闲购物服务业。加快兴隆山、吐鲁沟等旅游景点的综合开发，打造"黄河明珠"品牌，联合开辟区域旅游精品线路。鼓励支持华联集团、工贸集团、家世界集团、民百集团、百盛集团、西单商场、瑞德集团等优势企业，以兰州为总部核算中心，加快向省内其他市州扩张，不仅发展大型综合超市、便利店、大型购物中心、标准化超市等成长前景好的商业业态，还在配送中心建设、信息系统提升以及店铺房产购入等方面加大力度，逐步发展采购中心、物流配送中心，构筑分销体系等。

3. 推动产业联动，促进区域经济发展。围绕农林水利、基础设施、高新技术产业、加工制造业、生态环保等重点领域，全力实施项目带动战略，带动产业结构调整，为商贸中心建设提供强有力的发展支撑，推动兰州区域经济协调发展。调整优化农业结构，推进农业产业化经营。继续加大主导产业、优势产业、特色产业的培育扶持力度，进一步优化种植、养殖业品质结构，加速农产品市场流通，提高农产品市场化程度。加快农业产业化和标准化进程，积极发展园艺、畜牧等优势主导产业，建立健全农产品质量安全监测、检验和动植物检疫体系，加快完善农产品产销体系，扩大反季节、无公害农产品生产基地面积，塑造"高原夏菜"品牌，提高农产品市场竞争力。鼓励和支持农民兴办各种专业合作组织和行业协会，提高农业生产的组织化程度。积极推进小城镇建设，发展农村二、三产业和县域经济。加速乡镇企业体制创新、结构优化和产业升级。推进工业结构调整，提高经济运行质量和效益。重点支持兰州国际集装箱节点站、小峡水电站、连城电厂二期工程、兰州燃气电厂等项目建设。加快中石油兰州石化公司4.5亿千克乙烯装置、兰铝2.6亿千克电解铝和自备电厂、沃尔凯采暖公司300万柱新型散热器生产线、好为尔乳品公司400万千克鲜奶生产线等项目的改造和建设。继续实施加快工业发展的"双百、双十、五十强"工程，着力培育名牌产品，发展以电子信息、精细化工、新型材料、生物医药、特色食品为主的新兴产业和高新技术产业。依托兰州高新技术和兰州经济技术两个国家级开发区，引进国内外先进技术、设备、资金和管理经验，整合区域存量资源，引导企业进行结构调整和资产重组，发展民营高科技企业，加速扩大产业规模。启动实施循环经济发展工程，逐步构建节约型、环保型的产业结构和消费结构。加大财政、金融、外贸等方面的政策扶持力度，引导非公有制经济发展与国有经济布局相结合、与"工业强市"战略相结合、将国有经济的"退"与非公有经济的"进"相结合。鼓励和推动非公有制资本进入法律法规未禁入的基础设施、公用事业及其他领域，参与国有企业资产重组，逐步提高非公有制经济在全市经济总量中的比重。

4.进一步扩大对外开放，增强商贸中心建设后劲。加大招商引资力度，既办好"兰洽会"等重大招商活动，又坚持不懈地开展登门招商、以商招商和网上招商、委托代理招商、会议招商等活动。加快已建成市场、商厦的招商引资步伐，鼓励引进国内知名大型零售企业进驻商业中心，与区内流通企业合资、合作，或独立开展经营业务。吸引跨国公司在兰州设立西北地区总部、投资性公司、研发中心、采购中心、分销中心和结算中心等。

进一步实施"走出去"战略，扩大对外经贸合作。在巩固市场的基础上，拓展对外经济技术合作领域，扶持有条件的企业开拓国际市场，发展对外承包工程和加工贸易，扩大智能型、技术型劳务输出。鼓励有条件的企业到境外投资办厂，寻求和拓展新的发展空间。加强和联合国各机构的合作，争取无偿援助项目，争取其他国家在环境保护、扶贫、人力资源开发及人员培训的项目。改善投资软环境，发挥兰州市政务大厅的综合服务功能，完善"一个窗口对外""一站式"办公服务体系，落实首问责任制、服务承诺制和限时办结制等措施，为各类投资者提供快捷、高效的服务。

加快基础设施建设，推动兰州商贸中心全面协调可持续发展。完善以兰州为中心的区域性综合交通运输网络，推进兰武铁路二线建设，加快建设兰州客运中心、兰州公路物流中心等项目，为发展现代物流业和3小时商贸经济圈创造条件。抓好北滨河路银农段、酒泉路北段、武都路西段、雁东路南段（608号）、雁北路西段（605号）、西沙黄河大桥加固、七里河安宁污水处理厂等续建工程。拓建南出口、广武门后街、365—1号路、365—2号路、340号路。继续拓建南滨河东路、北滨河西路。加快实施西固石化城综合整治。推进黄河河堤建设。修建南昌路等过街天桥或地道。高标准设计雁滩南河道综合治理规划。改造城区小街。加快城市绿化美化建设步伐，实施空气清洁、改气改电、放心水等环境治理工程，促进城市人居环境质量持续改善。

第五节　市场秩序整顿规范

　　整顿规范市场经济秩序伴随着社会主义市场经济发展的全过程。根据不同时期国民经济发展重点，市场秩序整顿规范的力度和范围有所不同，内容和领域也有所侧重。1950年—1985年，市场秩序整顿的重点是坚决稳定物价，打击投机倒把活动，促进城乡物资交流，积极发展国营商业和合作社商业，对重要工农业产品实行统购统销和统购包销，加快对私营商业的利用、限制和改造。1985年—1988年，市场秩序整顿规范的重点是打击假冒伪劣商品，打击囤积居奇、欺行霸市、强买强卖等不法行为，创造公平竞争的市场环境。

　　1988年10月起，全省商业系统认真贯彻中共中央、国务院《关于清理整顿公司的决定》，从思想上、组织上进行准备工作。这是继1986年贯彻中共中央、国务院《关于进一步制止党政机关和党政干部经商办企业的规定》之后的又一次大规模清理整顿。1987年年底，全省共有各类公司5954户，截至1988年年末，撤并各类公司1385户，占公司总数的23.26%；共查出非法获利万元以上的大案要案295起，已结案处理225起，查清待结案的17起，正在查处的53起，共收缴罚没款741.3万元，对制止倒买倒卖、哄抬物价、掺杂使假、欺骗坑害消费者起到重要作用，特别是农资、彩电专营改善了经营市场的混乱局面。

　　在计划经济向市场经济转变的过程中，由于市场管理的规章制度不健全、不规范，特别是甘肃市场经济发展落后，产品结构不合理、市场流通秩序混乱的现象相当突出，税收流失严重。1998年上半年省经贸委做过一次调研，结论是市场不规范问题比较突出，地方产品市场占有率低，部分农副产品出现"卖难"，甘肃的市场几乎全部被外省产品占领。据调查，省内家电产品几乎"全军覆没"，药品市场70%左右被外省产品所占领，服装市场则在90%以上，白酒、卷烟在50%以上。省内各单位甚至政府部门宴请招待用的烟、酒几乎全是外省产品。生产资料在同质同价的情况下不能优先使用本省产品，如玻璃、电缆、钢材、低压电器等，致使省内工业企业产成品库存积压上升，产销率下降，企业效益下滑。市场对农业生产的制约也较突出，部分农副产品出现卖难，农资积压严重。截至1998年6月，全省粮食库存43亿千克，正常年销量仅为12.5亿千克—15亿千克。棉花积压70万担，占压资金达6亿多元。平凉、庆阳两地有几十万担的烟叶积压在烟农手中。全省供销社系统化肥积压5.6亿千克，占压资金4亿多元。除此之外，工业产成品的积压也相当严重，到5月末，产成品资金占用91.89亿元，增长27.27%。

1998年以后，为配合开拓市场工作，全省加大市场整顿力度，特别对重点地区、重点市场、重点企业、重点商品大力整治。1998年5月，甘肃省政府下发《关于进一步加强成品油市场整顿工作的通知》，9月份下发《关于严厉打击卷烟走私贩假活动整顿卷烟市场的通知》，11月份省政府办公厅转发《省经贸委关于整顿六大市场意见的通知》，对成品油、医药、烟草、化肥、煤炭、白酒市场进行整顿。1999年7月，省政府批转《省经贸委等部门关于在全省范围内整顿农机市场意见的通知》，把整顿范围扩大到农机市场。通过七大市场整顿，市场运行秩序趋于规范，市场整顿的效应也逐步显现出来。特别是整顿力度较大的医药、烟草、石油、农机市场出现了销售收入和效益双增长的良好局面。1999年9月底，七大市场整顿工作已进入攻坚阶段，全省范围内大面积的清理整顿工作紧张有序地进行。烟草市场在1998年整顿的基础上，于1999年3月份对上年取缔的兰州火车站、小西湖、庆阳陇东、武威西凉4个卷烟非法交易市场进行了验收。通过整顿，震慑了不法烟贩，使非法经营活动明显收敛，促进了地产烟的销售。成品油市场整顿结合国家石化行业改革，从控制源头入手，打击走私贩私、低价倾销等违法行为，源头初步得到控制，炼厂自销有所减少，乱建、重复建设加油站的势头得到遏制，省石油总公司的主渠道作用得到发挥。医药市场整顿根据省政府的要求，集中力量对兰州黄河中药材市场进行了清理整顿，并逐步走向法治化、规范化轨道。化肥市场从产销联合入手，督促生产企业与供销社进行产销衔接，实行生产企业产销直接见面、加快销售。兰化、刘化的化肥基本没有积压，省内大化肥销售看好。煤炭市场整顿方面，结合贯彻国家经贸委《煤炭经营管理办法》，主要以规范煤炭购销管理为主，严格煤炭经营资格审查制度，逐步实行代理销售。农机市场整顿方面，省政府于1999年7月份批转了省经贸委和有关部门的整顿意见，以清理整顿农资经营机构、打击低价倾销为重点，扶持陇货精品发展，在全省范围内整顿农机市场的工作全面推开。酒类市场的整顿也逐步深入进行。2000年10月，全省开展了打击制售假冒伪劣商品违法犯罪活动的联合行动。

2001年—2010年，全国经济工作重心之一就是整顿规范市场经济秩序。2001年，省政府成立整规领导小组，同时成立了领导小组办公室（简称省整规办），承担整规领导小组的日常工作，当时，整规办设在省政府办公厅，随后又将省整规办设在省经贸委，由省经贸委主任任继东担任办公室主任。2004年8月，省政府将整规领导小组办公室由临时机构列为常设机构，并于2005年11月列入省商务厅内设机构（简称省整规办）。2004年9月，省政府成立"甘肃省保护知识产权工作组"。2006年6月，成立"甘肃省保护知识产权举报投诉服务中心"，设在省整规办。至此，省整规办、省保知办和举报投诉中心"三位一体"的工作机制基本形成。2009年，商务部在全国推进商务行政执法工作，甘肃省市场监管公共服务体系项目建设全面推进，2011年年底撤销省整规办，成立打击侵犯知识产权和制售假冒伪劣商品工作领导小组办公室（简称"双打办"），"双打"工作着力改善营商环境持续深入开展，并形成常态化的高压态势。

2001年4月2日，国务院召开全国整顿和规范市场经济秩序工作会议，随后下发《国务院关于整顿和规范市场经济秩序的决定》，主要任务和内容为：打击制售假冒伪劣商品、偷税、骗税、骗汇、走私、制贩假币等违法犯罪活动；整顿建筑市场；整顿和规范金融秩序；严肃财经纪律；规范中介机构的行为；推进文化和旅游市场整顿；打破地区封锁和部门、行业垄断；强化安全生产管理和安全监察等8个方面。其中在2000年10月已经开展的打击制售假冒伪劣商品违法犯罪活动联合行动被列为首要任务。2001年4月，《人民日报》连续发表8篇记者述评，对全国范围内深入进行经济秩序整顿规范工作起到了积极的指导作用。2001年4月15日，全省整顿和规范市场经济秩序工作会议在兰州召开。会议着重分析甘肃省市场经济秩序方面存在的问题，部署整顿和规范市场经济秩序的任务及当年的重点工作，讨论修订甘肃省整顿和规范市场经济秩序工作安排意见。省长陆浩出席会议并做了重要讲话，副省长崔正华传达了全国会议精神。

　　2001年5月15日，甘肃省政府办公厅印发《关于成立全省整顿和规范市场经济秩序领导小组的通知》。领导小组的主要职责是：负责统一领导全省整顿和规范市场经济秩序工作，指导、部署和协调各项专项整治行动；检查各地区、各部门的工作进展情况，及时研究处理整顿和规范市场经济秩序中的重大事项。组长由陆浩省长担任，副组长由郭琨、崔正华、韩修国三位副省长担任，成员由相关单位主要领导担任。领导小组办公室设在经济贸易委员会，承办领导小组的日常工作。办公室主任由任继东担任。2001年6月3日，省政府办公厅下发《关于省整顿和规范市场经济秩序领导小组办公室职责及有关事项的通知》，明确省整规办的职责是：负责全省整顿和规范市场经济秩序工作各项任务落实情况的全面掌握和了解；负责对全省整顿和规范市场经济秩序工作中存在的问题的分析研究，并提出具体的解决方案；负责对全省整顿和规范市场经济秩序工作的进展情况进行定期的汇总、汇报和通报；负责督促和检查各地、各有关部门对大案要案的查处工作。省整顿办组成单位由省整顿和规范市场经济秩序领导小组成员单位组成，组成人员由组成单位分管整顿和规范市场经济秩序工作的领导组成。省整顿办副主任由省经贸委副主任毛春荣、省监察厅驻省经贸委监察室主任郝士胜担任。要求每月对各地、各有关部门整顿和规范市场经济秩序工作的进展情况进行汇总，掌握工作动态。各地、各有关部门于每月5日前将上月的工作进展情况报送整顿办，重大或特殊事项可随时报送；定期或不定期会同有关部门对各地、各有关部门的工作进展情况进行督促检查；根据工作需要，召集有关会议，对整顿和规范市场经济秩序的工作进行研究、协调和安排；定期和不定期会同有关方面通报整顿和规范市场经济秩序工作的进展情况、存在问题。

　　2001年5月21日，甘肃省政府办公厅印发《关于继续深入开展严厉打击制售假冒伪劣商品违法犯罪活动联合行动的通知》。打假工作在食品、药品、农资、棉花、拼装汽车5个重点方面全面推进的基础上，以食品、药品为重中之重，查处一批大案要案，率先取得突破。由省卫生厅、省质量技术监督局牵头，会同省工商局、省经贸厅、省农牧厅等部门，开展食品打假专项斗争，重点查处制售危害人体健康和生命安全、不符合强制性标准的食品（包括肉类、食盐、糖酒等产品）及无证、无照生产和经营食品的违法犯罪行为。对个体食品摊贩、商贩加强监督管理，对养殖场病死畜（禽）严格实行无证化处理，依法取缔生猪私屠滥宰。由省药品监督管理局牵头，会同省卫生厅、省工商局等部门负责组织、指导和协调，开展药品、医疗器械打假专项斗争，重点打击生产销售与标准规定不相符、变质、过期失效的假劣药品、医疗器械及以兽用药品冒充人用药品的违法犯罪行为，查禁非法生产、重复使用和质量低劣的一次性输液器、注射器等医疗器械。由省药品监督管理局，会同省工商局、省质监局、省供销社、省经贸委部门负责组织、指导和协调，开展农业生产资料打假专项斗争，重点打击制售假冒伪劣种子（包括种畜禽、水产苗种、牧草种子）、化肥（主要是复混肥）、农药、兽药、饲料（包括鱼粉）、农机及零配件等违法犯罪行为，依法查禁无登记证、批准文号、生产许可证、经营许可证以及掺杂使假、以次充好、失效变质的农资商品。由省质监局牵头，会同省供销社、省计委、省农牧厅、省工商局等部门负责组织、指导和协调，开展棉花打假专项斗争，重点打击棉花掺杂使假、以次充好、混等混级、非法收购和加工的违法犯罪行为，依法拆除销毁小轧花机、土打包机，严禁废棉流入棉花市场。由省工商局牵头，会同省公安厅、省经贸委、省物资局、省质监局、兰州海关等部门负责组织、指导和协调，开展拼装汽车打假专项斗争，重点打击目录外企业以报废汽车的零部件、走私散件或国产零部件非法拼（组）装汽车、摩托车，以及盗用、套用、转证目录内产品型号及合格证的违法犯罪行为，依法查处制售假冒的伪劣汽车安全配件的违法犯罪行为。各级人民政府对打假联合行动负总责，依法行政、严格执法，预防结合、综合治理，查处大案要案，抓好督促检查，增强打假工作的力度和深度。

2001年6月8日，甘肃省政府印发《关于整顿和规范市场经济秩序工作的通知》，针对直接关系广大人民群众切身利益、群众反映强烈、社会危害严重的突出问题，进行集中整顿打击和规范，具体是：以打击制售假冒伪劣食品、药品、农资、棉花和拼装汽车、拼装摩托车等为重点，整顿和规范商品市场。集中在重点市场、重点地区查处一批大案要案。以查处规避招标、假招标和转包为重点，整顿和规范建筑市场。集中对转包、违法分包和无证、越级承包工程，以及违反法定程序及不执行强制性技术标准、偷工减料等进行查处。以查处偷税、骗税、非法减免税为重点，强化税收征管。集中打击伪造、倒卖、虚开增值税专用发票进行涉税犯罪活动的专业化作案团伙。以查处地区封锁和部门、行业垄断为重点，打击地方保护主义。查处行政机关、事业单位、垄断性行业和公用性企业妨碍公平竞争，阻挠外地产品或服务进入本地区市场的行为，以及其他各种限制企业竞争的做法。以清理压缩音像集中经营场所，查处非法经营的"网吧""游戏机房"为重点，整顿文化市场。开展音像市场专项治理，打击盗版侵权、制贩淫秽出版物等违法犯罪活动；加强对电子游戏、歌舞娱乐经营场所的监管。以查处非法证券期货市场和证券公司为重点，整顿和规范金融秩序。查处银行、证券、保险机构的违法违规经营活动。取缔非法金融机构和非法变相从事金融业务的活动。打击金融欺诈和证券市场内幕交易行为。制止恶意逃废债务。

2001年7月6日，甘肃省政府办公厅印发《关于限期取缔拼装车市场有关问题的紧急通知》，限期（7月30日之前）取缔拼装车市场。对已经取缔的，采取有效措施，防止死灰复燃。对取得认证的报废汽车回收拆解企业进行检查，对违法经营的，依照有关规定进行处理。严肃查处有关责任人员，在分清责任的基础上，对其行政领导和有关责任人员进行严肃处理，对负有直接责任的从重处理，对触犯刑法的依法追究刑事责任。

2001年9月10日，省委办公厅、省政府办公厅联合转发了《省委宣传部、省新闻出版局关于整顿和规范报刊发行秩序的意见的通知》。针对报刊发行工作中存在着过多过滥、层层摊派、强行征订等问题，各级党政机关、企事业单位、社会团体、学校和教育部门认真贯彻国家政策，把订报经费首先用在确保完成《人民日报》《求是》杂志、《甘肃日报》的订阅任务上。"两报一刊"等主要党报党刊用党费保证订阅。除重点党报党刊外，任何部门和单位都不给下属部门和单位下发文件、规定指标、发行本系统或本行业的专业报刊，不为其他报刊组织发行。专业和行业报刊一律坚持自愿或自费订阅，禁止向下摊派。各报刊社加强出版管理，不在报刊发行中搞高额回扣、赠送贵重礼品、组织出国旅游等违法违纪行为和不正之风，不搞一刊多号或变相一刊多号。邮政部门承接报刊征订邮发任务，不承接内部资料的征订、邮发、零售和广告等业务。报社及其主管主办部门认真清理整顿报刊发行工作中的不正之风，自觉遵守出版规定，规范发行秩序。

2001年9月29日，甘肃省新闻出版局、甘肃省公安厅、甘肃省工商行政管理局、甘肃省质量技术监督局、甘肃省"扫黄打非"工作小组办公室联合下发《甘肃省整顿和规范印刷市场秩序实施方案》。2001年9月—2002年2月，以《印刷业管理条例》等法规规章为依据，按照"压缩总量、优化结构、加强监管、严格规范"的要求，坚持"打击与防范、整顿与规范、扶优与治劣相结合"的原则，整顿和规范印刷市场秩序，促进印刷业健康有序发展。整治范围是全省所有印刷企业，包括所从事出版物、包装装潢印刷品和其他印刷品（含打字复印）印刷经营活动的企业及单位内部设立的印刷厂（所）、单位和个人特别是无证无照和证照不全的印刷厂点。主要任务是取缔无证无照的印刷厂点，严肃查处违法违规印制行为，抓好重点地区的整治工作。对达不到印刷企业资质条件的，采取联合、兼并、股份制等方式予以整合。通过整改整合仍未达到标准的，不允许其继续从事印刷经营活动。

2001年9月30日，甘肃省公安厅、甘肃省监察厅、甘肃省文化厅、甘肃省工商局联合下发《甘肃省整顿和规范歌舞娱乐服务场所秩序专项行动方案》。全省开始整治歌舞娱乐服务场所存在的突出问题，完善制度、强化管理，坚决扫除卖淫嫖娼、赌博、吸毒贩毒、淫秽表演等社会丑恶现象，将整顿和规范歌舞娱乐服务场所秩序的各项工作落到实处。通过整改场所硬件设施，规范场所经营行为，打击违法犯罪活动，落实场所管理责任制，扭转歌舞娱乐服务场所秩序混乱的局面，遏制卖淫嫖娼、赌博等社会丑恶现象发展蔓延的势头，减少营利性陪侍活动的发生，使场所内各类案件、事故大幅下降，让人民群众和社会各界基本满意。凡发现被检查场所有30%以上不符合要求的地方，限期重新整改并通报批评。对此次专项行动确定的全省重点地区，凡发现被检查场所有20%以上不符合要求的，除限期重新整改并在全省通报批评外，地、市、州主管部门领导来省汇报检讨。

2001年10月20日，甘肃省政府办公厅印发《关于进一步整顿和规范文化市场秩序的通知》。由省通信管理局牵头，公安厅、文化厅、工商局等部门负责指导和协调，整顿互联网上网服务营业场所，工作重点是对互联网上网服务营业场所中存在的无证照经营、非节假日准许未成年人进入、经营含有不健康内容以及利用互联网上网服务营业场所从事违法犯罪活动等突出问题进行专项整治。由省文化厅牵头，经贸委、公安厅、贸易经济合作厅、通信管理局、工商局等部门负责指导和协调，整顿电子游戏经营场所，年底前全部关闭非法电子游戏经营场所。由省公安厅牵头，监察厅、文化厅、工商局等部门负责指导和协调，整顿歌舞娱乐服务场所，依法严厉打击歌舞娱乐服务场所中卖淫嫖娼、赌博、吸毒贩毒等社会丑恶现象，依法取缔无证照或证照不全等非法经营场所。由省广播电视局牵头，公安厅、工商局、版权局等部门负责指导和协调，整顿音像制品经营场所，年底前全部关闭以出租、招商方式集中经营音像制品的场所。大力推进音像制品集中配送、连锁经营，努力提高正版音像制品的市场占有率。由省新闻出版局（省版权局）牵头，公安厅、工商局等部门负责指导和协调，铁路、民航、交通、海关等部门配合，整顿出版物和计算机软件市场，取缔和关闭无证照或证照不全的出版物（含光盘，下同）和计算机软件销售网点，摧毁其制作、储运窝点和地下发行网络。集中力量打击盗版教材和违规教辅读物。由省新闻出版局牵头，公安厅、工商局、质量技术监督局等部门负责指导和协调，整顿印刷业，全面检查印刷企业开办资质条件、证照审批、经营范围的合格性和合法性，坚决取缔无证照或证照不全的印刷厂点，严查制售假商标标识、假包装物和盗版教材、教辅读物的印刷厂点。由省文化厅牵头，会同公安厅、文物局、海关、工商局等部门，重点打击盗卖和走私文物行为，依法严惩犯罪分子。

2001年10月底，经省政府同意，由省经贸委牵头，省工商局、省质监局、省文化厅协办，甘肃行政学院具体承办，举办为期6天的首期全省整顿和规范市场经济秩序工作领导干部培训班，11月3日结业，副省长崔正华出席结业仪式。崔正华指出："这期培训班办得比较成功，达到了预期的目的。从学习内容和收获来说，突出了三性：一是突出了知识性：通过学习，使大家掌握了市场经济的基本规则。二是突出了政策性：使大家进一步明确了整顿和规范市场经济秩序的基本政策和主要法规。三是突出了思想性：通过学习和讨论，大家对整顿与经济发展的关系等重点问题有了比较准确和深刻的认识，统一了思想，开拓了思路，增强了信心。希望大家回去之后，坚持理论联系实际，把培训班学到的政策和市场经济知识应用到实践中去，把甘肃省整顿规范市场经济秩序工作推向一个新的水平。"

2001年12月10日，甘肃省政府办公厅印发《关于深入开展严厉打击传销专项整治行动的通知》。各地各有关部门依法坚决取缔各类传销和变相传销，严厉打击跨地域从事传销和变相传销活动猖獗的非法组织和个人，全面清查《通知》发布后已被禁止传销活动的企业，对违反规定重操旧业的从严查处；规范外商投资转型企业的营销活动，清理转型企业雇用推销员证书。专项整治的重点地区是：兰州、定西、西峰。其他地区也同时开展专项整治行动。工作中摸底排查、坚决打击，突出重点，狠抓大案要案查处。对公安部在开展代号为"秋风战役"行动中列出的3个重点公司：台湾华良股份有限公司(又称得利公司)、北京恒源伟业电子商务顾问有限公司和兴田企业投资有限公司，在排查摸底过程中，一旦发现上述3个公司的传销窝点和传销头目，立即上报省政府整顿办或移送公安机关查处。同时，各地根据群众的举报和掌握的资料，集中力量、统一行动、重点出击，采取"端窝点、抓头目、封账号、吊执照，退钱款"等一系列措施，坚决取缔或查处。强化对外商投资传销企业的监管，进一步加强对流动人口和房屋租赁管理，加强组织领导和协作配合，严格依法行政。加强宣传引导，强化舆论监督，营造良好的社会氛围。

2001年12月10日，甘肃省政府办公厅转发《省经贸委等部门关于进一步整顿和规范甘肃省成品油市场的实施意见》。在全省范围内加大查处力度，严厉查处违法违规建设和经营的加油站(点)。对未取得省经贸委和工商行政管理部门核发的《成品油零售经营批准证书》和《营业执照》的加油站，以及已建成但不符合城市规划和消防要求、非法占地和违章建设的加油站，由工商、城建、土地、消防管理部门依法取缔。对有营业执照但未取得《成品油零售经营批准证书》或被取消成品油经营资格的加油站，由工商行政管理部门责令其限期办理注销登记。拒不办理的，吊销营业执照。对未经省经贸委批准，正在建设或尚未开工建设以及省经贸委批准建设而2年未开工建设的加油站，一律停止建设。对经营中存在严重掺杂使假、偷税漏税，缺斤短两、加油机未经质监部门检定，使用不符合整机防爆要求以及未装置税控加油机等情况的加油站，由质监、税务、公安消防等部门责令停业整顿。经整顿仍不合格的加油站，由省经贸委取消其成品油经营资格，工商行政管理部门办理工商注销登记手续。对存在上述问题而拒不改正的加油站依法取缔。严格成品油市场准入制度、严肃加油站审批程序。成品油由中国石油集团、石化集团集中批发。省内新设立成品油批发企业，均由中油甘肃销售公司报中国石油集团、中国石油集团再上报国家经贸委审批。企业凭国家经贸委核发《成品油批发经营批准证书》到工商行政管理部门办理登记注册手续。严格控制新建和扩建成品油仓储设施，加强成品油经营企业的日常监督，对成品油经营企业(批发、零售、仓储)经营资格实行动态管理。

2001 年12月10日，甘肃省政府办公厅印发《关于进一步严厉打击以证券期货投资为名进行违法犯罪活动的通知》。强调，兰州地区的省市"打非"联席会议制度要长期坚持下去，一般情况下每季度召开一次联席会议，如遇紧急特殊事项随时召开。上市公司、证券期货经营机构及其他从事证券期货业务的中介机构中发生的证券期货违法违规行为，由证券监管部门牵头，工商、公安等部门配合查处；非法开设的证券期货交易场所通过合法证券期货营业部正常入市交易的，由证券监管部门牵头，工商、公安等部门配合查处和取缔；办理了企业营业执照但超范围从事证券期货业务，并通过合法证券期货营业部正常入市的，由工商部门牵头，证券监管和公安部门配合查处和取缔；非法开设的证券期货交易场所、对赌、对冲、模拟操作等手段诈骗投资者的，由公安部门牵头，证券监管和工商部门配合查处和取缔。银行资金违规流入股市的，由中国人民银行兰州中心支行负责查处。在证券监管、工商、公安等部门查处证券期货等经营机构违规违法活动，需要冻结相关单位的银行账户时，人民银行兰州中心支行要协调相关银行给予大力支持，积极配合。

2001 年12月12日，甘肃省文物局、甘肃省经济贸易委员会、甘肃省文化厅、甘肃省公安厅、兰州海关、甘肃省工商行政管理局转发国家文物局、国家经济贸易委员会、公安部、文化部、海关总署、国家工商行政管理总局《整顿规范文物市场方案》。强调：省文物商店是甘肃省唯一合法的文物购销经营单位。其他任何单位或个人未经批准，均不得在甘肃省从事文物购销经营活动。除临夏和兰州文物监管物品市场以外，各地、州、市未经批准自行铺设的零散经营摊点，须于2001年12月31日以前一律予以取缔。临夏和兰州文物监管物品市场的管理部门，必须对市场经营摊点的经营资格进行重新审核认定，于2001年12月31日以前结束。全省所有经营文物复仿制品和新工艺品的单位或个人，必须做出复方制品和新工艺品的标识，并明确告知购买者，否则视为欺诈，由工商行政管理部门予以没收并销毁。在文物拍卖资格重新认定前，任何拍卖企业不得从事任何形式的文物拍卖活动。在此期间进行文物拍卖活动的，一经发现，即予严肃处理。在清理整顿文物市场的同时，各地要组织力量进行一次打击盗窃、盗挖、贩卖、走私文物的专项行动。

2001年12月18日，甘肃省政府办公厅印发《关于进一步整顿和规范建筑市场秩序的通知》。建筑市场专项整治中，不仅检查在建工程项目，而且还对项目建设主体各方进行全面清理和整顿。严格执行法定建设程序和工程建设强制性标准，建立严格的市场准入和清出制度，落实安全生产和工程质量责任制；加强建筑市场执法队伍建设，加大建筑市场监管力度；纠正建筑市场的非法障碍，严禁地区封锁和行业保护行为；针对管理薄弱的环节和地区，加强对城乡接合部、开发区以及县以下地区工程建设活动的监督管理。重点依法查处规避招标和在招标投标活动中弄虚作假的问题，依法查处勘察、设计、施工单位转包、违法分包和监理单位违法转让监理业务，以及无证或越级承接工程业务的问题，依法查处不办理施工许可证或开工报告、不办理竣工验收及备案，以及依法必须实行监理的工程不委托监理等违反法定建设程序的问题，依法查处不执行工程建设强制性标准以及偷工减料等问题，坚决纠正政府主管部门不依法行政和监督执法不力的问题，大力整顿和规范装饰装修工程活动和装饰装修材料市场秩序，加强管理，确保装饰装修工程质量，严格执行法定建设程序，坚决杜绝新的违法违规工程的出现，严格执行工程建设强制性标准。

2001年12月18日，甘肃省政府办公厅印发《关于进一步整顿和规范税收秩序的通知》。全省继续深入开展税收专项检查，加大涉税犯罪打击力度。严肃查处偷、逃、骗税案件；对以注册商贸企业为掩护专门从事虚开增值税专用发票的不法分子及团伙，不仅追回所偷、逃、骗的税款，而且加大处罚力度。各级税务机关把个人所得税专项检查的重点放在高收入行业及高收入人员的个人所得税控管上，严格执行税收政策，不得擅自提高扣除标准。进一步加大对偷逃个人所得税违法犯罪行为的打击力度、充分发挥个人所得税的调控功能。密切配合、严厉查处涉税大案要案，认真清理税收规范性文件，进一步加强税收征收管理工作，建立涉税犯罪的预防机制。

2002年3月7日，甘肃省经贸委、甘肃省工商局、甘肃省质监局、甘肃省环保局下发《关于加强对淘汰一次性发泡塑料餐具执法监督工作的通知》，全省对一次性发泡塑料餐具的生产、销售和使用立即停止，推广替代产品。监督检查的重点是，重点批发和零售市场及客运、旅游景点和餐饮单位；一次性发泡塑料餐具和方便食品等生产企业（包括国内、外商和港、澳、台商投资企业）。对继续生产和销售一次性发泡塑料餐具的，查实后依据国家有关法律法规严肃查处。进一步加强对一次性发泡塑料餐具生产企业工作的指导，对淘汰一次性发泡塑料餐具工作进行联合检查，加强宣传，提高公民的法律和环保意识。

2002年4月12日，甘肃省政府办公厅批转《省工商局关于开展集贸市场专项整治工作的实施意见》。工商行政管理部门严把市场准入关，对销售假冒伪劣商品违法行为和扰乱市场秩序行为进行查处；税务机关加强税收征管，严厉查处偷逃税款等违法违规行为；公安部门依法严厉打击集贸市场欺行霸市、强买强卖等各种违法犯罪活动；质量监督管理部门加强对强制检验商品质量的监督检查力度、加强对集贸市场经营者使用的计量器具以及销售商品的计量监管力度，严禁使用不合格或淘汰的计量器具；经贸部门采取措施引导集贸市场改进经营方式，推行连锁经营、物流配送等现代营销方式；药品监督管理部门加强对中药材集贸市场的监管，依法严厉查处制售假劣药品的行为和责任人；通讯、文化、新闻、出版等部门加强对集贸市场内网吧、电子游艺室、书摊等经营场所的管理，取缔各种非法摊点，收缴黄色淫秽等非法出版物品。清查经营主体，严厉查处制售假冒伪劣商品等违法违规行为，强化质量监管、强化税收征管、净化市场环境、清除执法壁垒、完善监管制度、加强舆论宣传。整顿的重点地区是：兰州、天水、白银、武威、嘉峪关、平凉、酒泉。整顿的重点市场是：兰州市东部综合批发市场、义乌商贸城、张苏滩粮油批发市场、西北电子商贸城、兰新电器综合市场、建兰路综合市场、定西南路综合市场、西固西部市场、安宁桃海市场、西固中心市场、小西湖温州城、武威西凉综合批发市场、张掖甘州工业品批发市场、酒泉肃州市场、酒泉彩虹桥日用品批发市场、陇西文峰综合市场、白银市公园路市场、金昌北京路市场、金昌金三角市场、天水秦安小商品市场、北道渭滨市场、嘉峪关人民商城、西峰市南亚商场、平凉市中山商场、临夏州三甲集市场等。各地（市、州）县（市、区）也确定各自的重点市场，进行重点整治。重点查处食品、调味油、粮油、肉类及其食品、假冒烟卷、白酒和红酒、农资、装修装饰材料、汽车和摩托车配件、洗涤和化妆用品、假药和医疗器械、保健食品等。整治的重点是各类集贸市场中的欺行霸市、短尺少秤、坑蒙欺骗、制假售假、无照无证经营、超规范经营、走私贩私、偷税漏税、虚假降价、虚假打折等违法违规行为。

2002年4月19日，甘肃省政府办公厅印发《关于进一步开展全省加油站专项整治工作的通知》。当时，由于历史原因及利益驱动，违规建设加油站、布局不合理、过多过滥的问题在个别地方还相当严重，税负不均、偷逃漏税等问题还比较突出。工作中严格市场准入，全面检查，严厉打击违法违规经营行为。凡未经省经贸委批准核发《成品油零售经营批准证书》的加油站，一律停业整顿，属石油集团、石化集团建设以及石油集团、石化集团收购、租赁、控股或纳入连锁经营体系实行集中配送的加油站（加气站），可补办有关手续。加强监管，规范经营行为；管住源头，防止成品油违规违法流入市场；发展新型营销方式，推进流通方式创新；加强信息化建设，实行分类管理；实行各级人民政府主要领导负责制。中油甘肃销售公司严格按照国家政策规范经营，加强自律、有序竞争，积极配合政府有关部门做好加油站整治工作。

2002年4月30日，甘肃省国税局、甘肃省地税局、甘肃省经济贸易委员会、甘肃省工商局、甘肃省公安厅联合下发《关于深入开展专项整治集贸市场和加油站税收秩序的通知》。所有对外经营的加油站，重点是1999年以后新建的加油站；集贸市场整治的范围是各类集贸市场中所有经营业户，主要针对辐射面广、群众反映强烈、偷税漏税、假冒伪劣及社会治安等问题比较严重以及未纳入管理的集贸市场。重点检查面不得低于自查户数的30%。对市场中的经营大户，尽可能地争取铁路、公路、邮政、航空等交通运管部门的配合，采取源头监控的办法进行检查，核查实际销售额、准确核定应纳税额。

2002年5月27日，省经贸委主任、省整顿和规范市场经济秩序领导小组办公室主任任继东向省九届人大常委会第二十八次会议汇报全省打击制售假冒伪劣商品情况：经过一年多的努力，甘肃省整顿和规范市场经济秩序工作的各主要方面都取得了一定成效。（1）一些危害性大、群众反映强烈的制假售假现象在一定程度上得到遏制。这次打假联合行动是1992年开展集中打假以后声势最大、力度最强、效果最好的一次联合行动，有效地保护了消费者利益，维护了市场经济秩序，深受广大人民群众的拥护和广大企业的欢迎。据统计，一年左右的时间里，全省共出动执法人员79.1万人次，执法车辆13.1万余台次，检查各类市场13万个，对各类门店、摊位进行了拉网式检查，共查处各类制假售假案件6.38万多起，捣毁制假售假窝点3897个，取缔无证经营小作坊2.1万多个，查获假冒伪劣商品总标值2.99亿元，移送司法机关案件338起。（2）重点商品领域假冒伪劣产品横行的严重局面得到初步扭转。由省卫生厅、质监局牵头，会同省工商局、经贸厅、农牧厅等部门开展的食品打假专项斗争，查处各类案件2.8万余起，查获货物总标值6981万元。其中查获无碘私盐343万千克、掺油大米18万千克、病害猪5447头，销毁不合格食品20万千克，假酒10万千克。由省药监局牵头，会同卫生厅、工商局等部门开展的对药品、医疗器械打假的专项斗争，查处案件1.47万余起，查获货物总标值3821.5万元。其中查获一次性假劣医疗器械518万余套，销毁假劣药品和过期失效药品4617批次。由省农牧厅牵头，会同工商局、质监局、供销社、经贸委开展的农业生产资料打假专项斗争，查处各类案件205起，取缔无证农资经营户656家，查获货物总标值1471万元。其中查获不合格化肥53万千克、劣质农药2.1万千克、假劣种子8万千克。由省质监局牵头，会同供销社、计委、农牧厅、工商局等部门的棉花打假联合行动，查处了一批棉花制假窝点，收缴并销毁了一批"黑心棉"。其中查处掺杂使假、混等混级棉花49.8万千克。由省工商局牵头，会同省公安厅、经贸委、兰州海关等部门开展的拼装汽车打假专项斗争，检查取缔非法拆解报废车点86处，检查涉嫌销售旧废汽车配件修理部（门店）1200个，自发形成的拆解市场17个，查封非法拆解报废车713辆，各种零配件1.7万多件（套），查获货物总标值310余万元。（3）查处了一批大案要案，打击了制售假冒伪劣商品违法犯罪分子的嚣张气焰。打假联合行动开展以后，各地、各部门先后在食品、药品、医疗器械、种子、烟草等领域查处了一批大案要案。比较典型的有民勤县工商局查处的民勤县敬业农工贸有限责任公司销售劣质以色列食用葵种子一案，该公司向农民售出种子3656.65千克，货值64.35万元，致使民勤县直接受损面积260多公顷。由定西地区工商局查处的该地区几家医院和医药公司购进假冒伪劣医疗器械一案，涉案金额9万元，涉及中西药多个品种、600余箱。由兰州市工商局查处的兰州兰平医疗器械有限公司制售假冒伪劣医疗器械一案；该公司在1998年6月—2001年4月，先后向兰州66家，兰外69家医疗机构和经营单位销售各种规格一次性注射器193.93万支、输液器278.52万支、吊瓶34.32万副、针头2.12万支。由兰州市质监局查处的兰州粮油市场过氧化苯甲酰（俗称吊白块）超标面粉21.2万千克。兰州铁路局烟草专卖局在短短20天就连续查获假冒卷烟600余件，标值56万元。这些典型案件，目前基本依法得到处理，部分在新闻媒体予以公开曝光。（4）保护了名优产品和守法经营，促进了全省经济的稳定健康发展。烟草行业过去是受假烟冲击比较严重的行业，工商企业效益不断下滑，经过持续打假，2001年全行业实现利税比上年增长150%，达到16.53亿元，增幅和增加额达到历史最好水平。石油销售行业过去也是受不合格成品油冲击比较严重的行业，全行业亏损额一度达到1.6亿元，经过近两年的集中打假和整顿，一举扭亏为盈，2001年全行业实现利税比上年增长9%，达到1.18亿元，增幅和增长额居全省各行业前列。兰州红梅面粉有限公司生产的红梅牌面粉是甘肃省名牌产品，近几年受山东、河南等地不合格面粉低价倾销的冲击，市场占有份额不断下降，在兰州市查处不合格面粉后，红梅面粉市场销量急剧增长，当时已成为消费者日常生活首选的面粉，企业效益也稳步增长。省公安厅跨省破获的陈楚民生产、销售假药案，追缴犯罪分子假冒甘肃省名牌产品"奇正消痛帖"价值200余万元，维护了陇货精品的市场形象。

2002年6月，在全省范围内进行了一次"加油站万里行"大检查活动。这次活动由经贸委牵头，工商、国税、地税、技术监督、消防、安全生产等部门组成检查组，分东西两路对全省14个地州市进行了一次拉网式的重点抽查，打击了不法经营者行为，有力促进了成品油市场的正常运行。成品油市场整顿力度较大，连续出台很多文件，如《甘肃省人民政府办公厅转发省经贸委等部门关于在全省范围内清理整顿成品油流通企业和规范成品油流通秩序实施意见的通知》《甘肃省人民政府办公厅转发省经贸委等部门关于进一步整顿和规范甘肃省成品油市场秩序实施意见的通知》等，规范力度加大，确保了中石油、中石化两大集团的主渠道地位。

2002年7月8日，甘肃省文化厅、甘肃省公安厅、甘肃省通信局、甘肃省工商局联合下发《关于开展"网吧"等互联网上网服务营业场所专项治理的通知》。从2002年7月15日—9月15日，在全省集中开展对"网吧"等互联网上网服务营业场所的专项治理。专项治理工作在省政府的统一领导下，由文化厅牵头，会同省公安厅、省通信管理局、省工商行政管理总局部署组织进行。强化地方政府领导责任、加大综合执法力度，各地在政府统一领导下，组织文化、公安、通信、工商行政管理等部门具体实施专项治理工作。

2002年7月15日，甘肃省林业厅、经贸委、农牧厅、工商局联合下发《关于清理整顿木材市场木材经营加工单位的通知》。各地（州、市）林业处（局）结合清理整顿工作，进一步加强对木材市场经营加工企业的监管，建立本辖区木材行业信息数据库，制定木材行业规划，建立全省木材行业预测预警信息系统。省内所有的木材市场及从事木材经营加工的单位和个人，不分城乡和行业、不论生产规模和所有制形式，均属于本次清理整顿的范围。主要内容有木材市场、木材经营加工单位（含个人）依法设立情况、木材经营加工企业生产经营情况、主管部门监管情况等。

2002年8月9日，甘肃省政府办公厅印发《关于开展"地条钢"专项整治工作的通知》，强调国家经贸委再次将"地条钢"列为淘汰产品。4月3日晚，中央电视台《焦点访谈》将江苏省如皋市非法生产销售劣质钢材事件曝光后，引起国务院主要领导的高度重视，批示要求严厉打击。7月15日省政府在全省整顿和规范市场经济秩序工作电视电话会议上，将"地条钢"整治列为当年下半年整顿和规范市场经济秩序工作的重点之一。"地条钢"专项整治工作，在各级政府及整顿和规范市场经济秩序领导小组的统一领导下，由各级经贸、质监部门牵头，会同公安、工商、建设、环保、监察等部门共同组织实施，经贸、工商、环保部门负责对违法生产企业进行清理。

2002年8月23日，甘肃省政府办公厅印发《关于加强兰州—成都—重庆输油管道甘肃过境段安全保护工作的通知》。强调：兰州—成都—重庆输油管道（以下简称"兰成渝输油管道"）是国家西部大开发十大重点建设项目之一，已全面建成并即将投入运行。兰成渝输油管道在甘肃省经过5地（市、州）10个县（区），长达508.1千米，占总长的40.6%。该项目将为甘肃省成品油进入西南市场提供经济、便捷、顺畅的运输通道，对甘肃省石化行业乃至全省经济发展发挥重要作用。管道安全保护工作"面广、线长、量大"，为了确保该项目投产后在甘肃省境内安全运行，依法开展了输油管道安全保护工作。对侵占、破坏、盗窃、哄抢管道设施和管道输送石油以及其他方式危害管道设施，阻挠、妨碍管道企业正常巡查、维护抢修管道设施，管道企业不履行管道设施安全运行义务，地方政府及有关部门不履行管道设施保护职责，国家机关工作人员包庇、纵容侵占、破坏、盗窃、哄抢管道设施和管道运送的石油、天然气以及危害管道设施安全，或者阻挠、干预、帮助其逃避查处等行为，严格按照《条例》有关规定给予行政处罚，触犯刑法的移送司法机关追究刑事责任。

2002年9月9日，甘肃省政府办公厅批转《省旅游局关于开展旅游设施打假打非专项整治工作的实施意见》。坚决打击非法经营旅行社业务，整治旅游客运行为，大力净化旅游景区（点）的游览环境，严厉打击旅游购物欺诈行为，严厉打击非法从事导游活动，规范旅行社经营和导游服务行为。部门协作、综合治理、加大执法力度、完善监督机制、充分发挥旅游城市的引导、带动作用。正在创建"中国优秀旅游城市"的兰州、天水、武威、张掖4个城市以此次专项整治工作为契机，为创优工作奠定良好的基础。通过旅游城市的带动作用，推动全省整治工作深入开展。全省旅游市场打假打非专项整治工作从9月上中旬开始，12月份结束。通过专项整治有效遏制甘肃省旅游市场的各种违法违规活动、优化旅游市场环境、规范旅游市场秩序、提高旅游服务的总体质量和旅游者的满意程度，树立良好、安全、有序的旅游目的地形象。

2002年9月30日，甘肃省政府办公厅印发《关于加强危险化学品安全管理防范投毒事件的紧急通知》。继续开展危险化学品安全管理专项整治工作，重点是：对本地区流失在社会上的剧毒急性鼠药、剧毒农药和危险化学品进行彻底清查清缴、集中管理。对非法生产、销售剧毒急性鼠药等危险化学品的企业、小作坊、"黑窝点"，以及集贸市场摊点和游商游贩坚决予以查封、取缔；严厉打击非法生产、销售危险化学品和投毒等违法犯罪活动，从重从快严惩一批违法犯罪分子。专项整治工作由地方各级人民政府负责组织，整顿和规范市场经济秩序领导小组办公室牵头，公安、农业、卫生、工商、质检、环保、安全生产监管等部门共同参与，各司其职、各负其责，通过专项整治，坚决遏制非法生产、销售危险化学品和利用危险化学品实施投毒等违法犯罪活动。抓好生产、运输、销售、内部管理环节的管理，抓好防范中毒事件发生以及应急处理的工作，严密防范、建立健全重大突发事件预防、报告和处理机制。

2002年11月28日，甘肃省文化厅、甘肃省公安厅、甘肃省工商局发出《关于关闭电子游戏经营场所的通告》。根据国家及省上有关规定和要求，关闭全省电子游戏经营场所，禁止任何方式的电子游戏机经营活动和利用计算机从事脱网游戏经营活动。所有电子游戏经营场所一律终止经营，由业主或经营者在十五日内自行拆除各类电子游戏活动设备并到工商行政管理部办理注销或者变更登记，由原审批发证的文化、公安部门分别收缴并注销文化经营许可证、治安许可证。对《通告》发布后继续从事电子游戏经营活动的，由文化、公安、工商行政管理部门依法给予处罚，同时强行拆除电子游戏设备并给予销毁。

整顿和规范文化市场秩序方面。2002年，甘肃省各级文化行政部门共出动执法人员13037人次，出动车辆2524台次，检查场所8407家次，查处案件11件，关闭、取缔各类违法违规经营场所442家，罚款27.89万元，取缔无证黑吧69家，处罚违规经营场所1093家，收缴违法音像制品42万张（盘），受理举报372次，办理完结372件，维护了市场秩序，净化了文化市场环境。

整顿和规范出版物市场方面。2002年，甘肃省共查缴各类非法图书报刊69.2万册、非法音像制品及电子出版物等92.8万件，共162万件。其中：政治性非法图书及音像制品1.68万册（张），"口袋本"等淫秽色情图书4.89万册、音像制品1.12万张，"法轮功"类图书、音像制品7100册（张）、宣传品15.1万件，盗版及其他非法图书、音像制品及电子出版物138万册（张）；查获非法出版印刷发行案件及制贩传播淫秽出版物案件95起，行政处罚违法违规出版物经营点及印刷单位等800家，取缔无证照游动摊点等2300个次。

整顿和规范建筑市场秩序方面。2002年5月—6月，甘肃省各级建设主管部门在相关行业协会的参与下，积极予以督促指导，要求绝大部分工程建设、勘察、设计、施工、监理单位进行了有组织的自查自纠，并认真填报了自查登记表。统计报表显示，甘肃省纳入统计的建设单位1946家，勘察单位37家，设计单位210家，施工单位1368家，监理单位94家，招标代理单位20家，实际自查自纠的单位分别为1938家，35家，205家，1340家，90家，19家，建设项目总数2123项，项目合同投资额327.56亿元，自查自纠补办相关手续的有119项。在各项目自查自纠的基础上，各地州市建设行政主管部门对建筑市场进行了复查和抽查。共复查建设工程1521项，复查率71.64%，项目投资额236.83亿元，占总投资额的72.3%；存在违法违规行为的项目426项，约占复查项目的28%，其中，应招标未招标的116项，占复查项目的7.6%；应公开招标未公开招标的项目53项。占应公开招标项目的5.9%，未办理开工（施工）许可证的130项，占检查项目的8.5%；未办理政府质量监督的项目130项。占复查项目的9.8%；建设工程监理率为80%，省列重大项目100%实施了监理；各地复查阶段对320项存在违法违规行为的项目下发了整改通知，对208项工程给予了停工核查处理。从各地复查、抽查的情况来看，经过连续几年的整顿，全省违法违规的建设项目每年在减少，建筑市场进一步得到规范。截至2010年11月底，共立案查处违法违规工程116项，处罚责任单位142家；吊销建筑业企业资质3家，降低企业资质2家，取消执业资格3家。

整顿和规范税收秩序方面。税务系统围绕集贸市场的税收专项检查，加油站的税收专项检查，跨地区经营的集团性企业及异地设立分支机构从事经营活动企业的税收专项检查，烟草、石油、石化、证券行业的税收专项检查，对白酒行业的税收专项检查，福利企业、资源综合利用企业的税收专项检查，电力行业的税收专项检查，进出口及涉外税收专项检查等一系列工作。截至2002年11月底，甘肃省国税系统共出动执法人员29504人次，检查经营单位40774户，查处有违反税收法律、法规及规章行为的纳税人4778户，共查补税款6670万元，给予行政处罚的有3472户，累计罚款1168.66万元，曝光案件50起，移送司法机关案件5起。甘肃省地税系统共检查纳税户14221户，查处有违法违规行为的纳税户8976件，查获违法违规金额11897万元；查出个人所得税案件4338件，查补金额5090万元，其他偷税案件4638件，查补金额6807万元；对2524户违法纳税户进行了行政处罚，罚款金额763万元，移送司法机关案件2件人，涉及税款50万元；曝光违法案件42件。

集贸市场专项整治方面。兰州、天水、白银、武威、嘉峪关、平凉、酒泉7个市被确定为全省重点整治的地区。确定重点整治市场25个，其中大型综合市场17个、各类专业市场8个。25个重点市场中兰州市占11个，分别为东部综合批发市场、张苏滩粮油批发市场、西北电子商贸城、定西南路综合市场、西固西部市场、西固中心市场、安宁桃海市场等；其他市场分别为武威市西凉综合批发市场，张掖市甘州工业品批发市场，酒泉市肃州市场、彩虹桥日用品批发市场，定西地区陇西文峰综合市场，天水市秦安小商品市场、北道渭滨路市场，白银市公园路市场，金昌市北京路市场、金三角市场，嘉峪关市人民商城，庆阳市西峰区南亚商场，平凉市中山商场，临夏州三甲集市场。兰州市东部综合批发市场为全国重点整治的市场。重点整治的商品是：食品、调味品、粮油、肉类及其制品、假冒卷烟、白酒和红酒、农资、装修装饰材料、汽车和摩托车配件、洗涤和化妆用品、假药和医疗器械、保健食品等。重点整治的问题是：各类集贸市场中的欺行霸市、短尺少秤、坑蒙欺诈、制假售假、无照无证经营、超范围经营、走私贩私、偷税漏税、虚假降价、虚假打折、非法传销、非法经营加油站等违法违规行为。截至2002年11月底，全省工商系统共开展了11次专项执法行动，清理市场15000个次，查处各种违法违章案件3万余件，案值4000余万元，罚没款1500多万元。

旅游市场打假打非专项整治方面。先后组织开展了"925"行动，"黄金周行动"，旅行社，中介、行业协会，旅游商品销售网点，旅游客运汽车，特种行业市场等专项行动检查。截至2010年12月，甘肃省共出动检查人员4226人次，出动检查车辆1146台。检查旅行社183家，导游人员2004人次，检查旅游景区（点）159处，检查旅游客运车辆1709台次；旅游商品经营单位2223家；强制检查商品187批次；检查歌舞厅1429家、桑拿按摩669家、茶屋发廊4577家、旅店业5285家、棋牌室1369家。旅游部门查处挂靠变相转让旅行社经营权1起；超范围经营旅行社业务2起；机关、团体、事业单位所办实体无证照经营旅行社业务2起；社会闲散人员拉帮结伙私揽旅行社业务2起；外省旅行社非法设立办事处1起、本省旅行社2起；查处非法从事旅游客运的车辆76辆；查处无合法证件和无正当手续从事导游活动152人次；伪造和借用他人导游证行为7起；取缔旅游景区点非法摊点183个；查处各种违规经营行为的旅行社20家。工商部门查处取缔旅游市场无照经营291起（其中黑社6家）；查处旅游市场各类超范围经营行为47起；取缔乱设摊点393个；查处销售假冒伪劣商品38起。公安部门依法取缔旅游市场非法经营场所81家；吊销证照16家；责令停业整顿136家；限期整改783处。查处治安案件5864起，其中赌博432起，卖淫嫖娼201起，传播淫秽物品46起。质检部门强制检验商品187批次，检查商品定量包装372件。

加强危险化学品安全管理方面。贯彻落实《国务院办公厅关于加强危险化学品安全管理防范投毒事件紧急通知》方面，截至2002年10月底，共出动执法人员5288人次，出动执法车辆537台次，检查经营化学品企业、门店、摊点16517户，检查集贸市场360处，清理取缔无照经营流动小商小贩314户，查扣灭鼠灵、闻到死、一步亡、三步倒、快杀净、气死猫、灭绝王等剧毒农药58361包（瓶）。查获还未分包的颗粒散装鼠药18.9千克，包装袋200个，捣毁非法生产、销售剧毒鼠药农药的黑窝点3个，当场处罚10户，立案9户。

2003年—2008年，甘肃省各执法部门累计出动执法人员623万人次，检查经营单位602万户次，查处违法违规商户37万户，依法取缔2.3万户，查获违法违规物品2.7亿千克，标值1.4亿元，行政处罚17.2万户，罚款金额2.9亿元，追缴税款8.3亿元，捣毁制假窝点532处。2005年—2007年9月，全省公安机关共受理经济犯罪案件2538件，立案1464起，涉案金额8亿元，破案1131起，抓获犯罪嫌疑人1234名，挽回经济损失5.2亿元。全省检察机关共批捕破坏市场经济秩序案件256件331人，提起公诉224件268人，人民法院已判决202件243人。食品药品安全方面，农牧、工商、质监、商务、卫生、食药监等部门围绕食品种植养殖、生产、经营、消费等环节，实行食品质量安全市场准入制度，建立健全不合格食品退市制度，严厉打击私屠滥宰等违法行为，规范卫生许可和监督，实施餐饮单位食品卫生监督量化分级管理制度。保护知识产权方面，工商、版权、知识产权、公安等部门开展了为期一年半的保护知识产权专项行动，创建了甘肃省保护知识产权举报投诉服务中心，开通了"12312"服务电话，建立了与相关部门原有渠道相衔接的工作协调机制。采供血方面，卫生等部门严厉查处冒名顶替献血、频采超采跨区采的行为，规范采供血机构、血液制品企业和医疗机构的管理，推进了无偿献血制度。

打击商业欺诈方面，工商、卫生、食药监、商务等部门依法查处了商贸活动中的违法违规行为，工商、公安等部门在连续两年的打击传销专项行动中，相关部门查处涉嫌传销窝点78个，查处涉嫌传销案件33起，一批传销组织核心人物被依法惩处，数千传销人员被遣送，传销活动蔓延的势头基本得到遏制。农资打假方面，农牧、工商、质监、公安等部门积极组织开展了以种子、农药、肥料、兽药、饲料和饲料添加剂、农机具及零配件等为重点的农资打假护农专项治理行动。彻底清缴"毒鼠强"，通过工商、质监、公安、环保等部门印发通告，逐户动员，清缴换购。公安、质监、工商和交警等部门结合甘肃省实际而开展的低速汽车市场整治，共查处违规车辆7.8万辆，为10万辆车办理了牌照，全省低速汽车市场秩序初步得到了规范。

2009年年初，省整规办、省政府新闻办联合召开了新闻通报会，向中央在甘及省市19家新闻媒体省整规办通报了2008年全省整规工作、2009年整规工作和"全省整规工作十大典型案件"，省工商局、省质监局、省卫生厅、省食药监局等部门结合各自职能，分别通报了一年来的整规工作开展情况。3月，整规办组织召开了14个市（州）整规办主任会议，召开了甘肃省保护知识产权工作暨12312案件会商会议。由省商务厅牵头，兰州海关、甘肃出入境检验检疫局配合，组织编写《甘肃省对外贸易中的知识产权问题研究》。4月，会同省委宣传部等17家单位，在东方红广场举行了"2009年甘肃省保护知识产权宣传周活动启动仪式"。省整规办与省政府新闻办在宁卧庄宾馆联合召开了"2009年甘肃省知识产权宣传周活动"新闻发布会，公布了2009年甘肃省侵犯知识产权十大案件。6月，开展为期一周的清查"六四文化衫"的专项整治行动。另一方面组织兰州市整规办、市工商局分东西两个小组，对兰州市的批发市场、商场、夜市等场所进行了拉网式清查，共查处印有"89""6·4""1989"等字样的文化衫1300多件。经多次讨论、筛选，上报酒泉等10个城市和永登县等8个县区作为甘肃省商务综合行政执法的试点单位，商务部先后分两批确定甘肃省平凉市、白银市、酒泉市商务局和天水市、嘉峪关市、庆阳市（含西峰区）为点推进地级市试点单位，同时批准华亭县、永登县、山丹县及武威市凉州区为重点推进县（区）试点单位。项目奖励试点市各100万元，试点县（区）各50万元，共申请到国家补助资金800万元。

2010年6月，在兰州召开了全省整规工作会议。围绕"4·26"世界知识产权日，省整规办与省知识产权局共同组织召开了甘肃省2010年保护知识产权活动宣传周筹备协调会和保护知识产权新闻发布会，举办了宣传周活动启动仪式。3月，省整规办、省检察院、省农牧厅、省工商局、省质监局联合下发了《关于加强农资打假领域行政执法与刑事司法相衔接工作的通知》，在全省范围内开展农资打假领域行政执法与刑事司法相衔接专项工作。7月，第16届中国兰州投资贸易洽谈会召开，省整规办会同省工商局、省版权局、省知识产权局、省公安厅、省高级人民法院、省检察院等相关单位组成甘肃省保护知识产权"兰洽会"服务处进驻展会，依照《展会知识产权保护办法》制定了"兰洽会"知识产权保护方案，开展展会期间知识产权举报、投诉、咨询服务等工作。8月，针对舟曲县特大山洪泥石流地质灾害发生，省整规办下发《关于进一步做好维护灾区市场经济秩序工作的紧急通知》。下发《关于印发甘肃省2010年"诚信兴商宣传月"活动方案的通知》，省整规办牵头开展"诚信兴商宣传月"活动，印制"诚信兴商"宣传海报向14个市州分发。9月，举办甘肃省"诚信兴商"座谈会。省商务厅、省公安厅、省工商局、省质监局、省食品药品监管局联合下发《关于开展国庆元旦春节期间酒类市场专项整治工作的通知》，作为专项整治的第一个重要行动，6部门在兰州市伏龙坪举办530多万元的假冒伪劣酒销毁活动。11月，国务院召开全国知识产权保护与执法工作电视电话会议，动员和部署新形势下知识产权保护工作，决定在全国范围内开展为期半年的打击侵犯知识产权和制售假冒伪劣商品专项行动。甘肃省委副书记、代省长刘伟平主持召开省长办公会议，专题研究贯彻国务院电视电话会议和《国务院办公厅关于印发打击侵犯知识产权和制售假冒伪劣商品专项行动方案的通知》精神，成立了甘肃省打击侵犯知识产权和制售假冒伪劣商品专项行动领导小组，领导小组办公室设在省商务厅，日常工作由省整规办承担。

省整规办代拟《甘肃省打击侵犯知识产权和制售假冒伪劣商品专项行动方案》，11月制定下发《甘肃省商务厅关于印发打击假冒伪劣商品和价格欺诈行为专项行动实施方案的通知》，编发省长办公会议纪要1期，工作简报6期，商务领域专项行动工作简报1期。经商务部审核，2009年推荐的6个地级试点全部考核合格，2010年继续推荐了兰州市、定西市、武威市三市为市场监管公共服务体系项目地级以上城市重点推进单位，甘南藏族自治州合作市、临夏回族自治州和政县、陇南市成县、天水市甘谷县、定西市临洮县、白银市景泰县、张掖市甘州区、酒泉市敦煌市8个县（区、市）为2010年市场监管公共服务体系项目县（市）重点推进单位。

"十一五"期间，甘肃省积极完善市场监管公共服务体系建设，在全省重点领域开展专项整治活动，为建设和谐商务、惠民商务提供有力保障，有效扩大了基层商务部门的影响力，为整顿和规范市场秩序、保障群众消费安全、提升商务整体形象起了重要作用。针对"三鹿毒奶粉"事件，颁布《甘肃省人民政府办公厅关于印发2008年全省整顿和规范市场经济秩序工作要点的通知》，加大对奶制品等食品市场和其他重点领域的整治力度、整治各种商业欺诈行为。针对商业欺诈，确定了省直及中央在甘肃省单位、各市（州）查办反商业欺诈网投资举报联系人，建立了甘肃省反商业欺诈网公众投诉举报查办工作机制，负责处理中国反商业欺诈网涉及甘肃省的投诉举报案件。针对侵犯知识产权和制售假冒伪劣商品，制定《甘肃省打击侵犯知识产权和制售假冒伪劣商品专项行动方案》，组织甘肃省对外贸易中的知识产权问题研究，完成《甘肃省对外贸易中的知识产权问题研究报告》，积极开展甘肃省"商务知识产权宣传周"活动，组织各部门开展丰富多彩的宣传活动。各项整治行动使非法传销的势头得到遏制；打击商业欺诈转型行动成效明显，广告违法率明显下降，广告发布单位自律意识明显增强；打击非法行医专项整治成果显著，一批非法行医人员受到查处，群众就医环境得到改善；税收专项整治得到实效，税收市场秩序逐步好转，依法纳税观念进一步加强；通过集中整治，低速汽车管理得到加强，低速汽车市场逐步走向规范；全省烟草专项整治成效明显，假冒伪劣香烟基本消除，烟草市场秩序进一步规范。

甘肃省市场监管公共服务体系项目建设情况表

表1-5-1

市　州	市州级		县区级		合计
	2009 年	2010 年	2009 年	2010 年	
兰州市	—	1	永登	—	2
天水市	1	—	—	甘谷	2
白银市	1	—	—	景泰	2
武威市	—	1	凉州	—	2
金昌市	—	—	—	—	0
张掖市	—	—	山丹	甘州	2
酒泉市	1	—	—	敦煌	2
嘉峪关	1	—	—	—	1
平凉市	1	—	华亭	—	2
庆阳市	1	—	西峰	—	2
临夏州	—	—	—	和政	1
甘南州	—	—	—	合作	1
定西市	—	1	—	临洮	2
陇南市	—	—	—	成县	1
合　计	6	3	5	8	22

　　2001年—2010年，全省打击侵犯知识产权和制售假冒伪劣商品典型案件主要有：

　　1. 证券交易犯罪类

　　案件1："黑市证券"案。2001年2月，兰州黑市证券交易违法犯罪活动经新闻媒体曝光后，在社会上造成强烈的反响，引起中央和省上领导的高度重视。经侦总队按照公安部、省委、省政府关于查处非法证券期货交易活动的一系列指示精神，在全省范围内部署开展打击非法证券期货交易犯罪。同时会同兰州市公安机关，抽调250余名民警对兰州证券期货交易违法犯罪活动进行了全面查处。兰州证券黑市案发后，几乎所有涉案人员逃跑，2001年4月，经侦总队派出追捕组辗转曲折，在深圳抓获了兰州证券黑市"老大"王成，使整个兰州"证券黑市"案件取得重大突破。2002年4月，经侦总队在获取王成妻兄张战龙为了达到为其妹夫王成办理取保候审的目的，冒充军人，用20万元贿赂股民代表辛建霞、李某某，操纵指使不明真相的受害股民多次围堵、冲击国家机关的确凿证据后，与兰州市公安局城关分局联合行动，将张战龙、辛建霞抓获，并及时通过新闻媒体公布事实真相。

2. 侵犯专利权类

案件2： "雕塑（反弹琵琶）"专利侵权纠纷案。2005年11月，甘肃纪元文化艺术有限公司（以下简称纪元公司）与兰州颜珑工艺制品有限公司（以下简称颜珑公司）就雕塑（反弹琵琶，专利号：ZL02329280.6）产品销售签订《"莫高印象"特许加盟合同》。合同期满后，颜珑公司未经纪元公司同意，私自委托生产商继续生产该专利产品，并进行大量自销和批发。甘肃省知识产权局于2011年4月25日受理了纪元公司提出的侵权处理请求，2011年5月26日进行了口头审理。经审理，省知识产权局认定纪元公司"雕塑（反弹琵琶）"的外观设计专利权合法有效。颜珑公司销售的反弹琵琶雕塑产品，与纪元公司的外观设计专利产品为同类产品，且形状、颜色相同，区别只是在于涉嫌侵权雕塑产品底座左后方标有两个"颜珑"字样（一个椭圆形，一个葫芦形）的标记，不足以影响产品整体视觉效果，因此构成与专利产品外观相同。颜珑公司销售反弹琵琶雕塑产品的行为侵犯了纪元公司的外观设计专利权，责令颜珑公司停止销售侵权产品。

3. 侵犯著作权类

案件3： 陇南、天水部分学校使用盗版教材案。2010年11月下旬，根据全国"扫黄"办转来的举报线索，省"扫黄"办对陇南各县自考学校涉嫌使用盗版教材一案进行了暗访，先后对西和、礼县、武都、成县、文县的私营书店进行了逐一调查，共查出涉嫌盗版教材6800余（册），涉案金额约

14万元。同时联合陇南市"扫黄"办，对非法出版物集中的科教书店和教育书店进行了行政执法检查，要求当地文化出版局对两家书店进行整顿。根据两家店提供的底单，对违规出版物的发货商进行了查处。2010年11月29日，省"扫黄"办联合天水市文化出版局，对天水启升中学大量使用非法教材案进行调查。经查，天水启升中学1550名学生使用的教科书系从非法渠道购进。由于该案涉案金额高达14万元，省"扫黄"办建议天水市文化出版局移交公安部门查处。

4.侵犯商标权类

案件4：假冒知名户外鞋商品案。2010年11月底，兰州市工商局城关分局根据举报线索，对辖区销售涉嫌假冒知名品牌户外鞋的摊点进行跟踪摸排。12月14日，兰州市工商局城关分局在公安部门的协助下，将白某等9名涉案人员以及涉案物品、涉案车辆一举查获，共查获涉嫌假冒知名商标的户外鞋696双，其中JEEP牌户外鞋235双、GOLUNMBIA牌户外鞋194双、骆驼牌登山鞋220双、CAT牌登山鞋38双、MERRELL牌登山鞋9双，以及用于运输涉嫌假冒侵权商品的小型货车5辆，涉案金额达70余万元。由于该案涉案金额巨大、案情重大，兰州市工商局城关分局依法将案件移交当地公安机关处理。

案件5：兰州某物资有限公司侵犯注册商标专用权案。2010年12月14日，兰州某物资有限公司以每桶2550元的价格，购进标注"昆仑"字样及宝石花图形商标的润滑油60桶，标注为"中国石油天然气股份有限公司润滑油分公司"出品。经商标持有人中国石油天然气集团公司辨识，该油品为侵犯其注册商标专用权的商品。2011年3月21日，兰州市工商局公平交易分局责令该物资公司立即停止侵权行为，并依法作出了处以罚款10万元，没收商标侵权润滑油60桶（每桶170kg，计10200kg）的行政处罚。

案件6：假冒白酒注册商标案。犯罪嫌疑人李某自2009年以后一直从事制售假冒注册商标活动，并生产假冒世纪金徽系列、金成州系列白酒，向市场销售。2010年10月1日徽县公安局接到群众电话举报，在文县临江乡月亮坝村李某租用的3间房屋内查获假世纪金徽酒防伪标识738枚，假世纪金徽五星白酒1160瓶(290件)，假冒世纪金徽、锦绣陇南、金成州白酒手提袋980个，假冒世纪金徽、成州老窖、锦绣陇南、金成州白酒外箱2862个，涉案总价值18万元。2011年6月15日，徽县人民法院以假冒注册商标罪判处李某有期徒刑3年，并处罚金1万元。

5.假冒种子、农资类

案件7： 王某、张某等人销售伪劣种子案。2009年9月，酒泉市肃州区王某在未取得种子经营许可证的情况下，非法收购一批向日葵种子，未经任何加工处理，明知该批种子质量不合格，仍将其中的510千克以每千克60元—70元的价格销售给张某。张某在未取得种子经营许可证并明知该批种子质量不合格，又以每千克110元的价格将该批种子销售给景泰县的陈某、崔某等人，交易金额达56000元。陈某、崔某等人在景泰县大田种植30公顷后，发现种子有质量问题。经专家组现场鉴定，该批种子为伪劣种子。经景泰县价格中心鉴定，该批种子造成生产损失628087元。2010年11月4日，景泰县公安局以涉嫌非法经营罪和销售伪劣种子罪提请批准逮捕犯罪嫌疑人王某、张某。2011年5月19日，景泰县人民法院以销售伪劣种子罪判处王某有期徒刑5年、并处罚金3万元，判处张某有期徒刑7年，并处罚金3万元。

案件8： 郭某违法生产劣质玉米种子案。2010年11月2日，武威市农业执法支队根据群众举报，对郭某涉嫌无证生产玉米杂交种子一事依法进行了调查。经查，郭某在未办理种子生产许可证的情况下，于2010在凉州区永丰镇大路村2组组织生产玉米杂交种3公顷，收获种子2.3万千克，货值4.6万元。经武威市农牧局于2010年11月11日立案审理，2010年12月14日做出处罚决定，没收郭某违法生产的劣质杂交玉米种子，经变更用途变卖所得款项3170元全额上交市财政，对郭某违法生产玉米杂交种行为给予罚款30000元的处罚。

6.制售假冒伪劣商品类

案件9： 张某非法经营案。2010年12月，兰州市安宁区公安分局侦查人员发现有人经常通过物流公司向该市大量贩运假冒伪劣香烟，经查，居住兰州市城关区刘家滩村的张某有重大嫌疑。12月25日，安宁分局将本案定为"12·25"专案立案侦查。12月27日，专案组获悉该团伙有一批假烟运至兰州市，遂立即行动，抓获犯罪嫌疑人张某等3人，从张某租住房内缴获假冒伪劣中华、苏烟、珍品兰州、芙蓉王、黄鹤楼等品牌香烟3278条，货值1376200元。经审讯查明，犯罪嫌疑人张某受雇于王某，由王某从福建、广东购得假冒伪劣香烟贩运到兰州，张某等3人贩卖给兰州、天水、平凉，青海、内蒙古等地的下线人员进行销售。2011年1月12日，专案组派员赴福建福州、广东广州、深圳等地调查该案假烟来源及主要犯罪嫌疑人王某，查询犯罪嫌疑人作案时使用的银行账号及资金往来。2011年1月31日，犯罪嫌疑人张某等3人被检察机关批准逮捕。由于该案的主要犯罪嫌疑人王某在逃，假烟的来源渠道不清，众多销售假烟的下线需进一步查证，并且犯罪嫌疑人作案使用的银行账号资金往来频繁、数额巨大，涉及地区广、人员多，该案于2011年2月18日被公安部列为"亮剑"行动第二批督办案件。

案件10：利用网络销售假冒伪劣药品案。2010年12月22日，兰州军区空军后勤部政治部报案称，有人在互联网上以"兰州市空军后勤医院"名义冒充部队医院进行网络医疗和销售药品。经兰州市公安局网络安全支队侦查发现，王某等人以域名www.Kjfsw.com注册的兰州市空军后勤医院网站系冒名注册，兰州军区无此单位，兰州市卫生局也从未注册过这个医疗机构，网站上所留地址为虚假地址，其贩卖的"祛风除湿壮骨丸"为假冒伪劣药品。目前，该案已抓获犯罪嫌疑人3名，案值40余万元。此案被公安部列为"亮剑"行动第3批督办案件。

案件11：嘉峪关市查处假烟案。张某、李某2人在2007年—2011年5月期间，长期隐匿于嘉峪关市转播台后家属院、绿化街区、宏达水泥厂家属院等地，从事伪劣香烟的贩卖销售活动。2011年5月7日，嘉峪关市公安局经侦支队经过前期大量线索摸排、缜密侦查，在相关部门的配合下展开收网行动，一举捣毁了长期隐匿在该市绿化街区的一处销售假冒伪劣烟草窝点，当场抓获犯罪嫌疑人张某、李某2人，现场查获"中华""苏烟""印象云烟""飞天兰州""珍品云烟"等伪劣高档香烟892条，涉案价值达40余万元。犯罪嫌疑人张某、李某于2011年被刑事拘留，案件移交司法机关处理。

案件12：王某等3人涉嫌销售假烟案。犯罪嫌疑人王某从2008年年底开始，利用自己经营货运部的便利条件，与广州市某货运部一起进行假冒伪劣卷烟的运输、转运业务。广州市某货运部将假冒伪劣香烟空运至兰州王的货运部，再由兰州的要货人提取或由王某代为送货，使用公路运输形式二次转运至内蒙古、宁夏等地进行销售牟利。2010年12月30日，兰州市公安机关经过立案侦查，将涉案人王某、彭某等3人抓获，在王某处查获"中华""玉溪"等品牌假冒伪劣香烟3247条，货值717630元，在彭某处查获"中华""熊猫"等品牌假冒伪劣香烟1842条，货值611060元。2011年1月26日，兰州市公安局城关分局以涉嫌销售假冒劣产品罪将犯罪嫌疑人王某、彭某等3人提请逮捕，同月30日，兰州市城关区人民检察院批准逮捕。

第二章　市场运行

　　1986年—2010年，国营商业部门继续贯彻落实改革开放的总方针和有关商业工作的具体政策，积极进行流通体制和购销方式改革，大力开拓经营业务，主动参与市场竞争，商业面貌发生了根本性变化，商业工作在国民经济中的地位得到提高，城乡互通、纵横交错的新的流通网络基本形成，城乡市场焕发勃勃生机。在国家扩大内需、开拓市场政策的指引下，甘肃省城乡市场不断繁荣活跃，市场结构不断优化，市场体系不断完善，新型业态不断壮大，消费热点不断涌现，在丰富充实居民消费的同时，社会消费品零售总额快速扩大。

第一节 居民消费

随着国家改革开放、搞活流通政策的深入实施，商业系统努力改变企业吃国家"大锅饭"的局面，减少流通环节、降低流通成本，丰富商品供应，实现货畅其流、市场繁荣，使企业在竞争中得到发展，中高端消费品市场供应紧张的问题也得到了缓解。

一、市场需求和供给变化

1950年—1978年，商贸流通实行计划管理，国有商业一统天下，只能满足城乡居民的基本需求，中高端消费品市场供应紧张的问题一直延续了多年。商业部管理的几百种计划调拨商品中，半数以上为供不应求，部分商品紧张平衡，只有少数几种商品供求平衡或供过于求。1978年，全省从计划经济向计划和市场经济体制转化，实行放开搞活的经营政策，初步形成了"三多一少"的流通格局，即：多种经济成分、多条流通渠道、多种经营方式和流通环节减少的流通体制新格局。1984年，按照国务院"坚持按经济合同的原则组织商品流通，打破各种不合理限制，减掉一切不必要环节"的改革要求，甘肃省将设在全省各地州市的省属18个工业品二级批发企业，除咸阳百货、五金、糖酒副食3站和兰州纺织品站外，其余14个市州二级站均下放到所在地市，打破了国营商业批发企业延续了多年的以行政手段层层分配、调拨商品的旧的运行机制，形成了"多种成分并存、多条渠道流通、营销环节减少、灵活开放经营"的新的运行体系，商品流通批发体制发生了根本性变化。国家对购销政策进行了多次调整改革，到1985年，国家管理的农副产品和日用工业品全部取消了统购、派购、统购包销，计划管理的商品由188种减为23种，省商业厅计划管理的商品由183种减少到12种。省列内贸收购、调拨的产品由55种减为18种，其收购、调拨、供应出口实行指令性计划，由省计委统一管理，对粮、棉、油、甜菜等主要农副产品由派购改为按合同订购，生猪实行有指导的议购议销，其他农副产品一律放开，由市场调节。农副产品取消了统一收购和派购政策，把连续三十年的粮、棉、油统购统销改为合同订购。

1985年，甘肃省城乡市场空前兴旺，全年社会商品零售总额达51.81亿元，比1984年增加11.53亿元，增长28.6%，增加数额之多，增长幅度之大，创"一五"时期以后二十多年的最高纪录。同1978年相比，全省社会商品零售总额翻了一倍半（比1984年翻了一番）。在全省粮食产量达历史最高水平的基础上，农民出售农副产品的数量相应增加，农副产品收购与消费品供应同步增长，市场农副产品货源充裕。

1986年，甘肃省城乡市场保持着活跃发展。城市居民对中、高档商品的需求量激增。在吃的商品方面，熟粮消费上升，生粮消费下降；副食比重上升，粮食比重下降。食品消费向细制、多样、营养、方便、成品化方面发展，油、肉、禽、蛋、水产品、果、桔等营养价值较高的食品需求量增加，木耳、黄花菜、奶粉、麦乳精、糕点、啤酒、罐头等高档食品十分畅销，各种方便食品如挂面、方便面、主食面包等销量大增。在穿的商品方面，人们更加讲究美观、舒适和多样化，服装面料趋向高档，城乡居民在穿着上的差别逐步缩小。在用的商品方面，时髦、优质、高档和名牌的耐用消费品仍然紧缺。"老四件"(自行车、缝纫机、手表、收音机)盛销不衰，"新六件"(洗衣机、电视机、电冰箱、收录机、电风扇、照相机)方兴未艾，彩色电视机、双缸洗衣机和双门电冰箱经常脱销。在住的方面，人均居住面积(不包括厨房、厕所、走廊)达6.21平方米，比1983年增加0.24平方米，增长3.86%。74%的职工家庭人均居住面积在4平方米以上，有42%的家庭拥有独用自来水，有23%的家庭拥有暖气设备和独用厕所，有73%的家庭拥有独用厨房，有20%以上的家庭住的是近几年新建的楼房。

农村居民生活在消费增长的同时，消费结构也开始了变化。广大农民对吃的已由"饱"字向"好"字发展，细粮增加，粗粮减少，其明显特点是粮食消费比重下降。穿的方面，化纤布和毛、呢、绸缎服装消费量增加，棉布消费量减少。住的方面。到1986年，全省有近200万农户建了新房，占全省总农户的40%左右。家用电器陆续进入农民家庭。"七五"时期，城镇居民家庭用品开始向电气化迈进。1980年．居民家庭电气用品很少，只有为数不多的家庭有12寸黑白电视机。到1986年，城镇居民家庭用品大到电视机、电动洗衣机，小到电热杯、剃须刀，已经大面积地普及。居民家庭的电气化用品正在向更高端的阶段发展。如彩色电视机、立体声收录机、双缸洗衣机正在取代黑白电视机、普通收录机和单缸洗衣机。电冰箱、电风扇也开始进入许多居民家庭。农民购买力提高，商品性生活消费支出增加，比重上升，开始由"自给型"向"商品型"转化。

1987年，随着城乡居民货币的增加，社会商品购买力大幅度增长，城乡市场需求旺盛。全年全省社会商品零售总额达80亿元，比上年同期增长16.60%，其中，城镇增长17.4%，农村增长15.33%。1987年，省内大部分地区持续干旱，加上虫灾和冰雹等灾害的侵袭，农副产品收购受到影响，粮食收购仅比上年同期增长1.82%，食用植物油收购下降17.74%，生猪由于粮价上涨，饲料紧缺，养猪收益相对下降，出现"养猪不如卖粮"的新情况，再加上奖售政策不落实，挫伤了农民养猪的积极性，致使生猪生产下降，猪源减少，少收生猪31.91万头，下降26.45%，在主要农副产品收购量大部分减少的情况下，农村工副业及其他产业加快发展，大搞劳务输出，农民仍然增收，购买力上升，商品销售势头旺盛。

在各类商品销售中，吃的商品仍居首位，达27.51亿元，比上年同期增长18.76%，其中，粮食销售量增长4.59%，食用植物油增长4.56%；猪肉增长7.59%；水产品增长19.91%；食糖增长26.12%；酒增长5.41%；卷烟较上年同期略有下降。穿着商品销售稳步增长。穿着消费向高档发展，特别是男女青年讲究新颖、美观的要求越来越高，挑选性增强，衣着需求进一步向个性化、多样化的方向发展，式样新颖时装，特别是轻、薄、软、挺的中高档时装十分畅销，具有时代感的短裙、连衣裙、健美衫裤、夹克衫等深受广大青年的青睐。童装销势看好，风雨衣大量流行，冬季穿羊毛衫、羽绒服和防寒服的也越来越多，对价格低廉的面料布如棉布、棉花化纤混纺布、化纤布等的需求明显下降，销售不够景气，比上年同期分别下降29.30%、14.62%、5.65%。呢绒因价格昂贵，销量下降13.73%。用的商品销售继续增长，一般销售品的需求得到满足后，用的购买力逐步转向新兴高档耐用销售品、文化娱乐用品、室内装饰用品等，需求量直线上升。由于名优产品供求矛盾突出，在市场供应十分紧缺的情况下，家用电器一直热销不衰，1987年，自行车销售46.40万辆，增长14.97%；电视机销售15.04万台，增长16.52%；录音机销售16.13万台，增长24.76%；电风扇销售4.56万台，增长76.29%；洗衣机销售11.34万台，增长41.47%；电冰箱销售1.46万台，增长1.16倍。彩色电视机因受货源和价格的影响，销售比上年减少7877台，下降13.76%。农业生产资料市场主要商品社会需求量大幅度增长，销量增加，零售额达7.87亿元，比上年增长17.56%，主要品种销量均有不同程度的增加；化肥销售12.5万千克，增长1.46%；农用塑料薄膜销售230万千克，增长89.62%；农用动力机械销售1.11万台，增长30%；小四轮拖拉机销售1.08万台，增长75.75%；手扶拖拉机销售1.15万台，下降1.54%。

各种经济形式的商业全面发展。商业流通体制改革的不断深入，增强了国合商业的活力，实行承包责任制有新的突破，调动了广大商业职工的积极性，改善服务质量，扩大经营，从而加强了国合商业在商品流通中的主导作用，促进市场稳定和工农业生产稳步发展。个体商业在竞争机制中显示出强大的生命力，发展速度快于全民、集体。在商业零售额中，全民所有制商业增长14.40%，集体商业增长10.73%，个体商业增长42.54%，在社会商品零售总额中，全民、集体、个体所占的比重分别为44.6%、31.6%、15.1%。个体商业在零售总额中的比重比上年同期增加了2.7个百分点。

1988年，全省城乡市场活中有乱、货源紧张、价格暴涨，强劲的市场需求拉力和抢购风潮促进了商品销售。三季度以后，随着贯彻执行中央"整治"方针，宏观调控初见成效，市场渐趋稳定。全年社会商品零售总额102.47亿元，比上年增长28%。其中消费品零售额92.77亿元，增长28.65%；农业生产资料零售额9.70亿元，增长23.31%。增长速度是中华人民共和国成立以后所少有的。分季看，一季度增长22.95%，二季度增长23.66%，三季度增长37.02%，四季度增长28.79%。14个地、市、州，增幅在20%以上的就有9个，其中嘉峪关、定西、白银、庆阳、兰州等地的增幅达30%—35%。吃、穿、用、烧的增长幅度是：吃的商品零售额34.30亿元，增长24.69%；穿的商品零售额21.369亿元，增长27.93%；用的商品零售额23.84亿元，增长34.64%；烧的商品零售额4.24亿元，增长21.53%。扣除物价上涨因素后，仍比上年分别增长2.62%、11.34%、12.56%和12.31%。其中粮食、食用植物油、猪肉、水产品、盐、卷烟、酒、棉布、棉花化纤混纺布、洗棉混纺布、呢绒、绸缎、针织内衣裤、肥皂、洗衣粉、洗衣机、电冰箱、煤炭等25种主要生活消费品均有较大幅度的增长。尽管彩色电视机、电冰箱、电风扇等家电商品倒买倒卖现象普遍，价格大幅度上涨，但购物保值的心理仍然驱使购买。甚至有些家庭生活条件尚未达到这个水平，也要借钱购买，全年彩色电视机销售量竟高达7.96万台，比上年增长53.15%；电冰箱4.24万台，增长1.19倍；电风扇7.62万台，增长40.03%。1月—12月，对社会集团的消费品零售额达10.78亿元，比上年增长17.96%，扣除物价上涨因素后同上年基本持平。

主要原因有：需求强劲。由于多数企业实行承包经营，经济效益提高，奖金增加，职工人数增多，各种津贴增加以及农牧业生产形势好等因素，城乡居民货币收入总额仍有较大幅度的增长。据调查统计，1988年全民、城镇集体及各种合营单位职工工资总额达40.29亿元，比上年增长19.32%，其他职业者收入2.28亿元，增长8.14%；城镇个体劳动者净资货币收入3.36亿元，增长39.69%。猪、牛、羊、禽、蛋、菜等农副产品收购价格的上调，使农民出售农副产品的收入达到33.18亿元，比上年增长36.48%。农村商品经济的快速发展，农民从事建筑、运输、经营商业、饮食业所得到的劳务净收入达到12.88亿元，比上年增长13.55%。从集体统一经营和经济联合体得到的收入5.77亿元，增长17.18%。城乡居民从国家财政得到的收入及从银行和信用社农贷净资增加额3.94亿元，增长15.50%。居民其他货币收入22.07亿元，增长63.51%，以上各项合计，1988年全省城乡居民社会集团货币收入总额达135.30亿元，比上年增长27.64%，扣除非商品性支出总额后，1988年当年形成的购买力总额即为116.55亿元，比上年增长24.63%。

货源紧张。1988年，全省工农业生产继续稳定增长。全年工业总产值达160.20亿元，比上年增长14.00%。其中轻工业总产值在强大市场需求拉动下，完成49.40亿元，增长21.40%，大大高于重工业增长10.90%的速度，适销对路的轻纺、电子产品均有较大幅度的增长，洗衣机、照相机、电视机增长高达50%左右；棉布、毛线、卷烟、啤酒、白酒、机制纸及纸板等都增长17%以上。1988年夏粮播种面积虽然比上年减少，但仍获丰收，总产量达593万吨，比上年增产64万吨，增长12.00%，创历史最高水平。甜菜、烤烟蔬菜、水果产量均有大幅度的增长，猪肉产量增加，牛奶、禽蛋增产。工农业生产形势好，为商业部门收购和市场销售提供了一定的货源。1988年，社会商业工业品购进总额达51.03亿元，比上年增长26.30%；工业部门产品零售额达7.09亿元，增长7.65%；社会农副产品收购总额达33.94亿元，增长35.77%。加上从省外商业部门、净调入、零售商品货源总额均有较大幅度的增长。但同需求相比较，货源仍然偏紧，结构性矛盾仍很突出。省商业厅对上半年290种主要工业品市场供求排队情况显示，供求平衡的商品仅为154种，占53.3%；供不应求的商品为80种，占27.4%；供过于求的商品26种，占19.3%。1988年，在列入国家重点检查的30种主要商品的社会商业国内纯购进数量中，比上年同期增长的仅有18种，占60.00%；下降的12种，占40.00%。特别是与群众日常生活密切相关的油、肉、糖、棉布等主要商品购进量均大幅度下降。其中国营商业部门采购商品十分困难，形成了省内收不上，省外进不来，市场供应不足的局面。主要商品食用植物油购进8000万千克，下降21.89%；生猪91.21万头，下降11.08%；棉布省内生产完成7416万米，国合商业收购3636万米，占生产量49.0%；洗衣粉生产2400万千克，商业收购896万千克，占37.25%；火柴生产66.9万件，商业收购23.93万件，占35.77%；毛线、毛毯、呢绒等商业收购仅占生产量的19%、8.76%和26.84%。由于主要农副产品和工业品省内收购不理想，省外采购难度大，国合商业缺乏平抑市场的物质基础，主导作用很难体现。经调查计算，1988年全省当年按零售价格计算的零售商品货源总额达112.47亿元，比上年增长35.15%，同当年形成的社会商品购买力相比较，其逆差为4.08亿元，占社会商品购买力总额的96.50%。若扣除物价上涨因素零售商品货源总额实为90.04亿元，比上年仅增长8.20%，同当年形成的社会商品购买力相比较，其逆差为8.23亿元，占社会商品购买力总额的91.63%，供需矛盾仍很尖锐。

价格暴涨。由于市场供需矛盾日益尖锐，导致了全省零售市场物价全面上涨，1988年，物价总水平的上涨幅度与往年相比明显增大，年初就高达两位数，上升幅度最大的11月份高达26.4%，除5、12月外，其他月份一月高于一月，是逐月升高之势，同时市场价格变化形势已不像几年有升、有降、有稳的结构性波动那样，而是各类商品全面上涨，上涨面积100%，其中上升幅度达二位数的有40类，占81.60%。1月—12月份全社会零售物价总水平比上年平均上涨18.6%，略高于全国平均上涨18.5%的水平。其中城市平均上涨了20.8%，农村平均上涨了15.1%，在各类生活消费品中，食品类上涨了21.5%，衣着类上涨了14.9%，日用品类上涨了13.3%，文化娱乐用品类上涨了27.2%，书报杂志类上涨了9.3%，药及医疗用品类上涨了24.6%，燃料类上涨了8.2%。在食品类中，鲜菜上涨了31.8%，其中兰州市6、8两月份蔬菜旺季竟比去年同月上涨50.7%和54.7%，居全国32个大中城市之首。干菜上涨27.2%，肉禽蛋上涨35.2%，水产品上涨31.3%，鲜果上涨22.5%，干果上涨22.2%。化肥、地膜、农药等农药生产资料供需矛盾突出，价格混乱。尿素上半年每吨平价520元，国营商业议价630元，市场价1040元，比上年同期上涨了25.6%；地膜市场价每吨高达10500元，比上年同期上涨了31.8%，并难于买到，影响了农业生产。全年农业生产资料价格总水平比去年上涨14.3%。

抢购成风。由于市场物价全面暴涨，引起了广大消费者心理上的不断紧张，1月—9月曾先后三次出现抢购商品风潮，造成部分食品、日用品和耐用消费品的脱销断档和市场的紧张。3月下旬兰州等城市首先抢出现了购粮、油、火柴、肥皂、洗衣粉、针棉织品等商品现象，随后席卷全省。7月份又在全省范围内出现了抢购家电、家具、日用工业品的风潮。各地市场的电风扇、电冰箱、彩电等均被抢购一空。9月上旬兰州、天水、定西等地又出现了抢购食盐风，使本来供应正常的食盐在短期内出现了供不应求的现象，9月1日—9月15日，仅在兰州的食盐销售量竟高出正常销量的8.2倍，据调查，这几次抢购风潮范围之大已波及14个地、市、州，抢购商品之多从粮食、食用植物油已发展到火柴、肥皂、洗衣粉、卫生纸、针棉织品、家具、家用电器等，几乎可以说见啥抢啥，出现了未曾有过的不挑产地、不问牌号、不问价格，有货急购的现象，甚至一些有问题的商品也要。兰州市民主西路百货大楼7月中旬一个星期天的销售额竟高达20多万元，去晚的顾客说，没什么可买的了，需要的都被卖光了。嘉峪关市商业局反映，该市百货站8月份购进了2个车皮的搪瓷制品，6天全部卖完，该市五金公司8月下旬销出各种自行车500多辆，收录机200多台，平时无人问津的小天鹅洗衣机也销了30台，杭州产155立升日菱牌电冰箱24日到货，25日一天全部销完。天水市某商店一天就售出折叠椅248对。武威市有的居民一次购买上千斤粮食。受抢购风的影响，一些原来市场供应偏紧的商品更加紧张，部分以前滞销、缓销的商品彻底打开了销路，淡忘季节的规律也发生了新的变化。收音机、录音机、毛毯、毛线、呢绒等商品在夏季非常抢手，而入秋以后，电风扇、汗衫背心等仍是抢购的对象。3季度以后，随着贯彻执行种养"治理整顿"方针，市场渐趋稳定。

库存下降。由于受抢购风的冲击，商业部门人民生活必需品库存十分薄弱。年末全省社会商业库存总额54.09亿元，比上年末增长29.41%，剔除涨价增值、滞销等因素，实际下降。在列入国家重点检查的30种主要商品中，下降的就有食用植物油、鲜蛋、卷烟、棉布、化纤布、绸缎、针织内衣裤、肥皂、洗衣粉、自行车、半导体收音机、电视机、洗衣机、煤炭等14种，占46.67%。其中商业厅系统下降的有21种，占列入计划检查的43种主要商品的48.8%；供销社系统下降的有27种，占38种日用工业品的71.05%。其中两系统降幅度较大的主要有棉布、化纤布、汗衫背心、棉毛衫裤、卫生衫裤、各种服装、火柴、肥皂、洗衣粉、自行车、电视机、半导体收音机、录音机、洗衣机、柴油、食糖、纯碱等。

1989年，全省认真贯彻治理整顿，深化改革的方针，流通领域秩序混乱的状态明显改善，消费基金投放有所控制，消费过热的现象得到遏制，整个市场由"热"变"冷"，由波动转为平稳，多数商品由平销转为滞销，但供需矛盾尖锐的现象还一时难以缓和，供需逆差和结余购买力进一步扩大。全年社会商品零售总额实现112.29亿元，比上年102.47亿元，净增加9.82亿元，增长9.58%，扣除物价上涨因素，实际下降5.86%。其主要特征是，消费品零售总额增幅逐月下滑。从各月情况看，除3、4月份受市场波动影响增长幅度较高外，大多数月份的增幅均低于上年同月，从5月份开始，增长速度逐月放慢，10月份降至最低点，9月—12月连续四个月都出现负增长，这是以往被称作销售旺季所不曾有过的现象。主要生活消费品销量全面下降。自入夏以后，无论是高档消费品还是一般日用品都出现了销售不畅现象。尽管各种让利销售、有奖销售、买一送一的广告、招贴充斥报端、店门及摊头，但仍很难唤起消费者的购买欲望。1月—12月份，在列入统计的28个大类商品中，比上年同期下降的竟有22种，下降面达78.57%。其中，下降幅度在10%—19%的有7种，占25%；幅度在20%—29%的有3种，占10.71%；幅度在30%以上的有10种，占35.71%。一些与人民生活密切相关的粮、油、肉、蛋、棉布、棉花化纤混纺布、针织内衣裤、肥皂、洗衣粉等的销售量也都有较大幅度的下降。

1989年甘肃省消费品零售总额增幅逐月统计表

表2-1-1

月　份	1	2	3	4	5	6
1988年比1987年±%	23.85	28.36	19.79	19.92	19.30	26.52
1989年比1988年±%	20.94	19.06	24.95	25.94	20.31	14.51
月　份	7	8	9	10	11	12
1988年比1987±%	33.73	29.01	52.22	47.91	26.81	18.58
1989年比1988±%	13.01	7.75	-2.38	-13.29	-11.42	-1.04

　　一系列紧缩措施在控制需求方面开始见效。1989年，全省货币净投放4.56亿元，比上年同期少投放9.15亿元。全民单位固定资产投资额完成36.23亿元，比上年压缩了21.97%。社会集团购买的消费品12.57亿元，扣除物价上涨因素，与上年基本持平。这对抑制消费需求膨胀起了积极作用，减轻了对消费市场的压力。人们的消费倾向减弱，储蓄倾向增强。特别是保值储蓄的开设对群众的吸引力很大，分流了部分消费基金，1989年年末，全省城乡储蓄存款余额达74.19亿元，比上年末净增加17.56亿元，比上年多增加8.287亿元，增长89.26%，一年内增加这么多，为历史所罕见，其中保值储蓄大约占新增余额的80%，推迟购买力的实现。物价涨势趋缓，月环比指数逐月回落。1989年零售物价涨幅虽然偏高，但其中新增因素明显减少，而且涨幅逐月回落，全年零售物价总指数为116.4%，较上年回落2.2个百分点。从分月情况看，一季度受上年翘尾因素影响，起步高、幅度大、涨价面宽，仍呈逐月上升趋势，但进入二季度以后，涨幅回落，呈现出逐月下降的好势头。由于物价涨势趋缓，城乡居民消费心理日趋稳定，人们从几次抢购中吸取了教训，从盲目抢购商品变为有理智的选购商品，并等待观望、期待价格的继续回落。

1989年甘肃省物价涨幅回落情况统计表

表2-1-2

以上年同月价格为100	1月	2月	3月	4月	5月	6月
1988年	110.1	110.0	113.2	114.1	113.4	117.5
1989年	123.3	123.9	125.3	124.0	122.1	120.0
以上年同月价格为100	7月	8月	9月	10月	11月	12月
1988年	118.4	121.6	124.0	125.5	126.4	125.9
1989年	117.4	116.2	110.9	109.6	107.9	106.7

市场销售平滞是上年抢购风对市场造成的滞后效应。上年一年掀起三次大的抢购商品风潮，居民超前超重的购买，使高档耐用消费品额拥有量和一般穿用商品的储存量明显增加，延缓了上年乃至今后几年的购买力。抢购造成销售基数偏大，必然影响上年商品销售增幅的提高。因此，在一定程度上造成商品销售比上年同期下降。

1989年甘肃省商品销售增幅同比情况统计表

表2-1-3

	单位	1989年	1988年	1987年	1989年比1988年增长率（%）	1988年比1987年增长率（%）
棉　布	百米	511 771	793 137	660 963	−35.48	20.00
棉花化纤混纺布	百米	255 519	273 783	231 999	−17.63	18.01
其中:涤棉混纺布	百米	155 187	185 350	150 944	−16.27	22.79
呢　绒	百米	23 464	51 592	36 432	−54.52	41.61
肥　皂	百箱	7 094	11 374	5 558	−37.63	104
洗衣粉	吨	13 390	19 727	12 185	−32.12	61.90
电视机	架	163 690	224 172	156 336	−26.98	43.39
其中:彩色电视机	台	67 110	79 639	52 001	−15.74	53.15
录音机	台	162 308	236 840	187 490	−31.47	26.32
电风扇	台	71 944	76 213	54 427	−5.60	40.03
洗衣机	台	78 845	126 146	113 348	−37.50	11.29
电冰箱	台	22 840	42 446	19 387	−46.19	119

部分商品价格上涨过高，抑制了居民消费，1988年几次大涨价，使某些商品价格越抬越高，超出了当前居民的承受能力，抑制了消费，如家电、服装、呢绒、毛线、毛毯、搪铝塑料制品、不锈钢制品、家具、书报杂志及部分食品等。名烟名酒价格放开和去年彩电专营出台后，使这些商品价格上涨过多，居民消费也受到了影响。

1985年—1990年甘肃省社会消费品零售数量和金额表

表2-1-4

指　标	单位	1985年		1986年		1987年	
		数量	金额（万元）	数量	金额（万元）	数量	金额（万元）
社会消费品零售额	万元	—	518 104	—	619019	—	721103
一、食品类	万元	—	188 976	—	231671	—	275130
粮食	万吨	123.32	50808	137.02	60837	155.59	81217
食用植物油	万吨	4.25	10020	3.92	10188	3.80	10654
猪和猪肉	万头	124.80	17885	135.80	21249	150.81	27157
牛和牛肉	万头	8.91	2771	9.94	3581	14.74	5900
羊和羊肉	万头	47.66	1891	48.51	2914	62.64	4817
鲜蛋	万吨	1.11	2828	1.15	3479	1.44	4942
食盐	万吨	11.95	3682	14.21	4560	11.99	4331
食糖	万吨	3.35	5559	3.47	5721	5.32	9485
卷烟	万箱	25.52	23814	27.81	30728	38.97	47895
酒	万吨	4.33	18034	4.93	24589	5.05	31087
茶叶	吨	7930	6043	—	—	—	—
二、衣着类	万元	—	127396	—	145574	—	167179
棉布	万米	9284.48	16062	10874.82	19140	7945.97	14780
棉花化纤混纺布	万米	4286.25	14659	3884.98	14608	3409.89	11594
化纤布	万米	2140.37	15047	1965.72	13229	1596.17	11141
呢绒	万米	497.13	12533	551.61	17100	619.46	22524

续表

指 标	单 位	1985 年		1986 年		1987 年	
		数量	金额（万元）	数量	金额（万元）	数量	金额（万元）
绸缎	万米	1060.58	4189	1046.97	4355	1039.89	6073
汗衫背心	万件	844.21	1773	847.92	1823	837.67	2932
棉毛衫裤	万件	675.67	3345	—	—	694.88	4517
卫生衫裤	万件	185.47	1283	168.27	1126	170.71	1366
各种服装	万件	933.14	15192	—	—	—	—
毛线	吨	122.85	3569	1600.7	5201	1132.2	4377
皮鞋	万双	194.97	3771	215.34	4610	265.78	6323
胶鞋	万双	670.95	3388	667.79	3503	711.77	4441
三、日用品类	万元	—	121802	—	134516	—	156692
火柴	万件	47.49	1365	41.49	1229	48.53	1577
肥皂	万箱	28.06	808.00	43.72	1290	38.92	1287
洗衣粉	吨	13165.00	2317	16198	2956	13292	2726
保温瓶	万个	201.70	1448	208.12	1642	217.58	2143
缝纫机	万架	12.88	2137	15.80	2828	15.99	3120
手表	万只	67.13	4780	49.48	3545	47.53	2739
自行车	万辆	39.30	6877	40.65	8090	47.05	10492
电风扇	台	14 849	233.00	—	—	—	—
洗衣机	万台	22.69	6150	19.17	5367	13.43	4648
电冰箱	台	7588	941.00	6748	870	14964	2466
四、房屋及建筑材料类	万元	—	11929				
五、文化娱乐用品类	万元	—	19278	—	30716	—	34357
收音机	万架	22.6	994	17.37	767	17.28	709
电视机	万架	22.91	17867	20.20	17962	16.33	14404
其中:彩电	万架	—	—	—	—	—	—

指　标	单位	1985 年		1986 年		1987 年	
		数量	金额（万元）	数量	金额（万元）	数量	金额（万元）
录音机	万架	12.87	5523	15.76	7297	19.74	9852
六、书报杂志类	万元	—	8988	—	9772	—	10785
七、药和医疗用品类	万元	—	20804	—	24406	—	26841
八、燃料类	万元	—	18931	—	27619	—	34925
煤油	万吨	1.95	1240	1.92	1420	1.68	1415
煤炭	万吨	293.3	14958	342.19	18820	394.27	24444
指　标	单位	1988 年		1989 年		1990 年	
		数量	金额（万元）	数量	金额（万元）	数量	金额（万元）
社会消费品零售额	万元	—	927708	—	1006533	—	916640
一、食品类	万元	—	343049	—	381109	—	361451
粮食	万吨	173.88	103286	14473	86261	147.83	86925
食用植物油	万吨	4.19	13350	3.65	12559	4.14	16314
猪和猪肉	万头	145.49	38124	160.44	44557	154.39	39579
牛和牛肉	万头	19.43	8861	19.70	9590	17.15	9181
羊和羊肉	万头	65.69	8145	62.98	6636	77.54	7233
鲜蛋	万吨	1.51	6673	1.42	6717	1.26	6471
食盐	万吨	15.09	5494	17.29	8643	13.00	8647
食糖	万吨	3.55	10058	5.35	13972	4.51	13137
卷烟	万箱	41.64	70000	32.55	71704	19.96	41142
酒	万吨	6.20	55458	5.76	44063	5.36	38454
茶叶	吨	—	—	7.45	8677	5899	8297
二、衣着类	万元	—	213875	—	226654	—	207183
棉布	万米	8040.21	18332	5652.48	17410	3680.05	12071
棉花化纤混纺布	万米	2660.26	11120	2291.90	10772	1709.08	9400

指标	单位	1988 年		1989 年		1990 年	
		数量	金额（万元）	数量	金额（万元）	数量	金额（万元）
化纤布	万米	1130.93	9115	1474.72	13744	1243.97	11469
呢绒	万米	341.64	15176	281.30	12211	286.62	11181
绸缎	万米	1052.43	8661	864.98	7759	678.43	7592
汗衫背心	万件	881.79	2575	740.00	5289	672.68	2711
棉毛衫裤	万件	727.62	4715	668.00	4775	550.06	4747
卫生衫裤	万件	171.84	1577	186.00	1326	160.99	1500
各种服装	万件	—	—	2420.49	68158	1731.50	53763
毛线	吨	1605.10	7263	997.40	4915	1592.2	7143
皮鞋	万双	256.71	6384	193.54	5895	184.94	5630
胶鞋	万双	783.67	6410	756.61	6234	814.75	7349
三、日用品类	万元	—	213985	—	226894	—	218516
火柴	万件	49.97	2070	39.79	2213	43.21	2645
肥皂	万箱	88.31	4348	74.50	3980	58.79	3242
洗衣粉	吨	23906	7506	13346.00	4301	17527.00	6543
保温瓶	万个	214.83	2612	195.14	2867	176.31	2648
缝纫机	万架	17.96	4004	12.26	3201	8.33	2124
手表	万只	48.28	3379	70.15	5155	56.17	3532
自行车	万辆	51.70	13081	43.66	11656	31.98	8666
电风扇	台	—	—	71958	1993	39855	984.00
洗衣机	万台	14.94	6171	8.4	3588	6.4	2579
电冰箱	台	44421	10812	22991	4651	27762	5350
四、房屋及建筑材料类	万元	—	—	—	21202	—	19693
五、文化娱乐用品类	万元	—	46483	—	43400	—	36473
收音机	万架	17.38	990	18.5	907	14.87	699

第二章 市场运行

131

指 标	单 位	1988 年		1989 年		1990 年	
		数量	金额 （万元）	数量	金额 （万元）	数量	金额 （万元）
电视机	万架	19.21	9431	21.6	29048	15.57	18573
其中：彩电	万架	—	—	7.91	18942	8.54	17598
录音机	万架	25.71	30774	17.63	7758	11.54	4998
六、书报杂志类	万元		13132	—	15258	—	16252
七、药和医疗用品类	万元		35222		39667		42960
八.燃料类	万元	—	42443		52349		59112
煤油	万吨	1.99	1888	2.17	1916	4.01	3177
煤炭	万吨	429.26	27043	450.35	31975	385.97	28948

1985 年—1990年甘肃省社会商业、饮食业、服务业机构和人员表

表2-1-5 单位:个、人

指 标	1985 年	1988 年	1989 年	1990 年
机 构	153658	201143	177213	174636
一、企业管理机构	2623	2935	3159	3139
（一)商业	2355	2664	2855	2823
兼营业务	1260	1386	1430	1400
（二)饮食、服务业	268.00	271.00	304.00	316.00
二、企业经营机构	150686	197780	173669	171103
（一)商业	109656	139891	124411	122940
1.农副产品采购机构	2634	2933	3199	3135
2.工业品批发机构	890.00	1211	1310	1307
3.零售机构	104797	133748	177926	117415
4.其他机构	1335	1999	1976	1083
（二)饮食业	24116	33869	27788	28396
（三)服务业	16914	24020	21470	19767

指　标	1985 年	1988 年	1989 年	1990 年
三、仓储运输机构	349.00	428.00	385.00	394.00
人　员	411849	488172	467655	496007
一、企业管理机构	38055	30994	31630	35475
（一）商业	36013	28649	29348	33273
兼营业务	12266	13388	12000	14588
（二）饮食、服务业	2042	2345	2282	2202
二、企业经营机构	365003	499266	429147	426029
（一）商业	276508	330299	324538	320229
1.农副产品采购机构	15747	21430	22450	21577
2.工业品批发机构	13215	19658	22238	19540
3.零售机构	237425	277900	266735	269688
4.其他机构	10121	11311	13115	9424
（二）饮食业	51186	68417	60190	62881
（三）服务业	37309	50550	44419	42919
三、仓储运输机构	8791	7912	6878	7503

指　标	单位	1986 年	1987 年	—
一、零售机构数	个	157575	175386	
1.零售商业	个	109004	122082	
其中：城镇	个	40347	44663	
乡村	个	68657	77419	
2.饮食业	个	27652	30631	—
其中：城镇	个	15379	15505	
乡村	个	12273	15126	
二、零售人员	人	20919	22673	
1.零售商业人员	人	11300	11434	
2.饮食业人员	人	9619	11239	—

指 标	单位	1986 年	1987 年	—
3.服务业人员	人	44918	47201	—
三、平均每一人员服务人口数	人	—	—	—
1.零售商业	人	88	82	—
2.饮食业	人	356	344	—
3.服务业	人	461	446	—

备注：因1986年、1987年甘肃统计年鉴统计口径变化，故分开列表。

1985 年—1990年甘肃省社会零售商业、饮食业、服务业分经济类型机构和人员表

表2-1-6

单位:个、人

指　标	1985 年		1986 年		1987 年	
	机构	人员	机构	人员	机构	人员
总　计	145 827	325 920	157575	338337	175386	363413
1.全民所有制	6035	58778	5850	59566	6768	64865
2.集体所有制	18384	95778	18192	91478	19750	91413
供销合作社	8004	26807	—	—	—	—
3.合营	137	797	20	270	8	116
4.个体	121271	170597	133513	187023	148860	207020
一、零售商业	104797	237425	109004	235248	122082	255014
1.全民所有制	4969	47321	4822	47700	5662	51950
2.集体所有制	16330	75908	15975	69443	17520	70957
供销合作社	7568	25736	—	—	—	—
3.合营	52	447	13	149	5	55
4.个体	83446	113749	88194	117956	98895	132052
二、饮食业	24116	51186	27652	58171	30631	61198
1.全民所有制	444	4383	440	4891	424	4811

指　标	1985 年		1986 年		1987 年	
	机构	人员	机构	人员	机构	人员
2.集体所有制	981	10922	991	10741	903	8687
供销合作社	178	571	—	—	—	—
3.合营	47	163	2	29	—	—
4.个体	22644	35718	26219	42510	29304	47700
三、服务业	16914	37309	20919	44918	22673	47201
1.全民所有制	622	7074	588	6975	682	8104
2.集体所有制	1073	8948	1226	11294	1327	11769
供销合作社	258	500	—	—	—	—
3.合营	38	187	5	92	3	60
4.个体	15181	21100	19100	26557	20661	27268

指　标	1988 年		1989 年		1990 年	
	机构	人员	机构	人员	机构	人员
总　计	191637	396867	167184	371344	165578	375488
1.全民所有制	6804	66113	7225	73702	7414	71974
2.集体所有制	19460	99809	19273	90948	23539	122504
供销合作社	—		8716	30814	12714	57289
3.合营	4	86	5	67	6	113
4.个体	165370	230859	140681	206627	139142	209826
一、零售商业	133748	277900	117926	266735	117415	269688
1.全民所有制	5607	52947	5951	58168	6127	56526
2.集体所有制	17438	77836	16797	75681	17107	79140
供销合作社	—	—	8308	29790	8461	31289

指　标	1988 年		1989 年		1990 年	
	机构	人员	机构	人员	机构	人员
3.合营	3	36	—	—	1	37
4.个体	110701	147081	95178	132886	94180	133985
二、饮食业	33869	68417	27788	60190	28396	62881
1.全民所有制	484	5064	475	6132	487	6158
2.集体所有制	809	9102	829	6272	720	5927
供销合作社	—	—	143	423	142	342
3.合营	—	—	2	4	3	23
4.个体	32576	54251	26482	47782	27186	50773
三、服务业	24020	50550	21470	44419	19767	42919
1.全民所有制	713	8102	799	9402	800	9290
2.集体所有制	1213	12871	1647	8995	1189	8508
供销合作社	—	—	265	601	267	3204
3.合营	1	50	3	63	2	53
4.个体	22093	29527	19021	25959	17776	25068

　　1992 年邓小平南方讲话以后，国内市场突破传统体制束缚，发展速度空前加快。同年甘肃省政府先后制定下发《关于搞活流通若干问题的通知》和《关于在全省国合商业企业扩大推行"四放开"经营的意见通知》，对国合商业"四放开"改革中的许多重要问题作了规定，明确了流通企业建立现代企业制度的改革方向和"抓大放小"的改革思路。全省有90%以上的商品实行放开经营，打破了"三固定"的批发模式，实行了"三多一少"的流通新体制。在市场经济发展中，计划经济体制下的流通格局逐步突破，

新的适应社会主义市场经济发展需要的流通格局在不断建设之中，生产资料作为商品进入市场流通，填补了生产资料市场的"空白"。非国有经济成分的异军突起，打破了公有商业的"一统天下"。随着工农业生产稳步发展，人民生活水平提高和商业体制改革不断深入，全省商品市场发生了重大变化。在市场价格改革方面，1991年和1992年甘肃省结合国家方针、政策两次出台了粮油统销价格改革措施，对省管的100余种（类）商品价格，也按成本和市场状况作了必要的调整。到1993年，全省物价部门先后分5批放开4000多种省管商品价格，由企业自主定价，通过市场机制来调节。全省82.5%的农副产品、88.6%的社会零售商品和75%的生产资料价格已由市场调节。

1995年，甘肃省国内贸易流通体制继续深化改革，粮食、棉花、化肥等主要商品流通体制改革顺利推进，主要商品储备制度逐步完善，市场调控能力增强，市场流通法规不断健全，市场培育建设取得进展，国内流通企业在严峻的市场竞争环境中，积极探索尝试现代化经营方式和管理手段，转换机制，增强实力，为稳定市场物价作出积极贡献。

第二章　市场运行

1995年甘肃省批发贸易业机构、网点、人员表

表2-1-7　　　　　　　　　　　　　　　　　　　　　　　单位：个、人

项　目	合　计			
	法人机构	附营单位	网　点	人　员
总　计	1858	38	22541	141200
一、按经济类型分				
国有经济	1243	30	5805	77878
集体经济	601	8	4413	35478
私营经济	7	—	16	111
个体经济	—	—	12296	27656
联营经济	3	—	5	36
股份制经济	4	—	6	41

项　目	合　计			
	法人机构	附营单位	网　点	人　员
二、按国民经济行业分				
食品、饮料、烟草和家用品批发业	1036	11	17242	93539
食品、饮料、烟草批发业	585	8	8328	40370
棉、麻、土畜产品批发业	62	1	359	4330
纺织品、服装和鞋帽批发业	18	1	1622	6465
日用百货批发业	140	—	5033	22918
日用杂品批发业	47	—	537	4456
五金、交电、化工业批发	89	—	710	7162
药品及医疗器械批发业	95	1	653	7838
能源、材料和机电设备批发业	466	12	2111	28775
能源批发业	47	—	305	6830
化工材料批发业	20	—	114	1157
木材批发业	35	1	188	2274
建筑材料批发业	75	8	361	3503
矿产品批发业	17	1	24	516
金属材料批发业	155	—	569	7367
机械、电子设备批发业	51	2	181	2359
汽车、摩托车及零配件批发业	27	—	148	1594
再生物资回收批发业	39	—	221	31753175
其他批发业	356	15	3188	18886
工艺美术品批发业	7	—	12	246
图书报刊批发业	9	—	70	588
农业生产资料批发业	312	11	2806	15515

续表

项 目	合 计			
	法人机构	附营单位	网 点	人 员
其他类未包括的批发业	28	4	300	2537
三、按企业规模分组				
大型企业	11	—	223	5457
中型企业	200	—	2259	40937
小型企业	1647	—	19977	93850
附营企业	—	38	82	956
四、按隶属关系分组				
中央	45	2	163	3273
省	356	3	1520	28390
地区	324	16	1711	26615
县	1034	17	10820	60629
街道	14	—	171	1069
镇	8	—	439	1076
乡	18	—	470	2045
其他	59	—	7247	18103

1995年甘肃省零售贸易业机构、网点、人员表

表2-1-8 　　　　　　　　　　　　　　　　　　　　　　　　　单位:个、人

项 目	合 计			
	法人机构	附营单位	网 点	人 员
总 计	3328	341	220580	477494
一、按经济类型分				
国有经济	1180	163	7361	64726
集体经济	1956	170	10482	73397
私营经济	178	8	187	4164
个体经济	—	—	202444	332628

续表

项 目	合 计			
	法人机构	附营单位	网 点	人 员
联营经济	6	—	62	443
股份制经济	7	—	21	2107
其他经济	1	—	23	29
二、按国民经济行业分				
零售业	3328	341	220580	477497
食品、饮料和烟草零售业	1234	86	61495	146187
日用百货零售业	1034	109	58109	134199
纺织品、服装和鞋帽零售业	31	27	29540	46318
日用杂品零售业	134	16	17292	32537
五金、交电、化工零售业	219	32	6817	19017
药品及医疗器械零售业	142	3	4893	13483
图书报刊零售业	96	2	1969	4778
其他零售业	438	66	40465	80975
三、按企业规模分				
大型企业	8	—	303	12845
中型企业	108	—	5575	26925
小型企业	3212	—	213824	433711
附营企业	—	341	878	4013
四、按隶属关系分组				
中央	36	10	202	21825
省	407	13	1419	16377
地区	746	60	27693	94788
县	1607	221	50534	121106

续表

项 目	合 计			
	法人机构	附营单位	网 点	人 员
街道	87	7	258	3139
镇	16	4	8375	14413
乡	194	12	21943	37125
其他	235	14	110156	188364

1995年甘肃省餐饮业机构、网点、人员表

表2-1-9   单位：个、人

项 目	合 计			
	法人机构	附营单位	网 点	人 员
总 计	128	57	49238	113734
一、按经济类型分				
国有经济	46	29	391	6337
集体经济	52	26	223	2757
私营经济	29	—	29	643
个体经济	—	—	48592	103863
联营经济	—	1	1	10
股份制经济	—	1	1	5
其他经济	1	—	1	119
二、按国民经济行业分				
餐饮业	128	57	49238	113734
正餐	83	41	10994	30758
快餐	13	3	3002	7745
其他餐饮业	32	13	35242	75231

续表

项 目	合 计			
	法人机构	附营单位	网 点	人 员
三、按企业规模分				
大型企业	1	—	72	1936
中型企业	7	—	54	880
小型企业	120	—	48769	107964
附营单位	—	57	343	2954
四、按隶属关系分组				
中央	1	2	33	522
省	4	5	1648	4218
地区	17	18	5599	19267
县	62	27	9083	20510
街道	20	1	38	385
镇	—	1	2659	4884
乡	—	1	3516	5996
其他	24	2	26662	57952

二、扩大内需消费

1996年—2000年，受住房、医疗、教育等个人支付项目增加的影响，全省消费品市场相对比较平淡，物价持续走低，居民即期商品消费倾向减弱。国合（国有和集体）流通企业效益不佳，既有市场疲软、销售不畅、购买力分流、企业历史包袱沉重、外部经济环境不宽松、市场秩序不规范等客观因素的影响，也有观念转变滞后、外向型的市场开拓意识不强、企业内部管理不善特别是以资金为核心的财务管理混乱等主观因素。部分年度市场运行虽然走出低迷状态，但制约的因素也很多，如市场需求增长平缓，市场投资主体投资不积极，居民消费意向不强。国家制定的行业自律价格相当一部分还没有完全到位，大多数产品价格仍然处于相对较低的水平，一些企业的产品仍在以低于成本的价格销售。流动资金仍然比较紧张。

假冒伪劣商品充斥市场，税收流失严重，地产品流通渠道不畅，国有流通企业的主渠道作用得不到充分发挥，经济效益下滑，亏损增加。从1996年开始，七大流通部门除烟草行业盈利外，商业、粮食、供销、物资、石油、医药等流通行业均出现亏损。造成流通企业亏损的主要原因：从客观上分析，市场疲软、销售不畅。部分职工下岗、收入减少，农民收入增加也不多，影响了社会购买力。生产资料市场需求不旺、销售下降。有色金属、石化产品等价格大幅度下跌，致使亏损严重。企业历史包袱沉重，利息负担增加。1997年全省社会消费品零售总额实现276亿元，比上年同期增长6.2%，扣除价格因素，实际增长4.68%，1998年，亚洲金融危机爆发，国内发生特大洪涝灾害，在抗洪救灾中，流通行业积极扩大内需。期间，消费品市场逐渐回暖。1月—9月，全省实现社会消费品零售总额211.87亿元，同比增长7.7%，扣除物价因素，实际增长11.7%。分城乡看，农村市场好于城市市场。城市的零售额为138.95亿元，同比增长了7.4%；县的零售额为33.25亿元，同比增长5.1%；县以下零售额39.68亿元，同比增长11.4%。按经济类型分，个体私营经济增长快于国有经济。国有经济实现39.88亿元，同比下降26.2%；集体经济22.73亿元，同比下降18.2%；个体经济93.84亿元，同比增长22.1%；私营经济7.93亿元，同比增长60%；其他经济成分37.7亿元，增长42.5%，农民对城镇居民的零售额36.6亿元，同比增长28.7%。分季度来看，下半年市场销售好于上半年，上半年实现消费品总额138.03亿元，同比增长7.3%；第三季度73.83亿元，同比增长8.46%。增幅高于上半年近1.2个百分点，高于1—9月份平均增幅近0.8个百分点。物价水平继续回落。1月—9月，全省商品零售价格比上年同期下降1.5%，居民消费价格比上年同期下降0.6%。分类看，食品类价格基本稳定，粮食价格有所回升，工业品价格继续回落，主要生产资料如铜、铝、镍等销售不畅，价格继续下滑。

1998年，国家提出扩大内需的战略方针，要求拓展国内市场，并列为经济发展的长期战略支点。国家经贸委5月份在天津召开全国搞活流通开拓市场工作会议。5月18日—6月8日，国家国内贸易局组织76人（其中13名司局长、52名处长），分12个调研组，在北京、江苏、山东、广东、河北、吉林、安徽、湖北、内蒙古、四川，云南、甘肃12个省、区、市，就开拓农村市场问题进行了调查研究。同年5月，甘肃省经贸委召集省商业厅、外贸厅、粮食局、石油公司、物资局、医药集团等流通厅局，结合1998年武汉地区洪水灾害，研究开拓市场工作。由于开拓市场涉及政府、行业主管部门、企业等多方面的工作，1998年9月25日，省经贸委召集省建材局、省煤炭局、省轻纺总会、省石油公司、省电子公司、省机械厅、省供销社、省冶金局、省农垦集团等20个工业和流通厅局召开座谈会，研究提出开拓市场的措施和意见。省商业厅和省供销社根据受灾地区的农业生产和畜牧业损失的情况，组织省市有关企业，在省内收购牛、羊肉、蔬菜、瓜果，抓紧往灾区调运。1998年上半年，省商业厅已向湖南、湖北、安徽、江西等省调运洋葱68个车皮，土豆75个车皮，胡萝卜70个车皮，苹果20多个车皮；省供销社发运苹果60多万千克，小杂粮100万千克，葵花子70万千克；物资局系统对库存物资进行了清理，已向灾区提供了可供资源清单，并建立了供求热线，随时给灾区发货和送货。1998年10月，甘肃省政府办公厅批转印发《省经贸委关于进一步开拓省内外市场的意见》。1999年3月，甘肃省政府批转《省经贸委关于进一步扩大内需开拓市场的意见》，主要内容是，加大投资需求启动市场，扩大消费需求搞活市场，扩大出口开拓国际市场，调整产品结构提升产品竞争力；重点是开拓农村市场，搞好产销衔接，发展现代流通组织形式，参加或举办展销会，建立健全企业营销网络，加强市场整顿，加强营销工作，建立健全信息网络，引导生产消费。

　　1999年，甘肃省开拓市场工作取得了阶段性成果。截至9月底，一批扩大内需启动市场的政策措施已经陆续出台或正在抓紧制定。电力市场开拓先行一步，正式出台《关于开拓电力市场，规范用电价格，鼓励社会用电的通知》《关于对省属部分高耗能重点企业实行电价优惠的通知》《关于开拓电力市场、促进社会用电的实施意见的通知》等配套政策。第一批享受电价优惠的高耗能的重点企业是：西北铁合金厂、兰州碳素厂、甘肃华兴铝业有限责任公司、甘肃万轩铝业发展有限公司。居民用电也积极推行超基数优惠电价，超过部分优惠5分钱，免收供电贴费。大力推行"一户一表"降低居民电费负担，积极推行"城市光亮工程"，拉动电力消费。房地产市场开拓稳步推进，《甘肃省房改房上市交易管理暂行办法》《甘肃省经济适用房建设若干规定》《甘肃省企业进一步深化住房制度改革指导意见》《甘肃省住房补贴发放指导意见》等一批配套文件已在全省房地产及房改工作会议讨论后上报省政府批转。推动非国有经济发展的政策进一步完善，省非国办起草的省委、省政府《关于大力发展非公有制经济的决定的补充规定》上报省政府。全省市场建设规划、全省优势行业和支柱产业重点技术改造规划、产学研结合的鼓励政策、推动小城镇发展的鼓励政策等已经全部研究并提出了实施意见。争取国家支持，力争资金和政策向甘肃省倾斜。计委、经贸委、农委、交通、电力、水利、农业等国家扶持资金均比上年有所增加，为了争取国家技改投资支持，先后抓紧制定《两高一优重点技改项目规划》和《甘肃省大中型亏损企业扭亏脱困技术改造规划》，两个规划涉及13个行业，绝大多数为国家确定的重点技术改造项目，规划总投资21.78亿元，其中专项贷款20.83亿元。为了支持这些企业技改项目的快速启动，省经贸委在原来国家2300万元贴息的基础上，请求国家经贸委每年增加20%的贴息，用于地方国有企业的技术改造，使地方企业的技改项目能够享受全额贴息一年的优惠政策。同时，着手"十五"技改规划的制定，围绕市场需求，围绕优势产品，拿出规划草案并经过初步论证，争取国家"十五"投资的先期到位。在国家财政债券转用于技改项目投资的贴息上，通过积极争取，列入国家财政债券项目11项，总投资46.17亿元，其中银行贷款29.49亿元，按贴息2年—3年计算，可享受贴息4.2亿元，占全国90亿元规模的4.6%。在国家债转股政策上，通过积极争取，国家确定甘肃省债转股企业13户。这13户企业长期债务140亿元，拟转股金额122亿元，企业债转股后，可使负债率降低到40%左右。一批重点领域固定资产投资完成情况良好，市场启动工作成效显著。1999年城乡电网改造总规模计划80亿元，其中农网45亿元、城网35亿元。第一批农网改造规模下达7.88亿元，改造范围涉及32个县。已完成投资总额6.62亿元，约完成工程进度的85%。第二批8亿元电网改造资金已基本落实到位，预计全年可完成投资总额20亿元。由省建委牵头，于3月份联合下达住宅建设计划，计划总投资42亿，建筑面积625万平方米。到1999年9月底，已开工建设项目626个，完成投资额22.44亿元，完成施工面积479万平方米。对非公有制经济发展和建设，省非国有制经济发展办公室积极探讨新形势下筹集非公有制经济发展资金的新路子，在充分调查研究的基础上，加强和金融部门的沟通和联系。会同省建行建立项目双选审批制度，即由非公有制经济主管部门和建设银行在项目的选择上实行"统一考察、统一论证、统一评估、统一审批、统一跟踪服务、统一还本付息"的"六统一"政策，较好地解决了政府、银行和企业三者之间的关系，提高了金融部门给予信贷支持的积极性，首批双选项目下达贷款投资总额6000万元，用于定西地区16个项目的投资建设。从1999年开始，建行每年拿出2亿元左右的资金，专项用于扶持非公有制企业的发展。由于资金筹措措施得力，省非国办确定的22个非公有制经济重点投资项目于当年末达产达标，新增产值7.8亿元，新增利税1.8亿元。地产品市场开拓力度逐步加大。1999年1月—9月，甘肃省实现地产品销售产值（现价）494.9亿元，比上年同期增长11.96%。工业产销率累计达到95.91%，同比增长1.09个百分点，而且呈逐月稳定增长的态势，9月份当月达到94.28%。工业产销率的提高，除了经济运行的宏观环境有所改善外，得益于地产品促销力度的加大。省政府"同质同价、省内优先"使用地产品的政策逐步得到贯彻，省经贸委在当时不具备全省工业企业原材料串换、产销衔接的情况下，根据企业实际，及时协调了兰炼重交沥青，供应省内公路建设；金化集团纯碱供应甘肃铝加工和平板玻璃；刘化、兰化、金化化肥与甘肃省生产资料公司联合销售，省内煤炭于省内电力企业供货以及农副产品运输等。积极开拓省外市场，省经贸委、省商业厅先后组织参加了1999中国东西部投资贸易洽谈会、1999天津春季全国商品交易会、1999昆明世界园艺博览会、1999春季广州进出口商品交易会四次全国性交易会。参加这些重大节会活动，对提高甘肃产品在省内外的知名度发挥了良好的作用，商品展销、项目洽谈都取得了良好的成果。其中，参加的"西交会""天交会""世博会"三次经贸活动，共计成交现货商品420万元，签订供货合同和意向合同6.06亿元，签订招商引资项目近80亿元。1999中国·兰州投资贸易洽谈会在短短五天时间内，签订价值11.26亿元的订货合同、实现现货销售5527万元、签订招商引资项目合同177项，价值35.02亿元。积极开拓国际市场，将外贸工作的重心放在重点出口市场、重点出口企业、重点出口产品上，加大扶持力度。组织7户企业、9个摊位参加了7月初在白俄罗斯举办的1999白俄罗斯中国贸易展，积极筹备了9月份在荷兰鹿特丹举办的1999荷兰中国出口商品展览会及经贸洽谈会和10月初在莫斯科举办的中国中小企业产品展。积极支持金川有色金属公司、西北铁合金厂等25户500万美元以上的出口大户，力争使这25户企业出口完成全年出口任务的80%以上，培育扶持硅铁、镍、铝及铝制品、服装、石墨电极、黑瓜子、稀土等20种大宗出口商品，扩大外贸出口。同时，建立全省外贸出口联席会议制度，定期专题研究外贸出口的有关问题。针对全省出口总额下滑的实际情况，省商检局、兰州海关分别就支持企业扩大出口提出了两个"十条"措施，以确保甘肃省外贸出口的稳定增长。加强企业营销工作的指导。在调查研究的基础上，选择兰州和天水两市，在引导企业加强营销、开拓市场方面有较全面的组织方案和政策措施，选择营销机构和队伍建设比较完善，营销战略较为全面，营销网络比较健全，产品产销率和市场占有率较高的企业，上报国家经贸委，最终由国家经贸委确定兰州市和三毛集团公司为国家第一批营销工作重点联系城市和企业。狠抓流通企业扭亏增盈工作，流通企业效益逐步回升。截至1999年9月底，省商业厅系统亏损7400万元，同比减亏48.09%；省物资直属企业亏损2028万元，同比减亏8.9%；省石油公司盈利327万元，同比减亏3226万元，一举扭亏为盈；省烟草公司盈利6023万元，同比下降43.84%，但地产烟销售看好，利润也同比增长，由上年同期的盈利287万元，到1999年盈利1646万元，增长幅度5.74倍；省供销社亏损2.05亿，扣除棉花政策性亏损因素，则减亏17.8%。加强农村市场开拓。全国农村市场开拓经验交流会议以后，省经贸委会同省商业厅、供销社、统计局根据甘肃省农村经济发展、农民收入及贸工农一体化发展情况等各方面的问题，先后深入张掖、金昌、武威、天水、白银等地市进行了认真调查，结合调查提出了进一步开拓农村市场的各种政策措施。1999年实现社会消费品零售总额332亿元，比上年增长9.3%。其中：城市212.04亿元，增长10.03%；县及县以下119.96亿元，增长8.06%。分经济类型看，国有及国有控股企业消费品零售额60.4亿元，比上年增长5.72%；集体经济35.0亿元，增长0.46%；私营及个体经济166.1亿元，增长12.86%；其他经济70.5亿元，增长9.18%。以上各种经济类型实现零售额占社会消费品零售总额的比重分别为18.19%、10.54%、50.03%和21.24%。分行业看，餐饮业零售额增长较快，增长17.11%。

2000年，随着国家一系列启动消费政策落实到位，消费市场购销活跃。

全年完成社会消费品零售总额363亿元，比上年增长9.4%。其中：城市234亿元，增长10.3%；县及县以下129亿元，增长7.7%。分经济类型看，国有及国有控股企业消费品零售额67亿元，比上年增长11.7%；集体经济42亿元，增长13.5%；私营及个体经济205亿元，增长14.5%；其他经济49亿元，下降12%。以上各种经济类型实现零售额占社会消费品零售额的比重分别为18.46、11.57%、56.47%、13.50%。分行业看，批发零售贸易业零售额增长较快，增长15.4%，餐饮业增长12%。

2001年—2005年，全省流通工作重点是开拓市场和整顿规范市场秩序。关于整顿规范市场秩序，在第一章集中记述，这里重点记述开拓市场工作。进入21世纪特别是2001年，中国加入世界贸易组织后，全省经济摆脱亚洲金融危机走上新一轮快速发展时期，流通产业立足大市场、大贸易、大流通，规模持续扩大，结构不断改善。国内外贸易一体化进程不断加快，多元化的流通组织得到比较充分的发育，流通领域以价格机制为基础的市场机制已经建立，绝大多数商品和服务价格由市场决定。流通业态不断创新和优化。在发展传统商业业态的基础上，积极稳妥地推进了大型超市、便利店、专业店、专卖店等新型业态的发展。会展业、拍卖业、租赁业、典当业有了长足发展。总代理、总经销、采购中心、仓储式批发、物流配送等新型业态成为甘肃省流通产业发展的增长点。商品供给充裕，消费需求旺盛，市场繁荣活跃，没有供不应求的商品。

市场运行监测体系开始建立并不断完善。建立了市场运行监测系统，包括城市生活必需品、重要生产资料、重点流通企业、重点行业动态动向4个直报系统，推进全省商品流通数据库建设，加强了对市场运行质量的分析，包括市场动态、市场综合、市场专题、市场供求等。为各级政府宏观决策提供依据，为企业经营活动提供导向。政府宏观调控能力增强，猪肉、蔬菜等重要商品储备均达到可供调控的规模。加强对全省流通领域治理整顿，规范流通市场经济秩序，为流通业发展创造了良好的发展环境。加强法制建设，起草、修订、颁布《甘肃省酒类商品流通管理条例》等一些地方性法律法规，为甘肃省流通产业健康有序发展提供了法律支撑。积极建立企业信用管理档案，充分发挥商会和行业协会的作用，开展行业诚信活动，对失信行为进行行业评议和相应惩戒。深入开展"百城万店无假货"

"青年文明号"等活动和职业道德教育，推动了商务诚信体系的建设。

2001年9月，甘肃省政府办公厅转发《省经贸委关于大力开拓全省农村市场意见的通知》，强调指出，多年来农村消费占全省社会消费品总额的35%左右，与农村人口占全省人口70%的比例不相适应。开拓市场尤其是开拓农村市场是全省流通工作的重点。2002年5月，省经贸委、省商业厅等部门组织省内企业赴武汉市举办了2002甘肃经贸洽谈及商品展销会。这次展会共签订各类经贸合作项目共41个，签约总额6.79亿元，在湖北省引起很大反响，为省内产品走向华中地区以及全国奠定了基础，提高了产品的知名度。为了全面开拓农村市场，省经贸委在2002年确定天水市、武威市凉州区全省开拓农村市场试点市（区）的基础上，2003年又将试点范围扩大了10县区，分别是：张掖市甘州区、酒泉市肃州区、金昌市金川区、平凉市崆峒区、庆阳市西峰区、白银市白银区、陇南地区成县、定西市临洮县、临夏州广河县、甘南州合作市，推动了开拓农村市场工作的全面开展。

2001年，消费品市场运行平稳。全年完成社会消费品零售总额395.43亿元，比上年增长9.02%。分城乡看，市的零售额255.87亿元，增长9.37%；县及县以下零售额139.56亿元，增长8.4%。分行业看，批发零售贸易业零售额259.00亿元，增长10.11%；餐饮业零售额51.88亿元，增长11.27%；其他行业零售额84.55亿元，增长4.58%。限额以上批发零售贸易企业生产资料销售总额227.74亿元，增长1.14%。

2002年，消费品市场运行稳中有升。全年完成社会消费品零售总额433.54亿元，比上年增长9.64%。分城乡看，市的零售额281.16亿元，增长9.88%；县及县以下零售额152.38亿元，增长9.19%。分行业看，批发零售贸易业零售额288.66亿元，增长11.45%；餐饮业零售额58.44亿元，增长12.66%；其他行业零售额86.44亿元，增长2.23%。限额以上批发零售贸易企业经济效益有所改观，1月—11月，实现商品销售收入净额312.51亿元，比上年同期增长0.64%；实现利润总额0.19亿元，下降11.03%；毛利率和费用率为7.21%、4.54%，分别提高1.29和1.04个百分点。

2003年，消费品市场稳步发展。全年社会消费品零售总额474.60亿元，比上年增长9.47%。分城乡看，市的零售额307.95亿元，增长9.53%；县及县以下零售额166.65亿元，增长9.36%。分行业看，批发零售贸易业零售额

388.27亿元，增长9.75%；餐饮业零售额66.88亿元，增长8.09%；其他行业零售额19.46亿元，增长8.77%。汽车、家用电器等商品销售量增长显著。全年限额以上批发零售贸易企业销售的汽车类零售额比上年增长1.03倍；家用电器类增长21.4%。

2004年，消费品市场商品销售快速增长。全年实现社会消费品零售总额535.84亿元，比上年增长12.9%，自1999年以后首次实现两位数增长。分城乡看，市的零售额349.52亿元，增长13.50%；县及县以下零售额186.32亿元，增长11.8%。分行业看，批发零售贸易业实现零售额435.62亿元，增长12.19%；餐饮业实现零售额79.27亿元，增长18.53%；其他行业实现零售额20.95亿元，增长7.71%。消费结构进一步改善，汽车类、通信器材类商品销售量增长显著。全年限额以上批发零售贸易企业销售的汽车类零售额16.71亿元，比上年增长60.98%；通信器材类零售额1.22亿元，增长18.45%。

2005年，消费品市场商品销售继续稳步增长。全年实现社会消费品零售总额632.80亿元，比上年增长12.87%。分城乡看，市的零售额413.35亿元，增长13.03%；县及县以下零售额219.45亿元，增长12.57%。分行业看，批发零售贸易业实现零售额512.12亿元，增长12.92%；餐饮业实现零售额99.75亿元，增长15.76%。消费结构进一步改善，汽车类、通信器材类商品销售量增长较快。全年限额以上批发零售贸易企业销售的汽车类零售额32.07亿元，比上年增长15.04%；通信器材类零售额2.56亿元，增长25.23%。

2006年—2010年，搞活流通、扩大消费是这一时期的重点工作。工作中加强规划制定和政策引导，完善城乡市场体系建设。省政府办公厅制定印发《甘肃省城乡商品市场体系建设规划（2010—2012）》和《关于开展农超对接试点工作的实施意见》，省商务厅会同省工信委制定《甘肃省再生资源回收综合利用管理办法》和《甘肃省再生资源回收体系建设规范》。省商务厅全面落实"家电下乡"各项政策，帮助各市州商务部门编制《城市商业网点规划》，加快实施商务便民惠民工程，加快标准化菜市场和家政服务网络中心建设，培育龙头企业发展家政连锁经营。支持嘉峪关、酒泉、张掖、定西等地家政服务网络中心建设，全省培训近万名家政服务人员，加快便民早餐工程的实施。以多种促销手段拉动消费增长。2010年，组织80家企业、768种名优新特商品在北京举办"甘肃商品大集"，10天销售额867

万元，签订供货合同2306万元；举办"中国·甘肃美食节"，参展企业和商户300多家，菜品2000余种，9天营业额400多万元，吸引50多万人次品尝；2010年"十一"黄金周期间，全省实现销售42亿元，同比增长22%。加强消费品市场监测、预警和储备。2010年年底全省市场运行监测样本企业270家，监测范围涵盖生活必需品、重要生产资料和重点流通企业。应急商品数据库企业40家，涉及5个应急商品品种。全省承担中央冷冻猪肉储备500万千克，比2008年增加300万千克。冷冻牛羊肉储备60万千克、活体生猪储备35万千克、边销茶35000担。落实省级肉类储备200万千克。建立大宗农产品产销衔接机制，对全省40家参与洋葱、土豆、高原夏菜等大宗农产品销售储存的企业实施以奖代补，2010年共销售储存蔬菜41.2万千克，占全省总产量的41.2%，销储量同比增加4%。农户收购价同比上升30%，出现了一大批收入8万元—10万元的菜农经销户。建立肉食品质量安全监管体系，至2010年年底全省生猪定点屠宰厂由126家整合缩减至119家。兰州市引进食品企业投资5000多万元，对原肉联厂进行升级改造，新建符合欧盟标准的年屠宰100万头以上的生猪屠宰线、分割包装间、800万千克冷库和污水处理设施。酒泉市肃州区建成年屠宰10万头的屠宰线、500立方米冷库、低温肉制品加工生产车间、生猪交易、副产品清洗等设施。张掖甘州区、兰州肉联厂先后购置36台肉品冷藏贮运车，统一配送放心冷鲜猪肉。平凉、白银、武威、金昌等地，重点对县城生猪定点屠宰厂进行改造升级。积极开展肉品质量安全信息追溯体系建设。继续完善"12312"商务举报投诉服务中心建设和11个商务综合行政执法试点。在全省开展"诚信兴商宣传月"活动，与省编办、省卫生厅、省食品药品监管局加强沟通，开展全省药品流通现状摸底调研，理顺药品流通行业管理关系。

2006年，全年实现社会消费品零售总额717.47亿元，比上年增长13.38%。其中：市的零售额462.52亿元，增长13.60%；县的零售额114.46亿元，增长13.41%；县以下零售额140.49亿元，增长12.64%。分行业看，批发和零售业实现零售额579.05亿元，增长13.17%；住宿和餐饮业实现零售额116.04亿元，增长16.36%。消费结构进一步改善。全年限额以上批发和零售业实现零售额163.33亿元，比上年增长15.39%，其中：通信器材类零售额2.60亿元，增长23.39%；汽车类零售额23.88亿元，增长11.94%。

2007 年，全年实现社会消费品零售总额833.32亿元，比上年增长16.15%。其中，市的零售额539.05亿元，增长16.43%；县的零售额132.51亿元，增长16.13%；县以下零售额161.76亿元，增长15.22%。分行业看，批发业实现零售额98.62亿元，增长10.79%；零售业实现零售额573.33亿元，增长17.0%；住宿和餐饮业实现零售额136.73亿元，增长17.83%。全年限额以上批发和零售业实现零售额192.07亿元，比上年增长17.59%。其中，石油及制品类零售额89.75亿元，增长9.98%；汽车类零售额30.25亿元，增长26.69%；食品、饮料、烟酒类零售额19.22亿元，增长37.29%；服装类零售额10.56亿元，增长35.66%；家用电器和音像器材类零售额9.84亿元，增长36.33%；日用品类零售额3.73亿元，增长22.17%；金银珠宝类零售额3.52亿元，增长40.43%；通信器材类零售额2.38亿元，下降8.64%；化妆品类零售额1.89亿元，增长20.54%。

2008 年，甘肃省商务工作克服"5·12"特大地震和雨雪冰冻等自然灾害以及国际国内经济形势急剧变化带来的诸多困难，全年实现社会消费品零售总额990.14亿元，比上年增长18.82%。其中，市的零售额638.87亿元，增长18.52%；县的零售额158.56亿元，增长19.66%；县以下零售额192.71亿元，增长19.13%。分行业看，批发业实现零售额121.16亿元，增长22.86%；零售业实现零售额683.46亿元，增长19.21%；住宿和餐饮业实现零售额163.79亿元，增长19.79%。

全年限额以上批发和零售业实现零售额231.87亿元，比上年增长20.72%。其中，石油及制品类零售额116.72亿元，增长30.05%；汽车类零售额35.88亿元，增长18.61%；食品、饮料、烟酒类零售额21.35亿元，增长11.08%；服装类零售额12.63亿元，增长19.60%；家用电器和音像器材类零售额8.46亿元，下降14.02%；金银珠宝类零售额4.52亿元，增长28.41%；日用品类零售额4.49亿元，增长20.38%；通信器材类零售额2.87亿元，增长20.59%；化妆品类零售额2.33亿元，增长23.28%。

2009 年，全年实现社会消费品零售总额1183.01亿元，比上年增长18.88%。其中，市的零售额762.95亿元，增长18.72%；县的零售额191.69亿元，增长20.14%；县以下零售额228.36亿元，增长18.38%。分行业看，批发业实现零售额122.92亿元，增长10.08%；零售业实现零售额841.84亿元，增长20.57%；住宿和餐饮业实现零售额194.76亿元，增长19.09%。全年限额以上批发和零售业实现零售额292.29亿元，比上年增长20.73%。其中，石油及制品类零售额130.09亿元，增长11.45%；汽车类零售额59.02亿元，增长64.51%；食品、饮料、烟酒类零售额30.94亿元，增长44.88%；服装类零售额15.23亿元，增长20.60%；家用电器和音像器材类零售额10.79亿元，增长27.42%；金银珠宝类零售额6.03亿元，增长33.42%；日用品类零售额5.40亿元，增长20.21%；化妆品类零售额2.77亿元，增长18.93%；通信器材类零售额2.66亿元，下降7.36%。

2009年，共有限额以上批发和零售贸易业、住宿和餐饮业法人企业815个，产业活动单位1509个，年末从业人数89111人。其中，批发业法人企业246个，产业活动单位253个，年末从业人数22203人；零售业法人企业275个，产业活动单位1174个，年末从业人数30281人；住宿业法人企业161个，产业活动单位21个，年末从业人数21982人；餐饮业法人企业133个，产业活动单位61个，年末从业人数14645人。限额以上批发和零售贸易业企业商品购进总额1350.9亿元，商品销售总额1487.7亿元（其中批发1157.9亿元、零售193.03亿元），年末库存总额178.3亿元。

2010年，全年实现社会消费品零售总额1369.40亿元，比上年增长18.3%。按经营地统计，城镇实现社会消费品零售总额1098.17亿元，增长18.4%，其中城区实现社会消费品零售总额809.58亿元，增长20.0%；乡村实现社会消费品零售总额271.22亿元，增长17.7%。分行业看，批发业实现零售额154.24亿元，增长20.2%；零售业实现零售额986.97亿元，增长18.4%；住宿和餐饮业实现零售额228.19亿元，增长16.6%。全年限额以上批发和零售业实现零售额379.99亿元，比上年增长26.9%。其中，石油及制品类零售额168.58亿元，增长27.7%；汽车类零售额84.54亿元，增长36.2%；粮油、食品、饮料、烟酒类零售额35.47亿元，增长16.2%；服装类零售额19.55亿元，增长26.4%；家用电器和音像器材类零售额13.72亿元，增长15.4%；中西药类零售额8.31亿元，增长9.7%；金银珠宝类零售额7.97亿元，增长30.7%；日用品类零售额6.94亿元，增长26.4%。

2010年，共有限额以上批发和零售贸易业、住宿和餐饮业法人企业1104个，产业活动单位1684个，年末从业人数110405人。其中，批发业法人企业265个，年末从业人数22404人；零售业法人企业440个，年末从业人数44142人；住宿业法人企业193个，年末从业人数23533人；餐饮业法人企业206个，年末从业人数20326人。限额以上批发和零售贸易业企业商品购进总额1727.2亿元，商品销售总额2021.4亿元（其中批发1645亿元、零售376.4亿元），年末库存总额205.8亿元。

三、重要活动

1. 家电下乡。家电下乡是为扩大内需、改善民生、拉动消费、促进经济平稳较快增长采取的一项重要的政策措施。2008年11月19日，国务院第36次常务会议决定在全国全面推广家电下乡。2008年财政部、商务部、工业和信息化部印发《关于全国推广家电下乡工作的通知》。主要内容是：顺应农民消费升级的新趋势，运用财政、贸易政策，引导和组织工商联手，开发、生产适合农村消费特点、性能可靠、质量保证、物美价廉的家电产品，并提供满足农民需求的流通和售后服务；对农民购买纳入补贴范围的家电产品给予一定比例的财政补贴，以激活农民购买能力，扩大农村消费，促进内需和外需协调发展。甘肃省作为第三批家电下乡启动省份，自2009年2月1日起开展家电下乡工作。省委、省政府对这项工作非常重视，将家电下乡列为全省流通工作和惠民工程的重点之一。在各级政府及有关部门的高度重视和积极努力下，全省家电下乡工作迅速启动，全面展开，进展顺利，受到广大农民群众的普遍欢迎。特别是进入2009年5月份以后，随着家电下乡各项措施的逐步完善到位，家电下乡产品销售持续升温，补贴资金兑付速度明显加快，开始进入快速增长阶段，呈现出良好的发展势头。

2009年1月9日，召开全省家电下乡推广工作电视电话会议。1月12日，省商务厅与财政厅联合印制2000份《甘肃省家电下乡推广工作实施方案》，下发至省内各市州、县区商务局、财政局及相关部门，要求各地、各单位结合当地实际制定《实施细则》。省商务厅与财政厅联合制定《关于家电下乡有关政策的公告》，并以2开的幅面印制5万份。为了保证该政策宣传公告的妥善投递和张贴，省商务厅与省邮政局专门签订《家电下乡政策宣传公告寄递、张贴协议》，要求邮政部门在2月5日前保证将5万份公告送达全省17000多个行政村和大的自然村，并在村委会公告栏张贴公示。截至2月2

日，省内各地已经张贴公告3.8万份。其中，嘉峪关市和金昌市张贴率达到100%。兰州、天水、白银、定西、平凉、张掖、武威、酒泉等市州张贴率也已达到80%。1月23日，省商务厅会同省委宣传部、省财政厅、省广播电影电视局制定并下发《关于进一步加强家电下乡宣传工作的通知》，要求有效宣传家电下乡惠农政策，顺利推进家电下乡工作。在甘肃商务网站家电下乡栏目上转发《甘肃省人民政府办公厅关于认真做好家电下乡推广工作的通知》，向社会公布了甘肃省家电下乡企业和产品的中标情况。推荐的20家家电流通企业和长风集团11个型号的洗衣机产品，经过商务部和财政部的严格审核全部中标。1月份，省委宣传部等15家单位联合发出通知，要求在全省范围内广泛开展文化、科技、卫生"三下乡"活动，其中，家电下乡惠民工程首次被列为服务农民、改善农民生活质量的一个重要活动内容。省商务厅把这次集中示范活动启动仪式视作全省实施家电下乡启动工作的主要平台，于1月23日向20家中标企业发出《关于请参加全省"三下乡"集中示范活动启动仪式的通知》，要求各企业认真制订活动实施方案，充分利用这次活动，广泛宣传推介中标产品、展示自身销售网络，有效树立企业形象。先后两次召开企业座谈会，安排和部署相关事宜。一次是1月15日，召开了20家家电下乡重点推荐企业座谈会。听取了各企业实施家电下乡工作的实施方案和工作开展情况，对企业提出的问题进行了面对面的交流和解答，要求企业不等不靠，全面加快前期工作的推进速度。另一次是2月2日，再次召开20家企业座谈会。听取了企业参加全省"三下乡"暨家电下乡推广工作集中示范活动启动仪式方案的汇报，就一些具体事项进行了衔接，并对整体工作进行安排和部署。大多数企业利用春节长假做了充分的准备工作，帐篷、拱门、货架、展板和明白纸等材料的准备均已就绪。全省财政预拨资金已于1月中旬全部到位，县财政与农村信用合作社的资金储蓄也已到位，农民"一折通"储蓄存折已准备就绪。农民在陇西县和榆中县的启动仪式上购买的中标家电产品，可当天受理审核，在15个工作日内即拿到补贴资金。经过充分准备，2月10日（农历正月十六），全省"三下乡"暨家电下乡推广工作集中示范活动启动仪式在定西市陇西县举行。

2009年4月底，国家财政部会同商务部等全国家电下乡联席会议成员单位制定《家电下乡操作细则》，进一步规范完善家电下乡操作办法，加大家电下乡补贴政策的落实力度，大幅度简化家电下乡补贴审核兑付程序。同时确定在包括甘肃省在内的16个省份，率先进行家电下乡补贴资金审核兑付改革试点。根据实际情况，甘肃省从5月份起及时启动试点工作，取消乡镇财政所审核、县财政局兑付环节，实行销售网点代理审核录入、乡镇财政所确认并直接兑付的办法，缩短补贴申领时间，方便农民购买。但由于受各种因素的制约，甘肃省补贴兑付率依然处在全国靠后位置。省商务厅在充分调研和征求基层部门意见之后，8月下旬，与省财政厅联合发《关于进一步调整明确家电下乡政策有关问题的通知》和《关于进一步简化家电下乡补贴资金兑付程序的通知》，对家电下乡政策实施范围和补贴兑付程序进行了适当调整，将省农垦、林业系统以及中央在甘、地方所属农场、林场、牧场、养殖场等主要从事农业生产的职工纳入家电下乡政策实施范围，同时进一步简化补贴资金兑付程序，在确保资金安全的前提下，全面推行销售网点先行代理审核并垫付补贴资金、事后再与财政部门清算的办法。农民在家电下乡备案销售网点购买补贴类产品后，按要求签署《甘肃省家电下乡补贴资金申领委托书》，销售网点代理审核后直接向购买者垫付补贴资金，实现即买即补、当场兑付。之后，由销售网点负责向当地财政部门申请办理补贴资金清算业务，县、区财政局或乡镇财政所在接到申请7个工作日内完成相关审核确认和资金拨付工作。为了使农民群众及时了解补贴政策的调整内容，省财政厅通过《甘肃日报》，向全省发出《关于家电、汽车、摩托车下乡财政补贴工作致全省农民朋友的一封信》，并印刷张贴至全省1.6万个行政村。9月25日，省财政厅又下发进一步加快补贴兑付速度的紧急通知，明确了解决和提高兑付率的具体对策。10月10日，省财政厅召开全省家电下乡补贴兑付工作座谈会，周多明厅长主持会议并讲话，全面安排部署了补贴兑付工作。省商务厅也多次召开中标企业负责人会议，要求销售网点在全力扩大产品销售的同时，及时进行补贴代审和现场垫付，切实做到即买即补、应兑尽兑。9月份以后，财政补贴兑付速度明显加快。9月份当月，全省补贴产品47584台（部），补贴资金1022.81万元，比上月分别增长115%和90.29%，补贴兑付率已由7月份的35%提高到78%。

省商务厅协调各职能部门统一部署、联合行动，及时开展执法检查和专项整治活动，严厉打击生产、销售假冒伪劣家电产品的违法行为，防止假冒伪劣商品流入农村市场；依法查处非中标企业假借"家电下乡"名义销售产品，中标企业借家电下乡之名促销非家电下乡产品，以不合格产品冒充合格产品，以假充真、以次充好、误导农民、扰乱市场的违法行为，维护经营者和消费者的合法权益，确保政策执行不走样、不变形、不打折扣。省财政厅、省商务厅联合省工信委、省委宣传部等12个部门转发了国家11部委制定的《家电下乡操作细则》，制定下发《甘肃省家电下乡流通企业行为规范》和《甘肃省家电下乡销售网点建设规范》，明确了相关责任，提出了具体要求。各级商务部门分别与中标流通企业和销售网点签订了家电下乡责任书和销售承诺书，并联合有关部门，及时对销售网点进行督促检查，对于违规销售、业绩差、不及时登录信息，问题严重又拒不改正的网点，按照有关规定进行了严肃处理。财政部门会同有关部门不定期地对网点代审和补贴兑付情况进行抽查核实，未发现骗补情况。税务部门针对家电下乡提出强化税法宣传，做好纳税服务，便利销售网点的具体措施。工商、质检、物价等部门也围绕家电下乡开展了一系列专项整治活动，其中，工商部门开展市场监管专项整治行动1次，出动人员10097人次，查处案件5起，查获货值5.59万元，质检部门开展产品质量专项整治行动1次，出动人员967人次，查处案件数9起，查获货值6.51万元，受理并成功处理投诉事件23起，切实为家电下乡保驾护航，做到了责任到人、监管到位。

2009年12月18日，商务部在银川召开西北地区商务工作座谈会，陈德铭部长出席会议，检查促进家电下乡工作。截至2009年12月31日，甘肃省中标流通企业69家，销售网点3177个，基本覆盖了市区、县城、中心集镇和部分偏远乡镇。共销售家电下乡产品39.5万台，实现销售金额6.2亿元，受理补贴产品31.56万台，补贴资金7014万元。销售量和销售额居西北五省区第二，补贴兑付率93%。在商务部专项资金1557万元的支持下，甘肃省500个销售网点、15个配送中心进行了升级改造，农村家电销售网络体系进一步完善。受"家电下乡"政策刺激，2009年前11个月，平板电视、滚筒式洗衣机、电磁炉和家用电冰箱零售数量分别增长131.8%、75.5%、22.5%和15.2%。农村市场实现社会消费品零售总额374亿元，同比增长19%，高于全省平均增幅。截至2010年年底，甘肃省家电下乡中标企业达118个，销售网点3781个，网点覆盖全省100%的区县、32.6%的乡镇。2010年甘肃省家电下乡九大类产品销售量与2009年相比，冰箱增长194.8%，彩电增长220.1%，洗衣机增长264.7%，计算机增长538.9%，空调增长555.1%，热水器增长690.5%，微波炉增长1074.9%，电磁炉增长716.3%。农村市场实现社会消费品零售总额192.7亿元，同比增长19%，高于全社会平均增幅1个百分点，充分突显了家电下乡在激活农民购买能力、加快农村消费升级、开拓农村消费市场、拉动内需方面的积极作用。

2.家电以旧换新。2010年，国家财政、商务、环保3个部门批准将甘肃省列为全国家电以旧换新推广实施省份，省商务厅配合省环保厅确定甘肃省家电拆解企业。8月5日，省商务厅研究制定了《甘肃省家电以旧换新实施细则》，明确了补贴政策、操作流程、家电回收企业的确定和管理、家电销售企业的确定和管理、拆解处理企业的确定和管理，以及补贴资金申报、审核及兑付，资金的来源、拨付及清算，组织实施、监督管理等各项内容。对全省商务、财政有关人员和家电销售（回收）企业人员进行业务培训，协调省发改委公布了旧家电回收价格，制定《甘肃省家电以旧换新销售企业和回收企业招投标书》，确定了22家销售企业和6家回收企业承担家电以旧换新工作。2010年年底全省家电以旧换新销售新家电4.81万台，销售金额1.95亿元。回收旧家电5.11万台，拆解收购2.3万台，拆解率91%，销售补贴517万元；2011年共销售家电下乡产品103万台（部），实现销售金额24.68亿元；补贴产品87.2万台（部），补贴资金2.44亿元。家电以旧换新30.32万台，销售额12.2亿元。销售补贴20.24万台，补贴资金6309万元。惠农政策的深入实施，有效拉动了农村消费，培育发展了农村市场。

2010年8月—12月甘肃省家电以旧换新综合统计数据表

表2-1-10　　　　　　　　　　　　　　　　　　　　　　　　　　　　单位:台、元

	销　售				回　收		拆　解			
	销售数量	销售金额	补贴数量	补贴金额	回收数量	回收金额	拆解收购数量	拆解收购金额	已拆解数量	拆解率
2010年8月	4496	16537919	814	230641	4755	163603	395	18000	395	100.00%

	销　售				回　收		拆　解			
	销售数量（台）	销售金额（元）	补贴数量(台)	补贴金额(元)	回收数量（台）	回收金额（元）	拆解收购数量（台）	拆解收购金额(元)	已拆解数量（台）	拆解率（%）
2010 年 9 月	8051	31327258	1424	399268	9316	287939.5	4184	136424.5	4184	100.00%
2010 年 10 月	13865	56297065	2309	697045	14582	275621.8	2594	75828	2594	100.00%
2010 年 11 月	9861	41237063	6063	1868216	10304	176429	3955	76493	3955	100.00%
2010 年 12 月	11690	48751475	10519	3130020	12206	193511.8	11907	225504	11907	100.00%

1979 年—2010年甘肃省历年社会消费品零售总额表

表2-1-11　　　　　　　　　　　　　　　　　　　　　　　　　　　　单位：亿元

年　份	社会消费品零售总额	市	县	县以下	批发零售业	餐饮业	其他行业
1979	22.659	7.56	7.82	7.28	16.97	1.40	4.28
1980	26.478	9.04	8.62	8.82	19.83	1.64	5.01
1981	29.157	10.32	9.46	9.37	21.84	1.81	5.51
1982	31.193	11.00	10.15	10.04	23.36	1.93	5.90
1983	34.470	13.26	10.09	11.11	25.81	2.14	6.52
1984	40.286	15.95	12.40	11.94	30.17	2.50	7.62
1985	51.814	25.30	10.69	15.82	39.07	3.15	9.60
1986	61.902	35.49	12.67	13.75	46.36	3.84	11.71
1987	72.110	42.19	13.82	16.10	54.00	4.47	13.64
1988	92.771	55.86	17.94	18.97	69.48	5.75	17.54
1989	100.653	62.21	18.71	19.73	75.38	6.24	19.03
1990	96.164	72.02	5.967	18.17	72.03	5.962	18.17
1991	106.167	64.59	19.94	21.64	79.51	6.58	20.07
1992	128.263	79.90	23.34	25.02	96.07	7.95	24.24
1993	163.434	110.48	30.48	22.46	123.31	10.84	29.29

续表

年　份	社会消费品零售总额	市	县	县以下	批发零售业	餐饮业	其他行业
1994	196.448	122.17	34.54	39.74	136.90	18.51	41.04
1995	240.648	147.54	45.10	48.01	161.47	22.69	56.48
1996	271.692	170.05	44.80	56.84	179.10	28.88	63.74
1997	291.525	185.35	49.76	56.41	181.50	31.86	78.16
1998	317.763	201.62	52.62	63.52	196.73	37.18	83.86
1999	346.997	221.90	55.73	69.36	317.43	43.55	90.12
2000	379.614	244.89	60.24	74.48	246.18	48.78	84.62
2001	413.78	267.72	65.71	80.36	271.03	54.29	88.47
2002	453.502	294.10	72.24	87.16	301.94	61.13	90.43
2003	496.585	322.18	79.80	94.60	406.26	69.97	2.04
2004	560.645	365.71	88.81	106.13	455.80	82.92	21.92
2005	632.800	407.14	100.93	124.72	511.68	99.73	21.39
2006	717.474	462.56	114.44	140.48	579.07	116.02	22.39
2007	833.324	539.08	132.50	161.75	671.91	136.75	24.67
2008	1023.6	600.43	163.88	199.20	831.78	169.20	22.42
2009	1183	762.92	191.65	227.14	964.74	194.72	23.54
2010	1394.5	1123.27（城镇）	—	271.23（乡村）	1141.40	210.85	17.29

备注：根据国家统计部门规定，自 2010 年起社消总额的统计对象由原来的市、县、县以下变更为城镇、乡村。

2005 年以后，商务部建立批发零售企业商品类值直报系统，甘肃省企业统计表如下（因为系统初步建立，监测类别多为商场、超市、百货店等批发零售的大类商品，数据汇总来源于监测样本企业）：

表2-1-12

2005年—2010年甘肃省批发零售企业商品类值累计汇总表

单位：万元

年份类别	2005		2006		2007		2008		2009		2010	
	数量	同比	数量	同比	数量	同比	数量	同比	数量	同比	数量	同比
门店数(个)	3	0	3	0	85	4	282	40	236	15	1466	17
其中:直营店(个)	3	0	3	0	23	9.52	33	10	69	1.47	711	4.56
加盟店(个)	—	—	—	—	62	1.64	249	45.61	167	21.9	755	31.08
商品销售额	331374.8	-2.18	608730.3	-2.97	885973.9	14	554900.1	43.2	1281628	10.09	862895.8	11.65
粮油,食品	24056.8	9.9	21945.7	17.81	26758.38	19.48	38782.7	29.51	43027.6	1.25	58813.3	6.79
其中:粮食	1259.85	2.98	630.12	12.14	860.07	14.11	1555.01	19.78	4824.09	3.84	6870.37	8.34
食用油	1158.3	5.45	730.11	-1.77	1093.63	45.29	1542.83	22.06	2106.93	6.54	3205.1	9.13
肉	2773.26	7.13	1630.19	-22.7	1209.63	7.01	2041.49	7.48	4042.93	15.65	5277.02	1.94
禽	738.3	-3.41	258.87	-49.1	252.54	-2.45	309.27	1.71	584.49	18.49	1151.28	5.56
蛋	840.8	-3.69	413.58	-28.5	264.76	-12.99	384.21	21.95	1329.74	73.91	2228.77	16.53
鲜菜	797.4	2.7	351.54	-28.2	275.41	-21.66	171.5	10.65	142.9	16.68	2510.61	11.73
鲜果	875.3	6.76	352.44	-26	247.71	-29.72	119.7	7.55	72.8	39.18	1840.51	13.42
水产品	645.1	-6.44	235.35	-31.5	284.92	21.06	354.46	0.69	272.45	23.14	1920.08	10.12
奶及奶制品	1309.3	4.13	910.03	33.32	1041.88	14.49	1376.7	28.21	1875.03	36.2	4264.62	5.09
饮料	3871	7.42	1207.5	4.79	1283.5	7.74	2733.09	11.54	3395.84	13.31	5386.95	-0.77

续表

年份类别	2005 数量	2005 同比	2006 数量	2006 同比	2007 数量	2007 同比	2008 数量	2008 同比	2009 数量	2009 同比	2010 数量	2010 同比
烟酒	10426.9	0.88	6216.39	-29	5243.5	-10.1	6083.2	14.98	7365.77	10.29	10142.57	19.23
其中:烟	1154.12	-7.35	282.47	25.38	337.95	19.64	626.34	75.67	1400.45	57.29	2145.92	9.82
酒	1835.4	2.39	772.62	-31.7	721.55	-6.61	701.76	-6.4	709.2	1.06	1690.25	3.16
服装	43166.8	19.81	31138.36	23.91	35444.2	31.92	46862.4	20.57	59391.7	18.77	138443.6	8.31
鞋帽	12927.3	7.83	9891.74	9.01	6039.7	-7.03	8207.7	19.05	15186.4	21.08	30648.07	16.87
其中:鞋	12927.3	7.83	4972.3	-10.9	423	6.82	191.2	-23.64	4827.41	14.88	18876.46	15.91
帽	—	—	—	—	—	—	4	5.26	3.5	-12.5	174.31	20.86
针、纺织品	9728.1	8.18	10815.61	0.29	7282.1	-22.8	8371.5	-2.24	9287.74	9.11	22076.58	16.02
化妆品	7504	5.72	5603.1	8.97	5347	11.98	6954.1	13.33	8963.37	8.09	19134.54	7.59
金银珠宝	14228.9	13.8	9513.5	15.21	10165.5	32.61	14863.2	23.87	22886.9	35.59	58148.69	22.2
日用品	15628.4	15.16	14111.1	9.87	12046.7	-5.24	13368.6	4.21	16068.5	7.1	22486.76	15.69
体育、娱乐用品	536.5	-5.83	316.47	-32.3	3114.9	3.22	3511.8	12.43	3611.15	-0.63	2763	-23.56
健身器材	7.6	-8.43	—	—	—	—	10.1	17.44	—	—	102	-11.3
照相器材	40.1	-3.14	—	—	—	—	—	—	—	—	89	32.84
书报杂志	53.7	4.07	—	—	—	—	—	—	—	—	7.5	22.35
家用电器和音像器材	5067.9	-3.18	8796.6	-43.8	6005	43.06	6236.1	3.85	6943.7	11.35	7010.55	-6.16

年份类别	2005 数量	2005 同比	2006 数量	2006 同比	2007 数量	2007 同比	2008 数量	2008 同比	2009 数量	2009 同比	2010 数量	2010 同比
其中:洗衣机	—	—	506.4	-57.6	—	—	—	—	—	—	100	28.21
电冰箱	29.2	-17.98	841.1	-55.6	—	—	—	—	—	—	74	-14.94
空调	—	—	233.8	-27.5	—	—	—	—	—	—	75	-18.48
电视机	121.3	4.66	2218.3	-58.2	—	—	—	—	—	—	152	56.7
中西药品	—	—	—	—	—	—	25.8	14.67	23.86	-7.52	30.54	10.29
文化办公用品	1084.4	-20.63	803.18	-28.3	715.1	11.27	532.3	-27.84	1517.07	30.86	2278.07	24.44
通信器材	3099.8	12.2	4529.1	0.58	2185	-21.48	2103.5	-3.73	3482	0.68	3953.7	4.43
其他	12342.5	23.09	—	—	140313	16.87	450.8	120.6	3983.2	15.86	7074.88	4.47

四、商品市场价格

1985 年，全年居民消费价格总指数比上年上涨9.2%，其中城市上涨10.6%；农村上涨7.1%。全省商品零售价格总指数比上年上涨8.5%，农业生产资料价格指数上涨4.6%。

1986 年，全年居民消费价格总指数比上年上涨6.6%，其中城市上涨7%；农村上涨6%。全省商品零售价格总指数比上年上涨6%，农业生产资料价格指数上涨0.6%。

1987 年，全年居民消费价格总指数比上年上涨7.6%，其中城市上涨8.4%；农村上涨6.5%。全省商品零售价格总指数比上年上涨7.4%，农业生产资料价格指数上涨4.8%。

1988 年，全年居民消费价格总指数比上年上涨19.1%，其中城市上涨20.6%；农村上涨16%。全省商品零售价格总指数比上年上涨18.6%，农业生产资料价格指数上涨14.3%。

1989 年，全年居民消费价格总指数比上年上涨17.9%，其中城市上涨18.2%；农村上涨17.6%。全省商品零售价格总指数比上年上涨16.4%，农业生产资料价格指数上涨13.7%。

1990 年，全年居民消费价格总指数比上年上涨3.2%，其中城市上涨1.9%；农村上涨4.7%。全省商品零售价格总指数比上年上涨3.4%，农业生产资料价格指数上涨11.2%，固定资产投资价格总指数上涨5.6%。

1991 年，全年居民消费价格总指数比上年上涨4.9%，其中城市上涨5.7%；农村上涨4.5%。全省商品零售价格总指数比上年上涨4.6%，农业生产资料价格指数上涨4.5%，工业品出厂价格总指数上涨4.2%，固定资产投资价格总指数上涨9%。

1992 年，全年居民消费价格总指数比上年上涨7.2%，其中城市上涨7.3%；农村上涨6.4%。全省商品零售价格总指数比上年上涨5.8%，农业生产资料价格指数上涨6.7%，工业品出厂价格总指数上涨10.3%，固定资产投资价格总指数上涨17.4%。

1993 年，全年居民消费价格总指数比上年上涨15.4%，其中城市上涨15.2%；农村上涨15.8%。全省商品零售价格总指数比上年上涨13%，农业生产资料价格指数上涨20.1%，工业品出厂价格总指数上涨25.3%，固定资产投资价格总指数上涨26.2%。

1994年，全年居民消费价格总指数比上年上涨23.7%，其中城市上涨24.6%；农村上涨23.5%。全省商品零售价格总指数比上年上涨22.5%，农业生产资料价格指数上涨23.2%，工业品出厂价格指数上涨21.2%，固定资产投资价格总指数上涨12.6%。

1995年，全年居民消费价格总指数比上年上涨19.8%，其中城市上涨18.9%；农村上涨20.3%。全省商品零售价格总指数比上年上涨16.5%，农业生产资料价格指数上涨29.6%，工业品出厂价格总指数上涨15%，固定资产投资价格总指数上涨9.4%。

1996年，全年居民消费价格总指数比上年上涨10.2%，其中城市上涨10.3%；农村上涨9.7%。全省商品零售价格总指数比上年上涨6.6%，农业生产资料价格指数上涨10.7%，工业品出厂价格总指数上涨4.4%，固定资产投资价格总指数上涨4.9%。

1997年，全年居民消费价格总指数比上年上涨2.9%，其中城市上涨2.8%；农村上涨2.9%。全省商品零售价格总指数比上年上涨1.6%，农业生产资料价格指数上涨1.4%，工业品出厂价格总指数上涨5%，固定资产投资价格总指数上涨2.7%。

1998年，全年居民消费价格总指数比上年下降1%，其中城市下降1%；农村下降1.1%。全省商品零售价格总指数比上年下降1.8%，农业生产资料价格指数下降3.7%，工业品出厂价格总指数下降4.8%，固定资产投资价格总指数上涨0.3%。

1999年，随着国家一系列启动消费政策措施的落实到位，消费市场回升，但市场物价低位运行。全年居民消费价格总指数比上年下降2.4%，其中城市下降2.8%，农村下降1.8%。全省商品零售价格总指数比上年下降2.8%。

2000年，消费市场购销活跃。市场物价仍低位运行，但降幅有所回升。居民消费和商品零售价格指数分别为99.5和99.1。

2001年，消费品市场运行平稳，市场物价回升。2001年，全省居民消费和商品零售价格指数分别为104.0和99.6。

2002年，市场物价运行平稳。全省居民消费价格总指数与上年持平，其中城市居民消费价格下降0.7%；农村居民消费价格上涨0.9%。分项目看，食品价格上涨0.1%，其中粮食下降0.7%、肉禽及其制品上涨2.2%、蛋类下降1.4%、水产品下降5.1%、鲜菜下降6.2%，在外用餐上涨2.9%；烟酒及用品类上涨0.9%；衣着类下降1.3%；家庭设备用品及服务类下降1.6%；医疗保健及个人用品下降0.7%；交通和通讯下降0.5%；娱乐教育文化用品及服务上涨1.6%；居住类下降1.0%。与上年相比，商品零售价格下降1.1%，工业品出厂价格下降2.1%，原材料、燃料、动力购进价格下降1.6%，固定资产投资价格上涨0.2%。

2003年，市场物价运行基本平稳。全省居民消费价格总水平比上年上涨1.1%，其中城市上涨0.9%，农村上涨1.4%。分项目看，食品价格上涨3.0%，其中粮食上涨1.6%、肉禽及其制品与上年持平、蛋类下降3.9%、水产品上涨0.2%、鲜菜上涨28.5%，鲜果下降1.6%；烟酒及用品类下降0.2%；衣着类下降1.6%；家庭设备用品及服务类下降1.5%；医疗保健及个人用品上涨1.9%；交通和通信下降1.3%；娱乐教育文化用品及服务上涨0.5%；居住类上涨1.5%。与上年相比，商品零售价格上涨0.2%，工业品出厂价格上涨10.04%，原材料、燃料、动力购进价格上涨5.6%。

2004年，消费领域价格平稳上升，结构性特征较为突出。在食品价格的带动下，居民消费价格总指数自2月份起逐月攀升，7、8月涨幅最高，10月份以后，粮食价格涨势得到缓解，由食品类价格上升推动物价上涨的压力逐步减弱。全省居民消费价格总指数比上年上涨2.3%，其中城市上涨1.3%；农村上涨4.3%。在食品价格不断上涨的过程中，烟酒及用品类、衣着类、家庭设备用品及服务类、医疗保健及个人用品类、交通和通信类均呈下降趋势。生产领域价格指数高位运行，上涨明显。在石油及相关产品、黑色、有色金属产品价格上涨的轮番带动下，甘肃省工业品价格持续攀升，10月份达年内最高点。11月份以后随着宏观调控政策力度的加大和宏观调控政策影响的显现，工业品价格指数略有回落。全年全省工业品出厂价格总指数比上年上涨14.3%，原材料、燃料、动力购进价格上涨12.5%，固定资产投资价格上涨5.5%。

2005年，消费领域价格小幅上涨。全省居民消费价格总指数比上年上涨1.7%，其中城市上涨1.2%；农村上涨3.0%。食品、医疗保健及个人用品、娱乐教育文化用品及服务、居住类价格呈现上涨态势，烟酒及用品、衣着、家庭设备用品及服务、交通和通信等价格低位运行。全省商品零售价格总指数比上年下降0.1%。生产领域价格指数高位运行。国际市场石油价格高位波动，带动甘肃省工业品价格总指数攀升。全年全省工业品出厂价格总指数比上年上涨9.6%，原材料、燃料、动力购进价格上涨9.9%，固定资产投资价格上涨2.2%。

2006年，市场物价总指数小幅上涨。全省居民消费价格总指数比上年上涨1.3%，其中城市上涨1.2%，农村上涨1.4%。食品、医疗保健及个人用品、居住类、家庭设备用品及服务、交通和通信价格呈现上涨态势，烟酒及用品、衣着、娱乐教育文化用品及服务价格低位运行。全省商品零售价格总指数比上年上涨1.2%。

2007年，全省居民消费价格总指数比上年上涨5.5%，其中城市上涨5.2%；农村上涨6.3%。服务项目价格比上年上涨4.6%，其中，城市上涨5.0%；农村上涨3.8%。食品类、医疗保健及个人用品类、居住类价格上涨是推动居民消费价格攀升的主要因素，特别是食品类在居民消费价格构成中权重较大，食品价格上涨始终是推动居民消费价格攀升的主要动力和原因。全省商品零售价格指数比上年上涨4.4%，农业生产资料价格指数上涨7.1%。

2008年，由于"5·12"特大地震和雨雪冰冻等自然灾害影响，全省居民消费价格总指数比上年上涨8.2%，其中，城市上涨8.0%，农村上涨8.7%。服务项目价格比上年上涨4.0%，其中，城市上涨3.6%，农村上涨5.2%。食品类、居住类价格分别上涨16.2%和11.3%，是推动居民消费价格攀升的主要因素。全省商品零售价格总指数比上年上涨7.9%，农业生产资料价格指数上涨14.7%。

2009年，全省居民消费价格总指数比上年上涨1.3%，其中城市上涨0.9%；农村上涨2.2%。全省商品零售价格总指数比上年上涨1.8%，农业生产资料价格指数下降1.0%。

2010年，全省居民消费价格总指数比上年上涨4.1%，其中城市上涨4.4%；农村上涨3.6%。全省商品零售价格总指数比上年上涨4.6%，农业生产资料价格总指数比上年上涨1.7%。全年全省工业品出厂价格总指数比上年上涨15.0%，原材料、燃料、动力购进价格总指数上涨14.4%，固定资产投资价格总指数上涨3.5%，农产品生产价格总指数上涨13.8%，农业生产资料价格指数上涨1.7%。

1985 年—2010年甘肃省各种价格指数统计表

表2-1-13 (上年=100)

年份	居民消费价格指数	城市	农村	商品零售价格指数	农业生产资料价格指数	工业生产者出厂价格指数	工业生产者购进价格指数	固定资产投资价格指数
1985	109.2	110.6	107.1	108.5	104.6	—	—	—
1986	106.6	107.0	106.0	106.0	100.6	—	—	—
1987	107.6	108.4	106.5	107.4	104.8	—	—	—
1988	119.1	120.6	116.0	118.6	114.3	—	—	—
1989	117.9	118.2	117.6	116.4	113.7	—	—	—
1990	103.2	101.9	104.7	103.4	111.2	—	—	105.6
1991	104.9	105.7	104.5	104.6	104.5	104.2	—	109.0
1992	107.2	107.3	106.4	105.8	106.7	110.3	—	117.4
1993	115.4	115.2	115.8	113.0	120.1	125.3	—	126.2
1994	123.7	124.6	123.5	122.5	123.2	121.2	—	112.6
1995	119.8	118.9	120.3	116.5	129.6	115.0	113.7	109.4
1996	110.2	110.3	109.7	106.6	110.7	104.4	107.6	104.9
1997	102.9	102.8	102.9	101.6	101.4	105.0	102.2	102.7
1998	99.0	99.0	98.9	98.2	96.3	95.2	96.4	100.3
1999	97.6	97.2	98.2	97.2	95.8	98.2	98.3	101.0
2000	99.5	99.2	100.1	99.1	103.9	107.2	111.8	102.5
2001	104.0	103.0	105.5	99.6	98.6	98.5	101.4	102.0
2002	100.0	99.3	100.9	98.9	100.4	97.9	98.4	100.2
2003	101.1	100.9	101.4	100.2	101.8	110.0	105.6	101.7
2004	102.3	101.3	104.3	102.1	107.4	114.3	112.5	105.5
2005	101.7	101.2	103.0	99.9	109.0	109.6	109.9	102.2
2006	101.3	101.2	101.4	101.2	104.4	109.8	108.8	104.1
2007	105.5	105.2	106.3	104.4	107.1	105.5	104.3	102.8
2008	108.2	108.0	108.7	107.9	114.7	104.9	110.2	106.7
2009	101.3	100.9	102.2	101.8	99.0	91.0	90.5	101.5
2010	104.1	104.4	103.6	104.6	101.7	115.0	114.4	103.5

备注:2011 年以前,工业生产者出厂价格指数为工业品出厂价格指数,工业生产者购进价格指数为原材料、燃料和动力购进价格指数。

第二节　特色产品品牌

甘肃省是中国老工业基地之一。早在"一五"时期，全国156个重点建设项目，甘肃就有16项。如兰州化学工业公司、兰州炼油化工总厂、兰州石油化工机器厂、西固热厂、白银有色金属公司、万里机电厂、长风机器厂等都是这一时期建成的。"三五""四五"时期，东部和沿海企业内迁和"三线"建设，甘肃工业在精密仪器、机械电子、航空航天、冶炼加工、轻工纺织等方面长足发展，初步构成甘肃工业的基本框架。1978年之后，能源、原材料以及交通运输等基础产业迅速发展，奠定了甘肃工业发展的基础，城乡集体工业和非公有制工业异军突起，大大超过国有工业的增长速度；形成以电力、煤炭、有色金属、石油化工、机械电子、轻工纺织、食品医药、建筑材料为主的工业体系，成为中国西部重要的工业核心区和能源、原材料基地。2010年5月2日，国务院办公厅下发《关于进一步支持甘肃经济社会发展的若干意见》，对甘肃的战略定位之一，就是全国重要的新能源基地、有色冶金新材料基地和特色农产品生产与加工基地。

一、甘肃工业产品结构

甘肃工业结构是以天赋资源条件为依托的，不同时期的工业结构演变情况体现了投资决策者经济上、政治上的考虑。早期，以1994年为例，甘肃工业结构呈现出以下特点：（1）以原材料为主的重型工业结构。1994年，在全部工业产值中，轻、重工业的比重为22.5∶77.5。在重工业中，采掘工业和原材料工业的比重达到73.8%；在轻工业中，以农产品为原料占72.6%。作为上游工业集中的省份之一，以能源、原材料为主的工业产品在全国名列前茅，为全国经济的发展做出了突出贡献。其中，镍的产量、铂族金属产量以及钴、铅、稀土化合物的产量均居全国第一，10种有色金属产量居全国第二位，乙烯、塑料、硫酸、烧碱、水泥、平板玻璃、合成橡胶、碳素制品、铁合金、石油机械设备等产品产量也很可观，都是能够增加有效供给产品，在全国供求平衡中占有相当的比重。（2）以大中城市为重心的地区工业结构。甘肃工业的布局是以兰州、天水、白银、金昌、嘉峪关等大中城市为重心的。城市基础设施条件明显好于其他地区，这是甘肃工业的核心区。（3）以国有经济为主的所有制结构。甘肃工业的另一个特点是全民所有制经济成分的比重比较高，集体和非公有制经济成分过低。1993 年，国有工业的比重为74.19%，集体工业为13.93%，其他类型工业为11.88%。甘肃工业结构水平尚处在相对比较低的层次上，第二产业在国民经济中的比重还在上升，第三产业还很薄弱。甘肃工业的明显缺陷，表现为长期存在的二元结构，使得经济活动的自我调节能力太弱，资源配置和综合利用效率低下，主要原因是初步确立甘肃工业体系之后，在相当长的一段时期里，主要靠工业自身产生的需求来推动工业。迟迟没有形成依靠全面发展经济、提高居民消费水平所产生的巨大需求，来推动工业化的深入，"孤岛"式的大型企业的发展没有和地方经济发展相融合。80%的农村人口进入工业化进程还需要相当长的时间。

二、甘肃产品品牌建设

随着市场经济的推进和全球经济一体化进程的加速，90年代后的中国市场在经过质量、价格等的多轮竞争后，已经全面进入了品牌竞争的阶段。甘肃省自1994年以后一直努力实施"树立甘肃名优品牌、实施名牌战略"的发展策略，1994年成立"省名牌战略领导小组"，1998年开始实施"陇货精品"评比（当时评了28种），对推动全省经济的发展起到了重要作用。到2004 年，甘肃省已经有了215种地产名牌产品，并评选出了52种"陇货精品"。这些具有一定知名度品牌的形成，为经济的发展起到了积极的推动作用，但从全国来看甘肃的竞争力总体不强。

1998 年陇货精品一览表

表2-2-1

一、首批陇货精品名单(共 28 种品牌)			
(一)生活消费类(10 种品牌)			
序号	注册商标	主导产品	生产企业名称
1	派神牌	服装面料	兰州三毛纺织(集团)有限责任公司

续表

序号	注册商标	主导产品	生产企业名称
2	黄河牌	啤酒	兰州黄河企业集团公司
3	五洲(飞天)牌	地毯	甘肃无纺织地毯厂
4	莫高牌	干红、干白葡萄酒	甘肃凉州葡萄酒厂
5	长风牌	洗衣机	甘肃长风宝安实业股份有限公司
6	奇正牌	藏药系列产品	甘肃奇正实业有限公司
7	宝炉(岷山牌)	浓缩丸系列中成药	兰州佛慈制药有限公司
8	凉州黄台牌	白酒	甘肃凉州黄台(集团)公司
9	滨河牌	白酒	甘肃滨河集团
10	兰生牌	白蛋白、狂犬疫苗	兰州生物制品研究所

(二)生产资料类(18种品牌)

序号	注册商标	主导产品	生产企业名称
1	雄关牌	高速线材	酒泉钢铁集团公司
2	飞天牌	燃料油、润滑油等	兰州炼油化工总厂
3	金兰牌	树脂、橡胶、化肥等	兰州化学工业公司
4	金驼牌	电解镍、电解钴	金川有色金属公司
5	红鹭牌	电解铜、铅锭、锌锭	白银有色金属公司
6	三乐牌	重熔用铝锭	兰州连城铝厂
7	熊猫牌	稀土系列产品	甘肃稀土公司
8	兰石牌	6000米电驱动沙漠钻机	兰州石油化工机器总厂
9	祁连山牌	525#中热硅盐酸大坝水泥	永登水泥厂
10	蓝光牌	高功率、超高功率石墨电极	兰州炭素有限公司
11	LD牌	交直流电机及控制装置	兰州电机集团有限责任公司
12	敦煌牌	油墨、颜料	甘肃省甘谷油墨厂
13	永新牌	涂料	西北永新集团公司
14	兴维牌	维尼纶纤维	兰州维尼纶(集团)有限责任公司
15	甘兰驼牌	四轮拖拉机	兰州兰驼集团有限公司

续表

序号	注册商标	主导产品	生产企业名称
16	奔马牌	纯碱、混配肥	甘肃金昌化工集团公司
17	西铁牌	75# 硅铁	西北铁合金厂
18	黄河牌	尿素	甘肃省刘家峡化工总厂

二、第二批陇货精品名单(共16种品牌)

(一)生活消费类

序号	注册商标	主导产品	生产企业名称
1	甘光—潘太克斯牌	照相机	甘肃光学仪器工业公司兰州照相机厂
2	定西牌	贞芪扶正胶囊、冲剂	甘肃省定西制药厂
3	泰玉牌	牛、羊、驼绒衫	国营景泰羊毛衫厂
4	陇南春牌	系列白酒	甘肃陇南春酒业(集团)有限责任公司
5	丝路牌	贞芪扶正胶囊	兰州制药厂
6	富康牌	板式家具	酒泉富康家居总公司
7	燎原牌	耗牛奶粉	甘南州乳品厂
8	云晓牌	熏醋	甘肃凉州益民有限责任公司

(二)生产资料类

序号	注册商标	主导产品	生产企业名称
1	兰光牌	彩色显示器	深圳蓝光电子工业公司
2	银华牌	甲苯二异氰酸酯(TDI)	甘肃省银光化学工业公司
3	燎原牌	凿岩机	天水风动工具厂
4	敦煌牌	电线电缆	甘肃长通电缆(集团)有限责任公司
5	LD 牌	静电除尘器	兰州电力修造厂
6	兰新牌	铁路列车无线调度通信系统设备	兰州无线电厂
7	亚盛牌	工业硫化钠、工业无水硫酸钠	甘肃亚盛实业(集团)股份有限公司
8	红峰牌	蒸汽疏水阀	红峰机械厂

续表

三、第三批陇货精品(共 4 种品牌)

序号	注册商标	主导产品	生产企业名称
1	兰州牌	珍品兰州香烟	兰州卷烟厂
2	兰飞牌	CL 系列人工机械心脏瓣膜	兰州飞控仪器总厂
3	好为尔牌	乳制品	兰州好为尔生物科技股份有限公司
4	通明牌	酪朊酸钠	甘肃省干酪素厂

1999 年7月，省统计局与省经贸委联合就省内地产品流通情况开展专题统计调查，主要目的是提高产品市场占有率、拓展产品销路、增强企业竞争力。当时省内地产品流通情况主要是：

1. 工业发展速度加快，但工业品占全国市场份额的比重却呈下降趋势。从统计资料看，1985年甘肃省工业增加值为50.54亿元，1990年为83.93亿元，1995 年为226.45亿元，到1998年增加到311.80亿元，但是工业总产值占全国的比重是逐步下降的。1985年为1.39%，1990年为1.16%，到1998年这一比重继续萎缩，为0.9%。同时，在全国工业产值的排序位次也在逐年后移，1990 年居23位，至1998年退到25位。从工业结构看，轻工业的比重在下降，而重工业的比重在上升。1985年、1995年、1998年轻工业所占比重分别为25.03%、18.94%、18.40%，重工业比重分别为74.97%、81.06%、81.60%，由于轻重工业结构比例不协调，加之城乡居民日益增长的消费需求，致使省外销售品大量流入省内市场。经投入产出模型测算，"九五"时期甘肃省外净流入金额年均达65亿元，比"七五"时期增长1倍，比"八五"时期增长56%。自1998年以后，省委、省政府加大开拓市场和整顿市场力度，大力促销地产品，虽使地产品市场占有情况有所好转，但在全国市场竞争中，仍缺乏竞争实力，处于明显的被动地位。

2. 生产资料类产品在市场上占据一定份额，但生活必需品市场基本都被外埠产品占据。在本省批零贸易领域，地产品销售额偏重在生产资料类，占全省生产资料销售额的31%左右，而生活资料类消费品市场几乎绝大部分被省外产品占领，地产品销售额仅占7%左右的份额。2015年1月—9月，限额以上批零贸易企业类值统计资料显示，28个商品类值中，在甘肃市场需求量较大、批零销售额比重在前11位的商品种类依次是：石油及制品类、家用电器和音像器材类、烟酒类、黑色金属材料类、机电产品及设备类、化工材料类、食品类、中西药品类、书报杂志类、服装鞋帽类和有色金属材料类、其比重分别为35.9%、31.08%、21.7%、5.3%、5.03%、3.63%、2.88%、2.69%、2.23%、2.2%、1.9%。以上11类商品销售额中以有色金属材料类地产品占的比重最大，为99.8%，第二位是石油制品类，占53.6%，这两类每年流出量也是最大的，分别占全省年流出量的26.3%和21.3%，再依次是烟酒类地产品占42.5%（其中酒类占65%）、机电产品及设备类占29.2%、中西药品类占10%。

3. 地产品大多在农村市场和偏僻的地区流通，打进大城市和高层次商场的少。从调查结果看，农村市场地产品比重大于城镇市场。全省农村批零贸易业销售额中地产品比重为48%，其中生活资料类地产品份额为44.3%，生产资料类地产品份额为52.9%。城镇市场这一比重为24.8%，其中生活资料类地产品份额为7.2%，生产资料类地产品份额为31.2%。城市规模越大，地产品所占份额越小，省会兰州批零贸易业地产品比重为23%，其中生活消费品类仅占6%。越是高层次的大商场，地产品占有份额越少，所调查的工贸和亚欧商厦地产品仅占0.23%（主要是部分烟酒和食品）。

地产品在城市的种类分布也有所不同。在生活消费品中，城镇地产品主要集中在烟酒类，占40.3%（其中酒为48%），五金电科类占13.4%、中西药品类占9.8%；农村市场地产品在各类商品中均占一定的比重，比重较大的依次是：烟酒类占74.1%（其中酒占79%）、针纺织品类占56.3%、日用品类占48.5%、五金电科类占57.9%、服装鞋帽类占36.4%、家用电器和音像器材类占18.9%。在生产资料消费品中，城镇地产品所占份额较大的依次是：有色金属类占99%、石油及制品类占53.6%、建材类占32.5%、机电产品类占29%、黑色金属类占16.3%；农村主要集中在机电产品及设备和农业生产资料两类，所占份额分别是24.5%和69.8%。机电产品类中的农机类份额为28.7%，农业生产资料类中的化肥和农膜所占比重分别为77.7%和54.2%。

4. 商品交易市场建设步伐较快，但地产品所占份额非常有限。1995年以后，全省商品交易市场发展迅速，截至1999年6月底，全省共建成各类商品交易市场1092个，其中，生活资料市场1028个，生产资料市场64个，商品批发市场共计176个，其中上亿元的批发市场55个，占批发市场总数的31%。1998年各类商品交易市场成交额总计达281亿元。这为产销直接见面、互通城乡有无、丰富城乡居民生活提供了场所，也为企业产品进入市场提供了便利条件，但在这一庞大的市场空间里，甘肃产品却很少。据调查只有蔬菜、瓜果类市场在夏秋蔬菜、水果集中上市期间（5月—10月）有80%左右的份额，药材市场有55%左右的份额，粮油市场有35%左右的份额，农村集贸市场有部分自产商品交易，副食、建材市场有10%左右的份额。其余工业品综合市场、布料市场、服装市场、小商品市场、文化音像类市场和电子市场等几乎都被外省产品占领。一些消费者反映，在这些市场是很少见到地方产品，连钉子、卫生纸都是外地产的。

5. 陇货精品相对畅销，但结构不尽合理，龙头作用发挥得不够。1998年和1999年甘肃省相继评出了44种陇货精品，对促进科技进步、调整产品结构、实施规模效应和品牌效应、带动地方经济发展起到了一定作用。陇货精品在本省市场相对占有较高的份额。在同类产品中，销售占据前3位的有13个品牌：金兰牌化肥居同类产品销量第2位，永新牌涂料居第1位，兰驼牌四轮拖拉机居第2位，飞天牌燃料油居第2位，5种有色金属精品均居第1位，滨河酒居白酒销售额第3位，黄河啤酒销售额居第1位，长风洗衣机居第3位，飞天地毯在本省市场居第1位。陇货精品中，生产效益较好、产销率在95%以上的产品主要有：云晓牌熏醋、滨河酒、黄河牌啤酒、长风牌洗衣机、兰生牌白蛋白、狂犬疫苗、宝炉牌浓缩丸系列中成药、奇正牌藏药系列、飞天牌燃料油、永新涂料、兰驼小四轮、祁连山水泥、五种有色金属精品、敦煌牌电线电缆、LD牌交直流电机及控制装置、兰新牌无线调度通信设备类等。但从整体看，陇货精品的结构不尽合理，生活资料类产品偏少。44种陇货精品中，生活资料只有18种，仅占41%，就在同类产品中销量居前3位的13种陇货精品中，生活资料只有4种，占31%。产销率在95%以上的陇货精品中，生活资料只占37%。陇货精品知名度也有限，没有完全发挥应有的龙头和品牌效应。从产品辐射能力、价格、质量等方面看，能够覆盖全国大市场的产品很少，尤其生活消费品类的名牌产品很少，在国家公布的名牌产品中，只有少数原材料产品跻身其中。在陇货精品中，只有9

种产品尚能将50%以上的产品打入外省市场，这9种产品主要集中在石油加工及炼焦业、化学原料及化学制品业、医药制造业、黑色冶炼及压延和电子通信设备制造业。在食品加工和纺织业中，只有酒类和派神面料在省外有一定的市场份额。能打入国际市场的产品寥寥无几，所调查的企业中仅有2%的出口额。甘肃陇货精品在99中国·兰州投资贸易洽谈会上的成交额仅占总成交额的1.3%，比重很小。

产品自身的问题是影响地产品扩大销售的主要因素，产品质量不过硬、性能不佳、价格偏高、包装不尽如人意、生产规模小、产量低等也是不可忽视的因素。企业生产经营管理及营销方面的问题是：产品老化，新产品开发滞后；企业产品宣传力度不够，知名度较低；市场营销策划水平不高；生产企业管理水平低下，缺乏发展后劲；高新技术产业发展缓慢；经销人员素质不高，服务差、信誉低。伪劣产品的冲击、消费者的偏见等其他因素也有一定的影响。

2004年，甘肃流通部门对品牌建设进行了研究。当时的现状是：（1）知名度低，参与全国市场、国际市场的竞争力偏弱。甘肃产品质量总体水平稳步提高，但整体上与国际先进水平、东部发达省市相比，仍有很大差别。2001年全国评出首批"中国名牌"52种，甘肃无一入选；2002年全国评出"中国名牌"123种，甘肃无一入选；2003年全国评出"中国名牌"147种，甘肃"兰炼飞天牌润滑油"一种产品入选。现代热销不衰的计算机、通信设备和数字化消费品的"三大件"，甘肃造的产品一件也没有。（2）企业规模小、盈利水平偏低。不论生活资料类还是生产资料类，甘肃企业总体规模都太小。从市场占有率来看，除了少数地方特色明显的产品外，多数"陇货精品"在国内市场的占有率不足3%，而全国35个知名品牌的市场占有率在10%到30%。从销售收入来看，在全省52种陇货精品中，33种陇货精品生产企业的年销售收入为400多亿元，不及青岛"海尔集团"一户企业的年销售收入，同时有四分之一的企业年销售收入在1亿元以下，说明甘肃品牌还非常稚嫩。有一组数据：2002年全省出口超过500万美元的企业有24户，其中陇货精品生产企业却只有兰州连城铝厂、白银有色金属公司、金川有色金属公司、西北铁合金厂、兰州维尼纶集团有限公司等8家，占33.3%。这8家企业共完成出口2.47亿美元，占全省出口额的45%。而另一组数据是，2002年进入全省工业企业30户亏损大户的陇货精品生产企业就有10家。（3）甘肃具有一定的资源优势。几十年的工业发展一直以生产资料、原材料加工等重型工业为主，重工业比重达到了60%—70%。通过实施名牌战略，甘肃品牌在全国乃至国际市场上有影响力的绝大多数集中在生产资料类产品中，与生产资料类产品相比，"陇货精品"中生活消费类产品所占的比重偏小，仅为6.5%，2003年入选的46种甘肃名牌产品中，与消费者生活密切相关的商品只有15种，生产结构的不合理，让甘肃产品在市场上的亮相少了许多印象分。（4）商标的文化内涵不足。商标是企业和产品文化的浓缩，是体现产品个性的标志。随着消费需求层次的提高，人们对名牌的信赖越来越表现为首先对一种文化的认可和喜爱，因此文化气息浓郁、寓意深刻的商标可使消费者产生感情上的共鸣，从而极大地刺激其购买欲望。而甘肃省的大部分商标恰恰缺乏这种魅力，有相当部分的商标是以"敦煌""祁连山""百合"等花、鸟、虫、草或地理景观为名称，具有极强的地域特征，缺乏显著性，不利于在开放性的市场中打响知名度；一些商标的起名和设计随意粗糙，不仅未能凸现品牌特性，还传递出企业对自己的产品缺乏信心、缺乏长远规划等方面的不良信息，从而失去消费者的支持和信任。（5）产品包装缺乏吸引力。许多厂家花大力气抓产品的内在质量，对产品的外在表现重视不够，产品包装装潢的设计、包装材料的选择、包装物的印刷等不能和产品本身相吻合，内外不协调、产品无法上档次，和其他包装精美的产品放在一起时犹如一只"丑小鸭"，无法吸引消费者的注意。更有一些厂家，仅被减少印刷费用的短期利益所诱惑，不注意包装的印刷质量，让一些设备简陋的小厂进行印刷包装，致使因外包装太过粗糙被消费者误认为是假冒伪劣产品，损害了品牌信誉。

制约甘肃品牌发展的因素主要有：（1）甘肃企业思想观念、经营理念及对市场、对品牌认识的保守和落后是导致甘肃品牌走不出去的主要原因。"雕牌洗衣粉""立白洗衣粉"在兰州日化厂贴牌生产，足以说明甘肃省部分消费品生产厂家已具备了相应的生产、加工能力。然而现实是"燕牌洗衣粉"却"养在深闺人未识"。企业的思想观念落后具体表现在：缺乏长远战略眼光。"小富即安"是甘肃企业老犯的一个毛病，部分企业对培育和发展品牌缺少全面认识，重争轻创轻保，只注重争取"甘肃名牌""陇货精品"的称号，一旦"牌子"到手便万事大吉，不再在市场竞争中创名牌、保名牌，从而最终导致品牌形象难以提升，品牌效应不能得到积极的发挥。商标意识淡薄。尽管当时全省注册商标已达6869件，比前30年增长了22倍，但与全省8.5万户多企业注册数相比，平均12.4户企业才拥有一件商标。(2) 资金投入不足、政策措施不配套是制约甘肃品牌走不出去的客观原因。尽管甘肃每年挤出1000万元补助资金用于培育和发展"陇货精品"，使其上规模、上档次、上水平，但和兄弟省市相比，这点钱就少得可怜，只是杯水车薪，所以一些高附加值的技术创新项目往往苦于资金不足而无法实施。与此同时，尽管省委、省政府也做出了培育和发展"陇货精品"的决定，制定了一些优惠政策，但落实得不好，无法发挥其应有的作用。 (3) 广告宣传严重不足。品牌的知名度是以质量为依托，以广告来促成的。如果说透过广告可以看出一个企业操纵市场的能力和实力的话，甘肃企业的广告意识和手段相对滞后。首先，缺乏做广告的理念。甘肃有关协会曾粗略统计了一下，兰州市从广场西口到盘旋路的户外广告情况，街道两旁的建筑物（包括路灯及公交车站）的广告共有47幅，其中外地企业（包括外企）广告32幅，占68%，省内企业广告15幅，占32%。中央电视台及各地方电视台的广告，甘肃企业鲜有在中央级媒体做广告或开展较大规模、多层次配合的广告攻势的。据不完全统计，"陇货精品"的宣传投入不足销售收入的1%。原因是企业对广告投入的回报信心不足。有一定基础的企业担心广告投入是"肉包子打狗——有去无回"。效益差的企业更不敢担风险投资做广告，从而陷入"不做广告效益差，效益差就更不做广告"的恶性循环中。其次，广告的质量和效益不理想。由于资金、观念等方面因素的束缚，甘肃的广告基本是由本单位或依靠一些小型的广告公司来完成，极少聘用具有实力的单位或专业策划人员进行精心的策划，广告的目的和宗旨无法实现。甘肃相当多的广告为产品广告而非品牌广告；有些广告则侧重于宣传企业负责人，难以提高品牌的知名度。再者，还有少数人还盲目自信，以为自己的产品好，"酒香不怕巷子深"而拒绝做广告。

在此后几年的发展中，甘肃省对培育名牌产品非常重视，每年都采取相应措施，相继制定《甘肃名牌产品管理办法》《甘肃省获得名牌产品企业表彰奖励办法》等文件。2010年12月，为积极争创中国名牌产品和甘肃名牌产品，不断增强产品市场竞争力，省政府下发《关于对获得2010年甘肃名牌产品称号的企业进行表彰的决定》，对获得2010年甘肃名牌产品称号的腾达西北铁合金有限责任公司等124户企业予以表彰，并对143个名牌产品每个给予5万元奖励。

2010 年甘肃省名牌产品及企业名单表

表2-2-2

序号	生产企业名称	注册商标和产品
1	腾达西北铁合金有限责任公司	西铁牌硅铁
2	兰州甘草环保建材股份有限公司	龙峡牌普通硅酸盐水泥
3	兰州亿嘉新型材料有限公司	美固龙牌铝塑复合板
4	西北永新化工股份有限公司	永新牌涂料
5	兰州高压阀门有限公司	兰高阀牌阀门
6	兰州电力修造厂	LD 牌电除尘器
7	兰州华星高科技开发有限公司	功达牌高效缓蚀阻垢剂
8	兰州三磊电子有限公司	三磊牌 X 射线数字成像检测系统
9	甘肃济洋塑料有限公司	海宇牌聚乙烯农用地膜、棚膜
10	兰州昆仑桶业有限公司	KL 牌钢桶
11	兰州黄河源食品饮料有限公司	黄河源牌纯净水
12	兰州雪顿生物乳业有限公司	雪顿牌酸牛奶
13	兰州雪顿生物乳业有限公司	雪顿牌纯牛奶
14	兰州庄园乳业有限责任公司	庄园牧场牌纯牛奶
15	酒钢集团兰州长虹焊接材料有限责任公司	兰虹牌 J422 电焊条
16	兰州蓝天浮法玻璃股份有限公司	兰天牌平板玻璃
17	兰州兰电电机有限公司	(LD)兰电牌 Y 系列三相异步电动机
18	兰州西部管业有限责任公司	大动脉牌增强超高分子量聚乙烯管材
19	甘肃新兰药药业有限公司	蓝博刻宁 R 牌氢溴酸高乌甲素原料、片、注射液
20	甘肃新兰药药业有限公司	西部星 R 牌茜芷胶囊、片

序号	生产企业名称	注册商标和产品
21	兰州鸿煜塑料制品有限责任公司	鸿煜牌聚丙烯塑料编织袋
22	兰州雨中情防水材料有限公司	雨水情牌改性沥青防水卷材
23	兰州陇星沃尔凯采暖设备制造有限公司	陇星牌散热器
24	方大炭素新材料科技股份有限公司	方大牌高功率石墨电极
25	方大炭素新材料科技股份有限公司	方大牌高炉用超微孔炭砖
26	甘肃新方圆电子科技有限责任公司	超彩牌 LED 电子显示屏
27	兰州富强微量元素厂	巍岭山牌中微量元素肥料
28	兰州爱里食品有限责任公司	A 里牌糕点
29	兰州佛慈制药股份有限公司	佛慈 / 宝炉牌杞菊地黄丸
30	兰州佛慈制药股份有限公司	佛慈 / 宝炉牌逍遥丸
31	兰州佛慈制药股份有限公司	佛慈 / 宝炉牌香砂养胃丸
32	甘肃海森塑胶有限公司	山川牌硬聚氯乙烯（PVC—U）双壁波纹管材
33	甘肃陇萃堂营养保健食品有限公司	陇萃堂牌玫瑰产品（玫瑰精油、玫瑰花,黄芪玫瑰三炮台）
34	中国石油天然气股份有限公司	兰州石化分公司昆仑牌 SAN 树脂
35	中国石油天然气股份有限公司	兰州石化分公司昆仑牌尿素
36	中国石油天然气股份有限公司	兰州石化分公司昆仑牌聚丙烯（PP）树脂
37	甘肃明旺铜铝材有限公司	明旺牌铜母线
38	甘肃金盾化工有限责任公司	得力帮牌白乳胶漆
39	兰州榕通管业制造有限公司	榕通牌螺旋缝双面埋弧焊钢管
40	甘肃裕华木制品有限公司	裕华牌细木工板
41	兰州金安新包装有限公司	兰金安牌 JF 纸纱复合制袋机
42	兰州机床厂	兰机牌普通卧式车床
43	天水西星电气有限责任公司	西星电气牌电磁式直流接触器
44	天水长城成套开关股份公司	TSC 牌智能型万能式断路器

续表

序号	生产企业名称	注册商标和产品
45	天水长城成套开关股份公司	TSC、麦积牌塑料外壳式断路器
46	天水市麦积区东风机械厂	天盼牌防盗安全门
47	天水西联蜂业有限责任公司	西联牌蜂产品(蜂蜜、花粉、蜂王浆)
48	天水岷山机械有限责任公司	岷山牌锻压组合式氧枪喷头
49	天水电气传动研究所有限责任公司	TEDRI牌高精度加速器磁铁电源
50	天水电气传动研究所有限责任公司	TEDRI牌石油钻机电气传动自动化控制装置
51	天水长城开关厂有限公司	长城牌小型智能化气体绝缘封闭开关设备
52	天水长城开关厂有限公司	长城牌EVH1系列轻量化高可靠性真空断路器
53	甘肃福雨塑业有限责任公司	海宝牌农用薄膜
54	天水庆华电子科技有限公司	QH牌波导产品
55	天水华圆制药设备科技有限责任公司	华圆R牌中药制丸成套设备
56	天水昌盛食品有限公司	秦岭泉牌芦笋罐头
57	甘肃春风纺织(集团)有限责任公司	雪莱牌羊绒衫
58	甘肃春风纺织(集团)有限责任公司	春风牌绒线
59	甘谷县大漠行麻编鞋业有限公司	大漠行牌工艺麻鞋
60	天水二一三电器有限公司	二一三牌按钮
61	天水二一三电器有限公司	二一三牌交流接触器
62	天水二一三电器有限公司	二一三牌热过载继电器
63	天水锻压机床有限公司	TSD牌液压板料折弯机
64	定西高强度螺钉有限公司	南山牌紧固件
65	甘肃省渭源县黄香沟牧场	秀峰牌虫草鸡
66	甘肃长津电机制造有限责任公司	长津牌YL系列双值电容单相异步电动机
67	甘肃宏鑫农业科技有限公司	宏鑫牌农用地膜

序号	生产企业名称	注册商标和产品
68	定西市陇海乳品有限责任公司	陇海 R 牌菊粉
69	甘南藏族自治州燎原乳业有限责任公司	燎原牌系列奶粉
70	甘南佛阁藏药有限公司	奇正、藏羚牌洁白丸
71	夏河安多水泥有限责任公司	安多红牌通用硅酸盐水泥
72	静宁县恒达有限责任公司	恒进牌牛皮挂面箱纸板
73	平凉市荣康实业有限责任公司	荣康牌聚氨酯缓冲器
74	平凉金江副食有限责任公司	玄鹤洞牌米香醋
75	甘肃红峰机械有限责任公司	红峰牌蒸汽疏水阀及凝结水回收装置
76	大红碗(静宁)食品有限公司	大红碗牌清真方便面
77	酒钢集团甘肃兴安民爆器材有限责任公司	静宁分公司陇兴牌导爆管雷管
78	平凉市新世纪柳湖春酒业有限责任公司	崆峒、柳湖暖泉牌白酒
79	甘肃莫高实业发展股份有限公司	葡萄酒厂莫高牌干红、干白葡萄酒
80	甘肃古浪惠思洁纸业有限公司	慧思洁牌卫生纸
81	甘肃黄羊河集团武威食品有限公司	黄羊河牌糯玉米
82	武威市宁海商贸有限责任公司	振威牌办公家具
83	甘肃天祝藏酒酒业有限公司	华藏春牌藏酒
84	甘肃华源肥业有限责任公司	富润牌复混肥料
85	永昌元生饲料有限责任公司	元生牌饲料
86	永昌县恒源农机制造有限公司	恒源牌播种机
87	甘肃金昌化学工业集团有限公司	奔马牌磷酸二铵
88	金昌金川万方实业有限责任公司	民需牌给水用聚乙烯(PE)管材
89	金昌金川万方实业有限责任公司	民需牌复合塑料编织袋
90	金昌金川万方实业有限责任公司	民需牌一般防护服
91	镍都实业公司	银驼牌电镀用氯化镍
92	镍都实业公司	银驼牌电镀用硫酸铜
93	庆阳市大千涂料有限责任公司	西庆牌乳胶漆

序号	生产企业名称	注册商标和产品
94	庆阳市大千火柴有限责任公司	大千牌火柴
95	庆阳市嘉仕乳业有限公司	嘉仕牌豆奶粉
96	合水县蓓蕾金菜有限责任公司	蓓蕾牌金针菜
97	合水县振海塑业有限责任公司	古农牌聚乙烯吹塑农用地面覆盖薄膜
98	甘肃省合水县古象奶业有限责任公司	古象牌全脂甜牛奶粉
99	庆阳长庆水电工程有限责任公司	电线厂长庆牌钢芯铝绞线
100	庆阳市凌云服饰有限公司	初蔚尔牌凌云特色服饰
101	庆阳市九龙春酒业有限公司	二月二牌白酒
102	甘肃省临泽县银光实业有限责任公司	银先牌铡草粉碎机、饲草青贮机
103	甘肃雪晶生化有限责任公司	雪晶牌柠檬酸
104	张掖市大弓农化有限公司	大弓牌除草剂
105	甘肃银河食品集团有限责任公司	银河牌粉丝
106	甘肃昆仑生化有限责任公司	昆仑雪牌麦芽糊精
107	甘肃国翔麦芽有限公司	国翔牌啤酒麦芽
108	高台中化番茄制品有限公司	X4牌番茄酱
109	甘肃山丹宏定元化工有限责任公司	焉支山牌硫化蓝
110	甘肃稀土集团有限公司	熊猫牌稀土
111	景泰景云石膏有限公司	景云牌石膏粉
112	靖远神农米业有限公司	会州牌大米
113	白银鸿浩化工机械制造有限公司	鸿盛牌离心泵
114	甘肃中集华骏车辆有限公司	中集、华骏牌半挂车
115	会宁县创佳粮油工贸有限公司	状元楼牌食用植物油
116	甘肃莫高实业发展股份有限公司 饮马麦芽厂	莫高牌啤酒麦芽
117	酒泉市晶玉工艺美术有限责任公司	酒泉牌夜光杯
118	酒泉市双禧面粉有限责任公司	神舟双禧牌小麦粉

第二章 市场运行

序号	生产企业名称	注册商标和产品
119	甘肃酒泉德源食品工业有限责任公司	丝雨牌白砂糖
120	敦煌市金地钒业有限责任公司	方山口牌五氧化二钒
121	酒泉市铸陇机械制造有限责任公司	拓新牌马铃薯种植机
122	酒泉西部农业科技有限公司	大基地牌脱水蔬菜
123	酒泉荣泰橡胶制品有限公司	祁连牌普通用途织物芯输送带
124	酒泉市星火面粉有限责任公司	祁连星火牌小麦粉
125	敦煌酒业有限责任公司	敦煌牌白酒
126	甘肃酒泉汉武酒业有限责任公司	汉武御牌白酒
127	甘肃大禹节水股份有限公司	大禹牌给水用硬聚氯乙烯（PVC—U）管材
128	甘肃省敦煌市西域矿业化工有限责任公司	西域金山牌工业硫化钠
129	敦煌市阳关光学实业有限公司	阳关牌水晶眼镜
130	甘肃省永靖昌盛铸钢有限责任公司	昌盛铸钢牌系列铸件
131	临夏州环东建材有限公司临夏县分公司	环东牌细木工板
132	甘肃宏良皮业股份有限公司	宏良皮业牌牛皮鞋面革
133	甘肃炳灵酒业有限责任公司	吧咪山牌白酒
134	徽县金徽酒业有限公司	金徽牌白酒
135	文县碧口李子坝青岩关茶厂	青崖关牌绿茶
136	康县兴源土特产商贸有限责任公司	康耳牌黑木耳
137	徽县益农磷肥有限责任公司	柳林益农牌过磷酸钙
138	甘肃红川酒业有限公司	成州牌白酒
139	甘肃红川酒业有限公司	红川牌白酒
140	甘肃酒钢集团宏兴钢铁股份有限公司	酒钢牌低合金高强度结构钢板
141	甘肃酒钢集团宏兴钢铁股份有限公司	酒钢牌热轧碳素结构钢板
142	甘肃民丰化工有限责任公司	祁源牌工业铬酸酐
143	甘肃民丰化工有限责任公司	祁源牌工业重铬酸钠

第三节　市场调控和民生保障

随着中国经济体制改革的不断深化和社会主义市场经济体制的逐步完善，国有商业企业经营环境发生了重大变化，商业企业的市场调控任务加重、难度加大、市场占有率下降，部分企业出现亏损。在这样的形势下，国有商业系统广大干部职工进一步转变观念、振奋精神，及时调整经营思想、经营战略和经营方式，努力适应新的形势，在搞好经营、稳定市场、平抑物价方面取得了较好成绩。

一、部分重要商品流通情况

1.肉禽蛋类商品。1978年以前，甘肃省的肉禽蛋市场供应由国有食品部门独家提供。1983年10月，国务院决定将农业区生产的牛羊改为议购；1984年决定对牧区生产的牛羊实行自由购销政策，同时决定放开鲜蛋经营，实行自由购销；1985年1月，中共中央、国务院印发《关于进一步活跃农村经济的十项改革》文件，决定逐步取消生猪派购，实行自由上市、自由交易、随行就市、按质论价。同年3月，国务院印发的《关于调整生猪购销政策和经营方案》进一步明确，在取消派购政策后，对生猪经营实行有指导的议购议销。国家调整生猪、牛、羊、鲜蛋购销政策的改革举措，促进了甘肃省畜禽生产和流通的稳步发展，在流通领域形成了多渠道经营格局。在市场竞争中，国有食品公司积极转换经营机制、增强企业活力，较好地发挥了主导作用，保持了物价的基本稳定，除省内重点城市的猪肉经营由物价部门确定指导性购销价格外，其余大部分地区都已放开价格，由企业自行定价。

1986年—1989年，全省肉禽蛋供求总体紧张平衡，市场波动较大，宏观调控逐步建立和完善。国有食品企业一方面积极搞好自身经营，另一方面认真执行中央和省委、省政府调控任务，加强货源的组织、收购、调拨及储备商品投放，积极搞好肉禽蛋的供需平衡，增加有效供给。1986年，全省生猪存栏、出栏量及商品量大幅度增加，带来阶段性供大于求，全省生猪存栏比上年增长22.97%。对此，省委、省政府决定，从当年5月20日起，对全省1985年年底前生产的1450万千克冻猪肉，实行一次性降价销售。到8月5日，全省累计降价销售1333万千克，其中省内销售924.3万千克，省外调拨408.9万千克，省财政支付降价补贴723万元。1987年，粮食市场发生变化：集市粮价上涨导致养猪成本加大，而生猪收购价格没有相应上调，农民养猪收益减少，挫伤了养猪积极性，一些地县出现了宰杀、阉割公母猪的情况，全省生猪生产下降、收购减少，城市猪肉供应出现紧张，国有食品企业生猪收购则比上年减少26.46%。为保证兰州市等6个重点地区的销售供应，同年10月省政府召开生猪收购、上调的紧急会议，与各地（市、州）签订生猪收购上调责任书，同时决定对全省重点城市重点销区猪肉实行控制投放，其中兰州市每天投放量为2万千克、3万千克、3.5万千克不等。饲料价格上涨、养猪成本增加，对生猪生产产生一定影响。1988年年初全省生猪社会存栏529.5万头，比上年同期下降7.87%，国有商业库存15.67万头，比上年同期下降55.4%，少于合理库存37.3%。为促进生猪生产，加强收购、保证供应，省政府及省商业厅等有关部门十分重视生猪产销工作，采取了各项政策措施，稳定生猪产销，主要是：各级政府层层落实生产任务，实行县长乡长负责制，按收购上调责任书完成情况进行奖惩；采取各项政策扶持生产，鼓励交售，农民交售1头生猪，奖售40千克比例原粮或补贴平议价粮价差价款100元，奖售化肥500千克；提高生猪收购价格，该年2月1日起全省二等猪平均收购价由每千克1.70元提高到2.00元，到3月1日起又提高到2.40元；增加价外补贴，为扭转因购价偏低而导致的生猪收购量大幅度下降状况，1988年三季度起生猪收购价，价外补贴200元，到10月份，根据生猪收购旺季不旺、库存急剧下降的情况，又增加价外补贴500元，收购价也由每千克2.40元提高到3.00元左右，收购量明显增加。四季度共收购生猪24.24万头，是全年收购量的41.8%；国有食品企业为弥补省内货源不足，积极从省外调入，全年共从省外调入冻猪肉1400万千克，比上年增加7倍；调整供应办法及主要销区价格，1988年1月—5月，全省猪肉供应实行控制投放，从6月1日起，省政府决定对6个主要销区居民实行定量供应，每人每月1千克，并提高销售价格，兰州市由3.16元/千克调至4.36元/千克，对6个销区以外的16个销区实行补贴全额控制，以抑制消费。实行这些措施，使生猪生产回升、存栏增加、收购见好、库存增加、市场稳定。至年末，全省生猪社会存栏549.79万头，比上年增长19.29万头，库存冻猪肉25.89万头，增长65.2%。全年国有商业收购生猪58.19万头、牛6.46万头、羊16.4万只。猪肉销售3400万千克、牛肉516万千克、羊肉237.3万千克、鲜蛋134.5万千克。1989年全省肉禽蛋产销总体供求平衡、市场恢复稳定。国有商业全年收购生猪80.62万头，同比增长38.55%，收购牛5.24万头，同比下降18.89%，收购羊24.53万只，同比增长49.57%；猪肉销售3577.5万千克，同比增长5.19%，牛肉销售498.6万千克，同比下降3.39%，羊肉销售272.8万千克，同比增长14.96%，蛋品销售85.6万千克，同比下降36.36%。

1990年—2000年，全省国有商业系统深化肉禽蛋购销体制改革，执行中央和省委、省政府宏观调控政策，把抓好肉禽蛋副食品经营、稳定市场作为首要任务，建立了省级和部分地市的风险调节基金和肉类食品的储备，保证了市场供应和价格稳定。到1997年，随着猪、牛、羊、禽蛋经营"放开搞活"，国有食品企业面临国有、集体、个体多家经营的市场形势，努力搞好自身经营，全年国有商业收购生猪25.5万头，同比增长18.85%；销售猪肉1337.7万千克，同比增长68.6%；销售羊肉365.1万千克，同比增长22.19%。据统计，省内重点城市肉禽蛋销售总量中国有商业的销售额占社会流通量的40%以上。国有商业在加强200万千克省级猪肉储备管理的同时，向国内贸易部申请建立了30万千克牛羊肉国家储备，进一步加大了储备能力。1998年，省商业厅通过加强"菜篮子"商品运行动态的监控，对猪、牛、羊商品实行定期调查、监控，督促企业搞好经营，确保储备制度落实到位。1998年，全省承担市场调控任务的食品企业收购生猪18.5万头，猪肉销售969.3万千克，销售牛及羊肉298万千克，每年几大节日期间，市场货丰量足、价格平稳，没有出现波动。1999年，在省政府的统一领导下和相关部门的支持配合下，国有商业依托省食品公司等重点企业，加强肉禽蛋的市场调控，将储备肉出入库与市场变化结合起来，保证了市场稳定和价格平稳。除省级200万千克猪肉储备外，国家牛羊肉储备增加到50万千克，储备能力的增强，起到了平衡供求、调剂淡旺、互补余缺的作用。

2000年以后，随着人们消费水平的提高及消费结构的变化，肉禽蛋副食品品种更加丰富，质量明显提高，肉类食品中各类精肉、分部位肉、小包装肉及鲜活产品、熟肉制品、肠制品成为消费主流。2002年全省肉食品的调控体系进一步完善，国有食品企业除每年完成猪、牛、羊肉储备200万千克外，还承担国家牛羊肉储备100万千克的任务。

2003年—2004年，"禽流感"疫情对肉禽蛋市场产生较大影响。2004年2至3月，随着"禽流感"疫情的蔓延，兰州市鸡肉、鸡蛋、鸭肉、鸭蛋销量遽减90%，经济损失每天90万元，白银市鸡产品销量下降80%，省食品公司冻鸡及副产品，由疫情前每天出库量的30万千克左右降至几千克。对此，政府有关部门在加强疫情防控的同时，积极宣传引导、加强市场调控、稳定养殖户情绪、消除消费者恐慌心理，全年国有食品企业肉类副食品销售同比增长16.44%。同时，受饲料价格上涨、"禽流感"影响，自2003年10月起猪肉价格持续上涨，2003年每千克达8.80元，到2004年年初涨至11.20元，2004年9月、10月为每千克17元—18元，到年末随着市场调控措施的实施，使猪肉价格回落至15元—16元。

2005年—2007年，全省各级商业主管部门认真贯彻国家和省委、省政府有关政策措施，配合工商、质检、食品药品监管部门重点强化对批发市场、零售场所、商品仓库，特别是畜禽屠宰加工企业和餐饮企业质量安全整治和检查，清查食品的生产日期、保质期、进货渠道、包装质量、加工卫生环境，防止生产、加工和销售的病害肉、注水肉以及改换过期包装标签的食品上市流通，严把食品类商品市场准入关，保障食品消费安全，肉禽蛋市场呈现总体平稳态势。2007年，受全国市场供求矛盾影响，省内猪源出现外流，5至7月生猪及猪肉价格涨幅较大，精猪肉价格最高涨至每千克30元，9月牛肉环比上涨4.4%，羊肉环比上涨12.24%。通过投放储备肉等调控措施，至10月兰州、金昌等主要销售地区猪肉价格降至每千克11元，其他地区降至10元左右。

2008年—2010年，全省消费品市场经历了低温冰冻灾害、"5·12"地震灾害以及"三鹿"奶粉事件的影响，通过各级政府及商业部门对市场的有效调控，全省消费品市场仍保持较好的增长势头。2008年7月，国家将上半年的"双防"调控政策（防经济过热、防通货膨胀）调整为下半年"一保一控"调控政策（保持经济平稳较快发展、控制物价过快上涨），效果逐步显现。省内主要农产品生产得到恢复，供给状况明显改善，价格高位回落，有效遏制了居民消费价格CPI快速上升。甘肃居民消费价格水平从4月份开始涨幅减缓，但回落幅度不大，仍处于高位。1-12月，全省居民消费价格总水平同比上涨5.5%，涨幅比1至10月回落3.5个百分点，比上年同期高0.2个百分点，其中，食品类价格上涨在18%以上，非食品类价格上涨在4%以内。较高的物价促使社会消费增加。2009年，全省猪肉市场出现波动。当年全省实现肉类食品销售4042.93万元，同比增长15.65%，其中猪肉销售888.6万元，同比下降5.94%，牛肉销售137.4万元，同比增长54.59%，羊肉销售138.1万元，同比增长90.51%，蛋类食品销售1329.74万元，同比增长73.91%。2009年6月，全省猪粮比价跌破6∶1的预警点，省发改委、商业厅、财政厅等部门启动三级应急响应机制，下达了2009年度200万千克省级储备肉计划，品种全部为冷冻肉，储备期为2009年7月1日—2010年6月30日，这一调控措施对提升猪肉价格起到明显效果，使猪肉价格明显回升，政府有关部门的加强管理，使肉食品储备做到数量充足、质量合格、储存安全，符合"储得进、管得好、调得动、用得上"的要求。

2010年，全省肉禽蛋市场供应继续保持平稳运行，据省商务厅对列入监测的15家流通企业的统计，2010年该15家企业猪肉销售97.5万千克，同比增长2.14%；牛肉销售5万千克，同比增长10.05%；羊肉销售13.7.8万千克，同比增长9.16%；禽蛋销售73.6.万千克，同比下降1.06%。这反映了全省市场平稳上升运行的状态。此后虽有波动，但幅度不大，没有影响居民正常生活。2010年甘肃省肉类（猪肉、牛肉、羊肉、禽肉）产量10万千克，比上年增长0.82%；鲜蛋产量1.2万千克，比上年增长5.32%。居民消费价格比上年涨跌幅度方面，肉禽及其制品上涨3.0%，其中城市上涨3.4%，农村上涨2.3%；鲜蛋下降8.6%，其中，城市下降9.9%，农村下降5.0%。

2. 蔬菜类商品。1986年以后，国有商业继续加强蔬菜购销及管理、大力发展蔬菜基地，培育了以河西走廊、天水、陇南、兰州市郊为重点，以全省各城镇郊区蔬菜种植为辅助的蔬菜种植体系；对蔬菜的供应销售，实行国有商业专营与城乡集贸市场结合、多种经济成分参与、多种流通方式经营的格局，为省市政府实施"菜篮子"工程提供了有力保障，保持了市场的繁荣稳定，满足了人民群众生活需要。1987年全省蔬菜收购1.69亿元，比1986年增长168%。1988年全省蔬菜收购3.93亿元，比上年增长43.1%。

1989年全省蔬菜收购量与上年基本持平，调出省外3亿千克，比上年增长26%；蔬菜价格涨幅也有所回落，零售价格比上年增长8.8%，涨幅比上年回落22.9%，同时，蔬菜作为城乡集贸市场的主营商品，其交易量也显著增长，兰州市集贸市场该年上市蔬菜1.84万千克，占到全市集贸市场销售总量的64.5%。1990年全省蔬菜零售价格比上年增长5.4%，涨幅比上年回落3.4%。全省集贸市场蔬菜成交额比上年增长9.3%。

1994年，全省蔬菜供求基本平衡，但也出现价格上涨过猛的问题。年初，省商业厅先后几次发出通知，对蔬菜的稳定供应提出了具体措施和意见，建立了蔬菜等副食品情况通报制度，加强了对市场的监测、监控，并建立了省级2000万元食品风险基金。兰州市也建立了400万元蔬菜风险基金，一些地市还采取了食品储备及蔬菜限价、补贴措施。各地蔬菜经营企业不断扩大经营，保证蔬菜供应。兰州市国有蔬菜企业扩大蔬菜经营规模，1994年收购冬储大白菜1500万千克。各地在推进企业改革中，加快推行连锁经营，到1995年全省发展蔬菜连锁店38户。1997年各蔬菜经营企业配合政府扶持蔬菜生产，扩大蔬菜外运外销，向省外调出蔬菜2.5亿多千克，并陆续调进各种精细菜、反季菜，改善了省内蔬菜淡旺季和品种供应不均衡的状况。2003年，受"非典""禽流感"疫情的影响，蔬菜购销一度明显下降。酒泉市近30处农贸批发市场在此期间处于关闭和半关闭状态，交易量大幅度减少。该市春光蔬菜批发市场从正常时期日交易量的60万千克蔬菜降至30万千克以下，蔬菜经营摊位由800多户减至不足300户，蔬菜营业额下降70%以上。随着"非典""禽流感"的结束，至2005年、2006年蔬菜购销由淡趋旺，市场繁荣活跃。同时，市场体系建设也得到提升和加强，2006年，商务部推行建设农村流通体系的13项工程，其中涉及蔬菜流通和"三农"的工程4项，即"万村千乡市场工程""双百市场工程""信福工程""东桑西移工程"。实施的"双百市场工程"中，甘肃腾胜农产品批发集团、张掖市南关蔬菜果品批发市场等6个蔬菜流通企业和批发市场新建和改扩建工程，总投资达1.5亿元，这些项目较好地提升和改善了省内农产品流通网络体系和规模效益。随着蔬菜产销硬件设施的提升和升级，广大消费者对蔬菜的品种、质量也相应地提出了新的消费需求，更加注重蔬菜的品种、绿色、保健。2006年，定西市等地培育了"黑美人"土豆，皮肉呈黑色，经化验鉴定，每100克含蛋白质2.45克、淀粉12克、花青素4.28克，有较高的营养保健价值，一上市每千克价格8元左右，高于普通土豆5—6倍，但仍受到消费者的欢迎，首批上市5万多千克，但还是供不应求。2008年1月30日（春节前夕），省商务厅做了一次摸底调研，2007年全省蔬菜产量98.7亿千克，近些年每年增加4亿—5亿千克，由于价格较好，约有53%外调，供应全国市场。总量上能保障供应，但上市不均衡，集中在夏菜，冬季正常年份能自给40%，60%还是靠省外调入，春节总会呈规律性上涨。兰州市场平时日消费蔬菜约120万千克，春节期间在150万千克。外地调入甘肃的蔬菜运输车辆多滞留在河南三门峡和湖南路段，滞留时间长的已有10天，到达销地菜品质量也有下降。主要是山东蒜薹、海南叶菜、河南大葱、辣椒等，据了解约有600辆蔬菜运输车，天气好转，一周后就可运抵甘肃各销地。当时主要从成都方向每天运进甘肃蔬菜20多万千克，主要为芹菜、莲花菜、菜札，大白菜等。

2009年，省商务厅积极做好大宗农产品产销衔接工作，对土豆、洋葱，高原夏菜等的种植，在相关地区和企业多次调研，与省农牧厅共同制定了《以奖代补大宗农产品销售深加工储存企业实施办法》，对落实大宗农产品产销工作突出的企业予以奖励，进一步促进了蔬菜等大宗农产品产销衔接工作。2010年，省商务厅与北京市商委在京举办"甘肃商品大集"活动，全省共80家企业参加，参加企业中有14户企业在北京设立了销售处，12家企业与北京相关部门建立了联系。"黑美人"土豆、"水果"玉米、"甜甜"百合等都进入华堂、家乐福、沃尔玛超市，甘肃的品牌蔬菜得到首都消费者的认可和欢迎。2010年6月，省政府办公厅出台《甘肃省蔬菜产业发展规划（2009—2012年）》，提出要突出区域特色和优势品种，大力推进标准化生产，确保质量安全；加强以蔬菜保鲜库为主的冷链体系建设，促进外销和均衡供应；加强加工企业的技改扩建，延长产业链，实现增值增效；开展技术培训和设施建设，提升生产能力，进一步增强甘肃省"西菜东调""北菜南运"，促进农民增收。

2011年，省政府出台了扩大消费的实施意见，首次将社会消费品零售总额纳入对各市州政府的考核指标体系。当年全省投放储备蔬菜10余种共5698.5万千克。兰州市启动蔬菜储备资金1000万元、投放各类蔬菜900万千克，其中萝卜、白菜、土豆等品种的销售价格控制在5角钱左右，使节假日市场供应充裕、品种丰富，市场物价平稳。

3.民族特需用品。甘肃省是多民族省份，全省有临夏（回族）和甘南（藏族）两个自治州，有张家川、肃南、天祝、肃北、阿克塞5个自治县(临夏回族自治州包括东乡族自治县和积石山保安族东乡族撒拉族自治县)。民族贸易工作在民族地区政治、经济生活中，占有重要的位置，对加强民族团结，促进民族地区经济和社会稳定，具有重要意义。1949年中华人民共和国成立以后，党和国家对民族工作十分重视，把做好民族贸易工作作为贯彻民族政策的重要内容来对待，曾先后制定过许多优惠照顾政策，使民族地区的经济得到了比较快的发展。党的十一届三中全会以后，在"一个中心、两个基本点"的总方针的指引下，民族地区的商品经济有了新的发展，甘肃省民族工作进入了新的历史时期，民族贸易作为连接生产和消费的纽带，随着民族地区经济的持续稳定发展而得到空前繁荣。政府在积极推进流通体制改革的同时，对民族地区贸易企业制定了新的优惠政策，帮助企业克服困难、参与市场竞争。

1989年底，全省少数民族人口180万人，占全省总人口的8.5%，居住面积17.86平方千米，占全省总面积的41.5%，每平方千米平均10.37人。全省有草原约800万公顷，占全省草原总面积的56%，耕地约30万公顷，占全省总耕地面积的12%。

1989年，少数民族地区农副产品收购总值达20193万元，占全省收购总额的64.7%，比1980年的6076万元增长2.32倍，其他品种1989年与1980年比较，菜羊收购31万只，增长42%，菜牛收购7.45万头，增长1.9倍，牛皮收购18万张，增长2.2倍。商品销售总额达36427万元，占全省销售的9.2%，比1981年24446万元增长49%。随着购销额的逐年扩大，民贸企业给国家缴纳税金和企业利润总额也有所增加，1989年缴纳税金630万元，比1981年229万元增长1.75倍，利润总额366万元，比1981年276万元增长32.6%。

1990年，全省少数民族地区农副产品收购总值2.2亿元，占全省商业收购总额的65%，比1980年增长2倍多，全部流动资金占用1.94亿元，其中批发1.29亿元，零售6450万元，固定资产原值6690万元，毛利率9.17%，费用水平6.69%，商品销售4亿元，占全省销售的10%，实现销售税金577万元，上交所得税184万元，全部企业留利207万元。

1991年，国务院16号文件《关于批转国家民委等部门关于加强民族贸易和民族用品生产供应工作意见的通知》下发后，省政府及时制定具体实施意见。上述文件的贯彻实施，推动了甘肃省民族贸易的发展。1991年上半年，全省民族地区商业民贸企业商品购进总额1.4亿元，商品销售总额1.7亿元，缴纳利税总额349万元。1994年，全省民族地区的20个民贸县，拥有各类国合商业网点1899个，与1981年相比增加455个，独立核算单位360个，增加57个，各民族职工9362人。固定资产11683.2万元，比1981年增长200.3%，年均递增8.8%；流动资金14566.57万元，比1981年增长52.24%，年均递增3.28%；商品销售额47690.1万元，比1981年增长48.18%，年均递增3.07%；工资总额2415.71万元，比1981年增长356.83%，年均递增12.39%；1990年—1994年，累计上缴税利6062.06万元。民族贸易、供销企业通过发展商品流通和提供服务，丰富了民族地区市场供应，保证了少数民族地区各族群众的生产生活需要，为全省政治安定、民族团结和民族地区社会进步做出了贡献。据调查统计，1992年—1994年，全省民贸企业享受优惠利率短期贷款5462万元，占全部短期借款的47.7%；民贸企业贷款利息返还近350万元；落实民贸供销企业运费补贴共300万元；争取国家民贸专项贴息贷款项目3个，资金72万元。实践证明，实行特殊的扶持政策，是民族贸易企业发展的重要保证。

二、市场应急保供

2000年以后，甘肃省遭遇了几次大的自然灾害和突发事件。其中主要有2008年地震灾害、2010年舟曲泥石流灾害等事件。在自然灾害和突发事件中，商务部门按照省政府的安排部署，承担了灾区民众的生活必需品保障供应和救灾工作。

1. 2008年"5.12"抗震救灾。2008年5月12日14时28分，四川省汶川县发生Ms8.0级地震，受其波及破坏，陇南市、天水市、平凉市、庆阳市、白银市、武威市、定西市、甘南藏族自治州、临夏回族自治州等9个市州普遍遭受灾害，受灾范围之广、破坏之大、损失之重、重建之难，在甘肃省历史上都是罕见的。地震发生后，甘肃省政府领导明确指示省商务厅全权负责灾区市场监测和市场供应工作。省商务厅按照商务部和省委省政府的统一安排部署，迅速组织人力物力投入抗震救灾工作，启动《甘肃省商务厅突发公共事件引起市场异常波动应急处理预案》，制定《甘肃省商务厅关于抗震救灾的市场应急实施方案》，积极开展抗震救灾工作。

5月12日下午，省商务厅成立了由厅党组书记、王锐厅长为组长的省商务厅抗震救灾市场供应工作领导小组，下设综合协调组、市场监测与供应组、监督检查组、采购组、运输组、经费保障组、后勤服务组等7个工作组，负责受灾地区市场监测预警、协调市场供应，统一指挥协调灾区人民生活必需品的采购调配运送等工作。建立由厅领导带班的24小时值班制度，跟踪了解灾区的最新信息，及时掌握灾区生活必需品的需求，处理应急突发事件。同时启动了生活必需品监测日报制度，对受灾严重的9个市州进行重点监测。省商务厅向受灾地区的市州商务局下发了《关于做好抗震救灾地区市场供应工作的通知》，要求及时掌握生活必需品市场供应情况，深入了解本地区对方便食品、饮用水、药品、帐篷、防寒防雨被服用具、照明器材、挖掘工具等应急救援物资的需求情况，发现重要消费品出现断档、脱销、抢购等市场异常波动，要立即上报当地政府和省商务厅。同时将了解掌握的情况汇总上报商务部和省政府抗震救灾总指挥部，形成了省市县三级商务部门互动联系机制，及时有效地沟通上报灾区一线的情况，将应对的措施迅速地贯彻落实下去。

5月13日，省商务厅紧急组织采购了方便面、饼干、矿泉水、蜡烛、手电筒、帐篷等共计90万元的抗震救灾物资通过空运和汽车路运，于14日上午送抵陇南市，发放到了灾区群众手中。在省商务厅的倡议下，甘肃省广东商会捐助了价值13万元的救灾物资，其中，面粉1500袋、方便面1500箱、防雨帐篷布10000平方米。这批救灾物资于16日上午启程，17日上午送达陇南灾区。甘肃省国际经济技术合作民间促进会申请伊斯兰国际救援组织捐助了价值10.2万元的救灾物资，其中，方便面2000箱、矿泉水2000箱、火腿肠400件、饼干300箱。这批救灾物资于16日上午启程，17日上午送达陇南灾区。地震发生后，省商务厅立即向商务部汇报了灾情，请求商务部协调国际多双边援助机构，向抗震救灾工作提供援助。联合国儿童基金会驻华代表处对陇南市灾区学校援助的400顶通道式帐篷（每顶30平方米）以及学生学习用品、教学用具等物资于17日发运至兰州，省商务厅组织车辆运抵陇南市。省内受灾最重的陇南市，该市商务局处在抗震救灾第一线，担负着大量的抗震救灾任务。为使该市商务局更加有效地开展工作，省商务厅于5月13日，向陇南市商务局拨付了10万元工作经费，用于抗震救灾应急工作。省商务厅组织机关和厅属事业单位开展向灾区募捐活动。厅领导带头，全厅职工纷纷伸出援助之手，截至16日下午5时，募集到捐款共计11.44万元。中国贸促会、上海市对外经济贸易委员会、上海外国投资工作委员会，抗争救灾期间向省商务厅发了慰问信，对抗震救灾表示慰问，并表示给予援助。省商务厅表示感谢的同时，积极争取到他们募集的资金和救灾物资，及时发往灾区。

5月15日下午18时，商务部副部长姜增伟电话指示省商务厅，要求甘肃省商务厅为四川省阿坝藏族自治州提供紧缺食品，并对物资品种及数量提出了具体要求。当晚，率领工作组在陇南灾区抗灾的省商务厅厅长王锐做了部署安排，并提出了明确要求："虽然甘肃省也是地震的重灾区之一，物资供应和采购比较困难，务必想方设法完成任务，尽最大努力支援比甘肃省更急需的四川灾区"。省商务厅连夜组织货源和车辆，其中紧急组织采购了方便面1000箱、火腿肠700箱、罐头400箱、矿泉水1760箱、食用油100箱（2000千克）、瓜果蔬菜1.3万千克价值25万元共3卡车（2万千克）的抗震救灾生活必需品，由省商务厅副巡视员王玉武带队，于16日下午3时从兰州市出发，17日上午8时运到四川省阿坝州松潘县。随后，省商务厅又组织一批日用品货源，由省商务厅副厅长刘杰华带队，送往四川灾区。

抗震救灾期间甘肃省灾区市场供应。5月14日晚，厅长王锐带领厅机关有关处室负责人，连夜赶赴甘肃省受灾最重的陇南市，深入武都、成县实地了解灾情和群众生活需要，现场组织协调灾区群众生活必需品市场供应等工作，力争使两县区的商铺短期内恢复营业，道路尽快畅通，商户积极组织货源，肉、蔬菜、方便食品、饮用水等生活必需品基本得到保障。中石油甘肃销售公司一名副总经理于15日上午赶到灾区，协调解决成品油供应，使成品油供需矛盾及时得到缓解。期间，省商务厅与受灾的9个市州保持密切联系，及时掌握消费品市场供应及生活必需品价格变化情况。在受灾最为严重的陇南市，由于当地政府及时采取了价格干预措施，省、市、县级商务部门千方百计组织货源，肉类、蔬菜、方便食品和矿泉水等价格在经历了5月13日的波动后不久，就基本恢复正常。其他受灾市州消费品市场整体平稳，货源比较充足，价格也无大的波动。从全省消费品市场看，商品供应稳定，价格基本平稳。在监测的26种商品中，食用油类价格略有下降，蔬菜类价格稳定，粮食类、猪肉和鸡蛋零售价格略有上涨，其他类生活必需品价格保持基本稳定。灾区群众人心稳定，尚未出现恐慌或抢购现象。随着余震的不断发生，市场供应的不确定因素随时增加，一些生活必需品有可能出现阶段性和结构性供应短缺，保障市场供应的压力在增大，省商务厅制定了各种应急预案，保持了市场的稳定。

据监测，5月16日下午—17日，粮食类4种商品，平均批发价格为2.95元/千克，其中面粉平均批发价格2.5元/千克，大米平均批发价格3.4元/千克。粮食类平均零售价格4.73元/千克，与15日持平，其中，小包装面粉和小包装大米平均零售价格分别为49元/千克和4.94元/千克。菜籽油平均批发价格没有波动，各大商场、超市重点监测的4种食用油平均零售价格没有涨跌，其中，豆油、花生油、菜籽油、调和油平均零售价格分别为14.13元/升、25.43元/升、15.9元/升、17.12元/升。牛肉和羊肉批发价格持平，分别为24.5元/千克、25.4元/千克，猪肉批发价格由15日的19元/千克涨到19.5元/千克，涨幅2.63%。鸡蛋平均零售价格为6.42元/千克，与前日持平。16日，蔬菜平均批发价格为1.64元/千克，重点监测的11种蔬菜价格分别为圆白菜0.8元/千克、大白菜0.8元/千克、芹菜1.2元/千克、西红柿2.2元/千克、辣椒1.8元/千克、青椒1.8元/千克、冬瓜2.4元/千克、洋葱0.6元/千克、土豆0.9元/千克、黄瓜1.0元/千克、茄子2.4元/千克。蔬菜市场价格保持稳中有跌态势。鲜奶、白砂糖和食盐价格变化不大，基本稳定，零售价格分别为3.97元/升、4.47元/千克、2.6元/千克。到22日，灾区生活必需品市场供应和价格相对稳定，正逐步趋于正常。受灾最为严重的陇南市和甘南州，群众生产、生活也在短期内恢复正常。陇南市和甘南州受灾区为解决群众住宿生活急需帐篷类救灾物资，米、面、食用油等日常生活必需品需求逐日上升。

6月11日下午，商务部、甘肃省政府在陇南市武都区文化广场，举行商务部、甘肃省政府支持甘肃灾区流动售货车发放仪式。由商务部、省政府领导授予陇南市流动送货车32辆，授予甘南州流动售货车12辆，授予天水市流动送货车6辆、中盐集团甘肃公司商品配送车20辆。政府确认了陇南兴源商贸有限责任公司等20户有信誉、有实力、愿意履行社会责任的现代流通企业，负责恢复"万村千乡市场工程"连锁农家店等农村商业网点的经营，承办灾区日常生活用品的保障供应。从即日起，这些流动售货车即开赴受灾群众集中安置点及商业设施受损严重的乡镇，提供便民商业服务。甘肃灾区流动售货车交接发放仪式由省政府副秘书长李志勋主持，省委常委、副省长刘永富，商务部部长助理房爱卿，商务部市场体系建设司司长常晓村，中国轻工业总会副会长、中盐公司总经理茆庆国，中盐总公司副总经理万建军，省商务厅厅长王锐，副厅长张立民，省旅游局局长黄周会，省粮食局局长何水清，省物价局局长吴宝真，省工商局局长张绪胜，省烟草专卖局局长武卫东，中石油甘肃销售分公司经理杨顺义，以及陇南市、天水市、甘南州领导等出席了发放仪式，相关市州（县区）商务局及承办企业的负责人参加了发放仪式。商务部部长助理房爱卿强调，做好市场供应，20户流通企业要首先做出表率，在积极履行社会责任的同时，进一步开拓市场。为了充分发挥大型流通企业作用，商务部将会同财政部，给予企业一定的商品配送运费补贴和购货流动资金贷款贴息，并协调有关金融机构，向企业提供贷款，用于购物资金周转。

　　2008年7月8日—12日，深圳市贸易工业局组织全国农产品批发行业龙头企业深圳农产品公司、全国连锁30强的华润万家超市、连续多年排名世界五百强榜首的国际知名零售商沃尔玛公司等有关农产品批发、零售企业代表一行25人开展对甘肃及陇南灾区农产品的采购和洽谈活动，促进当地农产品流通，达到带动当地农民通过生产实现灾后自救的目的。省商务厅和陇南市商务局组织了这次采购对接活动。7月8日甘肃省商务厅与深圳市商贸代表团在兰州召开了"甘肃—深圳农产品产销座谈会"，邀请了酒泉、武威、白银、定西等市商务部门和甘肃省农牧厅及一些农产品产销大户参加，重点推介了甘肃省洋葱、土豆、萝卜、高原夏菜等大宗农产品。7月9日在陇南武都召开了"深圳—陇南农副土特产购销合作座谈会"，邀请陇南市各县区商务部门、部分农产品供销企业参加，重点推介了核桃、花椒、茶叶、木耳、银杏、橄榄油等特色农产品，并在陇南市举办了特色农产品样品展。深圳商贸代表团在考察调研的基础上，和陇南企业进行了洽谈对接。深圳商贸代表团对陇南等地的特色农产品表现出很大兴趣，双方就农副土特产品的产量、品质、销售以及建立长效合作机制等方面进行了广泛的交流与沟通。形成了《甘肃省商务厅、深圳市贸易工业局关于加强经贸合作，促进灾区重建框架协议》《深圳市贸易工业局、陇南市商务局关于组织深圳商贸企业采购甘肃重灾区农产品经济帮扶合作框架协议》，陇南市农产品企业与深圳相关商贸企业达成意向性协议10份，涉及45个项目，意向总货值3100万元。7月11日上午，在陇南市隆重举行了"深圳—陇南抗震救灾对口支援农产品购销合同签约仪式"，双方代表对形成的框架协议和购销协议签约，广东省、深圳市、甘肃省主要领导见证了签约仪式。

2. 2010年舟曲县抗洪救灾。2010年8月8日凌晨，甘南州舟曲县发生特大泥石流灾害，给人民群众的生命财产造成了巨大损失。在党中央、国务院和省委省政府的坚强领导下，各级政府和商务部门积极行动、密切配合，全力支持抗洪救灾工作。

在舟曲县发生泥石流灾害中，县商务系统受灾十分严重。县经贸委3名职工遇难，11位直系亲属死亡。县内有960个商业网点受损，占县城1240个商户的77%，损毁面积56000平方米，受损设施及商品金额约3.01亿元。其中受灾商品交易市场1个，"万村千乡市场工程"承办企业宏源超市1800平方米的配送中心全部淹没，15辆商品配送车、7个直营店被毁，7名职工遇难，40多名直系亲属遇难。灾情发生后，商务部陈德铭部长要求部机关各司局全力以赴帮助甘肃省抗洪救灾，先后协调上海大润发调运矿泉水1万瓶、四川绵阳双汇公司调运火腿肠2500件；下达甘南腾达民贸公司向灾区免费供应国家储备库边销茶2万千克；协调四川高金食品公司调运矿泉水5000件、方便面5000件、饼干5000件、肉类罐头2000千克；四川四海集团调运大米400袋、面条500把、方便面1553件、食用油500桶、肉制品1327件；河南双汇集团调运火腿肠2500件；沃尔玛中国公司捐赠人民币15万元，帮助舟曲县恢复商业网点经营。这些救灾应急物资的及时到位，对舟曲县受灾群众渡过难关，起到了重要作用，极大地支持了抗洪救灾工作。

8月8日，省商务厅启动了《应对灾害性天气保障市场供应的应急预案》。厅长王锐召集会议安排部署救灾措施。成立了省商务厅舟曲抢险救灾、保障市场供应工作领导小组，全面负责指挥协调灾区应急救灾工作。

建立了由厅领导带班的24小时值班制度，跟踪了解灾区的最新信息，处理应急突发事件，启动了灾情监测日报制度。委托甘南州商务局就地、就近组织采购近50万元的方便面、矿泉水、火腿肠等7卡车急需物资，分别从甘南州合作、临潭县、卓尼县、迭部县出发，于9日凌晨运往灾区，成为舟曲县受灾后第一批到达的应急救灾物资。9日，省商务厅组织机关职工向灾区捐款39390元。10日下午，商务厅党组就帮助舟曲灾后恢复市场供应工作进行了专题研究，制定了8条措施，并向舟曲县经贸委下拨抗洪救灾工作经费10万元。12日，组织工作组赶赴灾区，了解灾情，帮助研究灾区恢复市场供应的措施和意见。送去了兰州市商务部门组织餐饮企业捐赠的80袋面粉、60袋大米、20桶油、30箱榨菜等救灾用品，确定了2个临时餐饮供应点，制作热馒头、稀饭、榨菜，免费向灾民和救灾志愿人员供应。"万村千乡市场工程"承办企业宏源超市在自身严重受灾的情况下，率先组织商铺开业，成为灾后最早恢复经营、平价供应市场的商家，启动了市场供应。

为了进一步支持各受损经营户克服困难，尽快恢复营业，省商务厅对8月20日前恢复营业的商业网点每户给予1000元的经费补助，采取现场兑现和到县经贸委申领两种形式落实。从19日下午开始，州商务局、县经贸委逐户逐点对开门营业的商户现场进行兑现。截至8月20中午，100个商业网点恢复营业。粮、油、肉、菜和生活必需品供应平稳，物价稳定。省商务厅鼓励省内生产及商贸企业在舟曲开设临时商品、餐饮供应点、流动售货车，增加供应量和覆盖面。协调州县商务部门抓紧选址设立临时集贸市场，对进驻集贸市场的商户给予一定的经费补贴。扶持"万村千乡"承办企业恢复建设商品配送中心，尽快向农家店配送商品。协调兰州和舟曲周边市州一些大型的肉类、粮油、蔬菜企业在灾区建立供应网点，尽快恢复人民群众生产生活的正常需求。在家电下乡和家电以旧换新政策中，将舟曲县受灾群众（包括县城）全部纳入补贴范围，优先供应。安排万村千乡市场工程、农贸市场改造等项目建设，对舟曲县灾后重建给予倾斜照顾。

截至8月25日，受灾的964个商业网点中，已经清除淤泥，并且初步具备经营条件的有328个，其中已恢复经营的有295个。从整体恢复情况看，县城水位尚未明显减退，475个仍被水淹没的商铺无法恢复经营。部分经营户由于失去亲人仍处于悲痛之中，虽多次上门进行疏导动员，但业主无心开门营业。部分商户设施和商品损失严重，启动资金自身难以筹措，恢复经营困难。受县城地理条件限制，设立临时集贸市场缺少场地，仅有的几处空地全部用于安置灾民，沿街设立的一些背篓市场和2处临时交易市场点只是应急过渡。由于餐饮点和肉制熟食品供应涉及食品安全等诸多问题，网点恢复和市场供应还相对不多，省商务厅及时向省政府提出了支持灾区经营网点灾后恢复重建、保障市场供应的建议，包括在灾后重建总体规划中，统筹安排商业网点、粮油网点、各类市场等建设项目。在住宅建设、办公用房建设、公用设施建设中，配套建设一定比例面积的商业网点。对在泥石流灾害中被水毁、水淹、水浸（水过）的受损经营户，根据损失不同情况，在救灾资金中给予5%—15%的补贴，增加其恢复经营的能力。对受损商户给予税收优惠政策支持。免征营业税等各项税收，执行期限为5年，即2010年8月8日—2015年8月8日，前三年全免，后两年减半征收。对受损商户给予金融贷款支持。注册受损商户灾害之前在金融信贷机构有生产经营资金贷款的，由省财政进行全额贴息。贴息期限为5年，即2010年8月8日—2015年8月8日。受损商户在灾害发生后为恢复生产经营需在金融信贷机构贷款的，由省财政进行全额贴息，贴息期限为5年，即2010年8月8日—2015年8月8日。受损商户在补办工商营业执照、营业许可证、税务登记证等相关手续时，减免有关费用。在市场恢复阶段，对流动售货车、临时市场、马路摊点，交通、城管、商务、工商、卫生、质监等部门要进行协调，提供适当的经营场所，允许摆放，免收有关费用。对舟曲县商业网点运送商品的货车，凭进货、送货凭证，交通部门免收过桥过路费用。鼓励灾区以外的商贸企业到舟曲注册经营，城管、交通、工商、卫生、质监等部门在场地、设施、运输、服务等方面提供方便，在三年内免收有关费用。加强恢复市场工作的宣传力度，帮助受损商户提升经营信心。商户在铲除淤泥，清理垃圾时，在人力、运输车辆和水、电、暖等设施设备的修复上，政府有关部门要给予帮助。相关职能部门要加大对欺行霸市、哄抬物价等行为的检查打击力度，及时启动价格临时干预措施，稳定物价，保护经营者和受灾群众的合法权益，创造公平交易的市场环境。意见和建议经省政府批准，逐项得到落实。

三、应急储备体系建设

2005年，按照国家要求，甘肃省建立肉类储备制度。省政府下发《甘肃省省级副食品扶持发展及储备专项资金管理办法》，储备规模为200万千克。2006年，经商务部批准，甘肃省承担了25万千克冷冻牛羊肉国家储备任务，边销茶中央储备增加到35000担。2011年省政府下发《关于实行预警监控坚决遏制市场价格过快上涨的通知》，将省级储备冻肉由200万千克增加至400万千克，以应对突发事件，增加政府调控手段，稳定市场价格。2011年，为落实"菜篮子"市州长负责制，加强市场调控，平抑蔬菜淡季市场价格，避免菜价大涨大跌，保护菜农和居民利益，省政府办公厅下发《关于建立冬春蔬菜储备制度的通知》，省财政厅、省商务厅印发《关于甘肃省冬春蔬菜储备补贴资金管理办法的通知》。按本地区城区人口（含流动人口）每人每天消费0.5千克蔬菜、保证7天消费量的标准，建立蔬菜储备动态库存。储备以土豆、洋葱、白菜、萝卜、圆白菜等耐贮存、易周转的大路菜为主，兼顾其他品种。储备期为每年11月15日至次年3月15日。

省商务厅积极抓好市场监测调控，建立和完善全省商务系统生活必需品市场应急管理工作体系，提高市场调控能力，维护市场稳定。制定城乡市场监测服务体系方案，从监测样本企业、指标体系、商品品类、数据汇总、信息报送、分析流程、资源分享等市场动向，完成了全省市场监测规划方案的设计工作，并纳入商务部城乡市场服务监测体系中。2006年，商务部《关于推进城乡市场信息服务体系建设工作的通知》中，下达甘肃省100家重点流通企业、10家生产资料企业、6个地级市（含70家地级城市样本企业）以及8个样本县的监测任务。省商务厅在对省内已有监测样本进行优化调整的同时，进一步拓展监测领域，按照地域、监测行业、业态分布合理、监测商品品种具有代表性的要求，经过筛选，确定了省内123家重点流通企业、40家生活必需品企业、4家重要生产资料企业、2家茧丝绸企业和10个县（区）农村市场监测点，作为商务部城乡市场信息服务体系监测样本地区和企业，运用现代信息技术建立健全甘肃省市场监测智能化信息平台，每月收集全省消费品市场运行基本数据，与上年同期数据进行对比分析，形成《全省内外贸简讯》上报省政府及有关部门。对全省消费品市场每季度定期进行全面分析，提出对策建议，报送商务部、中华商业信息中心、省政府和省直有关部门，发送给各市（州）商务部门。省商务厅"全国商务天气预报"信息员及时向商务部通报甘肃省消费品市场运行情况，发送的市场信息质量和数量始终保持在前列，得到了商务部相关部门的网上滚动信息表扬。承担和建立了中央和省级两级储备，以应对突发事件引起的市场风险。2007年，甘肃省承担的生活必需品储备有：中央冷冻牛羊肉储备25万千克，中央活体生猪储备20万千克，中央边销茶储备3.5万担，省级储备肉200万千克，省级储备食糖200万千克。修订完善《甘肃省商务厅关于突发公共事件引起市场异常波动应急处理预案》，健全应急机制，增强抗风险能力。建立应急商品数据库，完善市场预警体系。研究制订重要商品市场应急预案，确保中央和省级肉类、边销茶、食糖等储备品种结构合理、管理科学、调控有力、抗风险能力强。不断改进和完善储备办法，使省级储备更加科学合理。在2007年的省级副食品储备中，与有关部门对储备品种、方式及方法进行新的改进。通过采取招标的形式让具备资质的企业承担储备任务，对储备品种，改变过去单一的冻肉储备，增加生猪活体储备（其中:冻猪肉储备140万千克、冻牛肉储备25万千克、冻羊肉储备25万千克、生猪活体储备10万千克/2000头）。通过储备结构和方式的改善，在储备数量保持200万千克不变的情况下，储备费用下降了40%。向商务部申报建立中央活体家畜储备基地。通过对省内各大猪场的检查评定，酒钢宏丰养殖场被商务部评为国家生猪活体储备基地，并承担了20万千克（4000头）生猪的中央活体储备计划。甘南雪羚集团肉类加工有限公司、玛曲生态食品有限公司和青海世界屋脊科技开发股份有限公司玛曲清真肉食品厂，已于2005年底通过商务部资质评审专家组的检查验收，取得中央储备肉（牛羊）活畜储备承储单位资格，使中央储备计划任务得到落实。

第四节　商贸流通行业管理服务

商贸流通事关百姓生活，涉及许多服务行业，本节仅就商务系统归口管理服务的部分行业进行记述。

一、盐业管理

1983年11月18日，甘肃省委办公厅同意成立甘肃省盐务管理局，为县级企业单位，与省盐业公司一套机构、两块牌子。1991年7月8日，省政府在给轻工部、商业部的复函中明确：甘肃省商业厅盐务管理局为甘肃省盐业行政主管部门，主管全省盐业和盐业执法工作，负责全省盐的质量管理、计划、收购、分配、调拨、运销和储备工作，配合有关部门管理盐业市场，甘肃省盐务管理局隶属省商业厅和中国盐业总公司双重领导。

1984年以前，咸阳糖酒站、天水盐站、兰州盐业批发部、武威糖酒站、河西堡盐站、嘉峪关糖酒站均由省盐务管理局实行统一计划、统一税务、统一财务管理。1987年—1994年，由甘肃省盐业公司、省糖酒副食公司率各站（部）统一对省商业厅承包经营，统一对省财政上缴利税，营业税缴地方。1994年—1998年，又归口统一对省商业厅实现目标责任管理，统一对省财政报告财务状况。根据国务院《食盐专营办法》以及中国盐业总公司规定，由盐业公司对食盐实行专营，统一计划调拨、统一价格、统一经营管理、统一碘盐基金及管理费收缴，统一对省区间结算，二级批发业务由省公司直接经营。

1998年，在建立与食盐专营相适应的盐业经营管理体制改革中，省政府印发《关于省盐业公司省糖酒副食公司建立现代企业制度试点实施方案的批复》，批准由省盐业公司、省糖酒副食公司在对所属归口管理的单位整体改制的基础上，联合以债权转股权的从事食盐生产的社会法人，并吸纳职工入股，发起设立产权清晰、权责明确的国家控股的甘肃省盐业（集团）股份有限公司（以下简称集团公司），实行以资产为纽带的母子公司体制。按照"一级法人、两级核算、三级管理"的原则，内部实行购、销、调、存、人、财、物、党、政、群"十统一"，承担对资本的保值增值。省政府于1999年下发《甘肃省人民政府办公厅转发省体改委等部门关于组建省盐业集团理顺盐业经营管理体制有关问题的请示的通知》，同意加快甘肃省盐业集团组建步伐，理顺全省盐业经营管理体制，分设、改制、上划县级盐业公司，建立全省垂直管理的盐业集团公司，对分公司实行授权经营，对县（市、区）公司实行控股经营，行使出资人权利。省盐务管理局与省盐业（集团）股份有限公司按经济区域设置的6个盐务分局与盐业公司、县（市、区）盐务管理局与盐业专营公司实行专营管理与食盐经销一体化，即盐务管理、食盐专营"两块牌子、一套人马、职能分开、合署办公"，负责本辖区内的盐业经营和市场管理工作。县（市、区）盐业专营公司上划盐业集团，增挂垂直领导的（市、区）盐务管理局的牌子，行使辖区的盐政管理职能，全省形成"统一领导，三级管理"的专营经营管理体制。到2003年，全省10万人口以上的县（市、区）全部单设三级盐业专营公司。2006年6月6日，省政府同意省商务厅持有的省盐业（集团）股份有限公司国有股划转给中国盐业总公司，股权划转后，在国家盐业体制新的改革调整之前，全省盐业管理体制暂不变动，仍按甘政办发〔1999〕20号执行。2006年8月28日省盐业（集团）股份有限公司国有股整体上划中国盐业总公司，更名为中盐甘肃省盐业（集团）股份有限公司，保留甘肃省盐务管理局，负责全省盐业行政管理工作。2012年，中盐甘肃省盐业（集团）股份有限公司改制成为股份有限责任公司，更名为中盐甘肃省盐业（集团）有限责任公司。甘肃省盐务管理局划归省工业和信息化委员会管理，与中盐甘肃盐业集团实行"一套班子、两块牌子、职能分设、合署办公"。

1. 法规建设。1990年，国务院颁发《盐业管理条例》，1994年和1996年，国务院相继颁发《食盐加碘消除碘缺乏危害管理条例》和《食盐专营办法》。1993年3月3日，甘肃省政府印发《甘肃省实施盐业管理条例办法》。1997年10月22日省政府以第27号令，对《对甘肃省实施盐业管理条例办法》进行了第一次修正，2004年6月25日省政府以第14号令对《条例》和《办法》进行了第二次修正。甘南藏族自治州、临夏回族自治州先后制定和颁布相关法规，1992年颁发《甘肃省甘南藏族自治州食盐加碘防治碘缺乏病管理办法》，2010年颁发《甘肃省临夏回族自治州食盐加碘消除碘缺乏危害管理条例》。在最高人民检察院《关于办理非法经营食盐刑事案件具体应用法律若干问题的解释》颁布以后，甘肃省高院、省高检等部门就涉盐案件的有关问题进行法律指导，省人大法工委、省政府法制局对在盐政执法中有关问题及时给予协调指导，保证盐业市场管理工作顺利进行。省商务厅、省盐务管理局连续21年开展"防治碘缺乏病日"宣传活动，设置知识展板、咨询台，进行示范操作，发放宣传手册和传单，向广大市民宣传碘盐的正确食用方法。常年坚持开展健康教育进万家、进万村、进万店的"三进"活动和入乡、入村、入社、入户的"四入"活动，深入持续宣传"少吃盐、吃好盐，少吃盐、多用盐"的科学消费理念，引导广大消费者自觉购买放心合格碘盐，营造良好的食盐安全风气。

2. **盐政执法**。对全省盐政执法人员，省政府法制办和省盐务管理局进行了严格的培训和考核，对考试合格的人员，由省政府法制办发给盐政执法证，执法人员共有901人。省政府把食盐列为整顿和管理市场秩序的重要商品，高度重视打击劣质盐等非法产品的制售，政府及公安、检察院、食品药品监督、卫生、工商、质检等部门积极支持和配合，打击危害食盐安全犯罪行为，形成强大执法合力，依法取缔不合格盐、劣质盐、非碘盐、工业盐、亚硝酸盐等非食用盐扰乱食盐市场的行为，维护食盐食用安全和食盐专营。健全完善长效管理机制，广泛开展西北地区边界盐业市场联合执法，强化行业管理，规范盐业经营管理行为。联合物价部门处罚抬高盐价的不法商贩，保证食盐市场价格稳定。有效地查处涉盐违法行为，1999年—2013年，全省共查处涉盐违法案件48504起，查获非法盐业产品33488吨，移送司法机关案件91起79人。

3. **市场管理**。甘肃省盐业部门始终坚持"政府领导、部门履责、社会参与"的盐业工作运行机制，全面落实食盐专营政策，强化盐业市场管理，有效保障合格碘盐供给，确保全省消除碘缺乏危害工作的实施，对保障民生、维护人民群众身心健康，促进全省经济社会健康发展做出了重要贡献。甘肃省合格碘盐食用率从1996年的61%上升到2013年的96.71%；碘盐覆盖率从1997年的63%上升到2013年的99.58%。全面实行食盐"定点生产许可证""食盐批发许可证""食盐准运许可证"制度，对"三证"的申报、审核、颁发、使用均严格按照政策法规执行。坚决制止单位和个人未经批准生产、加工、私自调运食盐，规范食盐市场管理。紧紧依靠地方政府，加强对有小土滩盐池的安西、敦煌、民勤、景泰、靖远等县地监管，从源头上遏制小土滩盐对食盐市场的冲击。1996年省盐业公司（糖酒副食公司）被评为全国500家最大商业企业（进入500大企业，全省仅此一家），位居第39位。2003年省盐业（集团）股份有限公司被省政府授予"全省优秀企业"称号。

4.平息抢购。省盐业（集团）股份有限公司坚持以人为本的宗旨，履行责任，保障食盐市场的稳定，在2003年"非典"疫情发生期间和2011年3月的大规模的食盐抢购风潮中，采取调控措施，保供应、稳市场，对消除非典疫情，平息抢购风潮发挥了重要作用。2011年受日本大地震引发核辐射的影响，甘肃省发生食盐大范围抢购，来势之快、范围之广前所未有。3月17日当天市场抢购食盐900万千克，销售量达到正常销量的30倍，超市和零售商店的食盐被抢购一空，食盐需求瞬间达到峰值。一些不法商贩趁机囤积居奇、哄抬盐价，有个别地区食盐零售价被哄抬到10倍甚至更高，一度引起群众恐慌。许多食盐仓库、批发点、零售点被聚众围困，各地出动警察维护秩序。省盐务管理局、中盐甘肃省盐业（集团）公司及时向省政府汇报，尽快从省内外食盐定点生产企业调运食盐，"一车多县"配送，3天内全省紧急配送投放食盐1500多万千克。并会同物价、工商等部门，严厉打击囤积居奇、哄抬盐价的不法行为。第一时间通过《甘肃卫视》等主流媒体，广泛宣传，解疑释惑，向社会发出价格和货源充裕的信息，引导消费者理性消费，不信谣，不恐慌，不跟风，确保食盐市场稳定。

5.质量管理。建立起省盐产品质量监督检验站、各分局质量检测分站、县局质检室三级质量管理体系，改善检测条件，更新检测仪器，配套检测设施，加强对质检人员的培训。按照操作规程和管理流程严格把关，健全食盐入库、在库、出库管理，坚持购进一批、检测一批、出库一批，做到检后出库、不检不出，保证供应碘盐的质量安全。调整产品结构，逐步形成以"结构橄榄型、品种多元化、规格小型化、包装立体化、品质优良化、运行品牌化"为特征，满足不同消费群体需求、产品结构合理的食盐市场新格局。推进食用盐精细化、多品种化、小包装化，告别食用原盐的历史，逐步实现复合膜食盐包装向纸塑食盐包装的转变。不断加强技术改造，加快新品种研发，建立以市场为导向的研发体系，以适销对路的产品和差异化的服务，有效满足不多层次多元化的消费需求。全省已有深井盐、天然湖盐、海藻碘盐、低钠盐、竹盐、臻纯盐、晶纯盐、调味菇盐、孕宝宝盐等系列产品。食盐市场的品种不断丰富，各市州城市卖场达到14个品种，县级公司商超达到8个品种。丰富生活用盐品种，果蔬洗涤盐、洗浴盐、热敷盐等新品全面上市。

二、酒类商品管理

酒类商品有消费群体广、需求量大的特点，其质量安全关系广大消费者的身心健康。2000年以前，甘肃省酒类商品市场尚未建立起健全的管理制度，对市场缺乏统一的监管。

1. 管理机构。省政府和有关部门对加强酒类市场管理、保障消费安全很重视；国有商业企业是酒类商品经营的主渠道，省商业厅作为国有商业的行政主管部门，不断探索加强酒类市场监管、规范市场秩序的办法和途径。1986年以后，省商业厅会同省政府法制局组织专门力量，通过立项、制定规划，并经过几年的考察、调研、论证，起草制定了酒类商品管理的法规草案，上报省人大审查，2000年9月23日经省人大第九届常委会第十八次会议审议，通过《甘肃省酒类商品管理条例》，于2000年11月1日正式实施。《条例》规定："省商务行政主管部门是酒类商品的主管部门，其所属的省酒类商品管理机构具体负责本条例的实施"。2001年省政府在进行机构改革时，批准成立甘肃省酒类商品管理局。省贸易经济合作厅根据《条例》和上述文件，于2001年2月即组建成立了甘肃省酒类商品管理局，为县级事业单位，依照国家公务员制度管理，核定编制10名，其中局长1名（由省贸易经济合作厅1名副厅长兼任），副局长2名，2001年7月13日，省酒管局向省贸易经济合作厅提出关于甘肃省酒类商品管理局职能配置、内设机构和人员配备意见。2001年8月7日，甘肃省贸易经济合作厅进行批复，内设办公室、酒类商品管理处、执法监督处3个处室，并于同年5月10日正式挂牌，局址在兰州市城关区天水路499号。2002年以后省贸易经济合作厅党组研究同意甘肃省酒类商品管理局与厅机关合署办公，局址变更为兰州市城关区定西路532号。经厅党组2006年11月3日研究，副厅长张立民不再担任省酒类商品管理局局长职务，任命胡毢彬为甘肃省酒类商品管理局局长（县级正职），从此，省酒管局局长由省贸易经济合作厅领导兼任改为专职局长。《甘肃省酒类商品管理条例》颁布后，2005年9月23日甘肃省第十届人民代表大会常务委员会第十八次会议审议对《条例》涉及省政府机构改革部分进行修订完善。

2002年11月20日，甘肃省民政厅批复同意成立甘肃省酒业协会。甘肃省酒业协会是全省酒类商品生产和流通的行业协会，由酒类生产企业、酒类商品流通企业、科研单位或个人自愿组成的非营利性社会组织。业务主管单位为甘肃省贸易经济合作厅。协会的宗旨为扩大本省酒类产品销售，促进酒类市场的繁荣和发展。首届会员代表大会选举省贸易经济合作厅副厅长、省酒类商品管理局局长张立民为省酒业协会会长。协会有常务理事67人，理事42人，会员89人。

2001年6月18日，甘肃省政府办公厅印发《关于贯彻实施〈甘肃省酒类商品管理条例〉意见的通知》，要求各地应按照政企分开、精减效能的原则，妥善解决经营机构和执法部门分设问题，尽快明确执法主体，确保执法的公正性。各地县的酒类商品管理机构根据当地实际设置。根据省政府办公厅文件精神，兰州、白银、平凉、庆阳、陇南5市设立了市酒类商品管理局（参照公务员制度管理的事业单位），其他市州在商务局加挂酒类商品管理局牌子，配备专人或兼职人员履行职责。县（区）酒类商品管理机构设置。截至2010年，全省86个县（区）中，有43个成立酒类商品管理局（参照公务员制度管理的事业单位），其余43个县区则在县（区）商务局加挂酒类商品管理局牌子，由专人或兼职人员履行职责。

2001年8月7日，甘肃省贸易经济合作厅进一步明确甘肃省酒类商品管理局职能。甘肃省酒类商品管理局是省贸易经济合作厅授权管理全省酒类商品的工作机构，在省贸易经济合作厅的监督管理下开展工作，主要职责是：（1）贯彻实施酒类商品管理法规和政策，协调解决全省酒类商品生产经营中的重大问题；研究拟定酒类商品管理措施和实施细则。（2）研究拟定全省酒产业发展政策、规划；研究提出酒产业结构调整和培育名优品牌的意见；负责全省酒类商品市场的分析预测；汇总全省酒类商品生产销售经济指标；发布酒类商品信息，指导生产，引导消费。（3）承办全省酒类商品管理工作；指导、协调全省各地县酒类商品管理部门的业务工作；承办酒类商品生产监督和生产秩序的整顿和规范。（4）承办酒类商品批发和生产许可证（不含白酒）的监制、审核、发放和酒类商品零售的备案工作。（5）承办监督检查全省酒类商品打假工作，负责依法查处酒类商品违法案件；受理消费者的举报、投诉、维护消费者的合法权益。（6）组织协同有关部门，依照法律法规规定，对生产、消费的酒类商品质量进行认定并定期监督检测。（7）负责职权范围内酒类商品执法的监督检查和对有争议案件的行政复议工作。（8）承办全省酒类商品执法人员的资格和业务培训工作；指导协调省酒类商品协会工作。（9）负责全省酒类商品专业会议、会展及酒类商品广告宣传的审核及咨询服务和宣传名优产品工作。（10）承办省贸易经济合作厅交办的其他事项。

省酒类商品管理局坚持以酒管工作为基础，推进酒类市场平稳运行。在打击假冒伪劣酒、规范市场秩序的同时，使酒类商品生产和经营者更好地贯彻执行《甘肃省酒类商品管理条例》。2005年5月，省酒业协会和甘肃省市场营销协会共同开办培训班10期，培训企业营销主管人员、业务经理、营销骨干600余人次。2009开始，通过推荐、初审，并分两次报商务部审核确定了94户企业为酒类流通行业信息监测统计样本企业。

随着全省酒类商品管理工作的不断深化完善，酒类商品管理的执法队伍逐步建立健全。全省各市（州）酒管部门深入基层和市场进行监管和服务，在酒类管理工作中部署到位，主动作为。坚持利用"3.15"活动、节假日、重大节会期间进行监管。以"生产管住、批发管严、监督零售、重点打假"为指导，整顿、规范酒类商品市场秩序，坚决打击制售假冒伪劣酒的违法活动，严格许可证管理制度，取缔无证生产、无证批发的酒类商品生产和经营，据统计，2001年—2010年，历年查处伪劣酒类商品及违纪案件情况如下表所列：

2001年—2010年甘肃省查处伪劣酒类商品及违纪案件情况统计表

表2-4-1

	出动执法人次	查获伪劣酒（千克）	查获伪劣酒品案值（万元）	查封制假窝点（个）	查处违法案件（起）
2001年	—	82000	491.8	131	147

	出动执法人次	查获伪劣酒（千克）	查获伪劣酒品案值（万元）	查封制假窝点（个）	查处违法案件（起）
2002 年	6182	37900	515.1	41	2166
2003 年	11762	75480	233	19	830
2004 年	—	195450	1239.9	191	3143
2005 年	38805	176860	597.54	35	—
2006 年	—	2.5 万瓶	60	15	199
2007 年	48560	—	—	17	1828
2008 年	30000	37006	520	13	1580
2009 年	32380	99820	489	6	377
2010 年	46206	1052290	560.16	12	1143

2. 酒类商品生产企业。截至2010年底，全省酒类生产企业190家，其中白酒生产企业148户，啤酒生产企业7户，葡萄酒生产企业8户，黄酒生产企业22户，配制酒、果露酒生产企业5户。各种酒类商品年产量约11.6亿千克，产值达29.923亿元。全省经营酒类批发企业2657户，酒类零售企业43696户，年均销售各种酒类产品3.5亿千克，销售额102亿。全省酒类行业从业人员超过15.817万人。经各市州包括县区的申请领取酒类商品批发许可证2657多个，各市州，县区酒管部门按照《条例》的相关规定和省酒管局的通知精神，公开换证程序，强化服务意识，换证和备案工作及时有序进行。对近52574户企业进行了备案登记，登录商务部酒类流通管理信息系统备案登记19392户。《随附单》的规范使用，使酒类溯源制度得到了较好的落实。全省共有2657户酒类企业使用随附单，共发放酒类流通随附单14809余本（740482份），全省随附单使用率达到90%以上。严格落实《甘肃省不得向未成年人销售酒类商品实施办法》，全省已向酒类经营企业发放"不向未成年人销售酒类商品"警示语标牌53698套，粘贴在酒类经营企业醒目位置，彰显了酒管部门和酒类经营者的社会责任，保护未成年人身心健康。

全省有影响的酒类企业有：

（1）甘肃莫高实业发展股份有限公司。公司是甘肃省优秀企业、甘肃省创名牌先进企业、甘肃省"诚信纳税50强"企业。成立于1995年，2004年上市。莫高葡萄酒为中国驰名商标和中国著名品牌，品牌价值45.39亿元，位居全国葡萄酒品牌价值第四，甘肃省酒类品牌价值第一。1981年被国家轻工部确定为全国十家葡萄酒定点生产企业之一，在甘肃武威市凉州区开始建设葡萄园，1985年第一支莫高葡萄酒诞生。2004年、2008年公司分别完成了首发上市和增发融资。莫高公司是当时全国四家葡萄酒上市公司之一（张裕、莫高、中信葡萄、通葡萄酒），在甘肃武威建成上千公顷酿酒葡萄种植基地的莫高葡萄庄园，在兰州建成集研发、生产、参观、旅游、文化培训为一体的高标准、多功能、艺术化、国际化的莫高国际酒庄。据中国酒类协会统计，莫高葡萄酒的综合实力居全国第四。

（2）金徽酒业股份有限公司。公司地处秦岭南麓、嘉陵江畔、与世界自然遗产九寨沟毗邻的陇南伏家镇，和五粮液等名酒企业同属中国长江流域西南黄金酿酒板块。据地方志记载和出土文物考证，金徽酒源自西汉，盛于唐宋，明清时期这里就是闻名遐迩的"西部酒乡"。金徽酒股份有限公司前身系康庆坊、永盛源等多个徽酒老作坊基础上组建的省属国营大型白酒企业，曾用名甘肃陇南春酒厂，是国内建厂最早的中华老字号白酒酿造企业之一。先后被评为"全国白酒最具竞争力品牌""全国白酒最具竞争力企业""全国五一劳动奖状""全国五一巾帼标兵岗""全国轻工行业先进集体""全国绿化模范单位""国家AAAA旅游景区"。2010年荣获联合国"世界特供产品"和"千年优秀奖"。是江南大学、复旦大学、上海交大、中国地质大学、兰州大学等国内多所高等院校的教科研实习基地，获得"纯粮固态发酵白酒"和"国家地理标志保护产品"和"绿色食品"三项国家级认证。

（3）兰州义顺工贸有限责任公司。公司是五粮液甘肃省首家模范运营商，剑南春甘肃省首家优秀经销商，国酒茅台甘肃重点经销商，九粮液优秀经销商、莫高功勋经销商。被中国酒业协会等单位授予西北渠道冠军、领袖经销商、卓越运营商、中国金牌酒水运营商等称号。被评为国家级首批放心酒示范店。"义顺"取"义内求财，一帆风顺"之意。"义顺"商号创建于1925年，已发展成为一家集"科研、生产、营销"为一体的集团化企业。董事长张秉庆被授予甘肃省道德模范，中国酒类流通20年营销领袖奖，甘肃省酒业协会副会长。

（4）甘肃滨河食品工业（集团）有限责任公司。公司是在成立于1984年的滨河酒厂的基础上组建而成的。后经几十年的不断拓展、创新和提升，于2003年跻身中国白酒工业100强，位列第41名，同年被省政府确立为甘肃省60家重点工业企业。滨河集团的核心产业是白酒和葡萄酒，年生产能力各为1000万千克。在具有显著地理优势的甘肃张掖、四川蒲江共建立了3个酿酒基地，从而具备同时生产酱香、浓香、清香、九粮香、芝麻香等优质白酒和优质葡萄酒的工艺技术实力。独创的"九粮九轮酿造技术工艺"获得了国家专利，成为拥有自主知识产权的核心技术。白酒产品主要有九粮香型的滨河九粮王、滨河九粮液、九酿滨河、陇派，酱香型的九粮国风，芝麻香型的九味国香等。有机干红葡萄酒产品主要有国风赤霞珠、黑比诺、梅鹿辄等。先后荣获"全国轻工行业做出突出贡献先进集体""甘肃省优秀企业""甘肃省纳税先进集体""甘肃省实施卓越绩效模式先进企业""张掖市人民政府质量奖"、首届"甘肃省履行社会责任示范单位""全国质量和服务诚信优秀企业"等200多项荣誉。滨河九粮液、陇派、滨河国风系列有机葡萄酒均为甘肃省名牌产品，于2006年成功入驻北京钓鱼台国宾馆，成为国家宴饮品牌之一。旗下的甘肃滨河九粮酒业公司为"中华老字号企业"，"滨河""滨河九粮液""滨河九粮春"商标为中国驰名商标，"滨河国风"商标为甘肃省著名商标。2008年滨河集团科研中心被认定为省级科研中心，中心有国家级品酒师7人，省级品酒师26人，科研创新能力处于全国前列，科研团队曾被中华全国总工会授予集体"五一劳动奖章"。

（5）甘肃红川酒业有限责任公司。公司是2008年9月在原国有红川酒厂（20世纪50年代初，在私人酿酒作坊的基础上扩建而成的）的基础上改制成立的一家民营控股、国有参股股份制白酒企业。2006年12月，被商务部认定为全国35家"中华老字号"酿酒企业之一。公司位于素有"陇上江南"美称的成县红川镇。诗圣杜甫旅居成州（今成县）写下了"酿得万家合欢液，愿与苍生共醉歌"的千古名句；明清时代享有"烈酒产横川，盛名贯九州"的美誉；清代时还有"名驰冀北三千里，味压江南十二州"之说；1960年出版的《中国名食指南》一书记载："横川烧酒，状若清露，醇香四溢，味长回甜，称著甘陕川诸省"；中国首版《辞海》以"陇上名产"将其收录书中。经过发展，公司年生产原酒已从建立初期的2万千克扩大为现在的400多万千克，占地面积17万多平方米，总资产2亿余元，年生产固态纯粮白酒400多万千克。先后开发出了以"红川特曲"和"金红川"为代表的红川系列，以"金成州""成州老窖""成州接待"为代表的成州系列和以"锦绣陇南"为代表的锦绣系列等三大系列50多个品种的产品，已成为陇南纳税大户。2005年红川酒业生产的白酒被国家酒类及食品质量监督检验中心评价为"该企业具有持续稳定生产优质多粮浓香白酒能力"，2007年7月被国家工商总局授予"重合同守信用企业"；2008年、2010年被省工商局授予"重合同守信用企业"；2009年11月通过了ISO9001:2008国际质量体系认证。"红川特曲"酒于1985年、1988年被评为甘肃省省优产品和商业部部优产品，并获得银爵奖；2008年"成州"系列白酒被评为甘肃名牌产品；2010年"成州""红川"系列白酒被评为甘肃名牌产品。

（6）甘肃紫轩酒业有限公司。紫轩酒业是中国西北地区最大钢铁企业—酒钢集团旗下的全资子公司，位于河西走廊中西结合部、万里长城西端的嘉峪关市。这里曾是中西方经济文化重要的驿站和交汇地，多个民族、多个朝代、多种宗教都先后融合过、更替过、影响过，最能体现民族交融象征的丝路文化、长城文化，千百年来在此打下了深深的印记。紫轩葡萄酒基地，地处北纬37°—40°的中国葡萄酒城甘肃武威市民勤核心产区和嘉峪关产区。灿烂的阳光，纯净的空气，戈壁砂地土壤，祁连山冰川雪水，构成了葡萄生长的黄金地带。公司于2005年6月开始建设，总体建设规模规划为年产葡萄酒5000万千克，分三期建设。年产1000万千克葡萄酒的一期工程已全面完成，同时部分辅助设施按照年产2500万千克葡萄酒的生产需求配套。公司拥有干型葡萄酒、冰酒、利口酒、葡萄烈酒（白兰地）等四大系列八十多个品种，其中梅尔诺系列、赤霞珠系列干红葡萄酒是企业的核心产品，有机系列干红葡萄酒是企业的优势产品，冰酒、利口酒、葡萄烈酒是企业的特色产品。成功通过ISO9001国际质量体系认证、HACCP食品安全体系认证、职业健康认证和环境体系认证。

（7）甘肃祁连葡萄酒业有限责任公司。祁连葡萄庄园位于祁连山下的甘肃省河西走廊中部，地处北纬39°26′，东经99°38′—99°47′之间，属青藏高原与蒙古高原的过渡地带，地处黑河中游下段张掖盆地西北边缘，临近巴丹吉林沙漠南缘，地势平坦，海拔1400米。日照时数达3088.2小时，日照百分率71%，太阳辐射年总量达1.482千卡/平方厘米，年平均气温7.6℃，极端高温38.7℃，极端低温—31℃，平均日较差14.9℃，≥10℃的年积温3039℃无霜期157天，年均降水量66.4—104.4毫米，蒸发量1923.5毫米，相对湿度52%，干燥度5.5，地下水资源丰富。依托祁连山与邻近山脉作天然屏障，大气透明度高，光照充足，更兼本地沙结台土质，热交换快，以富含矿物质的祁连山水灌溉，无病虫害和工业污染。国内外权威葡萄种植专家考察认定该地区沙漠沿线种植的综合生物因子指标显示，该地区是酿酒葡萄种植与生产的最佳生长带上的最佳种植区域。特别适合种植并酿造蛇龙珠、梅鹿辄、赛美容、贵人香等名贵葡萄品种。公司在中国农业大学葡萄酒研究中心技术指下，精心培育出蛇龙珠、美乐、佳美、赛美容、贵人香等二十余种世界名贵酿酒葡萄品种，并全套引进法国、意大利最先进的生产技术与设备，由留法博士（酿酒葡萄栽培与葡萄酒酿造双博士），中国农业大学博士生导师张大鹏教授与中国农业大学段长青教授历时四年，研制生产的"祁连传奇"品牌干红、冰红、冰白系列葡萄酒于2002年上市以后，赢得了各阶层消费者的好评。2003年11月，在北京市科委主持召开的课题成果鉴定会上，祁连传奇牌美乐冰红、赛美容冰白的研究生产填补了国内空白，工艺技术达到国际领先水平，蛇龙珠新鲜干红工艺技术先进，达到国内领先水平。

（8）兰州黄河企业股份有限公司。公司成立于1993年12月，是甘肃省最早设立的股份制企业之一，同时也是国内A股上市公司。1999年6月23日黄河股票在深交所上市，总股本18576.6万股。公司主营啤酒、饮料、大麦、麦芽、饲草的生产、加工和销售，拥有兰州黄河嘉酿啤酒有限公司、青海黄河嘉酿啤酒有限公司、天水黄河嘉酿啤酒有限公司、酒泉西部啤酒有限公司四家中外合资的啤酒生产企业以及兰州黄河（金昌）麦芽有限公司、兰州黄河高效农业发展有限公司、兰州黄河投资担保有限公司等子公司，销售市场遍及31个省市区。2002年2月，黄河啤酒商标被国家工商总局认定为中国驰名商标，成为国内啤酒行业继青岛、燕京之后同类产品的第三个驰名商标，甘肃省工业消费品领域唯一的驰名商标。2010年，公司被国家工商管理总局认定为"国家商标战略实施示范企业"。2004年8月，公司成功引入啤酒主业的战略投资者丹麦嘉士伯啤酒厂有限公司和丹麦发展中国家工业化基金会，按照合资合同约定，引入外资1.5亿元，在甘肃和青海两省组建了四家合资的啤酒企业，使公司啤酒产能近期达到4亿千克，中期达到7亿千克，稳居西北第一。

（9）华润雪花啤酒（甘肃）有限公司。公司位于兰州市高新技术产业开发区安宁园区，占地13.2公顷，设计规模20万千升/年，工程总投资3.73亿元。工厂从建厂到投产仅用了7个月的时间，由此，雪花啤酒落户甘肃兰州的新建项目当年获得"兰州市2007年度最佳投资奖"荣誉称号，创下的"安宁速度"。2009年公司销售收入突破6.1亿元大关，上缴税金8000万元。

三、餐饮业管理

1. 行业发展。1978年以后，全省餐饮业逐步并彻底打破了国营餐饮独家经营的局面。1986年以后，国营餐饮业积极改善经营方式，增设网点，扩大品种，提高服务质量。餐饮业初步形成了"投资主体多元化、经营业态多样化、经营方式连锁化、市场需求大众化"的发展格局。在快速发展的同时，餐饮业也存在一些突出矛盾和问题，表现为食品安全保障能力较弱、创新能力不足、服务质量亟待提升、制度建设不齐全、现代化水平有待提高等，与人民群众不断增长的餐饮服务需求仍有一定差距。为解决餐饮业发展面临的突出问题，促进餐饮业规范有序发展，优化结构、提升水平，2000年以后，省商务厅不断强化餐饮及相关服务行业管理，加强品牌保护和宣传。安排专项资金奖励了省商务厅和省旅游局联合评定的省内39家精品陇菜店、31家精品陇菜清真店、64家精品小吃店、141家牛肉面示范店，评定了兰州开盛大酒店等42家"国家级酒家"和兰州景扬楼、悦宾楼、马子禄牛肉面等3家"中华老字号"企业。发展了一批品牌化、连锁化经营的餐饮企业。形成了以陇菜系列、敦煌菜系、清真美食、兰州牛肉拉面为代表的具有甘肃特色的美食系列。支持兰州、武威、金昌、临夏、白银、定西、庆阳、平凉、张掖、天水等市州开展了早餐工程建设，扶持承建单位建立了食品安全检测和配送系统，有效改变了省内早餐供应状况，方便了群众早餐消费。

由于餐饮业的门槛低、创新快，而且人们的消费需求不断提升和扩大，所以餐饮业成为回报快和发展空间大的行业之一，是非公经济入市的首选行业之一，成为国内消费需求市场中增长较快的行业，是拉动内需、增加就业的一大亮点。商务部门采取了一系列有效措施，使全省餐饮业得到迅速发展，营业额年均增长幅度持续保持在两位数水平，高于全省国内生产总值的增长速度，在国内消费需求中发展最快、增长幅度最高。"十五"末的2005年，全省餐饮业实现零售额99.73亿元，到"十一五"末的2010年，全省餐饮业实现零售额达到210.85亿元，是2005年的2.1倍。2005年餐饮业上缴所得税155万元，2009年上缴所得税1368万元，增长7.8倍；2005年全省餐饮业限额以上法人企业（指年末主营收入200万元以上，年末从业人员40人以上）77家，2009年发展到133家，从业人员1.94万人（2007年据全省饮食服务业基本情况的调查，全行业餐饮网点4.14万个，从业人员27.88万人）；省内餐饮业员工平均工资，2005年为600元，2010年为1000元。2010年末，全省限额以上住宿餐饮企业399家，资产总计761.93亿元，主营业务收入370.54亿元，就业人口43895人。

2005年—2010年，甘肃省餐饮业发展呈现出以下明显特征：创新陇菜、敦煌菜、清真民族菜和以兰州牛肉面为代表的各地风味小吃占据市场主导地位，越来越受到市场的推崇和认可。外地菜系菜肴也"东菜西进，南菜北上"，纷纷入驻，使全省餐饮市场呈现出空前的繁荣景象。餐饮行业整体发展速度快，硬件设施和服务环境得到较大改善，经营规模、服务档次在不断提升，标准意识、服务意识普遍增强，现代营销方式、营销理念受到重视，规范化服务水平不断提高，为全行业发展注入新的活力。非公经济迅速崛起，成为推动行业快速发展的重要力量。2010年限额以上餐饮住宿企业中，非公企业营业收入占比73.24%，容纳劳动力占比74.41%。在限额以下企业中，非公经济占比更高。多种经济成分相互并存、相互促进的格局已经形成，非公餐饮企业不仅吸纳了大量社会人员就业，而且还有力地推动了餐饮业的发展。餐饮住宿业成为国民经济发展的一个新的增长点，对促进和扩大就业、调整消费结构和实现产业互动发挥了积极作用。餐饮住宿业占全省社会消费品零售总额的比重保持在16%以上，其零售额以年均17.81%的增速持续增长，2010年达到228.19亿元。

随着经济社会的不断发展，居民消费能力有效提高，需求逐渐升温，餐饮消费日趋大众化，消费方式也逐渐向多元化发展，消费品位和服务层次不断提高。同时，在旅游产业快速发展的有效带动下，餐饮住宿业在创新竞争中得到迅速发展壮大，也为社会广开就业门路。餐饮业加快从传统的经营模式向现代经营模式的转变，餐饮企业数量逐年增加，整合速度加快，重视品牌经营，不断做大做强。越来越多的餐饮企业开始注重品牌的塑造和企业规模的扩大，甘肃省2000年以前成立的老品牌有"悦宾楼""菜根香""云峰""景扬楼""鑫海""福乐泉""唐汪""名流""马忠华""大红袍""川味王""马子禄""东方宫"等，这些品牌不论是土生土长的，还是外来进驻的，经过多年的孕育、成长，已经成为引领餐饮经济的排头兵，成为甘肃省餐饮市场的著名品牌。2000年—2010年开业的品牌有："金鼎牛肉面""好食多快餐""王子饭店""苏浙汇""新天地咖啡""伊兰盛鼎""黄河外滩""开盛至尊""肯德基"等。这些品牌在甘肃餐饮市场中已经家喻户晓，闻名遐迩，并抢占了当地餐饮业的制高点。甘肃省餐饮市场中，品牌化、规模化、连锁式、跨区域式餐饮经营是未来的趋势，大众化餐饮经营将不断延伸，特色餐饮将更加突出，中式正餐餐饮地位更加显著。

餐饮业快速发展的原因有：收入增长提高了居民消费能力。2010年甘肃省城镇居民人均可支配收入为13188.5元，比上年同期增长10.55%；农村居民人均纯收入为3424.7元，比上年同期增长14.9%。城乡居民收入水平的提高，形成了较强的购买力，为餐饮业的持续发展提供了经济支撑，刺激和带动了餐饮市场的发展壮大。消费观念的更新，使居民在外用餐消费支出增加。由于居民生活水平的提高，生活节奏的加快和消费观念的更新，在外就餐的机会越来越多。加上饮食观念的转变，一方面追求营养和风味，讲究"精""粗"搭配，另一方面讲究快捷方便，消费档次也逐年提高。2010年甘肃省城镇居民人均食品消费性支出占消费总支出的37.41%。餐饮业的火爆已成为消费市场持续闪现的亮点。消费对象群众化。无论是高档宾馆，还是快捷式酒店，消费对象都集中在了大众群体上，满足大众的消费理念和消费水平，以实惠的价格、优良的环境，为不同需求层次的住宿消费者提供周到的服务。餐饮业大众化经营持续红火，一些地方特色的名吃、家常菜馆、火锅店（城）、小吃街、美食广场、中西式快餐等遍布市区的大街小巷，由于适合大众口味，生意好，对餐饮业发展起到了有力的推动作用。"假日经济"和旅游消费刺激住宿餐饮业快速增长，随着法定假日的增多以及居民收入水平的不断提高，在物质生活得到不断改善的同时，旅游休闲消费逐渐成为新的消费倾向。

2. 重要活动。2001年以后，全省商贸流通系统努力扩大内需，采取市场化运作方式加快餐饮业发展，不仅节约了经费，还为企业提供了自我展示宣传的舞台。通过举办美食节、技能大赛等活动，弘扬了陇原饮食文化，加强了餐饮业界学习交流，推动了餐饮市场繁荣活跃，社会反响较大，各方反映良好。

2001年，省贸易经济合作厅组织省内餐饮企业赴杭州参加"中国第二届美食节"，长安餐饮推出的"敦煌菜"创新八大菜系、天龙饮食的"陇上蒸肉"荣获最高奖"金鼎奖"。

2002年1月9日—11日，省贸易经济合作厅、省烹饪协会、兰州市商业贸易委员会在兰州首次组织举办了"陇上人家杯"陇菜精品展示会。共有15家有影响的知名餐饮企业和20多名个人的159个优秀菜品在现场进行了集中展示。经过评比，其中有8个菜品获得了甘肃地方菜最高奖"金鹏奖"，57个菜点获得金奖，72个菜点获得银奖，20个菜点获得铜奖。

2002年4月18日—19日，省贸易经济合作厅与省质量技术监督局在兰州联合召开了全省贯彻《酒家酒店分等定级规定》（GB/T13391—2000）国家标准工作会议。会后成立了由省贸易经济合作厅牵头负责，省劳动保障、质量技术监督、工商行政等部门参加的甘肃省酒家酒店分等定级评定委员会和日常办事机构。制定并经省评委会讨论通过《甘肃省酒家酒店等级评定委员会工作规则》《国家特级、国家一级和国家二级酒家酒店等级评定工作程序》《国家特级、国家一级、国家二级酒家酒店等级评定收费标准及管理办法》等文件。

2002年5月份，省烹饪协会顺利进行了换届，组建了新一届理事会。10月份成立了"厨师俱乐部"和"烹饪人才交流管理中心"，建立人才库。坚持创办《世美饮食》杂志，全年发展团体会员20家，个人会员30余人，协会工作更加富有生机活力。

2002年8月24日—10月15日，省贸易经济合作厅与省烹饪协会、省饭店协会及兰州市商业贸易委员会在兰州及各地区举办了首届中国·甘肃美食节。节会期间，仅兰州、天水两市就设立分会场24个、定点展销单位38个，展销菜品4000多种，平均每家企业展销品种达300种。兰州主会场参加集中展示的有34家企业，专家从314个优秀菜品中评出金奖39个、银奖49个、铜奖18个，品评认定"甘肃名菜"32个、"甘肃名点"7个、"甘肃名小吃"2个，产生甘肃烹饪最高奖"金鹏奖"9个。组委会审查认定"甘肃餐饮名店"15家、"甘肃名宴"13个。

　　2002年11月初，省烹饪协会组织推荐甘肃省优秀菜品、宴席参加第三届中国美食节，参与全国餐饮业交流活动。敦煌宾馆参评的敦煌宴、敦煌乐舞宴、大梦敦煌宴被中国美食节授予"中国名宴"，其中敦煌宴还获得最高奖"金鼎奖"，有11个菜品被授予"中国名菜"，有6个点心荣获"中国名点"称号。11月下旬，省烹饪协会组织全省20多位餐饮界精英赴京参加了中国烹饪协会成立15周年庆典暨表彰活动，经过中国烹饪协会评定，全省10家酒店被授予"中华餐饮名店"称号，12位烹调师、面点师、餐厅服务师被分别授予"中国烹饪大师""中国烹饪名师"和"中国餐饮服务师"称号，8位餐饮企业负责人荣获"全国餐饮业优秀企业家"和"全国餐饮管理成就奖"称号，省烹饪协会被授予"全国餐饮业先进社团称号"，马春芬同志被授予"全国餐饮业地方社团先进工作者"称号。省烹饪协会积极响应中国烹饪协会倡导的"全国餐饮绿色消费工程"活动，经过推荐评定，全省有15家餐饮企业已挂牌加盟全国餐饮业绿色消费工程。

　　2002年，兰州胜利宾馆的"中华百合宴"和甘肃天龙餐饮管理公司的"西部风情宴"被中国烹饪协会批准认定为"中国名宴"。编辑出版并发行了全面反映甘肃饮食文化的大型饮食画册《陇上名吃》。鼓励支持在地方菜研制中成绩显著的企业总结实践结果，举办了由甘肃长安餐饮经营管理有限公司赵长安同志主编的《敦煌烹饪》《敦煌菜典》和《长安餐饮创新管理》三部烹饪专著的首发式。协助兰州胜利宾馆、甘肃天龙美食城加快编纂出版大型画册《中华百合宴》和《中国陇菜》。对甘肃天龙餐饮管理有限公司获国家级金鼎大奖的"陇上蒸肉"授予专营店，实行了品牌保护。省贸易经济合作厅会同省烹饪协会等单位，多层次开展陇菜理论研讨活动。

先后举办了多次陇菜研讨会和专家讲座，30余篇论文与陇菜展示会菜品照片一起合为"饮食专集"，在《全省贸易经济合作研究》杂志上发表。省烹饪协会成立了"陇菜研究会"，甘肃天龙餐饮管理公司成立了"陇菜研制开发中心"。

2003年，针对非典疫情对全省饮食服务业市场的严重影响，及时采取措施，指导行业渡过难关。自4月20日甘肃省发现首例非典患者至6月底疫情消除，先后5次对全省饮食服务业市场进行调查，借鉴北京、广东、深圳等地的做法，下发《关于做好甘肃省饮食服务业非典型肺炎防范工作的紧急通知》《关于在全省餐饮行业推行分餐制的通知》和《关于在全省餐饮行业（酒店宾馆）禁止经营食用野生动物的通知》。召开推行分餐制现场交流会，引导消费者科学就餐。编制了全省第一批国家级酒家酒店评定工作计划，确定甘肃开盛海港大酒店、兰州明德宫美食城等7家基础较好、有代表性的企业为首批评审试点单位，授予其中2家企业为国家特级酒家、5家企业为国家二级酒家称号。抓好地方菜饮食画册出版发行，大力宣传推广陇菜。举行了《中国陇菜》和《中华百合宴》画册首发仪式。对"兰州牛肉面"和"清真羊肉餐饮"连锁化发展进行了专项调研，应韩国商工会所邀请，赴韩国进行兰州牛肉拉面现场表演。在全省餐饮行业倡导诚信服务，印发《关于贯彻商务部振兴餐饮业住宿业计划的实施的意见》，成立"甘肃省绿色饭店指导委员会"，开展全省饭店业优秀职业经理人、全省民营饭店优秀企业家、全省饭店业优秀女经理人、省饭店业经营管理大师以及优秀饭店的评选活动。经省质量技术监督局批准发布实施《兰州牛肉面等级标准》。

2004年，省商务厅在兰州举办第二届中国·甘肃美食节，活动由开幕式、甘肃名菜名宴展示认定会、甘肃清真菜展示认定会、美食一条街、甘肃省第三届饭店业服务技能大赛、中国·甘肃美食节闭幕式六项议程。此次节会吸引了省内众多餐饮企业参与，通过筛选，共有近30家知名餐饮企业参加了集中展示及评比活动。通过组委会专家评审，评出甘肃省餐饮最高奖"金鹏奖"12个，甘肃名宴9个，甘肃清真名宴9个，甘肃名菜92个，甘肃清真名菜45个，甘肃名点35个，甘肃清真名点24个，甘肃名小吃14个，甘肃名火锅4个，甘肃餐饮名店8个。节会期间，农民巷美食一条街80余户驻街餐饮企业共同参与了各种菜肴和风味小吃的展示展销，极大地提高了美食一条街的名气。根据全国酒家酒店评委会的要求，完成兰州东方宫、开盛M大酒店、顺风酒店等12家国家特级、一级、二级酒家酒店的等级评定和转换工作。配合省饭店协会、酒泉市旅游局、敦煌市旅游局，在敦煌市举办甘肃省饭店行业"敦煌杯"名宴、名菜、名点、名小吃展示评比认定活动，弘扬甘肃饮食文化，树立甘肃饭店餐饮品牌，进一步提升全省饭店业餐饮技术水平。

2005年3月15日—4月25日，省商务厅积极支持甘肃长安餐饮经营管理公司在香港京华国际大酒店成功举办了"丝绸之路—敦煌美食节"。通过为期40天的美食节展示展销，宣传甘肃的历史文化、名优产品和投资环境，使甘肃省"敦煌菜"进一步扩大了影响，为甘肃餐饮业实施"走出去"战略进行积极探索，积累了宝贵的经验。

2005年，省商务厅组团参加了"2005全国餐饮业博览会"。餐饮业发展成就展甘肃展厅在23个省区展餐博厅中被评为"最佳展台奖"，排名全国第三；参加全国饭店系统服务技能大赛的平凉宾馆、甘肃金轮宾馆代表队均荣获"团体金奖"，并在前厅服务、客房服务和餐厅服务等单项比赛中夺得8块金牌、2块银牌；参加餐饮教育培训展的兰州市商业学校被授予"中国餐饮业著名品牌院校"称号。

2005年4月，《甘肃省绿色饭店地方标准》在省质量技术监督局及有关方面联合召开的论证审定会上获得通过并发布实施。在饭店行业突出体现绿色环保理念，进一步提高饭店行业服务水平，依据《标准》已在全省范围组织评定绿色饭店10多家。支持指导地区开展工作。全省商务机构改革多数地区设立饮食服务科后，不少地区反映工作不好开展。省商务厅先后与武威、张掖、嘉峪关、定西等商务局饮食服务科负责同志进行了面对面座谈交流。5月下旬庆阳市商务局举办庆阳名小吃展示评比会，10月下旬平凉宾馆举行表彰会，省商务厅负责同志参加，和商务局同志一起座谈讨论饮食服务工作，明确了发展思路、目标和重点任务。开展全省国家级酒家酒店年检工作。从2月下旬到3月底，对全省9家国家特级酒家、3家国家一级酒家、5家国家二级酒家、1家国家二级酒店进行了年审年检。

2006年，省商务厅组团参加第二届中国餐饮业博览会。其中餐博会甘肃展厅在38个省市展厅中被评为"最佳展台设计奖";甘肃省商务厅荣获"最佳展团组织奖";兰州金鼎牛肉面餐饮公司、周一品小肥羊餐饮公司及其负责人获得"中国优秀特许餐饮品牌""中国餐饮品牌企业""中国最具成长品牌企业""特许体系优秀管理奖"。庆阳宾馆、兰州锦凤翔餐饮公司、周一品小肥羊餐饮公司、环县小南沟羊肉大酒楼的4个宴席获得"中国名宴"称号;平凉宾馆选手在全国青工技能大赛中获得2个金奖、2个银奖、1个铜奖。省商务厅根据行业标准,抓好企业等级评定,评定省级绿色饭店13家。帮助省烹饪协会制定发布《饭店与餐饮业职业经理人执业资格条件实施规范》等三个地方标准。起草《饭店与餐饮业职业经理人执业资格条件实施规范》《饭店与餐饮业质检师执业资格条件》和《饭店与餐饮业采购师执业资格条件》三个地方标准。10月12日,在省质量技术监督局及有关方面联合召开的论证审定会上获得通过,并于10月24日发布实施。4月省饭店协会进行换届,10月省人像摄影协会进行换届,通过了"甘肃十佳婚纱影楼""消费者满意店""影楼服务明星""化妆造型名师"的表彰决定。

2007年11月初,省商务厅在兰州成功举办第三届甘肃美食节。本届美食节以宴席展评、风味小吃展销、青工烹饪大赛、烹饪学校技术比武、名厨委成立、餐饮论坛等为主要内容,尤其是全国风味小吃展,规模大,品种多,特色浓,贴近市场,受到了市民的热烈欢迎。据统计,小吃展共有150多家商户参加,荟萃各地特色小吃近千种,吸引50多万人次消费,9天营业额达1000多万元。在此之前,省商务厅积极支持兰州市商务局举办了中国·兰州牛肉拉面节,也取得了圆满成功。2007年,开展节能降耗工作,制定出台《关于在甘肃省商务领域开展节能降耗工作的意见》和《甘肃省商务系统开展"零售业节能行动"实施方案》,对兰州部分大型商厦、超市、宾馆、饭店落实省商务厅节能降耗部署的情况进行了跟踪调研,企业用水用电等能耗都有大幅度下降。积极部署再生资源回收,研究行业发展政策。严格做好酒家酒店年审年检,对连续两年未参加年检的2家企业,根据《国家级酒家酒店资格管理办法》有关规定,取消了国家级酒家等级资格。加快制定行业规范标准,起草修订《甘肃省人像摄影业服务质量》地方标准和《甘肃省美发美容行业管理和消费纠纷争议解决办法》《甘肃省人像摄影行业消费纠纷争议解决办法》。

2008年，大力推行餐饮、饭店、洗染等行业标准化。起草《甘肃省人像摄影企业等级标准》和《甘肃省人像摄影业消费者权益争议解决办法》，9月份正式颁布施行。部署酒家酒店等级评定工作。2007年以前，甘肃省餐饮企业的等级评定由物价部门牵头管理，2008年划转商务厅后，省商务厅成立了由商务、物价、卫生、工商、旅游部门组成的甘肃省酒家酒店等级评定委员会及其办公室，召开全省饮食服务工作会议，对餐饮业行业管理做了全面部署。兰州锦凤翔餐饮公司在"2008北京奥运会推荐食谱菜品展"上获得2个金奖、1个银奖，"营养套餐"被评为2008北京奥运会推荐菜品。

2009年，积极抓好主食加工配送中心（早餐工程）建设。商务部确定兰州民生早餐为全国主食加工配送试点项目后，8月底兰州民生早餐食品有限公司按建设规范投资780多万元，建成了食品安全检测、信息管理、冷链与配送三大系统，扩大了配送中心的规模，完善了早餐经营网络和配套设施功能，健全了管理制度，提升了管理水平。对全省16家国家级酒家酒店进行了认真复查，取消了兰州狗不理包子西关店和兰州一加一火锅村民百店的国家级酒家资格。7月—10月底，抽调10多名国家级酒家评审员，分赴兰州、武威、嘉峪关、敦煌、庆阳、天水等地，完成原有省特级、一级酒家向国家级酒家转换的评审工作。配合兰州市商务局、兰州市烹饪协会在兰州举办了华夏名优小吃节，支持省烹饪协会在兰州宁卧庄宾馆举行了省烹饪协会二十周年庆典暨表彰大会。

2010年10月18日—22日，省商务厅在兰州成功举办第四届中国·甘肃美食节，美食节由名菜名宴名点名小吃展示认定会和风味名优小吃展销会组成。既有展示又有展销，既有技能大赛又有品牌评比，既有火锅展销又有餐饮论坛，项目多，内容比较丰富。全省除甘南、陇南由于受灾没有参加美食节外，其余12个市州都组团参加了本届美食节。名菜名宴名点名小吃展示认定会参展菜品，大部分都是参展企业近年来挖掘创新和推出的精品菜、招牌菜和特色菜，参展企业和商户达300多家，人数达到近千人，菜品达到2000余种。风味名优小吃展销会9天营业额就达到400多万元，荟萃各地特色小吃300多种，吸引50多万人次踊跃品尝，受到了热烈欢迎。举办了兰州春节年货暨民俗文化精品展销会，为期10天，参展企业200多家，签订销售合同100多万元，参展商现场销售200多万元。组织各市州商务局在旅游旺季举办一系列餐饮业展销会，有效扩大了消费。

2011年初，省政府决定举办敦煌行·丝绸之路国际旅游节，明确食宿服务工作由省商务厅负责。省商务厅深入开展创先争优"窗口服务月"活动，在研究制定工作实施的基础上，经各市州商务局推荐上报并与省旅游局协商，共同确定了486家餐饮企业、宾馆饭店和258家旅行社为旅游节指定接待单位。凡被确定的指定接待单位，均统一悬挂"敦煌行·丝绸之路国际旅游节指定接待单位"横幅标识，营造接待氛围，方便游客食宿。同时为做好节会期间的快餐外卖配送工作，还制作了50万份"敦煌行·丝绸之路国际旅游节"饭盒统一标识，供餐饮企业配送和外卖使用。积极支持市州举办美食节活动，丰富活跃旅游节餐饮市场。在旅游节期间，先后举办了一系列美食节、小吃节、烧烤节、暖锅节、名菜名宴展示认定、"臊子面""拉条子""名优小吃"大赛、华夏风味名优小吃展销和兰州牛肉拉面表演和餐饮、宾馆等级认定以及烹饪技能大赛等活动，其中华夏风味小吃展销荟萃各地特色小吃100多种，吸引百万人次踊跃品尝，9天营业额达300多万元，有力地丰富了甘肃省餐饮市场、烘托了旅游节节会氛围，使广大节会宾客充分领略到了陇原美景、品尝了甘肃美食。由此在旅游节总结表彰大会上，省商务厅被敦煌行·丝绸之路国际旅游节组委会授予先进单位。

3. 陇菜特色及典型品种。陇菜是以甘肃历史文化、敦煌艺术文化为背景，以丝绸之路盛产的原料为主，将清真菜、陇原各地域家常饮食、小吃汲取各大菜系的优良技法，在继承传统特色的基础上，挖掘整理出适应当地和西北地区饮食习惯及风俗，而成为特色的菜品体系。陇菜历史悠久，源远流长，富有深厚的文化内涵，是中华烹饪艺苑中颇具地方特色与民族风情的奇葩。陇菜特点是绿色、营养，食材具有无污染、抗氧性强、日照时间长的特征。其中以五香突出（苦豆、小茴香、芥末、孜然、大蒜），五味见长（酸辣、咸鲜、苦味、五香味、香辣）为特点，以原生态原料为主料，因此在各大流派菜系中，独树一帜，适应各类人群。兰州百合、陇西腊肉、岷县当归、临泽小枣、靖远羊羔、甘南银耳等名扬全国的地方饮食产品所烹制的菜肴，曾使许多中外宾客流连忘返、回味难忘。不仅具有科学合理的营养价值，而且兼容了南北大菜引客之长。陇菜口味醇厚，汁咸味鲜，具有独特的地方风味，深受广大消费者的喜爱。部分陇上名菜的品种有：

（1）雪山驼掌。雪山驼掌又名丝路驼掌，是以驼掌为主料的陇菜著名菜品之一，也是闻名遐迩的风味佳肴。成菜后，其菜品造型犹如祁连积雪，色、香、味、形俱佳。

（2）金鱼发菜。发菜是甘肃特产之一，盛传为龙须菜，因其色黑，酷似黑发，故俗称"头发菜"。因其与"发财"谐音，取其吉利，往往成为春节期间人们馈赠亲友和宴请宾客的佳品。甘肃厨师素以烹制发菜见长，仅兰州就有"小鸭发菜""金钱发菜""绣球发菜""杏花发菜""月宫发菜""熊猫发菜"和"金鱼发菜"等名目。

（3）百花翡翠扒羊肚菌。羊肚菌是一种美味食用菌类植物，因其外表像羊肚而名。它与猴头菌、银耳、竹笋、草菇、花菇、驴窝菌、口菇统称"草八珍"，甘南草原和陇南山区交接地带产量丰富，其中以车巴沟、犬车沟采摘质量为上乘。羊肚菌发制后，辅以鸡茸烹制更是妙不可言，被美国和日本食客誉为"黄土高原的美味佳肴"。敦煌烹饪在汲取前辈厨师经验的基础上，将酿、扒技法融为一体，使制成的菜肴质地软嫩，滋味鲜美，造型美观。

（4）甘南虫草炖乳鸽。美丽的甘南草原，是西北黄土高原上的一块绿色宝地。每年的六七月份是草原的黄金季节，当你爬到海拔三四千米的雪线下，这里绿草如茵、野花飘香。还可见到土中长着1寸长的一种真菌植物，挖出菌根，剥去外层，就会得到一棵有头、有嘴、有足，形状像草像虫的根茎，这就是虫草。"甘南虫草炖乳鸽"肉质细嫩，汤汁鲜美，香味四溢，造型优雅，具有补气、利尿、抗癌、保肝脏的功效。其滋补功效更是胜过众多灵丹妙药。

（5）羊羔肉。由靖远小羊羔作主料，辅以干辣椒、粉条及适量蔬菜，烧制而成。羊肉细嫩。主食为白皮面，加羊肉汤汁。

（6）陇南花椒芽。陇南地处甘肃南部，毗邻四川，当地人以种花椒为主，花椒全身是宝，其生长条件不受气候限制，树长不高但枝繁叶茂，到采摘时将花椒粒与花椒芽分开保管，花椒粒与花椒芽均有效用，无论是药用，还是食用，都被广泛采用。

（7）荞麦蔬菜卷。荞麦作物在西北各地均有种植，由于甘肃产的颗粒饱满、生长期长而质量为优，荞麦用途广泛，在保健品、小吃、主食中都有广泛运用，由于荞面性凉，用在主食时可用其他杂粮搭配使用，甘肃各地常以荞面为主，将菠菜、胡萝卜等蔬菜切碎揉和，蒸制成荞麦蔬菜卷，吃起来香甜可口，且营养成分很高。

（8）红梅百合。兰州百合鳞片紧密，色泽洁白如玉，个大，肉质肥厚、细腻、纤维少，味醇香甜，含丰富的淀粉、蛋白质和多种维生素。其品质为全国之冠，驰名中外。古人视百合为百事合意之意。百合性平味甘，有润肺、祛痰、止咳、健胃，安心定神，促进血液循环，清热利尿之功效，尤对气管炎、肺结核功效甚佳，故有"佳菜良药"之誉。梅花是历来人们崇尚的花卉，又常被民间作为报春报喜的象征。"红梅百合"菜品以百合为主料，点缀以梅花花瓣，口感甜爽、清淡，制成后，白中点红，造型简洁，造型高雅，在2001年杭州第二届中国美食节上荣获大赛金奖，被评为名菜。

（9）敦煌佛跳墙。敦煌佛跳墙是广东佛跳墙的"甘肃版"，食材是甘南八种珍贵菌类如羊肚菌、松蓉菌、黄菇、花菇等，汤汁则是由农家土鸡、牦牛棒骨用大火煲3到4个小时煨制而成，辅以藏红花，营养价值不逊于广东佛跳墙。

（10）敦煌八景宴。通过汲取敦煌壁画和敦煌各种史料，由敦煌唐乐宫商务酒店组织烹饪大师、专家挖掘研发。成功烹调出展示敦煌美景和餐饮文化完美结合的菜系—敦煌八景宴，于2012年10月成功注册国家商标。

4. 面点风味小吃。

（1）牛肉面。牛肉面始于清光绪年间，系回族老人马保子首创，在近百年的漫长岁月里，以一碗面条而享誉金城和西北地区，牛肉面绵软汤鲜、面质精细、质优价廉而蜚声中外，打入了全国及世界各地。兰州牛肉面清淡、爽口、实惠、价廉。拉面师拉抻起来双手张弛自如，动作快捷，令各地食客和外国朋友感到奇妙无比、不可思议。把它视之为面食艺术的造型表演，实不为过。它以"汤镜者清，肉烂者香，面细者精"的独特风味和"一清二白三红四绿"的悦目外观赢得了国内外顾客的一致好评，被中国烹饪协会评为三大中式快餐之一，而成为地地道道的"中华第一面"。

（2）浆水面。浆水面是以浆水做汤汁的一种面食，广泛盛行于兰州、天水、定西、临夏等地，其中，以兰州和天水两市的浆水面最为考究、味美。它含有多种有益的酶，可清暑解热，增进食欲，为夏令佳品。三伏盛暑，吃一碗，不仅能解除疲劳，恢复体力，而且对高血压、肠胃病和泌尿系统病均有疗效。夏天的浆水酸味适度，还常常当作预防中暑的清凉饮料，直接饮用。甘肃气候干燥，土地含盐碱过多，所以常食味酸性凉的浆水，不但能中和碱性，而且还可以败火解暑、消炎降血压。夏日常食，有利健康。其味酸、辣、清香，别具一格，浆水菜的菜以芥菜（花辣菜）为佳。浆水面入口酸辣清香，回味无穷，并具有开胃之功效，原是汉中的名小吃。清末兰州进士王煊所写《浆水面戏咏》，道出了浆水面的绝妙之处："消暑凭浆水，炎消胃自和。面长咀嚼耐，芹美品评多。溅赤酸含透，沁心冻不呵。加餐终日饱，味比秀才何？"

（3）麻食。也叫作"麻什""麻什子""麻食子"，是西北地区的一道居家面食。麻食这种面食的历史可以追溯到元代，当时叫秃秃麻失去（见元代《居家必用事类全集》），也叫秃秃麻食（见元代《饮膳正要》）。作家贾平凹先生在《陕西小吃小识录》称作"圪坨"。关中人称作麻食、"猫耳朵"。以荞面为料。用一块面团在干净草帽上搓之为"精吃"，以手揉搓为"懒吃"。主要分布在陕西、甘肃、山西。

（4）懒疙瘩。甘肃定西人的早餐，以莜麦面和馇面（豌豆面或扁豆面）为主，再加上白面，拌成黏稠状，用铲锅盛上，拿筷子一道一道的往锅里面削拨，成疙瘩状，锅里还有土豆块，调上浆水酸菜，因为做法方便简单就叫"懒疙瘩"。懒疙瘩关键之一是浆水要清爽可口，酸淡适宜，用葱花炝过，将浆水烧开，里面放些芫荽调味，吃杂面疙瘩的另一关键是菜的搭配，一定要用新鲜的韭菜或葱蒜类的蔬菜，轻炒放盐，将浆水炝好，面条下出锅，配上炒好的咸菜，再放点油泼辣椒，一顿可口的杂面疙瘩便成了。

（5）静宁锅盔。甘肃的锅盔历史悠久，很多地方以此为主食。静宁锅盔外观平整、光鲜，口感香甜、柔韧，不易破碎，储存期长。静宁锅盔的传统制法是用面粉和成面团，然后边揉边往里掺干面粉，使其以少量的水贴合成面团，能够硬且韧。揉好后，压擀成圆形厚饼，放到鏊子里上烤下烙，熟透而表面不焦为最好。

(6) 敦煌驴肉黄面。民间俗语说：天上的龙肉，地上的驴肉。在沙漠边缘的敦煌城，人们觉得最好吃的是驴肉。敦煌黄面细如龙须，长如金线，柔韧耐拉，调汤或加菜食用，香味溢口。制作黄面的工艺极其讲究，操作也非常不易。只见拉面师傅双手舞动着一块淡黄色的面团，时而抻拉成长条状，时而旋转成麻花状，像变戏法一样，将一个足有五六斤重的面团拉成一把细粉丝样的面条。下锅煮熟的黄面色泽黄而晶亮，可趁热拌菜食之。吃起来开胃解腻，清热解烦，令人食欲大增。莫高窟156窟（宋）壁画上就有制作黄面的场景绘画。以古老的制作方法和敦煌壁画为素材，汲取众家菜系之精华，选用当地优质面粉。

(7) 兰州酿皮。兰州的酿皮以其独到的制作工艺和风味，在西北小吃中独树一帜。兰州人将其称为"酿皮子"，是一种独特的风味面食，既可作为主食，也可作为零食，清凉可口，开胃解暑。特点是色泽晶莹黄亮，透明如玉，青黄红白，色泽鲜亮诱人。入口细腻润滑，酸辣筋道、柔韧可口，是大众化的清凉面食，绝好的风味小吃。

(8) 灰豆子。西北地区兰州独有的一种甜食小吃，是用当地的蓬灰与豌豆、红枣、白糖一起熬煮成的豆粥，冬夏早晚皆可食用，老少皆宜。灰，指蓬灰。是一种兰州地区特有的从野生草木中提炼出的食用碱。豆，指豌豆。灰豆子即是加了食用碱的豌豆粥。加碱是为了让豆子绵软，使豌豆的清香得到充分的释放，随着豆质的绵沙，加上红枣及白糖一起熬煮，豆子不可熬成豆沙，入口要有一定咀嚼感。旧时都是在一个煤炉放上一个粗砂锅熬制，锅里永远咕嘟着黑紫色的豆粥，粗糙的陶碗里舀上一碗糊糊敦敦，浓稠绵软的灰豆子，在街头小吃摊边站着或蹲着喝。灰豆的温度总是温温的、热热的，不能再烫也不能再凉。在过去，看过了晚场戏打了牌的太太少爷们叫的夜宵或夜点，一定有街头巷尾点着昏黄煤油灯的小食摊上的灰豆子。

(9) 甜醅子。甜醅是西北地区土特小吃之一，用燕麦或青稞制作。甜醅子是用青藏高原耐寒早熟的粮食作物青稞加工而成的一种特色风味小吃。群众中有句顺口溜："甜醅甜，老人娃娃口水咽，一碗两碗能开胃，三碗四碗顶顿饭"。

(10) 热冬果。自明末清初以后，兰州人喜食街头小吃的热冬果。兰州地气干燥，热冬果是冬季败火之佳品。做法极为简便，将过冬的梨子去核，切块，放入清水中，与花椒同煮至熟透。出锅之前放入冰糖，搅匀即食。

（11）呱呱。是天水一带的一种特有小吃。天水呱呱的吃法比较独特，先将呱呱捏成小块，再配上辣椒油、芝麻酱、酱油、食盐、醋、蒜泥调料搅拌即可。如果说西北人喜食辣，那么天水呱呱可是典型的辣味小吃。若初食者，看着满碗流着红辣椒油的呱呱，定会咋舌，"望而生畏"。而当地人喜以呱呱为早点，一些顾客几乎"不可一日无此君"。但也有不少外地游客却因没有尝到这一小吃而抱憾，其原因，除了怕辣椒过多、太辣外，就是怕呱呱是人工用手捏碎不卫生而未能品尝。在20世纪90年代，对呱呱的做法做了改进，改用锅铲碾碎，但本地群众不愿接受，感到风味大减，不如用手抓成的入味，现在许多店铺捏碎、搅拌时都使用了塑料手套。天水呱呱历史悠久，相传在西汉末年隗嚣割据天水时，呱呱是皇宫里的御食。隗嚣的母亲塑宁王太后，对呱呱特别嗜好，每隔三日必有一食。到了东汉，隗嚣兵败于刘秀，投奔西蜀的孙述时，御厨逃离皇宫，隐居天水，后在天水城内租起一间铺面，专门经营呱呱。天水呱呱就这样留传下来了。

5. 甘肃省饮食特点。甘肃主要粮食作物有小麦、玉米、糜谷、水稻、豆类、青稞、马铃薯等20多种，盛产核桃、杏仁、黑瓜子、黑白木耳、蘑菇、蜂蜜、花椒、小茴香等多种土特产品。蔬菜有萝卜、白菜、油菜、茄子、辣椒、韭菜、芹菜、圆白菜、菜花、洋葱、芫荽、小茴香等。河西发菜，陇东黄花菜、蕨菜，甘谷辣椒，民乐大蒜，兰州白兰瓜、百合、玫瑰油，天水的花牛苹果，敦煌和临夏的杏子，宁县和临泽的红枣，在国内外都享有盛名。甘肃地处农牧业交错地区，是全国4大牧区之一。牲畜和家禽品种齐全，农业区和半农半牧区以牛、马、骆驼、驴、骡、猪、鸡等为主；牧业区以绵羊、山羊、白牦牛为主。牛羊肉自给有余。瘦肉型蕨麻猪尤其著名。水产品匮乏。

甘肃饮食特点主要有：（1）以面粉食品为主，面食品种丰富多彩。其中汤面品种最多，极具地方特色。还有以蒸馍、烙饼为代表的干粮。随着生产的发展，外省籍人口不断增多，甘肃人的餐桌上米饭渐渐增多，但面食仍为主食。复杂多样的自然条件，使主食也具有一定的区域性差异。如祁连山地区和甘南牧区等高寒地带多以青稞为主、以杂粮为辅，杂粮种类繁多，制作精细。这些杂粮多是玉米、洋芋（甘薯）、荞麦、豆类等。在长期的生活实践中，人们摸索和创造了许多粗粮细做的方法，其中尤以定西和陇南地区为突出。（2）嗜好酸辣。甘肃菜一般多采用辣椒、花椒、芥末、八角、草果、葱、姜、蒜等为调味品。咸菜、油泼辣子和醋是吃汤面必备的调味品，不少家庭都备有装醋的坛子或桶。农民特别讲究自制"腊八醋"。此外，酸性浆水也很受欢迎。这种嗜酸的习俗，除了与干燥的气候有关系，与饮水多为碱性也有关系。食辣的习惯在一定程度上弥补了副食的不足，这与四川人吃辣椒除瘴气很不相同。（3）夏季喜凉食，冬季好进补。夏季的小食摊上凉食品种最多，有酿皮子、凉面、凉粉、豆粉、荞粉、醪糟、甜醅子、凉灰豆、煮枣水等。这些凉食中，除甜食外，多用盐、醋、辣油、芥末、麻酱、蒜泥等调味，吃起来爽口、香辣。此外，以菠菜、黄瓜、莴苣、豆芽、萝卜等为主料的凉拌菜，也是颇受欢迎的家常菜。陇南有些地方甚至不习惯吃热菜，吃菜经常是生切凉拌。冬季讲究热食进补，大多数人家喜好食牛羊肉和乳制品。肉食吃法也多，常见的有牛羊肉泡馍、手抓羊肉、羊肉涮火锅、烤羊肉串和牛羊杂碎等。除此，热冬果也是富有特色的冬令补品，并具有驱寒、暖胃、止咳、清肺之功效。第四，烹饪方法多种多样。饭菜加工的方法颇多，主食除采用较普遍的烙、烤、蒸、炸、煮外，还有沙埋法。如成县的埋沙馍和临洮的石子锅盔便是用炒烫后的沙石烘烤的。菜肴的烹调方法有烧、烤、煮、蒸、炸、焖、炖、煎、熬、煨、卤、酱、炝、烩、涮、驼、糟、腌等。

甘肃饮食特点的成因是多方面的，除地理、气候、物产等条件外，还有古代饮食文化习俗的影响和各民族、各地区饮食风俗的相互交融以及外来饮食习俗的渗透等。甘肃自古以后就是多民族生活的地区，世居少数民族有回、藏、蒙古、东乡、土、裕固、保安、满、撒拉、哈萨克等，聚居地区约占全省总面积的43.2%，2014年底少数民族人口240余万人，占全省常住人口的9.5%左右，其中裕固族、东乡族和保安族为甘肃特有的民族。全省有甘南、临夏两个民族自治州。少数民族在饮食习俗上虽也有相同相近之处，但大部分具有其独特习俗。中华人民共和国成立以后，支边大军进入西北地区，使甘肃饮食习俗更加复杂和多样。根据地理位置和民族特点，可分为东部食风区、中部食风区、河西食风区和少数民族食风区4个不同地区的饮食习惯和饮食风俗。东部食风区包括庆阳市、平凉市、天水市以及陇南市的东部，地貌复杂，饮食风俗习惯多种多样。有些县（区）以早、午餐为主餐，晚餐为补餐（俗习喝汤、多为米汤）。主食以小麦制品为主。杂粮有玉米、糜子、高粱、荞麦、谷子、豆类等。面食制法主要有蒸、烙、煮、炸等。中部食风区包括兰州市、白银市和定西市，其食风以兰州市为代表。兰州南北是山，黄河自西向东穿城而过，气候温和，一年四季并无极寒极热天气，瓜果品种繁多，品质绝好，素有"瓜果城"之称。白兰瓜、桃、百合等享有盛名，蔬菜品种也比较齐全，为副食品制作提供了丰富的原料。在兰州、临夏等地"三炮台碗子茶"是很流行的，民谣说"冰糖、桂圆、窝窝茶，好不过三炮台碗子茶"。三炮台碗子茶具有补气、驱寒、利尿、和血、化食、健胃之功效。河西食风区包括酒泉、张掖、武威、金昌、嘉峪关五市。河西走廊地势坦荡，绿洲与沙漠交错，光热充足，昼夜温差大，有辽阔的天然牧场和广阔的田野，农业和畜牧业都很兴旺。食俗亦多种多样。多以小麦为主食，辅以青稞、小米、荞麦、马铃薯、豆类等杂粮。少数民族食风主要有，临夏州穆斯林食风，日常以面食为主，烤饼、酿皮子、手抓羊肉、黄酒羊肉等富有地方特色；甘南州藏族食风，多以糌粑、牛羊肉和乳制品为主，亦吃酥油炸油饼，还有藏包子、贴锅巴、蕨麻饭等；肃南裕固族和肃北蒙古族，喜食手抓羊肉、烤羊肉、酸奶疙瘩等。嗜饮茯茶、奶茶、马奶子酒等。

四、拍卖行业管理

1.行业发展

1994年，甘肃省颁布《甘肃省拍卖条例》，使甘肃省拍卖行业纳入政府管理序列。1995年7月，国内贸易部和甘肃省政府联合批复，决定将西北区域性拍卖市场设在兰州并组建兰州国际商品拍卖中心。1999年7月1日，甘肃省政府办公厅批转省经贸委《关于做好全省拍卖工作实施意见的通知》，加强政府部门管理职能，使拍卖业规范快速发展。2003年3月26日，甘肃省拍卖行业协会成立，会员单位起初为14户企业，至2010年12月底增至46户企业。2010年全省共有拍卖企业56户，拍卖成交额73.33亿元，同比增长105%。

2005年1月1日，国家正式出台《拍卖管理办法》（中华人民共和国商务部令2004年第24号），该办法对拍卖业的发展提出新的要求。甘肃省拍卖企业在发展中也成倍增加，拍卖的商品、物资范围逐步扩大。截至2010年底，拍卖物除司法部门和政府委托外，已延伸到文物艺术品、土地、房地产、机动车、农产品、机械设备等大宗商品，以及股权、债权、知识产权、无形资产等，交易范围和规模日益扩大。

1995年—2010年，省商务厅通过调查和年审工作，对拍卖企业经营活动加强监督管理，帮助企业建立健全公司法人治理结构、内部管控和风险管理机制，使之业务操作流程、风险管控步入制度化、规范化。多次开办培训班、讲座等，对拍卖企业的高管及从业人员进行业务和职业道德的教育培训。加强与工商等相关部门的协调配合，严肃查处拍卖企业私下串通、以不正当手段获得标的等违法违规行为，对各种违法违规的拍卖企业进行通报，对严重违法违规企业，取消经营资格。依据"统筹规划、合理布局、适度竞争、规范经营、动态管理"的工作方针，把现场检查、抽查与日常监管结合起来，认真进行企业审批、变更和年审工作。对涉及企业设立或变更的由各级商务部门逐级上报，省商务厅收到报审文件后即派2名以上工作人员会同当地商务部门进行现场审核。

2. 部分拍卖企业

（1）兰州国际商品拍卖有限责任公司（以下简称"兰州国拍"）。成立于1995年，由原国内贸易部和省政府联合组建，是甘肃省成立最早的拍卖企业之一，是省政府指定的首家公物拍卖企业，是省内首家获得行业2A资质的拍卖企业。2010年荣获拍卖行业最高的AAA级拍卖企业资质。

20世纪90年代初，国家国内贸易部在全国规划拍卖市场，省政府非常重视，专门派时任副省长崔正华和省物资局局长毛春荣专程赴北京协调争取，国家内贸部决定将西北地区拍卖市场设在兰州以配合支持西北商贸中心的建设，成立了兰州国际商品拍卖中心。1995年1月4日，国内贸易部、甘肃省政府联合印发《关于组建兰州国际商品拍卖中心的通知》，要求该中心由国家内贸部和甘肃省政府共同组建，注册资金1000万元，为便于协调各方面的关系，中心设立管委会，管委会正副主任分别由甘肃省和国内贸易部负责人担任，成员由内贸部市场建设管理司和甘肃省有关部门负责人组成。省政府和内贸部分别指定副省长崔正华和内贸部市场建设管理司司长赵杰担任拍卖中心管委会的正副主任，甘肃省高级人民法院副院长、省人民检察院副检察长，及20多个委办厅局的副职领导为成员，从此兰州国拍肩负起培育全省拍卖市场健康发展的重任。1998年夏天，省政府研究决定推动国有企业改制步伐，启动甘肃省产权市场为国有企业提供专业服务，省体改委、省经贸委、省财政厅和兰州市人民政府联合下发了《关于改建甘肃省产权交易中心的通知》，将甘肃省产权交易中心改建为"甘肃省产权交易所"，实行省市合办，与兰州国际商品拍卖中心两块牌子一套人马、联合运行。2002年，在中介机构与政府主管部门脱钩改制的政策要求下，兰州国拍积极配合相关部门工作，顺利完成脱钩改制，成为甘肃省第一个与原主管部门彻底脱钩的拍卖企业。

公司成立以后，业务范围不断扩大，拍卖标的涉及公物及艺术品拍卖、抵押物拍卖、房地产拍卖、机动车辆拍卖、无形资产拍卖、产权拍卖、债权拍卖、土地使用权、矿山探矿权、采矿权拍卖、典当行绝当物品拍卖、国有建设用地使用权的招拍挂等，业务地域涉及北京、上海、天津、陕西、河南、四川、云南、广州、青海等全国十几个省市。在省内金昌、武威、天水、定西、张掖、庆阳等地设立了办事处，为当地各级行政部门、司法机关、金融机构提供就地服务。

1997年，兰州国拍总经理安涛成为全国第一批取得正式资格证的拍卖师。当年5月23日，兰州国拍接受省高级人民法院的委托，以70万元成功拍卖了东岗东路科讯大厦顶层410平方米被查封房产，这次拍卖开创了甘肃省司法拍卖的先河，扩大了拍卖机构的社会知名度。

1998年5月成功举办兰州首届"春季古玩字画收藏拍卖会"，拉开了甘肃省艺术品规模拍卖的序幕。此后，兰州国拍远赴昆明、北京等外省市地区开展书画拍卖活动，将敦煌壁画临摹画推向了一个更加广阔的市场，为日后省内书画艺术品拍卖的繁荣奠定了基础。

1999年12月，兰州国拍对《兰州晨报》中缝广告经营权实施了成功拍卖，开创了西北五省报纸经营权拍卖先河，促进了媒体资源市场化发展的步伐。

2000年12月，兰州国拍依法对甘肃白银棉纺织厂破产整体资产公开拍卖，首开了甘肃破产资产拍卖的纪录。2001年7月31日，兰州市200辆城市出租车营运权以2440万元成交，高出底价2.54倍。这是兰州市首次尝试出租车营运权拍卖，拍卖大获成功。拍卖会结束时，时任兰州市常务副市长的郝鹏对总经理安涛说"这是一次非常公正的、成功的、别开生面的拍卖。你为兰州市筹措了几千万的城市发展资金，我代表市政府感谢你！"

2001年，国家尝试在全国推行土地利用制度改革，国土资源部在浙江义乌举办全国首次土地拍卖主持人资格培训。总经理安涛成为甘肃省第一个取得土地拍卖资格的主持人。2001年9月，兰州国拍成功组织陇西首次土地使用权拍卖会，这是甘肃省实行土地有偿利用制度以后，由中介机构运作完成的第一宗土地使用权拍卖出让项目。2003年4月对临夏市一宗土地使用权进行拍卖，每亩土地使用权以367万元价格出让，创造了当时全省县一级土地拍卖单位成交额的最高纪录。

2001年—2002年，对兰州第一毛纺织厂破产资产进行了成功拍卖，其中11.698公顷国有土地使用权在省高级人民法院和兰州市规划国土资源局的委托和业务指导下以近2亿元拍卖成交，超出底价4000余万元，既有效保障了6000余名企业职工安置资金，也创造了当时甘肃省土地拍卖成交金额之最。这场拍卖不仅仅是一场普通的商业拍卖，更关乎着6000多名职工的安置资金问题，政府部门给予高度关注。时任省经贸委主任的任继东，拍卖会前一天从出差地平凉专程赶来参加拍卖会，当拍卖槌落下的第一时间，他将拍卖成功的喜讯用电话报告了分管副省长。

2003年以后，国家又在全国推行矿业权出让制度改革。2013年9月18日，兰州国拍在兰州飞天大酒店成功举办了平凉崇信县新周煤矿采矿权拍卖会，敲响了甘肃矿业权拍卖的第一锤，2003年7月，兰州国拍对武威市户外广告经营权拍卖，开启了甘肃省户外广告经营权拍卖时代。2004年7月和12月成功拍卖成县犀牛江沙金矿和酒泉锰铁矿，开创了甘肃矿业权拍卖先河。2006年1月24日成功举办了环县沙井子中部煤矿普查探矿权拍卖，揭开了甘肃探矿权拍卖的序幕。

2006年，在庆阳市正宁县南部探明了占全省煤炭资源储量90%以上的正南煤田，政府决定以拍卖方式公开出让该矿采矿权。兰州国拍于2007年7月18日在兰州成功举办拍卖会，拍卖正宁南煤矿30年经营权，起拍价7.5亿元，最终以47.5亿元拍卖。这个数字是当时中国拍卖行业单宗成交额最高纪录，也是采矿权拍卖单宗成交额之最。2007年6月19日，中国矿业报、中国国土资源报、中国产经新闻、甘肃日报等全国和地方媒体纷纷刊登了中国第一拍—甘肃正宁南煤矿以47.5亿成功拍卖出让的消息。

在立足于开拓拍卖业务的同时，兰州国拍还积极配合政府相关部门在规范和培育拍卖市场方面做了大量的工作，同时也依托机构特点积极投身于社会公益事业。2002年公司和全体员工集资捐助原兰州一毛厂部分受灾职工22300元。2005年12月为庆阳、平凉困难群众捐助价值12万元的新呢子大衣；2007年4月22日，举办中国·甘肃"爱心水窖"扶贫慈善书画摄影拍卖会，拍卖金额99369元全部用于甘肃中部干旱缺水地区"爱心水窖"修建，解决了近百户干旱地区群众吃水难问题；2008年，"5·12"地震之后，向灾情比较严重的西和县、成县捐款捐物，价值达12.7万元，同年12月举办了"情系灾区·重建家园"慈善书画拍卖会，成交金额9.4万元全部捐赠灾区，用于灾区重建工作；2008年赞助贫困大学生，每年资助学费5000元，4年共计20000元；2008年以后，每年给社区捐款3000元用于慰问困难群众；2010年青海玉树地震后，捐款4726万元；2010年8月12日舟曲泥石流灾害发生后，公司员工捐款7370元，同时公司通过省慈善总会向灾区捐赠3万元善款。

（2）未来四方集团拍卖有限公司。成立于2001年9月，经营范围包括土地、房产、探矿权、国有企业资产、股权、文物艺术品、珠宝首饰、机动车、无形资产等各类资产的转让和拍卖。为中国拍卖行业协会常务理事单位、中国百强企业、全国文物艺术品拍卖达标示范企业、中拍协AAA级信用资质企业、中国文物艺术品拍卖达标示范企业、全国三八红旗集体、甘肃省著名商标，是甘肃省政府指定的首家公物拍卖企业，获得国家文物局颁发的一、二、三类文物拍卖资质。2008年，随着业务不断扩大和市场拓展的需要，公司以拍卖业务为龙头，整合各类资源，组建了未来四方集团，业务涉及拍卖、二手车鉴定评估、产权交易、典当、翡翠专卖、文化传媒、国际投资、四方彩陶馆、敦煌艺术馆等多个领域。

四方拍卖的拍卖标的主要有生产资料、生活资料、土地、房产、矿产品、交通工具、广告、无形资产、艺术品等国家法律、法规允许拍卖的动产、不动产、无形资产、产权交易及财产权利，除了农产品外几乎都有涉及，涵盖范围非常广泛。据统计，四方举办的拍卖会已逾1000场，成交额达200亿元，举办过全国首宗"限地价，竞配建"等具有开创意义的拍卖会，业务范围涵盖了甘肃所有的市州以及全国各大城市。

四方拍卖长期以后坚定不移地致力于社会文化事业的发展，每年定期举办文物艺术品拍卖会，已成为推动西北文化产业发展的重要力量，借助这一品牌优势，集团坚持以文化立业，品质为先，先后举办了各种高规格的文化节会、文化论坛，大型书画、彩陶展览、第二届"朝圣敦煌"书画展等文化活动，已成为丝绸之路经济带上的文化生力军。在企业发展的同时，主动肩负起社会责任，截至2010年，通过文化艺术品义拍等形式已累计向社会捐款1000万余元，直接资助贫困留守儿童、大中小学生、特困家庭、单亲特困母亲等社会弱势群体达1000余人次，捐助项目涉及文化、教育、救助、扶贫、抗震救灾等诸多领域。

（3）甘肃隆盛拍卖有限公司。成立于2002年4月，注册资金300万元人民币，是中国拍卖行业协会、甘肃省拍卖行业协会会员单位，并荣获中国拍卖行业协会A级企业资质及甘肃省工商行政管理局、甘肃省消费者协会授予"守合同、重信用"企业和"诚信单位"。公司成立后，始终坚持依法经营、规范运作，在竞争激烈的拍卖市场中，通过良好的信誉、优质的服务赢得了买卖双方的高度赞誉及社会各界的一致好评。隆盛拍卖有限公司被省国土部门、省各级人民法院、兰州海关及多家金融机构等部门选定为拍卖机构，并先后成功拍卖了国有建设用地使用权、公司股权、破产企业实物资产、法院涉案财产、金融机构抵债资产、政府国有资产、海关罚没车辆和书画艺术品等标的，共计拍卖260多场次，拍卖成交总额约15亿元。

2003年6月，该公司在定西漳县成功拍卖了3宗国有土地使用权，敲响了漳县国有土地使用权拍卖的第一槌；2008年，拍卖成交了甘肃金融机构最大的一笔抵债资产；至2010年，先后在定西、庆阳、平凉、酒泉、张掖、武威、嘉峪关、白银、甘南、临夏、兰州等地区，成功拍卖了瑕疵多、难度大的各类标的，也赢得了委托方和买受方的高度赞誉。

五、家政服务

家政服务，是政府部门依托和扶持部分相关企业，整合社会各类家政服务资源，为市民提供全方位、配套完善的各类家政服务的新型服务行业。2008年以后，省商务厅把家政服务工作作为新的市场需求热点，积极构建省内的家政服务体系，努力发展家政服务业。组织职能处室和有关企业到外省市区学习考察，重点了解杭州三替、宁波81890、天津8890等政府部门和企业的经验做法，并向商务部、省政府提出了建立家政服务信息平台、扶持新兴服务业发展的资金要求，争取给予资金支持。经过与兰州市商务局共同调研摸底，选定了兰州民召集团进行试点。民召集团自筹160多万元，正式注册成立了"兰州三为家政综合服务有限公司"，并开通了兰州市96965家政服务信息平台。2008年末，兰州市96965家政服务信息平台已正常运行，每天信息量达300条—400条，受到了广大市民的欢迎。

2009年，省商务厅着眼于促进家政服务工作，上半年组织人员先后到兰州、天水、平凉、武威、嘉峪关等市州与家政服务企业进行调研座谈，了解家政服务开展及其网络中心筹建运行情况，指导帮助企业加强管理，实行诚信优质服务，使企业健康稳定发展，在调研中，协调帮助解决企业存在的问题和困难，并帮助他们开通电信服务短信。省商务厅及时转发了商务部、财政部《关于推进家政服务网络体系建设的通知》，就提高认识、整合资源、培育龙头、实施招标等提出了实施意见。从当年8月份组成3个工作组分赴河东、河西、中部市州督促检查家政服务网络中心建设。同时还从全省家政服务网络中心建设项目中筛选了兰州三为、天水益康、平凉三替、武威好帮手4家企业确定为全省家政服务网络中心建设项目承办企业，对4家企业的家政服务网络中心进行了及时验收。到2009年末，兰州三为、天水益康、平凉三替、武威好帮手等家政服务网络中心运转良好，并分别开通了96965、960938、960933、960935短号服务专线，为当地居民提供了便利安全的家政服务。同年，省商务厅根据商务部关于加快家政服务工程建设促进就业和加强家政服务队伍的要求，在向全省印发商务部、财政部、全国总工会《关于实施"家政服务工程"的通知》后，与省财政厅、省总工会共同制定《甘肃省家政服务工程实施方案》，对家政服务培训的内容、重点、实施、步骤、资金做了具体安排。各市州启动了家政服务培训工作，采取开办培训班、向外输送、建立培训机构等多种形式，分期对从业人员进行行业业务技能培训。省商务厅派员分赴兰州、武威、张掖、酒泉、嘉峪关、平凉、庆阳、天水、临夏等9个市州调查家政服务培训情况。确保从业人员业务素质合格后上岗。截至2009年11月20日，全省按照《家政服务员培训大纲》，共培训家政服务人员4779名，比4166名培训计划增加培训613名，合格4614名，实际就业4556名。

2010年，经省商务厅积极争取，商务部向兰州市下达家政服务体系建设项目资金1060万元，省商务厅与兰州市商务局研究制定了项目实施方案，安排260万元资金用于改造提升兰州家政服务网络中心，安排800万元用于兰州市城关区物业、妇女服务中心、万城物业3家家政龙头企业发展连锁，以上项目建设如期完成。省商务厅还积极争取商务部家政服务培训项目资金1000万元，在14个市州中择优选择了有实力的培训机构，并按商务部《培训大纲》制定了培训和就业的目标任务。截至2010年末，14个市州的25家培训机构已完成了近1万人的培训任务，8333名家政服务人员实现就业。为推进家政服务业的健康发展，省商务厅安排省商务发展资金，对比较成熟的嘉峪关、酒泉、张掖、定西4家家政服务网络中心分别给予了20万元的资金扶持，使之更好地发挥功能作用。

六、生猪屠宰行业管理

1986年，甘肃省商业厅成立科技工业处（加挂食品工业办公室的牌子），主要监管酱油、醋、糕点、饮料等12个行业。2000年机构改革时，在省经贸委成立食品工业办公室，省商务厅的监管职能调整为畜禽定点屠宰。2004年机构改革时，省商务厅成立食品流通监管处，监管职能调整为畜禽定点屠宰和肉品质量安全。

省商务厅紧紧围绕监管职能，及时健全完善监管法规和措施，着眼"调结构、促发展，保安全"的工作思路，以肉品质量安全为统揽，以"放心肉"服务体系建设为抓手，着眼肉品质量安全形势，积极调整行业布局，优化肉食品结构，强化畜禽屠宰监管，严厉打击私屠滥宰，稳步推进肉品可追溯体系建设，确保广大群众的肉品质量安全。截至2010年，甘肃省共有畜禽定点屠宰企业247户，其中生猪定点屠宰企业117户，牛羊定点屠宰企业112户，家禽定点屠宰企业18户。生猪年屠宰量约327万头，牛年屠宰量约178万头，羊年屠宰量约629万只，家禽屠宰量约1691万只。2010年生猪无害化处理27155头。

对肉品质量安全问题，省商务厅历届领导都非常重视。根据省政府和商务部的有关要求，及时成立了食品安全工作领导小组，负责全省商务系统食品安全事故应急处置协调工作，办公室设在食品流通监管处。各级商务部门也按照要求，成立了市州食品安全工作领导小组，明确了工作职责，并定期分析食品安全形势，查找薄弱环节，及时制定防范措施，严防重大食品安全事故的发生，从组织机构上提供了强有力的保障。自2001年起，开展家畜定点屠宰立法调研，并借鉴外省（区）的立法经验，制定《甘肃省家畜屠宰管理办法》（以下简称《办法》），牛羊屠宰管理参照执行。《办法》经省政府常务会议通过，以甘肃省政府令的形式发布，于2005年11月1日起施行。随后，又根据《办法》制定《甘肃省家畜定点屠宰厂（场）设置规划》，于2006年3月经省政府批转各地执行。依托兰州市商务局制定《畜禽屠宰加工企业管理与技术规范》《屠宰技术工人操作指南》《人道屠宰系列教材》等。各市（州）商务主管部门也结合当地实际，依据《畜禽屠宰管理条例》制定畜禽定点屠宰配套法规和规范性文件60多个，使畜禽定点屠宰企业的监管工作步入法制化规范化的轨道。及时修订完善《甘肃省流通领域食品安全工作方案》和《甘肃省商务厅食品安全事故应急处置预案》。

2009年，商务部《全国生猪屠宰行业发展规划纲要（2010—2015)》下发后，省商务厅依据国务院《生猪屠宰管理条例》《甘肃省家畜屠宰管理办法》和《甘肃省家畜定点屠宰厂（场）设置规划》，在3次调研的基础上，制定印发《关于落实全国生猪屠宰行业发展规划纲要的实施意见》，明确提出"在现有126家定点屠宰企业的基础上再压缩16%，减少至106家，培育年屠宰量在80万头以上的大型定点屠宰企业1—2家，培育年屠宰量在50万头以上大型定点屠宰企业3—5家，占比4%，培育年屠宰量在20万头以上的县城定点屠宰企业20家，占比16%，培育年屠宰量在10万头以上的县城定点屠宰企业30家，占比23%"的发展目标，并对屠宰场点设置数量、准入条件、管理标准、项目审核程序及市场监管提出了具体要求。各市州积极行动，大力淘汰落后产能，关停压缩不符合条件的屠宰场（点），推动行业向"规模化、机械化、品牌化"方向发展。张掖、酒泉、天水等市先后清理取缔13家不符合卫生和质量安全的乡镇屠宰厂，努力实现由城区生猪定点屠宰企业向各乡镇统一配送放心冷鲜肉的目标。

各地政府把肉品质量安全当作事关人民群众生活和身体健康的大事来抓，出台很多政策措施，引导企业进行升级改造。兰州市政府引进高金食品股份有限公司，投资5000余万元，对原肉联厂进行升级改造，新建了达到欧盟标准的年屠宰量100万头以上的生猪屠宰线、分割包装间、8000吨冷库、污水处理设施，使企业的卫生条件和生产水平有了新的提高。酒泉肃州区整体搬迁新建的生猪一体化屠宰项目总投资2200万元，建成年屠宰能力10万头的机械化屠宰生产线一条，500立方米全自动冷库一座，低温肉制品加工生产车间一座及生猪交易、副产品清洗等附属项目，其设施设备达到了全省一流的标准。张掖甘州区中天肉业有限责任公司、兰州肉联厂投入资金购置肉品冷藏贮运车辆36台，各乡镇统一配送放心冷鲜猪肉。平凉、白银、武威、金昌等市，重点对县城生猪定点屠宰厂的基础建设进行了引导和扶持，所属定点屠宰企业的设施配套和机械化程度有了很大的改善，卫生水平和肉品质量有了很大提高。同时，争取商务部"放心肉"资金，在全省选择率先进行改造的10家屠宰企业给予了资金支持，有效调动企业积极性，初步形成"抓改造、促升级、保安全"的良好局面。

2010年5月，省商务厅派出专门工作组对酒泉、武威、庆阳等市进行督查，对发现的问题进行现场纠正。各地严格按照《甘肃省家畜定点屠宰厂（场）设置规划》"地级以上城市城区设1家—2家、县（区）级城区设1家、偏远地区或规模企业辐射不到的乡镇要根据实际情况适当放宽，但要按照《生猪屠宰管理条例》的要求严格把握"的要求，对每个定点屠宰企业基础设施、卫生检验、进厂（场）检查登记、宰前停食静养、屠宰操作、屠宰检疫、肉品品质检验、无害化处理、污水处理、索证索票、购销台账、缺陷产品召回、运输工作使用、信息报送等环节，逐项进行严格审核。8月，省商务厅召开全省食品安全暨屠宰行业管理工作会议，对审核换证工作进行了专门安排。各地经过审核，对符合设置规划，达到有关标准和条件的

87家企业，确定为生猪定点屠宰厂（场）；对7家不符合审核标准和程序的企业，收回了定点屠宰证牌；对32家未达到定点标准的定点屠宰企业，在确保卫生和质量安全的前提下，限期整改。

在做好日常监管的同时，省商务厅始终把保障肉品安全，维护人民群众健康作为重点来抓，严厉打击私屠滥宰，严厉打击病死病害肉非法交易。每年都利用重大节日，派出工作组深入各地进行监督检查，开展肉品质量安全专项整治活动。兰州、天水、白银、酒泉等市加大宣传力度，通过现场讲解咨询、散发法规及食品安全材料、媒体网络宣传等方式，对国家法规和专项整治工作进行了深入广泛的宣传。武威、平凉、金昌市商务部门根据私屠滥宰发生的规律，加强了高发时段和高发区域的巡查，对城乡接合部和肉品加工比较集中的区域紧盯不放，严厉查处、捣毁私屠滥宰窝点，没收私宰肉和屠宰工具，加强屠宰场管理，重点检查屠宰场设施条件、肉品检验、肉品质量、肉品价格等，确保屠宰场依法生产，守法经营。把好流通环节肉品检疫检验关，确保屠宰场不收购无耳标标识的生猪、无检疫检验证明的生猪。每年全省共散发食品安全宣传材料4万多份，出动执法人员1万多人。

省商务厅加强肉品质量安全信息追溯系统的建设，建立长效监管机制，2010年以后，商务部和财政部分两批扶持20个城市开展肉类蔬菜流通追溯体系建设试点，探索利用信息化手段管理市场、改善肉类蔬菜安全状况，经过争取，2012年兰州市被商务部确定为肉菜流通追溯体系建设试点城市，并获得扶持资金3500万元。自2010年，省财政每年投入60多万元，为全省生猪、牛羊定点屠宰企业统一刻制肉品品质检验章，印制肉品合格证和肉品标识，每一家企业都区分了代码和号段，确保"一猪一章一证一标识"，如果肉品发生问题，消费者可以逆向溯源。同时，积极向商务部及财政部申请屠宰监管技术系统项目，建成1个省级监管平台、9个市级平台、50个县级平台、60个屠宰企业，建成省、市、县、企业4级纵向连接的监管网络。省商务厅每年都组织全省名优特企业，参加由商务部组织的食品博览会，在博览会上重点推介牛羊肉，主打牛羊肉品牌，充分展示甘肃盛产牛羊肉得天独厚的优势、扩大影响、提升产品知名度，使企业转变经营理念、增强发展信心、明确努力方向，收到了良好效果。每届食品博览会，省商务厅都充分筹备、严密组织，均获得了中国食品博览会组委会颁发的"最佳组织奖"。按照商务部"三年培训一遍"的要求，每三年采取分批分期、各有侧重的方式，对肉品品质检验人员和屠宰企业负责人进行培训。为增强培训效果，省商务厅专门组织甘肃省农业大学及相关科研单位专家教授编写《牛羊肉品品质检验培训讲义》，并邀请有关教授、硕士生导师和省食品质量监督检验站的专家进行了详细的授课，对考试合格者颁发肉品检验培训合格证。

七、其他行业管理服务

甘肃省商务厅是全省商贸服务领域的行业管理部门，履行着住宿、洗浴、美容美发、洗染、人像摄影、再生资源回收、成品油市场等行业管理职能，包括制定行业发展规划，协调成立行业协会，加强行业自律，行业统计和为行业协调服务，稳定和规范市场秩序，满足消费者需求等。本部分主要记述前面章节中未涉及的行业。

1. 典当行业。典当是以特定物品或者财产权利质押的形式，向典当机构借贷的特殊融资方式，其本质特征是以物换钱。随着市场经济的发展，企业和个人对资金融通的需求不断增加。典当行业作为一种特殊的融资方式，可以部分地解决小额资金的融通问题，对银行贷款等主流融资渠道起到有益的补充作用。典当行融资快捷、方便灵活的特点，受到了中小企业、个体工商者及广大群众的欢迎。典当行的本质是社会服务型行业，它不再是单纯地为解决生计问题的消费性融资，而成为广泛地发展经济、支持生产、活跃流通、方便群众的生产性、经营性融资业务。就典当客户来说，可以分为应急型典当、消费型典当和投资型典当。中国的典当业开始于南北朝时期。中华人民共和国建立后不久，典当行在大陆被取缔而彻底绝迹。1987年12月，四川成都市华茂典当服务商行开业，率先恢复了消逝30多年的典当业，兴办典当行的大潮迅即随之而来，不久就遍及全国。从此典当业进入了发展新纪元，并逐渐由无序发展状态进入到健康规范发展阶段。

甘肃省典当行业管理职责原属省经贸委，2004年机构改革划归省商务厅。根据商务部、公安部2005年第8号令《典当管理办法》第四条规定："商务主管部门对典当业实施监督管理，公安机关对典当业进行治安管理"。

随着经济快速发展，以及中小微企业发展对融资需求的增加，全省典当行呈快速发展之势，截至2010年底，全省共设立83户典当企业，经营总额6.74亿元，同比增长130%。典当行业整体发展趋势良好，绝大部分企业经营规范，内部管理日益科学，经营理念逐渐成熟，为企业自身创造利润的同时，也成为甘肃省现代金融业的有益补充和社会辅助融资渠道，为全省经济社会发展起到了积极的促进作用。典当企业83户。

2. 美容美发、人像摄影和洗染等行业。2002年7月，省贸易经济合作厅协同省美发美容协会，在兰州市东方红广场共同举办了甘肃省发型化妆大赛暨首届敦煌神韵形象设计大赛。

2002年8月，省贸易经济合作厅和省民间组织管理局批准正式成立甘肃省人像摄影协会，共45家会员单位参加。甘肃省人像摄影协会成立不久，在中国人像摄影学会及《中国人像摄影》刊物、《人民摄影报》的协助下，同年举办了甘肃省首届影楼化妆造型师"十佳"评选暨婚纱摄影用品展销会、第十届全国人像摄影艺术作品展览，参会人员400多人，中国人像摄影学会秘书长李娜，《中国人像摄影》《人民摄影报》报刊编辑、记者参加会议。经过评选，13名选手被评定为摄影十佳化妆造型师。全国人像摄影艺术作品在兰州展览受到广大居民和业内人士的热烈欢迎和一致好评，使原定展期延长。

2003年3月，省贸易经济合作厅开始筹建省洗染行业协会，筹备组成立之后即有54家团体会员单位申请入会。经报省民间组织管理局批准，甘肃省洗染行业协会正式成立，召开甘肃省洗染行业协会成立大会，选举产生了协会第一届领导机构。

2003年3月，在省贸易经济合作厅（省商务厅）支持帮助下，省人像摄影协会在全省开展评选"诚信店"的活动，共选出13家影楼、摄影企业为全省"摄影诚信企业"。同年5月，省商务厅联合省人像摄影协会举办全省首届人像摄影大赛，参赛的摄影照片以宣传甘肃在各条战线取得的巨大成果为目的，在兰州和平凉、庆阳等地进行了巡回展览，得到业内外一致好评。

2003年11月10日，省贸易经济合作厅（省商务厅）与省美容美发协会在兰州大厦联合举办甘肃省首届美甲大赛，来自全省各地的18个单位代表和个人参加了本次大赛5个项目的比赛，近200人到场观摩，现场气氛热烈，甘肃电视台"都市频道"对大赛进行了专题报道。

2004年，为推进服务企业规范经营，实现标准化管理，省商务厅组织省洗染行业协会、兰州市城关区质量技术监督局、行业技术人员进行了"洗染行业质量标准"和"洗染企业（店）分等定级规定"两个地方标准的起草工作。经过广泛征求意见，多次修改完善，两个甘肃地方标准当年正式颁布施行。

2005年4月，在省商务厅支持帮助下，省人像摄影协会在全省范围内评选甘肃摄影名店、人像摄影大师、人像摄影名师，共评出甘肃摄影名店28家、人像摄影大师7名、人像摄影名师8名。洗染行业《甘肃省洗染行业服务质量》和《甘肃省洗染企业（店）分等定级》地方标准发布后，省商务厅会同有关部门做好这两个"地方标准"的具体实施，成立"甘肃省洗染企业（店）等级评定委员会"，制定印发《甘肃省洗染行业消费争议纠纷解决办法》，受到消费者和行业的欢迎。6月，协同省质监、工商、消协、洗染协会对重点城市洗染市场整顿检查，多数企业均已达标，经营规范。2005年—2006年，省商务厅协同省美容美发协会对消费者投诉较多、意见较大的部分美容美发企业进行整顿整治，印发《关于贯彻实施美容美发业管理暂行办法的通知》，提出多项整改措施。2005年6月—12月，依据商务部等5部委在全国开展整治商务领域商业欺诈行为专项行动的要求，省商务厅与工商、质监等11个相关部门《打击商贸领域商业欺诈行为专项行动工作方案》，之后又印发《全省打击美发美容行业商业欺诈行为专项行动实施方案》，整改商贸服务领域商业欺诈行为，取得显著效果。到2006年，全省14个市州均进行了检查整改。2006年5月，省商务厅会同省消费者协会、省美发美容协会等部门和单位在全省各市州政府所在地举办了"全省美发美容行业诚信宣传日活动"。省美容美发协会在兰州又举办甘肃省美发美容大赛。

2007年，省商务厅支持帮助省人像摄影协会和省美容美发协会积极开展工作，发挥协会服务协调功能，增强凝聚力。举办多期化妆、摄影培训班，培训各工种从业人员上百人，对合格学员进行技能鉴定，颁发了技术等级证书。举办技术交流研讨会，邀请国内摄影名师莅临授课，传授人像摄影的最新技术和流行趋势。同时组织业内人士到陇南、张掖、临夏等地区进行人像摄影采风。组织会员单位到韩国、台湾地区、香港地区进行观摩交流，学习考察先进的营销理念和技术设备。健全美发美容协会组织机构，成立美甲专业委员会和烫染专业委员会，在定西、武威、张掖、嘉峪关、酒泉等地发展会员，建立了消费者投诉站和"12315"绿色通道网络。联合省消协开展全省"消费者满意美发美容院"评定工作，组织参加省电视台举办的CCTV模特大赛甘肃赛区的活动。对美容美发业发展状况进行调研，发放问卷调查1000余份。

2009年，省商务厅协同省婚庆协会、省人像摄影协会举办了"2009中国·兰州五粮春杯婚庆文化节"，并支持省婚庆协会、省人像摄影协会在兰州张掖路步行街举办了商品展销会。展销会招商广泛，内容丰富，销售十分旺盛。据不完全统计，展销会期间，客流量累计达到18万人次，来自省内外的婚纱、摄影、餐饮、饭店、酒类、房产、家电、汽车等行业的46家商家和企业参展，实现商品销售额达3500万元。《甘肃省摄影企业等级划分》地方标准正式颁布实施，省商务厅与省工商局、省人像摄影协会联合制定了《甘肃省摄影企业等级评定实施办法》，并据此在全行业进行了摄影等级店评定。共评出甘肃省特级摄影店10家，其中，一级摄影店9家，三级摄影店1家。

3.老字号管理。老字号是中华民族历史上遗留的珍贵的文化物质遗产，蕴含着深邃、厚重的文化底蕴，凝结着劳动人民的创造和智慧，很多高超技术是独门绝技，世间罕见，不可复制或再造，在甘肃商贸和餐饮服务业中有很多老字号，如：兰州马子禄牛肉面、天水的雕漆、成县的红川酒等等，都是有着悠久历史的老字号制作生产的产品，需要及时地挖掘和保护，使他们的技艺代代相传，贡献社会，造福人民。

2006年，省商务厅通过广泛宣传动员，认真开展老字号调查摸底、选择、申报、认证工作。5月初，按照商务部《关于实施"振兴老字号工程"的通知》精神，对老字号申报工作做了部署，成立了甘肃省振兴老字号工程领导小组及办公室，要求各市州商务主管部门把"振兴老字号工程"列为该年度工作议事日程，认真进行普查摸底。借助新闻媒体等各种方式进行宣传，组织企业申报，还多次召开专题会议研究部署。经过3个多月的努力，各市州共上报55家老字号企业。领导小组对兰州佛慈、景扬楼、安泰堂、马子禄等企业进行实地考察，了解企业及其产品情况。期间，从各市州上报的企业中初步审核筛选出28家。7月12日，领导小组根据"中华老字号"认定条件，按照评审程序和规定，对28家老字号企业又进行了认真审议审核，从中选拔了21家企业向社会公示，作为全省第一批老字号企业上报商务部。最终商务部审核认定了兰州佛慈制药、景扬楼酒店、天生园食品、天水雕漆、红川酒厂等5家企业为"中华老字号"。

2007年，商务部《关于继续开展"中华老字号"认定等工作的通知》印发后，省商务厅及时批转和印发文件，要求各市州调查推荐第二批中华老字号。6月，对各市州上报的企业，严格按老字号认定条件，进行初审和筛选，对部分企业还进行了实地考察。经老字号领导小组评审决定、社会公示，从各市州上报的21家企业中精选上报了兰州悦宾楼、甘肃金徽酒业等15家企业。2007年8月，省商务厅积极参与配合，组织开展全国品牌万里行活动，制定了"西部开发品牌行"活动方案，对专访的企业及推荐品牌做了安排。商务部品牌万里行到甘肃省后，全力支持配合，大力宣传甘肃品牌，共推荐安泰堂、飞天雕漆等9家老字号企业参加了品牌宣传，安排了兰州佛慈、景扬楼老字号的寻访工作，使商务部品牌万里行甘肃站活动取得了圆满成功。2010年，金徽酒业集团、平凉柳湖春酒业公司、悦宾楼、马子禄牛肉面等9家企业最终被商务部认定为第二批中华老字号企业。至此，甘肃省由商务部认定的中华老字号企业共14家。

4. 茧丝绸行业管理。中国是茧丝生产大国，从国家到地方一直对茧丝绸行业管理非常重视，建立了一整套制度和监测网络。国家每年结合全国各地生产和市场需求情况，下达生产指导性计划，对鲜茧收购单位实行资格认定许可，对收购价格进行指导督查。2006年起国家规划用3—5年时间实施"东桑西移"工程，科学发展蚕桑产业，惠及桑农，为新农村建设服务。"东桑西移"工程是商务部实施的13项工程之一，计划在"十一五"期间，在中国中西部地区拟建设200个技术先进、市场服务体系健全、连片面积千公顷以上的优质生态蚕桑基地，发展50个初级茧丝绸加工企业，壮大30家集科研开发和生产加工一体化、自主创新能力强的大型丝绸工业企业，培育20个拥有自主知识产权和国际营销网络的丝绸知名品牌。甘肃省陇南等地适宜种桑养蚕，按照商务部的统一安排，成县被批准为全国"东桑西移"工程首批试点县。甘肃省商务厅制定出台《甘肃省鲜茧收购资格认定实施细则》，于2005年9月1日起，在全省实施鲜茧收购资格行政许可制度，未取得资格证的任何单位和个人一律不得从事鲜茧收购业务。具体申请条件有：具有与蚕农签订不低于3年的长期稳定的产销合同，具有固定的收购场地、评茧仪器、烘茧和仓储设施，设施设备符合国家安全生产、环境保护的有关规定，具有相应的收购资金和良好的信用资质，具有国家规定的相应的专业技术人员，具有健全的质量保证体系和管理制度，具有工商营业执照或名称预核准通知书的复印件等。申办鲜茧收购资格程序方面，申请企业向所在县商务行政主管部门提出申请，经审查并征求同级工商、质监部门意见后，将初审通过意见和申请材料报所在地市州商务局审核，决定是否给予资格认定，全省统一发证。企业申请茧资格认定应提交的材料目录，可免费向当地商务行政主管部门索取。

截至2010年，甘肃省各地共保有桑园面积约5000公顷，2010年桑蚕主产区的陇南市康县、成县、徽县共发放蚕种1万张，生产蚕茧32万千克，收购鲜茧31.3万千克，全年收购鲜茧均价1398元/50千克。

5. 成品油行业。成品油市场管理职能从省经贸委、发改委再到商务厅进行过几次调整。按照《成品油市场管理办法》规定和商务部要求，每年对全省14个市州成品油经营企业进行年检，做好成品油经营企业许可证发放和变更换证工作，完成成品油监测日报、周报和月分析报告。开展市场专项整治，保障元旦、春节等重要节假日期间成品油市场供应。针对部分年份成品油供应紧张的局面，掌握各地采购、销售和库存情况，加强市场监管和宣传，协调成品油经营企业增强市场供应，确保群众和经济正常运行不受影响。

甘肃是连接西北产油区、主要炼油基地与内地成品油消费市场的重要枢纽，兰成渝、西部（乌鲁木齐—兰州）、兰郑长3条成品油输送管道贯穿甘肃省全境，运输能力达到2700万吨。另外，中石油在甘肃的兰州炼油厂、玉门炼油厂和庆阳石化炼油厂3座炼厂，生产能力达到1600万吨。省内成品油供应主要依靠管道运输和炼厂配送。

截至2010年底，甘肃省有成品油批发企业72家，其中：中国石油集团公司所属企业67家，中国石化集团公司所属企业3家，其他社会经营单位2家。共有成品油库155座，总库容227.28万立方米，其中：中国石油集团公司所属油库95座，库容139.08万立方米；中国石化集团公司所属油库1座，库容1.4万立方米；国家储备库1座，库容15.3万立方米；部队油库16座，库容58.49万立方米；其他社会经营单位油库42座，库容13.01万立方米。截至2009年，甘肃省共有成品油配送中心12座，隶属于中国石油天然气运输公司，配送车辆431台，单次承运量6837吨，"十一五"期间共配送油品约1404万吨。

"十一五"期间，结合城市改造和公路建设的进程，通过规划布局，加油站地理位置得到合理分布，整体服务能力和成品油保障能力明显提升。到2010年，全省共有加油站1196座，其中营运加油站841座，暂时歇业加油站355座。按地理位置划分，城市站184座，占全省加油站总数的15%；高速公路站48座，占4%；国道站321座，占27%；省道站170座，占14%；县城站129座，占11%；乡镇站344座，占29%。按销售规模划分，万吨站48座，占全省加油站总数的4%；5000吨—10000吨加油站124座，占10%；3000吨—5000吨加油站166座，占14%；1000吨—3000吨加油站286座，占24%；1000吨以下加油站572座，占48%。按隶属关系分，中石油甘肃销售公司966座，占全省加油站总数的80.7%；中石化甘肃分公司加油站15座，占1.3%；社会加油站215座，占18%。按行政区域划分，兰州市187座，酒泉市142座，白银市109座，天水市108座，庆阳市99座，张掖市94座，武威市87座，陇南市83座，平凉市71座，临夏州68座，定西市64座，金昌市37座，甘南州36座，嘉峪关市11座。

2005年—2010年，全省规划新建加油站34座，迁建加油站56座，改造扩建加油站19座。实际批准新建加油站28座，完成规划的82.4%；批准迁建加油站33座，完成规划的58.9%；批准改造扩建加油站30座，完成规划的173.7%。2006年—2009年全省共计销售成品油1044.61万吨，平均年增长率为9.09%。2009年，销售成品油298.16万吨，较2005年成品油销售量增加82.06万吨，其中，汽油73万吨，柴油219万吨，其他油品6.16万吨（含天然气折算），"十一五"期间全省共销售成品油约1404.61万吨。

第三章 对外贸易及对港澳台地区贸易

　　甘肃省对外贸易有着漫长的发展历史，驰名中外的古丝绸之路横贯甘肃全境，是古代中西方文化交流和贸易往来的重要通道和"黄金路段"。伴随国家外贸体制改革不断深入，甘肃省外贸进出口总额自1985年突破1亿美元后，受多种因素的影响，长期在个位数徘徊。2003年，全省进出口总额首次登上两位数的台阶，达到13.3亿美元，提前两年完成"十五"计划的目标，进入较快发展时期。2010年进出口总额73.24亿美元，同比增长90%。其中出口额16.39亿美元，同比增长123%；进口额56.86亿美元，同比增长82%。贸易伙伴遍及全球137个国家和地区。

第一节　进口贸易

甘肃省自1981年开始进口贸易。在当时国家出口导向的外贸体制下，甘肃省进口主要根据国家"少数商品统一经营与多数商品分散经营相结合"的经营管理原则，重点引进先进技术和关键设备，确保生产和建设所需短缺物资的进口，适量进口市场紧缺物资。1981年进口额只有793万美元，到1986年增长到3541万美元，主要进口商品为机械设备类、五金矿产类、仪器类、纺织类、轻工业品、化工类、机械类、医药类，其中机械设备类、五金矿产类商品占到全省进口总额的87.43%。至1992年，全省进口额一直在5000万美元左右徘徊。进口商品以成套设备及技术引进类、轻工类、五金矿产类、仪器类、机械类和医疗器械类居多。进口商品主要来自欧美日本发达国家和港台地区。1993年全省进口总值创历史新高，达到20088万美元，同比增长213%，首次迈上亿美元台阶。当年全省进口到货20063万美元，其中外贸企业进口6688万美元，易货贸易进口1375万美元，"三资"企业进口12000万美元。1993年—2003年，进口额没有超过5亿美元。2004年进口额达到7.76亿美元以后，开始进入高速增长时期。

2000年—2005年，在内需增加、加工贸易增长和甘肃省资源型国有大企业实施国际化经营战略带动矿产资源类产品大进大出的强力拉动下，甘肃省进口增长强劲。2001年，全省进口额首次突破3亿美元大关，进口额为30256万美元，同比增长95.73%（同期全国进口额2212亿美元，同比增长8.6%）。进口的大宗货物主要有：机械、电器产品8548万美元，占进口总额的28.26%（主要是工程机械、加工机械、电子产品、机床、纺织机械等）；机电产品进口额为10011万美元，同比增长75.72%，占全省进口总额的33.09%；矿产品进口7858万美元，占进口总额的25.97%（主要是铜、铁、钴、锌、铬精矿，石油沥青焦等）；化工及相关产品进口6770万美元，占进口总额的22.38%（主要是氧化铝等产品）；金属类产品进口3080万美元，占进口总额的10.18%（主要是镍、钢材等产品）。2003年全省进口总额为45000万美元。主要商品为铜精矿（15359万美元）、氧化铝（6071万美元）,主要进口市场为澳大利亚（10740万美元）、秘鲁（4369万美元）、智利（4049万美元）、美国（2608万美元）、日本（2145万美元）。2004年，甘肃省进口规模不断扩大，商品以金属矿砂和机电产品为主。全省机电产品进口12494万美元，金属矿砂进口60219万美元，这两大类产品进口额占全省进口总额的94%，其中：铜精矿36000万美元、氧化铝5840万美元、铁矿砂5125万美元、钴矿砂4888万美元、镍锍4248万美元、镍矿砂3193万美元。2005年，甘肃省进口15.42亿美元，同比增长101%，比上年增加7.65亿美元。其中：金属矿砂进口12.01亿美元，同比增长100%，占全省进口总值的78%，主要有：铜精矿4.20亿美元、镍锍3.25亿美元、镍矿砂1.65亿美元、氧化铝1.32亿美元、铁矿砂1.05亿美元、钴矿砂0.34亿美元。机电产品进口2.79亿美元，同比增长123%，占全省进口总值的18%，主要有：机械设备2.28亿美元、电器及电子产品0.27亿美元、仪器仪表0.20亿美元。金属矿砂和机电产品进口的快速增长，推动了全省进口的大幅度增长。

2006年—2010年，甘肃省进口规模增长迅速，年均增长30%，远高于出口8.5%的增幅，全省进出口贸易逆差逐年增长，进出口比例结构发生新的变化。2000年末甘肃省出口、进口占比结构为73∶27，2005年末转为逆差41∶59，2010年末继续转为更大逆差22∶78。甘肃省进口规模由"十五"末的15.42亿美元扩大到"十一五"末的56.86亿美元。其中，2010年，全省资源型产品进口53.42亿美元，占全省外贸总值的73%、全省进口总值的94%。主要原因为省内金川、酒钢、白银公司等大型国有企业为有效弥补省内资源日益紧缺与企业发展的矛盾，扩大对境外资源的合作开发，从而带动资源型产品大规模进口。这类进口，不仅满足了企业生产发展的需要，保证了有色冶金支柱产业对全省工业的强力支撑和转型升级，也有力地推动了这些企业成为甘肃省出口快速增长的中坚力量。

中华人民共和国成立以后，甘肃省的技术贸易主要以技术引进为主，同时也有少量的技术出口。甘肃省的技术引进工作，大体经历了以下三个阶段：第一阶段是50年代，主要结合利用外资，从苏联和东欧一些社会主义国家引进了一批成套设备和技术；第二阶段是60年代和70年代，由于中苏关系的恶化和"文化大革命"的原因，以及国内外政治经济形势的发展，主要从一些发达的资本主义国家引进了一些关键设备和技术；第三阶段是

1978 年以后，技术引进工作迅速发展。从1980年—2006年期间，全省从国外共引进技术514项，合同金额155406.76万美元，主要用于大中型骨干企业技术改造、保持优势产业竞争力。2010年技术进出口总额717.19万美元，比上年的5477 万美元下降86.9%。签订引进技术和进口设备合同项目6个，合同金额717.19万美元。

1985 年—1986年甘肃省进口情况统计表

表3-1-1   单位：万美元、%

	1986 年		1985 年	
	贸易额	比重	贸易额	比重
进口总额	3541	100.00	2906	—
其中：土畜产品类	—	—	15	0.52
轻工业品	12	−0.33	225	7.74
五金矿产类	407	11.49	571	19.65
化工类	29	0.82	83	2.86
机械类	53	1.50	226	7.78
机械设备类	2689	75.94	1145	39.40
仪器类	139	3.93	382	13.15
医药类	76	2.15	192	6.60
纺织类	136	3.84	67	2.304

1994 年—1995年甘肃省进口情况统计表

表3-1-2   单位：万美元、%

名 称	1994 年		1995 年	
	贸易额	比重	贸易额	比重
进口商品额	13617	—	14974	—
1.工贸公司	1302	—	—	—
2.有经营权的企业	3341	—	—	—

名　称	1994 年		1995 年	
	贸易额	比重	贸易额	比重
3.三资企业进口	3719	—	—	—
4.易货贸易（含边贸）	—	—	—	—
5.专业公司	5255	—	—	—
构成	13617	100.00	14975	100.00
成套设备引进	1689	12.41	2362	15.77
汽车及摩托车	290	2.13	35	0.24
动力设备	239	1.76	460	3.07
矿山设备	118	0.87	209	1.40
冶压铸造设备	26	0.19	81	0.54
压缩机械	79	0.58	122	0.82
阀门	19	0.14	2	0.01
电工设备	67	0.49	28	0.19
机床工具	204	1.50	21	0.14
起重挖掘机械	79	0.58	—	—
化工机械及零件	—	—	139	0.93
轻工机械	96	0.71	1142	7.63
其他机械	26	0.19	125	0.84
电子计算机	178	1.31	97	0.65
电子仪器	210	1.54	90	0.60
光学仪器	45	0.33	—	—
物理化工仪器	35	0.26	15	0.10
其他仪器	13	0.10	7	0.05
钢材	309	2.27	50	0.33
有色金属	80	0.59	75	0.51
贵金属稀有金属	1	—	—	—

第三章　对外贸易及对港澳台地区贸易

续表

名　称	1994 年		1995 年	
	贸易额	比重	贸易额	比重
金属砂矿	3764	27.64	7985	53.32
石油及制品	233	1.71	103	0.69
化肥	1645	12.08	8	0.05
化工原料	5	—	715	4.77
西药	241	1.77	—	—
医疗器械	—	2.38	213	1.42
文体用品	324	—	—	—
杂品	4	—	—	—
玩具	4	—	—	—
纸张	74	0.54	18	0.12
电视机及音响设备	500	3.67	47	0.13
照相电影器材	15	0.11	—	—
抽纱原料	20	0.15	—	0.10
羊毛	31	0.23	443	2.96
其他工艺品用原料	4	—	141	0.94
合成纤维	78	0.57	24	0.16
动植物油籽	186	1.37	—	—
水海产品	14	0.10	—	—
木材	268	1.97	20	0.13
胶合板	732	5.38	20	0.13
建材	—	—	2	0.01
木草种子	3	—	2	0.01
其他种子、种苗	9	0.07	—	—
其他商品	—	—	159	10.6

2010年甘肃省进口主要商品统计表

表3-1-3 单位：吨、万美元、%

商 品	数 量	同比增幅	金 额	同比增幅
镍 锍	60431	100	71189	186
铜精矿	1122203	12	216758	69
镍矿砂	588884	29	58632	41
铁矿砂	4765083	37	62640	127
钴矿砂	12245	−46	5641	9
锰矿砂	60349	−38	1872	−16
锌矿砂	107232	−41	5569	−27
铬矿砂	12713	724	444	1010
燃料油	132140	516	6431	531
铜	54508	186	39292	306
钴湿法冶炼中间品	34991	103	24039	130
机电产品	—		14038	

2010年甘肃省进口额1000万美元以上商品统计表

表3-1-4 单位：万美元、%

金额分类	商品名称	进口金额	占进口总额比重
10000万美元以上	铜精矿	216758	38
	镍 锍	71189	13
	铁矿砂	62640	11
	镍矿砂	58632	10
	铜	39292	7
	钴湿法冶炼中间品	24039	4
1000万—1亿美元	燃料油	6431	1
	钴矿砂	5641	1
	锌矿砂	5569	1
	锰矿砂	1872	1
合 计		492063	87

2010 年甘肃省主要进口市场统计表

表3-1-5   单位：万美元、%

国别（地区）	进口金额	占进口总额比重
澳大利亚	121835	21
哈萨克斯坦	111846	20
智 利	109682	19
民主刚果	44067	8
蒙 古	27432	5
美 国	13731	2
西班牙	10850	2
俄罗斯	10524	2
毛里塔尼亚	10264	2
菲律宾	8319	1

1987 年—2000年甘肃省商检机构历年进口铜精矿检验统计表

表3-1-6   单位：吨、万美元

年份	批数	数量	金额
1987	2	2000	1200
1988	5	40063	2405
1989	3	24760	886
1990	1	5880	71
1991	5	38700	1330
1992	3	22480	1027
1993	6	20876	906
1994	3	6599	192
1995	9	23401	975
1996	26	75909	4006
1997	19	59975	2426
1998	22	65878	2116
1999	9	22040	640
2000	36	121541	4500
合计	159	547102	22680

表3-1-7　　1987年—2000年甘肃省进口机械设备（含配件）检验情况统计表

单位金额：万美元

年份项目	合计 批数	合计 金额	商品检验 批数	商品检验 金额	认可检验 批数	认可检验 金额	其他单位检验合格销案 批	其他单位检验合格销案 金额	国外理赔 批数	国外理赔 金额	索赔原因 品质 批数	品质 金额	数（重）量 批数	数（重）量 金额	残损 批数	残损 金额	其他 批数	其他 金额
1987	238	—	130	108.6	—	—	9	—	—	—	—	—	—	—	—	—	—	—
1988	64	3998	57	3996	—	—	7	2	23	13.5945	4	2.1955	15	4.1142	2	5.201	2	2.0838
1989	104	3683	100	3661	—	—	4	22	48	28.9864	9	7.5706	32	11.0594	5	9.9664	2	0.39
1990	123	3226	120	3217	—	—	3	9	44	77.9889	12	35.5461	30	21.8029	—	—	2	20.6399
1991	114	1926	96	1909	—	—	18	17	24	62.4577	15	31.8475	5	30.1102	2	0.4131	2	0.0869
1992	113	1889	113	1889	—	—	—	—	36	83.6535	33	75.9538	3	7.6997	—	—	—	—
1993	215	7439	215	7439	—	—	—	—	70	107.1228	48	80.2999	21	19.7729	1	7.05	—	—
1994	273	10668	269	10668	4	62	—	—	48	1248237	23	33.1688	15	65.5409	9	26.016	1	0.098
1995	217	6816	217	6816	—	—	—	—	52	121.6439	14	7.185	30	99.8478	8	14.6111	—	—
1996	349	19953	349	19953	—	—	—	—	63	140.9592	23	68.862	31	68.0393	9	4.0579	—	—
1997	366	16570	366	16570	—	—	—	—	102	135.3336	19	68.0096	78	64.5029	2	2.8211	3	—
1998	363	8760	363	8760	—	—	—	—	69	83.1562	21	39.05	42	39.2562	6	4.8464	—	—
1999	331	12767	331	12767	—	—	—	—	36	87.3448	6	62.4931	24	24.4637	2	0.388	4	—
2000	400	9141	400	9141	—	—	—	—	29	25.8342	—	—	26	24.2881	—	—	—	—

第三章　对外贸易及对港澳台地区贸易

257

第二节 出口贸易

1987 年之前，甘肃省外贸出口在实行部分自营向全面自营出口的体制转换中积极探索。随着外贸体制改革的深入推进，特别是2001年中国加入WTO 组织后，甘肃省外贸部门职能进而从以行政领导为主向以行业宏观协调服务为主转变，加快企业与国际市场接轨的步伐，出口规模不断扩大，推动对外贸易商品结构、经营结构、市场结构、管理方式等进一步优化。

甘肃省自1976年开始对港澳地区开展部分土特、医药产品自营出口，至1980 年底，出口商品除部分医药、土畜产品自营出口和执行政府贸易合同及援外合同外，本省出口创汇额较低。1980年出口创汇额为3927万美元，大部分外贸商品以收购调拨为主，主要调拨天津、上海、广州口岸出口。其中，甘肃省粮油和土畜产品出口创汇分别达到137万和186万美元，医药产品出口达到2894万美元，化工、五矿工矿产品出口分别为254万美元和413 万美元。出口商品品种数为41个，主要包括：中药材类，主要有当归、党参、甘草、红芪等；中成药类，主要有金匮肾气丸、六味地黄丸、香砂养胃丸、保和丸、归脾丸等；纺织品类，主要有甘肃羊毛地毯、呢绒、棉纱棉布等；工艺品类，主要有甘肃雕漆、洮砚、夜光杯、铜奔马、微雕刻葫芦、草编制品等；土畜产品类，主要有牦牛及黄牛活畜和冻品、冻兔肉、金针菜、兰州黑瓜子、甘肃发菜、苦杏仁、辣椒干、白瓜子、小茴香等；畜产品类，主要有滩羊皮、山羊绒、驼毛、甘肃土种绵羊毛、兔毛、皮褥子等；粮油果蔬类，具体有蚕豆、扁豆、豌豆芸豆、花牛苹果、兰州蜜瓜、蕨菜、大蒜、沙棘等；化工产品类，主要有成品油、橡胶与合成塑料、石蜡、合成冰晶粉、油墨、颜料化学助剂等；五金矿产产品类，主要有氯化稀土、钨砂、砩石、铝材、铝锭、铜材等。农副土特产品占到总出口量的80.2%，工业初级产品仅占19.8%。

到1988年，甘肃省进出口工作体系初步形成，全面自营出口促进对外贸易迅速发展。全省出口收购由全面自营出口前1980年的22594万元人民币，到1988年达到68603万元人民币，年均增长17%；出口创汇由1981年的

4336万美元（进口793万美元），到1988年达到15204万美元（进口1410万美元），年均增长17%。出口商品结构发生新的变化。到1988年底，全省出口商品达到14个大类306种，比1981年增加185种，工业品出口占到当年出口总额的73%,销往40多个国家和地区；形成了一批适销对路的骨干商品，创汇百万美元以上的出口商品达到36种。地毯、镍、硅铁、毛毯、呢绒服装、洗衣机、轴承、电视机等产品已成为工业品出口的骨干商品，其中发展最快、创汇率最高的地毯和元明粉1981年创汇额均为43万美元，1988年分别达到1612万美元和331万美元。

1980 年—1988年甘肃省出口商品结构变化情况统计表

表3-2-1 　　　　　　　　　　　　　　　　　收购额：万元　　出口额：万美元

| 年份 | 出口收购 | | | | | 出口创汇 | | | | |
| | 收购值 | 其中 | | | | 出口创汇值 | 其中 | | | |
		农副产品	占比%	工矿产品	占比%		农副产品	占比%	工矿产品	占比%
1980	22594	7979	35.3	14615	64.7	3927	3149	80.2	778	19.8
1981	32437	7033	21.7	25404	78.3	4336	2851	66.8	1485	33.2
1982	20903	6734	32.2	14169	67.8	4430	2469	55.7	1961	44.3
1983	18738	5886	31.4	12852	68.6	4611	2392	51.9	2219	48.1
1984	13706	4004	29.2	9702	70.8	4573	1588	34.7	2985	65.3
1985	25639	9015	35.2	16624	64.8	7098	2217	31.2	4881	68.8
1986	52972	22443	42.2	30529	57.6	10107	3554	35.2	6553	64.8
1987	54635	18044	33	36591	67	12660	3737	29.5	8923	74.5
1988	68603	25803	37.6	42800	62.4	15204	3827	25.2	11377	74.8
1989	84417	22217	26.3	62200	73.7	15338	3664	23.9	11674	76.1

　　1981 年开始，随着甘肃省"三资"企业（中外合资经营企业、中外合作经营企业和外商独资企业）的出现，"三资"企业开始有了少量出口。同时，外商来料加工、来样加工、来件装配、补偿贸易等贸易方式也开展

起来。"三资"企业中，甘肃省与香港地区合资设于深圳的兰海电子有限公司，自1985年投产以后，生产的收录机、组合音响等电子产品被评为深圳市收录机质量第一名，产品远销境外。甘肃省与香港合资设于甘肃静宁的甘肃兴飞地毯有限公司，1988年出口达165万美元。甘肃省1981年设立的第一家中外合作经营企业天水星火机床厂同法国H·艾尔诺—索米亚公司合作生产CHOLET（肖莱）550车床的项目，生产的车床1983年获甘肃省优质产品奖和国家经委优秀产品奖，1984年获机械部优质产品奖，1982年—1989年共出口116台、134.8万美元。1978年—1988年，甘肃省共签订补偿贸易合同10项。通过补偿贸易方式建设的兰州化学工业公司1万吨ABS树脂生产装置、404厂1.5万吨钛白粉、酒泉钢铁公司高炉设备，既解决了引进关键生产装置设备外汇短缺的不足，又通过以产品返销偿还债务开拓了境外市场。由于与沿海先行对外开放地区在优惠政策和投资环境等方面的差距，甘肃省"三资"企业发展及出口和外商来料加工、来件装配、补偿贸易等贸易方式的开展起步较晚，在以一般贸易和国营外贸企业为主体的对外贸易结构中所占比重也十分有限。

1988年—1993年，甘肃省一般贸易和省级外贸专业外贸公司（含兰州市外贸公司）出口占居全省进出口总值的主导位置。1993年，全省一般贸易出口25135万美元，占全省出口总值的88.7%；18家省级外贸专业外贸公司（含兰州市外贸公司）出口19821万美元，占全省进出口总值的70%。甘肃省中央工贸进出口公司出口4198万美元，占全省进出口总值的14.8%。18家有进出口经营权企业出口1574万美元，占全省进出口总值的5.5%。易货贸易和"三资"企业出口虽基数较低，但有明显增长。1993年，易货贸易出口达到1375万美元，同比增长69.13%；"三资"企业出口1837万美元,同比增长290%。技术贸易出口取得新突破。有合同金额284.5万美元的甘肃省化工进出口公司向印尼出口有机颜料生产技术及设备项目、合同金额3075万美元的甘肃省机械设备进出口公司与巴基斯坦签订的向巴出口4.5万吨碱厂生产技术及成套设备项目，成为当时全省规模最大的技术贸易出口项目。技术进口项目16项，合同总金额1566万美元。

1994年—2000年，甘肃省出口商品结构进一步优化，初级产品出口占全省年出口总值的比重由1990年的42.59%下降到1995年的24.53%，2000年下降到10.14%；同期工业制成品出口在全省年出口总值的比重由1990年的57.41%上升到1995年的75.47%，2000年上升到89.86%（引自《甘肃统计年鉴》—甘肃省对外贸易结构优化研究）。以有色五矿产品为首的原料性工业品出口自1994年开始跃居各大类出口商品首位。1994年全省硅铁、铝锭、锌精矿、电解镍等原料性工业品出口已达9195万美元。2000年年底甘肃省出口的主要大宗商品有：硅铁197.136吨，8606万美元；镍6441吨，5360万美元；锌锭56714吨，6476万美元；合成纤维5199吨，1132万美元；铝锭2955吨，473万美元；石墨电极6255吨，900万美元。这六种商品共计出口22947万美元，占全省当年出口总额的55%。机电产品出口有了新的进展，1994年占到全省出口总值的15%，1996年兰州电机厂向伊朗出口电机生产线成套设备及技术服务，合同金额2500万美元，为甘肃省当时最大的一项对外技术出口项目。出口市场以亚洲、欧美发达国家和地区为主，1999年甘肃省出口的十大国家（地区）依次为：日本（9583万美元）、美国（4165万美元）、南朝鲜（3341万美元）、台湾地区（2074万美元）、香港地区（1809万美元）、新加坡（1155万美元）、意大利（1237万美元）、英国（643万美元）、德国（576万美元）、澳大利亚（95万美元），甘肃省向日本、南朝鲜、台湾地区、香港地区、新加坡的出口占到全省出口总值的57%；向美国、意大利、英国、德国、澳大利亚五国的出口占到全省出口总值的20.8%。外贸出口经营主体出现明显变化。1993年，18家省市外贸公司出口占到全省总值的70%，至1999年，所占比例下降至46.16%；有进出口经营权生产企业1999年出口12065万美元，占当年全省进出口总值的38.06%。2000年，有进出口经营权生产企业当年出口20171万美元，占全省进出口总值比率上升到48.61%，开始领跑全省出口，而省市外贸公司当年出口16359万美元，占全省进出口总值下降到39.42%，甘肃省外贸出口的经营主体开始了向有进出口经营权生产企业为主的方向转换。

1990年—1995年甘肃省出口情况计表

表3-2-2 单位：万美元、%

名　称	1990 年		1994 年		1995 年	
	贸易额	所占比重	贸易额	所占比重	贸易额	所占比重
出口商品总额	18574	100.00	37343	100.00	38903	100.00
粮油	1200	6.46	1150	3.08	1444	3.71
食品	—	—	2176	5.83	1013	2.60
饲料	—	—	283	0.76	298	0.77
香调料及香料油	—	—	40	0.11	143	0.37
工业用原料	—	—	—	—	29	0.10
山货	—	—	—	—	11	—
畜产品	1708	9.20	3287	8.80	3460	8.90
木材	—	—	44	0.12	9	—
中药材	—	—	1398	3.74	1473	3.80
种子、种畜类	—	—	4	—	11	—
纺织纤维	—	—	1	—	4	—
纺织品	2074	11.17	3975	10.65	2712	7.00
丝织品	—	—	71	0.19	12	—
服装	500	2.69	1872	5.01	1817	4.70
抽纱	—	—	72	0.19	156	0.40
地毯	1550	8.34	1733	4.64	1223	3.14
轻工业品	542	2.92	2389	6.40	2115	5.44
陶瓷类	—	—	321	0.86	116	0.30
工艺品	306	1.65	285	0.76	1026	2.64
黑色金属	1208	6.50	3225	8.64	5302	13.63
有色金属	1502	8.09	7650	20.49	9134	23.48
非金属矿产品	795	4.28	574	1.54	88	0.22
煤炭	228	1.23	134	0.36	292	0.75

名　称	1990 年		1994 年		1995 年	
	贸易额	所占比重	贸易额	所占比重	贸易额	所占比重
石油类	569	3.06	197	0.53	105	0.27
化工大类	2085	11.22	3012	8.07	3323	8.56
橡胶及制品	—	—	378	1.01	266	0.68
医药	1501	8.08	766	2.05	538	1.38
运输工具	—	—	2	—	—	—
机械及设备	989	5.32	2190	5.86	2450	6.31
工农具	—	—	10	0.03	47	0.12
仪器仪表	302	1.63	84	0.23	227	0.58
其他没有分类的商品	1515	8.16	20	0.05	59	0.15

名　称	1991 年		1992 年		1993 年	
	贸易额	所占比重	贸易额	所占比重	贸易额	所占比重
出口商品总额	25284	100.00	35177	100.00	28364	100.00
粮油食品类	2721	10.76	4449	12.65	4060	14.31
土畜产品类	3273	12.95	5480	15.58	3429	12.09
纺织品类	—	—	8495	24.15	6884	24.27
轻工业品类	9252	36.59	2656	7.55	1772	6.25
工艺品类	906	3.58	462	1.31	224	0.79
五金矿产类	4488	17.75	7064	20.08	6598	23.26
化工类	2623	9.98	4456	12.67	2680	9.45
医药保健类	—	—	603	1.71	630	2.22
机械设备类	2121	9.39	1449	4.12	1754	6.18
原料加工缴费总值	—	—	63	0.18	333	1.18

备注：因 1991 年—1993 年甘肃统计年鉴出口商品类型统计口径变化,故分开列表。

1990 年—1995 年甘肃省主要商品出口量统计表

表3-2-3　　　　　　　　　　　　　　　　　　　　　　　　金额单位：万美元

商品名称	单位	1990 年		1991 年		1992 年	
		数量	金额	数量	金额	数量	金额
荞麦	吨	3834	—	1509	29	2759	57
蚕豆	吨	13344	—	20587	426	18489	434
豌豆	吨	6120	—	—	—	1937	32
芸豆	吨	2407	—	1688	59	2224	78
扁豆	吨	10238	—	10914	341	9572	273
葵花籽	吨	50	—	110	4	190	9
大麻籽	吨	561	—	388	12	680	15
活牛	吨	999	—	1072	37	354	12
冻兔肉	吨	126	—	251	53	228	62
苹果	吨	697	—	119	6	189	11
哈密瓜	吨	—	—	—	—	176	4
核桃仁	吨	270	—	327	81	474	114
苦杏仁	吨	759	—	525	61	345	45
黑瓜子	吨	446	—	5093	529	8096	826
大蒜	吨	—		—		300	15
腌咸菜	吨			2436	202	2206	202
咸蕨菜	吨	2953		2175	187	2169	196
辣椒干	吨	124	—	148	16	230	33
金针菜	吨	312		292	33	489	63
蜂蜜	吨	859	—	1114	92	386	24
甜菜粕	吨	22667	—	21335	259	18837	233
亚麻籽饼	吨	4078	—	13133	148	15389	175

商品名称	单位	1990 年		1991 年		1992 年	
		数量	金额	数量	金额	数量	金额
小茴香	吨	811	—	1141	66	1681	84
猪鬃	箱	3642	—	2364	71	3431	83
猪肠衣	桶	—	—	100	7	200	11
羊羔皮	张	—	—	126795	102	87143	45
皮褥子	条	1527	—	21181	30	31580	36
当归	吨	1180	—	1047	246	1450	531
棉布	万米	431	—	959	718	1029	632
地毯	万平方米	24	—	30	1843	40	2604
电风扇	台	17412	—	145319	194	122685	281
电冰箱	台	—	—	22430	206	8334	97
洗衣机	台	19179	—	23778	166	27235	178
彩色电视机	台	5605	—	3305	104	3307	67
黑白电视机	台	517	—	2202	11	7850	54
水泥	吨	6730	—	122202	509	61546	244
元明粉	吨	42286	—	48111	474	58714	578
冰晶粉	吨	972	—	903	69	4178	254
工业轴承	万套	87	—	531928	130	976379	128
煤	吨	64773	—	40409	142	33311	114

商品名称	单位	1993 年		1994 年		1995 年	
		数量	金额	数量	金额	数量	金额
荞麦	吨	2495	47	4493	63	720	20
蚕豆	吨	30468	467	13304	234	9329	194
豌豆	吨	2779	56	2850	59	1276	28
芸豆	吨	2293	78	1412	54	1912	72

第三章 对外贸易及对港澳台地区贸易

商品名称	单位	1993年		1994年		1995年	
		数量	金额	数量	金额	数量	金额
扁豆	吨	12345	288	18353	398	12123	276
葵花籽	吨	55	0.82	—	—	—	—
大麻籽	吨	1302	28	381	9	1879	81
活牛	吨	501	14	789	27	331	13
冻兔肉	吨	18	5.5	—	—	—	—
苹果	吨	90	1.4	—	—	21	1
哈密瓜	吨	—	—	—	—	—	—
核桃仁	吨	433	123	264	48	30	9
苦杏仁	吨	838	120	512	77	272	43
黑瓜子	吨	8118	689	12104	1166	3351	412
大蒜	吨	—	—	679	27	—	—
腌咸菜	吨	1970	205	652	109	—	—
咸蕨菜	吨	1729	180	614	105	219	17
辣椒干	吨	—	—	6	1	58	5
金针菜	吨	206	30	205	30	431	51
蜂蜜	吨	144	13	206	15	248	18
甜菜粕	吨	22786	253	15252	177	25103	298
亚麻籽饼	吨	14420	176	6066	82	14	0.20
小茴香	吨	1281	60	1061	36	2942	77
猪鬃	箱	2012	35	2895	52	631	18
猪肠衣	桶	845	36	1151	56	596	42
羊革皮	张	—	—	130397	156	23654	31
皮褥子	条	1010	1.6	24266	17	10264	19
当归	吨	608	193	806	163	1247	256

商品名称	单位	1993 年		1994 年		1995 年	
		数量	金额	数量	金额	数量	金额
棉布	万米	1127	571	1475	899	853	637
地毯	万平方米	47	1677	11	1733	34	1223
电风扇	台	55405	128	174948	608	55857	224
电冰箱	台	6298	63	5728	62	12231	136
洗衣机	台	10442	57	22928	146	17541	110
彩色电视机	台	26416	141	—	—	1804	15
黑白电视机	台	—	—	2268	8	1780	6
水泥	吨	—	—	—	—	—	—
元明粉	吨	19204	143	22019.20	160	30084	284
冰晶粉	吨	470	29	1691	42	1685	84
工业轴承	万套	109	138	143	206	1711515	249
煤	吨	40190	123	45858	134	88973	292

2001 年—2005年，加工贸易出口继续较快增长。2001年全省加工贸易出口1.2亿美元，比上年同期增长541%，占到全省出口总值的24%。兰州连城铝厂在连续几年没有进出口业绩的情况下，2001年通过开展加工贸易业务，实现进出口总额9548万美元（出口6762万美元、进口2786万美元），成为当年全省外贸出口第一大户。2003年，甘肃省加工贸易出口在连续两年大幅度增长的基础上（2001年增长541%，2002年增长73%），继续保持较好发展势头，加工贸易出口32604万美元，同比增长63%，占出口总值的比重由2002年的36%上升到37%。2004年，国家对资源性产品出口退税实行调低或取消政策，甘肃省年加工贸易出口23209万美元，同比下降29%。加工贸易出口下降的主要原因是由于国家对氧化铝进料加工复出口业务实行严格限制，铝出口出现大幅度的下滑，2004年全省出口铝16753万美元，同比下降43%。

原材料产品居出口主导地位，农产品、机电产品出口增长迅速。甘肃省对外贸易出口商品结构中，原材料产品出口总量和所占比例一直占有举足轻重的位置。2000年，全省原材料产品出口26376万美元，占当年全省出口总值的64%，2001年下降至53%，2002年增长至60%，2003年增长至62%，2004年增长至64%，2005年为58%，资源主导型结构特征明显。全省农产品出口由2001年的4297万美元，增长到2005年的15847万美元，增长4.7倍，占全省出口总值的比例由2001年的5%提高到2005年的14%。2001年甘肃省机电产品出口额为6057万美元，同比增长91.7%，占全省外贸出口总额的12.72%，比2000年提高了4.7个百分点，在甘肃省出口商品大类的总值排序中由2000年的第四位提高到了2001年的第二位。机电产品进口额为10011万美元，同比增长75.72%，占全省进口总额的33.09%。根据国家机电产品进出口办公室《关于2001年机电产品出口目标完成情况的通报》数据，甘肃省机电产品当年出口的增长幅度位居全国第一。2005年，机电产品出口1.40亿美元，同比增长67%，占全省出口总值的13%，主要有采油机械、滚动轴承、集成电路、石墨电极等。虽占比重变化不大，但出口总量仍较2000年的6057万美元翻了一番多。

农产品出口持续较快增长。甘肃省农业结构不断优化、主导产业不断聚集、区域特色优势不断显现，重点龙头企业不断壮大，在农业产业化水平不断提高的推动下，全省农产品出口由2001年的4297万美元，达到2005年的15847万美元，增长4.7倍。出口总额累计达43661万美元，年均增长36%。特色农产品出口有了较快发展，形成了以苹果汁、干酪素、瓜子、制种、肠衣、番茄酱、杂豆、苦杏仁等为主的出口格局。全省农产品出口品种达98个，其中甘肃通达和长城果汁出口的浓缩果汁达3511.2万美元，同比增长61.5%。出口规模在全国位居第四，仅次于陕西、山东和北京。多元化的农产品出口市场格局初步形成，2005年底甘肃省农产品已销往74个国家和地区，在对美国、德国、荷兰、俄罗斯、英国、法国、日本、台湾地区等传统市场的出口规模不断扩大的同时，还销往西班牙、波兰、香港地区、印尼、土耳其、马来西亚、泰国、斯洛文尼亚、墨西哥、菲律宾等新兴市场。龙头企业的出口规模不断扩大，2005年底全省有93家企业出口农产品，出口额在100万美元以上的企业有27家，在1000万美元以上的企业有5家。农产品出口拉动农村经济成效明显，对出口商品结构优化起到了积极作用，有效地促进了农民就业与增收和农业增效。大部分市州通过推进农产品出口基地和加工项目建设，使得农产品出口呈增长势头，基础条件较差的庆阳市，1999年农产品出口为198万美元，2005年突破了4000万美元，领跑全省各市州农产品出口。

促进农产品出口持续较快增长的主要因素为：全省农业和农村经济持续、稳定、健康发展，一批特色产业、特色农产品和龙头企业蓬勃发展，为发展农产品出口提供了良好的基础条件。全省农产品生产加工企业积极推广"公司+基地+农户"的经营模式，加强农产品出口基地建设，增加出口品种。实施农业标准化生产，建立质量监控体系，强化农产品质量管理，提高农产品出口竞争力。全省上下认真贯彻落实省委农村工作会议和省政府促进农产品出口工作会议精神，制定出台扩大农产品出口的政策措施，利用农业产业化专项资金支持优势农业基地建设和龙头企业项目建设。优化农产品检验检测服务，强化认证，抓源头质量，加强名、优、特产品的地理标志保护，加大检验检测科技投入以及国外技术贸易壁垒知识的宣传培训。金融部门加大对农产品加工出口的信贷扶持，财政、海关、国莒、外管等部门密切协调配合，为农产品出口企业营造良好的生产经营环境。得益于国家出台的一批有关扩大农产品出口的促进政策，主要有：2000年商务部、财政部建立的中小企业国际市场开拓资金，对中小企业特别是农产品出口企业参加境外展览，申办质量管理体系认证、环境管理体系认证、各类产品认证，开展国际市场宣传推介，建设企业网站，发布境外媒体广告，进行境外商标注册，考察新兴市场等各类开拓国际市场的活动予以70%或一定限额的事后报帐补助。2001年商务部、财政部建立的西部外贸发展促进资金，支持西部大开发，鼓励西部地区发展外向型经济，重点鼓励企业实施以质取胜、市场多元化、科技兴贸和走出去战略，优化出口商品结构，充分利用两种市场、两种资源开拓国际市场，建立扩大出口的融资促进体系，建立商务公共信息服务体系，培养商务人才，优先支持农产品出口企业。2004年，商务部与财政部、农业部等七部委联合制定的《扩大农产品出口的指导性意见》，重点就规划农产品出口发展目标，强化农产品品质安全管理，培育农产品出口品牌，扶持农产品出口重点企业，加快农产品行业组织建设，加强农产品出口促进工作，开拓农产品国际市场，支持农产品进口国市场认证，提供农产品出口信息，加大农产品信贷支持，确保农产品出口退税，支持农产品企业参保等提出了一揽子配套扶持政策。2005年，为提高出口农产品质量安全水平，增强国际竞争力，商务部建立了农轻纺产品贸易促进资金，重点支持农产品获得国际通行的产品和体系认证、有机认证，建立质量溯源体系，出口农产品行业标识、原产地标记注册的推广等活动。

根据加入世贸组织的承诺，中国在WTO框架下对外经贸体制实行了进一步改革，2003年以后国家出台了进出口宏观调控措施和外贸促进政策，其中部分政策对甘肃省外贸产生了重要影响，主要有：

出口税收政策调整影响。加入WTO之初，中国延续了1998年以后的提高出口退税率政策，累积了中央财政的负担，至2002年底，形成了财政对出口企业2477亿元的欠税。2004年1月1日实行新出口退税政策，依照"新账不欠，老账要还；完善机制，共同负担；推动改革，促进发展"的原则，实行了出口退税机制改革。为平衡贸易顺差，抑制"两高一资"产品出口过快增长的势头，在2004年对资源性产品出口退税调低或取消的基础上，2005年继续调低或取消资源性产品退税，取消了镍、铝、硅铁、稀土、碳化硅的出口退税，并将钢材出口退税率由13%调至11%，锌的出口退税率由11%调至8%，使原材料产品出口成本大幅上升。按2005年出口规模和结构测算，2005年出口退税政策调整使甘肃省主要资源性产品出口成本整体上升了约2.1亿元。

2005年甘肃省主要出口产品退税率调整情况统计表

表3-2-4

商品名称	2004年退税率(%)	2005年退税率(%)	2005年出口额(万美元)、占出口总值的比重(%)	退税调整增加成本(万元)
铝	8	0	15134(14)	7264
硅铁	8	0	12507(11)	8004
镍	8	0	11583(11)	2896
钢材	13	11	15705(14)	1185

商品名称	2004年退税率(%)	2005年退税率(%)	2005年出口额(万美元)、占出口总值的比重(%)	退税调整增加成本(万元)
锌	11	8	2191(2)	876
焦炭	5	0	1313(1)	196
稀土	5	0	947(1)	388
碳化硅	5	0	551(0.5)	220
合计	—	—	59931(55)	21029

2005年1月1日，国家对部分商品恢复或加征出口关税，涉及甘肃省的商品主要有铝、镍等产品。2005年6月1日起，又对硅铁征收5%的出口关税。按2005年的出口规模和结构及海关公布的税率，有关企业缴纳的出口关税增加约1.3亿元。

2005年甘肃省主要征收出口关税的出口商品情况统计表

表3-2-5

商品名称	2005年出口额(万美元)	关税税率%	按2005年规模应缴关税(万元)
镍	11583	2	1900
铝	15134	5	6205
硅铁	12507	5	5218
合计	39224	—	13323

汇率政策影响。1994年中国实行人民币汇率改革，实现了人民币汇率的单轨运行，有管理的浮动汇率成为人民币汇率形成机制的改革目标。2005年7月21日，中国人民银行正式宣布开始实行以市场供求为基础、参考一篮子货币进行调节、有管理的浮动汇率制度，逐渐形成更富弹性的汇率机制。由于汇率调整，按人民币升值2%和2005年全省出口10.91亿美元测算，甘肃省企业出口成本增加约1.85亿元。

贸易政策影响。2005年8月，国家商务部、海关总署发布公告，决定将氧化铝、镍矿砂及其精矿列入禁止加工贸易类商品目录。氧化铝、镍矿砂加工企业将不能享受加工贸易中来料加工"不征不退"，进料加工"进口保税"的政策。按2005年加工贸易出口9.5万吨铝规模计算，此项政策增加甘肃省铝出口企业约0.46亿元的出口成本。

以上各项累计，2005年甘肃省约65%的原材料出口产品受到国家取消出口退税、对部分商品恢复或加征出口关税、将氧化铝和镍矿砂等甘肃省主要加工贸易的商品列入禁止加工贸易类商品等宏观调控措施因素的影响，对全省2005年及"十一五"对外贸易增长形成新的压力。针对上述因素以及电价、运费上涨和人民币升值等因素的影响，省内各有关部门积极落实国家有关出口促进政策，加大对企业服务力度。省、市（州）协调联动落实国家出口退税新机制，2005年1至11月，全省实际退税5.9亿元，上年结转退税1.9亿元全部退清，全年退税达6.4亿元。各级商务部门积极引导和促进企业调整生产经营结构，将农产品、机电产品、高新技术产品列为重点扶持的出口商品。实施《甘肃省出口发展资金扶持计划》。2005年，金融部门为全省40多户企业提供了20多亿人民币的信贷支持，解决了企业资金短缺的问题。鼓励中小企业利用中小企业国际市场开拓资金，开拓国际市场、参与国际竞争，全年底拨付资金超过2000万元。与天津、新疆签订了口岸合作协议，促进了全省进出口货物的快速通关和转运。为进出口企业申请所需的出口配额、进口关税配额、进出口许可证等。帮助企业协调解决铁路运输车皮，有效缓解了出口货物的外运困难。改革商务管理体制，将3000万美元以下不需要国家、省上实行综合平衡的非限制类外商投资项目的合同、章程下放由各市、州商务主管部门审批；企业进出口经营资格由各市、州商务主管部门受理；进出口目标改为属地统计考核，不再对企业下达具体的出口目标。

表3-2-6

1997年—2000年甘肃省外贸出口情况统计表

单位：万美元、%

项目＼年份	1997年			1998年			1999年		
	出口总额	占出口比重	增长率	出口总额	占出口比重	增长率	出口总额	占出口比重	增长率
合计	40669	100	3.97	41549	100	2.16	31699	100	-23.71
其中:自营生产企业	16378	40.27	5.47	16631	40.03	1.55	12065	38.06	-27.45
部委企业	4906	12.06	1.11	4446	10.70	-9.38	2468	7.79	-44.49
三资企业	4160	10.23	28.4	4600	11.07	10.58	2533	7.99	-44.93
省市外贸公司	15225	37.44	-1.75	15872	38.20	4.25	14633	46.16	-7.81

项目＼年份	2000年			2001年			2002年		
	出口总额	占出口比重	增长	出口总额	占出口比重	增长率	出口总额	占出口比重	增长
合计	41495	100	30.9	47630	100	14.78	54893	100	15.40
其中:自营生产企业	20171	48.61	67.19	26093	54.78	29.36	31840	58.01	22.03
部委企业	1485	3.58	-39.83	1182	2.48	-20.40	1460	2.65	23.52
三资企业	3481	8.39	37.43	4283	8.99	23.04	8366	15.24	95.3
省市外贸公司	16359	39.42	11.80	16072	33.74	-1.75	13227	24.10	-17.7

273

甘肃省志 商务志

2001年—2005年甘肃省出口商品构成统计表

表3-2-7

单位：万美元、%

内容 \ 年份	2001年		2002年		2003年		2004年		2005年	
出口总额	47630		54893		87758		99634		109099	
原材料产品（占%）	25175	53%	32754	60%	54447	62%	64056	64%	62924	58%
其中:铝	8215	17%	17456	32%	29338	33%	16753	17%	15134	14%
硅铁	7609	16%	6937	13%	10697	12%	16198	16%	12507	11%
镍	2989	6%	1911	4%	6679	8%	10327	10%	11583	11%
钢材	8	—	—	—	2599	3%	10210	10%	15705	14%
锌	3509	7%	4697	9%	2078	2%	3305	3%	2191	2%
稀土	1224	3%	834	2%	766	1%	900	1%	947	1%
农产品	4297	9%	5436	10%	6962	8%	11119	11%	15847	14%
机电产品	6057	13%	3613	7%	7123	8%	8350	8%	13957	13%
纺织服装	4792	10%	5265	10%	8913	10%	6092	6%	5309	5%

2002 年甘肃省出口额前20位的国家和地区统计表

表3-2-8   单位：万美元、%

序号	国家和地区	出口额	增长	比重
1	新加坡	12274	24.5	22.4
2	日本	9339	−13.6	17
3	韩国	7373	67.8	13.4
4	香港地区	4674	203.3	8.5
5	美国	3354	−7.8	6.1
6	台湾地区	2180	80.5	4
7	德国	1895	50.5	3.5
8	意大利	1572	−25.1	2.9
9	荷兰	1349	−19.1	2.5
10	英国	770	−35.7	1.4
11	比利时	648	66.2	1.2
12	泰国	627	71.3	1.1
13	俄罗斯联邦	413	230.4	0.8
14	印度尼西亚	378	8.3	0.7
15	加拿大	367	18.4	0.7
16	巴基斯坦	304	−22.7	0.6
17	巴西	302	−35.5	0.6
18	瑞士	282	944.4	0.5
19	马来西亚	262	−20.1	0.5
20	智利	242	66.9	0.4

2002年甘肃省出口额超过500万美元企业统计表

表3-2-9 单位：万美元

序号	企业名称	出口额
1	兰州连城铝厂	12433
2	白银有色金属公司	4746
3	甘肃省五金矿产进出口公司	4078
4	金川有色金属公司	2132
5	兰州铝业股份有限公司	1975
6	西北铁合金厂	1892
7	甘肃省化工进出口工司	1805
8	甘肃省纺织品进出口公司	1799
9	甘肃省进出口贸易集团公司	1574
10	甘肃省华兴铝业有限公司	1557
11	甘肃省轻工业品进出口公司	1365
12	兰州维尼纶集团有限公司	1252
13	兰州碳素有限公司	874
14	甘肃稀土公司	834
15	甘肃万轩铝业有限公司	768
16	甘肃北斗炉料磨料有限公司	765
17	甘肃省有色兰澳工贸公司	725
18	甘肃庆发绿色食品有限公司	709
19	甘肃省粮油食品进出口公司	690
20	甘肃通达果汁有限公司	677
21	天水海林轴承厂	607
22	甘肃省医药保健品进出口公司	588
23	甘肃新陇铁合金有限公司	552
24	兰州三毛纺织集团股份公司	548

2005 年兰州海关出口主要数量和金额统计表

表3-2-10

品　名	2005 年	
	数量	金额
盐渍绵羊肠衣（吨）	198	689
蕨菜干（吨）	9	5
干扁豆（吨）	8010	260
干蚕豆（吨）	5662	243
荞麦（吨）	1731	45
花生仁（吨）	18	1
当归（吨）	95	21
黄芪（吨）	55	12
苦杏仁（吨）	1701	203
黑瓜子（吨）	2351	347
番茄酱罐头（吨）	9289	432
其他硅（吨）	367	34
硫化钠（吨）	4803	109
氧化铈（吨）	260	46
已梳其他山羊绒（吨）	26	76
已梳无毛山羊绒（吨）	20	117
压缩式家用冷藏箱（台）	924	7
交流发电机（台）	10	1
其他车床（台）	397	33
棉制男裤（条）	48418	15
棉制男衬衫（件）	44608	15
滚珠轴承（万套）	1336	630

第三章　对外贸易及对港澳台地区贸易

2010 年甘肃省出口主要商品统计表

表3-2-11　　　　　　　　　　　　　　　　　　　　单位：吨、%、万美元

商品	数量	同比增幅	金额	同比增幅
钢材	38656	−12	4220	83
硅铁	57467	70	7806	109
集成电路	1476606	157	4335	217
合成纤维	3520	−1	1007	−8
碳化硅	13713	121	1494	205
杂豆	44745	5	1940	40
自推进的石油及天然气钻机	—	—	2187	20
钴及其制品	—	—	8824	8
蔬菜种子	1249	持平	2353	15
轴承	35038	36	3881	74
干酪素	3241	211	1778	253
鲜苹果	21329	−10	1833	9
柠檬酸	24795	20	2084	46
葵花子	2842	−11	533	8
肠衣	210	38	1133	73
干洋葱	3643	20	810	23
苹果汁	47604	−2	4478	20
番茄酱	43350	24	2669	−17

2010年甘肃省出口额1000万美元以上商品统计表

表3-2-12   单位：万美元、%

金额分类	商品名称	出口金额	占出口总额比重
2000万—10000万美元	镍	11186	7
	钴及其制品	8824	5
	硅铁	7806	5
	苹果汁	4478	3
	集成电路	4335	3
	钢材	4220	3
	轴承	3881	2
	番茄酱	2669	2
	石油及天然气钻机	2187	1
1000万—2000万美元	柠檬酸	2084	1
	鲜苹果	1833	1
	干酪素	1778	1
	碳化硅	1494	1
	肠衣	1133	1
合计	—	57908	35

2010年甘肃省主要出口市场情况统计表

表3-2-13   单位：万美元、%

国家和地区	出口金额	占出口总额比重
美国	25103	15
韩国	17549	11
日本	9763	6
香港地区	7863	5
德国	5940	4
印度	5446	3
伊朗	4597	3
荷兰	3944	2
泰国	3657	2
合计	87610	—

第三节　外贸体制改革

一、自营进出口

自1981年开始，甘肃省进入全面自营出口发展阶段。1985年起，外经贸部不再编制下达指令性的出口货源收购和调拨计划，国家承担进出口计划任务的主体由原来部属外贸专业总公司按"条条"系统承担，转变为由部属外贸专业总公司和各省、市、自治区对外经济贸易部门共同承担。凡取得外贸经营权的企业，均可承担出口计划任务。1986年，甘肃省政府对外经济贸易部门开始承担起全省出口计划任务的组织实施，并对开展自营进出口工作进行了积极的探索。随着国家一系列鼓励出口政策措施的出台和外贸体制改革的不断深入，调动了全省扩大出口创汇的积极性和主动性，甘肃省对外贸易工作有了较快发展。

1985年，根据"政企分开、实行代理、工贸结合"的外贸体制改革精神，甘肃省对外贸易局内设政企合一的进出口处、土畜产处和包装运输处，实行政企分开，退出行政序列。省级外贸专业公司按商品经营分工，先后从原有三家外贸专业公司中，按进出口业务分类划出、新分设了一批省级外贸专业公司。1984年11月，从中国土畜产进出口公司甘肃分公司中划出粮油食品、医药保健业务，于1985年3月新设立了中国粮油食品进出口公司甘肃分公司和中国医药保健品进出口公司甘肃分公司。1986年又将地毯业务划出，设立了中国土畜产进出口公司甘肃地毯分公司。1984年12月，甘肃省进出口公司改设为甘肃省进出口贸易公司（地方性外贸企业）。1985年，原甘肃省进出口公司撤销，其纺织、化工、五矿业务分设为中国纺织品进出口公司甘肃分公司、中国化工进出口公司甘肃分公司和中国五金矿产进出口公司甘肃分公司。1988年，将甘肃对外贸易包装运输公司分设为中国包装进出口公司甘肃分公司和中国对外贸易运输进出口公司甘肃分公司（与中央财务挂钩的省级外贸专业公司）。1986年12月，新设立了中国出口商品基地建设公司甘肃分公司。以上外贸企业业务和财务均与外经贸部有关总公司挂钩。甘肃省工业部门在与外贸部门实行工贸联营、技贸结合的基础上相继设立了中国有色金属进出口公司甘肃分公司、中国冶金进出口公司甘肃分公司、中国电子进出口公司甘肃分公司、中国机械设备进出口公司甘肃分公司、中国石化国际实业公司兰炼、兰化分公司等一批工贸进出口公司。西北铁合金厂、长风机器厂、兰州一毛厂、兰石厂、省乡镇企业局等单位被赋予了外贸经营权。甘肃省出口企业由部分自营出口时期的3家省级外贸专业公司，发展为包括省级外贸专业公司、工贸进出口公司和有外贸经营权企业组成的20多户出口创汇队伍。

1986年前后，各地州市相继成立了地区级的对外经济贸易委员会，负责本地区外经贸管理。根据甘肃省政府办公厅1986年29号文件有关规定，地（州市）外经贸机构的设置、主要领导人选，由省外经贸委同各行署（州市）人民政府协商确定，实行双重领导。地州市对外经济贸易委员会下设经理部（支公司），办理外贸出口商品收购、供货业务。经理部（支公司）的人员编制、费用、业务活动归属省属各外贸公司管理。至1988年年底，地州市外贸支公司已发展到41家。外贸机构还向下延伸，至1987年，甘肃省有12个县设立了由各地州市对外经济贸易委员会主管的县一级外贸公司。

实行全面自营出口以后，国家和省上扶持外贸出口的政策措施力度进一步加大，主要扶持政策包括：（1）技术改造专项贷款（简称"技改贷款"）。技改贷款为国家扶持出口工矿产品、农副产品加工品以及为出口服务的配套产品的专项贷款，主要用于优先安排出口专厂、专矿、基地或重点供应出口和出口比重较大的企业，以及外贸自属生产加工企业的技术改造项目。甘肃省外经贸系统主要通过两条渠道使用这项资金：一是通过外经贸部申请外贸自属生产加工企业技术改造项目资金；二是纳入本省年度技术改造计划执行，由地方有关金融机构筹措资金，支持各外贸专业公司开展横向联合，走工贸、农贸、技贸结合的道路，通过投资人股、联营、扶持等多种方式参与并指导生产。（2）出口商品生产基地建设外汇（简称"基地外汇"）。基地外汇为国家扶持出口基地和专厂（专矿、专车间）的专项外汇资金。（3）生产扶持费。1986年—1989年，甘肃共使用生产扶持费900.65万元，所扶持的商品主要有：元明粉、糠醛、氧化锌、地毯、扁豆、肉兔、花牛苹果、白兰瓜、铁合金、精锑、碐石、党归、红芪、文党、半夏、岷贝、黑瓜子、党参等，其中：1986年使用688.65万元，1987年使用180万元，1988年和1989年使用32万元。

1986年9月27日，甘肃省政府批转了甘肃省对外经济贸易委员会《关于鼓励扩大出口创汇的几项优惠政策的报告》。1987年4月22日，甘肃省对外经济贸易委员会和甘肃省财政厅制定下发《甘肃省超计划出口奖励实施办法》，对外贸经营企业和出口生产企业按出口实绩或出口收购额，给予一定的奖励基金，用于职工的奖励和福利事业，从而把企业经营状况与本企业职工的经济利益联系在一起。国家和甘肃省还利用税收、信贷方面的经济杠杆，鼓励产品出口，如对出口产品实行退产品税（或增值税）、营业税，对出口生产企业逐步降低或取消调节税，为外贸企业和生产部门提供低息优惠信贷，部分企业实行工资总额同出口收汇额挂钩的办法等。在价格体系方面，除少数关系国计民生的大宗进口商品外，原则上对进口商品一律实行代理作价。在出口商品的收购上，实行按质论价、优质优价以及随行就市等价格政策，以鼓励出口。在汇率方面，逐步减轻和消除人民币汇价高估造成的反出口偏向，以达到奖出限入的政策目的。在已出台的支持外贸企业扩大出口政策及上述各项扶持生产措施中，以出口工业品生产专项贷款、扶持出口商品生产周转资金、技改贷款的使用效果较好。1989年和1985年相比，出口创汇由7098万美元增加到15338万美元，增长116%；年创汇额达100万美元以上的商品由19种增加到30多种。

在甘肃全面自营出口的新体制下，地方政府和外贸部门在出口商品生产基地建设方面投入了更多精力，并从20世纪80年代中期开始取得了明显进展。1986年10月，甘肃省外经贸厅增设了专管出口商品生产基地建设的职能处室基地开发处，1986年12月，经外经贸部批准，新设立了中国出口商品基地建设公司甘肃分公司（与基地开发处合署办公），积极参与、扶持出口商品生产，发展横向经济联合，开展工贸、农贸、技贸相结合的出口商品生产基地建设。1987年1月，甘肃省对外经济贸易委员会根据中央有关规定，拟定《关于建立甘肃省出口商品生产体系的试行办法》，并报经甘肃省政府同意后印发全省贯彻执行。1989年1月，甘肃省外经贸委又印发《甘肃省1988年—1992年出口商品生产基地建设规划》，该规划的出台实施，使甘肃出口商品生产基地建设步入一个新的阶段。1986年下半年至1988年底，甘肃外经贸系统参与建设出口生产企业134项，资金7989.6万元。其中入股联营、合资、独资办厂25项，投资4718.8万元，不仅加速了本省的工农业生产，而且增强了出口创汇的后劲。

1985 年—1986年甘肃省进出口商品总额统计表

表3-3-1   单位:万美元、%

	1986 年		1985 年	
	金额	比重	金额	比重
进口总额	3541	100.00	2906	—
其中:土畜产品类	—	—	15	0.52
轻工业品	12	0.33	225	7.74
五金矿产类	407	11.49	571	19.65
化工类	29	0.82	83	2.86
机械类	53	1.50	226	7.78
机械设备类	2689	75.94	1145	39.40
仪器类	139	3.93	382	13.15
医药类	76	2.15	192	6.60
纺织类	136	3.84	67	2.30
出口总额	10107	100.00	7098	—
其中:粮食食品类	1305	12.91	826	11.64
土畜产品类	1222	12.09	1664	23.44
轻工业品	90	0.89	47	0.66
工艺品类	40	0.40	8	0.11
五金矿产类	1211	11.98	801	11.28
化工类	1308	12.94	1101	15.51
机械类	114	1.13	106	1.49
机械设备类	171	1.69	102	1.44

1985 年—1986 年甘肃省农产品出口数量统计表

表3-3-2

	单位	1986 年	1985 年	同比增幅（±）%
白兰瓜	吨	469	714	-34
苹果	吨	648	417	55
金针菜	吨	326	224	46
活牛	头	937	801	17
发菜	吨	8	11	-27
辣椒干	吨	1011	—	—
黑瓜子	吨	838	299	180
当归	吨	606	939	-35
党参	吨	214	329	-35
大黄	吨	164	171	-6
山羊毛	吨	37	215	-83
地毯	米	119748	112336	7

甘肃省全面自营出口后，广泛开展各种形式的出口促销活动，扩大与国际市场的联系渠道，主要增设驻外办事机构、窗口，参加广交会等。

（1）增设驻省外办事机构。甘肃省在国内重要口岸和城市先后设立的办事机构主要有：1981年1月设立甘肃外贸局驻广州办事处，主要进行甘肃省对外经济贸易业务的疏通、联络及春秋两届广交会参会人员的接待工作。1981年1月1日成立的甘肃省外贸局驻天津办事处，业务范围是接受省内外贸专业公司委托，承办甘肃省进出口商品对外谈判，承办甘肃经济技术引进、合资经营、补偿贸易、来料加工、以进养出等业务联系，提供经济信息，介绍客户和商务咨询服务；办理甘肃省经天津口岸的进出口商品物资接运、中转、报关、组织出运结汇等工作。1987年底在深圳设立甘肃深圳外贸代理总公司，主要开展全省纺织、轻工、工艺、土畜产、医药保健、粮油食品、化工、五金矿产、有色金属等出口业务；兼营内贸商品的批发零售；出口转内销及市场物资的调剂；在深圳开办各种合资、独资、合作联营及出口商品加工等企业，成为既搞贸易，又办企业的经济实体。1989年将原甘肃省对外经济贸易委员会西安站改为甘肃省对外经济贸易委员会驻西安办事处，主要解决甘肃省农副产品购销和部分地区外贸出口物资的仓储中转。在进出口业务比较集中的天津、广州、深圳和西安建立的工作机构，为全省进出口业务的扩大提供了方便条件。

（2）开设境外贸易窗口。1985年起，甘肃省对外经济贸易委员会为拓展与境外的经济贸易联系，陆续在境外设立了一批以贸易为主的经贸窗口机构。主要有：香港陇港有限公司，于1987年12月开业，隶属甘肃省对外经济贸易委员会领导，系中方独资公司，是甘肃省在香港地区的窗口公司和省政府在港的联络机构。主要业务为承担甘肃省招商引资和代理本省进出口业务。截至1988年底总营业额为3000万美元。日本陇江兴业株式会社，是由中国甘肃国际经济技术合作公司与日本雪江堂株式会社合资举办的企业，1986年6月开业，合资年限为10年，注册资本和实际投资总额均为5000万日元（约30.3万美元），中方、日方各投资2500万日元（约15.15万美元）。主要业务范围是开展多种形式的经济技术合作和咨询服务；经营对外承包工程和劳务合作等业务，主营商品有纺织、化工、土畜、地毯、医药、粮油、有色、五矿产品等。截至1988年底累计总营业额为540万美元。美国陇山有限公司，于1986年底在美国加利福尼亚州旧金山市设立，由甘肃省土畜产进出口公司、甘肃省纺织品进出口公司、甘肃省化工进出口公司、甘肃省建材化轻公司联合集资一次性投入组建，1987年7月开业，隶属甘肃省对外经济贸易委员会领导。该公司性质为有限责任公司，系甘肃省独资企业，主要业务范围是：开展市场行情调研，交流信息，提供有偿咨询服务，承办引进技术、资金、设备和进行贸易联络，负责办理甘肃省内化工、轻工、纺织、土畜产和地方产品的宣传、展销等业务，截至1988年底累计总营业额为120万美元。联邦德国陇汉有限公司，设立在联邦德国汉堡市，于1988年10月开业，是甘肃省外经贸委为扩大地毯对西欧的出口，由中国土畜产进出口总公司甘肃省地毯分公司独资组建的，隶属甘肃省对外经济贸易委员会。主营商品是各类地毯、羊毛辅料及土畜、轻工、五矿、化工、粮油产品等，截至1988年底累计总营业额为5000万美元。

（3）在境内外举办对外经贸展会。1983年9月3日—18日，甘肃省在香港华润大厦展览中心举办的"甘肃出口商品展览会",是甘肃开始全面自营出口后首次在境外举办的大型出口商品展览会。共展出粮油食品、土畜产品、纺织、轻工、工艺、五金矿产、化工、机械和机械设备等9大类商品545种,2000余件。进出口商品成交总额为2153万美元,其中出口商品成交1914万美元,进口和技术引进共完成239万美元,以甘肃省副省长侯宗宾为团长的甘肃省政府代表团出席了展览会开幕式及有关活动。1985年7月29日—8月7日,甘肃省政府在兰州首次举办"甘肃省对外经济技术合作贸易洽谈会"。洽谈会共完成商品进出口成交额5355万美元,其中,出口成交2557万美元,进口成交2798万美元。

(4)参加广交会。全面自营出口以后,随着有外贸经营权的企业不断增加,甘肃每年参加"广交会"的人数由最初的一二十人迅速发展到百人左右,成交额也出现了成倍增长的好势头。参加单位和人员由1980年"秋交会"的中国土畜产进出口总公司甘肃分公司和甘肃省进出口公司两家外贸企业29人,增加到1987年"秋交会"的3个外贸、工贸公司117名会内外代表参加;总成交额由2191万美元增加到5866.99万美元。

(5)出国推销和邀请外商来甘肃考察。1981年—1989年期间,省内共计有160多批700多人次出国推销考察,接待了主要来自欧美日发达国家,东南亚、阿拉伯国家,港澳地区共912批、1985人次来省考察洽谈,使全省对外销售市场和贸易渠道不断得到巩固和扩大。

二、承包经营制

自1988年开始,中国外贸管理体制进入重大政策调整期。1988年—1990年,实行了外贸承包经营责任制(又称第一轮承包经营制);1991年—1993年开始了新一轮的外贸承包经营责任制(又称第二轮承包经营制),甘肃省政府开始对本地区出口担负起领导责任。

1.第一轮承包经营责任制改革(1988年—1990年)。国家外贸承包经营责任制自1987年起开始试行,由国家各外贸专业总公司向外经贸部承包,各省分公司向总公司承包。为进一步加快对外贸易发展,调动地方出口创汇的积极性,强化外贸企业经济核算,理顺中央财政与地方财政对外贸出口的财政负担,国务院决定在试行的基础上全面推行承包经营责任制。

1988年下发《关于加快和深化对外贸易体制改革若干问题的规定》，自1988年1月1日起，全面推行对外贸易承包经营责任制。改革的方向是建立自负盈亏，放开经营、工贸结合和推行代理制的外贸体制。通过完善以汇率、税收等为主要杠杆的经济调解体系，推动外贸企业实现自负盈亏。这一改革，改变了外贸出口完全由中央财政统负盈亏的财务体制，由统负盈亏改为全面承包经营；同时，改变了以国家各专业外贸总公司为主承担出口任务、地方分公司配合的模式，建立了以各省市自治区及计划单列市与国家外贸、工贸公司共同承包经营的模式。地方政府开始对本地区出口担负起领导责任。在配套的外汇管理体制改革中，取消了对用汇指标的控制，允许地方、部门和企业对1986年以后的留成外汇按有关规定自主使用等政策，有利于外贸企业自负盈亏，也调动了地方政府扩大出口、增加地方外汇用于建设的积极性。

根据国务院要求，甘肃省政府向中央承包的外贸出口三项指标分别为：出口收汇基数为8545万美元，上缴中央收汇额度基数为5787万美元，出口收汇基数内人民币补贴基数为8820万元人民币。甘肃省外经贸委统一向省政府承包各项基数，并分解承包给各外贸企业。1988年由外经贸部属总公司下放到甘肃地方的外贸专业公司有：土畜产、粮油食品、医药保健、地毯、化工、五矿、轻工、工艺、纺织、机械设备等。另加原属甘肃省管理的甘肃省进出口贸易公司和兰州进出口公司，甘肃省所属外贸专业公司达到了12家，这些外贸企业由当时的甘肃省对外经济贸易委员会统一管理，财务与地方财政挂钩。包装、外运、基地三家外贸企业公司虽未与总公司脱钩，财物仍与总公司挂钩，但均实行承包经营责任制。与中央财政脱钩的企业还有有色、冶金、电子、兰炼、兰化5家工贸进出口公司；西北铁合金厂、长风机器厂、兰州一毛厂、兰石厂、乡镇企业局、甘肃省国际经济技术合作公司等有外贸经营权企业，财务隶属于所属企业，与省财政挂钩，业务上接受省外经贸委领导。地县外贸企业，其财务隶属关系不变，仍旧分条与各省级外贸公司挂钩，但均实行承包经营责任制，实现的利润采取倒二八分成办法。其调拨、内贸、调剂外汇及其他收入一律纳入基本业务范围统一核算，由各地州市外经贸委监督管理。1988年实行承包经营责任制和财务脱钩，中央总公司与在地方分支公司亏损分摊下划到甘肃省的各种超潜亏损账共计3.8亿元，其中超亏1.197亿元（超外经贸部计划出口形成的亏损为超亏），潜亏2.61亿元（处理库存将要产生的亏损为潜在亏损）。由此甘肃省级外贸专业公司每年增加支付银行利息2000万元—3000万元。由于多种主客观原因，积累的亏损没有得到及时消化，致使本息相加越滚越大，换汇成本居高不下，历史超亏挂账成为长期影响甘肃省级外贸专业公司发展的突出问题。

从1988年开始实行的第一轮外贸承包经营责任制，调动了地方和企业的积极性，但由于当时国内物价上涨、银行贷款利率提高，企业资金周转困难，地方外贸企业与国家外贸总公司脱钩后缺乏经营管理经验，使得许多商品出口换汇成本大幅度上升，外贸亏损大量增加，对甘肃省外贸出口增长造成冲击。对此，在执行1988年3月国务院政策的基础上，甘肃省于当年5月制定下发了《关于深化外贸体制改革、鼓励扩大出口收汇的若干规定》，其中共有10条鼓励出口的政策措施。主要包括：（1）甘肃省政府向国家承包的出口收汇、上缴中央外汇和出口收汇基数内的人民币补贴三项指标，由省外经贸委统一承包，并分解包给省属各外贸企业，承包基数从1988年起，一定三年不变，实行"亏损包干、超亏不补、减亏全留、多减多奖"的办法。全省出口供货总值和主要商品，作为指令性计划，由省计委直接下达到各地、州、市、省级各有关部门和有关供货企业。各地、州、市、省级各有关部门和有关供货企业必须保证完成，否则要承担经济责任。（2）承包基数内的留成外汇，在扣除留给外贸企业1%的出口商品经营费和收汇一美元奖励一美分后，按下述比例分配：60%留给出口商品生产企业或供货单位；10%留给省级主管部门或地、州、市；30%留省集中使用。超基数"倒二八"的留成外汇，是补偿出口成本的重要手段，实行"谁补亏，谁使用"的原则，由企业自主决定，但优先在省内调剂使用。国家外汇管理局甘肃分局应尽快在兰州建立外汇调剂中心。（3）外贸企业中的服装、轻工、工艺三个自负盈亏试点行业所得的留成外汇，由企业自主使用；留省的部分，一美元额度要补亏一元人民币，谁用汇，谁补亏。（4）为增强外贸企业活力，引入竞争机制，对三类出口商品由经过批准的有外贸经营权的各类外贸企业放开经营。允许各外贸企业（包括地、州、市外贸企业）采取各种灵活多样的形式，发展工（农、技）贸结合、进出结合、内外结合、直接投资、参股、合资兴办境内外企业、开展"三来一补"、以进养出、以出顶进、代理进口、易货贸易、国内贸易等经营活动，各项经营收入用于出口补亏后的减亏或增盈部分，除省、地外经贸委分别集中20%作为后备基金外，其余全部留给企业，用做企业后备基金、福利基金、奖励基金和流动基金。具体比例由省财政厅会同省外经贸委另定。对全面超额完成承包指标的外贸企业，执行省委、省人民政府《关于搞活流通，增强商业企业活力的若干规定》（甘发〔1987〕11号）的有关规定。 （5）为不断扩大以进养出，1988年除省上已安排的200万美元外，再增拨200万美元，各外贸企业自筹400万美元，作为地方以进养出周转基金，建立专户，由省外经贸委负责安排。 （6）对外贸承包基数内和超基数出口所需的收购资金，中国银行要优先提供，省外经贸委商中国银行贷款1000万元，省财政厅贴息六个月作为外贸出口结算的垫底资金。税务部门要指定专门机构，专人负责出口商品的退税工作，做到按月清退。外贸部门要如实提供有关资料。对外贸企业的基本建设投资、简易建筑费、更新改造基金和基建、扶持基地建设的物资供应，要纳入计划。对承包基数内的中央补贴，省财政部门要及时划拨。 （7）设立鼓励扩大出口专项奖金。 （8）在确保完成承包出口、供货计划的前提下，要放开经营，搞活外贸出口。积极推进出口代理制，各地区、部门、生产企业在确保完成承包出口供货任务的前提下，自找货源，自负盈亏，委托外贸企业代理出口。不断发展联营出口，在自愿互利的原则下，各供货单位与外贸企业组织联营出口，共负盈亏，共担风险。大力推广挂户经营，对具备一定对外经营能力的供货企业，经有关外贸企业授权，省外经贸委批准，按照自找货源、自找客户、自行签约、自负盈亏、自担风险的原则，广泛开展挂户经营。有计划地扩大外贸经营权，对符合国家规定条件，具备独立对外经营能力的地区、部门所属的企业、企业集团和其他经济实体，按程序申报批准，给予外贸经营权。在放开搞活外贸出口中，对乡镇企业要提供各种方便，与全民所有制企业一样对待。 （9）省外经贸委会同省计委制订发展出口商品基地建设规划，组织实施。对出口商品生产企业每年所需的技改贷款规模优先安排，由省信托投资公司每年安排出口企业技改贷款500万元。为扶持基地建设，由省财政厅借款500万元，年初借年底还。对批准的出口商品基地、专厂（矿）、专车间，给予以下优惠政策：一是基地、专厂从建成起，经批准，其出口部分三年内免征所得税。基地、专厂免税部分、折旧基金和新增利润，经同级财政部门审批后优先用于归还贷款。二是基地、专厂的留利水平，与考核指标挂钩。对完成任务好的，其留利水平可在原核定留利额的基础上提高5%—10%，具体比例由同级财政、外经贸部门核定。（10）全省各类经营进出口业务的企业，由省外经贸委统一归口管理。进一步加强进出口商品许可证和配额管理，加强业务指导，坚持统一对外。对出口商品货源、价格、客户和市场进行协调，坚决制止抬价抢购、低价倾销，维护国家利益。

1988年9月，甘肃省对外经济贸易委员会、甘肃省财政厅联合下发《鼓励扩大出口收汇奖励办法》，设立"承包基数内出口收汇奖""超基数出口收汇奖""超计划出口奖"和"专项奖"四项奖励政策，为外贸企业增强补亏能力、调动职工积极性扩大出口创造了有利条件。1990年，为及时研究解决出口工作遇到的突出困难，由省计划委和外经贸委联合牵头，有关部门参加，建立了全省外贸出口调度制度，使外贸出口涉及的退税、运输、贷款、通关等问题的解决有了平台。根据省计划委下达的全省出口供货总值和主要商品指令性计划，全省各供货和出口企业积极落实货源，实行计划内商品和计划外商品一起抓，大宗商品和小额商品一起抓，新老产品一起抓。在经营上，一方面对外实行开放式经营，外贸部门和企业主动与社会及生产企业联系，通过利益共享调动各方面积极性，发展多渠道联合出口；另一方面对内加强外贸部门和企业内部管理，加强核算，减少费用开支，建立省级外贸专业公司换汇成本通报制度，努力降低换汇成本。同时，严格制止对出口商品抬价抢购、交叉经营的混乱现象，整顿外贸经营秩序，确保国家和省上规定的商品限价收购。此外，针对外商签证减少的状况，积极开展对外商沟通工作，加强对外商的催证履约以及和已签合同的按期履约，通过参加各种交易会疏通贸易渠道，使甘肃省外贸出口没有出现下滑。省上承包的外贸出口、实际收汇和上缴外汇数全部完成，使第一轮外贸承包经营责任制得到了稳定施行。1988年—1990年期间，甘肃省进出口一直保持逐年增长，进出口总额由1988年的16614万美元，到1990年增至20213万美元（其中出口18567万美元，进口1646万美元）。特别是在1989年全国外贸出口一度滑坡的情况下，外贸进出口不降反升，进出口总额同比增长12%，达到18674万美元（其中出口15338万美元，同比增长1%；进口3336万美元，同比增长137%）。

1989年开始，甘肃开始启动对苏联东欧市场的开发准备工作。针对中苏关系逐步正常化和双方边贸的开展，根据甘肃省委书记李子奇、甘肃省省长贾志杰关于发展甘肃省对苏联东欧经贸要"主动出击"等有关批示，甘肃省外经贸委及有关企业于1989年8月赴新疆地区考查了霍尔果斯口岸等地，与新疆维吾尔自治区外经贸厅签署了甘肃外运委托新疆外运代办与苏联进出口物资的运输协议书，解决甘肃省从中国西口岸运货的问题。1989年10月，甘肃省外经贸委及有关企业组成经贸代表团赴苏联考察访问，与苏联6个加盟共和国和莫斯科市的45个经贸单位及生产科研联合企业进行了接触，签订正式贸易合同4份，进出口总额352万美元，这是甘肃省地方对苏的第一批易货贸易合同。另签订工程承包意向书2份，合资企业意向书26份。同时，对省内企业所需的苏联机械设备进行了询查，在对苏联经贸市场进行了广泛考察的基础上，向省政府上报了考察报告。

这一时期，出口商品生产基地建设取得新的进展。1986年—1989年，甘肃省已相继建成一批单项出口农副土特产品生产基地，建立出口工矿产品生产专厂（专矿、专车间）近40个，建立工（农）贸合资经营生产企业39个、中外合资企业3个，及一批外贸部门自属生产、加工企业。其中，甘肃省地毯进出口公司投入3460多万元，对全省32家地毯厂进行技术改造，1989年全省地毯生产能力达到30多万平方米，出口24万平方米，创汇1500多万美元，地毯出口居当年全国地毯出口第6位，成为全省出口的拳头产品。机电产品出口作为重点扶持对象取得明显进展。机电产品出口由1987年的486万美元，至1989年达到1652万美元。机电产品出口在全省外贸出口总值中的比重由1986年的2.8%上升到1989年的10.6%。兰州石油化工机械厂生产的石油机械在1990年国际投标中一举中标。使甘肃省在高技术出口领域迈出了重要一步。

1986年—1990年（"七五"期间），甘肃累计出口创汇7.19亿美元。1987年，国家下达甘肃省出口计划10153万美元，实际完成12660万美元，比1986年增长24.6%。十二个大类商品中，有色、纺织、地毯、土畜产出口比1986年分别净增600万、558万、400万、385万美元。对日本、美国、意大

第三章 对外贸易及对港澳台地区贸易

291

利、西德、英国、瑞典、香港地区等国家和地区的出口贸易明显增加，这些国家和地区从甘肃省进口的商品约占全省出口总额的70%，是甘肃省出口贸易的主要市场。

1986年—1990年甘肃省进出口总额统计表

表3-3-3   单位：万元

进出口额 年份	人民币				美元			
	进出口总额	出口额	进口额	差额	进出口总额	出口额	进口额	差额
1986	59353	47126	12227	34899	13648	10107	3541	6566
1987	68291	57706	10585	47121	15504	12660	2844	9816
1988	67085	61837	5248	56589	16614	15204	1410	13794
1989	103668	87955	15713	72242	18674	15338	3336	12002
1990	102965	95208	7757	87451	20213	18567	1646	16921

2. 第二轮外贸承包经营责任制（1991年—1993年）。本轮承包经营制是在总结10年来中国外贸体制改革、特别是第一轮承包经营制经验和问题的基础上，从建立自负盈亏机制入手，使外贸逐步走上统一政策，平等竞争，自主经营，自负盈亏，工贸结合，推行代理制，联合统一对外的轨道。重点主要包括：全面实行外贸企业出口自负盈亏的改革，取消国家对外贸出口的财政补贴，对出口总额、出口收汇、上缴外汇仍维持承包制，但改为一年一核承包指标。改变外汇留成办法，由过去按地区实行差别比例留成改为按大类商品实行统一比例留成。调整出口商品的指令性计划、指导性计划和市场调节的范围，缩减了配额和许可证管理商品的范围。从1992年起，基本取消进出口指令性计划，实行指导性的总量计划，允许绝大多数进出口商品放开经营，少数商品实行公开、透明的配额许可证管理。改革关税制度，大幅降低进口关税率。深化外贸企业内部机制改革，推动外贸企业转换经营机制，同时推动外贸企业开展实业化、集团化、国际化经营。

长期以来，甘肃省每年所需外汇主要靠中央各部门提供，自有外汇少，外债偿还能力弱。至1990年前后，全省共举外债1.28亿美元。第二轮承包经营制实行期间，甘肃省委、甘肃省政府着眼于全国改革开放的新形势和全省出口创汇不能适应建设发展急需的实际情况，将扩大外贸出口和利用外资作为对外开放的突破口，动员全省各方面力量促进外贸发展。

1990年10月，在全省对外经济贸易工作会议上，甘肃省政府将"争取出口创汇和利用外资实现两个突破"作为甘肃对外开放战略的重大措施，提出"像前几年动员社会力量抓乡镇企业、城市集体经济和五个开发实验小区的成功经验那样，抓出口创汇和利用外资"。要求外贸部门克服独家经营、孤军作战的传统方式，转向依靠全社会的力量发展对外经济贸易；各行各业主动参与，通过这一渠道和国际大市场联系起来。甘肃省外经贸委在会上做了"奋力拼搏，实现扩大出口创汇和利用外资的两个突破"的发言。提出了外贸出口实行开放式经营、多渠道出口等举措。1990年11月15日，甘肃省政府下发《关于深化外贸体制改革鼓励扩大出口收汇的若干规定的补充规定》，对推行外贸承包经营责任制、搞活外贸经营、扩大外贸出口所起的促进作用给予肯定，对多出口多创汇做了补充规定。主要内容有11条：

（1）建立利益机制，调动各方面的积极性。为鼓励各地州市和省级各部门的出口创汇积极性，将1990年省上收回的原核定地州市、厅局按2.3%提取的地方留成外汇部分，按每一美元奖励一角人民币的比例由省计委给地州市计委和省级部门给予奖励，在省计划委外汇额度使用费中列支。对超计划供货出口的地区和部门，从原定的超计划出口一美元奖励0.05元人民币中提取0.01元给予奖励，其余的0.04元仍按生产、外贸企业各50%奖励。广泛开展联合出口、代理出口、挂户经营，选择一批出口商品条件好，具备独立对外经营能力的企业，经过批准给予外贸经营权。对各民主党派、工商联、归侨、侨眷、台胞、台属等非外贸企业人员推销或促成甘肃省商品出口，出口企业按其实现出口额给予奖励。以实现出口额5万美元为计奖起点，奖励人民币300元；超过5万美元者，每增加出口额5万美元，奖励200元，以此类推。

（2）加强出口商品价格管理，严格控制收购价格。凡是列入省计划的出口商品，国家和省上规定有统一价格和最高限价的，严格按规定价格和最高限价执行；国家和省上没有规定价格的，由省物价委、省经贸委同有关部门协商，按照兼顾外贸、生产企业双方利益的原则，制定限价，下达执行。一般出口商品以内销同类商品规定价格为基础，实行同质同价、优质优价、按质论价。不允许任何部门和单位抬价抢购和随意提价。对一些价格放开的出口大宗商品，为防止价格大起大落，外贸企业同生产企业根据年度供货计划签订合同，制订稳定供货价，共同承担市场风险。对由于出口成本高而出不了口的生产企业积压的商品，企业可专项报省计委和省财政厅审查核定，适当降低出口价格，降价损失按甘政办发（1990）57号文件（副省长李萍在经济工作座谈会上讲的搞活经济的24条规定）的有关规定办理。

（3）留成外汇实行有偿使用、谁用汇谁补亏的原则。承包基数内上交省上的50%外汇，一美元额度按实际调出价的一半补贴交省经贸委。三个试点行业上交省上的外汇按地方外汇调出价标准给予补贴，交有关外贸公司用于补贴出口亏损和消化挂账。超基数外汇分成省上需集中的50%留成外汇，按季结算入账。同时，由省计委按略低于外汇市场调剂价，给省经贸委拨交价差。

（4）合理核定外贸贷款规模，落实兑现优惠利率。认真落实国办发(1990)52号文件"对外贸企业出口超亏挂账，一律按国家给予外贸出口的优惠利率执行，不加息，不罚息，不停贷"的规定，外贸收购出口商品贷款规模，按国家下达的出口计划及换汇成本5.7元核定，中国银行保证外贸出口商品收购资金，落实优惠利率。

（5）增强外贸企业的补亏能力，逐步消化挂账。省计委每年在编制全省进口计划时和省（外）经贸委进行衔接安排一部分进口计划指标和配额，由省经贸委与有关厅局衔接，使用地方周转外汇进口；使用的外汇由外贸企业用超计划留成外汇归还。1991年—1992年由省计委每年安排一定数额的进口用汇控制指标，由外贸企业用自有外汇进口省内短缺的原材料、设备、零配件等，进口价格按当时国家规定办，增加补亏能力。外汇调剂接受国家价格指导。允许外贸企业自有留成外汇通过外汇调剂中心自找对象，按协商价格进行调剂。省内调剂不出的，报省政府审批后向外省调剂。

（6）落实机电产品出口"两个视同"政策，鼓励扩大机电产品出口。机械工业总公司所属企业机电产品出口，因内外销售价差造成的减利部分，经总公司核实后，视同实现利润，相应提取"两金"；因产品出口而出现的差额效益，在考核企业指标时，可视同利润计算资金利税率。电子公司也按照此办法制定具体方案执行。

（7）补贴划拨。对中央拨给省上承包出口的补贴，省财政厅如数按期拨省（外）经贸委，由省（外）经贸委统筹划拨。

（8）周转资金。省财政借给外贸扶持出口商品基地建设周转资金500万元，借给易货贸易周转资金500万元，滚动使用，三年后归还再借，视财政情况逐步落实执行。

（9）鼓励超基数出口。为了调动工贸公司的出口积极性，在完成其总公司下达的收汇、上缴外汇任务后，超基数收汇由省上按超基数外汇留成计算分配留成，其出口货源纳入出口供货计划，统筹安排。

（10）鼓励发展出口创汇大户，设立出口创汇特别奖。各类外贸出口企业以1989年出口实绩为基数，不足1000万美元而达到1000万美元者，一次性奖励人民币10万元，以后以1000万美元为一个等级，每上1000万美元，一次性奖励人民币10万元。出口供货以省级企业、地州市为单位，以1989年供货实绩为基数，每新增供货1000万元人民币，一次性奖励人民币2万元，奖金由省上解决。

（11）严格加强管理。在放开搞活、调动各个方面积极性的同时，为防止对内抬价抢购，对外低价倾销二形成"贸易大战"，给国家和省上造成重大损失，对甘肃省大宗优势产品，如中药材、元明粉、锌精粉、硅铁等严格加强管理，由省计委、省（外）经贸委会同有关部门逐个制定生产经营出口管理办法。

1992年12月，甘肃省召开首届全省对外开放工作会议，确定全省对外开放总体思路是，利用新亚欧大陆桥开通的有利条件，以对外贸易为先导，对外经济技术合作为重要内容，以侨务、科技、文化、宗教、旅游等多元交流为桥梁和纽带，以引进外资和发展"三资"企业为突破口，以开放促开发，东挤西进，双向开放，形成多渠道、多层次、全方位对外开放的格局。会议要求，对外贸易要坚持开放式经营，积极发展"大外经""大外贸"，调动国贸、地贸、工商企业、"三资"企业、科研院所、大专院校以及个体私营经济发展对外贸易的积极性努力扩大出口。甘肃省外经贸委在会上提出对外贸易工作的主要措施是，用好第二条亚欧大陆桥开通对甘肃省扩展亚欧经济贸易和技术合作领域提供的机遇，实行"一线三点、东联西出、双向开放、借桥发展"的市场开拓思路，即以一万多千米的第二条亚欧大陆桥为基轴线，东端在继续巩固扩大港澳、日本、东南亚等市场的同时，吸引这一地区的外资在甘肃联合建立出口商品生产基地，对省内资源进行开发和深度加工。中段以独联体为重点，同时开发东欧、西亚等市场。西端以德国为重点，拓展欧洲市场。还提出了通过"一、二、三线"建设，构建甘肃省出口营销工作体系的思路，即把本省驻境外的公司作为一线，侧重于开拓市场、发展客户、推销商品、提供信息、引进资金和技术、并逐步在世界各主要贸易区建立贸易机构，发展代理商、经销员，形成销售、服务、信息网络。把本省驻沿海口岸的贸易机构作为二线，发挥承上启下、连接省内与国际市场的桥梁纽带作用，形成储备调剂货源、中转运输的蓄水池。把省内外贸易企业作为三线，运筹指挥"一、二线"的外贸经营活动，同时以新产品开发和深加工产品为重点，加强甘肃8大拳头出口产品系列的开发（机电产品系列，纺织服装产品系列，有色金属制成品系列，化工产品系列，轻工产品系列，农副土特产品系列，医药保健品系列，地毯产品系列）。

1992年12月，甘肃省对外经济贸易委员会围绕完善外贸承包经营责任制，落实企业经营自主权，扩大外贸队伍，在外贸经营方面实行了"十个放开"的探索，（1）进出口计划放开。取消进出口指令性计划指标，将传统的年度计划完成考核变为实际完成逐年递增连续考核。（2）进出口商品经营范围放开。除国家管理商品按规定由指定公司统一经营、统一成交或联合成交外，其他非许可证和配额管理的三类商品放开经营，允许有经营权企业交叉经营。（3）收购计划放开。取消指令性收购计划，各类外贸企业根据国内外市场需要，自主选择数量和进货对象，与地县外贸公司以合同形式进行业务往来。地县外贸公司也可自主选择供货对象，也可采取"挂户方式"，挂靠省级各有关进出口公司经营出口业务。（4）具备条件的省级各外经贸企业，可向外经贸部申请，获得在国外开展承包工程和劳务合作业务经营权。（5）各类经贸企业可经营国内贸易、自有外汇进口商品内销和自属企业产品在国内市场批发零售业务（国家专营商品除外），也可申请经营房地产、旅游、运输、广告、宣传等业务。（6）各出口企业可自主使用自有留成外汇，开展进料加工复出口。由经贸委安排的地方和中央以进养出外汇，只安排周转外汇总额，具体项目由各出口企业自主安排，周转使用。 （7）各类外贸企业留成外汇，在有关部门的监督下可跨省市自由调剂，自主选择调剂对象。 （8）除国家和省级物价部门管理价格的商品外，各类外贸公司可自行确定进口商品、企业产品内销价格，出口商品收购价格随行就市。 （9）各类外贸企业可从营业额中提取促销、科技、新产品、市场多元化、实业化开发基金。经营额在10亿元以上的提取0.5%；5亿元—10亿元提取0.8%；1亿元—5亿元提取1%；1亿元—0.5亿元提取1.5%；0.5亿元以下提取2%。 （10）经营本省、外省商品放开，鼓励企业在经营好本省商品的同时，积极开展跨省经营，也可和国家专业总公司、口岸公司联合经营。

尝试"挂户经营"。"挂户经营"是甘肃省外贸出口1991年后出现的一种新形式，即对有一定出口能力和潜力但尚未获得进出口经营权的生产企业和供货单位，通过挂户在有进出口经营权的外贸公司，在外贸公司指导协助下，直接面对境外客商开展出口贸易并自负盈亏，调动生产企业和供货单位出口的积极性，外贸公司也通过挂户经营增加了创汇额。因而挂户经营在1991年出现后的一段时间内发展很快，在省级外贸专业公司实行挂户经营的企业由1991年的2家发展到1992年的67家。随着国家对进出口经营权审批范围的逐步扩大至备案制的实行，以及国家对出口计划由指令性向指导性的转变，挂户经营便不复存在。

1991年—1992年，甘肃省在境外设立企业和机构形成一个高峰，全省批准在境外兴办的贸易和非贸易机构由1991年的11个增加到1992年底的43个。新建机构中，贸易性机构11个，非贸易性机构19个，经贸结合性2个。其中在"独联体"、东欧兴办的非贸易性机构有10个。在国内，由省外经贸委及下属企业在北京、上海、厦门等地增设了经贸窗口企业，并在深圳试办了贸科工开发小区。省外经贸委驻境外的窗口企业和国内的办事处均成为甘肃省贸促分会、甘肃国际商会驻所在国和地区的代表处。按照"多点小额、以进带出、逐步发展"的原则，甘肃省开展对"独联体"、东欧国家的贸易，1992年1月—11月，全省向"独联体"、东欧国家共派出经贸团组85个、369人，签订开办企业项目合同18个，开始筹办的10个，其中有8家已开业生产。1993年，甘肃省对"独联体"、东欧国家易货贸易实际执行

2750万美元，高出计划400万美元，比1992年的1626万美元增长69.13%。

在各项措施的强力推动下，甘肃省实行第二轮承包经营制期间，全省外贸进出口出现了超常规增长。全省进出口总值由1990年的20213万美元（其中出口18567万美元，进口1646万美元），1991年达到27656万美元，同比增长37%（其中出口25292万美元、同比增长36%，进口2364万美元、同比增长44%），1992年全省进出口总值达到41590万美元，同比增长50%（其中出口35177万美元、同比增长39%，进口6413万美元、同比增长171%），出口额两年增长了近1.5亿美元。1993年全省进出口总值达到48452万美元（其中出口28364万美元、同比下降19%，进口20088万美元、同比增长213%）。1991年—1993年，出口年均增速15%，进口年均增速131%。1988年—1993年，甘肃省级外贸公司累计上交关税及各种税金2941万元，同时有偿和无偿上交中央和省外汇45540万美元（其中上缴中央41166万美元，上缴省4374万美元）。

甘肃省外贸出口在1991年和1992年，连续以近40%的超常规速度递增之后，1993年在全国外贸出口特别是一般贸易出口出现普遍下滑的趋势下，也出现了同比19%的下降。下降的原因是多方面的，主要有，甘肃省出口贸易以一般性贸易为主体，较之易货贸易、加工贸易出口发展较快的沿海、沿边地区，出口贸易方式比较单一。易货贸易和加工贸易所占比重较低，无力弥补一般贸易下滑的缺口，因而所受冲击也较大。加之1993年外贸出口受资金短缺、货源收购困难、铁路运力紧张、外汇调剂价格上涨等外部原因的影响，致使全省外贸出口出现了下滑。同时，甘肃省超计划出口缺少稳定的补亏机制，外贸企业在扩大出口创汇与出口经营效益之间的矛盾日见突出。第一轮承包责任制期间国家对出口亏损实行一定程度的补亏，并下达计划出口内的补亏和优惠贷款指标，一定三年不变，超国家计划部分则由地方负担。从第二轮承包责任制开始，国家取消对出口的补贴，但外贸企业仍需无偿上缴外汇。在这种情况下，甘肃省出口超常规发展所引发的结果是，承担超国家计划任务越多，所需的超定额高息贷款越多，出口企业上缴外汇越多且无相应补偿，由此承受的效益负担亦愈大。具体到当时承担全省出口创汇任务的主体省级外贸专业公司，由于自营时间短，管理和综合运筹能力较差，自有资金仅有2000万元，以进补出的补亏手段

甘肃省志

商务志

少，随着超国家计划出口指标大幅增加，外贸企业在国家取消出口的补贴的情况下还要增加向国家外汇的上缴，努力消化超计划出口增加发生的费用，以及支付本息相加越滚越大的历史超潜亏损利息6000万元（1993年当年数），这种负债经营的高增长在自负盈亏的新机制下难以持续。

三、向社会主义市场经济体制过渡

1994年—2000年，全省深入贯彻1993年11月中共十四届三中全会通过的《中共中央关于建立社会主义市场经济体制若干问题的决定》，继续深化外贸体制改革。至2001年中国加入WTO之前，国家在计划经济条件下对外贸的管理方式相继退出，代之以市场经济条件下通行的多种经济杠杆手段进行宏观调控。1994年初，国家财税、金融、计划、外贸、外汇等新一轮改革政策出台，对地方外贸出口的扶持、组织、协调的主体由中央全面转移到了地方政府。甘肃省对外贸易经营环境趋紧，电力、资金、运输、出口退税等出口经营要素紧缺呈常态化，加之1997年国际金融危机爆发对甘肃省出口造成严重冲击，对外贸易在向社会主义市场经济体制的过渡中经受阵痛考验，承担全省出口任务主体的省级外贸专业公司进入困难时期。面对复杂严峻形势，甘肃省不断深化对外贸易管理体制改革，转变工作机制和方式，重点围绕发展大经贸加强各有关部门之间的协作配合，为全省各类出口企业扩大出口创造有利环境，增强外贸出口发展后劲，提高外贸企业的经济效益和减亏控亏能力，在困难条件下保持了全省进出口贸易的稳定增长。全省进出口贸易总值由1993年的48452万美元，到2000年达到56953万美元。

1994年5月，第八届全国人民代表大会常务委员会第七次会议通过《中华人民共和国对外贸易法》，开始将对外贸易管理纳入法制化轨道。从1999年起，进出口额统计由外经贸部业务统计数改为海关统计数。为适应这一变化，甘肃省相继建立了一系列新的工作机制。（1）实行出口计划目标管理。1994年开始，国家将出口计划由指令性转为指导性计划，但全省年出口计划须与外经贸部衔接，确定为部计划。超过部计划的部分由省政府确定，并列入每年省人代会政府工作报告，经审议通过后执行。为保证年出口计划的落实，甘肃省自1994年起将出口创汇纳入全省目标管理范围，对每年全省出口创汇额，分别向省级外贸专业公司、有进出口经营权企业、中央在甘工贸公司及省内"三资"企业切块下达，实行目标管理，年终进行考核。1995年又将各地州市外经贸委纳入目标管理考核范围。以此加强各类出口企业围绕出口多轮驱动，培植出口创汇新的增长点，并逐步改变出口经营主体过于单一的结构。 （2）实行多项出口促进政策。针对外贸出口涉及诸多方面而出口经营要素紧缺呈常态化的趋势，1994年建立全省对外经贸工作例会制度及多种联系制度，开始实行由省经贸委主要领导牵头，省计划委、省外经贸厅、省国税局、省商业厅、中国银行、兰州海关等部门领导参加的出口组织协调制度。1995年7月，副省长崔正华主持召开省长办公会研究决定，建立全省对外经贸工作例会制度，由省政府主持，不定期召集有关部门参加，重点解决外贸出口、引进外资和外经工作中需要协调解决的突出问题。会上讨论的有关对外贸易的支持措施和意见有，通过"以进补出"增强全省外贸专业公司综合运筹和补亏能力，对外贸企业出口资金给予信贷支持，进一步明确出口退税有关问题，对全省大中型出口生产用电给予优先安排和实行一定规模的优惠电价，建立全省外贸发展基金并由省财政厅、省外经贸厅共同研究起草方案，对外贸物资优先运输等。省外经贸部门还通过加强与有关部门的联系协作，建立银贸、关贸、税贸等双边会议、签订合作协议，共同帮助企业及时解决出口遇到的困难。省经贸委为扶持高耗能出口企业扩大出口，对高耗能出口产品执行减免电费政策；省中行在国家银根紧缩，以及省级外贸公司长期无力归还越滚越大的巨额贷款本息，于1996年起停止正常信贷支持的情况下，仍将支持有效益的出口作为重点，提供打包贷款和封闭贷款，帮助出口企业缓解资金困难；省国税局及时足额做好出口退税工作，出口退税率逐年上升，退税工作列全国先进行列，对缓解出口企业资金紧张发挥了重要作用；兰州海关积极支持企业开展加工贸易扩大出口，商检、铁路等部门都为甘肃省扩大出口做了大量工作。

1999年2月，甘肃省委、甘肃省政府召开全省对外开放工作会议，贯彻落实中共中央、国务院《关于进一步扩大对外开放，提高利用外资水平的若干意见》精神，通过了《中共甘肃省委、甘肃省人民政府关于进一步扩大对外开放的决定》，将实施"开放带动战略"、进一步扩大对外开放作为实现全省"九五"计划和2010年奋斗目标的重大举措，对全省对外贸易发展提出总体要求，加快调整优化步伐，提高对外贸易对全省经济增长的贡献率和依存度，努力培植外贸出口新的增长点，制定了相应的工作重点和政策措施。针对全省出口资金严重短缺的实际情况，省政府决定自1998年—2000年连续三年由省财政每年安排2000万元，省外经贸厅自筹500万元，共同作为全省外经贸发展专项资金，用于扶持外经贸企业开拓市场和扩大出口。资金由省外经贸厅和省财政厅共同管理，使用计划由省外经贸厅安排，省财政厅负责监管，按企业投入资金比例周转使用、有借有还。该资金为当时省财政扶持外经贸出口的最大专项资金。建立出口促进机制，省外经贸厅与有关出口企业形成全省出口企业协调例会制度，每月召开一次省外经贸厅所属外贸企业、部分有经营权企业、中央工贸公司参加的出口调度会，每季度召开一次全省各类出口企业参加的经济活动分析会，及时通报情况、掌握进度、解决问题。

较之全国，甘肃省参与外贸出口的企事业单位十分有限。在新的经营环境下，以省级外贸公司为主导的出口经营主体结构因省级外贸公司受历史债务包袱和资金缺少等限制，扩大出口具有很大的局限性。1994年以后，甘肃省抓住国家进一步放宽对生产企业经营外贸审批标准的有利时机，对符合条件的生产企业及地州市外贸企业、科研机构、商贸流通企业加大向外经贸部申报进出口经营权工作力度，加强对各类出口企业服务，支持他们发挥各自优势扩大出口。在出口经营要素如用电、配额、资金、运输的配置上，实行向有效益的大宗出口商品倾斜的用电优先、退税优先、使用资金优先、请车优先的"四优先"支持。积极发展对资金依赖程度小的生产企业出口、加工贸易出口和效益好的三资企业出口。全省获进出口经营权的企业日益增多，使原来以十多家省级外贸公司出口为主体的结构逐步改善，形成了包括省市外贸公司、国家部委在甘工贸公司、有进出口经营权生产企业和出口型"三资"企业在内的多支出口队伍。1993年，全省获进出口经营权的各类国有企业有近50家，其中省市外贸公司18家，国家部委在甘工贸进出口公司12家，有进出口经营权生产企业18家，另有为数比较有限的出口型三资企业。至1999年底，甘肃省已获进出口经营权的各类出口企业已达150家，其中:有进出口实绩的企业76家，主要企业依次为：甘肃纺织品进出口公司1986万美元；甘肃化工进出口公司1919万美元；甘肃进出口贸易公司1144万美元；甘肃有色进出口公司1146万美元。2000万美元以上的3家。依次为：甘肃五金矿产进出口公司6763万美元；金川公司4845万美元；白银公司2234万美元。1998年底，全省14个地州市中12个有了进出口经营权。有进出口经营权生产企业依托产销结合的优势，在获进出口经营权后出口有了较快发展，特别是部分资源型大型国营生产企业出口崭露头角，成为出口的重要力量。甘肃省三资企业出口，1993年出口1837万美元，占全省进出口总值的6.4%；1994年出口3134万美元，占全省年出口总额的8.4%；1997年出口4160万美元，占全省进出口总值比重达到10.23%；1998年出口4600万美元，占全省进出口总值比重上升到11.07%。

在外贸管理体制由计划经济快速向社会主义市场经济过渡的过程中，甘肃省努力转变传统经营观念和经营方式，重点围绕保持出口创汇稳定增长，提高外贸企业的经济效益和减亏控亏能力。省外经贸厅要求厅属外贸公司转型发展，明确完成出口任务与提高经济效益的关系，从保证偿还外债和进口急需的大局出发，在保持出口稳定增长的同时，努力增盈减亏，增强过紧日子的忧患意识。狠抓外贸企业管理，加大扭亏增盈力度。制定厅属外贸企业扭亏目标和措施。加强资金使用管理，全面开展清产核资工作，各公司由主管财务的领导牵头成立清欠小组催收欠款。同时加强财务管理，控制企业费用水平，及时结汇退税。盘活资金并减少资金不合理占用，增大资金运筹总量，把资金投向有效益的出口创汇。在实行工效挂钩的基础上，严格奖惩制度，以效益定分配，指导企业在提高经济效益的前提下积极发展出口业务。各企业在资金短缺的情况下，通过开展预收货款、押汇、打包贷款缓解资金压力，努力开展出口业务，加强经营管理，1997年厅属省级外贸专业公司经营效益明显好转，亏损面由1996年的85.7%下降为64.3%，外贸出口成本较上年同比下降0.25元/美元，综合费用总额较上年同比下降1093万元；共处理积压库存2595万元，清回各种应收账款454万元，压缩管理费用630万元，特别是办公费、招待费等管理费用进一步缩减。逐步深化企业改革，加快经营机制转换。在对厅属企业领导班子进行全面考察的基础上对部分经济效益问题突出的领导班子进行调整，企业领导班子政治经营素质进一步提高。在外贸企业全面推行目标管理责任制，推行美元含量工资和工效挂钩分配方式，完善企业经营自主权，相继在部分企业进行了公司副职实行聘任制的试点，现代企业制度改革的试点，由公司职代会民主选举公司经理的试点，在省级外贸公司实行接受分配大中专毕业生考试上岗。1996年开始，根据国家外经贸部与中国银行共同组建外贸企业兼并破产协调小组，对债务沉重的外贸企业着手实行兼并破产的要求，甘肃省外经贸厅与省政府研究室、省体改委、省中行共同研究解决外贸企业历史债务的问题，探讨进行省级外贸企业组织结构调整的意见。随着改革的不断深化，各级领导的思想观念和发展思路有了较大变化，突破传统的垄断经营思维，开展适应市场经济的经营方式，大力发展进出口代理，以外贸企业微利实现大的社会效益，实行进出口并举，增强企业的综合经营能力。在出口资金紧缺、一般贸易出口乏力的情况下，通过开展加工贸易出口、技术出口，在解决出口资金不足，扩大外贸出口方面收到了好的效果。1997年全年共完成加工贸易6534万美元，占全省出口总值的16.06%；代理出口2664万美元，同比增长11%；技术出口295万美元，各项合计出口达9493万美元，占到当年全省出口总值的23.34%。面对地区外贸发展面临信息闭塞、资金短缺、基础薄弱、亏损包袱沉重等前所未有的挑战，指导全省各地区外贸企业脱困发展。省外经贸厅先后于1995年4月和1998年11月，在武威和天水召开全省地区外经贸工作会议，以武威和天水外贸转换经营机制、深化改革、摆脱困境、重新发展的成功事例，统一省地外贸企业领导扭亏脱困的思想，探讨克服困难、扩大出口、提高效益的途径。省外贸与各地州市外贸在人事、资产、债务逐步实现了脱钩。不断调整境外办展方式，加强对企业的审计制度建设。1994年之后，甘肃省对境外市场办展进行阶段性调整，根据"积极、务实、节俭、增强针对性"的思想，对境外市场的开发主要采取举办一些中小型的、贸易和招商各有侧重的、专业性较强的展销活动形式。同时，在外贸系统全面进行经理离任经济责任审计，加强对外贸企业负责人的经济责任和财务监督，制定下发《甘肃省对外经济贸易内部审计工作规定》《甘肃外经贸国有资产经济责任审计监督暂行办法》《外经贸投资业务审计监督暂行办法》。针对少数境外贸易性企业因向日本、香港地区数家银行借款无力偿还造成重大经济损失一事，1996年省级外贸公司根据外经贸部有关清理整顿境外企业的要求，对所属公司所设境外经贸企业进行清理整顿，制定对境外企业的管理办法。

甘肃省外贸出口在1991年、1992年连续两年"超常规"增长后，1993年与1992年同比下降19%。1994年，通过推进外贸体制改革、发挥出口促进机制作用，外贸出口开始趋向稳定增长，1994年全省外贸进出口总额达到50959万美元，首次迈上5亿美元台阶，同比增长5%，其中，出口37342万美元，同比增长32%。1995年、1996年，在经营环境进一步趋紧、国家下调退税率等不利条件下，全省外贸出口仍保持了较上年4%和1%的增长。1997年，全省外贸进出口达到55271万美元，同比增长7%，其中出口首次突破4亿美元（4.07亿美元），同比增长4%。1998年—1999年，在亚洲金融危机影响波及下，1998年全省外贸出口达到41549万美元，仍保持了同比2%的增长。1999年，外贸出口下滑到31699万美元，同比降幅24%，主要原因是占甘肃省年出口总值65%的亚洲市场下降9%，其中对香港地区的出口下降达51%。另外，加工贸易和三资企业出口也出现较大降幅。大宗资源型出口企业由于国际市场价格下跌影响出口。2000年，随着亚洲金融危机的结束和国际经济形势的好转，全省对外贸易开始企稳回升，出现恢复性增长。全省进出口总额达到56953万美元，同比增长40%，其中出口41495万美元，同比增长31%；进口15458万美元，同比增长73%。

四、与国际市场运行机制接轨

2000年后，随着中国加入世贸组织和西部大开发战略的深入实施，甘肃对外贸易开始进入快速发展新阶段，全省进出口额由2000年的5.70亿美元，2005年达到26.33亿美元，至2010年达到73.25亿美元。

2001年—2005年，甘肃省贯彻落实国家2004年新颁布的《对外贸易法》，围绕省委省政府"发展抓项目、改革抓企业"和实施"工业强省"的战略部署，对外贸易经营权由审批制改为备案登记制，进一步加快外贸经营主体多元化，推进企业体制、技术和管理创新。进一步扩大商品和服务贸易，实施市场多元化战略，发挥比较优势，巩固传统市场，开拓新兴市场，努力扩大出口；优化进口结构，着重引进先进技术和关键设备，完善有关税收制度和贸易融资机制，全省外贸进出口提前两年完成了"十五"

计划的目标。

　　全省进出口额保持了两位数的增长。由2000年的5.70亿美元，增长到2005年的26.33亿美元，年均增长35.8%，占全省GDP的比重也由2000年的4.80%上升到2005年的11.40%，对全省经济的拉动作用明显提高。2001年"十五"开局，全省进出口总额一举达到77886万美元，同比增长36.76%；2003年，全省进出口总额首次登上两位数的台阶，达到13.3亿美元，提前两年完成了"十五"计划的目标；2004年，全省进出口总额17.73亿美元，同比增长33.59%；2005年再创新高，全省进出口总额达到26.33亿美元，同比增长48.5%。

　　经营主体结构发生新的变化。2003年以后，省内国有大企业加快实施国际化经营战略，利用国内外两个市场、两种资源的步伐明显加快，形成甘肃省矿产资源类产品的大进大出，推动全省经营主体结构发生新变化。截至2005年底，甘肃省有进出口经营资格的企业发展到800多家，其中有进出口实绩的企业达到330多家。2005年甘肃省进出口额过亿美元的企业有4家（金川公司10.7亿美元、酒钢集团4.3亿美元、连城铝业2.1亿美元、白银公司1.5亿美元），进出口额合计占到全省年进出口总值的70%，其中：金川公司、酒钢集团两户企业实现进出口15亿美元，占全省进出口的57%。少数国有大型企业开始成为全省对外贸易经营主体的主导力量。随着国家对企业申请进出口经营资格的条件逐步放宽，民营出口企业有了较快发展，出口增长显著。民营企业出口在全省年出口总值中所占比重2003年为13%，2004年为27%，成为甘肃省出口的一支新兴力量。

　　主要市场贸易额持续增长。大洋洲、拉美、非洲等新兴市场进口增速明显。甘肃省出口主要市场分布在亚洲和欧美发达国家，1999年，向日本、韩国、台湾地区、香港地区、新加坡的出口占到全省出口总值的57%；向美国、意大利、英国、德国、澳大利亚五国的出口占到全省出口总值的20.8%。2005年，与主要市场进出口贸易额分别为亚洲9.91亿美元，大洋洲5.72亿美元，欧洲4.65亿美元，拉丁美洲3.18亿美元，北美洲2.34亿美元。

　　甘肃省与各大洲双边贸易额全面增长。"十五"时期，从出口市场看，对非洲和北美洲的出口增长较快，2004年对非洲出口2272万美元，同比增长109%；对北美洲出口10941万美元，同比增长69%。从进口市场看，从拉丁美洲、亚洲、非洲、北美洲进口增长较快，2004年从拉丁美洲、亚洲、非洲、北美洲分别进口22268万美元、23464万美元、4350万美元、4892万美元，同比分别增长135%、99%、93%、83%。2005年，由于省内企业从澳大利亚进口金属矿砂和从欧洲进口机械设备快速增长，对大洋洲和欧洲的贸易额大幅增加。与大洋洲、欧洲的进出口贸易额分别为5.72亿美元和4.65亿美元，同比分别增长292%和118%，占全省进出口总额的比重分别由2004年的8%和12%上升至22%和18%；与亚洲、拉丁美洲、北美洲的进出口贸易额分别为9.91亿美元、3.18亿美元和2.34亿美元，同比分别增长5%、28%和48%。

2003年,全省进出口总值为132758万美元，同比增长51%，其中出口87758万美元，同比增长60%，进口45000万美元，同比增长37%，进出口顺差42758万美元。特点如下：（1）外贸进出口跨上一个新台阶。2003年一举突破9亿、10亿、11亿、12亿、13亿美元五个大关。外贸出口在2002年突破5亿美元的基础上，连上6亿美元、7亿美元、8亿美元三个台阶。（2）外贸出口成为经济增长的一个亮点。2003年出口强劲增长，对全省经济增长起到了相当重要的作用。据对2003年经济数据的分析，出口对全省经济增长的贡献率为20.6，拉动经济增长2.08个百分点。（3）国有企业保持出口主导地位，民营企业增速最快。2003年全省国有企业出口65433万美元，同比增长51%，占全省出口总值的75%；三资企业出口10750万美元，同比增长8%；占全省出口总值的比重由2002年的18%降至2%；民营企业出口11576万美元，是2002年的近7倍，占全省出口总值的比重由2002年的2%升至13%。（4）出口数量扩张和价格上涨共同推动出口增长。根据对全省2003年出口商品的价格抽样分析，共抽取出口额较大的具有可比价格的6种商品进行价格指数测算的6种抽样商品出口额达51675万美元，占出口额的59%），测算出平均价格指数为108，出口商品平均数量增长28%。其中：铝出口数量增长70%，镍出口数量增长124%。2003年出口增长，主要是由于出口商品数量扩张和价格提高共同作用的结果。（5）各主要出口市场全面增长，亚洲市场主体地位明显。2003年甘肃省对亚洲、欧洲、北美等传统市场出口全面增长，尤其对韩国、日本增势强劲，分别同比增长225%、95%，仅对这两个国家2003年出口就达42129万美元，比2002年增加出口25431万美元，占全省出口增加额的77%。（6）加工贸易和一般贸易出口全面增长，加工贸易出口比重上升。2003年甘肃省加工贸易出口在连续两年大幅增长的基础上（2001年增长541%，2002年增长73%），继续保持较好势头，加工贸易出口32604万美元，同比增长63%，占出口总值的比重也由去年同期的36%上升到37%。一般贸易出口扭转了近两年来下降趋势，呈现强劲回升势头，出口55062万美元，同比增长59%。 （7）进口主要以金属矿砂和机电产品为主。2003年全省进口总额为45000万美元。主要商品为铜精矿（301435吨/15359万美元）、氧化铝（294903吨/6071万美元）；主要进口市场为澳大利亚（10740万美元）、秘鲁（4369万美元）、智利（4049万美元）、美国（2608万美元）、日本（2145万美元）。

2004年，国家开始实行新的出口退税政策，甘肃省大宗出口产品的出口退税均有较大幅度的下调，加大了企业出口成本。甘肃省商务厅及有关部门通过深化外贸企业体制改革、下放进出口经营资格核准权、实行进出口目标属地管理、集中力量帮助企业解决运输、电力和配额等困难、落实重点企业联系人制度、实施《甘肃省出口发展资金扶持计划》等一系列措施，实现了全省对外贸易持续快速健康发展。对外贸易规模迅速扩大。2004年甘肃省累计完成进出口总额177297万美元，同比增长33.59%。其中：出口完成99634万美元，同比增长13.58%；进口完成77663万美元，同比增长72.60%。进出口贸易总额比2003年净增4.45亿美元，比2002年的87740万美元翻了一番，占GDP的比重比上年提高了1.1个百分点。在进出口贸易较快增长的同时，贸易结构进一步优化，企业出口效益和质量进一步提高。经营结构日趋多元化，民营企业出口增长显著。2004年，国有企业出口60492万美元，同比下降8%，占全省出口总额的61%；民营企业出口达26549万美元，同比增长129%，占全省出口总额的27%；外商投资企业出口12594万美元，同比增长17%，占全省出口总额的13%。国有企业在总出口中所占比重呈下降趋势，所占比重由2003年的75%降至61%；民营企业所占比重由2003年的13%升至27%。由于国家对企业申请进出口经营资格的条件进一步放宽，从事进出口业务的企业数量大幅度增加，2004年甘肃省具有进出口业绩的企业达290家，比2003年新增50家。原材料产品出口增势平稳，农产品出口快速增长。甘肃省传统大宗出口产品原材料产品仍然保持稳定增长。2004年，全省原材料产品出口约6.5亿美元，同比增长18%。其中：硅铁、镍、钢材、锌、焦炭均较上年有较大增长，同比分别增长51%、55%、309%、59%、49%。由于国家对氧化铝进料加工复出口业务实行严格限制，铝出口出现大幅度的下滑，2004年全省出口铝16753万美元，同比下降43%，比2003年少出口12585万美元。2004年全省农产品出口约1.1亿美元，占全省出口总值的11%，同比增长近60%，比2002年翻了一番（2002年全省农产品出口5436万美元），已形成一批有地方特色的拳头出口产品，如苹果汁、干酪素、种子、肠衣、番茄酱罐头、杂豆、瓜子仁等，涌现出了一批年出口500万美元以上的农产品出口龙头企业，如甘肃通达果汁有限公司、甘南华羚干酪素有限公司、甘肃庆发绿色食品有限公司、甘肃泰和食品有限公司、甘肃西域阳光食品有限公司、甘肃东方农业开发有限公司、天水长城果汁饮料有限公司等。一般贸易出口增速较快，加工贸易出口呈下降趋势。2004年，全省一般贸易出口75960万美元，同比增长38%，比2003年增加出口20898万美元，占全省出口增量的176%。加工贸易出口23209万美元，同比下降29%。加工贸易出口下降的主要原因是氧化铝加工贸易出口出现大幅下降。2004年，全省以加工贸易方式出口铝锭为13347万美元，同比下降54%，比2003年减少出口15921万美元。原有主要市场贸易额持续增长，新兴拉美、非洲市场增速一路攀升。2004年，甘肃省与各大洲双边贸易额全面增长，拉丁美洲、非洲、北美洲增幅较高，分别为104%、98%、73%，欧洲最低为11%。从出口市场看，对非洲和北美洲的出口增长较快，2004年对非洲出口2272万美元，同比增长109%；对北美洲出口10941万美元，同比增长69%。从进口市场看，从拉丁美洲、亚洲、非洲、北美洲进口增长较快，2004年从拉丁美洲、亚洲、非洲、北美洲分别进口22268万美元、23464万美元、4350万美元、4892万美元，同比分别增长135%、99%、93%、83%。大企业加快实施国际化战略，占据对外贸易主导地位。2004年，大企业利用国内外两个市场、两种资源的步伐明显加快。金川公司、酒钢集团、白银公司3家企业的进出口额就达89456万美元，占全省进出口总额的50%，3家企业实现进出口增量50846万美元，占全省进出口增量的114%。其中：金川公司进出口总额突破5亿美元，达57319万美元，实现进出口增量28987万美元，成为甘肃省首家进出口额上5亿美元的企业。3家企业出口28214万美元，占全省出口总额的28%，实现出口增量16240万美元，占全省出口增量的137%。3家企业进口61242万美元，占全省进口总额的79%，实现进口增量34604万美元，占全省进口增量的106%。进口规模不断扩大，商品以金属矿砂和机电产品为主。2004年，全省机电产品进口12494万美元，金属矿砂进口60219万美元，这两大类产品进口额占全省进口总额的94%，其中：铜精矿36000万美元、氧化铝5840万美元、铁矿砂5125万美元、钴矿砂4888万美元、镍锍4248万美元、镍矿砂3193万美元。甘肃省原材料和机械设备进口规模的扩大，是甘肃省企业有效利用两个市场、两种资源的具体体现，同时也表明甘肃省经济发展和扩大出口对国外资源的依赖性进一步增强。重点市州继续保持优势地位，全省贸易发展不平衡。2004年，兰州市、金昌市、嘉峪关市、白银市进出口总额超过1亿美元，分别为65748万美元、57374万美元、19002万美元、17149万美元，其中：嘉峪关市增速为全省第一，为414%。这四个市进出口总额为159273万美元，占全省进出口总额的89.8%，是甘肃省对外贸易的主力军；天水市、庆阳市、酒泉市、甘南州、定西市、陇南市进出口总额在1000万美元以上，分别为4190万美元、4166万美元、2314万美元、1787万美元、1698万美元、1336个万美元，这六市州进出口总额为15491万美元，占全省进出口总额的8.7%；张掖市、临夏州、武威市、平凉市进出口规模较小，分别为936万元、614万美元、600万美元、386万美元，这4个市州的进出口总额为2536万美元，占全省进出口总额的1.4%。

2004年12月底甘肃省各市州进出口情况统计表

表3-3-4 ....单位：万美元、%

单位	出口				进口		
	目标	当月	累计	增减	当月	累计	增减
全省	93000	14925	99634	14	7889	77664	73
兰州市	67000	8220	52168	-17	1350	13582	-15
金昌市	7900	715	12532	78	4384	44840	110

单　位	出　口				进　口		
	目标	当月	累计	增减	当月	累计	增减
嘉峪关市	2811	1940	10364	294	419	8638	709
白银市	4600	1368	8255	91	1595	8894	70
庆阳市	3029	772	4136	64	—	30	−36
天水市	2500	504	3312	47	139	878	−6
甘南州	550	220	1773	71		14	
酒泉市	1450	389	1706	36	—	607	67
定西市	500	401	1697	164			
陇南市	1100	60	1157	15	—	178	197
张掖市	700	87	936	49			
临夏州	378	79	614	152	—	—	—
武威市	500	69	600	−40	—	—	—
平凉市	300	93	386	56	—	—	—

注：按累计出口总额大小排序

　　2005年，全省完成进出口26.33亿美元，同比增长48.5%。其中：出口完成10.91亿美元，同比增长9.0%；进口完成15.42亿美元，同比增长99%，继续保持了高速增长。农产品、机电产品出口增长迅速，原材料产品仍居出口主导地位。全省农产品出口1.58亿美元，同比增长43%，占全省出口总值的14%，主要有苹果汁、葵花籽、干酪素、种子、番茄酱等；机电产品出口1.40亿美元，同比增长67%，占全省出口总值的13%，主要有采油机械、滚动轴承、集成电路、石墨电极等。受国家宏观调控政策影响，甘肃省原材料产品出口总量和所占比例都出现下滑，出口6.29亿美元，同比下降3%，占全省出口总值的58%，主要有钢材、铝、硅铁、镍等。纺织服装产品出口0.53亿美元，同比下降13%，占全省出口总值的5%。进口增长强劲，主要进口商品是金属矿砂和机电产品。2005年，甘肃省进口15.42亿美元，同比增长99%，比上年同期增加7.65亿美元。其中：金属矿砂进口12.01亿美元，同比增长100%，占全省进口总值的78%，主要有：铜精矿4.20亿美元、镍锍3.25亿美元、镍矿砂1.65亿美元、氧化铝1.32亿美元、铁矿砂1.05亿美元、钴矿砂0.34亿美元。机电产品进口2.79亿美元，同比增长123%，占全省进口总值的18%，主要有：机械设备2.28亿美元、电器及电子产品0.27亿美元、仪器仪表0.20亿美元。金属矿砂和机电产品进口的快速增长，不仅推动了全省进口的大幅度增长，保证了企业生产所需的原材料，而且对甘肃省企业提升生产技术水平起到了积极的作用。进出口贸易主要依赖少数国有资源性产品生产企业。截至2005年底，甘肃省有进出口经营资格的企业800多家，有进出口实绩的只有330多家。2005年进出口额过亿美元的企业有4家（金川公司10.7亿美元、酒钢集团4.3亿美元、连城铝业2.1亿美元、白银公司1.5亿美元），4户企业均为国有企业，其进出口额占全省进出口总值的70%，其中：金川公司、酒钢集团两户企业实现进出口15亿美元，占全省进出口的57%。进出口业务由于高度依赖少数大型国有企业矿产资源类产品的大进大出，因此受国家宏观政策调整和国际市场价格波动的影响较大，对全省进出口的稳定发展举足轻重。与大洋洲、欧洲贸易大幅增长。2005年，由于甘肃省企业从大洋洲进口金属矿砂和从欧洲进口机械设备快速增长，对大洋洲和欧洲的贸易额大幅增加。甘肃省与大洋洲、欧洲的进出口贸易额分别为5.72亿美元和4.65亿美元，同比分别增长292%和118%，占全省进出口总额的比重分别由2004年的8%和12%上升至22%和18%；甘肃省与亚洲、拉丁美洲、北美洲的进出口贸易额分别为9.91亿美元、3.18亿美元和2.34亿美元，同比分别增长5%、28%和48%。重点市州继续保持优势地位，各地对外贸易发展不平衡。金昌市、兰州市、嘉峪关市、白银市进出口总额超过1亿美元，分别为10.68亿美元、7.04亿美元、4.36亿美元、1.81亿美元，其中，金昌市进出口额超过10亿美元，跃居成为2005年全省进出口第一大市，嘉峪关市增速为全省第一，达129%。这4个市进出口总额合计为23.89亿美元，占全省进出口总额的90.7%。天水市、庆阳市、酒泉市、甘南州、张掖市进出口总额在1000万美元以上，这五个市州进出口总额合计为2.17亿美元，占全省进出口总额的8.2%。临夏州、武威市、平凉市、定西市、陇南市五个市州的进出口总额合计为0.28亿美元，仅占全省进出口总额的1.1%。

2006年—2010年，全省外贸落实国家有关宏观调控措施，努力消化国家连续调整银行贷款利率，人民币汇率持续升值，限制"两高一资"产品出口，连续降低或取消出口退税、加征关税、扩大加工贸易禁止类目录等不利影响，积极应对2008年国际金融危机的严重冲击。面对国际市场原材料、能源价格攀升，国际贸易摩擦不断，国内主要生活必需品市场供应偏紧，价格居高不下的严峻形势，围绕保增长、扩规模，调结构、转方式两条主线，进一步加大对外贸经营要素的服务协调力度，努力建立外贸长效促进体系，着力调整优化商品出口结构、经营主体结构、市场结构和贸易方式，为中小企业搭建贸易融资平台，组织境外参展，拓宽贸易渠道，开拓国际市场等一系列举措，推动对外贸易迈上新台阶。

2006年—2008年，全省进出口总额三年分别达到38.20、54.96、60.84亿美元，连续跨越了3个10亿美元台阶。2007年进出口总额达到54.96亿美元，提前完成"十一五"规划确定的进出口总额50亿美元的目标。2008年—2009年，受美国次贷危机引发的国际金融危机的严重冲击，甘肃省进出口增幅出现回落。2010年，外贸下滑的势头得到遏制，迅速恢复到金融危机前的水平并创历史新高，全年完成进出口73.25亿美元，同比增长89.7%，比"十五"期间翻了一番多。"十一五"期间，甘肃省累计实现进出口265.45亿美元，比"十五"期间增加191.55亿美元，年均增长22.7%，比"十一五"规划确定15%的增长目标高出7.7个百分点。甘肃省进出口占全国总值的比重逐步上升，由"九五"末的1.2‰到"十五"末的1.85‰，再到"十一五"末的2.46‰；外贸依存度也有明显提高，由"九五"末的4.79%、到"十五"末的11.15%、再到"十一五"末的12.04%（期间由于金融危机的影响，2008年、2009年这一比例下降到7.7%。）。

外贸结构发生新变化。主要因素是，2001以后加工贸易持续增长，扩大了出口并带动原材料的进口。2005年以后在国家扩大进口政策以及实施"走出去"战略的带动下，省内企业利用国际国内两个市场、两种资源开展国际化经营的主动意识不断增强，甘肃省金川、酒钢、白银公司等大型国有企业为缓解省内资源日益紧缺的矛盾，坚持可持续发展，纷纷建立境外原料基地，开展境外资源的战略合作与开发，从而带动资源型产品大规模进口，成为甘肃省进出口比例发生重大变化的主因。在西部大开发战略的推动下，甘肃省经济社会活动日益活跃，在企业整体经济效益不断提高、人民生活水平不断改善的拉动下，生产生活有效需求增长很快，促进了甘肃省进出口规模的扩大。"十一五"期间，甘肃省进口增长尤其是大规模的资源型产品进口有效弥补了省内资源的紧缺，这种进口不仅满足了企业的生产需求，保持了有色冶金对全省工业的强力支撑作用，同时也支持了资源性企业出口的增长。资源型产品比重有所下降，农产品、机电产品比重逐步上升。在计划经济条件下，甘肃省工业生产布局以提供原材料为主，可供出口商品中，高耗能、高关税、原材料产品、粗加工的地方资源产品出口比例较大，而高科技含量、高附加值产品和机电产品所占比例很小。"十五"末，资源型产品的比重达58%，农产品和机电、高新产品仅占27%。至2010年，甘肃省资源型产品出口占比下降为31%，农产品和机电、高新产品占比提高到36%。大型企业为主导，中小企业发展有所突破。2010年底，甘肃省有进出口经营资格的企业达到2006家，比"十五"末增加1000多家；有进出口实绩的企业达到457家，其中，100万美元以下的企业251家，100万—500万美元的企业118家，500万—1000万美元的企业33家，1000万—5000万美元的企业49家，5000万—1亿美元的企业2家，1亿美元以上的企业4家。外贸经营主体以三家大型国有企业为主。2010年，金川公司进出口44.87亿美元，同比增长95%，比2005年翻两番，年均增长33%；酒钢集团进出口7.57亿美元，同比增长88%，是2005年的1.74倍，年均增长11%；白银公司3.79亿美元，同比增长20%，比2005年翻一番多，年均增长21%。三家大型企业共实现进出口56.24亿美元，占全省进出口总值的比重由"十五"末的62%提升到"十一五"末的77%。2010年，甘肃省中小企业实现进出口17亿美元，是2005年的1.7倍，年均增长11%，占全省进出口总值的比重由"十五"末的38%下降到"十一五"末的23%。其中，民营企业进出口11.66亿美元，占全省中小企业出口的68.23%；集体企业进出口0.57亿美元，占3.35%；外资企业进出口1.44万美元，占8.47%。一般贸易成倍增长，加工贸易有所下降。2010年甘肃省实现一般贸易进出口62.39亿美元，同比增长78%，比2005年增加42.18亿美元，年均增长25%；实现加工贸易进出口5.25亿美元，同比增长54%，比2005年减少0.7亿美元，年均降幅2.47%。2005年底一般贸易、加工贸易、其他贸易的占比结构为77∶22∶1，2010年底三者占比结构为85：7.2：7.8，加工贸易下降明显，并且主要集中在镍锍、钴及其制品、集成电路芯片等领域。甘肃省服务贸易、文化产品出口出现明显增长。2007年，实现服务贸易8919万美元，是1999年的5.5倍。《读者》杂志、舞剧《丝路花雨》《大梦敦煌》、皮影艺术、香包、剪纸等一批具有中国特色的文化产品纷纷走向境外市场。主要贸易伙伴全面增长。"十一五"期间，甘肃省对外贸易伙伴遍及全球137个国家和地区，贸易规模均呈增长态势。2010年，亚洲市场实现贸易总值27.08亿美元，同比增长98%，占比38%；拉丁美洲市场贸易总值14.11亿美元，同比增长158%，占比19%；大洋洲市场贸易总值12.41亿美元，同比增长76%，占比17%；非洲市场贸易总值8.12亿美元，同比增长110%，占比11%；欧洲市场贸易总值6.95亿美元，同比增长37%，占比9%；北美洲市场贸易总值4.57亿美元，同比增长31%，占比6%。前十大贸易伙伴分别是：智利、澳大利亚、哈萨克斯坦、民主刚果、美国、蒙古、韩国、西班牙、德国、俄罗斯。各市州出口竞相发展。甘肃省各市州依托各自的优势特色产业，努力发展开放型经济，加大对保增长、调结构、拓市场的政策扶持，优化对属地企业的贸易便利化服务，力促全省外贸持续稳定增长，各市州外贸进出口呈现竞相发展的格局。金昌市进出口总额居全省第一，年均增幅33%；兰州市进出口总额突破10亿美元大关，居全省第二，年均增幅10%；嘉峪关、白银、天水进出口总额超过2亿美元，年均增幅分别为11.6%、20%和22%；张掖、酒泉、庆阳进出口总额均超过5000万美元，尤其是张掖增势明显，年均增幅43%，居全省第一；甘南、临夏、平凉、定西、武威进出口总额均跨上千万美元，年均增幅都在两位数以上。

2000年—2010年甘肃省外贸进出口情况统计表

表3-3-5 　　　　　　　　　　　　　　　　　　　　　　　　　单位：万美元、%

年份	进出口总额	增幅	出口额	增幅	进口额	增幅	贸易差额
2000	56953	40	41495	31	15458	73	26037
2001	77886	37	47630	15	30256	96	17374
2002	87740	13	54893	15	32847	9	22046
2003	132758	51	87758	60	45000	37	42758

年份	进出口总额	增幅	出口额	增幅	进口额	增幅	贸易差额
2004	177297	34	99634	14	77663	73	21971
2005	263347	48.5	109099	9	154248	99	-45149
十五时期	738982	35	399015	21	339967	58	59048
2006	382012	45	150925	38	231087	50	-80162
2007	549557	44	165924	10	383633	66	-217709
2008	608360	11	160127	-3	448233	17	-288106
2009	382098	-37	73547	-54	308552	-31	-235005
2010	732464	89.7	163863	123	568601	81.9	-404738
"十一五"时期	2654491	22.7	714386	8.5	1940105	30	-1225719

应对2008年国际金融危机。2008由美国次贷危机引发的国际金融危机，给甘肃省外贸带来了严重冲击，面对外需严重不足，大宗资源型出口产品价格下降50%以上，导致外贸进出口持续大幅下滑等诸多挑战，全省外贸以稳外需、保市场、保份额为重点，抢抓国家和省上出台的政策机遇，使外贸大幅下滑的势头较快得到遏制，2009年实现外贸进出口38.2亿美元，同比下降37%，较2008年5月份最高降幅收窄了19个百分点，并从2009年11月开始实现正增长，12月单月进出口额达到全年最高5.9亿美元，增长118%，2010年迅速恢复到金融危机前的水平并创历史新高，全年完成进出口73.24亿美元，同比增长89.7%，比"十五"期间翻了一番多。甘肃省应对2008年国际金融危机的主要措施包括：（1）加大政策扶持力度。利用商务部拨付的外贸扶持资金，对保增长给予贴息，对建立农产品出口基地和质量可追溯体系、实施技改研发、参加境外展会、建立境外营销网络、参加出口信用保险、开展保单融资等项目给予资助。（2）加大融资协调力度。借助省商务厅与进出口银行、信保公司以及交行、中行等商业银行搭建的融资平台，着力破解中小企业融资难题。（3）加大调研帮扶力度。组织对全省160家出口企业开展问卷调查，分类召开资源型产品、农产品、机电产品、

高新产品专题座谈会，对金川公司等重点企业开展调研，采取一企一业一策，提出帮扶措施，形成了10个专题调研报告。将遏制外贸下滑的具体工作措施和任务分解落实到处，责任落实到人，省商务厅对40户重点企业建立了挂钩服务制度。每季度召开省级进出口协调机制联席会，通报运行情况，分析研判形势，共同商讨对策，协调解决难题。（4）加大订单抢抓力度。利用春秋两届广交会和德国科隆食品展、俄罗斯食品展以及哈萨克斯坦展等境外专业展会搭建平台，为企业提供样品准备、资料翻译、现场谈判、订单签约、信息咨询等帮促服务。在摊位分配上向中小民营企业、本省优势产品倾斜。加大对中小企业参展的订单跟踪，帮助企业抓订单、促成交。第106届秋交会成交10204万美元，同比增长16%，尤其是农产品成交1358万美元，同比增长45%。（5）加大部门配合力度。充分发挥省级外贸协调机制作用，兰州海关推出"新政速递"、"通关服务110"等7条支持甘肃外贸发展的措施；省检验检疫局推出"企业大走访"等12条服务地方外贸发展的措施；省国税局做出"在单证齐全、电子信息核对无误的前提下，20天办结"的承诺；省外管局进一步简化外汇核查、核销手续，方便企业使用外汇；省财政厅加快兑现各项外贸扶持资金的拨付进度，尽力为出口企业创造便利经营环境。（6）加大维护产业安全和应对贸易摩擦工作力度。针对国外干酪素产品、硫酸产品的大量进口和倾销，及时指导企业做好反倾销申诉准备工作。认真应对美国、墨西哥、危地马拉对我地方政府有关政策的反补贴提案，及时沟通调整政策。加强产业安全数据样本监测和企业数据报送工作，报送工作名列全国44家单位的第8位。跟踪贸易救济措施效果调查，开展产业安全业务培训，通报相关非关税壁垒措施，指导企业做好有效应对。（7）农产品增幅较大，对遏制进出口大幅下滑发挥了重要的补台作用。2009年，甘肃省农产品在全省出口总值中所占比已达32%，比上年提高15个百分点，超过资源型产品和机电产品。尤其是番茄酱增长11%，鲜苹果增长142%，种子增长7%，干洋葱增长56倍。2009年全省有外贸实绩的企业达367家，较上年有增长企业达209家，使甘肃省进出口过度依赖资源型产品、过度集中于金川、酒钢、白银公司等大企业的格局有所改观。

2010年，甘肃省继续强化应对金融危机所实施的一系列有效举措，围绕转变外贸发展方式，推进外贸促进长效机制，促使外贸进出口快速恢复到金融危机前的水平开展工作。加大对企业的政策扶持和引导，支持大企业扩大资源型产品进口，建立大宗资源产品进口监测、跟踪制度。外贸结构调整初见成效。2010年，利用商务部部拨资金对企业给予保增长贴息，对农产品、机电高新产品结构调整项目给予资助，全省出口产品结构中，资源型产品占比31%，农产品占比17%，机电高新产品占比19%，其他产品占比33%。机电、高新、农产品占比达36%，高于资源型产品5个百分点。继续扩大外贸融资平台建设，省商务部门积极与进出口银行、信保公司等政策性融资机构，交行、中行、招行、建行等商业银行，省、市级各类担保公司搭建融资平台，为企业提供多渠道、多类型、多品种的捆绑式融资手段。协调进出口银行陕西分行为甘肃省企业发放贷款余额55.39亿元，较2009年净增21.06亿元，占该行全部贷款余额的25%，在西北居第二，并为下一步争取在甘设分行奠定了基础。协调信保公司陕西分公司在甘肃省设立业务处，就近为企业提供便利服务。2010年，该公司为甘肃省企业提供出口信用保险1.41亿美元，是2009年的10.8倍，占该公司保额的14%。协调省内各商业银行为外贸企业提供贸易融资29.8亿元。在各项政策措施扶持带动下，2010年全省外贸持续高速增长，提前4个月完成政府下达的责任目标，快速恢复到金融危机之前的水平，并创历史新高。

坚持"抓大、促小、育新"的工作方针，着力培育对外贸易新的增长点。通过服务加工贸易，激活一般贸易，着力发展农产品、机电产品和高新技术产品出口，鼓励高新技术设备和省内短缺资源进口，积极争取商务部各项外贸扶持政策和资金，加快转变外贸发展方式。使甘肃省外贸结构进一步向均衡合理转化。"抓大"，就是抓重点商品、重点市场、重点地区和重点企业。重点支持大型企业扩大进口紧缺资源和先进技术及设备，支持全省有色冶金支柱产业的转型升级和可持续发展。保持甘肃省进出口稳定增长。密切跟踪服务金川、酒钢等大型支柱企业进出口，着力协调解决企业在进出口运行中的重大问题，鼓励资源型企业实施"走出去"战略，利用境外资源，建立境外原料基地，扩大原材料进口，增强可持续发展能力。省商务部门及时向国家有关部委反映，为酒钢集团、连城铝业、白银公司、稀土公司等企业争取到铁矿砂、氧化铝、稀土、焦炭、白银等商品的进出口资质；为甘肃省招标中心等三户企业争取到国际招标乙级或预乙级资质；金川公司、白银公司通过套期保值手段规避经营风险，平衡供需矛盾，扩大紧缺资源进口规模，对保持高品质镍产品的境外市场份额，促进甘肃省镍、铜产业的发展，促进加工贸易转型升级和梯度转移等都起到积极的作用。"促小"，就是在中小企业普遍受"三率两价"影响而导致出口成本上升、利润下降、订单减少的情况下，一方面利用争取商务部中小企业资金支持企业开拓国际市场，另一方面利用广交会、高交会等境内外展会为企业搭建平台，注重向品牌、名牌、本省产品和民营企业倾斜，并对农产品企业参展费用给予补助。为中小企业开拓国际市场搭建贸易融资平台，"十一五"期间，甘肃省企业参与了出商务部主办的英国、俄罗斯、美国、德国等国外展会，参加了中国在东南亚地区举办的大小展会及华交会、东盟博览会、西洽会、乌洽会等。通过参与展会，企业的出口业务不断扩大，商品种类增多。"育新"，就是针对甘肃省资源型生产企业转型升级，农产品、机电产品和高新技术出口，培育新的增长点。促进资源型生产企业自主创新，培育自主品牌，提高国际竞争力。支持企业开发新材料，增加附加值，延伸产业链，加大环保、节能减排投入，避免继续走依靠要素成本低，以牺牲环境为代价的发展道路。根据2005年全省促进农产品出口工作会议和2006年全省出口工作会议精神，进一步加大对农产品出口工作的指导支持，优化对农产品出口企业的服务，省商务部门会同省农牧等部门联合制定《关于扩大农产品出口的实施意见》。出台鼓励农产品、机电产品、高新技术产品扩大出口，加快农产品出口基地建设，加大对机电产品和高新技术产品技术改造和研发的相关政策。扶持农产品出口企业做大做强，帮助有一定出口潜力的企业由向外省供货间接出口转为自营直接出口，加强农产品备案、注册基地、卫生注册工作。在积极促进石油钻采类企业出口的基础上，以天水华天科技股份公司、天水星火机床厂和兰州吉利汽车等企业为主要扶持对象，努力培育甘肃省电子、机床和汽车等行业成为新的机电产品出口增长点。结合商务部提出的具体分类指导意见，甘肃省在扶持石油钻机、轴承和数控机床等优势产品的基础上，培育IT、高新电子技术、新材料等产业的发展；对有效益、有市场、符合国家产业政策的技改出口项目，在国家每年下达的机电和高新技术产品进出口结构资金中给予重点支持；做好石油机械产业链、机床及零部件产业群的建设工作，支持出口的稳定持续增长。支持企业开展ISO9000、ISO14000、GAP、GMP、HACCP认证以及食品卫生注册、进口国准入标准注册等活动；鼓励企业参加广交会、高交会等境内外展览、境外市场考察和宣传推介活动，帮助企业开拓国际市场。加大人才培训力度。针对外贸企业快速增加，企业急需专业人才的实际情况，举办了全省农产品重点出口市场质量安全培训班，提高农产品生产经营企业的质量安全意识。还通过制作"外贸业务培训课件"，并免费向市州商务部门和中小企业发放，帮助企业熟悉外贸基本流程、管理制度、政策法规、实务操作等内容，尽快开展进出口业务。积极争取国家项目资金的支持，推荐庆阳通达果汁有限公司等企业进入商务部与中国进出口银行、中国农业发展银行搭建的政策性融资平台。引导农产品出口企业加强基地建设，夯实农产品出口的产业基础，依托长城果汁、通达果汁、陇东农副产品、西域阳光、华羚干酪素、天水昌盛集团等一批龙头企业，建立自属原料基地，或推行"公司+基地+标准化"的经营模式建设原料基地，逐步形成"出口带基地、基地带产业、产业促发展"的格局。积极争取国家有关部委促进资金支持。在国家农轻纺贸易促进资金、机电产品技改贴息资金、商务部农产品出口促进资金，机电、高新技术进出口结构优化资金，中小企业国际市场开拓资金支持下，甘肃省"十一五"农产品和机电、高新产品在全省出口总值中所占比重进一步上升，由2005年的14%和12.72%达到17%和19%。2010年农产品出口2.77亿美元，较2009年同比增加0.43亿美元，增长19%。是"十五"末的1.75倍，"十一五"年均增长12%。

2000年—2010年甘肃省进出口总额占全国进出口总额比重和位次表

表3-3-6 单位:万美元、%

年份	进出口总额				出口额			进口额		
	金额	外贸依存度	占全国的比重	位次	金额	占全国的比重	位次	金额	占全国的比重	位次
2000	56953	4.48	0.12	—	41495	0.16	—	15458	0.07	—
2001	77886	5.73	0.15	27	47630	0.18	27	30256	0.12	27

年份	进出口总额				出口额			进口额		
	金额	外贸依存度	占全国的比重	位次	金额	占全国的比重	位次	金额	占全国的比重	位次
2002	87740	5.89	0.14	27	54893	0.17	27	32847	0.11	27
2003	132758	7.85	0.16	27	87758	0.2	26	45000	0.11	27
2004	177297	8.69	0.15	27	99634	0.17	27	77663	0.14	27
2005	263347	11.15	0.19	26	109099	0.14	26	154248	0.23	26
2006	382012	13.39	0.22	26	150925	0.16	26	231087	0.3	22
2007	549557	15.64	0.25	26	165924	0.14	26	383633	0.4	22
2008	608360	13.42	0.24	26	160127	0.11	27	448233	0.4	22
2009	382098	7.72	0.17	27	73547	0.06	29	308552	0.31	27
2010	732464	12.07	0.25	27	163863	0.10	28	568601	0.41	24

2010 年甘肃省进出口商品国别(地区)总值统计表

表3-3-7 单位:万美元、%

国家和地区	进出口总额	同比增减	进口额	同比增减	出口额	同比增减
亚洲	270825	98	190676	86	80149	132
哈萨克斯坦	112138	117	111846	118	292	−35
蒙古	27498	29	27432	28	66	374
韩国	18446	208	897	−19	17549	260
伊朗	10532	89	5935	17	4597	809
马来西亚	7957	384	5143	1018	2814	138
日本	11574	89	1811	−37	9763	202
土耳其	6876	2	4428	−28	2448	332
香港地区	8200	25	337	36	7863	24

国家和地区	进出口总额	同比增减	进口额	同比增减	出口额	同比增减
菲律宾	9102	178	8319	185	782	120
台湾地区	5800	52	2471	98	3329	30
新加坡	2944	−3	1667	16	1276	−20
印度	7839	154	2393	83	5446	207
老挝	7572	88	7572	—	—	—
非洲	81228	110	66500	88	14727	353
民主刚果	44232	150	44067	149	165	3142
毛里塔尼亚	10528	41	10264	37	264	2359
赞比亚	6002	34	5903	35	100	13
刚果	1681	—	1495	—	186	—
南非	5634	97	4362	74	1272	260
欧洲	69502	37	39054	12	30448	92
西班牙	14507	40	10850	10	3656	599
德国	12060	−8	6119	−36	5940	72
俄罗斯	11640	106	10524	116	1116	42
意大利	4620	1	1897	−23	2723	30
芬兰	2533	12	2352	9	182	77
荷兰	4604	−5	660	77	3944	−11
英国	2646	15	227	−59	2419	38
保加利亚	1825	2690	1652		174	166
比利时	1887	296	266	96	1621	376
拉丁美洲	141085	158	130761	147	10324	467
智利	110824	204	109682	202	1142	1033
墨西哥	7137	83	6415	80	722	125
秘鲁	5713	−36	5269	−41	443	1262

国家和地区	进出口总额	同比增减	进口额	同比增减	出口额	同比增减
古巴	5295	75	5276	74	19	—
巴西	6556	604	2803	—	3753	334
哥伦比亚	1018	1179	528	—	490	515
北美	45677	31	19776	11	25901	51
美国	38834	35	13731	11	25103	53
加拿大	6843	13	6045	12	798	20
大洋洲	124148	76	121835	75	2313	145
澳大利亚	123574	76	121835	76	1739	131

2010年西部十二省货物贸易占全国总额的比重和位次表

表3-3-8 单位：亿美元、%

省市	进出口总额	同比增幅	占全国比重	在全国位次
全国	29727.62	35	100.00	—
四川	327.79	36	1.10	11
广西	177.02	24	0.60	17
新疆	171.28	23	0.58	18
云南	133.68	66	0.45	21
重庆	124.26	61	0.42	23
陕西	120.81	44	0.41	24
内蒙古	87.19	29	0.29	25
甘肃	73.25	90	0.25	27
贵州	31.4	36	0.11	28
宁夏	19.61	63	0.07	29
西藏	8.36	108	0.03	30
青海	7.89	35	0.03	31

2010 年甘肃省服务贸易进出口额统计表

表3-3-9 单位：万美元、%

行业	进出口总额		出口额		进口额	
	金额	同比	金额	同比	金额	同比
运输	1578.31	103.03	140.51	−16.66	1437.8	136.18
旅游	360.84	72.93	242.04	78.18	118.8	63.14
通讯服务	—	—	—	—	—	—
建筑服务	2383.18	33.18	1380.92	−4.43	1002.26	190.89
保险服务	—	—	—	—	—	—
金融服务	374.23	1940.67	1.82	−89.67	372.41	51623.61
计算机和信息服务	53.01	63.41	44.07	103.46	8.94	−17.07
专有权利使用费和特许费	1263.61	39.41	36.36	−18	1227.25	42.36
咨询	—	—	—	—	—	—
广告、宣传	—	—	—	—	—	—
电影、音像	—	—	—	—	—	—
其他商业服务	5320.5	−8.45	2202.97	−35.6	3117.53	30.38
合计	11333.68	18.74	4048.69	−22.94	7284.99	69.78

2010 年甘肃省进出口分贸易方式统计表

表3-3-10 单位：万美元、%

贸易方式	进口额	同比增幅	出口额	同比增幅
总值	568601	82	163863	123
一般贸易	541183	86	82759	38
加工贸易	23975	13	28562	120
来料加工	3736	81	6998	131
进料加工	20239	6	21565	116

2010年甘肃省进出口分企业性质统计表

表3-3-11 单位：万美元、%

企业性质	进口额	同比增幅	出口额	同比增幅
总值	568601	82	163863	123
国有企业	542680	84	51640	73
私营企业	21210	49	95348	217
集体企业	31	−94	5658	13
外资企业	4676	88	9750	19

2010年甘肃省各市州进出口额统计表

表3-3-12 单位:万美元、%

地区	进出口		出口		进口	
	金额	同比增幅	金额	同比增幅	金额	同比增幅
总值	732464	90	163863	123	568601	82
兰州	112583	143	88099	212	24484	35
嘉峪关	76411	87	4755	74	71656	88
金昌	449348	95	22111	136	427236	94
白银	45302	28	7976	59	37326	23
天水	22992	92	16226	105	6766	66
酒泉	5900	−8	5533	−7	368	−22
张掖	5922	35	5919	35	4	−56
武威	1280	80	1261	77	19	—
定西	1368	7	670	34	698	−11
陇南	445	−27	425	−28	20	5
平凉	1491	65	1491	65	—	—
庆阳	5611	−7	5587	−7	24	−48
临夏	1574	82	1574	82	—	—
甘南	2237	468	2237	−95	—	—

2010 年甘肃省进出口额前50户企业一览表

表3-3-13   单位：万美元

单位名称	进出口总值	进口值	出口值
金川集团有限公司	448752	427181	21571
白银有色集团有限公司	37943	37292	651
酒泉钢铁(集团)有限责任公司	75738	71656	4082
天水华天科技股份有限公司	12500	5535	6965
甘肃诺客达贸易有限公司	6671	6431	240
甘肃天水海林进出口有限公司	5536	35	5501
甘肃稀土新材料股份有限公司	4951	12	4939
兰州兰石国民油井石油工程有限公司	4606	9	4596
兰州金川新材料科技股份有限公司	3335	3092	243
甘肃雪晶进出口有限公司	3190	—	3190
中国石化国际事业兰炼公司	2636	2011	625
兰州路博润—兰炼添加剂有限公司	2055	1911	144
甘肃东方农业开发限公司	1845	12	1833
甘肃强鑫铁合金有限责任公司	1711	—	1711
甘肃通达果汁有限公司	1694	—	1694
甘肃锐驰矿业有限责任公司	1643		1643
中海建国际招标有限责任公司	1329	1329	—
兰州顶津食品有限公司	1309	1309	—
甘肃中仕达贸易有限公司	1274		1274
正宁县奥神洲进出口贸易有限公司	1245		1245
白银鑫源铁合金有限责任公司	1236		1236
兰州林屯商贸有限公司	1220		1220
甘肃华羚干酪素有限公司	1186		1186
兰州恒源安通商贸有限公司	1182		1182
甘肃汇峰对外贸易有限公司	1165	1	1164
兰州三毛实业股份有限公司	1146	266	880
秦安长城果汁饮料有限公司	1101	—	1101

单位名称	进出口总值	进口值	出口值
兰州顺升冶金炉料有限公司	1059	—	1059
兰州西部维尼纶进出口贸易有限公司	1008	1	1007
方大炭素新材料科技股份有限公司	1006	473	533
高台中化番茄制品有限公司	958	—	958
武威金苹果新果仁食品有限责任公司	875	17	858
兰州怡庆实业有限公司	862	—	862
耐驰(兰州)泵业有限公司	849	534	315
兰州高新技术产业开发区亚成肠衣	792		792
甘肃物资(集团)总公司	779		779
庆阳市陇东农副产品集团有限公司	742	—	742
天华化工机械及自动化研究设计院	730	143	587
天水长城果汁饮料有限公司	717	—	717
甘肃泛植生物科技有限公司	715	38	677
兰州金海锑业有限公司	706	—	706
甘肃兴业国际货运商贸有限公司	696	17	679
兰州电机进出口有限公司	675	404	271
天水娃哈哈饮料有限公司	668	668	—
甘肃宸生土畜产品有限公司	667	—	667
甘肃西域阳光食品有限公司	662	—	662
定西南峰粮油贸易有限公司	660	660	—
酒泉敦煌种业百佳食品有限公司	649	—	649
甘肃智欣冶金有限公司	573	—	573
甘肃建新进出口贸易有限公司	565	565	—
甘肃海外工程总公司	563		563
静宁常津果品有限责任公司	559	—	559
甘肃新里程贸易有限公司	557	—	557
兰州恒荣嘉信商贸有限公司	521	—	521
甘肃御宝泽农垦御米生物开发有限	506	—	506

第四节 外贸管理和促进政策

　　1985年11月，甘肃省对外经济贸易厅改设为甘肃省对外经济贸易委员会。1993年6月，又改设为甘肃省对外贸易经济合作厅。2000年，甘肃省对外贸易经济合作厅与甘肃省商务厅（原省商业厅）合并成立了甘肃省贸易经济合作厅。2004年，甘肃省机构改革中，在原甘肃省贸易经济合作厅的基础上，先后整合了省经协办等部门和机构，组建成立了甘肃省商务厅。虽几经变更，对外贸易管理一直为主要职能之一。

一、外贸管理制度

　　1. 外贸企业审批管理改革。甘肃省对外贸易局恢复设立后，内设政企合一的进出口处(对外称甘肃省进出口公司)、土畜产处(对外称甘肃省土畜产进出口公司）和包装运输处（对外称甘肃对外贸易包装运输公司）。隶属甘肃省对外贸易局和外贸部相关总公司，财务分别与相关总公司挂钩，实行独立核算。至1980年，甘肃省共有以上3家有外贸经营权的省级外贸进出口公司。1984年12月，经甘肃省政府批准，将甘肃省进出口公司改设为甘肃省进出口贸易公司，成为甘肃省第一家地方性的省级外贸公司。1993年11月，国务院批转《国家经贸委、外经贸部、内贸部关于赋予商业物资企业进出口权的试点意见》。1994年颁布实施的《对外贸易法》确立了外贸经营权许可制度，使外贸经营权管理得到了法律层级的规范。至1995年5月，甘肃省包括省市外贸公司、部属工贸公司、有进出口经营权的生产企业在内的各类有进出口经营权企业达到59家。1997年，中国承诺在加入世贸组织后三年内，逐步取消外贸经营许可制度，进出口贸易实行放开经营，1999年1月1日，经国务院批准，外经贸部出台《关于赋予私营生产企业和科研院所自营进出口权的暂行规定》，到1999年底，甘肃省已获进出口经营权的各类出口企业达150家。20世纪90年代末至2004年6月底，中国进出口经营权由审批制逐步向备案登记制过渡。2001年外经贸部颁布《进出口企业经营资格管理规定》；2002年11月，"进出口经营资格管理系统"网络开始在全国联网运行；2003年8月，商务部印发《商务部关于调整进出口经营资格标准和核准程序的通知》，进一步降低门槛、规范审批程序。上述政策措施降低了企业申请进出口经营权的标准，下放了核准权限，简化了申请程序，释放了企业活力。自2004年1月1日起，甘肃省企业进出口经营资格改由各市、州商务主管部门受理审核。截至2005年底，甘肃省有进出口经营资格的企业近800家，有进出口实绩的企业数量达300多家。实行对外贸易经营者无差别、无实质障碍的备案登记。

甘肃省对外贸经营权的管理与国家有关改革同步，在中国外贸经营权管理全面实行备案登记制之前，由省级外贸主管部门负责全省各类企业外经贸经营权的审核和后期管理工作。要求新增对外经贸企业，按国家规定，由地、市对外经贸局报省外经贸厅，需由省外经贸厅审批的由省外经贸厅批复；需报国家审批的，由省外经贸厅审核后报国家外经贸部审批。全面实行备案登记制之后，根据《中华人民共和国对外贸易法》和《对外贸易经营备案登记办法》规定，受商务部委托，省商务厅负责办理甘肃省对外贸易经营者备案登记工作。办理备案登记的企业或个人首先通过商务部政府网站下载登记表，填报有关信息资料并将相关规定证件复印件提交属地市州商务主管部门，经审核无误加盖公章后前往省商务厅领取签发的备案登记表，在30天内到海关、检验检疫、外汇、税务等部门办理所需有关手续。截至2010年，甘肃省有进出口经营资格的企业达到1963家，贸易伙伴遍及全球137个国家和地区。

2. 许可证管理。国家对进出口许可证管理实行统一政策、统一规划、分级管理。商务部（原对外经济贸易部）为归口管理部门。根据中国出口许可制度的发展过程和具体实施的政策原则，甘肃省从1985年1月开始正式签发出口许可证。1985年，属甘肃省签发许可证管理的商品有11种，共签发152份。1986年签证300份。1987年签证407份，涉及40种商品。1988年签证527份，涉及47种商品。从1989年开始实行一批一证制，改变了往年一证多批制的办法，共签订985份，涉及27种商品。2010年出口许可证管理实行"一证一关"制、"一批一证"制和"非一批一证"制。"一证一关"只能在一个海关报关，"一批一证"在有效期内一次报关使用，"非一批一证"在有效期内可多次报关出口（最多不超过12次）。2010年，签发进出口许可证2183份，签证金额23亿美元。其中，出口硅铁6.13万吨，签证金额8205万美元；出口镍5529吨，签证金额1.16亿美元；出口钴2754吨，签证金额1.07亿美元；出口柠檬酸3.2万吨，签证金额约2000万美元。

1980年，原国家进出口委、外贸部制定并颁布《对外贸易进口管理试行办法》，恢复了进口许可证制度，并在实践基础上不断补充和完善。甘肃省进口许可证管理主要根据国家进口货物许可证制度管理条例和进口货物许可证管理货物目录，对进口商品实行管理。截至1988年，国家实行进口许可证管理的商品有钢材、木材、石油、汽车、家电等共53种商品。甘肃省对外经济贸易委员会按规定对其中39种商品拥有审核发证权。2010年，进口铁矿石490万吨，签证金额6.86亿美元；进口粗铜14.82万吨，签证金额10.7亿美元；进口燃料油21.46万吨，签证金额1.12亿美元；进口羊毛447吨，签证金额450万美元；进口毛条140吨，签证金额58万美元。

3. 配额管理。1988年以前，国家的配额管理主要是出口配额管理，从1989年开始，对部分进口商品也实行了配额管理。出口配额管理随着国际市场的变化，在管理手段和分配上也不断发生变化。其表现是出口配额的品种逐步缩小，由20世纪90年代初的60余种，到1999年降低至17种；出口配额安排的国家和地区也有很大变化，有的国家原来议定需要配额限制的，由于情况变化取消了某种或几种商品的配额限制；有的商品虽继续实行配额限制，但限制的范围和比例逐步减少。特别是中国加入世贸组织后，随着不少国家相继承认中国市场化经济地位，许多出口商品配额管制相应取消。1994年，中国开始实行部分出口商品配额招标制。1996年，出口商品招标范围扩大到33种，其中计划列名商品配额招标商品11种，主动配额招标商品13种，纺织品6种，其他3种。1998年，对外经贸部出台出口商品配额招标实施细则，出口配额招标范围扩大，招标工作规范化。根据对外经贸部的安排，甘肃外贸行政管理部门制定了具体实施意见，在投标组织机构、投标资格、操作程序、配额上交、转让、受让、处罚表彰等方面都提出明确规定，使招配工作逐步成为甘肃省出口贸易中的一项正常业务工作。

4. 出口配额管理。出口配额管理大体可分为三大类：纺织品出口配额管理、对港澳地区出口商品的配额管理、其他商品的出口配额管理。

（1）纺织品出口配额管理。根据对外经济贸易部的授权，甘肃省于

1985年11月份正式开始纺织品配额各类证书的签证工作。同年12月，甘肃省外经贸委根据外经贸部有关规定，制定《甘肃省纺织品配额管理办法》。自1985年11月—1989年底外经贸部给甘肃下达的纺织品配额类别和国家情况为：1986年外经贸部下达甘肃省对纺织品协定国家出口纺织品配额8个类别，调整增加8个类别，共签发纺织品配额证书85份，证书金额200.1万美元。1987年下达配额16个类别，其中对美国7个类别，加拿大3个类别，欧共体6个类别。调整增加配额7个类别，其中对美国3个类别，加拿大1个类别，欧共体2个类别，瑞典1个类别。全年共签发纺织品配额证书157份，证书金额418万美元。1988年下达配额34个类别，其中对美国15个类别，加拿大5个类别，欧共体14个类别。调整增加10个类别，其中对美国6个类别，加拿大1个类别，欧共体3个类别，中标对美国配额1个类别，共签发纺织品配额证书384份。证书金额613万美元。1989年下达配额50个类别，调整增加16个类别，共签发纺织品配额证书649份，证书金额为1200万美元。

（2）对港澳地区出口商品的配额管理。1985年下半年，为从根本上扭转对港澳地区出口的混乱局面，保障港澳市场的繁荣稳定，对外经济贸易部根据国务院决定，对中国大陆向港澳地区出口的235种商品实行配额加许可证管理。1988年6月20日，对外经济贸易部根据国务院关于加快和深化外贸体制改革的精神，缩小了对港澳地区出口配额管理的范围。对港澳实行配额管理的主要出口商品是鲜活冷冻商品。配额的分配对象为有该项商品出口经营权并承担该商品的出口计划的外贸企业或其他外贸经济实体。配额的申请：地方各类外贸公司向省级经贸管理部门申请，由省级外经贸管理部门汇总至对外经济贸易部；外贸、工贸总公司系统汇总本系统的申请，上报对外经济贸易部。配额的分配：由对外经济贸易部根据港澳市场容纳量和市场变化及各口岸单位的货源、质量、出口价格水平、换汇成本、经过综合平衡后，确定各地区、各单位当年的出口额度。供港澳鲜活、冷冻商品由对外经济贸易部下达当年出口额度，月额度的调整由对外经济贸易部在广州特派员办事处负责实施。甘肃省主要承担的是供港澳活牛配额出口。

（3）其他商品的出口配额管理。主要有对美国出口的钢材、仲钨酸铵，对欧洲共同体出口的鞋类、木薯干、蘑菇罐头；对英国出口的陶瓷。这些配额由有该类商品出口经营权的企业根据配额报批的程序，上报对外经济贸易部审批。对外经济部根据企业的出口实绩、商品出口价格水平以及配额的余缺情况决定批准与否。

5. 进口配额管理。1989年，国家对部分进口商品也实行了配额管理。规定对47种商品的进口实行进口配额管理，其中有原油、成品油、羊毛、钢材、废船、农药、化肥、烟草等。各省、自治区、直辖市、计划单列市计委会同地方有关部门，根据本地区生产建设、市场需要以及地方外汇收支平衡情况，经严格审核、综合平衡后，将进口配额商品纳入地方进口计划，报国家计委(对国家限制进口的机电产品，同时抄报国务院机电设备进口审查办公室)。各部门自有外汇进口的国家配额管理商品，也按此原则，由各部门主管司、局汇总平衡，纳入部门进口计划，报国家计委。

二、外贸促进政策

1978年以后，国家和甘肃省出台了一系列鼓励发展对外贸易的政策。随着中国加入世界贸易组织后，进一步规范和优化了对外贸易的政策，为对外贸易的稳定、健康、可持续发展创造了良好政策环境。主要政策有：

1. 1980年以前，国家实施的有关政策主要是制定扶持出口商品生产的奖售政策、以进养出政策、出口工业品生产专项贷款、扶持出口商品生产周转资金等。1981年—1988年，国家扶持外贸出口的政策措施主要有：技术改造专项贷款（简称"技改贷款"）、出口商品生产基地建设外汇（简称"基地外汇"）、出口商品生产扶持费。2000年以后，主要有：中小企业国际市场开拓资金，西部地区外贸发展促进资金，扩大农产品出口的一揽子配套支持政策，农轻纺产品贸易促进资金。

中国自1985年开始实行出口退税政策，出口退税一直由中央财政全额负担。2003年，国务院印发了《关于改革现行出口退税机制的决定》，明确从2004年起，建立出口退税由中央和地方共同负担机制，以2003年出口退税为基数，对超基数部分的应退税额，由中央和地方按75∶25的比例共同负担,甘肃省确定的基数为5.07亿元。2005年，针对部分省（市）反映财政负担较重的情况，国务院印发《关于完善中央与地方出口退税机制的通知》，将中央和地方共同负担的出口退税比例调整为92.5∶7.5，原核定的出口退税基数不变。同时，改进出口退税退库方式，出口退税改由中央统一退库，并相应取消对地方的退税基数返还，地方负担部分于年终统一上解中央。由于国家自2004年起陆续取消资源性产品出口退税，该政策对甘肃省传统资源性产品出口企业影响较大，致使2004年以后甘肃省出口退税规模一直不大。为减轻市县负担，甘肃省实行地方负担部分全部由省级负担的政策。

2. 1982年，甘肃省对外贸易局对黑瓜子等八种出口商品采取了经济扶持措施。1983年3月1日，甘肃省对外经济贸易厅和甘肃省供销社为了更好地扶持出口商品生产，下发了《关于改进八种出口农副产品经济扶持办法的通知》，对白羊绒、狐皮、杏干、辣椒干、黑瓜子、薇菜干、苦杏仁、参叶等八种出口商品的经济扶持改进办法。1986年9月27日，甘肃省政府批转了甘肃省对外经济贸易委员会《关于鼓励扩大出口创汇的几项优惠政策的报告》。1987年1月7日，甘肃省对外经济贸易委员会根据国务院关于建立出口商品生产体系的有关规定，下发《建立出口商品生产体系的试行办法》。1987年4月22日，甘肃省对外经济贸易委员会和甘肃省财政厅制定下发《甘肃省超计划出口奖励实施办法》。1988年5月制定下发甘肃省《关于深化外贸体制改革、鼓励扩大出口收汇的若干规定》。1988年9月，甘肃省对外经济贸易委员会、甘肃省财政厅联合下发《鼓励扩大出口收汇奖励办法》，设立"承包基数内出口收汇奖"、"超基数出口收汇奖"、"超计划出口奖"和"专项奖"四项奖励政策，为外贸企业增强补亏能力、调动职工积极性扩大出口创造了有利条件。

1990年11月，甘肃省政府下发《关于深化外贸体制改革鼓励扩大出口收汇的若干规定的补充规定》，对1988年制定的《关于深化外贸体制改革鼓励扩大出口收汇的若干规定》做了相应补充。1995年以后，甘肃省对大中型出口生产用电给予优先安排，实行一定规模的减免电费优惠电价政策。1998年，省政府决定，1998年—2000年连续三年，由省财政每年安排2000万元，省外经贸厅自筹500万元，共同作为全省外经贸发展专项资金，用于扶持甘肃省外经贸企业开拓市场和扩大出口的资金周转。2004年前后，此项资金用于甘肃省贸易经济合作厅直属内外贸企业改制。

根据2005年全省促进农产品出口工作会议和2006年全省出口工作会议精神，进一步加大对农产品出口工作的指导支持，优化对农产品出口企业的服务，甘肃省商务部门会同省农牧等部门联合制定了《关于扩大农产品出口的实施意见》。出台了鼓励农产品、机电产品、高新技术产品扩大出口，加快农产品出口基地建设，加大对机电产品和高新技术产品技术改造和研发的相关政策。扶持农产品出口企业做大做强，帮助有一定出口潜力的企业由向外省供货间接出口转为自营直接出口，加强农产品备案、注册基地、卫生注册工作。2010年，建立甘肃省商务发展资金3000万元，以后逐步增加。

三、口岸建设及管理

1. 航空口岸。1992年7月15日，经国务院批准，位于兰州市以北54.5千米处的兰州中川机场航空口岸定为国家一类口岸，开辟兰州至香港地区的包机航线，开始对外有限开放。自1992年11月24日开通首航包机，至1988年10月停飞，共飞行283个架次，运送出入境旅客11367人次。随着西部大开放战略的实施，国家和地方政府投入大量资金对老机场进行了改造，新建了航站楼、候机楼和2500平方米的国际厅，并于2001年投入试运行。2001年国庆黄金周、2002年旅游旺季，甘肃丝绸之路国际旅行社、兰州铁路旅行社和新加坡旅行商成功组织了新加坡—兰州—新加坡大型互访式旅游，几次包机旅游，旅客爆满，出现买票难的现象，旅游公司获得了较好的经济效益，也得到了国内外游客的普遍好评。国家民航局2002年6月24日正式批准西北航空公司从2002年7月1起开通兰州至香港地区往返定期航班（每周二、六飞行）。2004年9月，兰州中川机场航空口岸被国家宗教局、中国伊斯兰教协会和国家民航总局定为全国穆斯林朝觐出入境四大口岸之一，2010年获国务院批复同意扩大对外国籍飞机开放。

2007年10月，敦煌航空口岸临时对外开放，由日本福岛起飞的国际包机首次飞抵敦煌机场，敦煌成为全国第二家开通国际航空通道的县级城市。至2010年，在旅游旺季先后开通敦煌至香港地区，兰州至泰国，张掖至香港地区，兰州至日本大阪、韩国首尔的旅游包机。

2. 陆路口岸。甘肃省为内陆省份，只有酒泉地区马鬃山区与蒙古人民共和国有65.017千米的边境接壤。为了尽快开通边境口岸，开展与蒙古人民共和国之间的地方和边境贸易，1990年9月20日甘肃省外经贸委向蒙古国乌兰巴托市、戈壁阿尔泰省、巴彦洪戈尔省的对外经济贸易委员会发出邀请电报，蒙方戈壁阿尔泰省政府执行委员会主席兰图10月8日来电邀请省外经贸委于10月20日以后组团访问。巴彦洪戈尔省于10月8日派出以执行委员会副主席奥琪巴特为代表的5人代表团在甘肃省进行了为期8天的经贸考察，并专程赴马鬃山地区考察了中蒙边境甘肃段中方一侧公婆泉，以及中蒙边界182号界桩附近历史上民间通贸的中方驿站旧址。甘肃省副省长李萍会见了蒙古代表团，经与蒙方洽商，1990年10月19日，蒙古代表团团长巴彦洪戈尔省副主席奥琪巴特与甘肃省外经贸委主任李桂共同签订了备忘录，双方对尽快筹建马鬃山二级通商口岸等事宜初步达成了一致意见。同时，初步议定在蒙古巴彦洪戈尔省合资建砖厂、水泥厂、小型宾馆及互派医务人员等9个经济合作项目，并互换了贸易货单。1992年10月，经国务院批准，马鬃山作为季节性口岸对外开放，允许中蒙双方人员、边贸货物和交通运输工具通行。这是甘肃省唯一的边境口岸。

马鬃山口岸自1992年9月1日开关至1993年8月1日共开关5次，每次开放时间为15天，其中有4次过货。1993年8月1日最后一次开关为空关，4次共进出口货物1500吨，实现贸易额443.5万人民币，出口产品主要有面粉、啤酒、轻纺产品、机电产品、化工产品和日用品；进口产品主要有畜产品、木材、钢材等。4次通过该口岸出入境人员达800人次。正当马鬃山口岸边境贸易额日渐提高，经贸合作不断深入进行之时，1993年8月1日，蒙方以保护国内自然保护区为由，要求关闭那然色布斯台口岸。中国外交部同意暂时关闭口岸，并保留继续开放的权利。马鬃山口岸虽然关闭至今已十余年，但口岸设施基本完好无损，省政府、酒泉市和肃北县领导对再次开通马鬃山口岸的积极性比较高，也多次向国家反映情况，要求积极和蒙古国协商开通口岸，争取再次开关，发展两国的贸易往来，这一努力一直在进行中。

第五节　对外贸易及对港澳台地区贸易促进活动

举办和参加各种进出口商品交易会，是促进外贸进出口业务发展的重要渠道。1978年—2010年，甘肃省多次参加国内举办的进出口商品交易会，在省内举办进出口商品展示洽谈会，在境外举办及参加交易会。中国国际贸易促进委员会甘肃省分会（以下简称省贸促会）作为甘肃贸促机构，承担着促进对外贸易、促进利用外资逐步转向国际贸易、促进境内外双向投资的职责，开展了一系列国际贸易促进活动。

一、参加中国进出口商品交易会

中国进出口商品交易会，始称"中国出口商品交易会"（简称"广交会"，英文名Canton fair），一直为甘肃省外贸出口的主要渠道之一。甘肃省自1957年第二届广交会开始参加，当时主要由省内供货部门参展，出口商品品种只有10多个畜产品种。期间稍有间断，此后年年参加。1975 年，甘肃省参加春秋两季广交会的单位为甘肃省进出口公司、中国土畜产进出口公司甘肃分公司和甘肃省外贸包装运输公司3家专业公司，由省外贸局领导带队组成交易团前往。1981年后，随着中央将粮油食品、土畜产、医药保健品、纺织、五矿矿产、化工、有色金属、机械设备等各大类商品交由地方自主经营出口，甘肃省外贸企业也由原来的三家专业公司，逐步分设为土畜产、粮油食品、医药保健、地毯、纺织品、轻工、工艺、五矿、化工、机械、包装、运输、广告、基地、进出口贸易等十多个具有法人资格的省级外贸专业公司。全省有进出口经营权企业还包括了机械设备、有色、冶金、电子、兰炼、兰化等一批工贸企业，由此参加广交会的规模和参展产品不断增加，甘肃参加"广交会"的人数迅速由原来的一二十人发展到百人左右，成交额成倍增长。

1985 年秋季广交会。甘肃省有9家外贸企业参展，共成交2493.48万美元。

1986 年秋季广交会。甘肃省有10个公司的116名外贸业务人员参加，共与25 个国家和地区的客商签订了376份合同，出口商品117种，成交额

4893.9万美元。其中，200万美元以上的商品有当归、镍、杂豆、棉纱、元明粉5种。100万美元以上的商品共7种，包括服装、山野菜、硅铁、家电、绒线、毛毯和电影放映机等。

1987年秋季广交会。甘肃共有13个外贸、工贸公司的117名会内会外代表分别参加了交易会的粮油、土畜、医药、纺织、轻工、工艺、化工、五矿、机械、设备、技术、综合服务及文化等13个交易团，共与26个国家和地区的客商签订了438份合同，成交总额达5866.99万美元。本届交易会甘肃省成交的一个特点是：日本取代香港地区成为甘肃省最大的出口商品市场，对日出口成交额达1967.56万美元，对香港地区出口成交额1697.07万美元，其他成交额在100万美元以上的国家有美国、意大利、英国、马来西亚、巴基斯坦、澳大利亚、法国、联邦德国和新加坡等。

1993年第73届广交会至1994年第75届广交会。广交会由试行分行业组团改由地方组团、按团设馆。甘肃省正式开始以省组团参加广交会。

1994年秋季第76届广交会。组展方式实行"省市组团，商会组馆，馆团结合，行业布展"的模式，恢复了原来的行业展区，并由行业商会实行行业管理，各省交易团负责展位分配等工作。该模式调动了各进出口商会、各省市外经贸部门的积极性，推动了参展企业以高档次、高质量的商品参与国际竞争。

2005年春季第97届广交会。甘肃省参加广交会的企业有22家，开幕后的前5天成交额达3168万美元。其中机电产品成交总额达995万美元，占总成交额的37.3%；欧美市场成交额占总成交额的比重超过32%。

2005年秋季第98届广交会。甘肃省出口工作座谈会于10月15日在广州召开。全省相关部门以及14个市州的负责人参加了会议，甘肃省副省长孙小系在会上说，之所以在千里之外的羊城召开此次会议，是希望各级政府高度重视出口工作，加快调整出口商品结构，努力开创出口工作新局面。

2006年秋季第100届广交会。甘肃省共有45家企业参展，总成交额为7439万美元。10月15日晚9时许，参加完庆典仪式的国务院总理温家宝、副总理吴仪在商务部领导和广东省委、省政府领导的陪同下来到广交会展馆。当经过甘肃展位时，温总理停下脚步，亲切地与参展的甘肃省工作人员一一握手。当得知甘肃在每年两届的广交会上成交额达到1亿多美元时高兴地说："甘肃不容易，做得不错。"

2007年春季第101届广交会。本届广交会对甘肃具有特殊意义。在广交会正式更名为"中国进出口商品交易会"后，广交会开幕招待会改为由商务部、广东省人民政府与其他地方人民政府轮流合作主办，作为广交会新一轮百届的第一届盛会，甘肃省争取到与商务部、广东省政府合作主办第101届广交会开幕招待会的资格。甘肃省委、省政府于2006年7月20日批准成立甘肃省合办工作筹备委员会，由副省长孙小系担任筹委会主任，省长助理陈有安担任副主任，成员由省委宣传部、省财政厅、省文化厅、省卫生厅、省商务厅、省投资贸易促进局等部门分管领导组成。筹委会办公室设省商务厅，全面负责开幕招待会的日常工作。在省商务厅厅长陈克恭的具体负责下，筹委会办事机构对第101届中国进出口商品交易会开幕招待会的策划，从扩大甘肃对外开放、展示甘肃多彩形象的高度，将协办好此次开幕招待会作为对外开放工作中的一件大事，精心策划活动方案，着力体现特色和创新，力求做出亮点和精品。2005年以后，省政府多次组织由筹委会各成员单位相关人员参加的广交会考察学习团，分别赴辽宁和广州观摩学习，实地考察，积累经验，重点了解和学习其他省市开幕招待会的组织设定、现场指挥、节目选择、菜肴安排和互动协作等关键环节的工作。筹委会办公室在借鉴往届各省市协办招待会经验的基础上，根据考察情况，结合实际，制定出了《第101届广交会开幕招待会及相关活动实施方案》，并对方案不断进行了修改、补充和完善。

第101届广交会开幕招待会一改以往单一招待会的形式，由三部分组成，即开幕式、招待酒会和文艺晚会，历时约2小时。甘肃省委书记陆浩为宣传活动的主题题字"多彩甘肃"，作为本届开幕招待会主题，全方位宣传甘肃，推介甘肃。甘肃省在广交会期间的重头戏除开幕招待会外，还包括在广州市举办"甘肃省投资环境说明暨项目推介会"和甘肃省党政代表团与广东省党政领导的座谈会。甘肃省参加本届广交会最大不同之处在于更加注重政府在招商引资工作中的指导作用，把对甘肃的宣传从场内扩展到场外，从台上延伸到台下，从广交会连接到境外，贯穿于合办的全过程。"开幕酒会、项目推介、学习考察、文艺商演、企业展示"五大板块在形式上互为衔接，内容上相互联系，格局上互相衬托，构成甘肃政治、经济、文化综合实力的"甘肃宣传周"系列活动，在广州营造了一个具有"塞外敦煌梦、悠悠陇原情、暖暖甘肃风"的宣传氛围。同时，征集、筛选了涉及石油化工、冶金建材、矿产资源、农业、旅游、能源、医药、基础设施、工业制造等十大行业的600多个项目进行推介、对接、洽谈。通过广交会这一国际平台，把甘肃的优势和投资者的优势相对接，力争引进一批有一定实力、有投资意向的企业来甘肃投资兴业、共谋发展。甘肃省组成了以甘肃省委书记陆浩为团长，省长徐守盛、副省长孙小系、省政协副主席邵克文、省长助理陈有安、兰州市市长张津梁为副团长的党政代表团一行33人，前往广州参加开幕招待会及相关活动。

2007年4月14日，开幕招待会在广州东方宾馆举行，出席招待会的国内外嘉宾约800人，其中：中方约300人，外方约500人，分别来自国家有关部委，各省市区代表团的领导以及港澳台地区和外国政府经贸代表团官员、国际贸易界知名人士、各国驻华机构代表以及世界500强企业的代表等。招待会开幕仪式上，广东省省长黄华华、甘肃省省长徐守盛、商务部副部长高虎城分别作了热情洋溢的致辞。为祝贺广交会新百届起始，甘肃省特地制作了一尊体现甘肃悠久历史文化的《反弹琵琶伎乐天》琉璃雕塑，供大会永久收藏。该作品取材于甘肃敦煌莫高窟第112窟反弹琵琶壁画，反弹琵琶伎乐天身高为101厘米，寓意第101届广交会；圆形底座四周为祥云托起的各种飞天造型，并由浮云托起，寓含和谐与腾飞之意。甘肃省委书记陆浩向广交会赠送了纪念品证书，商务部副部长高虎城接赠并向甘肃省赠送"第101届广交会开幕招待会合作纪念品"—琶洲展馆模型及证书。

黄华华省长代表广交会组委会和广东省人民政府，向出席招待会的各位嘉宾和朋友们表示热烈的欢迎。他说，甘肃历史悠久、资源丰富、民族众多、文化灿烂。甘肃的合办使广交会更具特色，形式更加活泼，同时也为广东提供了一个参与西部大开发建设的良机，广东愿与甘肃在更大的范围、更广的领域、更深的层次上扩大合作和交流，共谋发展、共同繁荣。

甘肃省省长徐守盛在致辞中说，由地处内陆的甘肃省来合作举办这样一届全方位、多层次参与世界经济交流和发展的全新盛会，充分体现了国家加快西部开发、促进区域协调发展的重大战略部署。他说，甘肃省是中华民族的发祥地之一，在改革开放的过程中特别是西部大开发战略实施以后，甘肃主要经济指标均以两位数的速度增长。已与遍及世界五大洲的近130个国家和地区建立了经贸技术合作交流关系，国内省际的经济技术合作也取得了明显进展；甘肃是欧亚大陆桥的重要通道和西部大开发的重点区域，是一片极具发展潜力、有待深入开发的热土。他衷心希望今天的开幕招待会能够成为大家广交朋友、寻找商机的平台，成为认识甘肃、了解甘肃的窗口。

商务部副部长高虎城在致辞时说，广交会创办50多年来，历经风雨，见证了中国对外贸易的发展历程，为中国企业和产品走向世界提供了最佳平台，促进了中国与世界各国的交流与合作。百届已辉煌，辉煌再百届！新百届的第一届广交会开幕招待会由甘肃省政府合办，体现了甘肃人民加快发展、扩大开放的迫切愿望，也是商务部"万商西进"工程的重要内容。他建议来自海内外的朋友去甘肃考察访问、旅游观光、投资贸易、合作发展、互利共赢。

在开幕招待会上，兰州宁卧庄宾馆推出了特色系列佳肴款待境内外嘉宾。他们使用甘肃特有的原料和烹饪方法，既突出地方特色风味，又将甘肃历史文化融入菜式之中。同时，推出了以全省14个市州地名、风景名胜、知名品牌命名制作的桌签，烘托酒会的甘肃气氛。甘肃省党政代表团成员和部分省直部门负责人约50人，分别以第二主人的身份就座，宣传、推介甘肃，以期中外贵宾更多地了解甘肃。

文艺晚会由甘肃省文化厅组织、甘肃省敦煌艺术研究院等单位承办，央视著名主持人朱军和深圳电视台主持人王文佳主持。在文艺晚会上，来自甘肃的艺术家们为境内外嘉宾献上了一台题为《多彩甘肃》的精彩文艺表演，尽情展现了古丝绸之路孕育出的独特西域文化风情。一段《丝路花雨》组舞，渲染了甘肃深厚的文化底蕴和悠久丰富的商贸历史，把整个晚会推向高潮。《丝路花雨》作为举世闻名的丝绸之路和敦煌壁画为素材创作的大型民族舞剧，曾在1979年11月—12月在广州首次演出并从广州走向世界，至今在国内外已演出1400多场，出访过20多个国家和地区，荣获过国家、省级多项奖项，获中华民族20世纪舞蹈经典作品"金像奖"，被誉为"中国民族舞剧的里程碑"。本次演出受到国家商务部和广交会组委会有关领导的充分肯定，认为节目短小精美，具有较高的审美价值和艺术水准，充分表达了甘肃渴望交流、走向世界的心愿。广东省省长黄华华认为，甘肃文化底蕴很深，晚会很成功。阿联酋经济部长鲁卜娜·阿勒卡西米女士称赞："开幕招待会非常成功。"

4月15日上午9:00，在广交会琶洲馆珠江散步道由商务部负责组织的第101届中国进出口商品交易会开馆仪式庆典开始，宣布进口展从本届启动。开馆仪式前，在"甘肃宣传廊"举行大型纪念品赠送揭幕仪式，由商务部领导与甘肃省领导共同为礼品揭幕并留念。

4月15日下午3:00，甘肃省在广州市举办"甘肃省投资环境说明暨项目推介会"，旨在继续加强甘肃与珠江三角洲地区的经济交流与合作，积极吸引境内外投资，承接产业梯度转移，加快甘肃经济发展步伐。甘肃省投资环境说明暨项目推介会由甘肃省副省长孙小系主持，商务部副部长高虎城、广东省副省长佟星分别在会议上致辞。甘肃省省长徐守盛在会议上作了主旨演讲。甘肃省政协副主席邵克文，中国对外贸易中心主任王俊文，以及商务部有关司局、广东省有关部门、甘肃省有关部门和14个市州负责人出席了推介会。来自日本、意大利等14个国家和香港地区、澳门地区、台湾地区及珠三角地区的商协会、投资机构和企业、世界知名企业、甘肃企业和项目单位代表1100多人参加会议。与会代表尤其是珠三角和港澳台地区代表对甘肃的关注程度明显提高，对甘肃社会经济情况的了解更加深入。同时，与会客商与省内项目单位进行了交流、对接和洽谈，效果明显，达到了推介、洽谈的预期目的。第101届广交会期间，甘肃省共有67个招商引资项目和贸易合同签约，总金额79.27亿元。其中招商引资项目59个，拟投资额64.36亿元；贸易合同8个，合同额14.91亿元（此统计不包括广交会交易团对外贸易合同）。在甘肃省投资环境说明暨项目推介会现场，甘肃省经委及8个市州与参会客商达成了24个招商引资项目和贸易合同，总金额40.4亿元。另有38.87亿元的合同额，是由各市、州在穗期间开展招商引资活动，组织实施的。招商引资项目涉及石油化工、装备制造、能源开发、高科技农产品加工、旅游、基础设施建设等产业。在本届广交会上，甘肃交易团共有73家企业分前、后两期参展，共展出6大类27个种类1000多个出口商品。兰州电机、天水海林等一批成长型企业纷纷将一系列自主研发的装备制造业产品进行展示，兰州天星稀土、陇星散热器等42家民营企业也踊跃

甘肃省志 商务志

参展。第一期成交情况良好，共成交5370.5万美元，两期成交额逾亿美元（第100届总成交额7439万美元）。

环境布置上，总体以甘肃浓厚的地域特色文化为基础，以金黄色为基调，一方面体现甘肃的地域特征，另一方面预祝甘肃省和新百届广交会在"十一五"期间再创辉煌。招待会、推介会选择同一场地—东方宾馆会展中心，使其前后呼应。在东方宾馆广场上空设置8个大型户外空飘气球及条幅标语，空飘气球上印有金色的飞天标志，烘托出盛大、喜庆的气氛。在东方宾馆广场的40组灯柱上加挂彩色喷绘的道旗加以装饰。在国际会展中心的入口设置两扇雄伟的仿古城门，在国际会展中心大堂门口右侧通道设置约30米的大型喷绘，内容主要有莫高窟、麦积山、黄河母亲、"神六"飞船、城市风景等，以明快的色彩将古今文化水乳交融。大堂通道内设置"甘肃敦煌壁画"临摹喷绘图画2幅，使作为中华文明瑰宝之一的敦煌壁画活灵活现地展现在人们的眼前。会展中心主席台两侧分别摆放黄河母亲雕塑和水车造型，整个大厅呈现出"多彩甘肃"浓厚的文化氛围。在广交会琶洲馆内珠江散步道上设立甘肃宣传廊，由14个宣传栏、2个半岛和1个全岛信息展示台构成。14个立体造型的画面滚动灯箱分别动态展示甘肃的自然风光和人文景观、优势产业，从不同角度宣传甘肃，供来宾随时查看交易会及甘肃省的信息，同时设置有小型展示柜，用于摆放体现甘肃省文化的工艺精品。

在甘肃省党政代表团与广东省党政领导的座谈会上，两省领导共商加强合作交流、促进发展大计。中共中央政治局委员、广东省委书记张德江亲自主持座谈会并讲话，甘肃省委书记陆浩出席座谈会并讲话，广东省省长黄华华及广东省有关领导参加了座谈。随后党政代表团一行分别在广东省委书记张德江、省委副书记欧广源、副省长林木声的陪同下，对广州市、佛山市、东莞市、深圳市进行了考察。

甘肃省委宣传部商广交会新闻处，邀请了50余家新闻媒体对招待会盛况和"多彩甘肃"主题晚会进行了系统报道，使"多彩甘肃"成为本届广交会最大的亮点，引起了各方的高度关注，有力地宣传和展示了甘肃风采。在广州市出租车上的视频节目中不时可以看到有关甘肃合办开幕招待会和"丝路花雨"舞蹈演出的报道，一时间甘肃省成为广州市民交谈的主要内容。会前在广州日报、香港文汇报、甘肃日报还进行了专题宣传，从媒体上营造了浓厚的宣传甘肃、发展甘肃的气氛，正如媒体所讲"陇风陇韵醉南粤"。商务部、广东省、中国对外贸易中心对这次会议给予了大力支持，帮助邀请、组织客商，衔接有关具体事宜。广东省经贸委、工商联、台办专门发出通知组织企业参加推介会。广州市外商投资企业协会、广东省农业产业化龙头企业协会、奶业协会、石油装备制造协会、旅游协会、广东甘肃商会、甘肃浙江企业联合会等商协会都组织邀请了一批客商参加推介会。

2007年秋季第102届广交会。甘肃省共组织省内59家企业参会参展，总成交额达9230万美元，与第100届秋季广交会相比增长了24.1%。甘肃省参展企业重点推品牌及特色商品。成交商品大类包括：机电产品类3168.97万美元，占总成交额的34.3%；轻工艺类2417.33万美元，占总成交额的26.2%；五矿化工类1540.12万美元，占总成交额的16.7%；粮油食品类1129.65万美元，占总成交额的12.2%；纺织服装类690.34万美元，占总成交额的7.5%；医药保健类283.59万美元，占总成交额的3.1%。在102届广交会期间，甘肃省商务厅还组织了金川集团、白银红鹭、兰州三毛、兰州电机等16家企业的40名代表以采购商身份参观了进口展区。并就机械设备和原材料等产品与美国、加拿大、马来西亚、韩国等国的参展商进行了交流，收集了信息。本次交易会，甘肃省交易团对本省参加广交会企业的展位分配标准为：主要以各企业2006年出口实绩为主，并参考2007年上半年的出口情况，在本届我团未增加分配性展位的情况下，原则上维持第100届广交会各企业展位分配基数，不再安排更多的企业参展。按照大会必须要有5%的新企业参展的要求，甘肃交易团从展位补助数中予以了调整。

2008年春季第103届广交会。甘肃交易团由75家企业组成，共实现交易额1.0118亿美元。成交商品大类包括：机电类产品实现成交额为3835.92万美元，占总成交额的37.9%；轻工工艺类产品次之，实现成交额2524万美元，占总成交额的25%；五矿化工类产品实现成交额1642.9万美元，占总成交额的16.23%；纺织服装类产品实现成交额771万美元，占总成交额的7.6%；医药保健类产品实现成交额699.82万美元，占总成交额的6.91%；粮油食品类产品实现成交额644.36万美元，占总成交额的6.36%。在此次广交会上，欧盟、中东、美国等国家和地区是甘肃省主要出口国家和地区。甘肃省与欧盟的成交额为2399.92万美元，占甘肃省总成交额的26.3%。其次是中东和美国，成交额分别占甘肃省总成交额的16.7%和9.7%。

2008年秋季第104届广交会。受国际金融危机的影响，此届广交会到会的境外采购商比上届下降9.1%，累计出口成交额下降11.5%。为争取出口平稳增长，甘肃省商务厅在参展前动员和组织省内优质外贸企业参展，并积极帮助企业找准商品在国际市场上的定位，在定价上体现参展能力和出口实力。甘肃省通过政策调整，在价格下跌的不利影响下，交易团仍取得了良好成绩。使甘肃省商品出口成交额达到10401万美元，比上届增长2.8%。尤其农产品出口保持了较高增长速度，比上届增长50%。其中，甘谷县大漠行麻鞋厂展出了400多种麻鞋产品，被国际环保组织和国际动物保护组织誉为绿色环保产品，吸引了大量客商，来自日本和欧美的客商签订了20多万双的意向成交合同，签约金额约200万美元。另外机电产品也稳中有升，增长6%。

2009年春季第105届广交会。受国际金融危机日益加深的影响，甘肃省交易团参展的6类成交产品中，除轻工工艺类产品成交量为2845.9万美元，比上届上升了0.09%外，机电类、五矿化工类、纺织服装类、医药保健类、农产品等5类均有不同程度下降。全省累计成交8796.82万美元，比上届下降15.4%。

2010年春季第107届广交会。甘肃省交易团共成交11295万美元，比2009年春交会增长28%；比2009年秋交会增长10.8%。机电、化工、建材、轻工、农产品、医药保健产品占主要份额。

二、甘肃省内举办的进出口交易会及重要活动

1986年之前，甘肃省与境外客商联系较少，在省内举办的专门有关进出口的交易会及活动次数不多。自1992年9月兰州市举办首届中国丝绸之路节，1993年8月举办"兰州丝绸之路经贸洽谈交易会"（简称兰洽会）后，省内进出口商品交易主要以此为平台进行。此外，各市州举办的一些节会，在开展招商、国内贸易的同时，也进行进出口贸易。关于兰洽会，在招商引资和区域经济合作中编中有详细记述，本节只简要涉及。

1. 甘肃省对外经济技术合作贸易洽谈会。1985年7月29日—8月7日，甘肃省政府在兰州首次举办"甘肃省对外经济技术合作贸易洽谈会"。洽谈会展馆设在甘肃省博物馆内，洽谈室分别设在兰州饭店和金城宾馆。这次洽谈会，由省政府直接组织领导，成立了由省政府有关委、办、厅、局负责人组成的洽谈会组织委员会，副省长侯宗宾担任组织委员会主任委员，对外友好协会甘肃省分会会长葛士英、副省长张吾乐、刘恕担任副主任委员，省政府秘书长王平担任组织委员会秘书长，省政府办公厅主任毛敌非、省外经贸厅厅长王致祥担任副秘书长。洽谈会共准备出口商品货单3248万美元，应邀到会客商共532名，完成商品进出口成交额共5355万美元，其中，出口成交2557万美元，占全省年出口计划的三分之一；进口成交2798万美元，完成年进口计划的一半以上。利用外资签约27项，合同金额1.6亿美元，其中引进外资7422万美元，成交现汇引进项目71项，合同金额4725万美元。1989年8月，甘肃省对外经济贸易委员会在省会兰州省博物馆举办甘肃省对外经济技术合作展览。

2. 中国·兰州投资贸易洽谈会。兰洽会从1993年开始举办后，规模日益扩大，领域不断拓宽，商品展销和招商引资成效明显，对甘肃经济社会发展起到了较大的推动作用。1992年9月，兰州市举办了"首届中国丝绸之路节"，以旅游文化活动为主、经贸交流与合作为辅，这是兰洽会的前身。1993年—1996年举办的一至四届兰洽会，突出了外引内联、进出口贸易、商品物资交易的重点，在经贸洽谈、商品展销、物资交易和对外开放等方面都取得了较好的成果。为国内外客商推介和展示产品搭建了一个平台。1997年—2000年举办的第五届至第八届兰洽会开始以招商引资为重点，加强经贸合作，实现了由商品交易为主向投资贸易洽谈为主的功能转型。此后，兰洽会办会形式不断创新，商贸成果日益扩大，以投资促进活动、专业展会、文化旅游活动为兰洽会的三大支撑点。2003年的第十一届兰洽会首次举办文化博览会，创造了兰洽会经贸与文化融合的成功范例。

三、参加国内省外进出口商品展销会

除每年两届的广交会外，20世纪90年代初开始，甘肃省组团参加的国内进出口商品展销会主要有华北、西北地区11个省、市、自治区和9个行业

与中国进出口总公司联合召开的中国天津出口商品交易会，在上海举办的华东进出口商品交易会，以及一些区域性的边贸会，如哈尔滨边境、地方经贸洽谈会，乌鲁木齐边境、地方经贸洽谈会，在广西南宁市举行的中国东盟博览会等。2005年以后，由各省市自治区举办的经贸展会日益增多，互相参加展会成为区域经济合作的重要形式之一，甘肃省把省外展会当成自己的经贸合作平台，不断加强与长三角、珠三角、环渤海及港澳台地区的经济合作，组织党政代表团和企业代表团参加"津洽会""渝洽会""东盟博览会""广博会""西洽会""宁洽会""亚博会""青洽会""西博会""呼和浩特昭君文化节""煤博会""烟台国际葡萄酒展览会"等省外展会。2008年—2010年，甘肃参加省外展会累计商品销售成交45.15亿元。

四、甘肃在境外举办的主要经贸展会

甘肃省自全面自营出口以后，着眼于了解和开拓国际市场，扩大与国际社会的经贸交流与合作，自1983年首次在香港地区举办较大规模的商品展销会以后，由政府组织、企业参加的境外经贸展会日益增多，在20世纪90年代初相对密集。展会的内容由最初的出口商品展销贸易为主，逐步发展为以引进外资，扩大经济技术合作为主。这些展会的举办，对于扭转甘肃省地处内陆、与境外经贸界直接接触少的局面，宣传甘肃，增进境外贸易对甘肃的了解，起到积极的推动作用。同时，对甘肃省拓展境外经贸市场，引进境外资金、技术和促进外向型经济的发展都发挥了积极作用。

1983年9月3日—18日，甘肃省在香港地区华润大厦展览中心举办"甘肃出口商品展览会"。这次香港地区展览会是甘肃开始全面自营出口后首次在境外举办的大型出口商品展览会。展览会于9月3日开幕，共展出粮油食品、土畜产品、纺织、轻工、工艺、五金矿产、化工、机械和机械设备等9大类商品545种，2000余件。应邀到会的境外客商达1700多人，进出口商品成交总额为2153万美元，其中出口商品成交1914万美元，成交最好的为中药材，成交金额达1160万美元。粮油食品、土产、化工、五金矿产和机械类产品的成交额均完成了预定的成交指标。进口和技术引进共完成239万美元，有16个项目签订了合同，金额约100万美元，4个项目签订了协议书。

前来参观的香港地区各界人士和群众共达8.4万多人次。以甘肃省副省长侯宗宾为团长的甘肃省政府代表团出席了展览会开幕式及有关活动。

1991年9月，甘肃省首次在本省出口产品主要输出国之一的日本首都东京举办大型经贸洽谈会。来自日本工商、金融、贸易各界390多家商社（公司）1091人次参加了洽谈。经贸洽谈总成交合同额达到8078.9万美元，其中出口成交合同额为5414.4万美元。中国驻日本国大使馆临时代办唐家璇、日本国际贸易促进协会第一副会长古贺繁一参加了开幕式。洽谈会期间，日本前首相竹下登、国会众议院议长、日本国际贸易促进会会长樱内义雄、日中友好议员联盟会长伊东正义、日中经济协会会长河合良一及日本驻友、三井、丸红等著名商社的领导人先后会见了以甘肃省人大常委会主任、中国国际贸易促进委员会甘肃分会会长许飞青为团长的代表团全体成员。

1991年11月，甘肃省在新西兰的克赖斯特彻奇市举办了"甘肃省贸易展览会"。共有16家外企共25人参加了此次活动。

1992年8月10日—15日，甘肃—汉堡经贸洽谈会在德国汉堡举办。汉堡市国家秘书克劳斯奥衣先生，东亚协会董事、中国部主席米尔歇斯先生，中国驻汉堡总领事王泰智，中国驻德国大使馆临时代办马灿荣参加了开幕式。会展期间，来自欧洲、美国、日本、印度尼西亚、土耳其、阿联酋等国和香港地区的客商560多人参加了洽谈，共签订合同123份，贸易和利用外资总额达1.0888亿美元。其中出口6050万美元、进口1409万美元、利用外资和经济技术合作项目4100多万美元。汉堡市市长费什奥先生在市政府会见了甘肃省政府代表团一行。

1993年4月6日—10日，甘肃省香港对外经济贸易洽谈会在香港展览中心举办。本次洽谈会是甘肃省20世纪90年代在境外举办的规模最大、参加人数最多的一次大型综合性对外经贸洽谈会。会展期间，全国政协副主席、香港中华总商会会长霍英东，新华社香港分社党组副书记、副社长张浚生等香港地区知名人士和以甘肃省常务副省长张吾乐为团长的甘肃省政府代表团出席了开幕式。来自香港、澳门、台湾地区和东南亚、日本、美国、加拿大及欧洲等国家的客商1000余人次参加了洽谈。本次洽谈会经贸合同签约额达98952万美元。其中利用外资54116万美元，出口12602万美元，进口3878万美元。

1994年5月17日—20日，甘肃省在美国洛杉矶国际会展中心举办对外经济贸易洽谈会。本次洽谈会是甘肃省首次在美国举办大型综合性经贸洽谈会。中国驻洛杉矶总经事王学贤，美国加利福尼亚州副州长麦卡锡，美国商务部商务司副司长，洛杉矶商会会长等30多位知名人士和以甘肃省副省长崔正华为团长的政府代表团以及460名客商出席了开幕式。洽谈会期间，来自美国、加拿大、墨西哥、阿根廷、韩国等国客商1600多人次前来进行经贸洽谈，共签订进出口贸易合同4600多万美元，其中出口3300万美元，进口1320万美元。签订经济技术合作项目合同7项，总投资31.31亿元人民币，利用外资额1.35亿美元。

甘肃省在境外举办以上数次较大规模的经贸洽谈活动后，对境外办展进行了阶段性的调整，根据"积极、务实、节俭、增强针对性"的指导思想，在一段时间内对境外市场的开发，主要采取举办一些中小型的贸易和招商各有侧重、专业性较强的展销活动形式。

2001年4月，甘肃省贸易经济合作厅及本省部分地州市和省属企业在沙特阿拉伯王国吉达哈拉姆国际展览中心举办"中国甘肃商品展销会"，共有33家企业单位参展，共成交商品、签订贸易订货合同和协议金额300多万美元，还洽谈了一批工程劳务合作项目。

2001年5月，甘肃省在香港地区举办"甘肃省招商引资推介会"。共签订投资合作项目25项，引进外资58.14亿元人民币，出口成交5000多万美元。

2002年12月，甘肃省在科特迪瓦的阿比让市"中国投资开发贸易促进中心"举办了"中国甘肃经济贸易洽谈会暨商品展销会"。中国驻科特迪瓦共和国大使馆大使赵宝珍、科特迪瓦共和国贸易部部长艾理克先生、工业和中小企业部部长阿兰先生等200多中外宾客参加了开幕式。洽谈会期间，共销售商品500万人民币，签订了一批经济技术合作项目和贸易供货合同。

2009年8月30日—9月3日，甘肃省委书记、省人大常委会主任陆浩、省委副书记、省长徐守盛率领代表团在香港地区进行了为期4天的访问、考察、项目推介和签约活动。在港期间，甘肃省代表团主要成员分别拜会了香港特区政府、中联办等有关部门、企业和社团组织，与之进行了广泛深入的交流和座谈，为两地形成进一步的优势互补找到了突破口和着力点，使双方的合作达到了一个新的水平。本次在港期间，还先后举行了"甘肃、香港合作发展说明暨项目签约会","甘肃（香港）旅游推介会","兰州高新区（香港）重点产业园区推介及招商项目签约会"。兰州市庙滩子地区整体改造工程，甘肃龙源风力发电有限公司风力发电项目等一批重点项目正式签约，签约总金额229.59亿元人民币。此外，甘肃省旅游局通过旅游推介与港中旅、康泰集团、永安集团签署了合作协议，兰州高新区与香港地区的企业签订了合资合作项目9项，总投资额达3.1亿美元。以上推介活动签约总额达250亿元。

五、中国国际贸易促进委员会甘肃省委员会

中国国际贸易促进委员会成立于1952年，是中国国际贸易促进活动的管理机构。中国国际贸易促进活动，是中国政府和人民在20世纪50年代初，为打破西方封锁，积极开展与世界各国人民的友好，恢复和发展国际商业贸易的历史背景下建立和开展起来的。中国贸促会成立后，作为中国民间机构，率先发展与亚洲、非洲和拉丁美洲国家和地区的贸易与友好往来，继而拓展与西欧国家的贸易往来。中国贸促会开展的国际联络和国际展览活动，成为改革开放前中国最重要的国际经贸联系渠道。

1. 机构简介。中国国际贸易促进委员会甘肃省委员会（以下简称省贸促会）为全省国际贸易促进活动的管理机构，其前身是中国国际贸易促进委员会甘肃省分会。1980年8月8日，经甘肃省政府批准，中国国际贸易促进委员会甘肃省分会成立，性质为人民团体组织。省贸促会遵循《中国国际贸易促进委员章程》，作为民间社团机构，独立开展并管理甘肃省的国际贸易促进活动。省贸促会对内承担省政府和省外贸局交办的各项工作任务；对外作为民间团体，根据中国贸促会的章程开展经贸促进活动。省贸促会的办事机构设在省外贸局国外业务处，省外贸局改设为省外贸厅后设在外贸厅外贸处。省贸促会会长由副省长许飞青兼任；副会长由刘涤行、刘文正、王德三、丁永安、贺进民、秦继周等六位省政府主管商贸财经外事工作部门的主要负责人兼任；委员由政府相关机构负责人袁秀明、张达、谷庆春、赵文宗等12位兼任。

1986年5月，召开中国国际贸易促进委员会甘肃省分会第一次会员代表大会，省贸促会由委员制改为会员制，会长许飞青，专职副会长郝介一。

省贸促会办事机构单独设立，编制5名。甘肃省外经贸委任命贾锦江为专职副秘书长，主持办事机构的日常工作。1989年，省编委办公室批复省贸促会内设机构为法律事务部、宣传联络部、展览部、办公室，内设机构为处级建制，省贸促会行政编制12名。截至1992年，省贸促会有团体会员32个，其中包括省级政府部门、地州市外经贸主管部门、省级科研院所和省级银行金融机构；有各类企业会员131个，其中包括省级外贸进出口公司、地州市外贸进出口公司、中央在甘有进出口经营权的生产企业、省级自营进出口生产企业、甘肃在境外投资设立的企业等。

1995年1月，省贸促会第二届全体委员会会议召开，选举产生了省贸促会第二届委员会组成人员，共53人。选举崔正华、石作峰、李文治、费舜筠、张忠敬、冯毅广、何栓庆为常务委员；选举崔正华为会长，选举石作峰、李文治、费舜筠、张忠敬、何栓庆为副会长；推举许飞青为名誉会长；会议决定聘任省委副书记杨振杰、副省长郭琨、省人大常委会副主任柯茂盛、省政协副主席黎中、省政府秘书长程有清等为特邀顾问。决定何栓庆兼任秘书长。同意接收36家团体、129家企业和53位贸促会委员为省贸促会\国际商会会员。

1996年，甘肃省编制委员会《关于印发中国国际贸易促进委员会甘肃省分会主要职责的通知》中，中国国际贸易促进委员会甘肃省分会、中国国际商会甘肃商会（简称甘肃国际商会），对内是省政府的办事机构，由省外经贸厅归口管理，业务上接受中国贸促会的指导；对外为甘肃省民间对外经贸团体，两块牌子，一套机构。确定内设机构为会务部、联络部、展览部、法律部、信息部，保留中国贸促会甘肃调解中心，确定全额拨款事业单位编制名额20人（另编自收自支编制10人）。

2009年1月，甘肃省委省政府组建省贸促会新一届领导机构，任命省委常委、副省长刘永富为省贸促会会长（兼），省人大常委会原副主任苏志希为名誉会长，任命省商务厅厅长王锐为常务副会长（兼），任命任福康、车晓林为专职副会长（副厅级），任命省发改委副主任王泉清、省财政厅副厅长马自学、省外事办副主任王丕夫、省台办主任赵少智、省国资委副主任吴万华、省工信委副主任张富奎为省贸促会副会长（兼）。

2009年7月，甘肃省政府印发《关于进一步加强全省贸促工作的意见》，进一步明确中国国际贸易促进委员甘肃省分会对内是省政府的办事机构，对外是甘肃省民间对外经济贸易组织。贸促会实行委员制，主要由甘肃省经济贸易界有代表性的人士、相关政府部门和社会团体负责人组成。省贸促会根据省政府授权开展工作并接受政府的指导。贸促会是同级国际商会的业务主管机关。中国国际商会甘肃商会实行会员制和实体化运作，主要由企业和经贸界人士组成，依法在民政部门登记。省贸促会及市州贸促支会的主要职责是：邀请和接待国外经贸界人士和代表团来访，组织甘肃省经贸代表团出国访问考察，与各国贸促机构及有关国际组织开展合作交流，组织或参加有关国际会议；负责审批和管理全省出国举办经贸展览会，组织出国展览活动，组织国外来甘肃办展活动；收集、整理、传递和发布相关经贸信息，联系组织中外经贸洽谈和技术交流活动，向有关机构和企业提供培训、经贸信息、咨询和资信调查等各类服务；向政府反映企业界有关情况，研究经贸领域的有关问题，提供参考意见和建议；为国内外企业的国际商事活动提供签发货物原产地证明、商事证明书、不可抗力证明、ATA单证册、法律建议、调解争议等法律服务；办理政府授权或交办的其他工作。

2009年8月，中国国际贸易促进委员会甘肃省分会第三届委员会会议召开。第三届委员会由苏志希、刘永富、王锐、任福康、车晓林等40人组成，其中省贸促会领导班子成员及部门负责人19人，各市州贸促会及敦煌市贸促会负责人15人，省妇联、科协、侨联、工商联、台联、青联等人民团体6人。第三届委员会推举苏志希为省贸促会名誉会长，选举刘永富为省贸促会会长，王锐为常务副会长，选举任福康、车晓林为专职副会长；选举王泉清、马自学、王丕夫、赵省智、吴万华、张富奎为副会长。决定聘任黄浩明、邵律、楼劲、李本乾、陈先进、范鹏、高新才、徐中民、喜文华、张宝军、蔡文浩为省贸促会特邀顾问。

1992年之后，中国掀起新一轮改革开放大潮，对外贸易促进工作得到长足发展。伴随着中国社会主义市场经济体制的改革进程，甘肃省贸促机构的主要职能由促进对外贸易、促进利用外资逐步向促进国际贸易、促进境内外双向投资转变。特别是中国加入WTO后，为适应国际贸易和国际经济合作的新形势，适应作为WTO成员方的权利和义务，甘肃省贸促机构进一步转变职能，确立了新的"四促"宗旨，即促进国际贸易、促进境内外双向投资、促进国际经济技术合作和促进企业开展国际化经营。1992年，甘肃省委和省政府为进一步发挥中国国际贸易促进委员会系统对外联系主渠道的作用，扩大对外开放，发展对外贸易和外用外资，从干部人事上加强了省贸促会的力量。1992年前后，省贸促会通过"走出去"和"请进来"，协助全省对外经贸管理机关组织省内工业企业和商贸企业在日本、德国、美国等国家和香港地区举办大型经贸洽谈活动，省政府代表团随之开展相应活动。在推动甘肃省大中型工业企业接触国际市场、走向国际市场的过程中，为甘肃省政府与外国（地区）政府或机构之间的经贸联系与交流发挥了积极作用。甘肃省的国际贸易促进活动主要是借助中国国际贸易促进委员会甘肃省委员会（甘肃国际商会）主渠道开展的。甘肃省贸促会利用其联系境外商协会和国际同类机构的渠道，加强联络与合作，发挥国际展览、联络、法律、信息的职能作用，为甘肃对外开放和发展国际经贸合作做了大量的工作。

随着经济发展和体制改革的深入推进，甘肃省经济结构方面存在的问题开始显现。作为省贸促会主体会员的省级外贸专业进出公司，经过2004年企业改制后，其经营情况发生了重大改变，在沉重债务和市场竞争影响之下，经营几乎难以为继。省贸促会主体会员出现的状况，影响了省贸促会工作的展开。随着中国对外贸经营权审批范围逐步扩大至全面实行备案登记制，一大批开展国际经营业务的大中型生产企业和民营企业陆续开展外贸进出口业务并发展迅速。省贸促会及其分支机构在为这支重要的会员队伍提供有效服务方面有所缺失，加之省贸促会长达15年未曾换届，领导体制和工作机制长期不健全，市州贸促支会也存在类似状况，在一定程度上影响了贸促活动的开展。

2009年8月省贸促会换届大会召开后，正式确立省贸促会实行委员制（国际商会实行会员制）的工作体制，制定了三年工作规划。甘肃省委书记陆浩、省长徐守盛专门为全省贸促工作作出批示，进一步明确了贸促会系统的发展方向。2009年之后，全省贸促会系统在"围绕中心、服务大局"的指导思想和工作格局下，相继搭建了"中国（甘肃）新能源国际博览会"等有影响力的贸促工作平台，联系中国贸促会与甘肃省政府签署了《中国贸促会与甘肃省政府加强合作备忘录》，在中国贸促会与甘肃省政府举行联席会议的同时，中国国际商会组织会员企业和机构与甘肃相关企业、机构举行合作洽谈活动，有效地拓展了贸促工作领域。全省各市州党委和政府对贸促工作重视程度大为提高，市州贸促会基本上完成了领导调整或进行了换届工作。

甘肃省国际贸易促进活动，是在与境外各种经贸组织、工商会以及企业的合作中展开的，主要是与相关国家地区的贸促机构、商会和行业协会间以双边合作形式进行的。省贸促会成立后来，一直把发展与境外机构和企业的合作关系作为重点任务。为巩固与境外机构和企业的合作关系，省贸促会利用各种机会或场合，积极同境外贸促机构、商协会、代理机构、咨询服务企业签署具有一定约束效力的合作协议。20世纪90年代初，甘肃省贸促活动境外合作对象主要是香港地区、澳门地区、台湾地区和日本、新加坡、泰国、马来西亚等亚洲国家的贸促机构和商协会。这一时期，甘肃省的进出口、利用外资、先进设备和技术来源，主要集中于以上国家地区；20世纪90年代中后期，境外合作对象发展到北美、欧洲、韩国和独联体国家。这一时期，甘肃省的国际贸易和对外经济技术合作，扩展到欧美发达国家地区。进入21世纪，甘肃省国际贸易、投资与经济技术合作开始多元化发展，甘肃省贸促活动境外合作发展到大洋洲、南亚地区、南部非洲、中东和阿拉伯国家地区，区域分布上基本涵盖全球五大洲。除境外贸促机构、商协会和企业外，甘肃省贸促活动的境外合作体系中，与外国驻华使领馆商务机构的合作也是一项非常重要的内容。每一次较大型的贸促活动，都依靠所在国驻华使领馆协助支持。马来西亚驻华使馆对甘肃省清真商品开拓东南亚市场给予长期的有益帮助，澳大利亚驻华使馆对甘肃省引进清洁生产技术、畜牧业先进技术、酿酒葡萄栽培技术长期关心帮助，美国驻华大使馆组成代表团考察甘肃省新能源产业，还有印度、奥地利、厄瓜多尔等驻华使领馆都与甘肃省贸促会保持长期紧密的联系与合作。

甘肃贸促活动合作体系的另一个层面是贸促会与政府机关、社会组织的紧密合作。贸促会是有政府背景的民间经贸组织，是面向所有市场主体的公共服务机构。政府具有管理经济的职能，是推动国际贸易和经济技术合作"有形的一只手"。这就决定了贸促机构的活动，必须与政府及相关单位密切合作，形成协调互动的工作框架。省贸促会长期以后与省发改委、工信委、商务厅、省政府外事办、省国资委等机关保持着紧密的合作，共同组织开展各类国际项目推介、招商引资、产品展示、合作恳谈、观摩考察等涉外经贸促进活动。省贸促会也与各市州地方政府合作开展了一些综合或单项的国际经贸促进活动。省贸促会与政府机构的合作，在全部贸促活动中占据着重要地位，特别是重大贸促活动无一不是共同合作完成的，而且合作框架下的贸促活动水平，经过互动互助的过程得以不断地提高与进步，已经形成了比较稳定的平台和机制性安排。省贸促会与省民族事务委员会和临夏州政府合作，多次组织省内清真产品用品企业参加马来西亚国际清真展览会，临夏州政府代表团还在马来西亚清真展览会期间举办推介会，介绍临夏投资环境、清真产业和产品，开展贸易与投资的促进活动。通过连续参展参会和考察交流，临夏州政府和一批穆斯林企业家对发展清真产业有了日益深入地认识与行动。清真产品用品企业在寻求国际市场销售的同时，企业经营开始向国际惯例靠拢，越来越重视质量、品牌和国际化营销。州政府把发展清真产业作为新的经济增长点，开始注重培育清真产业集群。

与中国贸促会、兄弟省市区贸促会、省内各市州贸促会合作开展贸促活动，是甘肃省贸促活动合作体系的重要组成部分。中国贸促会具有联络国际组织、多边组织、各国贸促机构和商协会的资源优势，长期以后对甘肃省联系境外机构开展贸促活动提供支持与帮助。20世纪90年代，甘肃省在日本、美国、德国和香港地区举办大型经贸洽谈活动，中国贸促会主要领导亲自写信或打电话给这些国家（地区）的工商组织领导或负责人，请求其帮助甘肃举办经贸活动，对于活动成功举办起了关键作用。20多年间，由省贸促会牵头组织的或配合组织的所有对外经贸活动，都得到了中国贸促会相关部门、境外派出机构的支持帮助。中国贸促会经常邀请甘肃主要领导人参加多边或双边贸促活动，安排甘肃领导在高层会议或论坛上发言，以增加甘肃对外影响力。中国贸促会作为中国·兰州投资贸易洽谈会的主办单位，始终如一地支持兰洽会，使兰洽会成长为甘肃省最为重要的经贸交流合作平台。与中国贸促会的合作关系不仅长期保持，而且不断深化。

甘肃省贸促活动合作体系中很重要的一个层次，是贸促会与各类企业的紧密合作。2000年之前，贸促机构和国际商会广泛地把中外合资企业吸纳为会员，在为会员提供国际经贸信息、国际展览、国际商事法律等方面服务的同时，利用合资企业外方在境外的有关商业资源，为省内企业牵线搭桥，促成贸易、投资、技术等方面的合作。通过境外合营方的参与，宣传和介绍甘肃、推介合作机会。这种合作模式，在当时的信息和传媒条件下发挥了特殊作用。2000年之后，市场主体开展国际化经营的环境条件实现了均等化。全省有意开展国际化经营的企业纷纷登记备案，尝试开展国际化经营业务。省贸促会系统开始注重在自办展会活动平台上加强与企业的合作，强调突出企业主体地位作用，并致力合作体系的巩固与扩展。此外，承担组织参加省外展会、贸促会系统联盟展会、部省合作机制活动、协办地方性展会活动等，都是贸促会与企业互动合作的过程。省内一批企业特别是一批中小企业开拓了国际化视野，在境内外寻找到了新的合作伙伴，拓展了市场，强化了国际化经营能力。

长期以来，省贸促会为甘肃在境外举办会展，在省内举办"兰洽会"等重要展会节会方面发挥了不可替代的职能作用，同时还积极广泛开展了其他对外经贸促进活动，取得了良好成效。

2. 出国考察。1993年，组织省化工进出口公司参加美国洛杉矶中国贸易展览会，组织兰州石油化工公司、西北铁合金厂、兰州碳素厂、酒泉钢铁公司、省土畜产金出口公司等企业24人参加中国贸促会代表团，出访日本、韩国、香港地区。1994年，组织白银有色金属公司等省内6家企业的9人赴日本、韩国参加中国贸会举办的"94中国经贸洽谈会"。1995年，组织7批40人，出访美国、德国、法国、荷兰、瑞士、比利时、日本、韩国。1995年12月，省委副书记孙英参加中国贸促会"中国内陆地区促进投资代表团"，与日本经团联、日本贸易促进协会、日中经济协会，与韩国大韩工商会议所、韩国贸易协会等高层经贸团体会谈。1996年，甘肃省委常委、兰州市委书记陆浩、副省长韩修国，参加中国贸促会"第二次中国内陆地区投资促进代表团"，与日本、韩国高级别经贸社团和高层经贸人士进行交流活动。韩修国代表甘肃省政府向丰田章一郎、河合良一、安田佳三先生颁发了甘肃省高级经济顾问证书。1997年，共派出18个团组50人次，出国考察，国别涉及美国、日本、韩国、加拿大、沙特、德国、荷兰、比利时。

1998 年，派出19个出访团组，160余人，行业包括电力、水利、酿造、消防、法律、地矿、医药、环保、商务等，出访国别为美国、加拿大、澳大利亚、新西兰、德国、法国、英国、丹麦及港澳地区。1999年，组织15个出访团组，56人次，访问了北美、澳大利亚、日本、韩国。2004年5月，甘肃省副省长、省贸促会会长崔正华率团出访印度、泰国，与印度工商会举行会谈并签署"合作备忘录"，与泰国中华总商会举行会谈并签署"合作协议"。2004年10月底，副省长吴碧莲率甘肃经贸代表团出访爱尔兰，省贸促会先期联络并随团出访。2007年3月，组织酒泉市经贸代表团一行12人出访澳大利亚、新西兰，与澳大利亚国际商会举行贸促活动。酒泉大禹节水设备公司通过市场考察，在悉尼设立销售机构；5月底，组织3家企业赴哈萨克斯坦阿拉木图参加"首届中国—中亚5国商会和企业合作大会"。中国贸促会与中亚5国工商会签署"中国—中亚商会合作行动计划"，形成机制性合作平台；11月，组织甘肃经贸代表团一行14人，赴美国俄克拉苛马州参加俄州100周年系列活动，与俄州商会举办交流座谈会，俄州商会理事以及有关企业50多人出席，省贸促会介绍了甘肃经济发展概况和甘肃重点投资合作项目，并与俄州商会签署了加强合作备忘录。2008年，组织甘肃企业4人参加"甘肃省友城代表团"，出访匈牙利、奥地利、德国，拜会当地商协会。2009 年7月，组织甘肃物产集团公司、金川集团公司、白银有色公司等企业8人随中国贸促会"中国企业家代表团"赴美国、加拿大，参加中美经贸合作论坛、中美企业家对口洽谈等活动。8月，组织兰州西脉记忆合金公司、宸生土畜产公司等企业5人，赴阿根廷、智利参加"中国与葡语国家企业经贸合作洽谈会"。2010年，组织5个团组73人，赴澳大利亚、新西兰、马来西亚、印度尼西亚、美国、加拿大、俄罗斯、乌克兰、台湾地区考察，重点开展酿酒葡萄种植以及甘肃葡萄酒产业国际合作，甘肃省委常委洛桑.灵智多杰带团考察澳洲。

3. 邀请和接待境外来访。1994年8月，接待中国贸促会邀请的泰国正大集团"正大集团丝绸之路参观团"一行30人访问甘肃。代表团主要考察兰州"正大饲料"项目。甘肃省省长张吾乐与正大集团董事长谢正民举行座谈。代表团向甘肃"希望工程"捐款20万元。同年10月，接待中国贸促会邀请来华工作访问的日本贸易促进协会代表团，代表团由理事长中田庆雄率团，重点考察甘肃有色、冶金工业，并同甘肃省贸促会签订长期友好合作协议。

1995年5月，接待中国贸促会邀请来华访问的韩国高级经济代表团一行25人访问甘肃。代表团由韩国工商会议所会长、韩中民间经济协议会会长金相厦率团。副省长、省贸促会会长崔正华在兰州举行欢迎会和甘肃投资说明会，省外贸厅和兰州市主要负责人介绍甘肃和兰州经济情况及投资环境。省长张吾乐会见并宴请宾客。代表团考察访问省博物馆、省画院、亚欧商厦和兰康皮革公司。省贸促会与韩国工商会议所商定建立两会长期友好合作关系。

1996年9月，接待中国贸促会邀请的台湾地区"财团法人海峡两岸商务发展基金会""海峡两岸商务协调会"一行11人访问甘肃。代表团团长张平沼先生拜会了省政府和兰州市政府，与兰州市政府举行了经贸恳谈会。张平沼系国民党"中央委员""立法委员"，其担纲的"财团法人海峡两岸商务发展基金会"、"海峡两岸商务协调会"自1990年起与中国贸促会建立对口联系机制，每年两次率团来大陆开展交流活动，开启了台湾地区与大陆经贸机构间的定期联系机制。9月底，接待中国贸促会邀请的日本高级经贸代表团一行70人访问甘肃。代表团以日本经济团体联合会会长丰田章一郎为顾问，日中经济协会会长河合良一为团长。代省长孙英会见了代表团主要成员，并举行座谈。考察回国后，河合良一致信甘肃省政府"通过此访，我们了解到贵省资源丰富，原材料工业在中国占有相当重要的位置，甘肃是贵国政府内陆开发战略中的重要地区，我们同贵省的交流非常有意义"。

1997年6月，接待中国贸促会邀请的日本大阪商工会议所"中国内陆地区投资环境考察团"一行23人访问甘肃。团长堀田辉雄，大阪工商会议所副会长，伊藤忠综合商社相谈役。省长孙英会见代表团并举行座谈会。7月，通过中国贸促会邀请日本国众议员、自民党商工部副部长小野晋也一行12人参加兰交会并访问甘肃。9月，接待中国贸促会邀请来华访问的韩国贸易协会高级经贸代表团一行19人访问甘肃。代表团由韩国贸易协会会长具平会率团，现代集团、LG集团、金星喜乐集团、丽水能源集团等大型国际公司的高级负责人参团。省政府在兰州飞天酒店举行"甘肃、韩国经贸交流活动"，副省长崔正华、韩修国出席活动。甘肃省贸促会与韩国贸易协会与签署合作协议。11月初，邀请中国日本人商工会议所赴甘肃考察团来访，一行15人，团长植松修三，系日本三井物产公司驻中国代表，成员为三菱重工、富士电机、丸红集团、第一生命保险东洋信托银行等日本大型企业及日本贸促协会、日本贸易投资振兴会等社团的驻华办事机构。副省崔正华会见代表团，省政府相关部门负责人、甘肃省人民银行、中保人寿公司、中保财产公司主要负责人介绍甘肃经济、金融、投资情况。代表团考察兰州三毛集团、兰州高新科技开发区。11月底，根据丰田公司董事长丰田章一郎和日本贸易促进协会理事长中田庆雄的建议，省贸促会邀请丰田汽车公司董事森田章义率丰田集团公司代表团一行8人专程考察甘肃有色金属，与金川有色公司、甘肃稀土公司商讨镍钴产品、稀土产品开发。

1998年3月，邀请并接待斯洛伐克对外经济协会代表团一行9人访问甘肃。代表团考察刘家峡化肥厂、天水海林轴承厂、兰州汽车运输公司，探讨了液体肥料生产、汽车修造、轴承合作生产方面的事宜。8月，邀请日本国际贸易促进协会"甘肃投资环境暨兰洽会考察团"一行18人来访。省政府组织省计委、外贸厅、农业厅等部门，在兰州举行了交流活动。省委书记孙英会见代表团一行。代表团团长藤野文晤系日本伊藤忠综合商社顾问、（日本）中国研究所所长，藤野先生在兰州举行了中日经济关系专场演讲，甘肃有关政府部门及企业的100余人听讲。9月，省贸促会邀请香港贸发局组织的香港基础建设业考察团一行17人来访，应省贸促会邀请来甘肃考察访问。代表团由香港特别行政区工务局局长邝汉生率团，主要团员有香港俊和建筑公司、香港中华合乐工程顾问公司、香港建造商会、香港机电工程承建商协会等企业和行业协会组织构成。代表团重点考察了敦煌机场改扩建工程，并对兰州滨河西路工程、兰—白高速公路工程、小西湖黄河大桥、天巉公路、兰州南山公路等基础建设工程进行考察。省政府组织省计划委、建委、交通厅、省邮电局、省电力局、省环保局、铁道部第一设计院以及兰州市政府，与代表团进行了甘肃基础建设专题座谈活动。香港劲路基建公司与省交通厅签署了"国道212公路七道梁隧道项目合作意向书"。

2000年5月底，省贸促会邀请韩国驻华大使权丙铉率韩国"中国西部地区贸易、投资使节团"访问甘肃，主要团员有韩国使馆官员、现代、LG、三星、韩国输出入银行、大韩贸易振兴公社，中小企业振兴公团、韩中亲善协会，共60人。主要目的是考察甘肃投资环境，探讨与甘肃的合作前景，寻求韩国厂商的参与机会。甘肃省委书记孙英会见代表团。韩国驻华使馆、甘肃省政府联合举办了"2000中韩贸易投资洽谈会"，中韩100家企业与会洽谈，甘肃省副省长韩修国、韩国大使权丙铉分别致辞；甘肃省计划委员会介绍甘肃经济贸易发展状况，大韩贸易振兴公社中国区总代表介绍韩国经贸状况及对华投资动向。

2001年，中国贸促会安排日本东海日中贸易中心（日本贸促协会东海总局）访华团一行31人，8月底访问甘肃并参加兰洽会活动。团长井横明，日本东海日中贸易中心会长、丰田自动织机株式会社董事长。团员主要来自日本中部地区的汽车、机械、海运等实体企业。

2002年5月，中国贸促会举办世界贸促机构大会暨中国贸促会成立50周年活动，安排参加大会的80多名代表访问甘肃。代表团由来自世界5大洲30多个国家和地区的国家级商会和行业协会主要领导人组成，澳大利亚贸易委员会主任彼得·奥柏恩、欧洲商会副秘书长赫伯特、加拿大制造商出口商协会副会长、法国里昂商会主席阿涅斯、印度工业联合会主席苏塔、摩哥商会联合会主席阿卜杜拉·左希尔、肯尼亚国家工商会主席加菲斯.马古特、大韩工商会议所会长金珏中、日中经济协会理事长绪方谦二郎、阿联酋工商联合会副主席、泰国贸易院主席康希普雄、美国商会亚洲事务副总裁迈隆.布里廉特、英国英中贸协首席执行官黎鼎基、台北世界贸易中心董事长许家栋等世界著名商协会组织领导人和知名企业家参加访问活动。在兰州期间，甘肃省委副书记仲兆隆会见代表团并讲话，省政府举行"甘肃省情介绍会"，副省长郭琨介绍甘肃省情和西部大开发发展战略，有关方面重点投资项目。9月初，中国贸促会邀请美国俄克拉荷马州州长弗兰西斯.基廷率该州代表团一行27人（俄州商会主席参访）访问北京、兰州、上海。

2003年，应中国贸促会邀请，11月底，白俄罗斯工商会代表团底访华。中国贸促会建议安排白俄罗斯格罗德诺州副州拉杰维奇、州工商会主席布林杰耶维奇访问甘肃。白俄罗斯客人考察了兰州高新开发区并与高新区有关企业洽谈，副省长孙小系会见代表团。

2004年5月，接待日本国会议员、自民党商工部长小野晋也一行26日访问甘肃，出席敦煌"中日有志者之森碑"落成纪念仪式，并与敦煌青少年举行交流座谈活动。"中日有志者之森碑"系镌刻中日两国历史名人名言的碑林，旨在激励两国青少年勤勉上进，由小野晋也先生出资500万日元建设。省政府主要领导在代表团访问兰州时举行会见交流活动。11月，应中国贸促会邀请，美国众议院议员伊斯突克率22人经贸代表团访华，并安排代表访问甘肃。代表团成员主要由俄克拉苛马州企业家组成，副团长迪克.拉什系俄克位苛马州商会会长，主要目的之一是促进俄州与甘肃的经贸合作。省长陆浩在兰州会见代表团一行。代表团在兰州、白银两参加了俄州与甘肃建立友好关系20周年的有关"友城活动"。

2005年6月，中国贸促会邀请韩国大韩商工会议所代表团一行40余人访问甘肃、青海、新疆。大韩商工会议所是韩国成立时间最早、规模最大、甚具影响力的经济团体。代表团由大韩商工会议所会长朴容晟先生率团，韩主要地方商工会议所领导人及LG、CJ等知名制造、航运、金融企业参团。主要目的是了解中国西部大开发战略建设情况；考察西部地区投资环境和基础设施建设情况；举办投资说明会，寻求合作机会。同月，泰国正大集团董事长谢国民一行6人，前来兰州考察兰州正大公司的业务情况，同时进一步了解甘肃情况，探寻新的合作机会。

2006年，邀请和接待美国俄克拉苛马州工商会、澳大利亚澳华贸促会、澳洲国际教育文化交流中心、肯尼亚经贸代表团等来访，介绍甘肃省情和发展战略实施情况，并商讨合作事宜。其中，美国俄州工商会考察团考察兰州通用机械厂并就其产品进入俄州市场进行了具体的商洽。甘肃省副省长杨志明会见俄州工商会代表团。省贸促会与俄州工商会签署《重申合作伙伴关系备忘录》。

2007年邀请和接待境外来访团组14个32人次。重要活动是，邀请和接待白俄罗斯格罗德诺州代表团访问甘肃，来访期间省贸促会为格州12家企业安排了与甘肃相关企业的配对洽谈活动，安排格州代表团考察了甘肃乳品、药品、包装设备制造企业，代表团参加了兰洽会相关活动。格州副州长努萨诺夫与甘肃省副省长石军签署"白俄罗斯格罗德诺州与中国甘肃省缔结友好省州关系协议"，标志两省州开始全面合作交流。

2009年，邀请和接待日本贸易振兴公社率18家日资企业以及韩国贸易投资振兴公社北京首席代表咸正午、澳大利亚驻华公使孟哲伦、澳大利亚贸易委员会商务专员杜大维等来甘肃访问，考察及洽谈内容涉及沙漠治理、污水处理、新能源开发利用等领域。

2010年，邀请和接待澳大利亚、美国、马来西亚、英国、日本、法国、哥伦比亚等国家和香港地区、台湾地区的11个团组89人来访考察，领域涉及环境保护、新能源基地建设、葡萄酒产业开发、清真产品生产等。11月，由香港美国商会能源委员会主席、AEI亚洲有限公司首席执行官谭兆栋先生为团长的"香港美国商会能源投资考察团"一行27人来甘肃考察，团组成员大多在中国大陆有投资项目或技术合作，AEI在中国投资多家电站和输油管道，苏司兰能源公司是世界第三大风团发电设备制造商，香港建设有限公司在中国拥有600万千瓦电站的控股权，世界500强企业PPGA工业（国际）有限公司。考察团听取甘肃省发改委关于甘肃新能源产业的发展规划及投资建设情况，并前往酒泉市昌马风力发电场、敦煌光伏电场、酒泉新能源装备制造园区和紫轩葡萄酒基地考察，酒泉市和嘉峪关市政府及其相关部门、开发园区的负责人举行座谈活动。

4. 举办和参与出国展览、组织境外来甘展会。1998年，甘肃贸易代表团26人赴美国参加中国贸促会举办的"98纽约中国贸易展览会"。副省长崔正华率甘肃省政府5人代表团开展政府及经贸活动。政府代表团回程途经韩国汉城时，受到韩国总理金钟泌的接见并举行座谈。兰州三毛集团、甘肃稀土公司、金川有色公司、兰炼公司、兰化公司、西北铁合金、白银公司等大中型企业参展。兰州市、金昌市政府在展览会期间举行招商项目推介活动，共推介42个招商项目。兰洽会组委会代表介绍了兰洽会情况，邀请美国相关人士参加兰洽会，美国商界、政界、金融界、媒体200多人参加活动。

2004年，承担甘肃省参加"第一届中国国际服务业大会"筹备工作。中国国际服务业大会由国家发改委、商务部、中国银监会、北京市政府主办，历时4天，7月3日在北京闭幕。省政府成立甘肃参加大会组织委员会，副省长孙小系任主任，组委会办公室设在省贸促会。甘肃参加大会的活动，主要由展览、政府代表团活动、企业活动等三项组成。甘肃综合展区展示旅游、物流、金融等现代服务业的现状、成就和发展前景，辅以"甘肃会刊"和专题视频。企业展览区由省交通厅、甘肃民航局、兰州铁路局、省旅游局、甘肃邮政局、省人事厅、省文化厅、银监会甘肃监管局、省贸促会、省物流协会、兰州铝厂、酒泉钢铁公司等部门和企业负责布置的25个国际标准摊位构成，分别反映甘肃公路、航空、邮政、金融、人力资源、文化、社会中介等各服务领域的情况。甘肃18家服务企业参加了大会活动。甘肃获得大会组委会颁发的优秀组织奖。

2005年3月，副省长孙小系率甘肃省政府和经贸代表团一行60多人赴埃及开展系列活动，主要活动由中国甘肃省—埃及吉萨省经贸座谈会、中国甘肃省省情推介会、参加38届开罗国际展览会以及政府代表团活动组成。2004年埃及吉萨省与甘肃省建立友城关系，双方对两省间发展经贸合作比较重视，吉萨省组织该省30多家较具实力和影响的企业参加经贸座谈会，吉萨省省长、商会会长、有关政府部门莅会。在参加第38届开罗国际展览会期间，在开罗国际会展中心举办了"中国甘肃省情推介会"，邀请埃及展览局、投资局、外交部、商会联合会官员、多家行业协会高管以及吉萨省政府和商会领导人出席，孙小系推介甘肃省情。甘肃参会企业与外国参会企业进行了对口洽谈活动。会上，甘肃省贸促会与埃及商会联合会签署友好合作协议。甘肃9家企业参展开罗国际展览会，展出面积约占"中国馆"3成。

2006年5月，组织16家企业参加朝鲜"平壤国际商品展览会"，省长助理陈有安率政府代表团参加相关活动，政府代表团在经韩国首尔期间，前往韩国贸易协会举行了座谈活动。12月，组织25家企业48人组成的甘肃省经贸代表团赴印度开展活动，并参加"2006年中国商品印度孟展览会"，甘肃机床、切纸机、大口径焊管机、节水灌溉设备、葡萄酒等产品收获订单。代表团在展会中举办了"甘肃省情、项目推介会"，甘肃省商务厅副厅长赵永宏向与会的印度商业商会、孟买工商会人等商协会、与会160多位与会客商介绍甘肃经济发展情况及合作项目情况，并邀请印度商人来甘肃兰州参加兰洽会。印度商业商会与甘肃省贸促会签订友好合作协议。甘肃省商务厅和省贸促会代表拜访了印度工商联合会。

2007年10月，组织兰州长城电工公司、兰州电源车辆研究所、甘肃大禹节水股份公司等6家企业13人，参加南非约翰内斯堡"南非国际贸易博览会"，三家南非企业与甘肃大禹节水公司签订代理合同。同月，组织甘肃条山果蔬制品、武威金苹果等8家企业13人，参加"2007德国科隆国际食品展览会"。11月，中国贸促会与青海省政府联合举办首届"中国青海国际清真食品及用品展览会"，设立300个国际标准摊位，伊朗、马来西亚、沙特阿拉伯在展会设立国家馆，国内19个省市区的清真产品用品企业参展。来自阿拉伯国家、马来西亚、尼日利亚以及美国等22个国家和地区的200多位穆斯林采购商参加活动。中国贸促会协调甘肃贸促会协办"中国（青海）国际清真食品用品展览会"。省贸促会组织临夏、兰州、庆阳、天水、平凉及嘉峪关市的23家企业80多人参加展会活动。甘肃展馆展出面积400多平方米，展出甘肃清真食品、地毯、生物制品、农产品、穆斯林服饰等，甘肃展馆是东道主之外的最大展馆。兰州清真食品企业还在展场进行兰州牛肉拉面现场表演，赢得客商关注和喝彩。甘肃参会企业分别参加了"中国—伊拉克采购贸易大会""中国—马来西亚采购贸易大会"和"中国—伊朗采购贸易大会"。组织参加这一展会，标志着省贸促会促进甘肃清真产业国际化活动的开始。

2008年10月，组织临夏、兰州、庆阳等市州36家企业100名代表参加"中国（青海）国际清真食品及用品展览会"。甘肃展馆40个标准摊位，主要展品为食品、调味品、饮料、地毯、穆斯林服饰及庆阳香包、剪纸、皮影等。甘肃企业分别参加了"中国与穆斯林国家经贸合作论坛""国际清真食品认证（HALAL）培训""穆斯林民族服装大赛"等展会活动。

2009年，组织甘肃15家企业参加"马来西亚国际清真食品展览会"活动，6家企业参加展出。8月，组织甘肃55家企业160多人参加"中国（青海）国际清真食品用品展览会"。甘肃展馆74个标准摊位，展品30个系列，甘肃企业共签订各项合同金额6700多万元人民币。白银特澳特番茄制品公司就与新加坡、马来西亚、孟加拉、巴西、埃及、科威特、阿联酋等8个境外客商签订番茄酱合同金额达到3000万元人民币。甘肃清真糖果、肉制品、伊斯兰风格地毯、啤特果饮料、听装甜醅等销售看好。甘肃省副省长、省贸促会会长刘永富率甘肃省政府代表出席展会开幕仪式及大会重要活动。省贸促会代与中国贸促有关机构就助推甘肃清真产业发展进行交流，形成了通过"马来西亚国际清真食品展览会"和"青海国际清真食品展览会"两个平台的展会活动，助推甘肃清真产业发展的思路。从本届开始，省贸促会会同兰州、庆阳、白银、临夏、金昌等市州贸促会共同组织参展参会工作。

2010年，组织甘肃32家清真企业100余人参加中国（青海）国际清真食品用品展览会。甘肃企业签订供货合同7个，合同金额2200万元人民币，签订代理加盟、合作建厂等协议14个。组织甘肃22家企业参加马来西亚国际清真食品用品展览会，并且与临夏州政府组成政府代表团开展活动。甘肃企业与130多个国际买家面对面对接洽谈，举办了"中国临夏民族经济发展和合作项目推介会"，马来西亚有关经济部门、商协会及百余家企业参加，临夏清真产业、产品和项目在马来西亚产生一定影响。省贸促会与马来西亚清真产业发展机构、马中总商会签署了《合作备忘录》和《合作协议》。组织兰州长城电工股份有限公司等7家企业参加中国商品（印度孟买）展览会，并组成甘肃政府代表团组开展贸促活动。第一次参加该展会的兰州金安新材料包装公司，收获了400万美元的订单。全印产业协会和斯里兰卡国家商会，组织了企业间的对口洽谈。组织甘肃紫轩酒业公司、甘肃祁连葡萄酒公司、甘肃威龙有机葡萄酒公司参加"第三届香港国际美酒展览会"，省贸促会与张掖、武威、嘉峪关三市政府及甘肃葡萄酒产业协会组成政府代表团，跟随开展相关活动。威龙公司与国际买家签订6000万元人民币供货合同，祁连公司冰葡萄酒接到来自美国、法国、瑞士等国采购商的代理请求，欧、美和大洋洲客商对酿酒葡萄基地建设表示了合作愿望。展会后，香港贸发局代表前来兰州与省贸促会商谈通过香港促进甘肃葡萄酒开拓国际市场的合作事宜。2011年后，省商务厅协调将组织葡萄酒企业参加国内外展会工作交由省酒类商品管理局实施，省贸促会配合省酒管局分担联络境外等方面的工作，并且配合邀请境外葡萄酒机构和专家来甘肃评估酿酒葡萄酒种植，对葡萄酒生产和品牌培育方面提供咨询。

2010年7月，在甘肃省酒泉市举办首届中国（甘肃）新能源国际博览会。主办单位是甘肃省政府、中国贸促会，承办单位是酒泉市人民政府、甘肃省能源局、省贸促会、省投资贸易促进局、中国能源报社，展会主题是新能源、新希望。展会由开幕式、高峰论坛、展览展示、专业论坛、合作项目签约、酒泉风电光电基地建设考察六大板块构成。甘肃省委常委、省纪委书记蒋文兰宣布开幕，副省长咸辉讲话，酒泉市委主要负责人致辞。

省人大、省政协和中国贸促会的领导出席重要展会活动，来自美国、丹麦、法国、日本、泰国、蒙古、印尼和香港地区、台湾地区等13个国家和地区，以及国内新能源领域的专家、学者、企业家代表近300人参加展会活动。部分与会代表参观和考察了酒泉新能源装备制造园区、玉门昌马风力发电基地、瓜州中电国际风力发电场、敦煌光电基地，通过对新能源基地建设的考察，增进了对于甘肃"建设河西风光电走廊，打造陆上三峡"发展战略的认识和理解。博览会签约合作项目83个，项目总金额815亿元人民币。博览会的举办，初步搭建了甘肃新能源产业领域的国际交流合作平台，实现了对甘肃新能源基地建设和新能源产业发展的宣传推介，引入了境内外发展新能源产业的新思维。

第六节 外贸基地和品牌建设

中华人民共和国成立以后，党和政府为增加外汇收入，促进对外贸易发展，一直重视出口商品基地的建设。最初，主要针对货源供应不足和有特殊需求、需要大力发展的出口商品，由国家或地方政府划定某些地区或选定一些生产企业（车间）为基地进行生产加工，于20世纪50年代中期在毗邻港澳的广东进行局部试行，以后逐步在全国推开。

一、甘肃省外贸出口基地建设

1960年开始，甘肃省各级外贸部门就开始建立出口商品生产基地。但由于甘肃经济比较落后，外贸长期处于调拨出口，外贸机构多次撤并等原因，出口商品生产基地发展缓慢。1975年，甘肃省对外贸易局恢复设立后，根据国家计划委《建立出口农副产品生产基地试行办法》和《建立出口工业品生产专厂试行办法》，采取措施建立和发展出口商品生产基地。1979年中共十一届三中全会提出"对外开放、对内搞活"的经济方针以后，国家进出口委总结各地兴办出口商品生产基地和专厂的经验，重新制定下达《出口农副产品生产基地试行办法》和《出口工业品生产专厂试行办法》。1981年甘肃全面自营出口以后，各级地方政府和外贸部门在出口商品生产基地建设方面投入更大力量，取得了明显进展。1986年10月，甘肃省外经贸厅增设专管出口商品生产基地建设的职能处室基地开发处，1986年12月，经外经贸部批准，新设立中国出口商品基地建设公司甘肃分公司（与基地开发处合署办公），积极参与、扶持出口商品生产，发展横向经济联合，开展工贸、农贸、技贸相结合的出口商品生产基地建设。1987年1月，根据中央有关规定，为发展自身优势，促进出口商品生产，增强出口创汇能力，甘肃省政府制定下发《关于建立出口商品生产体系的试行办法》，1989年1月，甘肃省外经贸委印发并执行《甘肃1988年—1992年出口商品生产基地建设规划》，甘肃出口商品生产基地建设步入一个新的阶段。据部分统计，从1986年下半年至1988年底，甘肃省外经贸系统参与建设出口生产企业134

项，资金7989.6万元。其中人股联营、合资、独资办厂25项，投资4718.8万元。

这一时期，甘肃出口商品生产基地的基本类型有以下几类：

1. 单项出口农副产品生产基地。是以一个县或乡为单位，专门种植和养殖经济价值高、国外畅销商品的生产基地。这些基地有的是外贸部门主办的，有的是商品主管部门或地方主办的，还有的是几个部门合办的。它们原有行政隶属关系、经营管理体制不变，生产归当地主管部门领导和安排，由外贸部门给予扶持。

2. 出口工矿产品专厂（专矿、专车间）。是专门或主要生产出口工矿产品的工厂、车间、矿区等工矿企业。截至1989年，甘肃已建立起出口工业品专厂（专矿、专车间）近40个。它们大多数是生产出口商品的老厂和骨干厂，大部分经济效果较好。

3. 工（农）贸合资经营生产企业和中外合资企业。根据国务院关于推动经济联合的暂行规定和中外合资经营企业等法律、法规的规定，甘肃外贸部门同生产部门、港澳客商、国外客商合资开办经营生产企业，生产出口商品，为出口商品基地和专厂的建设，初步探索出一条新路子。据不完全统计，甘肃从1986年—1989年共兴办工（农）贸联营生产企业39个，中外合资企业3个。

4. 外贸部门自属生产、加工企业。外贸部门自属生产加工企业，是甘肃出口商品基地的重要组成部分。它直属省、地、州、市外贸专业公司直接领导和管理，是甘肃外贸系统的基层组织机构。主要承担甘肃出口土畜产品、中药材、粮油食品和一些小工业品的生产、加工、整理、挑选和包装储运任务，以及一些配套服务工作。1999年全省对外开放工作会议提出，围绕调整出口结构，争取在五年时间内建成机电、轻纺、地毯、土畜产品、中医药保健品、精细化工品、粮油食品、铁合金产品、铅锌矿产品、镍铝稀土有色金属十大出口商品基地。

2001年中国正式加入世界贸易组织以后，对外贸易获得迅速发展。甘肃省出口基地建设取得一系列新的进展，特别是农产品出口与出口基地建设进展明显。2000年，甘肃省贸易经济合作厅提出，"十五"期间，甘肃省以原有出口企业为依托，建设十大外贸出口基地，这十大基地是，依托甘肃兰光科技股份有限公司建成大屏幕彩显和液晶显示器出口基地，依托兰州碳素有限公司、甘肃祁连山水泥集团公司等企业建成新型材料出口基地，依托兰新通信设备集团、长风信息科技集团等企业建成电力电子元器件和网络信息产品出口基地，依托西部种业公司、张掖脱水蔬菜总公司等企业建成农副产品出口基地，依托兰州生物制品研究所、兰州佛慈集团公司等企业建成生物制品及医药出口基地，依托西北永新涂料集团公司等企业建成精细化工基地，依托长城电工集团公司等企业建成电工电器和电机出口基地，依托兰州石油化工机器总厂、天水星火机床厂等企业建成重大机械装备出口基地，依托兰州三毛等纺织企业建成高档毛精纺面料、产业用土工布和地毯出口基地，依托兰驼集团公司等企业建成农用机械和农业设备出口基地。

2001 年—2005年，全省农产品生产加工企业积极推广"公司+基地+农户"的经营模式，加强农产品出口基地建设，增加出口品种。积极实施农业标准化生产，建立质量监控体系，强化农产品质量管理，使农产品出口竞争力得到提高。贯彻落实省委农村工作会议和省政府促进农产品出口工作会议精神，制定出台了一批扩大农产品出口的政策措施，积极利用农业产业化专项资金支持优势农业基地建设和龙头企业项目建设。2005年3月23日，甘肃省政府批转省商务厅等部门关于扩大农产品出口的实施意见，对加强农产品出口基地建设，增加出口品种作以下规划：重点培育4个农产品出口产业聚集带。西部以武威市、张掖市、酒泉市为主，重点建设番茄酱、脱水蔬菜、制种、酿酒葡萄出口基地；南部以甘南州、临夏州、陇南市为主，重点建设中药材、干酪素、肠衣、杂豆、牛羊肉出口基地；中部以兰州市、定西市、白银市为主，重点建设马铃薯深加工、花卉、食用菌出口加工基地；东部以天水市、平凉市、庆阳市为主，重点建设干果、苹果、苹果汁、活牛出口基地。同时，进一步优化农产品检验检测服务，强化认证，抓源头质量，加强名、优、特产品的地理标志保护，加大检验检测科技投入以及国外技术贸易壁垒知识的宣传培训。金融部门加大对农产品加工出口的信贷扶持，财政、海关、国检、外管等部门密切协调配合，为农产品出口企业营造良好的生产经营环境。借助商务部在政府官方网站上专门设立的"农产品出口信息"专栏，和外贸司、外贸发展事务局、驻外经商机构、食品土畜进出口商会等子站，了解农产品出口的行情动态、贸易政策、围剿标准、贸易规则、市场供求等信息。

在农业结构不断优化、主导产业不断聚集、区域特色优势不断显现，重点龙头企业不断壮大，农业产业化水平不断提高的推动下，全省农产品出口由2001年的4297万美元，2005年达到15847万美元，增长4.7倍；占全省出口总值由2001年的5%提高到2005年的14%；"十五"期间农产品出口总额累计达43661万美元，年均增长36%。2005年在西部12省排第7位。

2006年—2010年，针对国外对农产品出口设置的技术壁垒越来越多、技术标准和出口门槛不断提高的倾向，为保证农产品出口稳定增长，甘肃省于2006年4月在庆阳市召开全省农产品出口工作现场会议，总结推广庆阳市农产品出口与出口基地建设经验，并在促进农产品扩大出口、建设农产品出口基地和农产品质量可追溯体系、加强农产品出口信用保险等方面出台一系列扶持政策，提高甘肃省农产品出口的竞争力和质量风险防范能力，使省内农产品出口基本保持稳定增长。省商务部门支持农产品扩大出口和农产品出口基地建设的措施主要有：（1）积极争取商务部有关扶持资金。省商务厅、省财政厅、省农牧厅和省出入境检疫局，在省内筛选了38个项目上报商务部和财政部，申报国家农轻纺贸易促进资金项目，得到资助的资金项目33个，资金达2137万元。2007年，通过国家农轻纺项目对甘肃省的支持，全省29个农产品出口质量可追溯体系项目、4个农产品公共技术服务平台项目获得国家商务部、财政部审核通过，涉及全省10个市州。（2）加强农产品出口市场质量安全培训。同年争取到商务部支持，选派全国知名农产品质量专家来甘肃进行农产品出口市场质量安全培训，省、市、县三级商务部门和省上有关部门，以及农产品出口企业320余人参加培训。（3）积极争取国家项目资金的支持，引导农产品出口企业加强基地建设，夯实农产品出口的产业基础。省商务部门推荐并协调国家农业产业化龙头企业庆阳通达果汁有限公司进入商务部与国家有关银行搭建的政策性融资平台。引导农产品出口企业加强基地建设，依托长城果汁、通达果汁、陇东农副产品、西域阳光、华羚干酪素、天水昌盛集团等一批龙头企业，建立自属原料基地，或推行"公司+基地+标准化"的经营模式建设原料基地，逐步形成"出口带基地、基地带产业、产业促发展"的格局。2007年，引导企业建立油葵基地1340公顷以上，白瓜子基地2000公顷以上，青苹果基地680公顷以上，苹果基地20000公顷以上，西红柿基地340公顷，为扭转农产品出口有龙头无基地的被动局面趟出了一条新路。2008年国际金融危机爆发，甘肃省加快转变外贸发展方式，借助甘肃省农业产业化、新农村建设和振兴装备制造业行动计划的机遇，加大农产品出口基地建设力度，培育发展果汁、干酪素、柠檬酸、番茄酱等优势农产品扩大出口。在甘肃省原第一类原料型出口产品受阻的情况下，2009年12月当月农产品出口3832万美元，创甘肃省农产品出口当时新高。全年农产品实现出口2.34亿美元，成为甘肃省第一类出口产品。2010年，利用商务部部拨资金对企业给予保增长贴息，对农产品、机电高新产品结构调整项目，境外参展，建立境外营销网络，参加出口信用保险、开展保单融资等项目给予资助，在相关政策鼓励促进下，"十一五"期间，农产品出口在全省出口产品结构中占比重，由2005年的14%上升到17%;农产品出口由2005年1.5847亿美元，2010年增加到2.77亿美元，是"十五"末的1.75倍，年均增长12%。

二、甘肃省外贸出口企业及品牌

甘肃出口产品从最初以土畜产品为主，到2010年发展为包括出口装备制造、农产品、矿产品、化工产品、塑料橡胶产品、纺织产品、动植物产品、食品等在内的20大类91个品种，成为甘肃经济提升国际市场竞争力的载体。

1. 装备制造类产品企业

兰州兰石集团有限公司始建于1953年，是"一五"计划期间国家156个重点建设项目中的两项—兰州石油机械厂和兰州炼油化工设备厂合并而成。石油钻采、炼化设备、热加工新材料、换热、新能源、通用机械等高端能源装备制造的产品销往全球50多个国家和地区。兰州兰石石油装备工程有限公司（兰石装备）是兰石集团全资子公司。

兰州电机股份有限公司始建于1958年，由原兰州电机厂改制组建,是制造电动机和发电机设备的国家大型一档企业，主要产品有大中型交流电机；大中型直流电机；交流伺服及主轴电；一般交流发电机；移动电站；柴油发电机组；控制屏中小型水电设备；特种电机(调速电机,风力发电机,超高滑差电动机)。

耐驰（兰州）泵业有限公司，德国耐驰是一个具有140年历史，从事机械加工制造的世界知名企业，在德国、美国、巴西、日本、中国、印度等建立生产基地，并在世界60多个国家及地区建有办事处和销售网点。耐驰（兰州）泵业有限公司（NLP），主要产品是NEMO®泵,即单螺杆泵。

兰州帝尔汽车零部件有限公司，专业生产各种轴承，特别是汽配轴承。以出口贸易与国内贸易为主营业务，主要经营产品有适用于多种车型的导带轮、涨紧轮、涨紧轮总成、涨紧轮总成修理包、扭振减振器、各种类型的水泵、分离轴承、轮毂轴承、轴承修理包、轮毂轴承单元、球笼修理包、传动轴总成等。

兰州海默科技股份有限公司创立于1994年，拥有独立自主知识产权的民营高新技术企业，集页岩油气探勘生产、技术研发、装备制造和油田服务于一体。产品主要是油田多相流量计。

兰州通用机械制造有限公司由兰州通用机器厂改制而成，创建于1872年，是生产成套采油机械、钻井机械、压力容器设备的大型骨干企业。产品遍布国内各油田，同时还远销美国、加拿大、智利、委内瑞拉、印度、沙特、印尼、叙利亚、阿塞拜疆、俄罗斯、罗马尼亚、乌兹别克、苏丹、伊朗、哈萨克斯坦等国家。

兰州金安新包装有限公司，主要从事新型包装机械和绿色包装产品的研制生产及相关技术服务，主导产品"JF系列复合制袋机"和"纸纱复合包装袋"。

兰州实华分析技术有限公司于2003年10月成立，主要销售产品有：SPGC—5000系列工业在线气相色谱分析仪表系列产品，SH样品预处理系统系列产品；工业在线分析仪表系统集成。

天华化工机械及自动化研究设计院有限公司（天华院上证代码600579），是中国化工集团公司旗下的一家重点科技型企业，成立于1958年，主要从事化工机器、化学工程及设备、材料及腐蚀、生产过程自动控制、在线分析仪表、放射性检测仪表及环保技术与设备的研究开发、工程设计、产品制造和推广应用工作。公司全资投建的南京天华化学工程有限公司，主要承担大型、特大型石化设备以及重大关键核心设备制造等工作。

兰州黄海机械铸造有限责任公司，主要生产合金铸件、球墨铸铁件以及硅溶胶精密铸件，50%随机出口至美国、德国、日本及欧洲市场。

酒泉奥凯种子机械股份有限公司，是国家种子加工装备工程技术研究中心、种子加工成套装备国家地方联合实验室、农业部种子加工技术装备重点实验室依托单位，中国农机工业AAA级信用企业。研发生产制造的干燥、仓储、提升输送、环保除尘、电气控制、农副产品等清选加工设备，涉及十大系列300多个品种，产品涵盖了种子、粮食、蔬菜花卉、牧草、瓜子、坚果等农副产品加工多个领域，畅销全国各地，并出口法国、荷兰、牙买加、以色列、泰国、菲律宾、朝鲜、澳大利亚等30多个国家。

甘肃海林中科科技有限公司成立于2001年11月，是中国轴承行业规模最大的骨干企业，也是第一批机电产品出口企业，最大的专业是圆锥滚子轴承制造商，位列中国机械行业500强之一，主要生产英制尺寸和公制尺寸的单列和双列圆锥滚子轴承、圆筒形滚柱轴承、深槽滚珠轴承以及轮轴轴承，全部型号多达5,000种以上。主要产品是圆锥滚子轴承。2005年通过了德国技术监督协会的ISO/TS16949认证，所有产品都能达到P6和P5的国际精度。公司的市场覆盖了30多个国家和地区。

天水星火机床有限责任公司始建于1967年，主要产品有大型数控车床、精密轧辊磨床、重型卧式车床、双柱立式车床等16大系列，产品广泛用于航空、航天、军工、石油、冶金、造纸、交通、能源等领域。通过收购法国索玛公司、意大利高嘉公司、参股德国亨利安公司等，在欧洲建立了销售、研发中心。

天水华天传感器有限公司，是国内最早从事压力传感器、变送器研发生产的企业之一。集成压力传感器产品广泛应用于煤炭、石油、化工、电力、冶金、轻工等工业自动化领域。华天品牌传感器在国内享有很高的声誉，并已进入国际市场。

天水华圆制药设备科技有限责任公司，主要从事中药制丸、微波提取、微波干燥灭菌、微波烧结、自动包装生产线、医用灭菌柜等六大系列设备的研制生产和经营活动，并出口澳大利亚、冰岛、东南亚等国家和地区。

平凉亨达机械制造有限责任公司，是印刷机械行业切纸机生产骨干企业。以切纸机、自动模切机、铸件、钣金等四大类产品为支柱产业。公司的产品畅销全国30多个省市并出口越南、埃及、蒙古、俄罗斯、欧洲、巴西等十几个国家和地区。

2. 农产品和食品企业

兰州亚成生物科技股份有限公司，是一家集天然肠衣加工和生物产品研发生产为一体的出口型企业，产品主要出口到欧盟及日本，原料来自青藏高原草原放养的羊小肠。公司为世界肠衣协会、欧洲肠衣协会会员、中国肉类协会肠衣分会常务理事单位，HACCP认证企业；欧盟、日本、巴西卫生注册企业（注册号：6200/05005）。公司生产规模及出口量在全国羊肠衣行业中居前列。

甘肃亚盛国际贸易有限公司，是上市公司—甘肃亚盛实业（集团）股份有限公司的全资子公司。农产品主要有葵花籽、孜然、小茴香、番茄酱及辣椒干、辣椒酱等各类辣椒制品。

兰州奥特姆农产品有限公司，主要经营的产品种类有动物饲料类，如麻籽、谷黍等；豆类如扁豆、蚕豆、芸豆等；粮谷类如荞麦；香料类如小茴香、安息茴香等。

兰州陇朊干酪素有限责任公司，下设定西陇朊生物科技有限公司及酪蛋白实验室。公司以川、甘、青、藏区高原无污染的牛奶为原料，年产5000余吨酪蛋白系列产品，产品销往美洲、欧洲、非洲及东南亚等国。

甘肃宇盛农产品开发有限公司，主要经营农副产品及食品原料的进出口，主要出口产品有：有机农产品类（有机葵仁，有机瓜仁等）、咖啡豆、枸杞、香料类、果仁类、豆类、脱水蔬菜类等。产品远销德、英、荷兰等国。

兰州伟日生物工程有限公司，与科研院所合作研制出了一系列具有国际领先水平的食品添加剂新品种。主要产品—乳酸链球菌素、纳他霉素、聚赖氨酸是三种高效、安全的纯天然食品防腐剂；同时，还推出了一系列肉制品，乳制品，豆制品等专用的复合型乳酸链球菌素。公司通过了ISO9001—2008国际质量管理体系、ISO22000—2005食品安全管理体系认证、KOSHER（犹太）、HALAL（清真）、美国FDA的认证。

甘肃鼎健生物科技有限公司，是从事魔芋系列、复合食品添加剂产品、植物提取物产品的开发、研究和精细加工的专业制造商，产品以出口为主。

已与多个国家和地区的客户建立了业务往来。

甘肃中川牡丹产业有限公司，拥有自有知识产权7项发明专利，已开发出牡丹油、牡丹花蕊茶、精油胶囊、牡丹酒等产品。与30多个国家500多名客户建立了长期合作关系。

甘肃陇萃堂营养保健食品有限公司，是集陇原精品、土特产品、文化养生、药膳滋补产品的生产加工和展销于一体的龙头企业，现产品以玫瑰系列、百合系列、甘肃特产药材为主，在省内拥有8家专营店。先后通过了ISO国际质量管理体系认证和HACCP国际食品安全管理体系认证。

甘肃浩丰种子有限公司，专门从事对外蔬菜、花卉种子繁育工作，现自有生产基地40公顷，可以满足生产年产量500—1000吨种子生产、检验、储藏、包装要求。现已和美国、波兰、俄罗斯、意大利、荷兰等国家约30多家公司建立了合作关系。

甘肃润枫源农牧生态科技有限公司，主要种植黄芪、党参、柴胡、板蓝根、大黄等药材。

兰州甜甜百合有限公司，主要从事兰州百合的育种、种植、深加工,开发多种以百合为原料的保健类产品,对肿瘤、癌症等疾病能够有效预防，增强肺部功能。

永登苦水兴顺玫瑰花有限公司，年加工生产玫瑰鲜花能力500万千克，年产玫瑰干花蕾100吨，玫瑰精油1000千克，玫瑰红酒500吨，玫瑰酱200吨，玫瑰纯露400桶，是具有出口许可证的玫瑰产品生产厂家。相继研发生产出玫瑰油软胶囊、花蕊胶囊、玫瑰纯露、玫瑰干红养生酒、玫瑰抗生素等五大类70种玫瑰系列产品，获得15项国家专利。

敦煌西域特种新材料股份有限公司，主要生产硫化钠和PPS及PPS改性材料，公司研发的聚苯硫醚是一种具有优良性能的特种工程塑料，已列入国家战略性新兴产业。产品已远销俄罗斯、印度、意大利、韩国、泰国、孟加拉、马来西亚及阿根廷等国家。

甘肃省敦煌种业果蔬制品有限公司，主营番茄粉的生产加工及销售，以新疆、河西走廊的优质番茄酱为原料，生产的番茄粉系纯天然制品，各项指标均符和国际标准。产品主要销往北美、欧洲、中东、东南亚等国家和地区。

酒泉敦煌种业百佳食品有限公司，是中国脱水蔬菜加工企业之一，加工生产新鲜果蔬、脱水果蔬、可食用植物及其种子在内的各种调味品、食品和食品配料等产品90%以上销往美国、欧洲、澳大利亚及世界各地。公司通过了出口食品加工企业卫生注册、犹太人联合会洁食认证、伊斯兰教清真认证、ISO9001质量管理体系认证、HACCP食品安全管理体系认证及GMA—SAFE认证。

酒泉市瑞安种子有限责任公司，主要以生产蔬菜、花卉种子为主，大力发展各种产业，已与法国，意大利，美国，荷兰，德国，以色列等国外知名种子企业建立了稳定的种子生产合作关系。

酒泉西部农业科技有限公司，是农业产业化国家重点龙头企业，具有出口、报关、报检等各项资质，先后通过了ISO9001：2008、HACCP食品安全体系及出口备案证明认证。公司年加工销售各类蔬菜30000多吨，种植基地680公顷，脱水蔬菜烘干箱76套，年生产各种（AD）产品2000余吨。有冻干面积（4*200）800平方米生产线四条，年生产各种（FD）产品300余吨。

甘肃省敦煌种业西域番茄制品有限公司，由甘肃省敦煌种业股份有限公司与甘肃省西域阳光食品有限公司合资，敦煌种业控股，于2007年2月成立，主营番茄酱生产、加工、销售。已通过卫生注册、HACCP体系认证、非转基因IP认证。

酒泉市旭日种苗有限责任公司，主要从事瓜类、蔬菜、花卉种子的生产销售；种苗科技开发。蔬菜及花卉种子出口远销法国、荷兰、德国、意大利、美国、以色列、俄罗斯、韩国等25个国家和地区。

张掖市有年金龙马铃薯雪花全粉食品工业有限责任公司，主要经营马铃薯雪花全粉、颗粒粉、精淀粉、浓缩果汁、食用酒精、白酒的生产和销售以及自营产品的出口和设备零配件的进口业务。主产品马铃薯雪花全粉、颗粒粉的客户以国内外知名的食品加工企业为主，如国内的雀巢公司、上好佳、好丽友公司等。国外出口到德国、韩国、科索沃、危地马拉、新西兰等地。

甘肃爱味客马铃薯加工有限公司，是民乐县人民政府和荷兰考森?爱味客集团合作投资建设的以马铃薯全粉加工为主的龙头加工企业。生产能力为年加工马铃薯原料8万吨，生产马铃薯全粉1.5万吨，可实现销售收入1.5

亿元。

肃南裕固族自治县草原惠成食品有限公司，有自营进出口权，产品销往新疆、河南等国内市场及香港地区、中东等境外、国外市场。

张掖市纯净种苗有限公司，主要生产杂交甜椒、杂交辣椒、杂交番茄、杂交茄子、杂交黄瓜、杂交西瓜、杂交南瓜、花卉和常规叶菜类等作物种子,现阶段杂交甜椒、辣椒、茄子、部分番茄和试验品种均在移动网棚内生产种子。

甘肃甘绿脱水蔬菜有限责任公司，产品有热风烘干、真空冻干及保鲜蔬菜3大系列，30个品种，产品全部通过ISO9002国际质量认证和HACCP质量体系认证，产品远销欧美及东南亚等国家和地区。

甘肃西域食品有限责任公司，有易拉罐红枣果汁饮料生产线一条，瓶装红枣果汁饮料生产线一条，红枣休闲小食品生产线一条，红枣干制品生产线一条，年生产能力30000吨，年产值达8000万元，是西北地区规模最大、最具竞争力的红枣食品加工企业。

甘肃银河食品集团有限责任公司，以淀粉制品为主业，蔬菜、饲料加工、畜禽养殖、农林种植多元化发展。在全国建有16个经销分公司和办事处，产品畅销国内各省市，并出口东南亚、独联体、欧美等国家。

天水长城果汁集团有限公司，是研发、生产、销售浓缩苹果汁、100%苹果果汁及鲜果贸易的国家级农业产业化重点龙头企业。产品远销美国、加拿大、欧盟、澳大利亚、日本、俄罗斯、非洲和东南亚等30多个国家和地区。

定西陇阮生物科技有限责任公司，获得了工业级干酪素食品级干酪素等国家工商总局"陇阮"牌商标优质企业。产品销往美洲、欧洲、非洲及东南亚等国。

甘肃巨鹏食品股份有限公司，是中国食品进出口商会会员单位、中国食品马铃薯协会副会长单位、商标"陇上绿莹"已在中国、欧盟、美国、新加坡、越南注册，在互联网注册了"中国蔬菜.tm"国际域名。公司农产品经营领域涉及马铃薯、蔬菜及小杂粮，产品销售主要分布于美国、阿联酋、苏丹、阿曼等周边国家及北京、上海、山东等国内市场。

甘肃惠森药业发展有限公司，主要经营范围包括中药材、中药饮片批发、中药材基地建设、中药材种籽、种苗、物流配送、中药材期货、进出口业务和药材信息咨询服务、软件开发等。

甘肃省利康营养食品有限责任公司，通过自主创新并综合利用比利时和荷兰的先进生产技术，成功从当地农作物—菊芋中提取出纯度90%以上的菊粉，成为国内高纯度天然水溶性膳食纤维—菊粉的生产企业。原料种植和成品已分别获得中国、美国、欧盟和日本的有机食品认证及美国OU的洁食（KOSHER）认证，产品90%以上出口。

静宁常津果品有限责任公司，生产的苹果汁等产品出口俄罗斯、泰国、印尼、新加坡、马来西亚、香港地区等10多个国家和地区。大红碗（静宁）食品有限公司，专业从事方便面生产经营企业。以出口俄罗斯、蒙古、中亚五国市场为主，深受当地消费者的青睐。

甘肃通达果汁有限公司，是一家以苹果为加工原料的现代化浓缩苹果清汁公司，取得美国商务部"零"关税率的果汁企业。已通过欧盟果蔬汁保护协会SGF的认证审计，KOSHER认证（犹太认证）现场审核，FSSC22000安全管理体系审核，ISO9001质量体系审核，美国可口可乐公司食品安全卫生体系和社会责任体系审计。

庆阳岐黄文化传播有限公司，是一家从事收藏、展览、设计、销售、生产一体化的企业。主营纳底绣花鞋、绣花拖鞋、虎枕系列、婚庆礼品、旅游纪念品及香包、挂件等。

临夏华羚酪蛋白有限公司，是国内酪朊酸盐系列产品生产规模最大、品种最全的生产企业，先后通过了ISO9001国际质量管理体系认证、HALAL认证、HACCP认证和国家出口食品生产企业注册资格认证。公司主要以藏区特有的曲拉为原料，生产天然绿色的生物科技产品，广泛应用于食品、生物制药和保健品等行业，产品覆盖国内并远销中东及东南亚等国家和地区。

兴强地毯有限责任公司，是国家民委指定的全国民族用品定点生产企业，产品采用本地特种土种羊毛和优质西宁大白毛，多种植物染色手工编制而成，既有使用价值，又有高度艺术欣赏和收藏价值，产品远销德国、法国、意大利、土耳其、俄罗斯、日本、美国和中亚等国家。

临夏市学和民族用品有限责任公司，是一家专业生产伊斯兰民族用品和藏族用品的研发、生产、销售为一体的企业，主要产品有：沙特帽、孟加拉帽、电脑绣花帽、空调帽、台斯达、女士纱巾、各式拜毯、藏族服装等多种品样系列。主要销往新疆、宁夏、青海、云南、广州、浙江、甘肃等国内大部分穆斯林市场，远销马来西亚、巴基斯坦、沙特阿拉伯、阿联酋、苏丹等中东国家和地区。

3. 新材料企业

方大炭素新材料科技股份有限公司，是世界领先的碳素产品研发、生产、销售企业，系上市公司，是世界第三、亚洲第一的优质碳素制品生产供应基地，也是国内唯一新型炭砖生产基地，是世界上最大的碳素单体生产企业。

兰州金川新材料科技股份有限公司，主要是钴金属、二次电池及电池材料、磁性材料、锂、钴资源开发及生产销售，二次资源再生利用，进料加工，技术服务。已规模化电积钴、四氧化三钴、三元氧化物、氧化亚镍、超细钴粉生产。年生产总钴量约10000吨，位居世界第二，是中国最大的钴产品公司，电积钴产品出口美国市场。

甘肃阿敏生物清真明胶有限公司，是中国明胶行业重点骨干企业之一，取得了国家食品药品监督管理局颁发的药品注册批件和国家级药品生产许可证等资质证书。

甘肃泛植生物科技有限公司，是国内最大的甘草制品专业化生产和贸易企业之一，在新疆建成了三个原料生产工厂，在兰州建成了两个中间体原料生产工厂，并设有专门的研究所。

甘肃润源化工股份有限公司，主要从事PE薄膜、包装的生产销售及研发。原料方面全部采购埃克森美孚、陶氏化工、住友化学产品，注重绿色环保、可降解产品的生产。

甘肃利鑫源微硅粉有限公司，是专业从事研制开发高品质微硅粉及相关外加剂、以出口为主的科技型企业。公司在西北硅铁主产区建立了多家生产加工基地，并通过了ISO9001：2008质量管理体系认证。

甘肃三远硅材料有限公司，生产、增密和销售硅灰（微硅粉），产品。产品远销美国、日本、韩国、澳大利亚、阿联酋、新加坡、沙特阿拉伯、南美等20多个国家地区。

肃北镁科技耐火材料有限责任公司，主要生产"低硅高钙大结晶电熔镁砂"和"高活性氧化镁"产品，是一种优良的高温电气绝缘材料，也是制作高档镁砖，镁碳砖及不定形耐火材料的重要原料，产品70%出口国外。

白银新大孚科技化工有限公司，创建于1958年，是以生产选矿药剂产品、聚丙烯酰胺产品为主的化工企业。产品包括黄药系列、黑药系列、聚丙烯酰胺系列、BF系列、乙硫氮、松醇油等。1984年产品进入国际市场，远销非洲、欧洲、美洲、亚洲、大洋洲。2000年取得了ISO9001质量管理体系的认证。

4. 纺织医药类企业

兰州三毛实业股份有限公司，是国内大型毛精纺综合企业，1997年在深交所上市，股票名称为"三毛派神"，股票代码：000779。春夏套装面料、春夏休闲面料、全毛休闲面料、时尚女装面料、正装面料等产品畅销全国及美国、欧洲、日本、科威特、韩国等20多个国家和地区。

兰州佛慈制药股份有限公司，1929年创建于上海，1956年迁至兰州。公司已发展成为集中药材种植与加工、天然药物研发、中药现代剂型及大健康产品生产销售为一体的西北地区医药行业的骨干企业。公司拥有4个生产基地和1个在建的科技工业园。拥有25条生产线和药品生产批准文号345个。"佛慈"注册商标为中国驰名商标。公司通过国家GMP认证，澳大利亚TGA组织GMP认证、日本厚生省GMP认定和乌克兰产品标准局的质量体系认证。公司产品行销全国，出口到美国、澳大利亚、日本、俄罗斯、乌克兰、新加坡、香港地区等27个国家和地区。

兰州天然物化学工业公司，从事植物药用成分的研究、开发和半合成以及现代生物技术产品制备、创新药物的研制。公司利用中草药植物资源和自己独创的技术，生产高质量的鬼臼化合物及其系列衍生物、千金子成分、MACA提取物等十二个系列的产品。部分产品在美国FDA注册登记。产品质量及生产过程经美国、日本、德国等著名大公司审计，美国施贵宝公司用5年跟踪审计，审计通过。

甘肃宸生土畜产品有限公司，主要从事珍贵动物纤维、羊绒、牛绒、驼绒、外蒙绒、羊毛、毛条、纱线等纺织原料以及相关畜产品的加工、出口和内销业务。

兰州天慈医药保健品有限公司，拥有"绍康"牌冬虫夏草（菌丝体）胶囊、粉剂和"微之星"牌灵芝孢子粉系列产品，已出口美国、欧盟及亚洲诸多国家和地区。

第七节　国际贸易摩擦与救济

一、贸易摩擦

中国加入世贸组织以后，随着与国际经济融入度不断加大，经常受到反倾销、反补贴等国际贸易中的"刚性"壁垒冲击，经贸摩擦频频发生。国际贸易摩擦的国别和地区日益多元化，墨西哥、印度、南非、土耳其、巴西、阿根廷等发展中国家相继启动了对中国的反倾销和反补贴立案调查，发达国家和发展中国家在国际贸易摩擦中对中国的反倾销立案调查呈上升的趋势。美国所谓"337条款"，针对向美国出口产品的设计侵犯美国在先的知识产权，美国的专利和商标所有人就可依据1930年美国关税法第337条及相关修正案，向美国国际贸易委员会（USITC）递交"申请书"来保护自己的各项权利。"337"程序的发起与诉讼成本要远低于反倾销和保障措施。任何一家美国企业如果认为某一进口货物的进口侵犯了它的知识产权，就可以提起"337"调查申请。一旦该企业可以证明进口产品确已构成侵权，USITC就有权力暂时或永久禁止该产品的进口。还有针对中国入世制定的特殊保障措施。特保措施条款是各WTO成员为了防止中国的出口产品在入世后较低的关税水平下涌入各成员国的市场，从而对其国内产业造成冲击而设定的条款。《入世协议书》第16条第3款规定，受此影响的WTO成员有权在防止或补救此种市场扰乱所必需的限度内，对此种产品撤销减让或者限制进口。入世后，世贸成员国纷纷加强了对中国特别产品过渡性保障机制的立法工作。美国、欧盟、韩国、加拿大、澳大利亚、新西兰、印度等国家门槛较低，只要满足了进口数量增加的要求，特保措施可以基于实质损害而作出肯定性的裁决，这无疑为采取特保措施提供了很大的便利。从其他WTO成员来看，为了防止中国产品在入世后较低的关税水平条件下冲击其国内产业，各国也会不断地发起针对中国产品的保障措施。从WTO成员在对华贸易中频频使用贸易救济措施和制造贸易摩擦来看，中国已成为世界贸易摩擦的最大受害国。

二、贸易救济

面对激烈的国际贸易摩擦形势，贸易救济手段成为中国应对贸易摩擦的手段之一。中国政府首次启动贸易救济实施机制是1997年对原产于美国、加拿大和韩国的新闻纸进行的反倾销立案调查。在国际贸易摩擦中，中国政府和产业界以及中介组织等逐渐学会了运用国际通行规则，加强了对自身的合法保护，同时也有效地遏制了国外对中国发起的贸易摩擦。

1. 贸易救济法律制度建设。1994年，全国人大常委会通过《中华人民共和国对外贸易法》。该法首次从宏观上对反倾销、反补贴和保障措施法律制度做出了原则性规定，使中国贸易救济立法与国际正式接轨。1997年，国务院在参照关贸总协定《反倾销法典》新文本条文的基础上，发布《中华人民共和国反倾销、反补贴和保护措施条例》，标志着中国反倾销、反补贴制度正式建立。2001年，在中国正式加入WTO的当天，国务院颁布了《中华人民共和国反倾销条例》《中华人民共和国反补贴条例》和《中华人民共和国保障措施条例》（上述三个条例分别于2004年被修订并公布实施），标志着中国贸易救济法律体系的初步建立。2004年，新修订的《中华人民共和国对外贸易法》颁布，增设了第七章"对外贸易调查"和第八章"对外贸易救济"，对贸易救济工作进行了授权和规范，并就争端解决、反规避措施等进行了补充规定，使中国贸易救济体制更加完善。

2. 贸易救济组织体系建设。2003年以前，中国实行的是内外贸分离和进出口配额分割的管理体制，国内贸易与国外贸易分别由国家经贸委和外经贸部管理。中国加入WTO后，这种管理体制已不能适应新形势的需求，弊端日益显露：两套行政管理体制重叠，流通环节增加，经营成本上升，导致工作效率低下。2003年，国务院正式撤销对外贸易经济合作部和国家经贸委，并组建商务部，结束了内外贸分离的管理体制。在贸易救济领域，商务部的主要职能是负责组织反倾销、反补贴的有关事宜和产业损害调查等，有针对性地指导地方主管机关、中介组织和相关企业应对贸易摩擦。2009年，"四体联动"协调机制形成，即商务部、地方商务主管部门、中介组织及相关企业之间按照"职责明确、分工协作、信息共享、快速应对"原则形成的不同主体之间良性互动与有效配合的工作机制，以加大贸易救济力度，对外积极应诉，逐步消除不公平的贸易壁垒，维护国内产业安全。商务部统筹协调中央和地方有关部门、商协会及有关企业开展贸易摩擦应对工作，提供有针对性的指导与服务。地方商务主管部门联系本地区涉案企业，协助提供信息服务和应对支持。商协会组织企业积极应诉，提供信息、培训、咨询、协调等服务。企业运用世贸规则，积极应对国外贸易救济调查及贸易壁垒。对外，推动建立双边和区域贸易救济合作机制，与美国、欧盟、加拿大、俄罗斯、印度、韩国、土耳其、阿根廷、巴西、澳大利亚、南非、埃及等17个贸易伙伴建立了双边贸易救济合作机制，拓展与"金砖国家"、欧亚经济共同体和海合会等组织建立贸易救济合作机制，重点就贸易救济调查中有关规则的理解和运用问题开展对话和磋商，增信释疑，减少分歧，化解摩擦，降低了企业应诉的难度，提高了中国企业在反倾销案中获胜的概率。

3. 有效运用贸易救济措施。完善法律法规体系，逐步建立和完善了以《对外贸易法》为基础、以《反倾销条例》《反补贴条例》和《保障措施条例》为核心、涵盖26项部门规章和2部最高法院司法解释的中国贸易救济法律法规体系。贸易救济措施不断丰富。过去贸易救济调查仅限于反倾销，较为单一。自2010年起，商务部开始对美欧进口产品的"双反"调查，丰富了贸易救济调查实践。中国已成为能够采用反倾销、反补贴和保障措施三种贸易救济措施的少数世贸成员。贸易救济范围不断扩大。过去贸易救济调查产品多集中在钢铁、化工等传统行业，逐步扩展到农业、医药和高科技产品等领域。2010年，对欧盟马铃薯淀粉发起"双反"调查，国内马铃薯淀粉生产形势明显改善，惠及10省区、近6000万薯农。是救济效果不断彰显。贸易救济措施有效遏制了国外企业低价占领中国市场的行为，国内企业产品销量显著增加，受损企业效益好转，弱势产业赢得发展时间和空间，还吸引部分跨国公司来华投资，促进了产业结构调整升级。

4. 积极参与国际规则谈判制定。以反倾销和反补贴为主要内容的世贸组织多哈回合规则谈判和自由贸易协定项下的贸易救济条款谈判，对中国在国际贸易规则制定和国家经济利益方面意义重大。为维护国家和产业利益，中方全程、深度参与了上述规则谈判，取得积极成果，维护了国家和企业利益，争取了有利的规则环境；提升了参与制定规则的能力，增强了国际话语权；拓展了贸易谈判视野，提高了规则谈判技巧。

5. 开展队伍人才培训。2003年以后，为建设高素质专业化人才队伍，商务部按照"统筹规划、改革创新、按需施训、注重实效"的原则，长期坚持培训地方商务主管部门、驻外经商机构、行业组织和企业等单位人员。先后在18个省市举办培训班20余次，培训人员超过2000人次，提升了全国公平贸易工作人员的整体素质，宣传和普及了公平贸易知识，提高了产业和企业运用国际规则维护权益的意识和能力。

三、甘肃省国际贸易摩擦案件

自1995年甘肃海林中科科技股份有限公司应诉美国反倾销案起至2010年底，甘肃省企业应诉和申诉的国际贸易摩擦案件达9起，涉及省内机械制造、化学工业、冶金工业、涉农产品等支柱产业，涉及的国家有：美国、俄罗斯、日本、韩国、印度等国，造成全省出口损失近亿美元和产业数十亿人民币的损害。甘肃省积极运用世贸组织通行规则，在9起案件中，8起胜诉，胜诉率达89%。

1995年—2010年，甘肃省贸易救济案件中单独反倾销案件7起，占全省贸易救济案件总数的77.8%；反倾销、反补贴"双反"调查2起，占比22.2%。其中1995年—2001年，甘肃省共发生贸易摩擦案件3起，2002年—2010年发生案件6起。自2001年11月10日中国加入WTO后，随着与国外经贸进一步融合，甘肃省案件发生率逐步提高。特别是2008年国际金融危机爆发后，针对中国的贸易保护主义和贸易摩擦尤为突出，对甘肃省的冲击也很大。截至2010年底，全省企业申诉的反倾销案件（含反倾销、反补贴案件）共4起，即：丁苯橡胶、丙烯酸酯、甲乙酮、马铃薯淀粉反倾销案；应诉反倾销案（含反倾销、反补贴案件）5起，即：圆锥轴承、苹果汁、硅铁、柠檬酸、石墨电极反倾销案。共与9个国家（地区）产生贸易救济调查，其中美国5起，位居首位，占全省案件总数55.6%，其次是欧盟3起，日本3起，韩国、俄罗斯、德国、新加坡、台湾地区各1起。甘肃省贸易摩擦案件涉及6个市,兰州市涉案企业居首位，共发生5起，天水、张掖各2起，白银、庆阳、定西各1起。甘肃省涉案产品涉及5个行业，化工产品的案件居首位，共5起，机械机电1起、食品1起、农产品1起、冶金1起。甘肃省5起应诉案件中美国提起的小规格石墨电极反倾销复审结果尚未公布，欧盟提起的硅铁反倾销案获得了29%的反倾销税（税率征收范围：15.6%—31.2%），其他应诉案件均获得了反倾销税率为零的胜诉结果，4个申诉案件全部胜诉，以对涉案国家（地区）征收反倾销税结案。

1. 应诉反倾销案件

案件1： 甘肃海林中科科技股份有限公司应诉案

基本情况：涉案产品为圆锥滚子轴承，时间为1996年—2012年，企业所属地天水，裁决结果为零税率，应诉对象为美国。

案件进程：从1995年起，先后经历多次应诉，于2002年被美国商务部宣布"永久性撤销反倾销令"。2010年6月，美国铁姆肯轴承公司又一次要求美国商务部对该公司进行年度复审，并于2012年1月10日作出终裁，维持2002年底对海林的永久性撤销反倾销令。2008年7月21日，美国对华圆锥滚子轴承作出反倾销行政复审初裁。2009年7月13日，美国对华圆锥滚子轴承作出反倾销行政复审初裁。2010年1月11日，美国对华圆锥滚子轴承作出反倾销行政复审终裁；7月19日，美国对华圆锥滚子轴承作出反倾销行政复审初裁。2011年11月7日，美国国际贸易委员会决定对华圆锥滚子轴承进行全面反倾销日落复审产业损害调查。2012年8月1日，美国对华圆锥滚子轴承作出反倾销全面日落复审产业损害终裁；11月5日，美国对华圆锥滚子轴承作出反倾销新出口商复审终裁。

案件2： 天水长城果汁集团有限公司（天水）和甘肃通达果汁有限公司（庆阳）应诉案

基本情况：涉案产品为苹果汁，时间为1998年—2010年，裁决结果为零税率，应诉对象为美国。

案件进程：1998年11月，中国食品土畜进出口商会在苹果生产大省陕西召开紧急会议，为即将到来的反倾销较量做动员。1999年6月，美国苹果汁协会向美国主管机构提出反倾销调查申请。在起诉书中，该协会要求对来自中国的浓缩苹果汁征收91.84%的反倾销税。随后，美国调查机构立案。2000年6月，美国方面做出终裁，中国企业损害成立，美国商务部裁决的税率为0—51.74%；7月，9家应诉企业联名上诉至美国国际贸易法院（终裁零税率企业未参加上诉）。2001年7月17日，美国商务部启动复审。2002年7月

1日，美国商务部做出初裁；11月7日，美国商务部发布公告，对原产于中国的鲜浓缩苹果汁（布瑞克斯浓度为40%以上、无论是否加糖或加入其他增甜剂、无论是否加入维生素或矿物质的鲜浓缩苹果汁）作出反倾销年度复审终裁，认定原产于中国的上述涉案产品的倾销幅度为0—51.74%。2003年11月，美国国际贸易法院做出终审裁决，中国10家应诉企业6家获零税率，4家获3.83%的加权平均税率，未应诉企业继续维持51.74%。美国商务部最终放弃上诉，并于2004年2月9日签署了反倾销修正令。2010年11月15日，美国商务部发布公告，对原产于中国的浓缩苹果汁作出反倾销落日复审终裁，决定终止对中国该产业执行10年之久的反倾销税令。省内涉案企业均获得零税率。

案件3： 甘肃锐驰贸易有限公司应诉案

基本情况： 涉案产品为硅铁，时间为2006年—2013年，企业所属地兰州，裁决结果为29%反倾销税，应诉对象为欧盟。

案件进程： 2006年11月30日，欧盟对原产于中国、埃及、哈萨克斯坦和俄罗斯的硅铁进行反倾销立案调查。2008年2月28日，欧盟对此案作出肯定性终裁，决定对中国涉案企业征收15.6%—31.2%的反倾销税，其中甘肃锐驰贸易有限公司获得29%的税率。2012年6月26日，欧盟委员会发布公告称，对原产于中国、埃及、哈萨克斯坦和俄罗斯的硅铁的反倾销措施于2013年3月1日到期。

案件4： 甘肃雪晶生化有限公司应诉案

基本情况： 案件类型为反倾销、反补贴，涉案产品为柠檬酸，时间为2008年—2012年，企业所属地张掖，应诉对象为美国、欧盟。

案件进程： 欧盟方面，2008年6月对此案进行反倾销初裁，2008年12月进行终裁。美国方面，2008年4月提交反倾销申请，5月5日商务部立案，5月29日美国国际贸易委员会初裁，9月22日美国商务部初裁，12月8日美国商务部终裁；2009年1月22日美国国际贸易委员会终裁，1月29日发布措施令；2010年7月行政复审，12月20日反倾销行政复审终裁。2008年4月14日提交反补贴申请，5月5日商务部立案，5月29日美国国际贸易委员会初裁，7月9日美国商务部初裁，9月22日美国商务部终裁，11月6日美国国际贸易委员会终裁，11月13日发布措施令；2010年7月行政复审；2012年12月17

日，反补贴行政复审终裁。

案件5：方大炭素新材料科技股份有限公司应诉案

基本情况：涉案产品为石墨电极，时间为2008年—2014年，企业所属地兰州，裁决结果为每吨558.38美元反倾销税，应诉对象为美国、印度。

案件进程：2008年2月6日，美国商务部决定对原产于中国的小直径石墨电极正式立案进行反倾销调查；8月21日，美国商务部公布初裁裁决，方大炭素获得147.80%的倾销税率；9月22日，美国商务部公布修正的初步裁决，方大炭素的倾销税率降为48.2%。2009年1月14日，美国商务部公布终裁结果，两家被选作为强制调查企业的倾销税率又提高为159.64%；2月26日，美国商务部颁布反倾销税命令。2010年2月，起诉方向美国商务部提起复审要求。方大炭素也于当月26日委托中论律所向美国商务部提起复审申请。直到2011年3月7日，第一轮复审初步裁决，税率为60.16%；2011年9月13日，第一轮复审终裁税率降到2.75%；3月15日，美国商务部修订终裁税率为1.1%。2011年，商务部对中国电机企业进行第二轮复审，调查期间为2010年2月1日—2011年1月31日，由于此轮方大炭素出口美国数量较少，不足以作为强制应诉企业，所以得到加权平均税率36.79%。2012年3月，美国商务部提出第三轮复审，调查期为2011年2月1日—2012年1月31日。公司获得零税率。2013年5月，印度对原产于中国的所有口径和规格石墨电极提起反倾销调查。2014年11月19日，印度工商部对原产于中国的石墨电极作出反倾销终裁，方大炭素被裁定的反倾销税电极作出反倾销终裁，方大炭素被裁定的反倾销税为每吨558.38美元，该倾销税的具体征收时间尚未确定。

2. 申诉反倾销案件

案件1：中国石油天然气股份有限公司兰州石化分公司丙烯酸酯申诉案

基本情况：时间为1999年—2007年，企业所属地兰州，裁决结果为胜诉，征收3%—49%反倾销税。申诉对象为原产于日本、美国和德国的进口丙烯酸酯。

案件进程：1999年12月10日，中华人民共和国对外贸易经济合作部对原产于日本、美国和德国的丙烯酸酯进行反倾销立案调查。2000年11月23日，外经贸部对原产于日本、德国和美国的丙烯酸酯反倾销案作出初裁。2001年6月12日，外经贸部公布对日本、美国产的丙烯酸酯征收31%—69%

反倾销税；10月10日，对外贸易经济合作部决定对原产于韩国、马来西亚、新加坡和印度尼西亚的丙烯酸酯进行反倾销立案调查。2002年12月5日，原产于韩国、马来西亚、新加坡和印度尼西亚的进口丙烯酸酯产业损害初裁。2003年4月11日，对原产于韩国、马来西亚、新加坡和印度尼西亚的进口丙烯酸酯作出反倾销终裁，征收4%—49%的反倾销税，实施期限5年。 2004年7月6日，对丙烯酸酯反倾销期中复审立案。2005年7月5日，商务部发布2005年第40号公告，公布对原产于马来西亚印度尼西亚的进口丙烯酸酯反倾销措施的期中复审裁决，将原产于印度尼西亚、由印度尼西亚日本触媒公司生产的进口丙烯酸酯的反倾销税税率调整为3%；11月23日，决定终止对原产于日本和美国进口丙烯酸酯所使用的反倾销措施。2007年10月10日，公布丙烯酸酯反倾销措施到期。

案件2：中国石油天然气股份有限公司兰州石化分公司丁苯橡胶申诉案

基本情况：时间为2002年—2014年，企业所属地兰州，裁决结果为胜诉，征收0%—38%反倾销税，申诉对象为原产于俄罗斯、韩国和日本的进口丁苯橡胶。

案件进程：2002年3月19日，根据原外经贸部2001年第21号立案公告，决定对原产于俄罗斯、韩国和日本的进口产品初级形状未作任何加工的丁苯橡胶、初级形状充油丁苯橡胶、其他初级形状丁苯橡胶及羧基丁苯橡胶进行反倾销立案调查；3月4日，对外贸易经济合作部正式收到中国石油天然气股份有限公司兰州石化分公司等4家企业为代表的中国丁苯橡胶产业的反倾销调查申请，申请人请求对原产于俄罗斯、韩国和日本的进口产品初级形状未作任何加工的丁苯橡胶、初级形状充油丁苯橡胶、其他初级形状丁苯橡胶及羧基丁苯橡胶进行反倾销调查。2003年4月16日，商务部发布2003年第8号公告，公布了对进口产品丁苯橡胶反倾销调查的初裁决定；9月11日，中华人民共和国商务部2003年第49号公告，公布了终裁决定，征收0%—38%的反倾销税，实施期限自2003年9月9日起5年。2004年12月13日，商务部发布2004年第86号公告，决定对2004年10月9日韩国现代石化就其所适用的丁苯橡胶反倾销其中复审。2005年12月14日，商务部发布2005年第94号公告，决定对原产于俄罗斯、韩国和日本的进口丁苯橡胶进行反倾销期中复审立案；12月6日，商务部发布立案公告，决定对适用于俄罗斯陶丽亚蒂卡丘克有限公司、俄罗斯瓦洛涅士卡丘克开放式股份公司所生产被调查产品的反倾销措施进行复审。2006年8月28日，商务部发布第65号公告，对原产于俄罗斯的丁苯橡胶作出反倾销期中复审裁定。将俄罗斯陶丽亚蒂卡丘克有限公司、俄罗斯瓦罗涅士卡丘克开放式股份公司所适用的反倾销税税率分别由25%调整为6.81%及4.02%；8月28日，商务部发布公告2006年第68号，发布关于丁苯橡胶反倾销措施情势变迁复审公告；11月30日，商务部发布第97号公告，决定对原产于韩国锦湖石油化学株式会社的进口丁苯橡胶进行倾销及倾销幅度期中复审。2007年11月21日，商务部发布2007年第86号公告，公布丁苯橡胶反倾销期中复审裁定，裁定韩国锦湖石油化学株式会社的倾销幅度为2.9%。2008年9月8日，商务部发布2008年第61号公告，决定对原产于俄罗斯、日本和韩国的进口丁苯橡胶进行反倾销期终复审立案；9月28日，调查机关发布《关于成立丁苯橡胶反倾销措施期终复审案产业损害调查组的通知》（商调查函〔2008〕278号）；10月16日，产业损害调查局召开了丁苯橡胶反倾销措施期终复审案申请人意见陈述会；11月10日，调查机关发布《关于丁苯橡胶反倾销措施期终复审案实地核查的通知》（商调查函〔2008〕327号）。2009年9月7日，商务部发布2009年第62号公告，关于原产于俄罗斯、日本和韩国的进口丁苯橡胶所适用的反倾销措施的期终复审裁定公告，自2009年9月8日起，继续按照2003年第49号公告、2005年第81号公告、2006年第65号公告、第68号公告和2007年第86号公告，对原产于俄罗斯、日本和韩国的进口丁苯橡胶实施反倾销措施，实施期限为五年。

案件3：甘肃薯界淀粉集团有限公司等企业申诉案

基本情况：涉案企业为甘肃薯界淀粉集团有限公司、定西薯峰淀粉有限公司、甘肃兴达淀粉有限公司（定西市）、甘肃祁连雪淀粉工贸有限公司（白银市）、甘肃张掖市玉鑫淀粉有限公司（张掖市），涉案产品为马铃薯淀粉，时间为2006年—2012年，企业所属地定西、白银、张掖，裁决结果为胜诉，征收12.6%—56.7%反倾销税，7.5%—12.4%反补贴税。申诉对象为原产于欧盟的进口马铃薯淀粉。

案件进程：2006年2月6日，商务部发布2006年第4号公告，对原产于欧盟的进口马铃薯淀粉进行反倾销立案调查；8月18日，商务部发布第16号公告，对原产于欧盟的进口马铃薯淀粉发布初裁决定。2007年2月5日，商务部发布2007年第8号公告，对原产于欧盟的进口马铃薯淀粉发布终裁决定，自2007年2月6日起，进口经营者在进口原产于欧盟的马铃薯淀粉时，应向中华人民共和国海关缴纳17%—35%的反倾销税，实施期限为5年。2010年8月30日，商务部发布2010年第48号公告，决定对原产于欧盟的进口马铃薯淀粉产品进行反补贴调查；9月17日，调查机关发布《关于成立马铃薯淀粉反补贴产业损害调查组的通知》（商调查函〔2010〕233号）；9月27日—28日，产业损害调查局召开马铃薯淀粉反补贴案申请人意见陈述会；11月15日，调查机关发布《关于马铃薯淀粉反补贴案产业损害调查初裁前实地核查的通知》（商调查函〔2010〕278号）。2011年4月18日，商务部发布年度第16号反倾销期中复审裁定公告，决定对原产于欧盟的进口马铃薯淀粉所适用的反倾销税税率进行调整，调整为12.6%—56.7%并自2011年4月19日起执行；5月16日，商务部发布2011年第19号公告，对原产于欧盟的进口马铃薯淀粉作出反补贴调查的初裁决定；6月23日，调查机关发布《关于马铃薯淀粉反补贴案终裁前的实地核查的通知》（商调查函〔2011〕182号）；9月16日，商务部发布2011年第54号公告，对原产于欧盟的进口马铃薯淀粉作出反补贴调查最终裁定，决定自2011年9月17日起，进口经营者在进口原产于欧盟的进口马铃薯淀粉时，应向中华人民共和国海关缴纳7.5%–12.4%的反补贴税，实施期限5年；8月6日，商务部发布年度第43号公告，宣布对原产于欧盟的进口马铃薯淀粉的反倾销措施即将于2012年2月6日到期；12月1日，中国淀粉工业协会马铃薯淀粉专业委员会代表中国马铃薯淀粉国内产业向商务部正式递交反倾销措施期终复审申请书。2012年2月6日，商务部发布2012年第2号公告，对原产于欧盟的进口马铃薯淀粉进行反倾销期终复审立案调查；2月22日，调查机关发布《关于成立马铃薯淀粉反倾销措施期终复审产业损害调查组的通知》（商调查函〔2012〕53号）；3月15日，调查机关召开了马铃薯淀粉反倾销措施期终复审案国内产业意见陈述会；9月19日，调查机关发布《关于召开马铃薯淀粉反倾销措施期终复审案上下游企业意见陈述会的通知》（商调查行业函〔2012〕370号）。2013年2月，商务部发布反倾销措施期终复审裁定，实施期限到2018年。

案件4：中国石油天然气股份有限公司兰州石化分公司甲乙酮申诉案

基本情况：时间为2006年—2012年，企业所属地兰州，裁决结果为胜诉，征收9.6%—66.4%反倾销税。申诉对象为原产于日本、台湾地区和新加坡的进口甲乙酮。

案件进程：2006年10月8日，收到中国石油抚顺石油化工公司、中国石油天然气股份有限公司哈尔滨石化分公司、新疆独山子天利高新技术股份有限公司、江苏泰州石油化工总厂代表国内甲乙酮产业提交的反倾销调查申请，兰化公司作为支持企业参与其中，申请人请求对原产于日本、台湾地区和新加坡的进口甲乙酮进行反倾销调查；11月22日，商务部发布2006年第92号公告，决定自2006年11月22日起对原产于日本、台湾地区和新加坡的进口甲乙酮进行反倾销立案调查。2007年8月8日，商务部发布2007年第67号公告初裁决定；11月21日，商务部发布年度第81号公告终裁决定，自2007年11月22日起，对原产于日本、台湾地区和新加坡的进口甲乙酮征收9.6%—66.4%的反倾销税，期限5年。2012年5月16日，商务部发布年度第22号公告，宣布对原产于日本、台湾地区和新加坡的进口甲乙酮实施的反倾销措施将于2012年11月21日到期；9月20日，商务部收到中国石油天然气股份有限公司哈尔滨石化分公司、中国石油天然气股份有限公司抚顺石化分公司、中国石油天然气股份有限公司兰州石化分公司、淄博齐翔腾达化工股份有限公司代表中国大陆甲乙酮产业正式递交的反倾销措施期终复审申请书；11月21日，商务部发布2012年69号公告，在反倾销期终复审调查期间，对原产于日本和台湾地区的进口甲乙酮继续按照商务部2007年第81号公告公布的征税范围和反倾销税税率征收反倾销税。由于没有申请人申请，且商务部决定不主动发起期终复审，自2012年11月22日起，终止对原产于新加坡的进口甲乙酮征收反倾销税。

四、甘肃省应对国际贸易摩擦工作

从1995年甘肃省首起反倾销案件以后，商务部门开始涉及维护产业安全工作，逐步形成了主要领导总负责、分管领导重点抓、工作人员具体办的工作机制，组织工作人员认真学习国际贸易救济措施及有关规则，掌握产业损害预警统计报表制度，及时查找、研究、分析、解决产业损害预警工作过程中出现的问题。根据商务部职能调整，积极做好工作衔接，凡是关于产业安全状况及趋势分析报告和调研专刊均传阅至各相关处室，凡是开展维护产业安全重点工作时，均征求有关处室意见或联合办理。各市州商务局党组将此项工作列入重要议事日程，严格按照省商务厅的要求，做到认识统一，机构健全，目标明确，措施有力，明确分管领导和责任人，指定专人担任产业安全数据直报工作催报员，负责具体工作开展。全省在抓培训、抓跟踪、抓服务上下功夫，加强全省贸易救济和维护产业安全工作，加强组织协调和服务，不断提升全省开展贸易救济与维护产业安全工作的能力和水平。

重点开展维护产业安全和贸易救济工作，跟踪了解产业安全现状。建立直报机制，2008年首次加入国家产业安全数据直报工作的企业共90户，经过多次扩容调整，截至2011年底全省共有监测企业102户，分布在全省十四个市州，涉及有色金属、石油化工、机械制造、生物药业、电子器械、农产品等40多个行业100多种产品。2008年—2011年全省上报率达到93.84%，位居全国前列。充实产业安全数据库，夯实产业预警机制基础，鼓励省内涉案企业、潜在涉案企业及有代表性企业加入到数据直报工作中。建立联络机制，开展跟踪调查。反倾销案件裁决结束后，及时与涉案企业联系沟通，指定专人负责此项工作，省商务厅分管厅长及处室负责人和具体工作人员一同深入到相关企业做好宣传员，从企业、产业的长远发展出发，提高企业对应对国际贸易摩擦案件工作的认知度和责任心，定人、定责采集数据，报告有关情况，掌握省内涉案企业包括生产能力、生产量、国内销售量、出口量、期末库存量等数量指标，国内销售价格、出口价格、销售收入等金额指标、利润率等比例指标以及上缴税费、就业人数等其他指标，了解经历反倾销反补贴等贸易摩擦案件后省内企业的经营变化情况。简政放权，做好行政审批事项的清理、取消和下放工作，按照"能减即减、应减必减、能放必放、重心下移"的要求，对保留的事项进行减程序、减环节、减要件、压缩时限"三减一压缩"和流程再造工作，除涉密审批事项外，全部进入省政府政务大厅集中办理。

五、甘肃省发生的贸易救济典型案例

1. 申诉案件

（1）中国对原产于俄罗斯、日本和韩国的进口丁苯橡胶的反倾销案。

1999 年，东南亚市场逐渐摆脱了金融危机，国内外市场的好转以及国际原油价格的上扬，带动了国内丁二烯原料市场的回暖，从而使中国的丁苯橡胶市场得以启动。然而，受利益的驱动，丁苯橡胶低价资源大批量进入中国，使中国的合成橡胶行业受到重创。一方面经销商大批量进口，一方面国内企业不断降价阻击—国内丁苯橡胶多次跌破成本价，到了举步维艰的地步，而国内丁苯橡胶产业也一直处于严重亏损的状态且不断恶化。据统计，1999 年—2001年的3年间，中国丁苯橡胶产业利润平均下降了241.77%，一些企业为减轻压力而被迫减员。

2002 年3月4日，中国最大的合成橡胶企业之一——齐鲁石油化工股份有限公司橡胶厂发起反倾销倡议，在得到吉林化学工业股份有限公司、中国石油天然气股份有限公司兰州石化分公司、申华化学有限公司等四家企业响应后，于同年向原对外贸易经济合作部（原外经贸部）提出了对原产于俄罗斯、韩国、日本的进口丁苯橡胶进行反倾销调查的申请。

2002 年3月19日，中国原外经贸部对原产于俄罗斯、韩国、日本等丁苯橡胶正式启动反倾销立案调查。2003年9月9日，中华人民共和国商务部（以下简称"商务部"）发布该年度第49号公告，决定对原产于俄罗斯、日本和韩国的进口丁苯橡胶实施最终反倾销措施，实施期限为五年。

2009 年9月8日，应国内丁苯橡胶产业的申请，商务部发布2009年62号公告，决定对原产于俄罗斯、日本和韩国的进口丁苯橡胶所适用的反倾销措施进行期终复审调查，商务部经调查认为，如果终止原反倾销措施，原产于俄罗斯、日本和韩国的进口丁苯橡胶对中国的倾销和对中国国内产业造成的损害可能再度发生。因此，商务部决定自2009年9月8日起，继续对原产于俄罗斯、日本、韩国的进口丁苯橡胶实施反倾销措施，实施期限为五年。

中国西部地区最大的石油化工联合企业—中国石油天然气股份有限公司兰州石化分公司（以下简称"兰州石化公司"）是本案中甘肃省涉案企业。兰州石化公司在炼油工艺、化工催化剂、炼油催化剂、苯乙烯系列树脂合成、粉末及液体橡胶、环保技术等方面已经形成了自己特有的技术优势领域和知识产权保护体系。在2003年4月16日丁苯橡胶反倾销的初裁出台后，由于进口资源大幅度降价，在供不应求的态势中，国内丁苯橡胶市场涨势如虹，一度高至12500元/吨，创下了多年来的新高。2003年商务部终裁措施出台，决定对被诉国征收7%—8%的反倾销税后，中国丁苯橡胶的市场价格直逼前期高位，包括兰州石化公司在内的企业利润也实现了大幅上升。

另外，随着外资继续大举进入轮胎行业、橡胶制品业和汽车制造业，中国对丁苯橡胶的需求进一步增加，资源供求关系的良好态势正在进一步加强。为此，包括兰州石化公司在内的部分生产企业已计划通过新增或扩建来弥补国内供应制品。2008年3月27日，兰州石化公司年10万吨丁苯橡胶装置化工投料开车。这标志着当时国内生产规模最大，完全依靠自有技术建设的丁苯橡胶装置建成投产，该项目是兰州石化年70万吨乙烯装置的后续配套项目，可生产8个牌号的丁苯橡胶系列产品。当时，国内化工产品口橡胶产品市场形势好转，产品价格节节攀升。而年产10万吨的丁苯橡胶装置的投产，在成为兰州石化新的效益增长点的同时，又成为拉动当地丁苯橡胶下游产业快速发展的契机。

（2）中国对原产于欧盟的进口马铃薯淀粉的反倾销案。2005年10月，欧盟进口至中国的马铃薯淀粉突然大幅度降价，马铃薯淀粉的到岸价从550美元/吨猛降至了360美元/吨，进口数量猛增到7.5万吨，比上年增加了3倍。这种低于成本的极不正当的价格，严重地破坏了中国马铃薯淀粉正常的市场秩序。一时间，各地加工企业产品销售停滞、库存大量积压、价格大幅下跌、生产经营出现严重亏损，广大马铃薯种植农户利益也受到极大损害，整个产业处于生死存亡的关头。在此情况下，2005年12月29日，国内马铃薯淀粉行业17家主要生产企业正式向中华人民共和国商务部（以下简称"商务部"）提出对进口自欧盟的马铃薯淀粉开展反倾销调查的申请。

2006年2月6日，商务部发布立案公告，决定对原产于欧盟的进口马铃薯淀粉进行反倾销立案调查。2006年8月18日，商务部发布初裁公告：认定原产于欧盟的进口马铃薯淀粉存在倾销，中国的马铃薯淀粉产业遭受到了实质损害，而且倾销与实质损害之间存在的因果关系，因此自2006年8月18日起，对涉案产品征收35%—57.1%不等的临时反倾销税。2007年2月5日，中国商务部发布终裁公告：自2007年2月6日起，对原产于欧盟的进口马铃薯淀粉征收17%—35%不等的反倾销税，涉案产品归在《中华人民共和国进出口税则》11081300下，实施期限为自2007年2月6日起5年。至此，这场由国内17家马铃薯淀粉生产企业联手发起、牵动国内6000万薯农和数百家马铃薯淀粉生产企业的国际贸易反倾销案，历时1年多，最终获得终裁胜利。

甘肃兴达淀粉工业有限责任公司是本案中甘肃省的涉案企业，是一家生产马铃薯淀粉、变性淀粉为主的股份制企业，拥有5000吨精淀粉、2000吨变性淀粉生产线各一条，年产马铃薯淀粉7000吨，加工马铃薯5万吨。进口马铃薯反倾销措施的出台，对中国马铃薯淀粉业排除国际不公平竞争干扰，恢复蓬勃发展生机，以及进入良性发展时期提供了有力保障。中国的马铃薯产区主要分布在"三北"以及"西南"等老少边穷地区。据统计，仅在本案初裁公布的4个月内，全国马铃薯产业就焕发出蓬勃生机—各产区马铃薯销售价格普遍回升，每吨价格达到100—140元，薯农收入提高了20%以上，从而实现了产销两旺；在加工方面，各地马铃薯淀粉加工企业的开工率较2005年增长了30%—40%，产销销售价格比上年均有较大回升。而在反倾销措施实施的4年后，中国马铃薯淀粉出口产品价格已从每吨3750元涨至5650元，涨幅达50.7%。2008年，尽管全球性金融危机不断蔓延，马铃薯淀粉的价格有所下滑，但始终保持在四五千元的水平。2010年3月8日，中国淀粉工业协会马铃薯淀粉专业委员会代表国内马铃薯淀粉产业向商务部递交了关于对原产于欧盟的进口马铃薯淀粉适用的倾销及倾销幅度进行期中复审的书面申请，主张2008年下半年以后，欧盟马铃薯淀粉向中国倾销幅度加大，超过了终裁确定的反倾销税税率，请求重新计算欧盟生产商、出口商的倾销幅度，并相应调整反倾销税税率。

商务部经审查认为，中国淀粉工业协会马铃薯淀粉专业委员会的申请提出了倾销幅度已提高的初步证据，2010年4月19日，商务部发布2010年第22号公告，决定对原产于欧盟的进口马铃薯淀粉所适用的反倾销措施进行倾销及倾销幅度的期中复审调查。最终裁定：自2011年4月19日起，按12.6%—56.7%倾销幅度对原产于欧盟的进口马铃薯淀粉征收反倾销税。自商务部立案调查始，中国马铃薯淀粉的价格节节攀升，马铃薯原料的收购价一度超过了每吨5000元，马铃薯淀粉的售价最高达每吨12000元的高点上。薯中国农大收益，产业大发展。

2. 应诉案件

（1）印度对华柠檬酸反倾销案。2004年8月27日，印度工商部反倾销总局发布对原产于中国等输印柠檬酸发起反倾销调查的通知。该产品的海关编码为2918.14。调查期间为2003年4月1日—2004年3月31日。

2005年8月25日，印度工商部公布了终裁结果：由于中国公司对印度出口的柠檬酸并未使印度国内企业遭受实质性损害，因此印度工商部不对原产于中国的柠檬酸征收反倾销税。

尽管印度对中国产柠檬酸的反倾销案最终以"无损害"裁决告终，但之后中国企业生产的柠檬酸仍然遭到了包括欧盟、美国在内的多个国家的反倾销调查。2007年7月，欧盟对中国出口的柠檬酸提起反倾销调查之后，2008年5月初，美国商务部发布通知，对原产于中国的柠檬酸及柠檬酸盐进行反倾销和反补贴立案调查。甘肃雪晶生化有限责任公司是本案中甘肃省的涉案企业，该公司的柠檬酸生产规模已达4万吨/年以上，主要出口至欧美、亚非等市场。

作为四大宗原料药之一，中国柠檬酸的价格一直较低。统计显示，2007年全年中国柠檬酸钠盐的出口量达到92208吨，同比增长16.83%，但是价格同比下降8.10%；柠檬酸出口量为61.6万吨，同比增长25.2%价格同比增长5.39%。由此可见，中国的柠檬酸类产品是典型的量大价格低产业。

2007年后，中国以及国际经济形势也发生了很大变化。原材料价格上涨、人民币升值压力增大，在这种环境下，美国、欧洲等国家提出反倾销，使得中国的柠檬酸生产厂家更无利润可言，厂商不得不提高售价。2008年后，中国的柠檬酸行业发生了巨大变化—柠檬酸价格猛增，涨幅接近70%以上，从而使生产企业获得了相当可观的利润。因此，有业内人士表示，从这个角度而言，反倾销调查未尝不是一件好事。然而，尽管业内人士看待中国柠檬酸遭遇的反倾销调查的影响还比较乐观，但其中仍潜藏着危机。由于屡次遭遇各国的反倾销，加上原材料价格的上涨，以及人民币的升值，因此，众多因素的累积效应或将削弱中国柠檬酸的出口优势。

首先，这种涨价是建立在粮食和煤炭等基础物资涨价的基础上的，加之人民币升值，因此在反倾销的契机之下，国内企业可顺势提升。但是有统计数据显示，上市公司丰原生化柠檬酸的毛利率迅速下滑，2007年柠檬酸业务利利率仅为0.97%，而2006年则为14.34%。

其次，原料成本还有继续上涨的趋势，国际经济环境仍存在相当多的不稳定因素。而相关生产企业也表示，当时的任务是在国际市场风险加大的同时，深挖国内市场潜力，扩大国内市场份额，同时控制企业运营成本。

再次，经过提价之后，中国的柠檬酸与美国等其他国家产品的价格差距越来越小，这种价差的缩小，也使得一向以价格低廉取胜的中国柠檬酸的市场竞争优势减小。

（2）欧盟对华硅铁反倾销案。2006年11月30日，欧盟委员会决定对原产于中国等国的硅铁进行反倾销立案调查。2007年8月29日，欧盟委员会宣布初裁结果，对从中国和俄罗斯等国家进口的硅铁征收临时性反倾销税，对内蒙古西金矿业有限公司和兰州谷特铁合金公司分别加征2.8%和33.7%的临时反倾销税，其他未应诉企业一律加征35.5%的关税。2008年2月28日，欧盟委员会宣布终裁结果：对内蒙古鄂尔多斯西金矿业有限公司和兰州谷特铁合金公司分别征收15.6%和29.0%的反倾销税，其他未应诉企业加征31.2%的反倾销税。

这是欧盟第二次对中国的硅铁产品采取贸易保护措施。早在1992年—2002年，欧盟就曾对中国硅铁实行了长达10年的反倾销措施。

腾达西北铁合金有限责任公司是本案中甘肃省的应诉企业，作为一家股份制民营企业，公司的年生产能力为25万吨，其中硅铁14万余吨，铬系产品8万吨，硅微粉3万吨，其他产品还有橡塑制品、电极壶、编织袋、石英砂等，可根据用户特殊要求生产高、精、尖、铁合金产品，该企业每年约有60%以上的硅铁产品出口，年创汇4000万美元左右，是甘肃省出口创汇的大户之一。

在欧盟对中国的硅铁产品征收反倾销税之后，市场人士预计，鉴于当时欧盟硅铁的供应不足，对进口硅铁征收反倾销税可能进一步导致其价格攀升。对中国而言，由于对中国企业征收的反倾销税率高于俄罗斯、哈萨克斯坦、埃及等国，因此中国硅铁产品的竞争力被大大削弱，从而可能导致欧盟市场被其他国家夺走，而中国的硅铁生产企业为此也不得不压缩产能。包括腾达西北铁合金有限责任公司在内的大部分铁合金厂商表示，将无法接受如此高的反倾销税而向欧盟供货。

第四章 对外经济技术合作及 对香港地区经济技术合作

GANSU SHENG ZHI SHANG WU ZHI

随着中国改革开放步伐加快,甘肃省对外经济技术合作以2000年开始实施"走出去"战略为标志,不断发展壮大,并带动货物、技术和服务出口,促进外贸增长方式转变,拉动国内消费和就业,推动产业结构调整和技术升级,缓解资源短缺状况,已经成为开放型经济的重要组成部分。对外经济技术合作内容十分广泛,其类型和方式包括国际投资合作、国际贷款合作、国际科技合作、国际劳务合作、国际信息与管理合作和国际发展援助等诸多领域。本章涉及的主要内容是甘肃省已开展的对外直接投资、对外承包工程与劳务合作、对外经济技术援助和接受国际多双边援助等。

第一节　对外直接投资及对香港地区直接投资

甘肃省对外直接投资起始于1986年。1986年—2000年，甘肃在境外设立的企业以贸易企业或贸易机构居多，投资方多为省内中小型国有企业，境外企业大部分为小型企业。2000年之后，随着国家"走出去"战略的启动，省内大型国有企业开始成为对外直接投资的主体，民营企业逐渐成为对外直接投资的新生力量，涉足领域和投资主体日益多元化。2007年—2010年，甘肃省对外直接投资当年实际投资额在全国的排名持续靠前。

1986年—2000年，甘肃省在境外投资办企业大体分为两类，一类为以开展贸易为主的贸易性投资，即在境外设立贸易企业或贸易机构。1986年首先由甘肃国际公司在日本东京设立"陇江兴业株式会社"。此后，在20世纪90年代初在境外相继兴办一批贸易性企业。另一类为非贸易性投资，即在境外设立的生产型、资源开发型和服务性企业。最早为1989年在乍得兴办的合资企业"中国大酒家"。截至1989年，经中国外经贸部批准开办的甘肃省境外企业有日本陇江兴业株式会社、美国陇山国际有限公司、乍得中国大酒家、驻乍得办事处、新加坡陇新公司、马达加斯加陇马装修公司、兰马有限责任公司（马达加斯加）7家企业。此外，还在津巴布韦、纳米比亚、加纳、利比亚、尼日利亚、巴布亚新内亚、莫桑比克、多哥等8个国家建立承包工程和劳务合作方面的代表处、经理部等境外机构。

1992年—1995年，甘肃省出现了第一次对外投资办企业的热潮。在中国与苏联关系解冻、继而苏联解体、独联体国家都欢迎外来投资的大背景下，1992年邓小平南方讲话发表以后，随着全国出现的新一轮改革开放热潮，甘肃省在境外办企业有了较快发展。

1991年，甘肃省已获批准在境外设立的企业累计为11家，其中贸易性企业7家，分布于日本、香港地区、美国、法国、阿联酋、土耳其、新加坡；生产型的4家，分布于马达加斯加和乍得。

1992年，甘肃省已获批准的境外企业增加到43家，新建企业中贸易性企业11家，经贸结合型的2家。贸易性机构为俄罗斯的"金莫国际投资有限公司"、乌克兰"甘肃贸易中心"、波兰"金波进出口公司"、匈牙利"敦煌国际贸易公司"、意大利"米兰甘肃代表处"、韩国"汉城筹建处"、加拿大"陇加公司"和"陇源集团公司"、巴布亚新几内亚"陇波有限公司"。经贸结合型的为澳大利亚的"南方飞龙有限公司"和扎伊尔的"陇金木材有限公司"。非贸易性企业共19家,其中在独联体和东欧国家共有10家。至1995年,甘肃省在境外设立的非贸易性企业和机构达到47家(其中各类企业45家,驻外经理部2家),合同总额1881万美元,其中中方投资合同额为1078万美元,占合同总额的57.3%,分布在16个国家:澳大利亚1家,巴布亚新几内亚1家,新加坡1家,蒙古国3家,匈牙利2家,罗马尼亚3家,扎伊尔1家,莫桑比克1家,博茨瓦纳1家,乍得2家,津巴布韦2家,俄罗斯5家,吉尔吉斯6家,乌克兰3家,土库曼1家,哈萨克斯坦14家。

甘肃省境外非贸易性企业所涉及的行业主要有:童装、布鞋、服装加工、家具、塑料包装彩印、电气仪表装配、饮料灌装、搪瓷生产、皮革、面包加工、劳务咨询等。大部分项目都是小型的,实际投入大都在10万美元—20万美元之间,以设备、实物投入居多,而且过于集中于原苏联,在苏联解体后受到较大影响,甘肃省在原苏联设立的各类投资企业一度达到25家,1995年根据我国外经贸部通知对境外企业进行核查清理时,由于各种原因而由企业自行提出申请撤销的境外企业共15家,其中原苏联地区就占了12家。也有部分企业在所在国家站住了脚,并取得了较好的经济效益。如兰州搪瓷厂在土库曼斯坦的阿什哈巴德市开办的"阿什兰搪瓷有限公司",经过三年多的艰苦努力,于1995年10月投产开业,成为中国设在土库曼斯坦的第一家工业生产企业,生产的搪瓷产品很受当地人欢迎。兰州布鞋总厂在罗马尼亚布加勒斯特设立"兰州布鞋厂进出口股份公司",于1995年12月开业投产,由于生产的布鞋质量好,在罗马尼亚很快打开了销路,投产后不久订单已达90多万双,超出其年生产能力45万双的一倍多。

1996年—2000年,境外投资企业在1995年进行清理整顿的基础上,开始进入稳定增长阶段。至1999年,由整顿后的22家发展到30家。甘肃省对外投资总额达到2200万美元,主要集中在非洲和独联体东欧地区。1996年12月,由国家直接规划领导,外经贸部批准,并由甘肃省承建管理的中国科特迪瓦投资开发贸易中心在科特迪瓦的阿比让市正式建成开业,成为我国在科特迪瓦开展投资贸易的重要基地和开拓非洲经贸市场的窗口之一。

1998 年甘肃省境外企业一览表

表4-1-1

企业名称	所在国别（地区）	经营方式	中方主办单位
陇港有限公司	香港地区	贸易	省外经贸厅
陇海进出口有限公司	土耳其	贸易	陇港有限公司
美国洛金贸易有限公司	美国	贸易	省进出口贸易集团公司
金波有限公司	波兰	贸易	省进出口贸易集团公司
陇江兴业株式会社	日本	贸易	省进出口贸易集团公司
德来本有限公司	香港地区	贸易	省进出口贸易集团公司
金瓯投资贸易有限公司	匈牙利	贸易	省五金矿产进出口公司
杰姆国际贸易有限公司	澳大利亚	贸易	省五金矿产进出口公司
陇港纺织品进出口公司	香港地区	贸易	省纺织品进出口公司
省医保进出口公司美国分公司	美国	贸易	省医药保健品进出口司
波兰立达股份有限公司	波兰	贸易	省医药保健品进出口司
陇汉地毯有限公司	德国	贸易	省地毯进出口公司
省地毯公司驻俄罗斯代表处	俄罗斯	贸易	省地毯进出口公司
阿联酋陇迪有限公司	阿联酋	贸易	省地毯进出口公司
陇山国际有限公司	美国	贸易	省地毯进出口公司
陇达实业股份有限公司	哈萨克斯坦	贸易	陇西工业贸易公司（陇西县经济局）
罗马尼亚兰海国际责任有限公司	罗马尼亚	贸易	省海外旅游总公司(省旅游局)
美国兰石贸易公司	美国	贸易	兰州石油化工机器进出口公司（挂靠陇山国际有限公司）
西北(法国)国际贸易有限公司	法国	贸易	省机械设备进出口公司（省机械总公司）

续表

企业名称	所在国别（地区）	经营方式	中方主办单位
陇达国际经济技术合作贸易有限公司	匈牙利	贸易	甘肃国际经济技术合作公司
中哈合资白银有限公司	哈萨克斯坦	贸易	白银市商业公司（白银市商业局）
罗马尼亚三鑫国际有限公司	罗马尼亚	贸易	省三鑫企业总公司
陇源集团公司	加拿大	贸易	省乡镇企业进出口公司（省乡镇局）
陇新企业私人有限公司	新加坡	非贸易	甘肃省国际经济技术合作公司
陇兰巴托有限公司	蒙古	非贸易	甘肃宏鑫灯饰公司
陇波建筑工程私人有限公司	巴新	非贸易	甘肃国际经济技术合作公司
兰州铁路局莫斯科"铁达"公司	俄罗斯	非贸易	中国铁路对外服务公司兰州分公司
白荷花服装有限公司	哈萨克斯坦	非贸易	甘肃白银服装集团有限公司
哈中工商实业有限公司	哈萨克斯坦	非贸易	甘肃省商业对外贸易总公司
中哈合资白银有限公司	哈萨克斯坦	非贸易	白银市商业公司
哈中奥尔肯皮革厂	哈萨克斯坦	非贸易	甘肃振兴实业公司贸易公司
哈中合资金塔可乐饮料有限责任公司	哈萨克斯坦	非贸易	甘肃金立矿泉饮料有限公司
伊塞克塑料彩印厂	吉尔吉斯斯坦	非贸易	甘肃庆阳地区外贸中亚进出口公司
克拉克得鞋业生产企业	吉尔吉斯斯坦	非贸易	中外运甘肃公司
阿什兰搪瓷有限公司	土库曼斯坦	非贸易	兰州搪瓷厂
兰泰布鞋进出口股份有限公司	罗马尼亚	非贸易	兰州布鞋总厂
罗马尼亚三鑫国际有限公司	罗马尼亚	非贸易	甘肃省三鑫企业总公司
金城豪克国际贸易责任有限公司	匈牙利	非贸易	兰州金城旅游务集团有限责任公司
津巴布韦经理部	津巴布韦	非贸易	甘肃国际经济技术合作公司

企业名称	所在国别（地区）	经营方式	中方主办单位
阿克—奥巴可裘革综合厂	吉尔吉斯	非贸易	甘肃庆阳地区皮革厂
达里—伊塞库里果品加工厂	吉尔吉斯	非贸易	甘肃镇原县果品厂
中吉幸福塑料包装有限责任公司	吉尔吉斯	非贸易	甘肃塑料编织袋厂
华陇建筑津巴布韦（私人）有限公司	津巴布韦	非贸易	甘肃建筑工程总公司
甘肃建筑乍得（私人）有限公司	乍得	非贸易	甘肃建筑工程总公司
华陇建筑莫桑比克（私人）有限公司	莫桑比克	非贸易	甘肃建筑工程总公司
华陇博茨瓦纳机械租贸（私人）有限公司	博茨瓦纳	非贸易	甘肃建筑工程总公司
华陇建筑马拉维（私人）有限公司	马拉维	非贸易	甘肃建筑工程总公司
华陇建筑南非有限公司	南非	非贸易	甘肃建筑工程总公司
中国投资开发贸易促进中心	科特迪瓦	非贸易	甘肃建筑工程总公司
科特迪瓦华陇冇限责任公司	科特迪瓦	非贸易	甘肃建筑工程总公司
华津矿业辛迪加（私人）有限公司	津巴布韦	非贸易	甘肃地质工程总公司
喀麦隆中国地质有限责任工程公司	喀麦隆	非贸易	甘肃地质工程总公司
中喀合资大地轮胎复新有限公司	喀麦隆	非贸易	甘肃轮胎厂
兰州铁路局驻阿拉木图商贸代表处	哈萨克斯坦	非贸易	中国出口商品基地建设甘肃公司

2000年—2010年，随着中国实施"走出去"战略及相关鼓励政策和措施的出台，甘肃省大型国有企业开始成为对外直接投资的主体，民营企业也开始了境外投资。对外直接投资市场突破以非洲国家为主的传统格局，

地域分布发生显著变化，市场呈现出多元化，基本形成了"非洲为主，发展亚洲，拓展欧美、大洋洲"的局面。投资项目涉足领域逐步扩大，由最初的在境外设立贸易企业和贸易机构为主向设立境外加工贸易企业、资源开发利用和设立专业市场等形式转变。对外投资的形式日趋多样化，境外收购、参股投资正日渐成为对外投资发展的新趋势，并对甘肃省资源型城市转型和外向型经济结构变化产生重大影响。在甘肃省内国有大中型企业引领下，激发了非公企业"走出去"的信心和热情，投资额、投资方式、投资领域逐步扩大，成为全省"走出去"的新生力量。在国家政策支持下，甘肃省也加大了政策支持力度，资本输出已成为甘肃"走出去"的主要形式，甘肃经济的发展空间得到了明显拓宽。

2003年—2005年，甘肃省民营企业开始涉足境外投资。2003年4月，兰州海默科技股份有限公司在阿联酋设立海默国际有限公司，成为省内第一家在境外设立分支机构的民营企业。华羚干酪素有限公司在法国设立的"巴塞马华羚有限责任公司"，兰州红光建筑材料装饰公司在老挝设立的"红雨"（老挝）国际股份有限公司，由于产权清晰、机制灵活，从而投资成功率较高，成为甘肃省"走出去"的新生力量。甘肃省"十五"期间共在境外投资新开办企业18家，总投资额9800万美元，其中中方投资9600万美元。全省累计对外直接投资企业达56家，核准对外直接投资（非金融类）协议额1.25亿美元。2005年甘肃省境外直接投资达3657万美元，序列全国第13位。2005年12月，甘肃省国资委筛选确定了金川集团公司、白银有色金属公司、酒泉钢铁（集团）公司等首批8户企业"走出去"的战略项目，由此揭开了省内大型国企境外大规模投资运营的序幕。

2003年—2005年甘肃省实际对外直接投资情况统计表

表4-1-2　　　　　　　　　　　　　　　　　　　　　　　　　单位：万美元、位

累计实际投资额	2003年		2004年		2005年	
	投资额	全国排名	投资额	全国排名	投资额	全国排名
5976.8	83	25	317	22	3657	13

　　2006年—2010年，甘肃省对外直接投资进入了一个新的发展阶段，最大变化起源于部分资源性大型国有企业开始尝试通过开展国际资本运营参与境外资源的开发与合作。甘肃是中国矿产资源较为丰富的省份之一，有色冶金是支柱性产业，全省进出口的80%来自于有色冶金行业，主要为金川公司、白银有色金属公司、酒泉钢铁集团等多个资源消耗性大型企业。进入21世纪，随着长期开发面临的资源枯竭，企业进出口可持续增长形势日益严峻。以金川公司、酒钢集团、白银有色金属公司为代表的资源性生产企业开始尝试"走出去"与一些资源丰富的国家合作，通过购买持有境外稀缺资源企业的股份，以保证企业所需资源供给的长期安全性。酒钢公司在南非的铬矿开采和冶炼项目在投资7100多万美元的基础上，2007年又追加投资13311万美元，建设二期工程，该项目总投资额达21326万美元。2008年1月，金川集团以2.14亿加元收购了加拿大泰勒资源公司，获得墨西哥霍拉齐铜金银钼锌矿。这是该公司自2000年对外投资开发矿产资源以来，首次通过全额收购国外公司控制境外资源。2009年受国际金融危机影响，在全球外商直接投资和跨国并购同比分别下降54%和77%的不利背景下，甘肃省对外直接投资却呈逆势上扬态势，金川公司、酒钢集团等大型企业通过收购、兼并方式实现的对外直接投资额占了全省当年境外投资总额的78%。2010年，甘肃省在通过境外投资方式获取境外重要矿产资源，逐步建立安全、稳定的境外矿产资源供给体系方面还取得了多项重要进展。全年核准境外投资企业及机构13家，核准中方投资额10852万美元，实际投资额9988万美元。在经历了国际金融危机冲击后，全省境外投资企业经营和融资能力明显改善，境外投资续建项目逐渐复产。金川公司墨西哥巴霍拉齐铜矿、酒钢南非铬铁等重大境外投资项目已全面投产；白银公司联合收购英国奥克萨斯公司股权项目经国家发改委核准境外投资额1.05亿美元。这是甘肃企业首次成功实施联合收购的重大境外投资项目。同时，国家发改委还核准了金川公司收购加拿大大陆矿业公司股权项目，总投资4.5亿美元，该项目的实施对于甘肃境外投资企业开拓国际市场，统一开发和管理产权在外的国内矿产资源具有十分重要的意义。"十一五"期间，金川公司、酒泉钢铁集团、白银有色金属公司等企业相继在加拿大、澳大利亚、南非等十几个国家成功直接投资，从事境外资源开发。其中，金川公司在20多个国家开展了矿产资源合作，成为17家境外矿业公司的股东，完成了19个项目的投资，投资总额超过5亿美元。通过这些国有大型企业境外投资项目的实施，不仅缓解了省内资产资源的紧缺状况，还带动了进出口的增长。2010年，甘肃省资源型产品进口53.41亿美元，同比增长95%，占到全省外贸总值的73%。

"十一五"期间，全省核准境外投资企业及机构83家，核准对外投资协议额7.62亿美元，实际对外直接投资额6.97亿美元，是"十五"期间的16.7倍，年均增长22%，在全国各省排名居中靠前，2008年度序列第5位。其中资源类6.65亿美元，占核准对外投资协议额的87.27%，机械制造、建材加工及商务服务等0.97亿美元，占核准对外投资协议额的12.73%；对外投资涉及30多个国家和地区。

2006 年甘肃省对外直接投资区域分布情况统计表

表4-1-3 单位：万美元、%

非洲		亚洲		欧洲		拉丁美洲		大洋洲	
金额	比重	金额	比重	金额	比重	金额	比重	金额	比重
4957.3	82.9	572.55	9.6	90.01	1.5	276	4.6	80.9	1.4

2006 年甘肃省对外直接投资类别情况统计表

表4-1-4 单位：万美元、%

资源类		生产类		贸易类		工程类	
金额	比重	金额	比重	金额	比重	金额	比重
3875.5	64.9	509.7	8.5	365.56	6.1	1226.03	20.5

2006年—2010年甘肃省对外直接投资情况统计表

表4-1-5 单位：万美元、位

指标＼年度	2006年		2007年		2008年		2009年		2010年	
	总额	全国排名	总额	全国排名	总额	全国排名	总额	全国排名	总额	全国排名
核准对外直接投资项目数(项)	9	—	20	—	19	—	22	—	13	—
核准对外投资协议额	2303	—	25184	—	33321	—	4562.8	—	10852	—
其中：资源类项目对外投资额	1412	—	23688	—	30138	—	1385.29	—	9860	—
当年实际对外投资额	2087	17	17826	10	38651	5	1637	28	9988	25

2010年甘肃省对外直接投资区域分布情况统计表

表4-1-6 单位：项、万美元、%

地区	欧洲	亚洲	非洲	大洋洲	合计
投资项目数	1	6	1	2	10
投资额	303	8454	335	1760	10852
所占比重	2.79	77.90	3.09	16.22	100

2010年甘肃省对外直接投资分行业情况统计表

表4-1-7 单位：万美元、%

行业	采矿类	机械制造业	房屋和土木工程建筑业	商业服务业	农副食品加工业	农副食品加工业	合计
投资额	2360	303	14	7500	340	335	10852
所占比重	21.75	2.79	0.13	69.11	3.13	3.09	100

对外投资管理及促进政策。甘肃省对外投资管理对应国家外经贸部相关职能赋予的职责，主要负责制订全省境外投资管理办法和具体政策，审

核或核准省内企业对外投资项目并实施监督管理。具体业务处室为外经处，承担拟订对外直接投资业务的规章制度并负责监督实施，对外直接投资的监测、分析及统计工作，以及全省境外投资项目的审批和管理工作。2007年以后，按照商务部、国家外汇管理局有关要求，甘肃省商务厅与国家外汇管理甘肃省分局合作，每年对符合条件的境外企业进行了联合年检和综合绩效评价。

1979年7月30日，国务院设立外国投资管理委员会，除负责吸引外资工作外，还管理中国对外直接投资工作。对中国企业对外直接投资实行严格的审批程序，所有对外投资项目一律报国务院批准；投资主体限定为拥有外贸经营权的进出口贸易公司和各省市的国际经济技术合作公司。根据国内外形势的变化及体制改革的要求，中国对外直接投资管理体制历经多次调整，形成了多层次多部门的管理体制，由国家发展改革委、商务部、国家外汇管理总局、财政部、国资委以及地方政府按照各自职能和权限联合管理。2009年5月1日，商务部制定的《境外投资管理办法》正式开始施行。本《境外投资管理办法》仅保留了商务部对少数重大敏感的境外投资的核准权限，包括1亿美元以上的境外投资、特定国别的对外投资等，将85%左右的境外投资核准事项交由省级人民政府主管部门负责。自1999年以后国家还陆续出台了一批鼓励政策，涉及资金、金融保险、外汇管理等诸多方面，逐步形成了较为完备的政策支持体系。

根据国家对外直接投资管理体制演变调整，甘肃省商务厅按照核准的权限，对境外投资开办企业的申请，自受理之日起15个工作日内（不含征求驻外使（领）馆经济商务参赞处（室）意见的时间）做出是否予以核准的批复决定；需上报商务部核准的，自受理之日起10个工作日内进行初审，同意后上报商务部。申报的材料包括：市（州）商务局初审转报文（省属企业直接报省商务厅）；企业申请书；国内企业营业执照复印件；境外企业章程及相关协议或合同；国家有关部门的核准或备案文件：国有企业需附国资委意见；中央企业在甘注册的下属公司，需提交中央企业总部同意投资并在地方办理有关核准手续的函；矿产资源勘查开发类境外投资须填报提交中国矿业联合会出具的《矿产资源勘查开发类境外投资征求意见表》；并购类境外投资须提交《境外并购事项前期报告表》；外商投资企业申请境外投资须出具原审批部门意见表；主管部门要求的其他文件。如上网提交电子申请材料，需确保其与书面申请材料一致，无须打印申请表，网上点击"上报"即可。核准告知方式包括：商务部或省商务厅正式批复文件，并颁发《企业境外投资证书》或《企业境外机构证书》。

其他情形境外投资项目（《办法》第六条、第七条以外情形的境外投资）的核准程序包括：省属企业申报材料直接报省商务厅；市（州）企业申报材料由市（州）商务局初审后转报省商务厅；省商务厅收到申请材料后，对于申请材料不齐全或者不符合法定形式的，在2个工作日内告知申请人；省商务厅视情征求我驻外使（领）馆经商参处（室）意见；省商务厅按照核准的权限，自受理之日起3个工作日内做出是否予以一般核准的决定。

申报的材料包括：市（州）商务局初审转报文（省属企业直接报省商务厅）；企业申请报告；上网填报有关资料后自动生成的《申请表》（见附件4）；国内企业营业执照复印件；外商投资企业申请境外投资需原审批部门出具的意见表。核准告知方式包括：省商务厅不再出具批复文件（系统自动生成编号作为核准的文件编号），直接颁发《企业境外投资证书》或《企业境外机构证书》。

境外投资获得《证书》后应履行的手续包括：企业申请境外投资事项获得核准后，应及时申请CA证书（电子钥匙），在对外投资合作信息服务系统中建立相应账户，以便进行有关对外投资合作业务的录入和申报，包括对外直接投资统计数据的填报、境外矿产资源开发项目的备案工作、登录境外投资管理系统进行新的设立申请等；根据《对外直接投资统计制度》，网上报送企业境外投资统计数据；参加《境外投资企业批准证书》联合年检；向我驻外经济商务参赞处（室）报到登记；经批准开办的境外企业，在当地注册后，应向我驻外经济商务参赞处（室）报到登记；资源开发项目需办理境外资源开发备案；报送省商务厅要求的境外项目相关材料。

境外投资开办企业的其他注意事项包括：核准后，原境外投资申请事项发生变更，企业向原核准机关申请办理变更核准手续，变更核准手续同最初申办核准手续。申请材料还需提供企业董事会决议、变更协议或合同等相关材料。企业之间转让境外企业股份，由受让方负责申请办理变更手续。企业终止，是指原经核准的境外企业不再存续或我国企业均不再拥有原经核准的境外企业的股权等任何权益。经核准的境外投资应向原核准机关备案，交回《证书》。原核准机关出具备案函，企业据此向外汇管理等部门办理相关手续。企业及其所属境外企业应按当地法律办理注销手续。两个以上企业共同投资设立境外企业，应当由相对最大股东在征求其他投资方书面同意后负责办理核准手续。企业控股的境外企业的境外再投资，在完成法律手续后一个月内，应当通过"境外投资管理系统"，填报相关信息，打印备案表（见附件4）并加盖本企业公章后向省商务厅备案。企业递交备案表后即完成备案。境外企业冠名必须符合境内外法律法规，未经批准的企业，其境外企业不得冠以"中国""中华""国家"等字样；境外企业名称可以在境外预先注册。企业对外签订的合同或协议，特别是并购、竞标的境外投资，必须设定生效条件，即以政府核准为前提。

2010年，甘肃省商务厅下放各市州商务局有关辖区企业开展境外投资申请初核转报权限，开通《境外投资管理系统》网上登录端口，对中小企业"走出去"支持资金、甘肃省对外投资合作专项资金，与省财政厅实施分工管理。

第二节 对外承包工程与劳务合作

甘肃省对外承包工程与劳务合作业务，最早开始于20世纪80年代初。历经多年的建设和发展，业务已遍及四大洲30多个国家和地区，行业涉及建筑工程、公路铁路交通、地质勘探、石油化工、冶金电力、矿产资源、设计咨询等领域。

1980年3月全国外经工作会议提出，中国外经工作由过去的基本只搞援外、只出不进，发展为有出有进、有给有取，将对外承包工程和劳务合作作为对外经济合作的一项重要内容抓起来。甘肃省企业依托长期执行国家对外经济援助项目中树立的良好信誉以及得到锻炼的工程队伍，开始积极开拓国际建筑和劳务市场。对外承包工程始于1982年，是由甘肃省建筑工程总公司通过与中国建筑工程总公司合作，承接伊拉克奶牛场的分包工程开始的。甘肃省对外劳务合作最早始于1981年，是由甘肃省公路局与中国路桥公司合作，派出25名工程技术人员和工人，承担伊拉克摩苏尔四桥、五桥建设。1982年，通过甘肃省与日本秋田县建立的友好省县关系，兰州市饮食公司向日本秋田县敦煌楼餐馆派出3名厨师，成为甘肃省直接向国外输出技术劳务的首批人员。1984年，甘肃省第一家获外经经营权的企业"中国甘肃国际经济技术合作公司"正式成立，标志着甘肃省拥有了可以独立开展对外经济合作业务的外经企业。至1989年底，全省承担合作项目50多个，合同金额17998.97万美元，先后与日本、伊拉克、利比亚、津巴布韦、加纳、苏丹、埃及、约旦、新加坡、喀麦隆、美国、香港地区等12个国家和地区建立了承包工程与劳务合作关系，并比较稳定地打入了非洲市场。

1985年5月2日，甘肃省召开全省外经工作会议，会议主要内容为：总结工作，交流经验，表彰先进，研究新形势下如何开展外经工作。甘肃省委书记李子奇、甘肃省副省长侯宗宾出席大会并讲话。省地党政领导部门，省级有关委办、厅局，大专院校、科研部门，经贸企业和有关厂、矿企业等120个单位、170多人参加了会议。这次会议也是全省开展外经工作以来首次大规模、高规格的工作会议。

1992 年，甘肃省大型国有企业兰州石油化工机械厂在新加坡海洋石油钻井平台有关工程的国际招标中一举中标，承揽了5个分包项目，使境外承包工程在高技术领域迈出重要的一步。1992年12月，全省对外开放工作会议召开，提出扩大要以对外经济技术合作为重要内容加快发展大外经。

1982 年—1995年，全省共计执行对外承包工程项目235项，合同总金额5.33亿美元。由国家外经贸部授予外经经营权的甘肃省国有企事业单位由中国甘肃国际公司1家增加到8家，对全省经济发展起到明显的推动作用。省内一些企事业单位走出国门，参与国际市场竞争，拓宽了对外开放渠道，不少建筑、安装、生产企业和勘察、设计等科研单位进入国际市场，通过参与国际投标、承包等实施涉外项目的实践，加快甘肃省企业在管理和技术上与国际市场的接轨，提高企业的经营管理水平和竞争力。劳务输出由最初单纯对外承包工程项下输出劳务逐步发展，劳务输出种类不断增加，层次有所提高，涉及的行业由最初单纯的建筑施工发展到工程设计咨询、工程管理、电子、机械、化学清洗、服装、厨师等众多领域百余个工种，劳务层次也由普通体力型劳务向智力型劳务不断发展。对外劳务已在非洲及东南亚一些国家形成比较稳固的合作关系，还有了一定数量的民间劳务。锻炼培养了一支适应国际工程建设管理与技术要求的外向型人才队伍，并通过开拓境外市场，赢得了较好的经济效益。

1996 年5月，全省外经工作会议召开之后，针对国家援外政策调整面临的新形势，以及全省以执行援外项目为主、承包工程以土建工程为主、劳务输出以承包工程项下劳务为主的外经结构，全省对外承包工程开始由政策性经营向效益型经营转变，由承包外援工程为主向全面介入国际承包工程转变，由分散经营向联合经营、规模经营转变，由单一的工程承包向工程、劳务、投资、贸易综合发展转变。1996年—2000年，全省对外承包工程共新签合同151份，合同金额52229万美元。新签合同额在全国居中等水平，在西北五省区居首位，完成营业额21472万美元。对外劳务合作签订合同42份，合同金额2015万美元，完成营业额895万美元。经营规模持续扩大，境外市场不断拓展。

2000 年，根据经济全球化和国际产业转移的大趋势，中国提出实施"走出去"战略，即通过扩大对外直接投资、对外承包工程、对外劳务合作等形式，更广泛地参与国际竞争与合作，以促进经济可持续发展。"走出去"战略是国家战略，也是中国新一轮对外开放的重点。为此，国家也给予了相应的政策扶持，支持"走出去"的业务体系不断完善。这些利好政策都促使甘肃省对外承包工程与劳务合开始向一个新的发展阶段迈进。

2001年—2005年，全省对外承包工程共新签合同128份，合同金额26603万美元，完成营业额22777万美元。对外劳务合作新签合同21份，合同金额1041万美元，完成营业额1346万美元。累计派出各类劳务人员2802人。具有对外承包工程经营资格的企业发展到14家，对外劳务合作经营资格的企业1家。截至2005年底，省内企业已在70多个国家和地区广泛从事投资、贸易和承包工程、劳务合作等各项经贸业务。核准对外直接投资（非金融类，下同）协议额1.25亿美元，境外设立各类机构61家；执行对外承包工程劳务合作项目682项，执行合同额11.32亿美元，完成营业额8.8亿美元；累计派出各类劳务人员1.2万人。

2006年—2010年，甘肃省对外承包工程企业新签工程劳务设计项目200项，对外承包工程新签合同额13.37亿美元，是"十五"期间的5倍，年均增长34.2%；完成营业额2.35亿美元，是"十五"期间的4倍，年均增长28.5%；市场布局更趋合理，亚洲新兴市场开拓完成营业额由"十五"期间的27.52%上升到60.48%。大型合作项目增多，新签项目中1000万美元以上的项目有21个，占总合同额的65.58%，比"十五"期间上升18%。此外，甘肃省企业不断探索国际工程承包合作新模式，逐渐开展投资与承包工程相结合的BOT/PPPD等特许经营类项目、境外房地产开发、资源合作开发类项目等创新合作模式。有的企业还通过参与区域规划、勘探和设计咨询获得项目，探索境外企业并购等方式，如甘肃海外工程总公司在加纳签署的国家议会大厦项目、深能源加纳安所固电厂项目和阿克拉机场宾馆项目，都采用了EPCM合同方式（设计采购与施工管理），进一步丰富了工程总承包模式。全省外经队伍不断壮大，企业综合实力继续提升，八冶建设集团、中石化五建公司、中铁二十一局和甘肃省交通规划勘察设计院等一批实力雄厚、技术过硬的企业加入"走出去"队伍，使甘肃对外承包工程综合实力得到大幅提升。2007年，中石化第五建设公司与西班牙公司签订的沙特拉比格世界级炼油和石化一体化项目，合同金额1.94亿美元，成为全省对外承包工程史上当时最大的一个项目。甘肃建投集团成功跨入"百亿元"企业行列，并连续跻身"中国建筑承包商"60强。其承揽的安哥拉安达电视制作中心工程和安哥拉情报局办公楼分获2009年度、2010年度飞天奖；中石化五建公司2009年境外项目年产值达6亿多元，境外项目利税总额1000多万元。

2008年以后，随着甘肃省对外劳务输出管理体制的逐步改革完善，原长期在全省对外经济合作业务中处于短板的对外劳务输出总量有了明显增长，对外承包工程项下以外的劳务输出也有了新的改观。2009年，根据国务院将原劳动和社会保障部承担的"制定中国公民出境就业管理政策，境外就业职业介绍机构资格认证、审批和监督监察"等职能划归商务部，甘肃省于2009年将同职能划归省商务厅，成立了甘肃省境外劳务办公室，统一负责全省对外劳务的管理、促进和服务工作，包括执行省内公民出境就业国家管理政策及全省对外劳务合作业务的发展规划，承担外派劳务和境外就业人员的权益保护，负责对全省外派劳务人员的培训与管理，境外劳务合作经营资格的认证、审批和监督监察及相关的统计工作。出台《加快全省对外劳务合作服务平台建设的意见》，制定《甘肃省境外劳务纠纷和突发事件应急处置预案》。

在起初的发展中，甘肃省严格按照国家要求进行管理，坚持"平等互利、讲求实效、形式多样、共同发展"四项原则和"守约、保质、薄利、重义"八字方针。随着对外承包工程和劳务合作业务的发展，国家有关对外承包工程和劳务合作的管理制度也随之出台，形成"商务部门牵头制定政策、各相关部门协调合作、地方商务部门属地管理服务、行业商会业内协调"的体制。甘肃省对外承包工程和外派劳务也纳入这个体制中管理运行。

1986年之后，外经贸部会同各省国际经济技术合作公司，在实行承包责任制等方面进行一系列改革。坚持"以质取胜"原则，大力整顿经营秩序。起草《中华人民共和国对外承包工程和劳务合作管理条例（草案）》，制定下发《关于地方外经贸厅（委、局）归口管理本地区对外承包劳务业务的主要职责》等管理办法。2000年，国务院转发外经贸部等部门起草的《关于大力发展对外承包工程的意见》，设立对外承包工程保函风险专项资金，使用对外承包工程项目贷款贴息等支持手段，出台《关于支持中国企业带资承包国外工程的若干意见》。2004年，国务院下发《关于加强对发展中国家经济外交工作的若干意见》，为对外承包工程的进一步发展提供了更大的机遇。对外承包工程的各项政策支持体系基本建立并日趋完善。2006年，国务院出台《关于鼓励和规范我国企业对外投资合作的意见》，鼓励有条件的企业抓住经济全球化和区域合作的机遇，积极稳妥地参与国际经济技术合作，进一步提高对外开放水平。依法促进中国对外承包工程的健康持续发展。2008年，国务院审议通过《对外承包工程管理条例》，自2008年9月1日开始实行，将对外承包工程纳入法制轨道。《条例》规定，对外承包工程单位应当取得对外承包工程资格，并详细列出了申请对外承包工程资格应具备的条件、申请资格的流程、审查时限以及违反《条例》的惩罚措施。《对外承包工程管理条例》的实施，不仅加强了风险防范，也有利于整顿经营秩序，维护良好经营环境。

2004年2月，商务部印发《外派劳务培训管理办法》，规定开展对外劳务合作的公司须承担对劳务人员的培训义务。培训可由经营公司自行组织或委托培训机构进行。各地商务主管部门委托一家专门机构作为本地区外派劳务考试中心。经营公司组织劳务人员到考试中心进行考试，考试合格后取得《外派劳务人员培训合格证》。由中国对外承包工程商会统一编写外派劳务培训教材。2004年7月，商务部、国家工商行政管理总局发布《对外劳务合作经营资格管理办法》。办法规定，"对外劳务合作单位应当取得对外劳务合作资格。"企业自取得对外劳务合作经营资格许可之日起30日内，根据原外经贸部、财政部发布的《对外劳务合作备用金暂行办法》（2001年第7号令）和商务部、财政部发布的《关于修改〈对外劳务合作备用行办法〉的决定》（2003年第2号令）的规定，办理交纳对外劳务合作备用金手续，到地方商务主管部门领取《资格证书》。已取得对外劳务合作经营资格的企业，须自本办法实施之日起的一年内，达到本办法规定的条件。2006年10月，国务院发布《关于鼓励和规范我国企业对外投资合作的意见》，提出要加强安全教育，健全安全生产责任制，保障境外中资企业、机构的人员和财产安全。加快人才培养，注重培养适应国际化经营的优秀人才，提高企业跨国经营管理能力。

随着对外承包工程和对外劳务合作的广泛开展，境外安全生产管理已成为安全生产管理的重要组成部分，甘肃省企业落实境外安全生产管理逐步规范完善。金川集团股份有限公司制定《境外机构和人员安全管理暂行规定》《外事工作管理制度》以及大澳区、美洲区、欧非区、中国及中亚区等四大区域性资源公司安全管理制度等，并给每一个境外项目都制定安全指令和标准，形成一整套较为全面、系统的境外安全生产管理规章制度，使得境外管理和生产的每一个过程和环节都有章可循。驻外人员在出境前都需要经过严格的培训考核，合格后才能办理出国手续，采用封闭式集中小班培训和网络学校教育相结合的方式，建立了灵活有效的安全生产教育长效机制。中石油第二建设公司针对境外生产现场语言交流不通的情况，根据日常生活和工作应用的需要，专门编写英语百句、阿语百句等语言手册，要求有关人员在出境前进行必要的语言培训和考核。八冶建设集团有限公司的每一个境外项目部都成立施工现场安全生产管理小组，并从现场安全防护、施工用电、消防、机械管理、特种作业、重大危险源管理、住宿地管理、车辆管理等12个方面制定安全生产管理制度，并且规定每月都要进行一次安全大检查，有效地预防了安全生产事故的发生。中国甘肃国际经济技术合作总公司每年都要与国内外各机构负责人签订《年度安全管理目标责任书》，对安全生产、人员管理、外事纪律等管理内容作出具体量化指标，并与负责人的薪酬挂钩，分上、下半年进行考核，建立了企业负责人直接抓安全生产、抓质量管理的长效制度。

对外承包工程执行主体及分年执行情况。中国甘肃国际经济技术合作公司，是省内省第一家外经公司，也是20世纪90年代西北地区唯一一家获准向香港地区输出劳务的外经企业。1984年，经国务院批准建立，为具有对外经济法人资格的综合性国有公司。主要业务为承包各类国外工程、境内外资工程、承担对外经援项目；承包工程所需设备、材料的出口；国际劳务合作包括对外派遣各类工程、生产及服务行业劳务人员。

甘肃省建筑工程总公司。作为甘肃省第一家承接对外承包工程和多次承担我国援外大型成套项目的企业，共在16个国家承揽了125个施工项目，执行合同总金额3.72亿美元（含经援项目7项，合同金额1.7亿美元），累计完成营业额2.71亿美元。

甘肃地质工程总公司。自1986年开始境外工程承包以后，与有外经经营权的国内省内企业合作，借船出海参加以打人畜饮水井为主要内容的国际工程投标和承包施工，先后在喀麦隆、津巴布韦、赞比亚、刚果、坦桑尼亚等国完成各类勘察项目30多个，打成不同类型水井2200多口，创汇产值累计达1600万美元，并在境外形成固定资产1800万元人民币。

兰州石油化工机械厂。作为我国生产出口石油钻机的重点企业，在1992年新加坡海洋平台有关工程的国际投标中一举中标，承揽了5个分包项目，是甘肃省在境外承包工程高技术领域迈出的重要一步。

金川公司。依托自身矿山建设优势，承揽中冶金公司巴基斯坦铜矿建设项目，并获得了好的经济效益，从此进军国际工程承包市场，1995年获得外经经营权，成为甘肃省外经队伍中一支新兴骨干力量。

1986年—1989年甘肃省开展的对外承包工程和外派劳务合作项目一栏表

表4-2-1 单位：万美元

序号	国别项目	合同额	合同期	类别	执行单位	主管部门
1	日本秋田县敦煌餐馆	3200	1982.8–1992	劳务	兰州市饮食公司	兰州市商业局
2	伊拉克奶牛场（一期）	938.9	1985.6–1987.10	承包	中建公司甘肃分公司	中建公司
3	利比亚米苏腊塔钢厂	628	1983.2–1987.5	劳务	中建公司甘肃分公司	中建公司
4	利比亚教育中心11所学校校舍	930	1984.3–1987.3	承包	甘肃省建筑总公司	中建公司
5	伊拉克农展馆	281	1984.10–1987.6	承包	甘肃省建筑总公司	中建公司
6	伊拉克养鸡场维修	318	1984.5–1986.3	承包	甘肃省建筑总公司	中建公司
7	利比亚护士学校	400	1985.4–1987.10	承包	甘肃省建筑总公司	中建公司
8	伊拉克摩苏尔五桥	20.4	1985–1987	劳务	甘肃省交通厅公路局	中建公司
9	加纳使馆大楼	278	1986.2–1988.2	承包	甘肃省建筑总公司	中建公司
10	利比亚米苏塔腊钢厂劳务	55.13	1985.9–1993.9	劳务	甘肃国际公司	甘肃省外经贸部门
11	利比亚浴池工程	5.1	1985.11–1986.12	承包	甘肃省建筑总公司	中建公司

序号	国别项目	合同额	合同期	类别	执行单位	主管部门
12	利比亚清真寺工程	52.2	1985.12–1986.12	承包	甘肃省建筑总公司	中建公司
13	利比亚48套住宅	170	1986.11–1989.11	承包	甘肃省建筑总公司	中建公司
14	津巴布韦迪瑞洛区行政办公室	13.6	1987.2–1987.8	承包	甘肃省建筑总公司	中建公司
15	日本山崎土方机械研修生	16.2	1987.2–1989.2	劳务	甘肃国际公司	甘肃省外经贸部门
16	日本国茨城缝纫研修生	7	1987.2–1989.2	劳务	甘肃国际公司	甘肃省外经贸部门
17	津巴布韦马兰德拉办公楼	111	1987.2–1989.1	承包	甘肃省建筑总公司	中成公司
18	津巴布韦哈拉雷郊区图书馆	52.73	1987.3–1988.4	承包	甘肃省建筑总公司	中成公司
19	津巴布韦奇诺伊办公楼	111	1987.3–1989.1	承包	甘肃省建筑总公司	中成公司
20	喀麦隆私人医疗所翻译	0.96	1987.3–1989.3	劳务	甘肃国际公司	甘肃省外经贸部门
21	新加坡裕廊工程师劳务	18	1987.6–1993.6	劳务	甘肃国际公司	甘肃省外经贸部门
22	津巴布韦哈拉雷市政会堂	83.3	1987.7–1990.11	承包	甘肃省建筑总公司	中成公司
23	利比亚加特三项工程	104	1987.10–1988.11	承包	甘肃省建筑总公司	中成公司
24	日本国关谷厨师劳务	39.00	1987.5–1993.5	劳务	甘肃国际公司	甘肃省外经贸部门
25	加纳纺织厂宿舍	6.3	1987.9–1988.4	承包	甘肃省建筑总公司	中建公司
26	喀麦隆打井供水项目（300眼）	326	1989–1992	承包	甘肃地矿局开发公司	中国地质勘探打井工程公司
27	加纳托马宿舍维修	7	1988–1989	劳务	甘肃省建筑总公司	中成公司

序号	国别项目	合同额	合同期	类别	执行单位	主管部门
28	津巴布韦国家技术培训中心	590	1988.4–1991.4	承包	甘肃省建筑总公司	中成公司
29	加纳特马纺织厂扩建	48.3	1988.4–1989.5	劳务	甘肃省建筑总公司	中成公司
30	日本熊谷祖引大工程翻译	0.45	1988.4–1989.10	劳务	甘肃国际公司	甘肃省外经贸部门
31	利比亚保卫部办公楼	86.4	1988.6–1991.7	承包	甘肃省建筑总公司	中建公司
32	利比亚班加西清真寺	72.6	1988.10–1989.9	承包	甘肃省建筑总公司	中建公司
33	加纳榨油厂	8.8	1988.5–1988.12	劳务	甘肃省建筑总公司	中建公司
34	伊拉克南部油田技术援助	30	1988.7–1989.5	劳务	长庆石油局	中国石油公司
35	加纳妇联办公楼扩建修缮	6.3	1988.3–1988.12	承包	甘肃省建筑总公司	中建公司
36	加纳独立广场看台	167.5	1989.5–1990.10	承包	甘肃省建筑总公司	中建公司
37	加纳恩克鲁玛纪念公园	102	1989.5–1992.10	承包	甘肃省建筑总公司	中建公司
38	日本国自动车部品工业株式会社机械研修生	14	1989.3–1991.3	劳务	长庆石油局	中国石油工程公司
39	津巴布韦内务部2号工程	678.5	1989.3–1993.12	承包	甘肃省建筑总公司	中成公司
40	新加坡三巴旺公司惠州21-1海洋石油钻井平台模块工程	98.5	1989.6–1990.3		兰石进出口公司	中国机械设备进出口公司
41	津巴布韦门—托公路	680	1989.10–1991.12	承包	甘肃国际公司	甘肃省外经贸部门

1990年，全省全年对外承包工程新签合同7份，合同金额1352美元，完成营业额3183万美元。对外劳务合作新签合同3份，合同金额2万美元，完成营业额10万美元。派出各类劳务人员403人。其中中国甘肃国际经济技术合作总公司执行合同额1048.3万美元；甘肃省建筑工程总公司、兰州石油化

工机械厂、甘肃地矿局等单位执行合同额为11074.89美元。主要项目有：津巴布韦内务部p2工程、津巴布韦国际技术培训中心、加纳独立广场看台改建、喀麦隆打井供水（300）眼工程、津巴布韦门一托公路、津巴布韦哈奎公路、新加坡麦克唐姆公司惠州26—1工程。

1991年，全省全年对外承包工程新签合同14份，合同额4162万美元，完成营业额3854万美元。对外劳务合作新签合同8份，合同金额149万美元，完成营业额119万美元。

1992年，全省全年对外承包工程新签合同13份，合同金额1246万美元，完成营业额2690万美元。对外劳务合作签订合同5份，合同金额23万美元，完成营业额125万美元。派出各类劳务人员1732人。主要项目为津巴布韦门一舒公路，印度尼西亚自备热电厂安装工程。

1993年，全省全年对外承包工程新签合同11份，合同金额1841万美元，完成营业额3600万美元。对外劳务合作新签合同2份，合同额64万美元，完成营业额53万美元，派出劳务人员1710人。

1994年，全省全年对外承包工程与新签合同24份，合同金额1172美元，完成营业额1889万美元，对外劳务合作新签合同6份，合同额62万美元，实现营业额114万美元，派出各类劳务人员1775人。其中，由中国甘肃国际经济技术合作公司执行的津巴布韦门一舒公路工程于同年10月正式交付使用，得到了津巴布韦运输部、国家公路局的高度赞扬。由甘肃省建筑工程总公司执行的津巴布韦奇诺伊医院完成了主体工程，经中津双方有关部门检查，赞誉该工程为我国援外项目的样板。经外经贸部批准授权的甘肃省外经公司已达8家，其中有1家获准向香港地区输出劳务，是当时我国西北五省区唯一的一家。

1995年，全省全年对外承包工程新签合同8份，合同金额2372万美元，完成营业额2370万美元。对外劳务合作新签合同2份，合同金额211万美元，实现营业额84万美元。派出劳务人员1249人。

1996年，全省全年对外承包工程新签合同13份，合同总金额2058万美元，完成营业额2288美元，对外劳务合作新签合同2份，合同金额211万美元，完成营业额30万美元。主要项目：由甘肃省建筑工程总公司承建的津巴布韦诺屯住宅小区、由中国甘肃国际经济技术合作公司和省地矿局承建的津巴布韦打井（320眼）项目、由甘肃省建筑设计院承担的几内亚总统府设计、由甘肃省地矿局承建的喀麦隆打井项目等。由甘肃省承接的在非洲科特迪瓦建立投资开发贸易中心的筹建工作已完成注册。

1997年，全省全年对外承包工程新签合同38份，合同金额18274万美元，完成营业额3019万美元，对外劳务合作新签合同10份，合同金额856万美元，实现营业额306万美元。派出各类劳务人员600余人，主要项目：由国家直接规划领导，由甘肃省承建管理的中国科特迪瓦投资开发贸易中心正式建立开业。成为我国在科特迪瓦开展投资贸易的重要基地和开拓非洲经贸市场的窗口之一。

1998年，全省全年对外承包工程新签合同46份，合同金额19346万美元，完成营业额3214万美元，对外劳务合作新签合同12份，合同额754万美元，完成营业额454万美元。

1999年，全省全年对外承包工程新签合同25份，合同金额6066万美元，实现营业额5615万美元，对外劳务合作新签合同8份，合同金额142万美元，实现营业额49万美元，派出各类劳务人员1000人。

2000年，全省全年对外承包工程新签合同29份，合同金额6485万美元，实现营业额7336万美元，对外劳务合作新签合同10份，合同金额52万美元，实现营业额56万美元。

2001年，全省全年对外承包工程新签合同41份，合同金额6410万美元，实现营业额4851万美元，对外劳务合作新签合同15份，累计派出各类劳务人员1189人（其中对外承包工程项下派出558人，其他劳务派出了631人）。

2002年，全省全年承包工程新签合同27份，合同金额2677万美元，实现营业额4399万美元，对外劳务合作新签合同2份，合同金额90万美元，实现营业额458万美元。累计派出各类劳务人员142人（其中对外承包工程项下派出121人；其他劳务派出15人）。承担喀麦隆重力引水项目的甘肃地质工程总公司项目负责人张旭获喀麦隆政府颁发的政府骑士功勋勋章。

2003年，全省全年对外承包工程新签合同19份，合同金额3890万美元，实现营业额3960万美元。对外劳务合作新签合同4份，合同金额66万美元，实现营业额232万美元。累计派出各类劳务人员197人（其中对外承包工程项下派出147人，其他劳务派出50人）。主要项目有：中石化五建公司中标的上海赛科炼厂建设项目，合同额785万美元；甘肃地质工程总公司承包的喀麦隆能源部156眼打井项目，合同额150万美元；甘肃海外工程总公司承包的加纳总工会综合楼项目，合同额119万美元；甘肃海外工程总公司承包的由南非拉普斯置业有限公司投资的银川森林公园建设项目，合同额543万美元；铁道部第一勘测设计研究院中标执行的我国援外工程——中吉乌铁路勘测设计项目，合同额139万美元；甘肃国际经济技术合作公司通过新加坡裕廊公司承包执行的阿联酋沙迦铝厂建设项目，合同额达1100万美元；兰州有色冶金设计院承包的科特迪瓦SODEMI公司锰矿开采项目、南非12万吨铬铁矿工程的设计咨询。获准在境外设立的主要项目有：金川集团公司在澳大利亚设立的中金镍业有限公司，投资额60万美元；兰州海默科技股份有限公司在阿联酋设立的海默国际有限公司，投资额50.2万美元。

2004年，全省全年对外承包工程新签合同14份，合同金额4000万美元，实现营业额3844万美元。对外劳务合作当年实现营业额107万美元。累计派出各类劳务人员310人，其中对外承包工程项下派出241人，其他劳务派出69人。

2005年，全省全年对外承包工程新签合同27份，合同额9626万美元，完成营业额5723万美元。对外劳务合作当年完成营业额66万美元，当年累计派出各类劳务人员464人（其中对外承包工程项下派出406人，其他劳务派出58人）。主要项目：甘肃海外工程公司承包津巴布韦拜特布里奇边检站工程项目，合同金额3836万美元；甘肃国际公司作为新加坡陇新企业私人有限公司的股东，分包也门阿姆兰水泥厂建设项目的生产设备和钢结构的安装，项目合同金额约850万美元，于2004年5月开始执行。同时该公司还分包阿尔及利亚阿尔泽海水淡化厂暨电厂工程建设项目的生产设备和钢结构的安装以及油漆工程，项目合同金额1113万美元。

2006年，全省全年新签对外承包工程合同20份，新签合同金额10154万美元（首次突破1亿美元），完成营业额5413万美元。对外劳务合作新签合同3份，合同金额58万美元，实现营业额56万美元。累计派出各类劳务人员584人，其中对外承包工程项下派出506人，其他劳务派出78人。

2007年，全省全年新签对外承包工程合同46份，合同金额24206万美元，完成营业额10625万美元，对外劳务合作派出各类劳务人员1945人，其中对外承包工程项下派出1784人，其他劳务人员派出170人。

2008年，全省全年新签对外承包工程合同63份，合同金额29718万美元，完成营业额30322万美元，对外劳务合作新签合同3份，合同金额165万美元，实现营业额75万美元。累计派出各类劳务人员530人，其中对外承包工程项下派出334人，其他劳务人员派出193人。

2009年，全省全年新签对外承包工程42份，合同金额28877万美元，完成营业额28332万美元，对外劳务合作派出各类劳务人员487人，其中对外承包工程项下派出480人，其他劳务人员派出7人。

2010年，全省全年新签对外承包工程25份，合同金额40710万美元，完成营业额19145万美元。对外劳务合作当年完成营业额45万美元，累计派出各类劳务人员846人，其中对外承包工程项下派出784人，其他劳务人员派出62人。

2006年—2010年甘肃省对外承包工程统计表

表4-2-2   单位：个、万美元、位

指标 \ 年度	2006年		2007年		2008年		2009年		2010年	
	总额	全国排名	总额	全国排名	总额	全国排名	总额	全国排名	总额	全国排名
新签项目数（项）	20	—	46	—	63	—	42	—	25	—
新签合同额	10154	—	24206	23	29718	25	28877	22	40710	22
完成营业额	5413	24	10625	24	30322	22	28332	22	19145	26
派出劳务人员（人）	584	—	1945	—	530	28	487	—	846	—

2010年甘肃省对外劳务合作和境外就业分国家（地区）统计表

表4-2-3   单位：人

国家（地区）名称	累计派出各类劳务人员数量	年末在外各类劳务人员数量	雇用项目所在国人员数量
合计	846	1,003	1,190
亚洲	564	584	849
印度	0	40	0

续表

国家(地区)名称	累计派出各类劳务人员数量	年末在外各类劳务人员数量	雇用项目所在国人员数量
印度尼西亚	98	98	602
沙特阿拉伯	266	260	197
阿拉伯联合酋长国	35	33	30
约旦	50	50	0
哈萨克斯坦	0	0	0
吉尔吉斯斯坦	115	110	20
非洲	12	294	341
安哥拉	5	5	0
博茨瓦纳	0	5	0
喀麦隆	4	18	121
加纳	0	102	0
马拉维	0	25	0
阿尔及利亚	0	0	0
津巴布韦	3	17	0
赞比亚	0	73	171
南非	0	0	4
莫桑比克	0	6	35
科特迪瓦	0	40	0
几内亚	0	0	0
佛得角	0	1	0
中非共和国	0	2	10
欧洲	145	145	0
俄罗斯联邦	145	145	0
大洋洲	125	0	0
澳大利亚	125	0	0

第三节　对外经济技术援助

　　甘肃省执行的对外经济技术援助是根据中国政府与外国政府签订的经济技术合作协议中所确定的项目进行的，其形式包括成套项目援助、技术援助、物资援助等，援助对象主要为亚洲、非洲、拉丁美洲等发展中国家（也包括原部分社会主义国家）。援外工作是甘肃省对外经济技术合作领域最早起步并取得优异成绩的先行者，主要包括执行对外援助工程项目和执行对外援助培训项目两部分。

　　1978年以前，甘肃省对外援助主要承担国家分配的对第三世界国家的援助任务。1950年—1960年，主要承担对朝鲜、越南、阿尔巴尼亚等社会主义国家的无偿物资援助。1963年开始正式独立地接受成套援外项目任务，首个项目为由化工部承建、兰州化学工业公司筹建的援建阿尔巴尼亚总投资7645万元人民币的菲里氮肥厂。1971年10月，中国恢复在联合国的合法席位之后，建交国迅速增加，对外援助范围和数量也有了快速发展。甘肃省接受的援外任务和援助形式也有了新的变化，除成套项目外，自1971年开始，承担国家援外机电产品的生产供应，1975年开始受国家卫生部的委托，甘肃省卫生厅组织向马达加斯加派援医疗队，为每两年更换一次的长期项目。1978年，甘肃省以承担中国政府援助多哥政府"人民联盟之家"工程建设项目为标志，开始对外执行国家经济援助任务。至1979年，共完成国家分配的援外建设项目和技术合作项目19个，建厂选址和可行性考察、技术考察项目12个。同时，也开展一些科技交流，并组织生产供应了11万台套件的援外机电产品和2000多吨的材料。1984年，甘肃省承担的中国援助津巴布韦国家体育场项目，是中国实行对外经援项目投资包干制以后甘肃执行的第一个大型援外投资包干项目。1991年，甘肃省开始承担国家外经贸部、科技部委托的技术援外的人力资源培训项目，并由最初的太阳能应用技术培训逐步扩大到风能应用技术，沙漠化研究与治理技术，雨水积蓄利用技术等。截至1995年，甘肃省各类企事业单位在亚洲、非洲、欧洲、大洋洲、南美洲的60余个国家和地区，先后执行27个援外项目，并通过援外工程带动13万台（件）的机电产品和大批建筑材料的出口。

1995年，国家对外援助工作进行了又一次重大政策调整，将原来向受援国提供长期无息贷款为主的援外方式改为向受援国提供具有援助性质的中长期低优惠贷款为主的方式，并设立了"援外合资合作项目基金"，用于促进与受援国一起兴办以生产性为主的合资合作企业，促进中国与受援国的共同发展。鼓励国内援外企业由承包援外工程为主向全面介入国际承包工程、劳务、投资、贸易市场。甘肃省内各援外项目实施单位在这一转型过程中力争先机，依托自身的实力和境外执行援外项目的基础，在积极争取国家援外项目的同时，通过各种渠道借船出海，利用国内外"两个市场""两种资源"，进军国际承包工程和劳务市场，到境外投资办厂。

截至2010年，全省各援外项目受援国遍及亚洲、非洲、欧洲、南美洲、大洋洲等国家和地区，项目涉及民用生产性企业，水电、公路、打井、医院、学院、科技机构以及大型公共建筑等。全省取得援外项目实施资格的单位由1984年1家增加为8家。其中具备援外成套项目实施资格的单位有中国甘肃国际经济技术合作总公司、甘肃地质工程总公司、中铁21局集团有限公司、八冶建设集团公司和甘肃省建筑设计研究院5家单位。具备援外培训资格的有甘肃省科学院自然能源研究所，国际太阳能中心、甘肃省治沙所、甘肃省水利科学研究院3家单位。在援外项目执行中，甘肃省各援外项目实施单位以高度的责任心和出色的表现在受援国家树立了良好的形象，为国家和甘肃省争得了荣誉，加快了省内企业在管理和技术上与国际市场的接轨，锻炼培养了一批适应国际工程建设管理与技术的外向型人才队伍。这些都为甘肃省企业打入国际建筑市场，开展对外承包工程，劳务合作，以及境外投资办厂等市场运作打下了坚实基础。

甘肃省援外所执行的各类项目大多数都达到较高水平，项目质量也受到广泛赞誉。1978年，由甘肃省建筑设计院设计、甘肃建筑工程总公司承建，甘肃省广播电视厅、省邮电局、文化局协建的，中国援助多哥总投资3120万元人民币的《人民联盟之家》项目，荣获国际"墨丘利金像奖"，这是甘肃也是中国援外工程首次获得的国际性殊荣。1984年，由该公司承建甘肃省邮电局、省体委、省广播电视厅协建的，中国援助津巴布韦总投资9700万元人民币、可容纳6万人的国家体育场项目，三年工期提前200天完成，工程质量优良，被该国总统穆加贝誉为"津中友谊史上的里程碑"，也受到李鹏总理的表扬，并被中国外经贸部授予"援外工程先进集体"称号。甘肃省取得优异成绩的援外项目，还有1988年中国援建津巴布韦总投资6228.7万人民币、由甘肃建筑工程总公司承建奇诺伊师范学院项目，被称为中国援建项目的样板。该公司承建的科特迪瓦国家剧场工程，被胡锦涛主席誉为"中科友谊的象征、南南合作的成果"，并被外经贸部评为优良工程。通过这些项目的执行，甘肃省在非洲树立了良好的品牌信誉。甘肃省派援马达加斯加的医疗队被称为"南南合作的典范"，每批医疗队都有队员被马国政府授予国家勋章。甘肃省生产的援外机电才产品也以优质适用得到援助国的广泛好评。甘肃省承担的由中国的人力资源援外培训项目，如太阳能、风能应用技术、沙漠化研究与治理技术，雨水积蓄利用技术等培训，受到了参训国家有关部门和学员的一致好评。

一、甘肃省援外主要单位及项目

甘肃省科学院自然能源研究所/联合国工业发展组织国际太阳能技术促进转让中心。甘肃省科学院自然能源研究所成立于1978年，该所主要从事可再生能源，特别是太阳能技术的研究与应用、国内外技术合作与培训、技术咨询与交流、新产品的研制与开发等。1980年9月开始，通过接收联合国开发计划署提供的太阳能采暖和降温技术示范基地等援助项目，现太阳能研究领域的综合实力已处于国内领先地位，在国际上也有重要影响，是甘肃省最早开展援外培训，并具有援外培训资质的科研单位。承担着由联合国开发署、中国外经贸部、科技部等委托的技术援外的培训项目。该所还是中国南南合作网的主要创始成员单位之一。2005年12月1日，由中国政府代表和联合国工业发展组织于维也纳签字批准，在甘肃省科学院自然能源研究所的基础上成立"联合国工业发展组织国际太阳能技术促进转让中心"。成为联合国在太阳能研究领域南南合作的基地。该所先后举办国际太阳能技术培训班20多期，为五大洲77个国家培训太阳能技术人才600多名，承办或主办国际太阳能会议多次。先后有210余名国际著名专家来所讲学或技术交流。有90多个国家的政要（含8位总统和议长、数百位部长或部长级领导人）、使节、专家共计3200余人次前来参观访问。

甘肃省治沙研究所。成立于1959年的甘肃省治沙研究所是中国组建最早、甘肃省唯一从事荒漠化应用基础与技术研究为主的省级重点科研所，也是甘肃省具有援外培训资质，并开展援外培训的科研单位之一。受外经贸部委托，自1993年起，该所开始专门为发展中国家举办"中国治沙技术国际推广培训班"。逐步发展成为在荒漠化防治领域进行国际学术交流与合作及技术培训的基地，研究所承办的"中国治沙技术推广国际培训班"被国家商务部纳入发展中国家TCDC对外技术培训计划，每年为发展中国家举办一期治沙技术培训班。

甘肃省水利科学研究院雨水利用研究所。甘肃省水利科学研究院雨水利用研究所成立于2005年，主要从事雨水资源利用方面的研究与示范及雨水利用技术国际培训、技术咨询工作。雨水利用研究所成立以来，先后成功举办了四期国际雨水利用技术培训班。共有50多个发展中国家的200多名学员参加了培训学习和交流。在国际技术合作方面，派出工程技术人员常驻尼日利亚，进行水利工程技术咨询服务，开展了雨水利用、水库建设、人畜饮水、农田灌溉工程等项目的技术咨询和施工技术指导工作；同时还派出技术人员前往沙特阿拉伯举办了雨水利用技术培训班，完成了雨水利用示范项目设计工作。

甘肃海外工程总公司。公司隶属于甘肃建工集团（原国家建委第七工程局、省建工局、中国建筑工程总公司甘肃分公司），是以国际工程总承包、进出口贸易、国际经济技术劳务合作、国内房屋建筑总承包为一体的跨国经营公司，曾多次跻身全国外经企业50强。企业注册资金8000万元，年营业额10亿人民币。公司具有建设部房屋建筑工程施工总承包一级资质、商务部对外援助施工企业A级资格，是外交部驻外机构馆舍建设施工A库企业。境外职工队伍随着境外承包施工范围扩大、管理内容逐步增加，管理人员从集团总部海外部的七八人增加到2010年正式职工120多人，驻外公司的专业人员基本上是从集团总部所属企业中选派，施工任务结束后回到原企业工作。甘肃海外工程总公司通过了质量管理体系，职业健康安全管理体系和环境管理体系等三个国际标准认证。

甘肃海外工程总公司以1978年承建中国政府援建多哥"人民联盟之家"工程为标志，开始跻身国际建筑市场，1982年以承建伊拉克奶牛厂为标志，开始涉足国际工程承包。对外经营中共签订合同300多项，竣工面积300多万平方米，派出技术、管理人员以及劳务13000多人次，各驻外公司根据承建施工任务的需要，均在所在国雇用当地工人。据2010年统计，雇用当地工人也达到几万余人次。先后在多哥、伊拉克、利比亚、津巴布韦、加纳、莫桑比克、纳米比亚、博茨瓦纳、日本、土耳其、尼日利亚、乍得、突尼斯、科特迪瓦、几内亚、马拉维、南非、泰国、柬埔寨、巴布亚新几内亚、肯尼亚、瓦努阿图、安提瓜岛和巴布达、加蓬、布隆迪、安哥拉、香港地区、澳门地区等29个国家和地区开展经援、国际工程承包、经济技术合作及劳务合作等业务，建成了一大批在国际上有较大影响的高质量的经援工程、国际承包工程和外交部驻外使领馆项目。其中多哥人民联盟之家工程获"国际墨丘利和平金像奖"、甘肃省科技进步一等奖；津巴布韦国家体育场工程被誉为"中津两国人民世世代代友好的纪念碑"，被原外经贸部授予援外工程先进集体称号，获甘肃省科技进步二等奖；津巴布韦奇诺伊医院项目不仅获得当地政府官员的褒奖，其建筑界的权威人士也给予高度赞誉，获得甘肃省政府的特别嘉奖和甘肃省科技进步三等奖。

甘肃省承援马达加斯加医疗队。根据中华人民共和国和马达加斯加共和国协议，甘肃省卫生厅受国家卫生部指定，从1975年8月开始负责承派援马达加斯加医疗队。至2010年，共派遣援外医疗队二十批（两年轮换一批）参加了援外医疗队。援外医疗队的人员组成主要是内科、外科、骨科、妇产科、麻醉、耳鼻喉科、针灸、化验、药剂、翻译。分别在马达加斯加的马义奇（首都点）、瓦图曼德里（东方点）、昂布翁贝（南方点）、桑巴瓦（北方点）四个县级医院工作。30多年来，甘肃省援助马达加斯加医疗队克服了诸多困难，治愈了不少疑难病例，成功地开展了心脏手术、巨大肿瘤切除等疑难手术，被称为"南南合作的典范"。

对外援助工作管理。1978年以前，国家对外承担的经援项目，长期是由国务院所属各有关部、委、总局按行业分工负责组织实施。1978年以后，国家对援外管理机构进行了多次调整。1982年，对外经济联络部与国家进出口管理委员会、对外贸易部和外国投资管理委员会合并成立"对外经济贸易部"，下设对外援助局，主管对外经济技术援助工作。1985年，根据改革开放新形势和政企分开、简政放权的原则，对外经济贸易部将一部分管理权限下放给中国成套设备出口公司，由其统一组织实施国家对外承担的经援项目。同时，国务院有关部门和省、自治区、直辖市政府也将项目实施全部交由所属的国际经济技术合作公司负责办理。1993年，国家再次对援外管理体制进行了改革。改变由原对外经济贸易部对外援助司和援外项目执行局即中国成套设备出口公司分段管理援外工作的体制，由对外援助司负责归口管理。中国成套设备出口公司由事业单位转为企业，更名为中国成套设备进出口(集团)总公司。2003年，商务部组建了国际经济合作事务局，作为中国对外援助工作的辅助管理力量，主要负责中国对外援助业务的促进、服务和保障工作。在援外司的指导下，国际经济合作事务局分担援外工作部分具体事务，包括援外项目资料管理、专家库管理、招标工作、信息化建设、企业资格预审、诚信体系建设、规章制度培训等。

　　2004年5月15日，商务部颁布了《对外援助成套项目施工任务实施企业资格认定办法》，规定，企业应当按照本办法规定的资格条件和程序申请援外施工企业资格，经审查合格取得相应等级的援外施工企业资格后，方可在其资格等级许可的范围内承担援外成套项目施工任务。办法详细列出了申请对外援助成套项目施工任务实施企业资格应具备的条件，资格等级、资格申请、认定程序、资格管理等。办法还规定，中央管理的企业向商务部申请援外施工企业资格；其他企业向注册地省、自治区、直辖市商务主管部门申请，省级商务主管部门自受理申请之日起20个工作日内完成初核；初核合格的，将初核意见连同企业资格申请文件一并报商务部审核。商务部对取得援外施工企业资格的企业实行动态资格管理，自本办法试行当年起每2年进行一次资格核验，并提前发布资格核验通知。资格核验当年内取得援外施工企业资格的企业可不参加当年的资格核验。

　　2004年5月20日，商务部颁布《对外援助物资项目实施企业资格认定办法》。办法规定，企业应当按照本办法规定的资格条件和程序申请援外物资企业资格，经审查合格取得相应等级的援外物资企业资格后，方可在其资格等级许可的范围内承担援外物资项目。办法详细列出了申请对外援助物资项目实施企业资格应具备的条件，资格等级、资格申请、认定程序、资格管理等。办法还规定，中央管理的企业向商务部申请援外物资企业资格；其他企业向注册地省、自治区、直辖市商务主管部门申请，省级商务主管部门自受理申请之日起20个工作日内完成初核；初核合格的，将初核意见连同企业资格申请文件一并报商务部审核。商务部对取得援外物资企业资格的企业实行动态资格管理，自本办法试行当年起每2年进行一次资格核验，并提前发布资格核验通知。资格核验当年内取得援外物资企业资格的企业可不参加当年的资格核验。为进一步加强各部门间的联系和协作，2008年，商务部会同外交部、财政部等有关部门和机构，成立了对外援助部际联系机制。

1973年，甘肃省成立甘肃省政府援外办公室，负责全省对外援助工作。1980年4月，省政府成立甘肃省进出口管理委员会，将甘肃省政府援外办公室改为甘肃省政府对外经济联络办公室，与甘肃省进出口管理委员会一套机构、两块牌子，合署办公。1982年11月，甘肃省委决定省进出口管理委员会(省外经办公室)、省外贸局合并为甘肃省对外经济贸易厅。此后，甘肃省对外援助工作一直由省外经贸部门管理。分管处室先后为外经处、对外经济合作处，具体负责甘肃省援外企业的资格认定、援外项目申报、组织实施和带动设备、技术、物资出口，以及联合国多边机构和我国有关部委委托的援外培训有关工作。

表4-3-1

1986年—1991年甘肃省执行的对外经济援助成套项目一览表

金额单位：万人民币

序号	国家	项目名称	起止时间	建设规模	总投资	筹建单位	协作单位	承建部
1	埃及	P801项目	1982.2－1989.3	梯恩梯5000吨/年	883	甘肃省八〇五厂		兵器部
2	巴基斯坦	P774项目	1984.1－1986.1	梯恩梯5000吨/年改造	360	甘肃省八〇五厂		兵器部
3	津巴布韦	国家体育场	1984.10－1987.3	6万座位体育场，面积5150m²	9700	甘肃省建筑总公司	甘肃邮电局、体委、电视厅	中成套公司
4	索马里	百纳迪尔医院扩建设计施工	1985.4－1987	建筑面积3248㎡，120床位	409	甘肃国际公司		中成套公司
5	多哥	人民联盟之家技术合作	1983.4－1989.7	技术指导、培训人员(1989年第四期)	38	甘肃建筑总公司		中成套公司
6	佛得角	佛得角政府办公楼	1988.7－1989.11	施工图设计	40.3	甘肃省建筑勘察设计院		中成套公司
7	津巴布韦	奇诺伊师范学院	1988.5－1991	建筑面积38331㎡	6228.7	甘肃省建筑工程总公司		中成套公司

表4-3-2

1991年—2010年甘肃省援外培训项目国别人数情况统计表

序号	年度	培训班名称	项目时间	参训国别	实施单位	参训人数	备注
合计						1397	
1	1991年	太阳能与节柴灶非洲学员培训班	8月19日—9月8日	布隆迪、埃及、冈比亚、巴布亚新几内亚、利比亚、摩洛哥、塞拉利昂、苏丹、坦桑尼亚、乌干达、赞比亚	甘肃自然能源研究所	14	商务部
2	1993年	国际太阳能应用技术培训班	8月30日—9月30日	坦桑尼亚、土耳其、埃塞俄比亚、巴布亚新几内亚、秘鲁、加纳、孟加拉国、厄瓜多尔、蒙古	甘肃自然能源研究所	17	商务部
		国际沙漠治理技术推广培训班	8月15日—9月15日	坦桑尼亚、埃及、利比亚、叙利亚、沙特阿拉伯、泰国、阿拉伯联合酋长国	甘肃省治沙研究所	10	商务部
3	1994年	国际太阳能应用技术培训班	8月15日—9月15日	缅甸、马来西亚、马里、乌干达、泰国、巴基斯坦、伊朗、莱索托、厄瓜多尔、印度、斯里兰卡、土耳其、尼泊尔、尼日利亚、坦桑尼亚、埃塞俄比亚、巴布亚新几内亚、秘鲁、加纳、孟加拉国、厄瓜多尔、蒙古	甘肃自然能源研究所	24	商务部
4	1995年	国际太阳能应用技术培训班	8月15日—9月15日	孟加拉国、巴巴多斯、博茨瓦纳、朝鲜、加纳、印度、伊拉克、基里巴斯、利比亚、马尔代夫、毛里求斯、蒙古、尼日利亚、巴基斯坦、巴布亚新几内亚、菲律宾、罗马尼亚、沙特阿拉伯、斯里兰卡、苏里南、土耳其、阿拉伯联合酋长国等国	甘肃自然能源研究所	40	商务部

续表

序号	年度	培训班名称	项目时间	参训国别	实施单位	参训人数	备注
4	1995年	国际沙漠治理技术推广培训班	8月15日–9月14日	伊拉克、科威特、缅甸、伊朗、乌兹别克斯坦、博茨瓦纳、阿拉伯联合酋长国、巴基斯坦、埃及、利比亚、沙特阿拉伯、泰国、几内亚	甘肃省治沙研究所	17	商务部
5	1996年	国际太阳能应用技术培训班	8月1日–28日	孟加拉国、博茨瓦纳、塞浦路斯、圭亚那、伊朗、肯尼亚、利比亚、墨西哥、密克罗尼西亚、尼泊尔、阿曼、巴基斯坦、巴布亚新几内亚、斯里兰卡、乌干达、津巴布韦	甘肃自然能源研究所	24	商务部
6	1997年	国际太阳能应用技术培训班	8月6日–9月4日	巴西、哥伦比亚、科特迪瓦、尼瓜多尔、斐济、菲律宾、伊朗、莱索托、墨西哥、蒙古、尼泊尔、尼日利亚、阿曼、巴基斯坦、沙特阿拉伯、斯里兰卡、津巴布韦	甘肃自然能源研究所	23	商务部
		国际沙漠治理技术推广培训班	8月5日–8月29日	沙特阿拉伯、土耳其、巴基斯坦、尼日利亚、伊朗、阿曼、突尼斯、乌兹别克斯坦	甘肃省治沙研究所	12	商务部
7	1998年	国际太阳能应用技术培训班	8月2日–31日	孟加拉、朝鲜、加纳、圭亚那、伊朗、莱索托、蒙古、尼泊尔、尼日尔、阿曼、巴基斯坦、卢旺达、苏丹、泰国、突尼斯、越南、南斯拉夫	甘肃自然能源研究所	23	商务部
		国际沙漠治理技术推广培训班	8月5日–8月29日	伊朗、泰国、阿曼、利比亚、蒙古、突尼斯、加纳、尼日利亚	甘肃省治沙研究所	14	商务部

续表

序号	年度	培训班名称	项目时间	参训国别	实施单位	参训人数	备注
8	1999年	国际太阳能应用技术培训班	8月7日－9月3日	塞浦路斯、朝鲜、厄瓜多尔、加纳、印度尼西亚、马来西亚、尼泊尔、斯里兰卡、突尼斯、乌干达、伊朗	甘肃自然能源研究所	16	商务部
		国际沙漠治理技术推广培训班	8月05日－8月31日	伊拉克、柬埔寨、沙特阿拉伯、伊朗、阿曼、利比亚、乌兹别克斯坦	甘肃省治沙研究所	12	商务部
		国际太阳能应用技术培训班	6月12日－7月12日	朝鲜、埃及、斐济、伊朗、吉尔吉斯斯坦、立陶宛、马尔代夫、蒙古、尼日利亚、卢旺达、斯里兰卡、叙利亚、泰国、乌兹别克斯坦、越南	甘肃自然能源研究所	29	商务部
9	2000年	科技部太阳能适用技术培训班	7月18日－8月6日	阿曼、巴基斯坦、南斯拉夫	甘肃自然能源研究所	35	科技部
		国际沙漠治理技术推广培训班	6月15日－7月15日	尼泊尔、蒙古、阿曼、匈牙利、伊朗、巴基斯坦、澳大利亚、突尼斯、沙特阿拉伯、哈萨克斯坦、塔吉克斯坦、乌兹别克斯坦、加纳、坦桑尼亚、乌干达、埃及	甘肃省治沙研究所	23	商务部
10	2001年	国际太阳能应用技术推广培训班	7月15日－8月14日	朝鲜、埃及、斐济、印度尼西亚、牙买加、吉尔吉斯斯坦、利比亚、马来西亚、毛里求斯、尼泊尔、尼日利亚、巴基斯坦、新加坡、斯里兰卡、叙利亚、土耳其、蒙古	甘肃自然能源研究所	18	商务部
		科技部太阳能适用技术培训班	9月1日－9月20日	孟加拉国、科摩尼亚、吉尔吉斯斯坦、马来西亚、蒙古、尼泊尔、斯里兰卡、苏丹、土耳其	甘肃自然能源研究所	35	科技部

续表

序号	年度	培训班名称	项目时间	参训国别	实施单位	参训人数	备注
10	2001年	国际沙漠治理技术推广培训班	8月1日－9月15日	埃及、尼日利亚、斯里兰卡、阿曼、泰国、巴基斯坦、土耳其、斐济、缅甸、乌兹别克斯坦、坦桑尼亚、苏丹、安哥拉、利比亚	甘肃省治沙研究所	23	商务部
		中国国际治沙技术培训班	7月1日－7月15日	阿曼、泰国、土耳其、巴基斯坦	甘肃省治沙研究所	20	科技部
11	2002年	国际太阳能应用技术培训班	6月7日－7月10日	朝鲜、埃及、厄立特里亚、印度尼西亚、伊拉克、伊朗、吉尔吉斯斯坦、老挝、马来西亚、摩洛哥、尼泊尔、尼日利亚、巴基斯坦、巴布亚新几内亚、斯里兰卡、苏丹、叙利亚、塔吉克、泰国、也门	甘肃自然能源研究所	31	商务部
		2002年国际治沙技术培训班	8月1日－9月30日	马其顿、越南、叙利亚、伊朗、埃及、阿曼、肯尼亚、尼日利亚、蒙古	甘肃省治沙研究所	24	商务部
		国际太阳能应用技术培训班	10月6日－11月5日	科特迪瓦、斯里兰卡、利比亚、阿曼、越南、泰国、苏丹、朝鲜	甘肃自然能源研究所	18	商务部
12	2003年	埃塞俄比亚太阳能使用技术培训班	9月5日－9月16日	安哥拉、博茨瓦纳、埃及、埃塞俄比亚、加纳、肯尼亚、莫桑比克、纳米比亚、塞舌尔、南非、苏丹、坦桑尼亚、乌干达、津巴布韦	甘肃自然能源研究所	28	外交部

续表

序号	年度	培训班名称	项目时间	参训国别	实施单位	参训人数	备注
12	2003年	突尼斯太阳能使用技术培训班	9月17日–9月26日	阿尔及利亚、贝宁、布隆迪、中非、科摩罗、刚果（布）、刚果（金）、科特迪瓦、吉布提、加蓬、几内亚、几内亚比绍、赤道几内亚、马达加斯加、马里、摩洛哥、毛里塔尼亚、尼日尔、卢旺达、多哥、突尼斯	甘肃自然能源研究所	62	外交部
		2003年国际治沙技术培训班	8月15日–10月15日	伊朗、汤加、尼日利亚、斯里兰卡、加纳、利比亚、叙利亚	甘肃省治沙研究所	11	商务部
		发展中国家雨水集蓄利用技术培训班	2003年9月6日–10月22日	菲律宾、泰国、赞比亚、埃塞俄比亚、肯尼亚、乌干达、卢旺达、津巴布韦、越南、毛里塔尼亚、伊朗、印度、沙特阿拉伯、老挝、莱索托、印度尼西亚、阿尔及利亚、尼日利亚	甘肃省水利科学研究院	40	商务部
13	2004年	国际太阳能应用技术培训班	7月5日–9月2日	蒙古、卢旺达、安哥拉、苏丹、莱索托、泰国、罗马尼亚、肯尼亚、尼日利亚、加纳	甘肃自然能源研究所	18	商务部
		2004年国际治沙技术培训班	8月1日–9月30日	伊朗、坦桑尼亚、苏丹、伊拉克、埃及、菲律宾、尼日利亚、蒙古、阿尔及利亚、加纳、津巴布韦、卢旺达、泰国、斯里兰卡、多哥	甘肃省治沙研究所	38	商务部
		发展中国家雨水集蓄利用技术培训班	7月16日–8月30日	斯里兰卡、尼日利亚、印度、巴西、赞比亚、肯尼亚、阿尔及利亚、塞拉里昂、乌干达、埃塞俄比亚、卢旺达	甘肃省水利科学研究院	30	商务部

序号	年度	培训班名称	项目时间	参训国别	实施单位	参训人数	备注
14	2005年	国际太阳能应用技术培训班	8月31日－10月19日	贝宁、中非、刚果(金)吉布提、埃及、埃塞俄比亚、加纳、科特迪瓦、肯尼亚、莱索托、马里、毛里求斯、尼日利亚、巴基斯坦、塞拉利昂、苏丹、坦桑尼亚、多哥、乌干达、赞比亚	甘肃自然能源研究所	30	商务部
		中国援莱索托王国太阳能应用技术培训班	10月24日－11月12日	莱索托	甘肃自然能源研究所	30	商务部
		2005年中国沙漠治理技术推广培训班	8月1日－9月19日	菲律宾、贝宁、津巴布韦、埃及、伊朗、肯尼亚、蒙古、斯里兰卡、伊拉克、尼日利亚、加纳、利比亚	甘肃省治沙研究所	27	商务部
		发展中国家雨水集蓄利用技术培训班	7月18日－8月31日	尼泊尔、博茨瓦纳、赞比亚、莱索托、突尼斯、柬埔寨、埃塞俄比亚、津巴布韦、阿尔及利亚、斐济、尼日利亚、坦桑尼亚、伊朗、肯尼亚、赞比亚、朝鲜、蒙古	甘肃省水利科学研究院	29	商务部
		国际太阳能应用技术培训班	11月25日－1月25日	萨摩亚、老挝、塞舌尔、马里、莱索托、博茨瓦纳、印度尼西亚、瓦努阿图、津巴布韦、坦桑尼亚、叙利亚、赞比亚、尼日尔、乌干达、利比里亚、厄立特里亚、塞尔维亚、苏丹、巴基斯坦、古巴、朝鲜	甘肃自然能源研究所	37	商务部
15	2006年	上海合作组织太阳能应用技术培训班	5月18日－6月26日	俄罗斯、塔吉克斯坦、吉尔吉斯斯坦	甘肃自然能源研究所	6	商务部

第四章　对外经济技术合作及对香港地区经济技术合作

续表

序号	年度	培训班名称	项目时间	参训国别	实施单位	参训人数	备注
15	2006年	2006年非洲国家沙漠治理技术培训班	08月01日-09月29日	乍得、蒙古、斯里兰卡、巴基斯坦、菲律宾、莱索托、伊朗、肯尼亚、埃及、阿曼、摩洛哥、缅甸、尼日尔、朝鲜、津巴布韦	甘肃省治沙研究所	35	商务部
		上海合作组织太阳能应用技术培训班	6月13日-7月24日	塔吉克斯坦、乌兹别克斯坦、俄罗斯、格鲁吉亚	甘肃自然能源研究所	15	商务部
		发展中国家干旱区生态建设暨沙区产业可持续发展技术培训班	6月1日-7月1日	莱索托、突尼斯、叙利亚、尼日尔、加纳、蒙古、古巴、埃塞俄比亚、菲律宾、韩国、也门、乌干达、阿塞拜疆、伊朗、几内亚、肯尼亚、斯里兰卡、埃及	甘肃省治沙研究所	36	商务部
16	2007年	2007防治沙技术培训班	8月1日-9月30日	吉布提、土库曼斯坦、埃及、肯尼亚、苏丹、沙特阿拉伯、阿尔及利亚、蒙古、巴勒斯坦、缅甸、加纳、尼日利亚、伊朗、毛里塔尼亚、利比亚、尼日尔、叙利亚	甘肃省治沙研究所	33	商务部
		2007荒漠化防治技术国际培训班	10月1日-10月15日	蒙古、土耳其、苏丹	甘肃省治沙研究所	22	科技部
		发展中国家雨水集蓄利用技术培训班	7月23日-8月31日	巴巴多斯、吉布提、也门、沙特阿拉伯、尼日利亚、莱索托、印度尼西亚、尼泊尔、老挝、牙买加、利比亚、津巴布韦、塞内加拉、格林纳达、东帝汶、菲律宾、坦桑尼亚、摩洛哥、南非、卢旺达、叙利亚、埃塞俄比亚、肯尼亚、贝宁、阿尔及利亚、赞比亚、索马里、毛里求斯、朝鲜、博茨瓦纳、巴基斯坦、印度	甘肃省水利科学研究院	66	商务部

续表

序号	年度	培训班名称	项目时间	参训国别	实施单位	参训人数	备注
17	2008年	国际太阳能应用技术培训班	6月3日-8月1日	埃塞俄比亚,巴布亚新几内亚,巴林,布隆迪,吉布提,肯尼亚,莱索托,密克罗尼西亚,尼泊尔,塞内加尔,苏丹,突尼斯,乌拉圭,牙买加,也门,中非	甘肃自然能源研究所	25	商务部
		国际太阳能应用技术培训班	8月19日-9月8日	埃及,尼日利亚,塞舌尔,肯尼亚,阴毒,马里,巴基斯坦,伊朗,科特迪瓦,喀麦隆	甘肃自然能源研究所	28	科技部
		国际太阳能应用技术培训班	9月30日-10月19日	埃及,柬埔寨,乌干达,马里,科特迪瓦,坦桑尼亚,苏丹	甘肃自然能源研究所	18	科技部
		国际太阳能应用技术培训班	8月21日-10月19日	阿富汗,巴基斯坦,尼泊尔,纳米比亚,马耳他,哥斯达黎加,多米尼加,厄瓜多尔,乌拉圭,飞机,密克罗尼西亚,萨摩亚	甘肃自然能源研究所	18	科技部
		2009干旱区生态恢复及产业发展技术培训班	8月1日-9月30日	蒙古,纳米比亚,乌干达,南非,埃塞俄比亚,肯尼亚,塔吉克斯坦,阿富汗,乌干达	甘肃省治沙研究所	15	商务部
18	2009年	2009生态恢复及产业发展技术培训班	9月1日-9月19日	蒙古,阿富汗,肯尼亚,尼日利亚,澳大利亚	甘肃省治沙研究所	19	科技部
		发展中国家雨水集蓄利用技术培训班	7月20日-8月31日	巴基斯坦,朝鲜,东帝汶,贝宁,尼泊尔,沙特阿拉伯,叙利亚,埃塞俄比亚,吉布提,津巴布韦,博茨瓦纳,布隆迪,莱索托,利比里亚,卢旺达,尼日尔,尼日利亚,塞内加尔,坦桑尼亚,赞比亚,格林纳达,纽埃,牙买加	甘肃省水利科学研究院	44	商务部

序号	年度	培训班名称	项目时间	参训国别	实施单位	参训人数	备注
19	2010年	发展中国家太阳能应用技术培训班	9月22日–11月6日	苏丹、巴基斯坦、哥斯达黎加、也门、尼日利亚、安提瓜和巴布达、纳米比亚、埃及、巴基斯坦、塞尔维亚、瓦努阿图、厄立特里亚、布隆迪、埃及、印度尼西亚、飞机、乌拉圭、阿富汗、利比里亚、尼泊尔、缅甸、萨摩亚	甘肃自然能源研究所	33	商务部
		发展中国家太阳能应用技术培训班	6月22日–7月11日	科特迪瓦、喀麦隆、蒙古、印度尼西亚、马来西亚、苏丹、泰国、吉布提	甘肃自然能源研究所	13	科技部
		干旱区绿洲防护体系建设及可持续发展技术培训班	7月1日–7月20日	埃及、伊朗、斯里兰卡、尼日利亚、蒙古、乍得	甘肃省治沙研究所	13	商务部
		荒漠化防治技术国际培训班	6月28日–8月22日	巴基斯坦、朝鲜、缅甸、埃塞俄比亚、莱索托、坦桑尼亚、南非、乌干达、古巴、斐济	甘肃省治沙研究所	22	商务部
		荒漠化防治技术国际培训班	9月5日–9月25日	印度、尼日利亚、土耳其、捷克、蒙古	甘肃省治沙研究所	23	北京林业大学
		发展中国家雨水集蓄利用技术培训班	6月26日–8月6日	巴基斯坦、孟加拉、埃及、埃塞俄比亚、布隆迪、博茨瓦纳、津巴布韦、马里、莱索托、苏丹、塞拉利昂、塞内加尔、格林纳达	甘肃省水利科学研究院	31	商务部

第四节　接受国际无偿援助

1970年—1990年，甘肃贫困面积较大，尤其中部干旱地区人民生活十分贫苦。全省86个县区，中国家扶贫县达41个，甘肃省扶贫县12个。1980年以后，甘肃省在外经贸部、农牧渔业部等有关部委的协调支持下，开始接受国际多双边无偿援助。这些项目的执行，突出地配合全省扶贫攻坚和水利重点工程项目，并广泛覆盖到农、林、牧、科技、文化、教育、卫生、妇女等方面和全省14个地州市。在特定的历史阶段，对甘肃经济社会的发展起到重要的补充作用，并扩大了对外合作交流的渠道，取得了良好的经济社会效益。

甘肃省接受国际多边无偿援助始于1980年，接受外国政府双边援助始于1985年，接受国际民间组织的捐赠始于1998年。对甘肃省开展国际多边援助的国际组织主要有：联合国粮食计划署（又称世界粮食计划署）、联合国粮农组织、联合国开发计划署、联合国儿童基金会、联合国人口基金会、国际劳工组织等。提供双边援助的发达国家主要有欧洲联盟（原称欧洲经济共同体）、加拿大、英国、澳大利亚、日本、新西兰、德国、荷兰、希腊等。提供援助的国际民间组织援助机构主要有英国的伊斯兰国际救援组织，以及爱德基金会、福特基金会等。

1989年，由于国际政治因素的负面影响，对中国多双边援助总量大幅减少，申援工作难度加大。在这种情况下，甘肃省接受国际多双边无偿援助工作主动把握外经贸部将援助项目向西部不发达省区倾斜的机遇期，聚焦项目争取的成功率，通过加强与外经贸部和国际援助方的联系，积极反映甘肃省的困难和申报可行的申援项目，精心组织执行项目的实施，一些大的项目、综合性的项目都由分管省长出面担任项目领导小组组长，省政府秘书长亲自协调解决问题。并在工作实践中，探索出"三个一批"（执行一批，争取一批，和储备一批）的申援工作机制。即对争取到的项目，精心组织实施，保质保量地执行好；充分掌握国际多双边援助机构动向及计划、方针、政策，有针对性地进行申报;准备一批比较成熟的项目,保证及时提交申报。为调动各方面积极性，更广泛地开展项目申援，甘肃省还实行了"双向运作"模式。即：一方面，通过省外经贸厅向项目有关方面外经贸部、国际多双边援助机构及国际民间组织呈报争取项目；另一方面，支持有关厅局通过自己的主管部委向外经贸部及国际援助机构呈报争取项目。在争取双边友好国家大使基金项目上，1994年有新的进展。全年共执行27项，援助国由1993年加拿大一国，扩展到新西兰、英国、澳大利亚四国，项目数由10项增加到27项，受援款额增加了3倍。1996年，制定《甘肃省接受国际多双边无偿援助项目管理办法》，进一步规范对项目的管理，树立了良好的工作形象。通过不懈努力，扭转了当时的不利局面，将国际政治因素对争取多双边无偿援助项目的负面影响降到最低程度，充分利用已开通的国际各援助管道，为甘肃省经济社会发展争取到了宝贵的资金和技术支持。至1996年底，全省共执行多双边经济技术无偿援助250项，受援总金额上升至14100多万美元。1996年以后，即使在国际对我国援助下滑的形势下，至2010年每年执行的多双边无偿援助项目金额仍保持在800—900万美元。1999年甘肃省在基础教育方面争取到两个大的项目，分别为欧盟援助1500万欧元（约合人民币1.35亿元）的中国欧盟甘肃基础教育项目和英国政府援助1250万英镑（约合人民币1.5亿元）的中英甘肃基础教育项目。2000年以后，甘肃省贯彻中央扶贫开发工作会议精神和国务院发布的《中国农村扶贫开发纲要（2001年—2010年)》，针对国际多双边无偿援助援华变化特点，在争取国际多双边无偿援助开展开发式扶贫方面加大工作力度，把目标集中在争取有持续效应的社区综合发展和人力资源培训与开发上。重点提高贫困地区贫困人群的"造血功能"。利用联合国开发计划署、联合国人口基金、联合国儿童基金会和加拿大政府无偿援助提供的循环资金，在全省16个贫困县开展了小额信贷，至2002年7月，共投放2500万元人民币，实行扶贫到户。共组建各类妇女小组和互助合作发展小组4459个，有29793名贫困农民参加（其中女组员占到80.4%）。这些农民不仅可以得到小额信贷，而且还可以享受项目提供的实用技术、卫生保健、扫盲、文艺宣传、信息等培训服务，增强了自我解困、自我发展的能力，特别是对提高贫困妇女社会地位起到了积极的推动作用。2010年以后，随着中国经济社会的不断发展进步，加之一些捐助国本身也遇到了经济方面的困难，国际组织和发达国家对中国提供的发展援助总量进一步减少。各援助方开始将项目向中国中央部门集中，重点开展政策层面的合作，如政府治理、经济社会改革、环境保护、艾滋病防治、人权对话等。援助方式也更注重技术援助，而不是以往的资金援助。

世界粮食计划署是对甘肃省提供无偿援助最多的联合国机构之一。自1982年开始，甘肃省先后争取到该组织通过食品实物支持形式吸收贫困农民参与务工，对水利工程配套工程提供粮援共6个项目，折合6117.66万美元。其中皋兰县西岔电灌一、二期工程、靖远县刘川、会宁县白草塬、甘谷县南岭渠工程四个项目，接受粮援从数量、金额、工程质量及管理水平均居全国首位。受到联合国及外交使团的高度评价，国家水电部还专门在皋兰县西岔召开了全国水利粮援项目经验交流会。在1995年，经总结评比，农业部、水利部、林业部联合发出表彰通报，甘肃省受表彰的有1个优秀农民，15个先进工作者，6个先进项目单位，1个优秀项目，是全国受表彰最多的省份，甘肃省外经贸厅曾明沂同志被评为先进项目工作者。1997年世界粮食计划署组团对甘肃省粮援项目进行了"项目后效益检查"，对项目执行效益表示很满意。由加拿大政府援助4263.6万元人民币的会宁县经济综合开发项目的成功执行，成为甘肃省利用外援实行开发扶贫的成功典范。由联合国儿童基金会在陇西、康县、宁县实施的妇女、人口与发展项目，在确定和执行过程中，甘肃省承担了全国的试点工作，有关管理办法和规章制度都是在甘肃先行设计，修订后才在全国10个省35个县执行。为此，甘肃省外经贸厅外经处被外经贸部指定为西北五省的协调办公室，担负了外经贸部委托的有关受理、协管工作，该项目的执行方法和经验也被联合国有关组织和双边国家同类项目借鉴和推广。1995年，联合国副秘书长、儿童基金会执行主任卡罗·贝拉米女士亲自来甘肃对该项目执行情况进行考察，并给予了很高的评价。

一、多边无偿援助项目

1. 世界粮食计划署援助甘肃省水利工程配套项目（简称粮援项目）。共6个项目。通过食品实物支持吸收贫困农民参与务工，累计援助小麦27.24万吨，食油2868.65吨，其他食品1533.28吨，折合6117.66万美元。完成了皋兰西岔电灌工程、靖远刘川电灌工程、会宁白草原电灌工程、甘谷南岭渠配套工程、靖远兴堡子川电灌工程等5项，共平田整地31.05万亩，渠系配套33.8万亩，植树造林6.85万亩，修筑各种道路1608公里，移民11800户。世界粮食计划署援助甘肃省的"景电二期工程"田间配套项目，共平田整地24700公顷，修斗渠608公里，修农渠7358公里，水利建筑47461个，田间道路908公里，修水窖21365眼，供水管道43公里，造林4411公顷，移民22385户。这些项目的实施，有力地促进了甘肃省"两西"水利建设，贫困缺粮项目地区生产条件的改善、农业生产的发展和农民生活水平的提高。

2.联合国儿童基金会援助项目。自1984年开始，联合国儿童基金会开始对甘肃省提供援助，先后共执行项目83个，受援总金额1807.93万美元。这些项目涉及妇幼保健、防疫、计划生育、健康教育、残疾儿童康复、基础教育、幼儿师资培训、科普宣传、妇女参与发展、贫困地区社区发展、卫生改水等方面，对甘肃省文教卫生事业的发展起到了促进和推动作用。通过执行"儿童免疫"及"加强防疫工作"项目，使甘肃省初步建成了一套防疫体系和监测网络，"四苗"覆盖率平均达到85%以上，有效地防止了儿童疾病的发生。通过执行"加强中国基层妇幼卫生、计划生育"项目，使甘肃省18个县、316万人直接受益。项目提供设备40多类20000多台（件），改善了工作条件和设施，省、地、县妇幼保健专业人员进行适宜技术培训27000人次，18个县乡级妇幼保健专干由原来的294人增加到465人，村级妇保人员达到9057人，实现了乡乡有专干，村村有接生员，提高了卫生工作水平和服务质量。项目区孕产妇死亡率由1989年的31.59/10万下降到1995年的19/10万；婴儿死亡率由55.32‰下降到29.63‰；5岁以下儿童死亡率由68.42‰下降到36.86‰。通过在靖远、正宁、庄浪三县执行的"贫困地区社会发展"项目，共培训妇幼保健人员1829人，小学、幼儿园教师758名，有2878名妇女接受了多种技能培训。项目实施提高了农村卫生和教育水平，特别是妇女积极开展的创收活动，增加了妇女收入，并使妇女教育、卫生状况的改善有了保障，给广大儿童创造了较好的生存环境。

1996年—2000年和2001年—2005年周期中，甘肃省与联合国儿童基金合作开展的贫困地区社会发展项目（SPPA）、贫困地区儿童规划与发展项目（LPAC），促进了甘肃省贫困地区社会经济的发展，推进了甘肃省扶贫攻坚进程，加快了实现妇女儿童发展规划目标的步伐，受到当地政府和广大群众的欢迎。不仅提高了妇女的经济地位，更重要的是提高了她们的社会地位。她们通过创收活动，树立了自立、自强的信心，改善了家庭生活质量，提高了自身及子女的卫生健康状况，改善了子女受教育的条件，使妇女儿童的生存环境得到了很大改善。贫困地区社会发展项目（SPPA）自1996年在永靖、永登、天祝县实施，累计发放小额信贷资金2100多万元，使6200多名妇女受益。贫困地区儿童规划与发展项目（LPAC）自2001年在渭源、清水、环县实施，累计向2450名妇女发放小额贷款332万元，修建农户卫生厕所300座和学校卫生厕所30座，资助失学女童414名，为妇女举办各类技术培训56期，培训妇女4500多人次。

3. 联合国人口活动基金援助项目。甘肃省是从1980年开始接受联合国人口活动基金援助项目的，接受的主要项目是：

兰州大学人口研究和培训项目。在1980年—1984年，联合国人口活动基金援助兰州大学23.5万美元。并在第一周期中，通过接受先进仪器、聘请专家来兰讲学、调查研究等推动开展人口培训和研究工作。该校受援后为培养人才、开发西北做了大量的研究和预测工作，提出的"夫妇双方都是独生子女的可以生两胎"的建议，已被国家计划生育委员会采纳；1983年1月，该校承担了甘肃省计划生育宣传任务，受教育者有3.5万人次，取得良好效果，得到甘肃省政府表扬和嘉奖。1985年—1989年开始执行第二期援助项目。

兰州一中中学人口教育项目。1985年—1989年实施。援助兰州一中应用现代化的教学仪器和教材，使学生从中学起，就受到人口学和计划生育教育。

省计委计算站资金和设备项目。联合国人口基金在1981年—1983年援助甘肃省计委计算站60万美元，提供中型计算机及其他仪器设备。帮助派员出国培训、考察及聘请专家讲学，培养人才。由于这个项目的实施，使甘肃省在1982年全国人口普查活动中，以最准确、最快的速度完成人口统计任务，获全国第二。

妇幼保健措施项目。联合国人口基金1985年—1989年援助甘肃省妇幼保健院和天水妇幼保健站，在诊断、监护、遗传治疗措施方面，应用现代化技术、设备，改善孕产妇、胎儿、新生儿的保健质量。这个项目的执行也收到良好的社会效益。

妇女参与发展生产（循环资金）项目。1989年联合国人口基金援助甘肃陇西县妇女参与发展生产（循环资金）项目，援助金额27万美元。其中，7万美元为设备和出国考察费用，20万美元为无息贷款（循环资金），国内配套资金347.6万元人民币。资金投入陇西县两个企业后，扩大了企业的生产能力，新雇用工人200人，近千户农民通过向企业出售农产品而受益。该项目还通过计划生育、妇幼保健、功能扫盲、技术培训、文艺宣传等活动，使两个项目企业和五个项目村的妇女受益，并有五个项目村妇女组织妇女存储小组，开展小企业经营活动，从而提高了妇女的经济地位和社会地位。

妇女、人口与发展项目。援助项目区陇西、康县、宁县共组建妇女小组231个、参加成员7664人，涉及47个乡镇、122个行政村。到1995年底，共办技能培训班1655期37960人次参加，妇女们可掌握2-3门创收技能。经过扫盲，有1638人脱盲，脱盲率61.5%。妇幼保健/计划生育工作广泛开展，建立了健康卡片，培训了妇幼保健知识。

4. 联合国开发计划署援助项目。联合国开发计划署是联合国多边经济技术合作的主要筹资和中心协调机构。宗旨是：帮助发展中国家，努力加速它们的经济和社会发展。项目涉及受援国经济建设与社会发展的各个领域，主要方式是专家服务、培训人才和提供少量仪器设备及援建试验性或示范性项目。

中国西北旱地农业示范性项目。其中涉及甘肃省的有4个项目。为联合国开发计划署援助甘肃省的最大项目。分别为甘肃省沙漠综合治理与持续农业、中小型农机具设计与推广、旱地持续农业交流的研究与推广、省畜牧学校中等教育改进。共提供援助金额374万美元，占了整个西北方案项目的三分之一。该项目的执行对甘肃省控制荒漠化，改善环境，强化农业基础，提高农业科技水平、机械化水平以及持续农业发展方面都起到了重要的推动作用。通过甘肃省农科院执行的旱作持续农业系统的研究与推广项目，定西试验区项1990年的基础侵蚀模数为2895吨/平方公里，通过采取坡地种草、沟边种树、沟底修建谷坊、坡地改造成梯田等工程与生物措施，使实验区农业生产环境得到明显改善，侵蚀模数到1995年下降至711吨/平方公里。现在试区内梯田面积已占耕地面积的80.3%，并推广旱农技术673万亩，增加了抗旱能力。1995年—1996年两年虽遇大旱，而粮食单产、人均占有粮食均显著增加。

太阳能采暖和降温技术示范基地项目。这是联合国开发计划署援助甘肃省的重点项目。也是甘肃省由接受外援项目发展为援外载体的成功典范之一。项目于1980年9月由国家科委、对外经济联络部列入全国重点科技发展计划的太阳能利用试验中心项目。甘肃受援单位是省科学院能源所。联合国开发计划署为本项目提供35万美元，用于培训人员、邀请国外专家讲学以及购置仪器设备。经过一年多的积极努力，双方认为项目执行的效果良好，又于1982年1月签订了补充协议，援款追加到75万美元，中国总投入126万元人民币。到1984年9月，已完成项目协议目标，经国家外经贸部、甘肃省外经贸厅会同联合国开发计划署通过验收评审。

甘肃能源研究所受援的太阳能光热，光电项目。经过多年的建设发展，2010年已拥有先进的仪器、设备和试验手段，建有各类太阳能采暖房屋，在兰州市榆中县建成了中国最大的太阳能加热和冷处理示范中心，建成功率10千瓦的光电站1座。为全国和国际太阳能专业人员提供了便利的试验研究、学术交流场所和条件，受到国内外专家的好评，产生良好社会经济效益。在太阳能应用方面，先后在敦煌、甘南等地示范推广了太阳能室内取暖、太阳能热水器、太阳能浴室、太阳能烘干器，用太阳能养鸡，种蘑菇等，收到了很好的效果。敦煌太阳能中心（该所和敦煌科委联合成立）设计了6栋500平方米的太阳房，1300平方米建筑面积的采暖器。1988年承担了中国西部光电技术开发应用项目，共接受UNDP援助124万美元，国内配套资金520万人民币，在甘肃、青海、内蒙古、西藏等省区建起14座光电试验示范基地，通过该项目，为边远贫困山区农户解决家庭照明用电、日常用电和提水灌溉用电，以及其他方面的生产、生活用电提供了方便条件。与岷山机械厂联合成立西方太阳能公司，组建热水器生产线，设计了可供使用的太阳灶，获省设计奖，并在全省推广太阳灶3.5万台，为全国之首。

1984年9月，美国太阳能访问考察团团长、前任太阳能研究所所长、斯坦福大学高级研究员丹尼斯·海斯博士考察时说："甘肃能源所已经发展成为一个具有世界水平设施的机构，你们所拥有的测试手段是十分先进的"。

1989年11月，由联合国开发计划署、外经贸部交流中心和甘肃省政府联合主办的"发展中国家太阳能利用国际研讨会"在兰州召开，来自25个发展中国家的代表和发达国家的知名专家共35人参加了会议，会议介绍了甘肃能源所太阳能利用经验。受商务部、科技部委托，甘肃能源所自1991年开始成为援外培训单位，承担国家援外培训项目。2005年12月1日，由中国政府代表和联合国工业发展组织于维也纳签字批准，在甘肃省科学院自然能源研究所的基础上成立"联合国工业发展组织国际太阳能技术促进转让中心"。成为联合国在太阳能研究领域南南合作和我国援外的载体。自1978年以来，已取得科研成果130多项,其中国家级和省部级以上各种奖励26项。《被动式太阳能建筑技术的研究》获太阳能方面国内唯一的国家级科技进步奖。举办了国内太阳热水器、太阳灶、太阳房、太阳能光电技术、节能、省柴节煤灶炕等培训班70多期，人数达10000余人；举办国际太阳能技术培训班20多期，为五大洲77个国家培训太阳能技术人才600多名，承办或主办国际太阳能会议多次。先后有210余名国际著名专家来所讲学或技术交流；有90多个国家的政要（含8位总统和议长、数百位部长或部长级领导人）、使节、专家共计3200余人次前来参观访问，取得了显著的成绩和良好的实效。

表4-4-1

1985年—1989年甘肃省接受多边无偿援助项目一览表

单位：万美元

序号	项目名称	起止时间	项目内容	对方投入总金额	援助机构	中央主管部门	中方单位 省级主管部门	受援单位
1	联合国开发计划署							
(1)	（CPR/80/035）太阳能采暖降温示范基地	1980.9–1986	设备与人才培训	75	联合国开发计划署	国家科委、外经贸部	省外经贸委	省科学院自然能源研究所
(2)	（CPR/88/002/01/A）中国西北部边远地区光电应用技术开发	1988.11–1992.11	设备与人才培训	124.5	联合国开发计划署	A 外经贸部	省外经贸委	省科学院自然能源研究所
2	联合国粮食计划署							
(1)	（P2604）甘肃皋兰县西岔电灌工程（第一期）	1982.4–1985.4	灌溉4000公顷	696 其中:椰枣 472T,食油433T,罐头50T,小麦2596T	联合国粮食计划署	水电部	省水利厅、兰州市政府	皋兰县政府
(2)	（P239）靖远县兴堡子川电灌工程	1983.3–1987.3	灌溉6067公顷	985 其中:食油652T、小麦39130T,罐头80T,椰枣146T、	联合国粮食计划署	农牧渔业部	省外经贸委省水利厅定西行署	靖远县政府

续表

序号	项目名称	起止时间	项目内容	对方投入总金额	援助机构	中央主管部门	中方单位	
							省级主管部门	受援单位
(3)	(P2697) 甘肃灌溉工程 (会宁、靖远、甘谷三县)	1984–1987	灌溉8634公顷	1425.1 其中:小麦 65400T,食油 1090T	联合国粮食计划署	农牧渔业部	省外经贸委 省水利厅定西行署	会宁、靖远、甘谷三县政府
(4)	(P2604) 皋兰县西岔电灌工程 (第二期)	1984–1987		863 其中:小麦 39600T,食油 660T	联合国粮食计划署	水电部	省外经贸委 兰州市政府	皋兰县政府
3	联合国人口基金							
(1)	(CPR/85/P01) 加强省市级围产期保健工作	1985–1989	设备培训	35	联合国世界卫生组织	卫生部	省卫生厅	省妇幼保健院
(2)	(CPR/85/P09) 计划生育干部培训中心兰州中心	1985–1989	设备培训	10	联合国人口基金	国家计划生育委员会	省计划生育委员会	兰州市计划生育宣教中心
(3)	(CPR/85/P03) 加强县级围产期保健	1985–1989	设备培训	10	联合国世界卫生组织	卫生部	省卫生厅	天水县妇幼保健站
(4)	(CPR/85/P034) 计划生育宣教中心	1985–1989	设备培训	12	联合国人口基金	国家计划生育委员会	省计划生育委员会	兰州市计划生育宣教中心

序号	项目名称	起止时间	项目内容	对方投人总金额	援助机构	中方单位		
						中央主管部门	省级主管部门	受援单位
(5)	(CPR/85/P38)中学人口教育	1985-1989	设备培训	1	联合国教科文组织	教育部	省教育厅	兰州一中
(6)	(CPR/85/P47)人口培训与研究(二期)	1985-1989	设备、讲学培训	12.7	联合国技术合作部	教育部	省教育厅	兰州大学人口学研究室
(7)	中学人口教育人口学师资培训	1987-1989		5	联合国教科文组织、技术合作部	国家教委	省教委	兰州一中
(8)	(CPR/88/P03)增加农村妇女收人活动(循环基金)	1989-1992		27	联合国人口基金	外经贸部	省外经贸委	陇西县政府
(9)	(CPR/85/P03)加强县级围产期工作的扩大项目	1989-1991		15	联合国世界卫生组织	卫生部	省卫生厅	兰州市妇幼保健院
4	联合国儿童基金							
(1)	(ICEF/GS/1)扩大计划和疫苗生产	1985-1989	设备、讲学培训	85	联合国儿童基金会、世界卫生组织	卫生部	省卫生厅	兰州生物制品研究所

451

续表

序号	项目名称	起止时间	项目内容	对方投入总金额	援助机构	中方单位		
						中央主管部门	省级主管部门	受援单位
(2)	加强妇幼保健	1985–1989	设备培训	5	联合国儿童基金会、世界卫生组织	卫生部	省卫生厅	兰州生物制品研究所
(3)	(ICEF/GS/2)扩大免疫方案(冷链)	1985–1989	设备	5	联合国儿童基金会、世界卫生组织	卫生部	省卫生厅	省防疫站、天水地区
(4)	(ICEF/GS/12)加强师资培训	1985–1989		84	联合国儿童基金会、世界卫生组织	教育部 民政部 国家科协	省教育厅 省民政厅 兰州市政府 省科协	兰州市儿童福利院、少年宫、城关区教师进修学校、少年宫、临夏西北师大
(5)	(GR/84/0 II /014)儿童伤残预防和康复	1985–1989		25	联合国儿童基金会	民政部	省民政厅	兰州市儿童福利院
(6)	(GR/84/0 II /008)学校儿童初级保健	1985–1989		1.5	联合国儿童基金会	卫生部	省卫生厅	甘肃省防疫站

序号	项目名称	起止时间	项目内容	对方投入总金额	援助机构	中方单位		
						中央主管部门	省级主管部门	受援单位
(7)	(GR/84/0 Ⅱ /020) 卫生示范区	1985-1989		4	联合国儿童基金会	卫生部，首都医科大学	省卫生厅	张掖县卫生局
(8)	(GR/84/0 Ⅱ /006) 学前和小学儿童营养监测	1985-1989		4	联合国儿童基金会	卫生部	省卫生厅	省防疫站
(9)	(GR/84/0 Ⅱ /017) 特级师资培训	1985-1989		2	联合国儿童基金会	国家教委	省教委	
(10)	(GR/84/0 Ⅱ /001) 学校儿童初级保健	1985-1989		35	联合国儿童基金会	国家教委	省教委	西北师范大学
(11)	儿童免疫(冷链)	1987-1989		5	联合国儿童基金会	全国妇联	省妇联	省妇联
(12)	妇女干部培训（幼儿教育）	1987-1989		5.4	联合国儿童基金会	全国妇联	省妇联	省妇联
(13)	妇女干部培训班	1987-1989		5.4	联合国儿童基金会	全国妇联	省妇联	省妇联
(14)	(GR/84/0 Ⅱ /003) 小学教师培训中心	1985-1989		15	联合国儿童基金会	国家教委	省教委	兰州市城关区教师进修学校

续表

序号	项目名称	起止时间	项目内容	对方投入总金额	援助机构	中方单位			受援单位
						中央主管部门	省级主管部门		
(15)	（GR/84/0 Ⅱ /005）大骨节病防疫治可行性调查	1985-1989		8.66	联合国儿童基金会	卫生部	省卫生厅		省地方病防治所
(16)	（GR/84/0 Ⅱ /006）初级课外理科教师协会	1985-1989		15	联合国儿童基金会	国家科协	省科协		兰州市青少年活动中心
(17)	（GR/84/0 Ⅱ /006）青少年民族科学营	1985-1989		5	联合国儿童基金会	国家科协	省科协		临夏市科协
(18)	（GR/84/V005）宋庆龄基金会	1985-1989		7	联合国儿童基金会	宋庆龄基金会	省卫生厅		定西县妇幼保健站
(19)	靖远人畜饮水打井项目	1989-1990		4.7	联合国儿童基金会	外经贸部	省外经贸委		靖远县政府
5	联合国粮农组织								
(1)	西北地区沙漠治理讲习班	1987-1988		0.8	联合国粮农组织	农牧部	省林业厅		甘肃省武威治沙所
(2)	TCP/CPR/6655（T）中国西北干旱地区新疆灌溉技术开发实验中学	1987-1990		25.3	联合国粮农组织	农业部 水电部	省水利厅		景泰县水电局
(3)	瓜类研究中心	1987-1990		15.5	联合国粮农组织	农业部	省高教局		甘肃农业大学瓜类研究所

二、双边无偿援助项目

1. 加拿大政府援助项目。自1988年,甘肃省共接受加拿大无偿援助项目172项,援助金额4547.7万加元。其中加拿大政府(加拿大国际开发署)援助5项,援助金额4045万加元;机构间交流项目6项,援助金额313.7万加元;加拿大基金项目161项,援助金额189万加元。主要项目有:

会宁县经济综合开发项目。该项目由加拿大政府提供无偿援助1060万加元,约合人民币4263.6万元(按当时汇率1:6计算约6000多万人民币),相当于当时会宁县10年的财政收入。自1989年开始实施,至1995年历时6年全面完成了所有7个分项目、36个子项目的建设任务。通过建成和扩建地毯厂、淀粉厂、亚麻厂、冷库、饲料厂、食品饮料厂,吸收了5000多贫困农民参与务工,务工总收入每年达到1000万元。为会宁县奠定了工业基础,并带动了该县种植、养殖业的发展。特别是人畜饮水工程的建成,使长期严重缺水的8万多农民及10多万头家畜的饮水困难得到了解决,节省了以往因常年运水产生的大量费用和人工。使会宁县这个全国有名的干旱贫困县发生了巨大的变化,整个项目有力地扶持了贫困农民,同时为全县经济的发展奠定了基础。该项目也成为甘肃省利用外援扶贫的成功典范。

陇南工厂化育苗项目。1990年—1996年执行,援助金额776.6万加元,配套441万元,建成了镀锌钢架结构型塑料大棚14座,共6500平方米,修建填装车间400平方米,冷藏库300平方米,实验办公楼740平方米。平整练苗地7000平方米,修建水泵房30平方米。1993年—1996年共培育各类容器苗679万株,1994年—1996年出圃苗木320万株。为当地引进了先进的设备和技术,培训了大批科技人才,增强了甘肃林业发展的基础,对当地经济发展起到了促进作用。

甘肃省农村综合扶贫项目。该项目1998年10月启动,2005年3月结束,在和政、积石山县实施。项目采取参与式工作机制,整体规划、分年实施、分类指导、整体推进,以小额信贷为中心,开展农业生产与市场、营养卫生与保健、基础教育等四大活动,总投资670万元。通过六年多的实践和创新,达到了预期的目的,具体表现在:一是小额信贷资金运行安全,小额贷款能够按期回收和发放,不良贷款率在4%以下;二是农业生产水平显著提高，配方施肥，改良土壤，品种选用，病虫害防治，新技术应用技能普遍掌握，老百姓不仅重视产量的提高，而且也重视产品品质的改善；三是家庭收入明显增加，从项目前的630元增加到1029元；四是家庭生意紧随市场，出现多样化和灵活性，短平快项目和综合项目占主导地位；五是饮食结构发生较大变化，营养保健水平有所提高；六是妇女的文盲率下降，贫困户家庭的儿童辍学率、失学率下降；七是妇女的社会地位和家庭地位有所提高，出现了很多团结和睦的十星级家庭。

甘肃省妇女就业项目。2003年12月，商务部与加拿大国际发展署签署了"甘肃妇女就业项目"谅解备忘录，确定加拿大国际发展署为项目提供无偿援助资金367.3万元，中方配套60万元，以提高甘肃省、兰州市及白银市两级政府在就业和社会保障领域的管理和服务能力，以便建立一个持久、有效、公平的就业服务体系和失业保险体系。项目实施期限为2004年3月—2007年3月。中加合作甘肃妇女就业项目在劳动力市场信息系统建设、失业保险、就业服务、能力建设等方面做了大量工作，改善了服务条件，增强了服务能力。对再就业妇女举办了一系列的技术培训，提高了妇女的就业创业能力。在项目实施中，注重学习借鉴加拿大的先进经验和理念，强调性别平等和能力建设，着力提高服务能力和水平，积极改善妇女就业环境，为建立和完善就业服务体系和社会保障体系探索积累了一些经验。

2. 日本政府援助项目。甘肃省共接受日本政府无偿援助1928万美元，合作执行项目33项，涉及粮食增产、文物保护、基础教育、职业教育、医疗卫生、人畜饮水等领域。主要项目有：

敦煌文物保护陈列中心项目。为日本政府援助项目，援助金额11亿日元。该项目历时4年多，经中日双方专家和项目执行人员的共同努力，于1994年3月验收竣工。同年8月，两国政府在敦煌举行了隆重的竣工典礼。该项目为减少对敦煌石窟的人为影响，保护敦煌石窟文物，和使游客更好地观赏石窟美好艺术发挥了重要作用。

内陆地区急救医疗中心器材装备计划项目。2003年4月，商务部安民副部长和日本驻华大使阿南惟茂分别代表本国政府签署了项目换文，确定日本国政府向我国内陆地区10城市提供9.95亿日元的急救车辆和车载急救设备。兰州市和敦煌市是接受援助的10个内陆城市之一，共接受救护车21辆，急救器材68台（件），总价值13045万日元。其中，兰州急救中心受援途乐越野型救护车1辆，雪弗兰监护型救护车4辆，佳奔普通型救护车10辆，呼吸机、除颤器、吸引器、复苏袋等急救器材46台（件），价值8615万日元；敦煌市人民医院受援途乐越野型救护车1辆，雪弗兰监护型救护车4辆，佳奔普通型救护车1辆，呼吸机、心电监护仪、担架等急救器材22台（件），价值4430万日元。该项目的实施改善了兰州急救中心和敦煌市人民医院的急救医疗设施。

3. 英国政府援助项目。英国政府援助甘肃省项目6项，援助金额约2680万英镑。主要项目有：

中英甘肃基础教育项目。该项目由英国政府援助1380万英镑，于1999年开始实施。由于项目在基础教育薄弱和少数民族集中的临夏回族自治州的东乡、康乐、和政县和积石山四县，所以又称中英甘肃省少数民族基础教育项目。该项目主要是通过支持甘肃省临夏州的康乐、东乡、和政、积石山四县提高义务教育阶段入学率和扶持全省师范教育体系来发展甘肃的基础教育，帮助甘肃2005年实现普及初等义务教育，2010年实现普及中等义务教育，使更多的男女儿童入学并完成小学和初中阶段的学业。项目通过贫困学生助学金、课本循环金、免费午餐试点等活动，减轻贫困和少数民族儿童家庭的教育支出负担。在项目实施中，先后在四个项目县改扩建中小学190所，修建校舍57000多平方米；配发了课桌凳、取暖设备、图书仪器、音乐体育器材等；实施了贫困学生助学金，7万多人次的小学、初中学生接受了救助。项目开发了31种培训教材和24种小学补充读物，培训教师4万多人次、培训校长5000多人次。通过学校发展计划、校长和督导培训等措施，四个项目县所有的学校都制定和实施了适合自身实际情况的发展计划，改变了过去学校发展计划与学校工作相互脱离的现象，逐步建立起通过学校发展计划、学校自主管理、社区积极参与、教育行政部门支持与督促、督导部门监测评估的学校管理体制。为改善当地办学条件、提高适龄儿童入学率发挥了重要作用。

卫生支持项目（卫Ⅷ）。是英国国际发展部为了支持世界银行项目的实施，向甘肃省提供400万英镑的援款，用于提高项目执行能力和建立特困医疗救助基金、扶持合作医疗。在项目试点成功的基础上，项目覆盖定西、临夏和陇南市的十个县。该项目的实施将会改善甘肃省贫困地区的基本卫生服务能力，加强贫困地区的合作医疗机构，提高贫困地区人口享有卫生保健的水平。

水资源研究与利用项目。在甘肃、云南、四川、辽宁四省实施，以建立水资源公平、可持续利用机制，增强农村人口获得清洁饮用水和改善卫生条件能力为目标。英国政府为项目提供697万英镑的赠款，其中甘肃省约130万英镑。该项目执行期为2000年—2003年。

甘肃普及九年义务教育项目。在成功实施中英"甘肃基础教育项目"的基础上，英国政府又提供625万英镑，开展"甘肃普及九年义务教育项目"（即中英基础教育项目二期）。该项目于2006年4月启动，在省内12个市（州）的35个县（市、区）实施。2010年3月30日中英甘肃普及九年义务教育项目完工总结大会在兰州召开。英国政府驻华大使吴思田、英国国际发展部驻华代表处主任戴卫出席会议，副省长郝远致辞。

4. 欧盟（欧共体）援助项目。自1986年以后，甘肃省开始接受欧共体援助，主要项目有甜菜开发中心项目、灌溉示范项目、喷灌培训项目、泥石流防治项目、奶类发展项目、中国欧盟甘肃基础教育项目等，援助总金额约2844万美元。

酒泉地区甜菜开发项目。该项目从1986年开始实施，援助方共投入100万欧洲货币单位（折合111万美元），该项目旨在提高项目区甜菜产量，增加农民收入，使其在糖业生产方面自给自足，并达到更高一级水平。项目1990年完成后，该地区甜菜产量达30吨／公顷，比项目初期22.5吨／公顷提高了33%。

灌溉示范项目、喷灌培训项目。本项目援助方投入300万欧洲货币单位（折合375万美元），在甘肃和中国其他地区建立适用的现代灌溉方法模式提供了技术和培训支持。

黄土高原泥石流防治项目。该项目从1987年开始实施，对方投入40万欧洲货币单位（折合50万美元），旨在研究防治甘肃和西北地区黄土区域滑坡和泥石流灾害。

中国欧盟甘肃基础教育项目。是欧盟向甘肃提供的最大的一个援助项目。中国政府与欧盟于1999年双方签订协议，由欧盟无偿提供资金，合作实施该项目。总投资1700万欧元，其中欧盟方面援助1500万欧元，中方配套200万欧元。旨在支持和改善甘肃省贫困地区的基础教育状况，具体内容包括：改善办学条件、资助贫困学生上学、创建教师学习资源中心、培训教师和学校管理人才等。项目于2001年10月启动，经过为期5年多的实施，于2006年结束，项目覆盖了甘肃中东部省41个国家级贫困县，直接受益的中小学生有265.6万，中小学教师10.5万名。另外，项目的成果还向甘肃省其他非项目县进行了推广和扩散，有90万名中小学生和2.7万名中小学教师从中受益。2006年4月，欧盟及欧洲15国驻华大使来甘肃考察时，对于项目的实施情况表示满意。

5. 澳大利亚援助项目。全省共接受澳大利亚政府援助项目32项，援助金额867万美元。主要项目有：

甘肃草地农业系统研究与开发项目，这是中国首批接受的澳大利亚援助项目。由中国外经贸部与澳大利亚发展援助局签署，农业部和甘肃省提供配套资金，由海赛尔公司和甘肃省草原生态研究所共同执行。澳方共投入513.5万澳元（折合420万美元）。项目于1986年4月正式执行，1988年7月—8月AIDAB派员，会同外经贸部、农业部和甘肃省有关部门的项目官员组成评审团，对项目执行情况进行了全面评审。鉴于项目执行良好，从1989年4月开始，该项目开展了第二期工作，至1992年6月完成。

通过此项目的实施，在中国首先倡导并应用"农业学院研究方法"，并将此方法应用于草地农业系统的研究与实践，为黄土高原地区农业生产力的提高和水土流失的控制找到了可行的途径并提供了示范，在农学研究、畜牧研究、农经与农业系统研究、推广研究与发展示范诸方面取得良好成效。这些研究在系统性、综合性和量化方面都达到了新的高度，不仅解决了生产中存在的实际问题，在理论上也填补了有关空白。项目期间建立起来的以该所庆阳黄土高原试验站为中心，以一站二沟三村多农户组成草地农业示范网，通过农业实用技术推广应用，有效地控制了水土流失，粮食产量有显著提高，农户的收入也比实验前明显提高。

根据在黄土高原地区建立"土、草、畜三位一体，农林牧协调发展"的草地农业系统总体设想，在牧草引选评价，优良牧草栽培，草地农业系统的种植结构与轮作模式，黄土沟壑草地农业治理利用，提高低质饲料利用率及改进反刍动物营养，提高家兔生产实用技术，草地农业系统研究与发展的理论和方法，项目区社会经济调查系统优化模型，应用综合速率法(IRM)对黄土高原农业生态系统结构、反应及过程的研究，实施草地农业的推广体系及其方法，项目区（西峰市）土地资源调查与成图等11个方面进行了系列、配套研究，找到了由农户承包、采取草地农业的办法，由农户自己治理利用黄土沟壑的有效途径。配合项目执行，各项目单位共派赴国外学习、技术培训约4千多人次，国内各级培训近10万人次，为项目进口设备1万多台件。在甘肃项目点工作的长短期外国专家有110多人。举办全国性审评会、研讨会、培训班100多期，国际培训10多次。引进了先进经验和技术信息，培训了管理和技术人员的素质，显著提高了项目的科技水平和层次。甘肃省草原生态研究所牧草种子检验中心、草地资源遥感监测、草地农业生态系统开放试验室进入了全国先进行列。

这个项目除在科学技术研究方面取得显著成绩外，还取得不少社会经济效益：累计种草、指导种草1万多亩，亩产干草平均300公斤，比天然草地高了200公斤，其中60%利用。试验站及试验区内先后生产、推广苜蓿、苏丹草、串叶松香草等优良草种约1.6万公斤，另外还组织推广了部分优良粮油作物、甜菜、桃树、葡萄及其他良种，都收到了良好的经济效果。项目区内扶植、指导种树成活21万多株。累计向农户投牛183头、改良羊315只。项目对当地农业技术人员和农民进行了培训，内容有种草养畜、果树修剪、作物病虫防治、饲料加工、养鸡养兔技术等，累计达3000多人次，农民科技意识、技术技能和基本素质的提高。（1989年统计数）

兰州盐水淡化试验场项目。兰州盐水淡化试验场目的在于利用澳大利亚的技术援助，加快工程进度，装备较高水平的仪器设备，发展甘肃的苦咸水淡化研究。澳方为这个项目投入95万澳元（折合78万美元）。项目受援单位为甘肃省膜科学研究所。于1985年开始执行，1990年完成。对改善甘肃省中部干旱地区人畜饮水条件有直接应用价值。

6. 新西兰政府援助项目。全省共接受新西兰政府援助项目38项，援助金额210万美元。主要项目有：

甘肃省农村综合扶贫项目。该项目执行期五年，即2004年6月—2008年6月，项目总预算为417万新元，其中新发署资助226万新元，中方配套资金人民币191万新元。新方资金主要用于能力建设资金投入，中方资金主要用于基础设施支持，项目在靖远县、景泰县的11村开展工作。

靖远县项目办开展了改善家畜生产和养殖技术TOT培训班。采用授课内容由农民自己确定的参与方式，开展农民技术骨干培训；开展农户的水资源管理、农作物生产技术、饲料及家畜养殖技术培训；发放农业技术知识、家畜养殖技术等方面的宣传资料、图书；举办教师/教学管理培训班；完成80户集雨节灌工程；为7个项目村学校配备图书和书架；开展受益人群生活技能、妇女儿童护理培训，并发放相关的妇幼保健资料和图书；为项目村妇女进行妇科病检查；为项目乡购置了心电图机、洗胃机等医疗设备和电脑、DVD、电视、摩托车等设备；小额信贷在试点村进展顺利，并完成小额信贷总结评估工作。景泰县项目办开展了县、乡两级水资源管理、农作物与饲料生产、家畜养殖等技术员和农民参与式培训班，发放相关方面的宣传资料、图书；为项目村的7所小学配备了图书、球类、桌椅、VCD光盘等教学器材；对项目村开展了碘缺乏病、结核病、艾滋病、禽流感、非典等疾病防治培训；为项目村妇女进行妇科病检查；为农民举办公共卫生培训并发放《公共卫生知识》培训资料；对部分医务人员进行卫生培训；开展受益人群生活技能、儿童护理培训；为项目乡购置了微波治疗仪、多普勒胎音仪、消毒机、尿液分析仪、雾化吸入器、血糖仪等医疗设备和打印机、电脑、验钞机、摩托车等办公督导设备；小额信贷在试点村进展顺利，并完成小额信贷总结评估工作。中新合作甘肃省可持续农村生计项目成果汇报会于2008年6月10日在兰州召开，新西兰驻华大使包逸之先生出席了会议。

表4-4-2

1985年—1989年甘肃省省接受双边援助项目一览表

单位：万美元

序号	项目名称	起止时间	项目内容	对方投入总金额	援助机构	中央主管部门	中方单位 省级主管部门	受援单位
1	澳大利亚							
(1)	甘肃农业系统研究中心	1985–1992		513.5万澳元（折420万美元）	澳大利亚政府	外经贸部、农牧部	甘肃省外经贸委、甘肃省水利厅	甘肃省草原生态研究所
(2)	兰州盐水淡化试验场	1985–1990		95万澳元（折78万美元）	澳大利亚政府	外经贸部、农牧部	甘肃省外经贸委、甘肃省科委	甘肃省膜科学研究所
(3)	改良西北羊毛品质	1986		40万澳元（折32.8万美元）	澳大利亚政府	农牧部	中国农科院、兰州畜牧研究所	兰州畜牧研究所
(4)	省中医学校残疾人班	1987–1988		0.2万澳元（折0.16万美元）	澳大利亚政府	外经贸部	甘肃省外经贸委	甘肃省中医学校
(5)	兰州市盲聋哑学校职业班	1987–1988		0.2万澳元（折0.16万美元）	澳大利亚大使基金	外经贸部	甘肃省外经贸委	兰州市盲聋哑学校
2	加拿大							
(1)	文物保护	1988		3万美元	加拿大驻华使馆	外经贸部	甘肃省外经贸委	敦煌研究院
(2)	会宁经济综合发展项目	1989–1993		1110万美元	加拿大国际发展署	外经贸部	甘肃省外经贸委	白银市、会宁县政府

序号	项目名称	起止时间	项目内容	对方投入总金额	援助机构	中方单位			受援单位
						中央主管部门	省级主管部门		
(3)	少数民族女子师范班	1988～1989		2.25万加元（折2.2万美元）	加拿大驻华使馆		甘肃省外经贸委、甘肃省教委		临夏师范学校
(4)	完善完冒乡少数民族小学	1989～1990		0.86万加元（折0.84万美元）	加拿大驻华使馆		甘肃省外经贸委、甘肃省教委		甘南州教育局
(5)	地毯加工技术培训班	1989		0.58万加元（折0.56万美元）	加拿大驻华使馆		甘肃省外经贸委、甘肃省妇联		临夏州妇联
(6)	少数民族妇女服装剪裁技术培训班	1989		0.58万加元（折0.56万美元）	加拿大驻华使馆		甘肃省外经贸委、甘肃省妇联		甘南州妇联
(7)	岷县救灾	1989		1.7万加元（折1.65万美元）	加拿大驻华使馆		甘肃省外经贸委		岷县人民政府
(8)	定西打井	1989		16万人民币（折4.3万美元）	加拿大驻华使馆		甘肃省外经贸委		定西县政府
(9)	甘肃妇女发展中心	1989		1.95万加元（折1.9万美元）	加拿大驻华使馆		甘肃省外经贸委、甘肃省妇联		甘肃女企业家协会、甘肃省妇联

463

续表

序号	项目名称	起止时间	项目内容	对方投入总金额	援助机构	中方单位		
						中央主管部门	省级主管部门	受援单位
3	欧洲共同体							
(1)	甘肃酒泉地区甜菜开发中心	1986-1989		100万欧洲货币单位(折111万美元)	欧洲共同体	外经贸部	省农业厅	省农科院酒泉地区农科所
(2)	甘肃黄土区域滑坡泥石流灾害防治研究	1987-1990		40万欧洲货币单位(折50万美元)	欧洲共同体	外经贸部	省科学院	省科学院自然灾害协调中心
(3)	甘肃喷灌试验场	1988-1991		300万欧洲货币单位(折375万美元)	欧洲共同体	外经贸部	省外经贸委省水利厅	兰州市水电局永登县水电局
4	其他							
(1)	美国半干旱地区牧草生长生态研究	1985	联合研究	5	美国德克萨斯AH大学		甘肃省畜牧厅	甘肃草原生态研究所
(2)	日本10千瓦光发电设备	1985	设备一套	12	京都陶瓷(株)	国家能源办公室	甘肃省农村能源公司	榆中县政府
(3)	中央智力引进小组滑坡泥石流聘请专家	1985		1.5		中央智力引进小组	甘肃省科学院	甘肃省自然灾害协调中心

三、联合国发展组织等国际多边机构提供的经济技术援助项目

1990年以前，甘肃省接受国际多边组织经济技术援助项目共37项，援助金额4659.56万美元。援助项目主要涉及妇幼保健、基础教育、农田灌溉、太阳能利用等，援助形式主要以赠款为主。主要援助机构和项目有联合国儿童基金会援助的加强师资培训项目（1985年—1989年）、扩大免疫方案疫苗生产项目（1985年—1989年）、扩大免疫冷链方案项目（1985年—1989年）、儿童伤残预防和康复项目（1985年—1989年），联合国开发计划署援助的西部广电应用技术开发项目（1988年—1993年），世界粮食计划署援助的西岔田间配套工程项目（1982年—1987年）、兴堡子川、刘川、白草塬、南岭渠等电力提灌工程田间配套项目（1983年—1987年），联合国粮农组织援助的景泰灌溉技术开发试验中心项目（1987年—1989年）和瓜类研究中心项目（1987年—1990年），联合国人口基金会援助的人口培训与研究项目（1984年—1989年）、加强县、省级围产期工作项目（1985年—1989年）。

1990年—2010年（含1990年），甘肃省接受国际多边组织经济技术援助项目共101项，援助金额4765.91万美元。援助项目主要涉及妇女儿童发展、基础教育、农业开发、综合扶贫等领域。主要援助机构和项目有联合国儿童基金会援助的加强基层妇幼卫生计划生育项目（1991年—1995年）、促进贫困地区初等教育项目（1996年—2000年）、儿童规划与发展项目（2001年—2005年）、贫困地区儿童发展行动项目（2006年—2010年），国际劳工组织援助的农村就业促进试点项目（1997年—2002年），联合国开发计划署援助的河西沙漠综合治理项目（1993年—1997年）、黄土高原农机具研究及推广项目（1993年—1997年）、农村发展扶贫项目（1996年—2001年）、远程师资教育项目（2002年—2005年），世界粮食计划署援助的景电二期田间配套工程（1990年—1996年），联合国人口基金会援助的妇女人口与发展项目（1990年—1996年）、大学人口教育研究项目（1990年—1995年）。

四、国际多边组织经济技术援助项目分年执行情况

1990年，甘肃省共执行国际多边组织经济技术援助项目10项，执行金额340.87万美元。联合国开发计划署援助的刘川农业综合实验推广服务项目

开始实施，当年执行额34.25万美元，西部光电应用技术开发项目进展顺利，执行额18.17万美元；世界粮食计划署援助的景电二期田间配套工程启动，执行额267万美元；联合国粮农组织援助的瓜类研究中心项目顺利结束，执行额3.88万美元；联合国人口基金会援助的陇西县妇女人口与发展项目、计划生育宣传项目、农村人口教育项目、中学人口教育项目、扩大人口教育试点学校项目、大学人口教育研究项目正式启动实施，执行额17.57万美元。

1991年，甘肃省共执行国际多边组织经济技术援助项目31项，执行金额407.51万美元。联合国儿童基金会新一周期（1991—1995年）援助项目启动实施，包括远距离教育师资培训项目、儿童免疫项目、加强基层妇幼卫生计划生育项目、靖远农村供水与环境卫生项目等22个项目，执行额70.52万美元；联合国开发计划署援助的刘川农业综合实验推广服务项目、西部光电应用技术开发项目进展顺利，执行额52.42万美元；世界粮食计划署援助的景电二期田间配套工程实施情况良好，执行额267万美元；联合国人口基金会援助的陇西县妇女人口与发展项目等6个项目进展顺利，执行额17.57万美元。

1992年，甘肃省共执行国际多边组织经济技术援助项目36项，执行金额437.81万美元。其中联合国儿童基金会援助的远距离教育师资培训项目等22个项目继续实施，新增加家庭教育项目、临夏州科学育儿项目、90年代儿童发展规划纲要项目，执行额90.82万美元；联合国开发计划署援助的刘川农业综合实验推广服务项目、西部光电应用技术开发项目进展顺利，执行额52.42万美元；世界粮食计划署援助的景电二期田间配套工程继续实施，执行额267万美元；联合国人口基金会援助的陇西县妇女人口与发展项目等6个项目进展顺利，新增加康县、宁县妇女人口与发展项目，执行额27.57万美元。

1993年，甘肃省共执行国际多边组织经济技术援助项目39项，执行金额495.68万美元。其中联合国儿童基金会援助的远距离教育师资培训项目等22个项目继续实施，执行额70.52万美元；联合国开发计划署援助的刘川农业综合实验推广服务项目、西部光电应用技术开发项目结束，执行额52.42万美元，新增加河西沙漠综合治理项目、黄土高原农机局研究与推广项目、干旱半干旱农业项目、加强西北农牧学校项目，执行额74.84万美元。这些项目涉及干旱、半干旱地区农业技术研究、畜牧业发展和农业机械化研究，对改善生态环境，提高农业科技水平、机械化水平以及可持续农业发展发挥了积极的作用，进行了可持续农业系统、养殖业、综合治沙技术的试验示范，将综合治沙与可持续农业发展相结合，将农村扶贫和产业结构调整相结合，产生了比较明显的社会经济效益。通过执行无偿援助项目，甘肃省自然能源研究所、甘肃省治沙所等科研能力得到进一步加强，现已承担我国援外培训任务；世界粮食计划署援助的景电二期田间配套工程继续实施，执行额267万美元；联合国人口基金会援助的陇西县妇女人口与发展项目等8个项目进展顺利，新增加计划生育宣传项目和妇女参与发展循环担保金项目，执行额30.9万美元。

1994年，甘肃省共执行国际多边组织经济技术援助项目49项，执行金额548.11万美元。其中联合国儿童基金会援助的远距离教育师资培训项目等22个项目继续实施，新增加正宁、庄浪、靖远贫困地区社会发展项目、加强基层妇幼卫生计划生育项目、加强小学师资培训项目等11个项目，执行额174.07万美元；联合国开发计划署援助的河西沙漠综合治理项目、黄土高原农机具研究与推广项目、干旱半干旱农业项目、加强西北农牧学校项目继续执行，执行额74.84万美元；世界粮食计划署援助的景电二期田间配套工程继续实施，执行额267万美元；联合国粮农组织援助的定西地区农村青年人口培训项目启动实施，执行额1.33万美元；联合国人口基金会援助的陇西县妇女人口与发展项目等10个项目继续执行，执行额30.9万美元。

1995年，甘肃省共执行国际多边组织经济技术援助项目45项，执行金额517.21万美元。完成了联合国儿童基金会援助的远距离教育师资培训项目、加强基层妇幼卫生计划生育项目等29个项目，执行额134.47万美元；联合国开发计划署援助的河西沙漠综合治理项目、黄土高原农机具研究与推广项目、干旱半干旱农业项目、加强西北农牧学校项目继续执行，执行额74.84万美元；世界粮食计划署援助的景电二期田间配套工程继续实施，执行额267万美元；联合国粮农组织援助的定西地区农村青年人口培训项目完成，执行额1.33万美元；联合国人口基金会援助的陇西县妇女人口与发展项目等3个项目继续执行，完成了大学人口教育研究项目、扩大人口教育试点项目等6个项目，增加通渭县妇女参与发展项目，执行额39.57万美元。

1996年，甘肃省共执行国际多边组织经济技术援助项目24项，执行金额583.31万美元。联合国儿童基金会新一周期（1996年—2000年）援助项目启动实施，包括在12个县实施的促进贫困地区初等教育项目、农村供水与环境卫生项目、永靖县、永登县、天祝县贫困地区社会发展项目等11个项目，执行金额74.4万美元；联合国开发计划署援助的河西沙漠综合治理项目、黄土高原农机具研究与推广项目、干旱半干旱农业项目、加强西北农牧学校项目继续执行，执行额74.48万美元，增加定西县、靖远县农村发展扶贫项目、提高小学教育质量项目，执行额48.2万美元；世界粮食计划署援助的景电二期田间配套工程继续执行，执行额311.23万美元；继续执行联合国人口基金会援助的陇西县妇女人口与发展项目等4个项目，新增通渭县妇女地位与家庭福利项目，执行额75万美元。

1997年，甘肃省共执行国际多边组织经济技术援助项目29项，执行金额697.35万美元。执行联合国儿童基金会援助的促进贫困地区初等教育项目、农村供水与环境卫生项目、永靖县、永登县、天祝县贫困地区社会发展项目等12个项目，执行金额94.93万美元；联合国开发计划署援助的河西沙漠综合治理项目、黄土高原农机具研究与推广项目、干旱半干旱农业项目、加强西北农牧学校项目追加资金，执行额109.84万美元，定西县、靖远县农村发展扶贫项目、提高小学教育质量项目和刘川农业综合试验推广服务项目继续实施，执行额64.05万美元，新增加武山县、皋兰县农村扶贫项目、祁连山森林可持续能力建设项目，执行额42.3万美元；执行联合国人口基金会援助的通渭县妇女地位与家庭福利项目等5个项目，执行额75万美元；世界粮食计划署援助的景电二期田间配套工程继续执行，执行额311.23万美元。

1998年，甘肃省共执行国际多边组织经济技术援助项目30项，执行金额394.12万美元。执行联合国儿童基金会援助的促进贫困地区初等教育项目、新生儿破伤风防治项目、贫困地区基础教育项目等14个项目，执行额102.93万美元；联合国开发计划署援助的河西沙漠综合治理项目、黄土高原农机具研究与推广项目、定西县、靖远县农村发展扶贫项目等11个项目，执行额216.19万美元；联合国人口基金会援助的通渭县妇女地位与家庭福利项目等5个项目，执行额75万美元。

1999 年，甘肃省共执行国际多边组织经济技术援助项目28项，执行金额319.28万美元。联合国儿童基金会援助的促进贫困地区初等教育项目、新生儿破伤风防治项目、贫困地区基础教育项目等14个项目继续执行，执行额102.93万美元，增加黎明捐助基础教育200万港元和黎明捐助妇幼卫生200万港元项目，执行额26万美元；联合国开发计划署援助的定西县、靖远县农村发展扶贫项目、武山县、皋兰县农村扶贫项目等6个项目，执行额99.35万美元；联合国人口基金会援助的通渭县妇女地位与家庭福利项目等5个项目继续执行，新增通渭县妇女参与发展项目，执行额91万美元。

2000 年，甘肃省共执行国际多边组织经济技术援助项目29项，执行金额349.28万美元。联合国儿童基金会援助的促进贫困地区初等教育项目、新生儿破伤风防治项目、贫困地区基础教育项目等16个项目继续执行，执行额128.93万美元；联合国开发计划署援助的定西县、靖远县农村发展扶贫项目、武山县、皋兰县农村扶贫项目等6个项目，执行额99.35万美元；联合国人口基金会援助的通渭县妇女地位与家庭福利项目等6个项目继续执行，执行额91万美元；国际劳工组织援助的农村就业试点项目执行额30万美元。

2001 年，甘肃省共执行国际多边组织经济技术援助项目25项，执行金额350.8万美元。联合国儿童基金会新一周期（2001年—2005年）援助项目启动，包括永靖、永登、天祝贫困地区社会发展项目过渡期、渭源、清水、环县贫困地区儿童规划与发展项目、促进贫困地区初等教育项目、农村供水与环境卫生项目、儿童环境与环境卫生项目、农村初级卫生保健项目、早期儿童教育项目等12个项目，执行额94.8万美元。10月份，我们组织天祝、永登、定西、皋兰等县的项目受益妇女参加联合国驻华机构为纪念"世界农村妇女日"和"国际消除贫困日"举行的以"农村妇女战胜饥饿，消除贫困"为主题的摄影比赛。天祝县妇女组员张银芳《丰收的喜悦》获一等奖，并受邀前往北京参加颁奖仪式。11月初，中央电视台半边天节目组赴天祝县采访项目受益妇女，报道项目实施情况，制作了电视节目；联合国开发计划署援助的定西县、靖远县农村发展扶贫项目、武山县、皋兰县农村扶贫项目等4个项目执行额126万美元，新增加定西县可持续小额信贷项目、靖远、皋兰、武山县扶贫和小额信贷持续发展项目，执行额9万美元；联合国人口基金会援助的6个项目执行额91万美元；国际劳工组织援助的农村就业促进试点项目，执行额30万美元。

2002年，甘肃省共执行国际多边组织经济技术援助项目26项，执行金额370.8万美元。联合国儿童基金会援助的12个项目顺利执行，执行额94.8万美元；联合国开发计划署援助的6个项目执行额135万美元，新增远程师资教育项目，执行额20万美元；联合国人口基金会援助的6个项目执行额91万美元；国际劳工组织援助的农村就业促进试点项目执行额30万美元。

2003年，甘肃省共执行国际多边组织经济技术援助项目25项，执行金额340.8万美元。联合国儿童基金会援助的永靖、永登、天祝贫困地区社会发展项目过渡期结束，12个项目执行额94.8万美元；联合国开发计划署援助的7个项目执行额155万美元；联合国人口基金会援助的6个项目执行额91万美元。

2004年，甘肃省共执行国际多边组织经济技术援助项目16项，执行金额109.1万美元。联合国儿童基金会援助的9个项目继续执行，执行额60.8万美元；联合国开发计划署援助7个项目执行额48.3万美元。

2005年，甘肃省共执行国际多边组织经济技术援助项目16项，执行金额92.1万美元。联合国儿童基金会援助的9个项目继续执行，执行额60.8万美元；联合国开发计划署援助的7个项目执行额31.3万美元。

2006年，甘肃省共执行国际多边组织经济技术援助项目9项，执行金额19万美元。联合国儿童基金会新一周期（2006年—2010年）援助项目启动实施，包括贫困地区儿童发展行动项目、母子保健项目、学校水环境卫生健康教育项目，执行额19万美元；联合国开发计划署援助的6个农村综合扶贫项目和小额信贷项目资金循环使用。

2007年，甘肃省共执行国际多边组织经济技术援助项目9项，执行金额148万美元。主要有：联合国儿童基金会援助的3个项目执行额19万美元；联合国开发计划署援助的6个项目执行额129万美元。

2008年，甘肃省共执行国际多边组织经济技术援助项目8项，执行金额199万美元。主要有：联合国儿童基金会援助的3个项目执行额19万美元；联合国开发计划署援助的4个农村综合扶贫项目执行额120万美元。"5.12"地震发生后，省商务厅及时向商务部国际司汇报甘肃地震灾害情况，上报《关于申请国际多双边无偿援助开展地震灾区紧急救援和灾后重建工作的函》，并积极与联合国儿童基金驻华代表处、联合国儿童基金香港委员会等国际援助机构联系，争取国际紧急援助。通过积极争取，联合国儿童基金会提供了约60万美元的救灾物资，我们协调组织陇南市有关单位向地震灾区受灾学校发放了60000套学生学习用具、2000套教师教学用具和200顶大型帐篷。

2009年，甘肃省共执行国际多边组织经济技术援助项目6项，执行金额109万美元。主要有：联合国儿童基金会援助的3个项目执行额19万美元；联合国开发计划署援助的3个农村综合扶贫项目执行额90万美元。7月，组织接待了联合国儿童基金会香港委员会青年使者考察团，35名香港地区的中学生考察了通渭、武山县的农村教育状况。通过考察，香港青年对西部欠发达地区的教育有了进一步的了解，他们表示将在香港地区做好宣传，为西部地区的发展筹集更多的资金。

2010年，甘肃省共执行国际多边组织经济技术援助项目6项，执行金额111.2万美元。联合国儿童基金会援助的3个项目执行额21.2万美元；联合国开发计划署援助的3个农村综合扶贫项目执行额90万美元。

五、外国政府提供的双边经济技术援助

1990年以前甘肃省接受外国政府提供的双边经济技术援助项目共20项，援助金额2210.63万美元。援助项目主要涉及综合扶贫、技能培训、畜牧业研究等领域。援助形式主要以赠款为主。主要援助国家和项目有加拿大援助的会宁县综合经济发展项目（1989年—1993年）和一批技术培训项目，澳大利亚援助的绵羊育种改良西北羊毛品质项目（1986年）、兰州盐水淡化试验场项目（1985年—1990年）、甘肃农业系统研究中心项目（1986年—1992年），美国援助的半干旱地区牧草生长生态研究项目（1985年），欧共体援助的甘肃喷灌试验场项目（1988年—1991年）和甜菜开发中心项目（1986年—1989年）。

1990年—2010年，甘肃省接受外国政府双边经济技术援助项目共285项，援助金额10707.6万美元。援助项目涉及基础教育、综合扶贫、基础设施建设、妇女发展、技术培训、灾后重建等。主要援助国家和项目有：英国援助的甘肃省基础教育项目（1999年—2006年）、支持世行卫八项目

（1999年—2004年）、水资源研究与利用项目（2000年—2003年）和支持甘肃普及基础教育项目（2006年—2010年），德国援助的农村再生能源项目（2004年—2007年），荷兰援助的马铃薯淀粉生产项目（2004年）和浩丰凯富种子公司种子生产项目（2006年），加拿大援助的会宁县综合经济发展项目（1989—1995年）、陇南工厂化育苗项目（1990年—1996年）、石油天然气技术转让项目（1994年）、材料科学项目（1997年—2002年）、甘肃妇女再就业项目（2004年—2007年）和一批加拿大基金项目，日本援助的敦煌文物保护陈列中心项目（1990年—1993年）、粮食增产项目（1999年—2001年）、兰州职业学校教学器材装备项目（2003年—2005年）、地震重灾县急救车配备项目（2008年—2009年）和一批日本利民工程项目，澳大利亚援助的黄土高原雨养农业可持续生产项目（2001年—2004年）、澳大利亚政府奖学金项目（2002年—2012年）和一批小型活动项目，新西兰援助的甘肃省农村综合扶贫项目（2004年—2008年），欧盟援助的甘肃喷灌示范项目（1993年—1996年）、贫困地区农村基础教育项目（2001年—2006年）、中欧社会保障项目甘肃试点项目（2007年—2010年）。

六、外国政府双边经济技术援助项目分年执行情况

1990年，甘肃省共执行外国政府双边经济技术援助项目20项，执行金额680.69万美元。加拿大援助的陇南工厂化育苗项目、烧伤整形项目和计算机在西北铁路的应用项目开始实施，执行额90万美元，会宁县综合经济发展项目继续实施，执行额158.57万美元；日本援助的敦煌文物保护陈列中心项目、岷县间井畜牧业开发示范项目、甘肃农业增产项目开始实施，执行额276.51万美元；澳大利亚援助的兰州南山绿化场项目开始实施，执行额2.4万美元，草地农业系统研究发展项目继续实施，执行额48.4万美元，甘肃省科委膜科所苦水淡化试验厂项目结束，执行额9.39万美元；加拿大基金援助的定西景泉人饮项目、灵台县地方病防治项目、岷县救灾项目、甘南妇女丝织腰带培训项目、广河县2万亩蔬菜种植项目、卓尼县新发接生员培训项目和舟曲县新法接生员培训项目实施，执行额3.56万美元；欧共体援助的甘肃喷灌示范项目、卫生改水项目进展良好，黄土高原泥石流防治项目顺利结束，执行额91.86万美元。

1991年，甘肃省共执行外国政府双边经济技术援助项目39项，执行金额701.35万美元。加拿大援助的陇南工厂化育苗项目、烧伤整形项目、计算机在西北铁路的应用项目和会宁县综合经济发展项目继续实施，执行额248.57万美元；日本援助的敦煌文物保护陈列中心项目、岷县闾井畜牧业开发示范项目、甘肃农业增产项目继续实施，执行额276.51万美元；澳大利亚援助的草地农业系统研究发展项目继续实施，执行额48.4万美元，兰州南山绿化场项目结束，执行额2.4万美元，庄浪县妇女刺绣技术培训项目、庆阳土桥学校项目、庆阳妇联妇女参与发展项目、庆阳什社蔬菜生产试验推广项目、西峰马家梁小流域治理项目和西峰马家庄人畜饮水项目实施，执行额2.8万美元；加拿大基金援助的一批培训和卫生共20个项目实施，执行额7.78万美元；欧共体援助的甘肃喷灌试验场项目、卫生改水项目结束，中川上水工程改建与续建项目和甜菜开发中心续建项目开始实施，执行额114.89万美元。

1992年，甘肃省共执行外国政府双边经济技术援助项目45项，执行金额618.71万美元。英国援助的岷县麻子川买羊项目执行0.1万美元；加拿大援助的陇南工厂化育苗项目、烧伤整形项目、计算机在西北铁路的应用项目和会宁县综合经济发展项目继续实施，执行额248.57万美元；日本援助的敦煌文物保护陈列中心项目、岷县闾井畜牧业开发示范项目、甘肃农业增产项目继续实施，执行额276.51万美元；澳大利亚援助的草地农业系统研究发展项目、庄浪县妇女刺绣技术培训项目、庆阳土桥学校项目、庆阳妇联妇女参与发展项目、庆阳什社蔬菜生产试验推广项目结束，执行额49.24万美元；加拿大基金援助的一批培训、卫生和教育共30个项目实施，执行额14.32万美元；欧共体援助的中川上水工程改建与续建项目和甜菜开发中心续建项目继续实施，执行额29.97万美元。

1993年，甘肃省共执行外国政府双边经济技术援助项目26项，执行金额611.1万美元；加拿大援助的陇南工厂化育苗项目、烧伤整形项目、计算机在西北铁路的应用项目和会宁县综合经济发展项目继续实施，执行额248.57万美元；日本援助的敦煌文物保护陈列中心项目、岷县闾井畜牧业开发示范项目结束，执行额245.18万美元，甘肃农业增产项目继续实施，执行额31.33万美元；加拿大基金援助的一批培训、卫生和教育共16个项目实施，执行额8.87万美元；欧共体援助的中川上水工程改建与续建项目和甜菜开发中心续建项目完成，增加甘肃喷灌培训中心项目，执行额77.15万美元。

1994年，甘肃省共执行外国政府双边经济技术援助项目37项，执行金额997.25万美元。英国援助的贫困小学购书项目执行额0.1万美元；加拿大援助的陇南工厂化育苗项目和会宁县综合经济发展项目继续实施，执行额221.57万美元，烧伤整形项目和计算机在西北铁路的应用项目结束，执行额27万美元，石油天然气技术转让项目执行额650万美元；日本援助的甘肃农业增产项目继续实施，执行额31.33万美元；新西兰援助的白银强湾乡常见病防治培训项目、白银平川区吊掌子人饮工程项目和定西偏远山区庭院雨水积蓄项目执行额4.16万美元；加拿大基金援助的一批培训、卫生共26个项目实施，执行额15.91万美元；欧洲联盟援助的甘肃喷灌培训中心项目进展良好，执行额47.18万美元。

1995年，甘肃省共执行外国政府双边经济技术援助项目18项，执行金额342.67万美元。加拿大援助的陇南工厂化育苗项目执行额63万美元，会宁县综合经济发展项目结束，执行额158.57万美元；日本援助的甘肃农业增产项目结束，执行额31.33万美元，敦煌莫高窟上水工程项目执行额32万美元；新西兰援助的古浪县贫困乡修建庭院水窖项目执行额1.7万美元；加拿大基金援助的一批培训、卫生共11个项目实施，执行额8.89万美元；欧洲联盟援助的甘肃喷灌培训中心项目进展良好，执行额47.18万美元。

1996年，甘肃省共执行外国政府双边经济技术援助项目10项，执行金额131.09万美元。加拿大援助的陇南工厂化育苗项目结束，执行额63万美元，中加管理教育项目和教育改革中的妇女和少数民族项目执行额15.68万美元；澳大利亚援助的陇南地区油橄榄示范项目执行额0.78万美元；新西兰援助的白银聋哑学校职业技术培训项目和敦煌百亩滴灌果园示范项目执行额2.16万美元；加拿大基金援助的成县纸坊镇人畜饮水项目、渭源县无病种薯快速繁殖培训项目和天水市苹果栽培和储藏培训项目执行额2.29万美元；欧洲联盟援助的甘肃喷灌培训中心项目结束，执行额47.18万美元。

1997年，甘肃省共执行外国政府双边经济技术援助项目20项，执行金额87.97万美元。日本援助的兰州徐家山绿化及水土保持项目和民族中学民族教育项目执行额34.54万美元；德国援助的古浪黄泥岗小流域治理项目和平川区宝积乡泉水截引项目执行额1.5万美元；荷兰援助的夏河县藏族妇女技术培训项目和兰州市聋哑儿童听力训练项目执行额1.57万美元；加拿大援助的中加教育管理项目继续执行，执行额7.48万美元，材料科学项目开始实施，执行额18.03万美元；澳大利亚援助的铁道学院机构交流项目开始实施，执行额8.45万美元，陇南地区油橄榄示范项目执行额0.78万美元；新西兰援助的路易艾黎农业技术传播中心项目、永登县树屏乡农业技术培训和迭部阿夏乡新法接生技术培训项目执行额9.86万美元；加拿大基金援助的7个培训项目执行额5.76万美元。

1998年，甘肃省共执行外国政府双边经济技术援助项目31项，执行金额131.82万美元。日本援助的兰州徐家山绿化及水土保持项目和民族中学民族教育项目执行额34.54万美元；澳大利亚援助的铁道学院机构交流项目和榆中上庄人畜饮水项目执行额13.15万美元；新西兰援助的路易艾黎农业技术传播中心项目、天祝、古浪灾区救灾项目和5个培训项目执行额13.24万美元；加拿大援助的甘肃省农村综合扶贫项目执行额10万美元，交通通讯规划与管理项目执行额4.7万美元，中加管理教育项目、教育改革中的妇女和少数民族项目和材料科学项目执行额28.2万美元；加拿大基金援助的14个培训和饮水项目执行额21.32万美元；欧洲联盟援助的奶类项目开始实施，执行额6.67万美元。

1999年，甘肃省共执行外国政府双边经济技术援助项目24项，执行金额292.61万美元。英国援助的甘肃省基础教育项目开始实施，执行额120万美元；日本援助的漳县斜坡小学建设项目、兰州民族中学民族教育项目、嘉峪关急救站项目和粮食增产项目执行额101.24万美元；新西兰援助的山丹培黎学校农民实用技术培训项目和榆中青城乡妇女养殖技术培训项目执行额2.4万美元；加拿大援助的甘肃省农村综合扶贫项目执行额10万美元，交通通讯规划与管理项目执行额4.7万美元，中加管理教育项目、教育改革中的妇女和少数民族项目和材料科学项目执行额28.2万美元；加拿大基金援助的11个培训和饮水项目执行额19.4万美元；欧洲联盟援助的奶类项目执行金额6.67万美元。

2000年，甘肃省共执行外国政府双边经济技术援助项目23项，执行金额516.07万美元。英国援助的甘肃省基础教育项目执行额242万美元，支持世行卫八项目开始实施，执行额100万美元；日本援助的漳县斜坡小学建设项目、兰州民族中学民族教育项目、粮食增产项目和广河县人畜饮水灌溉项目执行额101.9万美元；新西兰援助的皋兰县妇女手工地毯织作技术项目、农村特殊教育师资培训项目和景泰县陈庄小学地震重建项目执行额3.92万美元；加拿大援助的甘肃省农村综合扶贫项目执行额18万美元，交通通讯规划与管理项目执行额4.7万美元，中加管理教育项目和材料科学项目执行额25.5万美元；加拿大基金援助的6个培训项目执行额6.68万美元；澳大利亚援助的靖远县北滩乡机井小水工程项目和永靖县西河乡用电建设项目执行额5.7万美元；荷兰援助的荒漠化及粮食保障的能量与水平监测系统项目执行额1万美元；欧洲联盟援助的奶类项目结束，执行金额6.67万美元。

2001年，甘肃省共执行外国政府双边经济技术援助项目25项，执行金额775.08万美元。英国援助的甘肃省基础教育项目执行额237万美元，支持世行卫八项目执行额100万美元，水资源研究与利用项目开始实施，执行额20万美元；日本援助的积石山县人畜饮水工程项目开始实施，执行额8.4万美元，兰州民族中学民族教育项目、粮食增产项目执行额84.6万美元；新西兰援助的镇原县三岔镇雨水集流项目执行额1.58万美元，山丹培黎学校荒漠化治理实用技术培训项目执行额0.6万美元，农村特殊教育师资培训项目执行额0.36万美元；加拿大援助的甘肃省农村综合扶贫项目执行额22万美元，交通通讯规划与管理项目执行额4.7万美元，中加材料科学项目执行额18万美元，甘肃省就业项目开始实施，执行额10万美元；加拿大基金援助的7项培训和饮水工程执行额8.5万美元；澳大利亚援助的庆阳退耕还林示范项目、逆境环境苜蓿适应性评价项目和提高西部黄土高原雨养农业可持续生产力的研究项目开始执行，执行额9万美元；荷兰援助的荒漠化及粮食保障的能量与水平监测系统项目执行额1万美元；欧洲联盟援助的甘肃省贫困地区农村基础教育项目启动，执行金额249.34万美元。

2002年，甘肃省共执行外国政府双边经济技术援助项目17项，执行金额783.94万美元。英国援助的甘肃省基础教育项目执行额237万美元，支持世行卫八项目执行额100万美元，水资源研究与利用项目开始实施，执行额20万美元；日本援助的积石山县人畜饮水工程项目执行额8.4万美元，粮食增产项目执行额59万美元；新西兰援助的民勤县防风固沙林营造技术培训项目和少数民族小学校长培训项目执行额7.6万美元；加拿大援助的甘肃省农村综合扶贫项目执行额22万美元，交通通讯规划与管理项目执行额4.7万美元，中加材料科学项目执行额18万美元，甘肃省就业项目执行额10万美元；澳大利亚援助的武山县雨水集流人畜饮水项目、逆境环境苜蓿适应性评价项目和提高西部黄土高原雨养农业可持续生产力的研究项目执行额6.9万美元；韩国援助的白银市大环境生态造林项目执行额40万美元；荷兰援助的荒漠化及粮食保障的能量与水平监测系统项目执行额1万美元；欧洲联盟援助的甘肃省贫困地区农村基础教育项目执行金额249.34万美元。

　　2003年，甘肃省共执行外国政府双边经济技术援助项目19项，执行金额675.34万美元。英国援助的甘肃省基础教育项目执行额237万美元，支持世行卫八项目执行额72万美元，水资源研究与利用项目执行额30万美元；日本援助的兰州职业学校教学器材装备项目、兰州急救中心急救器材装备项目和敦煌市医院急救器材装备项目执行额20万美元；新西兰援助的民乐县中药材种植技术培训项目、宕昌县妇幼保健技术培训项目和甘肃省农村综合扶贫项目开始实施，执行额7.6万美元；加拿大援助的甘肃省农村综合扶贫项目执行额22万美元，甘肃省就业项目执行额5万美元；澳大利亚援助的武山县雨水集流人畜饮水项目、逆境环境苜蓿适应性评价项目和提高西部黄土高原雨养农业可持续生产力的研究项目执行额6.9万美元，皋兰县忠和乡农业示范园建设项目和礼县龙林小学建设项目开始实施，执行额4.8万美元；韩国援助的白银市大环境生态造林项目执行额20万美元;德国大使基金援助的永靖县西河乡雨水集流项目执行额0.82万美元；欧洲联盟援助的甘肃省贫困地区农村基础教育项目执行金额249.34万美元。

　　2004年，甘肃省共执行外国政府双边经济技术援助项目24项，执行金额761.24万美元。英国援助的甘肃省基础教育项目执行额237万美元，支持世行卫八项目执行额72万美元；德国援助的农村再生能源项目启动实施，执行额30万美元；加拿大援助的甘肃妇女再就业项目开始实施，执行额70万美元；日本援助的兰州职业学校教学器材装备项目、兰州急救中心急救器材装备项目和敦煌市医院急救器材装备项目执行额20万美元，肃南县人民医院医疗器材装备项目、东乡县汪集中学建设项目、敦煌市孟家桥学校建设项目、渭源县周家窑小学建设项目执行额16万美元；澳大利亚援助的逆境环境苜蓿适应性评价项目和提高西部黄土高原雨养农业可持续生产力的研究项目、皋兰县忠和乡农业示范园建设项目、静宁县李店镇人畜饮水工程项目执行额11.4万美元；新西兰援助的甘肃省农村综合扶贫项目开始实施，执行额27万美元，5项培训项目执行额3.5万美元；希腊援助的油橄榄种植和加工项目执行额5万美元；韩国援助的白银市大环境生态造林项目执行额20万美元；欧洲联盟援助的甘肃省贫困地区农村基础教育项目执行金额249.34万美元。

2005年，甘肃省共执行外国政府双边经济技术援助项目23项，执行金额837.64万美元。英国援助的甘肃省基础教育项目执行额237万美元，支持世行卫八项目执行额72万美元；德国援助的农村再生能源项目启动实施，执行额30万美元；荷兰援助的马铃薯淀粉生产项目执行额78万美元；加拿大援助的甘肃妇女再就业项目执行额70万美元；日本援助的兰州职业学校教学器材装备项目、兰州急救中心急救器材装备项目和敦煌市医院急救器材装备项目执行额20万美元，肃南县人民医院医疗器材装备项目、东乡县汪集中学建设项目、敦煌市孟家桥学校建设项目、渭源县周家窑小学建设项目执行额16万美元；澳大利亚援助的静宁县李店镇人畜饮水工程项目和通渭县中医院建设项目执行额4.35万美元；新西兰援助的甘肃省农村综合扶贫项目执行额27万美元，4项培训项目执行额3.45万美元；希腊援助的油橄榄种植和加工项目执行额5万美元；韩国援助的白银市大环境生态造林项目执行额20万美元；欧洲联盟援助的甘肃省贫困地区农村基础教育项目执行金额249.34万美元；欧盟便捷基金援助的商学院资源依赖性企业研究项目启动，执行额5.5万美元。

2006年，甘肃省共执行外国政府双边经济技术援助项目12项，执行金额915.64万美元。英国援助的甘肃省基础教育项目执行额237万美元，支持甘肃普及基础教育项目开始实施，执行额225万美元；德国援助的农村再生能源项目执行额30万美元；荷兰援助的浩丰凯富种子公司种子生产项目执行额63万美元；加拿大援助的甘肃妇女再就业项目执行额70万美元；日本援助的敦煌市杨家桥中学教学楼建设项目执行额4.25万美元；澳大利亚援助的宕昌县妇幼保健站建设项目执行额2.15万美元；新西兰援助的甘肃省农村综合扶贫项目执行额27万美元，永靖县西河镇二房村基础建设项目和会宁县杨川小学建设项目执行额2.4万美元；欧洲联盟援助的甘肃省贫困地区农村基础教育项目执行金额249.34万美元；欧盟便捷基金援助的商学院资源依赖性企业研究项目执行额5.5万美元。

2007年，甘肃省共执行外国政府双边经济技术援助项目15项，执行金额714.59万美元。英国援助的支持甘肃普及基础教育项目执行额225万美元；德国援助的农村再生能源项目执行额30万美元；加拿大援助的甘肃妇女再就业项目执行额70万美元；日本援助的5项学校建设项目执行额21.55万美元；澳大利亚援助的宕昌县妇幼保健站建设项目和凉州区谢河镇人畜饮水项目执行额4.3万美元；新西兰援助的甘肃省农村综合扶贫项目执行额27万美元，会宁县杨川小学建设项目和皋兰县中心蔬菜种植培训项目执行额3.9万美元；欧洲联盟援助的甘肃省贫困地区农村基础教育项目结束，执行金额249.34万美元，中欧社会保障项目甘肃试点项目启动，执行额83.5万美元。

2008年，甘肃省共执行外国政府双边经济技术援助项目15项，执行金额358.8万美元。英国援助的支持甘肃普及基础教育项目执行额225万美元；日本援助的8项学校建设项目和512地震重灾县急救车配备项目执行额39.6万美元；澳大利亚援助的凉州区谢河镇人畜饮水项目和宁县苏韩村医疗所建设项目执行额4.3万美元；新西兰援助的皋兰县中心蔬菜种植培训项目和卓尼县综合农贸市场建设项目执行额6.4万美元；欧洲联盟援助的中欧社会保障项目执行额83.5万美元。

2009年，甘肃省共执行外国政府双边经济技术援助项目18项，执行金额363.1万美元。英国援助的支持甘肃普及基础教育项目执行额225万美元；日本援助的8项学校建设项目和512地震重灾县急救车配备项目执行额37.1万美元；澳大利亚援助的宁县苏韩村医疗所建设项目、文县天池乡鹞坪小学建设项目和康县碾坝乡卫生院建设项目执行额9.75万美元；新西兰援助的卓尼县综合农贸市场建设项目、永靖县关山乡红楼村人饮工程项目和张掖市妇联妇女健康培训项目执行额7.75万美元；欧洲联盟援助的中欧社会保障项目执行额83.5万美元。

2010年，甘肃省共执行外国政府双边经济技术援助项目9项，执行金额329.9万美元。英国援助的支持甘肃普及基础教育项目执行额225万美元；日本援助的4项学校建设项目执行额14.5万美元；澳大利亚援助的永靖县西河镇地膜回收示范项目执行额2.8万美元；新西兰援助的永靖县关山乡红楼村人饮工程项目和张掖市妇联妇女健康培训项目执行额4.1万美元；欧洲联盟援助的中欧社会保障项目结束，执行额83.5万美元。

七、国际民间组织援助

甘肃省接受国际民间组织援助始于1998年，截至2010年底，已接受援助项目13项，援助金额109.11万美元。项目涉及教育培训、供水、综合扶贫等方面，主要援助机构和项目有：爱德基金会援助的和政、积石山县失学儿童重返校园项目（1998年—2003年）、临夏县麻尼寺沟教师培训项目（2002年—2003年），福特基金会援助的甘南州藏族女教师培训项目（2003年—2005年），伊斯兰国际救援组织援助的东乡县人畜饮水项目（2002年—2003年）、安定区、崆峒区小额信贷项目（2010年开始）、开斋节食品发放项目和宰牲节肉食发放项目（2002年—2010年），微软公司援助的微软潜力无限培训项目（2008年—2010年）。

甘肃省争取国际民间组织援助项目分年执行情况。因为部分多双边无偿援助项目执行周期较长，或在周期结束后继续执行，所以分年执行项目累计数和执行累计金额大于接受无偿援助项目总数和援助总金额。

1998年—2001年，甘肃省执行国际民间组织援助项目1项，爱德基金援助和政、积石山县失学儿童重返校园项目，执行总金额0.48万美元。每年执行金额约0.12万美元。

2002年，甘肃省执行国际民间组织援助项目4项，执行金额2.84万美元。爱德基金援助的和政、积石山县失学儿童重返校园项目和临夏县麻尼寺沟乡教师培训项目，执行额0.34万美元；英国伊斯兰国际救援组织援助的东乡县北岭乡人畜饮水工程项目和开斋节食品发放项目，执行额2.5万美元。

2003年，甘肃省执行国际民间组织援助项目6项，执行金额18.25万美元。爱德基金援助的和政、积石山县失学儿童重返校园项目和临夏县麻尼寺沟乡教师培训项目，执行额0.85万美元；英国伊斯兰国际救援组织援助的东乡县北岭乡人畜饮水工程项目、开斋节食品发放项目和宰牲节肉食发放项目，执行额12.7万美元；福特基金援助的甘南州藏族女教师培训项目执行额4.7万美元。

2004年，甘肃省执行国际民间组织援助项目3项，执行金额6.49万美元。福特基金援助的甘南州藏族女教师培训项目执行额2.43万美元；英国伊斯兰国际救援组织援助的开斋节食品发放项目和宰牲节肉食发放项目，执行额4.06万美元。

2005年，甘肃省执行国际民间组织援助项目3项，执行金额5.64万美元。福特基金援助的甘南州藏族女教师培训项目执行额2.43万美元；英国伊斯兰国际救援组织援助的开斋节食品发放项目和宰牲节肉食发放项目，执行额3.21万美元。

2006年，甘肃省执行国际民间组织援助项目4项，执行金额9.6万美元。英国伊斯兰国际救援组织援助的开斋节食品发放项目和宰牲节肉食发放项目，执行额3.3万美元，永靖县陈井乡东风村雨水集流项目和东乡县北岭乡灌溉项目执行额6.3万美元。

2007年，甘肃省执行国际民间组织援助项目6项，执行金额22.5万美元。英国伊斯兰国际救援组织援助的开斋节食品发放项目和宰牲节肉食发放项目，执行额9.7万美元，永靖县陈井乡东风村雨水集流项目和东乡县北岭乡灌溉项目执行额6.3万美元，广河县雨水集流项目和环县雨水集流项目执行额6.5万美元。

2008年，甘肃省执行国际民间组织援助项目6项，执行金额14.57万美元。英国伊斯兰国际救援组织援助的开斋节食品发放项目、宰牲节肉食发放项目和2007年宰牲节追加项目，执行额7.2万美元，东乡县北岭乡灌溉项目和环县雨水集流项目执行额5.7万美元；微软援助的微软潜力无限培训项目执行额1.67万美元。

2009年，甘肃省执行国际民间组织援助项目4项，执行金额10.37万美元。英国伊斯兰国际救援组织援助的开斋节食品发放项目、宰牲节肉食发放项目执行额6.7万美元，环县雨水集流项目执行额2万美元；微软援助的微软潜力无限培训项目执行额1.67万美元。

2010年，甘肃省执行国际民间组织援助项目5项，执行金额18.37万美元。英国伊斯兰国际救援组织援助的开斋节食品发放项目、宰牲节肉食发放项目执行额11.2万美元，舟曲灾区食品发放项目执行额3万美元，安定区小额信贷项目执行额2.5万美元；微软援助的微软潜力无限培训项目执行额1.67万美元。

（说明：因为部分多双边无偿援助项目执行周期较长，或在周期结束后继续执行，所以分年执行项目累计数和执行累计金额大于接受无偿援助项目总数和援助总金额。）

八、重要交流活动

甘肃省在争取和执行国际多双边无偿援助项目的过程中，将接待有关外来访团组和官员作为一项重要工作，重要团组来访，省上领导都出面会见、座谈，甚至全程陪同下县、乡检查项目。联合国有关各机构驻华代表处历任代表、与甘肃省有合作关系的各国大使、参赞均访问过甘肃省。不少联合国机构高级官员、友好国家元首和高级官员也曾来甘肃省访问。

1993年3月，联合国高级项目顾问维拉女士前往宁县、康县、陇西等地，对联合国人口基金会援助甘肃省农村妇女参与发展项目实施的前期准备工作进行项目实地监督考察活动。并多次前来甘肃省蹲点，对全国中西部贫困省县项目管理人员举办培训班。

1993年4月，联合国开发计划署、人口基金会驻华代表，北欧三国（丹麦、瑞典、挪威）驻华大使（为人口基金会的主要捐助国）及驻华高级项目顾问和专家前往陇西、定西、会宁等地参观考察联合国人口基金会援助甘肃省妇女参与发展，妇幼保健及计划生育培训等项目的执行情况。

1994年8月，中日两国政府在敦煌举行日本政府援助建设的敦煌文物保护陈列中心项目的竣工典礼。日方前首相竹下登、日本友好协会主席平山郁夫率团120余人参加了庆典。中方国务委员李铁映，外经贸部部长助理龙永图和甘肃省省长张吾乐出席。到会的领导、专家对项目的设计施工、壁画临摹、雕塑复制、陈列展览等都给予了高度评价和赞扬，称之为"中国建筑史上中外艺术结合的建筑典范"。

1995年9月，联合国副秘书长、儿童基金会执行主任贝拉米女士刚上任便来甘肃访问，先后前往白银市、靖远县、定西县，对《加强中国基层妇幼卫生、计划生育》项目执行情况进行检查。并与甘肃省有关方面就儿童工作需求进行了会谈。甘肃省省长阎海旺、副省长负小苏会见了贝拉米女士一行。

1996年2月，联合国开发计划署、人口基金执行局代表团来访，成员包括13个国家的官员，视察了定西、陇西、榆中项目点。

1997年5月，欧盟成员国驻华大使及夫人组团考察访问甘肃。大使团表示愿对甘肃进一步给予支持。在欧盟驻华大使魏根深先生积极协调下，初步拟定在甘肃确立一个较大的项目，支持贫困地区基础教育。

1998年11月，加拿大总理克雷蒂安访华期间，专程前往皋兰县忠和乡，出席加拿大政府援助甘肃省人畜饮水工程项目的签字仪式，并观看了甘肃与加拿大合作项目展览。

1998年，英国国际发展大臣克莱尔·肖特女士前来甘肃省访问，访问甘肃后不久就决定支援甘肃发展乡村基础教育。

1998年11月，新西兰驻华大使安德岩先生访问甘肃省，参加了甘肃农业大学"纪念路易·艾黎农业技术传播中心剪彩仪式，并赴白银市考察了新西兰无偿援助项目。

1998年11月，欧盟驻华代表团大使魏根深先生来甘肃对敦煌、兰州等地进行考察访问。

1999年，英国国际发展大臣克莱尔·肖特专程前来甘肃访问，最终确定了英国政府援助甘肃1380万英镑的甘肃省少数民族地区基础教育项目。

1999年11月，联合国人口基金会执行局代表团、联合国人口基金会驻华代表、外经贸部和国家计生委来甘肃考察联合国人口基金会援助榆中县生殖健康、计划生育项目。

2000年8月，英国贸易大臣查德·卡波尔和欧盟驻中国大使魏根深前来甘肃考察多双边援助项目执行情况，最终确定了欧盟援助甘肃省1500万欧元的甘肃基础教育项目。

2000年10月，加拿大国际发展署署长古德先生一行来甘肃考察中加合作甘肃省农村综合扶贫项目执行情况。副省长郭琨会见了古德先生一行。

2001年11月，欧盟驻华大使安高胜先生出席中欧甘肃基础教育项目启动仪式，并赴榆中县对甘肃省贫困地区的基础教育情况进行实地考察。省长陆浩、副省长崔正华会见了安高胜大使一行。

2002年10月，英国国际发展部北京办公室主任夏菲女士率领英国国际发展部评估团来甘肃对中英发展合作甘肃基础教育项目进行中期评估，并就卫八项目和水行业发展项目进行座谈，了解项目的进展情况。

2003年9月，欧洲联盟欧洲委员会委员波尔·尼尔森、欧盟驻华大使安高胜一行考察中欧甘肃基础教育项目的实施情况。省长陆浩、副省长李膺会见了尼尔森一行。

2003年11月，英国国际发展部常务秘书柴睿、世界银行副行长孔杰忠一行来甘肃考察英国国际发展部援助甘肃的基础教育项目、世行贷款卫八等项目。甘肃省省长陆浩会见了考察团。

2004年6月，英国国际发展部亚太局局长丁寒先生在英国驻华大使韩魁发爵士、英国国际发展部驻华代表处主任戴伟先生的陪同下来甘肃省考察中英发展合作"甘肃基础教育项目"和软化世行贷款利息的"结核病控制项目"。

2004年7月，新西兰援助署署长安德岩先生一行来甘肃省考察新西兰政府援助"甘肃省农村综合开发扶贫项目"。副省长孙小系会见了安德岩先生一行。

2005年4月，欧盟驻华使团组织部分成员国驻华使节考察甘肃省实施的中欧甘肃基础教育项目和中英甘肃省基础教育项目。

2005年8月，欧洲委员会驻华代表团团长、大使赛日·安博先生访问甘肃。安博大使出席了由中欧甘肃基础教育项目主办的利用信息技术（ICT）提高农村教学质量国际研讨会，赴天祝县考察了教师学习资源中心建设项目。省长助理刘晓明会见了安博大使一行。

2005年9月，英国王室安妮公主访问甘肃，考察了英国国际发展部在东乡县开展的中英基础教育项目和卫八项目的实施情况。省长陆浩、副省长李膺会见了英国王室公主安妮和驻华大使韩魁发爵士一行。

2006年4月，欧盟国家驻华大使团来到贫困县会宁，对当地教育及中国欧盟甘肃基础教育项目执行情况进行了考察。大使团成员参观了位于会宁县柴家门乡中心小学的教师学习资源中心，并考察了该校的课堂教学、学生课间操和课间活动，与部分学生和家长进行了交流。

2006年4月，德国联邦议会代表团赫尔穆特·柯尼希斯豪斯先生一行来甘肃省考察世行贷款甘肃省定西扶贫项目、中德财政合作兰州市人民医院引进医疗设备项目和中德技术合作甘肃省农村新能源项目。副省长孙小系会见了代表团一行。

2006年6月，英国国际发展部首席经济学家托尼·温纳博斯先生一行来甘肃省考察中英发展合作肺结核防治项目和水资源需求管理项目的执行情况，并考察了民勤县防治荒漠化工作情况。

2006年11月，加拿大驻华大使罗岚先生来甘肃省考察中加合作甘肃妇女就业项目和中加合资经营兰州捷时特物流有限公司。

2007年1月，为联合国儿童基金会在我国教育卫生、母婴保健等领域实施的项目筹措资金，联合国儿童基金会亲善大使莫文蔚一行来静宁县拍摄筹资宣传片。

2007年10月，英国国际发展部部长助理夏菲女士和世界银行中国局局长杜大伟先生一行来甘肃省考察英国国际发展部援助项目和世界银行贷款项目。

2008年6月，新西兰驻华大使包逸之先生来甘肃省出席中新合作甘肃省可持续农村生计项目成果汇报会，并实地考察了靖远、景泰县项目村。副省长咸辉会见包逸之大使一行。

2008年12月，英国议会国际发展委员会主席马尔科姆·布鲁斯先生率领的英国议会代表团一行在英国国际发展部驻华代表处主任戴伟先生赴康乐县考察了英国国际部援助甘肃省的基础教育、结核病防治项目。副省长咸辉会见英国议会代表团。

2010年3月，英国驻华大使吴思田一行专程前来甘肃参加中英甘肃九年义务教育项目完工大会。该项目实施期为10年，从1999年12月开始到2010年3月结束，英国政府共提供援助资金2005万英镑(约合人民币2.42亿元)，用于支持甘肃普及九年义务教育。甘肃省委副书记、省长徐守盛于3月29日晚在兰州会见了英国驻华大使吴思田一行。徐守盛代表甘肃省委、省政府和项目受益区的广大群众特别是中小学生对英国政府和英国国际发展部表示感谢。双方还就发展低碳经济、循环经济、绿色经济等方面的问题进行了深入交流。副省长郝远、英国国际发展部主任戴维参加了会见。

九、甘肃省接受国际多双边援助管理工作

中国政府对国际无偿援助实施"商务部、受援工作主管部门、项目实施单位"的分级管理体制。其中，受援工作主管部门是指中央和国务院有关部门、全国性社会团体外事归口部门，各省、自治区、直辖市商务主管部门；项目实施单位是指直接接受并具体实施无偿援助项目的机构。商务部归口管理援助方对华无偿援助，代表中国政府与援助方商定国别方案，签署原则性文件，协调与援助方的关系，制定项目管理办法，监督项目实施，处理无偿援助的相关事务。受援工作主管部门受商务部委托指导、协调、管理、监督项目单位具体实施项目。项目单位根据项目协议的规定实施项目，接受受援主管部门的指导、协调、管理和监督，确保项目资金正确使用。

2006年8月10日，商务部印发《商务部关于外国政府和国际组织对华无偿援助项目管理办法》，此办法从总则、工作职责、项目的申请、筛选和生效、项目的实施、管理和监督、项目的资金管理、项目的物资管理、项目的报告制度、项目的审计监督、项目的终止、附则等10个方面作出了规定。办法规定：申请项目应符合我国国民经济和社会发展目标；符合援助方对华援助优先领域、技术专长和资金规模等合作条件；具有良好的社会效益和示范作用。项目单位编写项目建议书（中、外文本），受援主管部门审核后，向商务部提交正式项目申请。受援主管部门向商务部提出项目申请时，应提交项目中方配套资金方案，确保项目日常运行经费。商务部收到项目申请后，依据公开、公平、公正的原则对项目评估、筛选，并在30天内将处理意见通知受援主管部门。商务部与援助方签署项目协议前，受援主管部门应对协议文本予以确认。商务部与援助方签署项目协议后，项目正式生效。商务部与援助方签署项目协议后，函告受援主管部门，同时与受援主管部门签订项目管理责任书。受援主管部门应与项目单位签订项目管理责任书。

甘肃省争取国际多双边无偿援助工作原归口甘肃省外经贸部门，后由省商务厅主管。职能处室原称外经处、对外经济关系处、国际经济关系处、国际援助处，现由国际经贸关系处承办有关工作。其职能为：执行国家多

边、区域经贸政策；组织实施甘肃省自由贸易园区相关工作；承担联合国等国际组织对甘肃省经济技术合作的中方有关管理事务；牵头组织甘肃省对外经贸谈判；管理联合国及其他国际组织和外国政府、国际民间组织对甘肃省的无偿援助和赠款工作；申报争取多双边无偿援助和赠款项目；负责受援项目出国考察团组人员和发展合作奖学金候选人员的筛选、培训和派出以及聘请外国专家工作；对口协调商务部国际经贸关系司、欧亚司、欧洲司、美洲大洋洲司的相关工作。

甘肃省实施国际多双边无偿援助项目的主要区域和领域包括：贫困地区、少数民族地区，农业、水利、林业、妇女儿童医疗保健、基础教育、生态研究、扶贫和妇女参与发展等。争取国际多双边无偿援助项目的程序是：项目的申请先由项目单位按照援助机构的项目建议书格式编写中英文项目建议书，报地（区）、州、市商务局（原为外经贸部门）审核后再报省商务厅审核，然后向商务部（原外经贸部）及其他主管部委提交正式项目申请；商务部及其他主管部委对项目进行评估，筛选后，由评估团、可行性评估团、立项团等专家组考察评估项目，经与商务部磋商达成一致意见后，商务部与援助方签署项目协议，项目遂得到正式批准。对已获正式批准的项目管理工作，一般根据需要设立项目领导小组指导、协调、管理、监督项目的实施。项目单位设立项目办公室，与外方实施机构共同负责项目活动的实施。援助方通过招标，确立外方实施机构，外方项目实施机构派项目实施小组常驻项目点，配合项目办公室实施项目活动，管理项目资金和物资。

第五章　利用外资及利用港澳台地区资金

利用外资是对外开放的重要内容。1978年以后，外资在甘肃省经济发展中的规模日益扩大，已成为全省经济发展的重要力量。本章记述的利用外资指利用境外资金，即境外企业和经济组织或个人（包括华侨、港澳台同胞以及中国在境外注册的企业）按中国有关政策、法规，用现汇、实物技术等在甘肃省内开办外商独资企业，与省内企业或经济组织共同举办中外合资经营企业、合作经营企业或合作开发资源的投资（包括外商投资收入再投资），以及政府有关部门批准的项目投资总额内企业从境外借入的资金。

第一节 外商直接投资

1978 年以后，由甘肃省外经贸部门（现省商务厅）负责管理利用外资工作，引进外资主要通过两个渠道：一是吸引外商直接投资，主要形式为在省内举办中外合资经营企业、中外合作经营企业和外商独资企业，简称"三资"企业。二是间接利用外资，主要形式为吸引外国政府贷款（借款），即由外国政府提供的具有优惠性质的长期低息贷款，承担贷（借）款偿还义务，一般情况下贷款的大部分或全部用于向贷款国购买物资、技术和设备，主要用于省内基础设施和技术改造项目。1999年前，全省外国政府借款（贷款）工作由甘肃省对外贸易经济合作厅负责。1999年该项职能移交甘肃省财政厅，甘肃省商务厅主要负责对外商直接投资的管理，此外还包括外商投资加工装配、国际租赁、补偿贸易等。甘肃省为扩大招商引资而先后兴办的一批国家级和省级经济技术开发区及建设发展，也成为引进利用外资工作的重要组成部分。

1979 年7月，第五届全国人民代表大会第二次全体会议通过并颁布《中华人民共和国中外合资经营企业法》，1983年5月国务院召开第一次全国利用外资工作会议，扩大了地方外商投资审批权限。1984年5月29日，甘肃省省长陈光毅在兰州举行新闻发布会，提出了甘肃对外开放应立足于技术、智力和资源的开发，着眼于甘肃经济的发展，实行对国内开放和对国外开放兼顾，变"堵"为"引"，做到"四引进"（引进技术、引进管理、引进资金、引进人才）"四提供"（提供场地、提供劳务、提供资源、提供能源）和"一提高"（提高经济效益），树立新的大规模、全方位对外开放的指导思想；宣布了甘肃省对外开放"放宽、搞活、松绑、放权"的12条优惠政策措施，成为全省改革开放以后利用外资工作的首批重大举措。1984年7月，副省长侯宗宾在北京举行甘肃对外经济合作项目发布会，发布了由甘肃省计委、经委、外经贸委和经协办等部门共同编制的60项招标项目。通过新闻媒介和协作渠道，扩大了甘肃的宣传和影响，为扩展国外合作、吸引外商投资迈出了重要一步。

1985年7月29日，甘肃省政府在兰州首次举办"甘肃省对外经济技术合作贸易洽谈会"，签订利用外资项目27项，合同金额1.6亿美元。其中引进外资7422万美元，成交现汇引进项目71项，合同金额4725万美元。

1989年9月，甘肃省政府制定并发布《甘肃省鼓励外商投资优惠办法》，明确了甘肃省吸引外商投资"两减三免"税收及其他有关优惠政策，在吸引和利用外资方面取得了初步进展。甘肃省自1980年设立第一家中外合作经营企业兰光彩色冲印公司以后，截至1989年底，先后共设立中外合资企业24家，合同总金额6345.17万美元，合同外资额1882.99万美元，注册资本4373.37万美元。外商投资来自5个国家和地区，其中香港地区17家，美国1家，日本2家，新加坡2家，瑞典2家。按投资行业划分：轻工18家，电子2家，建材、工程设计、食品、服务各1家。区域分布主要集中在省会兰州。此外，甘肃省自1981年设立第一家中外合资经营企业（天水星火机床厂与法国H·艾尔诺—索米亚公司合作生产CHOLET（肖莱）550车床的项目）起，至1989年先后设立中外合作经营企业3个，分别为1980年签订的由天水星火机床厂同法国H·艾尔诺—索米亚公司合作生产CHOLET（肖莱）550车床的项目，1985年兰州钢厂同美国森基米尔公司的合作项目，1988年甘肃驼铃客车厂同香港荣辉实业贸易公司的合作项目。至1989年，全省外商投资企业为数较少，实际利用外资额仅为全国的0.13%，尚未出现外商独资企业。

1990年开始，甘肃省外商投资企业首次出现一波快速发展的热潮。1990年10月，甘肃省政府提出全省外经贸工作要"实现出口创汇和利用外资两个突破"，在吸引和利用外资上实行"全方位开放，多渠道引进，调动各方面积极性，特别是企业、厅局、和地州市的积极性，以吸引外商投资为重点，以开发出口创汇项目和企业的技术改造为主"的指导思想，并推出"把部分项目审批权下放到几个市和一些部门，省上成立外经贸5人小组、有关部门主要负责人参加，有关重大问题一支笔审批、一锤定音"等政策措施。甘肃省吸引外商投资工作由原来职能部门少数人孤军奋战开始变为全省上下的共同行动，也成为外商投资企业此后几年快速发展的起点。

1990年12月，甘肃省政府正式发布《甘肃省鼓励台湾同胞、香港同胞和华侨投资优惠政策》。该政策由甘肃省对外经济贸易委员会、甘肃省政府外事办公室、甘肃省政府台湾事务办公室根据国家鼓励台湾同胞、港澳同胞和华侨投资的有关规定，以及甘肃省鼓励外商投资优惠办法，结合甘肃省具体情况联合制定，旨在促进对外经济贸易技术交流，鼓励台湾同胞、港澳同胞和华侨在甘肃省投资，加速甘肃省经济发展。1992年，甘肃省又颁布新的《鼓励外商投资优惠政策》，这个政策扩大对外商投资的税费优惠范围，为吸收外商直接投资快速发展起到积极的推动作用。1996年5月，甘肃省政府发布《甘肃省鼓励引导外商投资若干政策规定》，并配发《甘肃省鼓励外商投资产业指导目录》《甘肃省鼓励外商投资的高新技术及产品目录》，进一步完善政策环境，加大对外商直接投资的宏观管理力度。

1991年—1992年，甘肃省先后在日本东京和德国汉堡举办了两次对外经贸洽谈会。其中，东京经贸洽谈会利用外资和经济技术合作项目签约合同额达到2664.4万美元，汉堡经贸洽谈会利用外资和经济技术合作项目签约4100多万美元。1992年8月，在兰州成功举办首届中国丝绸之路节，应邀宾客12800多人，40个国家的外宾和港澳台胞1000多人参加节会活动。洽谈成交总额达87亿元。其中对外经济技术合作项目104项，国内经济联合和技术合作项目98项；签订正式合同39项，引进资金2.25亿元。

1992年12月，甘肃省委、甘肃省政府召开首届全省对外开放工作会议，明确了全省对外开放的总体思路为：利用新亚欧大陆桥开通的有利条件，以对外贸易为先导，对外经济技术合作为重要内容，侨务、科技、以文化、宗教、旅游等多元交流为桥梁和纽带，引进外资和发展"三资"企业为突破口，开放促开发，东挤西进，双向开放，形成多渠道、多层次、全方位对外开放的格局。对"三资"企业的发展，会议提出将资源开发、土地开发、第三产业发展作为甘肃省"三资"企业发展工作重点来抓。截至1990年底，全省外商投资企业总数为32家，合同外资额2970.6万美元，实际利用外资额2856.6万美元；1991年，新增企业13家，新增合同外资额1148万美元，新增实际利用外资额1921万美元；1992年新增企业228家，新增合同外资额14940万美元，新增实际利用外资额4137万美元；1993年新增企业数562家，新增合同外资额29571万美元，新增实际利用外资额5207万美元；1994年，新增企业数186家，新增合同外资额8434万美元，新增实际利用外资额8676万美元；1995年，新增企业数156家，新增合同外资额18975万美元，新增实际利用外资额10954万美元。1991年—1995年，全省共批准外商投资项目1145个。合同外资总额73068万美元，实际投资30895万美元。截至1995年底，外商投资企业由1989年的24家，合同总金额6345.17万美元，合同外资额1882.99万美元，发展到全省累计批准外商投资企业1177家，合同外资额7.6亿美元，实际利用外资额3.4亿美元。单项投资额为64.49万美元，平均每年为14613万美元。投资的国家和地区由1989年的5个扩大至1995年的32个。

　　全省外商投资行业分布由初期主要集中于劳动密集型的轻加工业和餐饮娱乐业，扩展到机械、电子、纺织、房地产产业，并向石油化工、能源交通、原材料加工等基础产业、基础设施和技术含量较高的领域发展。泰国正大集团于1991年7月在皋兰县投资建设饲料加工项目，先后建成了年产18万吨优质饲料的饲料厂、年产30万只鸡、1500吨鸡蛋的鸡场和年出栏5万头优质肉猪的标准化示范猪场，资产总额达1.2亿元人民币。兰州正林农垦食品有限公司是由台湾地区投资的独资企业，于1991年批准设立，从50万美元起步，通过加工当地土特产品黑瓜子，使企业规模逐步扩大，到1999年已形成固定资产1亿元人民币，并在全国20多个城市建立了自己的分支机构，创建了自己的籽瓜种植基地。投资的区域分布也由初期以兰州为主逐步延伸，遍及全省14个地州市；一批规模较大的生产型企业建成投产。1994年，全省"三资"企业当年上交各种税金8566万元，出口创汇3100万美元。1994年外国企业和港澳、华侨企业在甘肃省常驻代表机构已达25个国家和地区118家。

　　1993年4月，甘肃省在香港地区举办对外经贸洽谈会。香港工商界基于新亚欧大陆桥开通后甘肃的区位优势和向西的广阔发展前景，对甘肃省的投资大幅跃升，本次洽谈会利用外资合同总额达54116万美元。1994年5月，在美国洛杉矶举办对外经贸洽谈会，共签订经济技术合作项目合同7项，总投资31.31亿元人民币，利用外资额1.35亿美元。

　　自1994年开始，国家进行宏观政策调整，实行新税制，全国统一进口税收政策。1995年开始对新办"三资"企业取消办公设备及自备车辆的免税进口政策，"三资"企业的工商统一税改为增值税和营业税。这些宏观政策调整对利用外资起步较晚的甘肃省利用外资工作造成了一定影响，加之全省国有企业改造与外商合作配套资金落实困难，投资环境基础薄弱，1997年亚洲金融危机爆发等因素，甘肃省利用外资遇到了挑战和困难。自1996年开始，全省外商投资企业发展开始由过去几年的快速增长转入调整巩固和稳定增长期。虽实际利用外资额增速呈短暂下降态势，但仍保持了每年近4000万美元以上的引资规模，增长速度自1999年开始由负转正，外商投资企业项目数和合同外资额则基本保持了增长的势头。

针对国家的宏观政策调整，自1995年以后，甘肃省促进外商投资企业发展工作向更注重质量、优化结构的方向发展。1995年—1996年，由甘肃省经贸委、财政厅、外经贸厅、工商局、外管局、国税局、地税局，根据国家七部委联合通知，对全省"三资"企业进行了一次联合检查，进行重新登记和换发批准证书。对少数资金不到位，长期不能开工投产的企业撤销了批准证书。在汇总了698家企业的基本报表数据的基础上，建立了年检资料数据库。同时，省政府有关部门加强了对"三资"企业的综合服务，协调解决企业出现的法律合同纠纷和生产经营中出现的问题，在出口许可配额、进口原料审批中积极配合企业，保证了企业的生产销售渠道畅通。1997年7月，制定颁布《甘肃省开发区鼓励引导国内外投资暂行办法》，吸引外商投资的政策环境得到进一步改善。

1997年，亚洲金融危机爆发，对80%以上外商投资来自香港地区和泰国、日本等亚洲国家的甘肃省带来了较大冲击。甘肃省为此加强向欧洲美国方向的招商引资，并在一些大的合资项目上取得了进展。1995年1月，经外经贸部批准，中美合资火力发电项目—靖远第二发电有限公司设立，投资总额25亿元人民币，美方投资9000万美元，装机容量为2X30万千瓦，至1997年8月，两台30万千瓦的机组全部并网发电。2005年又增加投资，投资总额达到505670万元，是当时甘肃外商投资最大项目。兰港石化有限公司是兰州炼油化工总厂与香港中国旅行社合资举办的合资企业，总投资3.5亿元人民币，港方出资1200万美元，年产4万吨聚丙烯，合资公司1994年批准成立，1995年12月建成投产，产品供不应求，1997年实现利润7283万元，在这一良好合作的基础上，双方又投资建立了兰炼中旅石化有限公司，总投资9亿元人民币，该项目只用了一年时间就建成投产。

1995年—1999年，甘肃省投资硬环境得到较大改善，省内主要公路、铁路干线普遍得到改造。直飞香港地区旅游包机正式开通，新增了飞往国内各主要大中城市的航班，对敦煌机场进行了维修，中川机场新跑道建成使用。兰（州）西（宁）乌（鲁木齐）等一批通信光缆和兰州电信枢纽工程相继建成投入使用，甘肃省内主要城市基础设施水平普遍提升，兰州商贸中心建设取得较大进展。在投资硬环境明显改善的同时，改善投资软环境的工作也在逐步展开。1997年，甘肃省政府出台《甘肃省鼓励外商投资产业和投资方式导向实施细则》，与已制定出台和编制的《甘肃省鼓励引导外商投资若干政策规定》《甘肃省投资指南》《甘肃省招商项目》及重新编印的《"九五"期间全省吸收外商投资的重点项目》等形成了一套较完整的招商咨询信息系统。

自1997年第五届兰洽会开始，"兰州丝绸之路经贸洽谈交易会"改名为"甘肃·兰州交易会"，举办方式改为省、市联办、以省为主，会展开始以招商引资为重点，实现了由商品交易向投资贸易洽谈的转型。交易会期间全省共推出570个招商引资项目，引进外资合同总额达2.56亿美元，协议金额国外资金3.87亿美元。至1999年，全省累计批准外商投资企业1492家，其中中外合资企业949家，中外合作企业65家，外商独资企业478家；总投资额25.9亿美元，合同利用外资额11.4亿美元，实际利用外资额5.4亿美元。投资国家与地区扩大至37个，居前10位的有香港地区、美国、台湾地区、日本、泰国、澳门地区、澳大利亚、新加坡、加拿大和韩国，其中上千万的外商投资企业有32家。在甘肃省的外商直接投资中，来自香港地区、台湾地区、澳门地区的资金占绝大部分，占外商直接投资项目数的70.6%，其他有较多投资的国家主要是美国、日本、泰国、澳大利亚、新加坡、加拿大、法国，分别占外商直接投资项目数的10%、4.64%、2.73%、2.36%、2.21%、1.11%、0.88%。

1999年甘肃省前十位的外商投资主要来源地情况统计表

表5-1-1   单位：个、万美元、%

外资来源地	项目数	所占比重	外资来源地	项目数	所占比重
香港地区	750	55.3	泰国	37	2.73
台湾地区	177	13.04	澳大利亚	32	2.36
美国	135	10	新加坡	30	2.21
日本	63	4.64	加拿大	15	1.11
澳门地区	33	2.43	法国	12	0.88

　　投资产业结构方面，行业分布涉及农业、能源、机械、化工、有色金属、电子、纺织、轻工、建材、医药、农产品加工及房地产等领域。单个项目投资额达到174.8万美元，单个项目外资额为76.3万美元。截至1999年，投资于第一产业的外商直接投资企业共16家，占外商投资项目数的1.1%，外资额569万美元，占外资总额的0.5%。投向第二产业的外商投资企业数为1065家，占外商投资企业数的71.4%，外资额74454万美元，占外资额的65.4%，在第二产业中，外商直接投资涉及领域十分广泛，主要投资领域为：机械、化工、食品加工、电子、金属制品、服装等行业。投资于第三产业的外商投资企业数411家，占外资企业数的27.1%，外资额为38821万美元，占外资额的34.1%。

　　投资区域分布方面，外商投资企业已遍及全省14个地州市。从外商投资的地区结构来看，省内各地区吸收的外商投资很不均衡。外商投资企业主要集中在兰州市，在兰州市的外商投资企业占全省外商投资企业总数的80%以上，全省其他地区均有分布，但数量较少。

甘肃省外商直接投资地区结构表（截至1999年底）

表5-1-2   单位：个、万美元、%

地区	项目数	所占比重	合同外资额	所占比重	实际利用	所占比重
兰州市	1230	83	99044	87	48276	89.4
武威	34	2.29	3837	3.37	189	0.35
天水	33	2.22	1298	1.14	—	—

续表

地区	项目数	所占比重	合同外资额	所占比重	实际利用	所占比重
白银	28	1.85	1719	1.51	961	1.78
金昌	27	1.77	2061	1.81	2754	5.10
酒泉	21	1.33	1059	0.93	157	0.29
张掖	19	1.18	1765	1.55	459	0.85
庆阳	18	1.11	1275	1.12	383	0.71
临夏	18	1.11	546	0.48	151	0.28
定西	17	1.03	831	0.73	405	0.75
平凉	15	1.03	626	0.55	178	0.33
嘉峪关	9	0.51	524	0.46	87	0.02
甘南	7	0.44	387	0.34	—	—
陇南	16	1.03	444	0.39	—	—
合计	1492	—	113844	—	54000	—

外商直接投资对甘肃省国民经济发展的贡献表现在：（1）弥补了全省建设资金的不足。1992年以后，随着外商直接投资的不断发展，外商直接投资额占全省固定资产投资额的比重不断上升，在国民经济中的地位日益增强（见表5-1-3）。外资的进入不仅带来了国（境）外先进的生产技术，还带来了先进的管理经验。三资企业的质量管理、财务管理、劳动人事管理、市场营销管理、产品技术开发管理等方面的管理制度和管理经验，给省内企业管理很大的借鉴和帮助，促进了企业管理水平的提高。（2）促进了对外贸易的发展。外资企业由于产品质量、国际市场信息、国际销售渠道等方面的优势，外向型程度高，从而加强了甘肃省经济同世界经济的联系。外资进入拓宽了甘肃省贸易渠道，改善了进出口商品结构，提高了出口商品国际竞争力。外商投资企业的外向型经营为内资企业起到了示范作用，促进了开放型经济的发展。1997年全省外商投资企业的进出口额为7168万美元，占全省外贸进出口总额的12%，其中，出口为4160万美元，占全省外贸出口的10.22%，进口为3008万美元，占全省外贸进口额的

20.7%。而且外商投资企业的外贸出口额呈逐年上升趋势，成为外贸出口的重要力量（见表5-1-4）。（3）增加了财政税收。随着外商直接投资企业的发展，其效益也在不断增加，外商投资企业所上缴的税收也随之增加，成为甘肃省财政收入的一项重要来源（见表5-1-5）。

1990年—1997年甘肃省外商直接投资占全省全社会固定资产投资的比重

表5-1-3　　　　　　　　　　　　　　　　　　　　单位：万美元、亿元、%

项目 ＼ 年份	1990	1991	1992	1993	1994	1995	1996	1997
全社会固定资产投资总额	59.35	68.59	85.13	122.08	159.05	194.67	214.83	264.39
外商直接投资额	0.82	1.64	3.43	4.32	7.20	9.09	7.47	4.37
比重	1.38	2.39	4.03	3.54	4.52	4.66	3.48	1.65

备注：1.外商直接投资额为当年实际利用额；2.美元与人民币按1:8.3折算；3.比重是指外商直接投资流量占全社会固定资产投资额的比重。

1991年—1998年甘肃省外商投资企业外贸出口统计表

表5-1-4　　　　　　　　　　　　　　　　　　　　　　　单位：万美元

年份	出口额	累计出口	增长率	占全省出口额的比重%
1991	141	141	—	0.55
1992	630	771	346.8	1.79
1993	1847	2618	193.2	6.51
1994	3133	5751	69.6	8.38
1995	2240	7991	−28.5	5.75
1996	3240	11231	44.6	8.29
1997	4160	15391	28.4	10.22
1998	4599	19990	10.6	11.08

1987年—1997年甘肃省外商直接投资企业涉外税收统计表

表5-1-5   单位：万元

年份	税收额	累计税收额	增长率
1987	186	455	24.6
1988	119	575	−35.7
1989	170	745	41.8
1990	346	1092	103.9
1991	348	1441	0.4
1992	683	2125	96.2
1993	3291	5417	381.8
1994	11938	17355	262.7
1995	22249	39604	86.4
1996	22265	61869	0.01
1997	32293	94162	45

　　自2000年以后，甘肃省相继迎来中国加入WTO和实施西部大开发战略等重大机遇，但也面临了2004年国家对电解铝、水泥、钢铁、房地产等行业实施的宏观调控措施，对出口主要以资源性产品为主的甘肃省外商投资企业形成的较大冲击，还经历了2004年—2005年台海局势影响，台商投资急剧下降。2008年国际金融危机对外商投资企业发展带来了巨大的挑战。面对复杂严峻的国际经济政治形势，根据1999年全省对外开放工作会议制定的开放带动战略，甘肃省商务厅进一步加大招商引资力度，2000年—2010年，虽然每年新增项目数增幅不大，但利用外资的项目规模明显增大，利用外资质量进一步提高，外商投资国别不断扩大，投资领域不断拓宽，投资环境明显改善，吸收外资新的增长点不断出现，专业化的招商引资队伍逐步形成，对全省经济的拉动作用也在逐步加大。虽全省外商直接投资2003年—2006年一度出现发展减缓的局面，外资项目实投外资下降较多，但总的发展趋势是向好的。2006年以后，全省通过招商模式创新带来的甘肃省经济结构深层次的变化成为商务创新的最大亮点。招商引资取得新突破，全省利用外资从低位到高位保持快速增长，外商投资企业出现了又一

波快速发展的势头。

1999年2月27日—3月1日，全省对外开放工作会议在兰州召开。会议总结了全省对外开的经验，提出了进一步解放思想，更新观念，实施开放带动战略，努力提高对外开放的质量和水平，推动甘肃经济发展的工作方针。会议确定了甘肃省今后一段时期对外开放工作的基本思路是：高举邓小平理论伟大旗帜，以党的十五大精神为指针，认真实施开放带动战略，解放思想，抢抓机遇，以外贸、外资、外经、旅游为重点，优化投资环境，把对外开放和调整优化经济结构、提高经济效益和国民经济整体素质结合起来，把国际、国内两种资源、两个市场结合起来，努力开创全方位、多层次、宽领域、跨世纪的对外开放工作新局面。会议还讨论修改《甘肃省关于进一步扩大对外开放的决定》《甘肃省外商投资企业投诉受理暂行办法》和《甘肃省涉及外商投资企业行政事业性收费管理暂行办法》，学习讨论《甘肃省鼓励引导外商投资若干政策规定》。会上，甘肃省委副书记陆浩宣布甘肃省委、甘肃省政府关于成立对外开放领导小组的通知，决定由副省长崔正华任组长，负责全省对外开放重点工作的协调。崔正华宣布了甘肃省政府关于成立甘肃省外商投资法律咨询中心、外商投资企业投诉受理中心、甘肃省外商投资争议调解中心的通知。在《甘肃省关于进一步扩大对外开放的决定》中，对进一步积极合理有效地利用外资，进一步改善投资环境，加强涉外队伍建设进行了重点阐述，并针对甘肃省进一步扩大对外开放出台27条政策。全省对外开放工作会议的召开，对尽快适应中国将加入WTO的新形势，促进即将全面展开的西部大开发战略在甘肃省顺利实施，抓住机遇更大规模吸引外商投资发挥重要作用。

2001年，全省外资工作会议召开，传达全国利用外资工作会议精神，总结20多年来甘肃省利用外资工作经验，分析甘肃省投资环境对项目建设的掣肘因素，通报损害外商投资企业权益的典型案例，讨论修改《甘肃省关于进一步改善投资软环境的若干规定（讨论稿）》和《甘肃省外商投资条例（讨论稿）》。2001年—2005年，全省共批准设立外商投资企业279家，合同外资额9.7亿美元，实际使用外资额2.2亿美元。其中，中外合资经营企业141个，合作经营24个，外商独资企业112个。全省累计新签境外招商引资合同项目166个，实际利用外资折合人民币19.5亿元。分别占到改革开放以后甘肃省累计合同和实际使用外资的43.6%和26.8%。其中2003年引进外资成果显著，全年新批准外商投资企业59户，合同外资额2.45亿美元，同比增长122%。其中1000万美元以上的项目9个，占甘肃省累计审批千万美元以上项目的四分之一。单项平均合同外资额达到454万美元，同比增长144%。

外商投资国别（地区）不断扩大。投资的国家和地区达到44个国家和地区，其中香港地区、美国、澳大利亚、澳门地区、韩国位居前五位。香港地区仍是全省外资的主要来源地，投资项目99个，合同外资额35039万美元，分别占项目总数的40.57%和合同外资额的41.76%。美国、加拿大及欧洲国家在甘肃投资有较大增加，投资项目69个，合同外资额17808万美元，占到项目总数的28.27%和合同外资额的21.22%。欧盟在甘肃投资也有较大增加，投资项目241个，合同外资额49517万美元，占到项目总数的12.26%和合同外资额的17.89%。

利用外资质量进一步提高，国际知名大公司在甘投资不断增多，发展中国家工业化基金会、中粮、美国可口可乐、杜邦、法国威立雅、澳大利亚必和必拓、英国力拓矿业等世界500强企业相继落户甘肃。比较成功的项目有美国路博润国际公司与兰州石化共同投资6320万美元的石油添加剂生产项目，美国国民油井国际公司与兰石集团投资2158万美元石油钻机生产项目。中粮集团比较成功的项目有与兰州兰石国民油井石油工程有限公司合作，投资总额2158万美元，与美国可口可乐饮料合作的罐装生产项目，总投资1200万美元。丹麦嘉士伯与兰州黄河企业股份有限公司合资的啤酒生产项目，总投资达3200多万美元，大唐电力集团与韩国电力公合资的玉门风力发电项目，投资总额达5749.85万美元。杭州娃哈哈集团与新加坡乐维集团共同投资2500万美元饮料生产线。"十五"期间，世界500企业中有3家在甘肃投资，分别是中粮集团、美国可口可乐公司和法国达能。

探索尝试多种形式的招商引资方式，包括组织参加投资洽谈会，开展网上招商、专业招商、专题招商等，不断拓宽招商引资的渠道和途径。2001年甘肃省在香港地区举办"甘肃省招商引资推介会"，共签订投资项目25项，引进资金58.14亿元人民币；通过参加"深圳高交会""厦门投洽会""烟台APEC投资博会"，促进了不少外资的引进。农业和矿产勘查、开发备受外商关注，成为投资热点，2001年—2005年共有18家外企投资。

外资并购成为甘肃省吸收外资新的增长点，2005年有4家外商投资企业是境外投资者通过收购境内非外资企业股权的方式设立的，收购股权金额达189.44万美元。在促进国际新型服务业落户甘肃、吸引跨国零售企业进驻甘肃、提升区域功能服务水平方面也实现了零的突破。

外商投资产业结构和投向日趋合理。在已经批准设立的外商投资企业中，外资投向第一产业的占9.2%，投向第二产业的占65.9%，投向第三产业的占24.9%。外商投资企业出口稳步增长。"十五"期间外商投资企业进出口额达58480美元，比"九五"期间增长23.8%，占到全省进出口总额的12%。其中出口27432万美元，同比增长25.2%，占到全省同期出口额的10.2%。外资企业的出口额占全省出口总额的比重由1999年的7.54%增加到2005年的12%，成为全省对外经济中的一支重要力量。

甘肃省以基础设施建设为重点，实施了一批交通、能源、水利、农林、城市基础设施等骨干项目，新增高等级公路2649千米，高速公路通车里程由13千米增加到1006千米，成为全国第18个突破1000千米的省份。宝兰铁路二线、武嘉铁路电气化改造、敦煌铁路等工程竣工。建成了涩宁兰天然气和兰成渝成品油管道。通信网络基本覆盖全省。新增发电装机容量345万千瓦，总量突破1000万千瓦。全省投资环境进一步改善，为开展多层次、多渠道、全方位吸引外商投资活动提供了有利条件。

2006年—2010年，甘肃省围绕加大国内境外招商引资力度，相继推出一系列工作举措，强化政府在招商引资工作中的主导作用。加快支柱和优势产业发展，加大对已引进战略投资者的服务和促进，引进了一大批龙头外商投资生产制造项目以及服务业、商业贸易项目。甘肃省委书记陆浩、甘肃省省长徐守盛等省领导亲自参加指导的两次招商引资高端活动，成为全省招商引资的亮点。

第101届中国进出口商品交易会甘肃项目推介活动。甘肃省利用广交会期间万商云集的有利时机，除合办第101届开幕招待会外，还在广州市举办了推介活动。甘肃省商务厅、省经合局征集、筛选了涉及石油化工、冶金建材、矿产资源、农业、旅游、能源、医药、基础设施、工业制造等十大行业的600多个项目在项目推介会上进行推介、对接、洽谈。在甘肃省投资环境说明暨项目推介会上，来自日本、意大利等14个国家和香港地区、澳门地区、台湾地区及珠三角地区的商协会、投资机构和企业、世界知名企业、甘肃企业和项目单位代表1100多人参加会议。在甘肃省投资环境说明暨项目推介会现场，省经委及8个市州与参会客商达成了24个招商引资项目和贸易合同，总金额40.4亿元，另外38.87亿元的合同额，是由各市、州在会期间开展招商引资活动组织签约的。招商引资项目涉及石油化工、装备制造、能源开发、高科技农产品加工、旅游、基础设施建设等产业。

香港地区招商活动。香港一直为甘肃省重要的贸易伙伴、投资来源地和旅游客源地，与甘肃省经济发展有着紧密的联系和互补性。2009年8月30日—9月3日，陆浩、徐守盛率领甘肃省代表团，本着"宣传甘肃，结交朋友，推介项目，扩大合作"的思想，在香港地区进行了为期4天的访问考察。除拜会了中央人民政府驻港联络办，与特区政府、港方企业和社团组织，开展了广泛深入地交流和座谈之外，还分别举办了3场重要的招商活动。9月2日上午，在香港地区举办了兰州高新区（香港）重点产业园区推介及招商项目签约会，兰州高新区共与香港企业签订合资合作项目9项，总投资额达3.1亿美元。9月2日下午，在香港地区举办了甘肃省旅游招商引资推介会，香港地区旅游界、新闻界100多人出席了推介会。甘肃丝绸之路国际旅行社介绍了甘肃省推出的丝绸之路旅游产品，甘肃省旅游局与港中旅、康泰集团、永安集团签署了合作协议。9月3日，在香港国际会展中心举行了"甘肃·香港合作发展说明暨项目签约会"，陆浩与代表团全体成员出席。21位香港政府要员、工商界知名人士为主礼嘉宾，及来自香港各界代表共500多人出席。省委常委、副省长刘永富主持会议，徐守盛作主旨演讲。签约仪式上，兰州市庙滩子地区整体改造工程、甘肃龙源风力发电有限公司风力发电项目等11个重点项目签约，签约金额总计229.59亿元人民币。在签约的11个项目中，有10家投资方是首次投资甘肃的港方企业，投资额占到了签约总额的97.39%。

自1996年起，由中国商务部主办，联合国贸发会议、联合国工发组织、经济合作与发展组织、世界银行金融公司、世界投资促进机构协会、中国国际投资贸易促进会协办，中国科学技术部、质检总局、知识产权局、旅游局、台办、侨办和8个全国性商协会、各省、自治区、直辖市、计划单列市人民政府和香港特别行政区、澳门特别行政区政府为成员单位，福建省人民政府、厦门市人民政府和商务部投资促进事务局具体承办，每年一次在厦门市举行中国国际投资贸易洽谈会（简称"投洽会"或"厦交会"）。作为成员单位，甘肃省每届都组团参加洽谈会，参会的各市州和企业充分利用投洽会这个全国性国际投资促进平台，积极宣传甘肃省投资环境，推介对接招商引资项目，取得了较好的成效，签约一大批项目，成为甘肃省招商引资和吸引外商投资的重要平台和渠道。在2006年第十届投洽会上签约项目20个，签约金额38.06亿元，其中外资2.89亿美元，项目涉及基础设施、石油化工、冶金建材、能源环保、农业产业化、旅游和物流等多个行业。在2009年第十三届投洽会上，甘肃省项目单位与来自马来西亚及上海、宁波和福建等省市的投资商签订了合同项目6个，签约总金额52.46亿元，项目涉及机械制造、化工、城市基础设施、创意产业、房地产开发等行业和领域。

甘肃省各级政府积极探索新的招商引资服务模式，通过领导分包督查项目、试行重大项目和片区开发建设指挥部模式等一系列措施，有效缩短了项目落地和建设周期。先后推行一站式审批、简化审批程序，改进招商引资工作机制，加大保护投资者权益力度，优化外商投资环境，促进投资便利化。2004年，省政府机构改革时将原省经济贸易委员会承担的中国兰州投资贸易洽谈会组委会办公室（甘肃省招商引资办公室）职责划入省商务厅。2005年11月18日，省政府将省经济协作办公室职能划入省商务厅。2005年11月，经甘肃省委、省政府批准，设立了甘肃省投资贸易促进局，为参照公务员管理的副厅级事业单位，归口省商务厅管理，负责研究制定全省招商引资、投资贸易促进和会展经济发展规划并组织实施；负责中国兰州投资贸易洽谈会的策划、组织实施和经营管理等工作。2006年，省投资贸易促进局正式投入运行。随着职能重组，甘肃省省级招商引资队伍开始向统一、效能和专业化迈进，改变了全省招商引资多头管理、力量分散和专业化水平不高的状况。2010年建立招商引资督查奖励制度，甘肃省商务厅联合有关部门督查第15、16届"兰洽会"签约项目落实和资金到位情况，制定《2010年度招商引资和兰洽会签约项目奖励实施方案》，从省商务发展资金中安排300万元，根据考核督查结果予以奖励。2010年12月30日，根据《甘肃省机构编制委员会关于省投资贸易促进局更名的通知》精神，甘肃省投资贸易促进局更名为甘肃省经济合作局，同时加挂中国兰州投资贸易洽谈会办公室牌子。

　　甘肃省投资贸易促进局健全和完善投资促进网络体系，拓宽与境内外投资机构的联系与交流渠道，探索尝试多种形式的招商引资方式，有效运用西部地区中小企业国际市场开拓资金，组织参加境外招商引资活动，借助各种投资贸易专业平台，引导企业广泛寻求投资合作机会，发展会展业带动招商引资，集中力量办好中国·兰州投资贸易洽谈会。甘肃省各地区创新各类节庆活动形式，天水市通过连续举办中国天水伏羲文化节以及承办关中—天水经济区先进制造业与服务业融合博览会等，打造西部装备制造业聚集城市、区域现代物流中心城市、甘肃省优质农产品加工基地城市、陇上最佳宜居环境城市、国家级重点旅游城市等五大城市品牌。甘肃河西地区也将"中国甘肃嘉峪关投资贸易洽谈会"培育成为区域性会展品牌。

　　2006年，省投资贸易促进局对全省招商引资统计报表制度进行了修改完善，整合了甘肃招商网、甘肃经济合作网、甘肃投资指南网，建立了投资甘肃网，组建了甘肃省招商引资专家咨询委员会。实施大项目带动战略。围绕基础设施、石油化工、有色冶金等重点行业，推出一批有效益、有潜力的新项目、大项目，加强与国际大公司的战略性合作，通过股权并购、收购重组、境外上市等方式吸引外商投资，促成一批大项目的签约建设。主要包括法国威立雅并购兰州自来水公司45%股权项目，总投资额22亿元人民币，注册资本10.9亿元人民币，合同外资额6369万美元；香港华润集团投资5000万美元建设20万吨啤酒生产项目；金川集团有限公司与澳大利亚BHP公司的合资项目；大唐兰州西固热能有限公司与法国雷氏集团的燃气发电合作项目；丹麦KMC在定西的马铃薯加工项目；法国家乐福兰州连锁店项目；靖远电厂三期工程项目；大唐电力甘肃公司与韩国电力风力发电项目；甘肃省敦煌种业股份有限公司与美国先锋海外公司（美国杜邦）玉米杂交种的研发生产项目；华润雪花啤酒（中国）投资有限公司啤酒生产项目；靖远电厂三期工程项目；大唐电力甘肃公司与韩国电力风力发电项目；丹麦嘉士伯与兰州黄河集团啤酒生产项目。

　　2007年，甘肃省商务厅起草《关于进一步加快开放步伐，扩大招商引资的决定》《关于扩大对外开放推进招商引资的相关政策规定》《关于鼓励外商投资的若干规定》。进一步改革外商投资审批制度，规范审批程序，提高审批效率，建立健全外商投资服务体系。在省、市两级推行"一厅式"服务模式，公开办事程序，简化审批手续，提高服务水平。积极推行专业化、个性化服务，妥善处理外商投诉案件，保护投资者合法权益，对重点外商投资项目实行联合办公制度，形成为外商投资审批服务的"绿色通道"。对重大投资项目实行全程跟踪服务，帮助企业协调解决在项目建设和生产经营中遇到困难和问题，为投资商和企业提供更为方便快捷、优质高效的配套服务。跟踪落实已签约的重点项目，及时跟进获取信息，主动提供相关服务，督促业主加快项目建设进程，推动项目顺利建设实施，确保项目进得来、留得住。基础设施条件明显改善，对外商投资的吸引力进一步增强。2006年—2010年，全省新增公路通车里程7.35万千米，高等级公路达到8100千米，其中高速公路2046千米，67个县通二级以上公路，95%的乡镇通油路，建制村全部通公路。已有铁路主干线完成电气化改造和复线建设，敦煌铁路建成通车。兰渝、西平、天平、兰新第二双线等铁路开工建设。嘉峪关机场完成改扩建，中川机场二期扩建工程、庆阳机场扩建工程和金昌、张掖、夏河机场开工建设。建成国内首条750千伏特高压输电线路，农村电网改造工程基本完成。引洮供水一期工程进展顺利，盐环定扬黄续建甘肃专用工程主管线贯通。完成131座病险水库除险加固。甘南黄河重要水源补给区生态保护与建设、天然林保护、退耕还林、退牧还草、"三北四期"等重大生态项目进展顺利。石羊河流域重点治理阶段性目标如期实现。建成一大批城市供水、供热、道路、垃圾污水处理和燃气等基础设施项目。新建农村户用沼气73万户，解决616万农村人口饮水安全问题，自来水普及率达到51%。

2006年—2010年，全省批准设立外商投资企业164家，其中，合资企业74家，合作企业16家，外商独资企业74家，合同外资金额10.62亿美元，实际利用外资金额5.45亿美元，分别比"十五"期间增长9.48%和146.6%，实际利用外商直接投资年均增长46%，实际使用外资金额占1978年以后（至"十一五"末）全省实际使用外资总额的1/3。利用外资的质量和水平有明显提高。全省外商投资企业总投资上亿美元的大项目有6个，超过1000万美元的项目32个。美国可口可乐、百事可乐、杜邦、百胜，法国威立雅、达能，澳大利亚必和必拓，英国力拓矿业，香港特区华润集团等9家世界500强企业以及嘉士伯、美国路博润、国民油井、德国奈驰、泰国正大、荷兰亚森、台湾地区大润发等国际知名公司相继投资落户甘肃。单个项目合同外资金额已由"十五"时期的114万美元扩大到668万美元，平均单项实际投资外资金额相应提高，由48万美元增加到286万美元。甘肃省外商投资来源进一步多元化，境外投资者来自27个国家和地区，香港特区、英属维尔京群岛、新加坡、开曼群岛、毛里求斯、美国是主要的外商投资来源地，占实际利用外资金额的80.5%，其中香港特区在甘肃省投资仍居首位，金额为3.35亿美元，占比61.44%。北美洲地区次之，占20%左右；欧洲地区的投资有较大提高，从"十五"期间的2.17%上升到"十一五"期间的10.27%。与"十五"期间相比，甘肃省外商投资方式以中外合资经营为主，所占比重上升显著，中外合作经营基本维持不变，外商独资比重有所提高。新批中外合资经营企业74家，实际利用外资额2.99亿美元，占74.13%；中外合作经营企业16家，实际利用外资额0.37亿美元；外商独资企业74家，实际利用外资额2.09亿美元。

全省外商投资领域进一步拓宽，新批项目投向进一步优化。贯彻国家严格限制高消耗、高污染、低水平外资项目的产业政策，甘肃省实施的所有外资项目，要经过省发改委和各市州发改委项目核准才能办理审批登记手续。对高消耗、高污染、低水平外资项目，项目审批部门不予批准立项，土地部门限制此类项目用地要求，银行停止对此类项目贷款申请，并且国家对"两高一资"企业取消了加工贸易政策优惠、增加了出口关税。经审核批准的外商投资项目，大多投向具有一定比较优势的产业和领域，主要投向风力发电、光伏发电、城市供水、食品饮料、机械设备制造、医药化工、轻工、采矿等行业。其中制造业领域投资比较活跃，新批项目82个，实际利用外资金额达4.54亿美元，占到新批及增资项目外资总额的87.01%。农业主要集中在制种业、特色农产品种植加工；服务业主要投向商业贸易、工程设计、宾馆服务业等。外商投资产业结构进一步优化，投向日趋合理，对全省产业结构的优化和支柱产业、优势产业竞争力的提高起到了重要的推动作用。与"十五"期间相比，甘肃省不同市州在利用外资方面有了较大的变化，其中，酒泉实际利用外资额占全省的比重从"十五"期间的4.83%快速上升到46.78%，而原来的引资重地兰州则从74%下降到33%，甘肃省的引资重点已从中心城市转向其他更具发展潜力的地区。

新能源开发投资。2006年1月1日，中国《可再生能源法》正式实施，促进了风电产业发展。甘肃是全国风能资源比较丰富的地区之一，占全国风能资源的7.7%，位居全国第5位。由于风电项目上马快、行业发展前景好、符合国家产业政策导向的特点，国内外投资商十分看好风电产业。甘肃省将风电产业确定为"十一五"期间全省能源工业和振兴装备制造业的重点之一。甘肃省政府专门成立"甘肃省风力发电装备制造领导小组"，负责制定甘肃省"十一五"期间乃至中长期风力发电及装备制造业发展规划，依托兰州电机、天水星火机床、天水锻压机床、天水电气传动研究所、兰州理工大学风力机工程中心等风力发电设备制造能力和研发力量，依托省内大型风电建设项目，吸引国外风机制造商来甘肃省投资建厂或与甘肃省企业合作建设风电设备制造企业，通过引进、消化、吸收和创新，逐步形成和发展风力发电成套装备制造业，把甘肃建成全国风机装备制造生产基地，形成风力发电和装备制造的产业集群。"十一五"期间，甘肃省启动的外商投资风电项目主要有：大唐电力集团公司和韩国电力公社合资建设的风力发电项目于2006年8月正式投产，总投资4.8亿元，建设总装机容量达4.93万千瓦，建成后年上网电量为1.6亿千瓦时；甘肃汇能新能源技术发展有限公司与香港中国电力国际有限公司合资的酒泉瓜州风力发电项目，投资总额达9604万美元，外资额1728万美元，建设总装机容量达10万千瓦；广东核电集团全资子公司中广核能源开发有限公司与香港公司合资的酒泉风力发电项目总投资4亿元人民币。此外还有国电龙源20万千瓦风电项目、中节能20万千瓦风电项目、瓜州协合20万千瓦风力发电项目、白银中科宇能风电设备制造项目。

制种业投资。甘肃具有得天独厚的自然条件，特别是河西走廊气候干燥、光热充足、昼夜温差大，自然隔离条件好，是中国农作物制种最大最好的基地。2006年—2010年，全省共批准设立了21家从事制种、农业种植和农产品加工的外商投资企业，合同外资额达9090万美元。主要的项目有：甘肃省敦煌种业股份有限公司与美国先锋海外公司（外方母公司美国杜邦公司，是世界500强企业）合资设立敦煌种业先锋良种有限公司，总投资2000万美元，外资额382万美元。合资企业主要从事主米种子研发、生产和销售，制种面积达2670公顷，年产值达10亿元人民币；由台商林东泉投资设立的外商独资企业甘肃东方农业开发有限公司，专门从事蔬菜、花卉、棉花种子生产，为国外19个国家的98家种子公司生产种子，已成为当地的龙头企业，带动了酒泉地区蔬菜、花卉种子出口。公司与制种农户实行合同制生产，以公司+农户的生产模式，加强与农户的联系，注重技术培训、生产管理、提高种子的生产水平。公司在酒泉、张掖两地拥有约1200家种子生产农户，年制种面积约1670公顷，年产值达5000多万元，年出口额1200万美元。甘肃浩丰种子有限公司与荷兰凯富公司（Kieft Productions BV）合资项目，总投资700万元人民币，外资额250万元人民币，合资企业主要从事花卉、蔬菜种子制种，加工和出口。已有美国、荷兰、法国等国家和台湾地区的外商投资甘肃省制种业，瓜菜、花卉制种还远销美国、法国、韩国等10多个国家和地区。2010年，全省从事制种、农业种植和农产品加工的外商投资企业累计达39家，已发展成为全国最大的杂交玉米种子生产基地和全国重要的瓜菜、花卉制种基地。

矿业开发投资。2005年—2010年，甘肃省批准设立的地质勘查企业、采矿企业有12家，总投资15075万美元，外商投资额5062万美元。投资商主要来自澳大利亚、香港地区、加拿大、英国、美国、韩国等国家和地区，其中世界500强企业、全球排名前10位的国际矿业跨国公司有三家在甘肃省投资有色金属矿产的风险勘探和开发，分别为澳大利亚英美资源、英国力拓矿业和澳大利亚必和必拓。

服务外包发展。国家对服务外包的支持政策为，服务外包企业每新录用1名大学（含大专）以上学历员工从事服务外包工作并签订1年以上《劳动合同》的，给予企业每人不超过4500元的定额培训支持（定向用于上述人员的培训）。对被录用人员提前解除合同，并在原合同规定的一年期内，与其他服务外包企业或原企业签订新的《劳动合同》的不再予以资金支持。服务外包培训机构培训的从事服务外包业务人才（大专以上学历），通过服务外包专业知识和技能培训考核，并与服务外包企业签订1年以上《劳动合同》的，给予培训机构每人不超过500元的定额培训支持。取得示范城市称号未享受财政资金支持的服务外包承接地予以500万元定额支持，专项用于公共技术服务平台、公共信息服务平台和公共培训服务平台所需设备购置及运营费用。具体由基地城市商务主管部门商同级财政主管部门制定资金使用管理办法，并上报商务部、财政部备案。对服务外包企业取得的开发能力成熟度模型集成（CMMI）、开发能力成熟度模型（CMM）、人力资源成熟度模型（PCMM）、信息安全管理（ISO27001/BS7799）、IT服务管理（ISO20000）、服务提供商环境安全性（SAS70）等相关认证及认证的系列维护、升级给予支持，每个企业每年最多可申报3个认证项目，每个项目不超过50万元的资金支持。"十一五"期间，在商务部推出并组织实施的服务外包"千百十工程"的推动下，甘肃省软件服务外包产业发展势头良好，初步形成了产业规模。2009年，全省软件外包业务收入21.6亿元，同比增长18%。甘肃省软件外包主要承接省内企事业单位及北京、上海、西安、成都、深圳和杭州等城市的外包业务，主要集中在电信、金融、保险、教育、交通、物流、动漫游戏、GIS地理信息系统等领域，主要内容属于ITO范围（ITO即信息技术服务外包，主要包括软件研发及外包、信息技术研发服务外包、信息系统运营维护外包）。服务外包产业集中在兰州市，服务外包企业大多集中在兰州高新区、兰州经济技术开发区和兰州大学、兰州交通大学等几家大学科技园区。

2006年—2010年，甘肃省外商投资企业共完成固定资产投资159.2亿元，占全社会固定资产投资的比重为1.67%；外商投资企业实现工业增加值为143.5亿元，占全省规模企业工业增加值的2.82%；外商投资企业共缴纳税收69.3亿元，占全省税收总额的比重为3.28%；全省外商投资企业进出口额为9.8亿美元，占全省外贸出口额的比重为9.58%。在外商投资企业直接就业的人员有近6万人。

2010年，外商直接投资行业：生产型项目数为19个，非生产型项目数为9个；分行业的项目数：农、林、牧、渔业：5个；采矿业：1个；制造业：10个；电力、燃气及水的生产和供应业：3个；批发和零售业：6个；租赁和商务服务业：1个；科学研究、技术服务和地质勘查业：2个。

2010年，甘肃省参加联合年检的外商投资企业263家，其中：合资企业137家，合作企业16家，独资企业110家；开业经营的企业217家，筹建的企业34家，停业企业12家。企业出资情况：263家企业投资总额41.21亿美元，注册资本19.46亿美元，其中：中方8.65亿美元，占44.45%；外方10.81亿美元，占55.55%。企业投产开业状况：263家企业中，生产经营企业217家，占82.51%；筹建企业34家，占12.93%；因受金融危机、市场变化、内部纠纷影响而停业企业12家，占4.56%。销售（营业）收入、纳税等情况：263家企业中，实现销售（营业）收入176.46亿元人民币，其中：服务性营业收入63.29亿元人民币，纳税总额13.31亿元人民币，利润总额22.75亿元人民币，净利润18.00亿元人民币，资产总额319.57亿元人民币，负债总额176.98亿元人民币。盈利企业79家，占30.04%，盈利额24.74亿元；盈亏持平企业26家，占9.89%；亏损企业158家，占60.07%，亏损额1.99亿元。就业情况：截至2009年底，263家企业职工人数为23960人，其中：中方职工23786人，占99.3%；外籍人员174人，占0.7%。

2005年甘肃省外商直接投资分国别(地区)统计表

表5-1-6   单位：个、%、万美元

国家和地区	项目个数	比重	合同外资金额	比重	实际使用外资金额	比重
总计	34	100	13396	100	2044	100
亚洲	20	58.82	9648	72.02	298	14.58
文莱	0	0	48	0.36	0	0
香港地区	13	38.24	9013	67.28	288	14.09
日本	2	5.88	58	0.43	10	0.49
澳门地区	1	2.94	-446	0	0	0
菲律宾	1	2.94	100	0.75	0	0
泰国	1	2.94	424	3.17	0	0
台湾地区	2	5.88	451	3.37	0	0
非洲	0	0	0	0	0	0
毛里求斯	0	0	0	0	0	0
欧洲	2	5.88	21	0.16	1386	67.81
丹麦	0	0	0	0	1269	62.08
英国	0	0	-116	0	35	1.71

国家和地区	项目个数	比重	合同外资金额	比重	实际使用外资金额	比重
德国	0	0	0	0	46	2.25
法国	0	0	0	0	0	0
荷兰	0	0	31	0.23	0	0
芬兰	1	2.94	6	0.04	0	0
瑞士	0	0	0	0	16	0.78
俄罗斯	1	2.94	100	0.75	0	0
斯洛伐克共和国	0	0	0	0	20	0.98
南美洲	4	11.76	1076	8.03	185	9.05
阿根廷	0	0	0	0	0	0
伯利兹	2	5.88	11	0.08	0	0
开曼群岛	1	2.94	900	6.72	150	7.34
英属维尔京群岛	1	2.94	165	1.23	35	1.71
北美洲	5	14.71	2206	16.47	75	3.67
加拿大	2	5.88	45	0.34	73	3.57
美国	3	8.82	2161	16.13	2	0.1
大洋洲	2	5.88	445	3.32	0	0
澳大利亚	1	2.94	308	2.3	0	0
新西兰	0	0	1	0.01	0	0
萨摩亚	0	0	−14	0	0	0
其他太平洋岛屿	1	2.94	150	1.12	0	0
其他	0	0	0	0	100	4.89
投资性公司投资	0	0	0	0	100	4.89

2010 年甘肃省外商直接投资分国别(地区)统计表

表5-1-7

单位：个、%、万美元

国家和地区	项目个数	比重	合同外资金额	比重	实际使用外资金额	比重
总计	28	100	19015	100	13521	100
亚洲	18	64.29	16308	85.76	10695	79.1
文莱	0	0	0	0	1	0.01
香港地区	16	57.14	16278	85.61	10648	78.75
日本	1	3.57	3	0.02	44	0.33
澳门地区	0	0	0	0	0	0
新加坡	1	3.57	2	0.01	0	0
台湾地区	0	0	25	0.13	2	0.01
非洲	1	3.57	330	1.74	330	2.44
塞舌尔	1	3.57	330	1.74	330	2.44
欧洲	1	3.57	205	1.08	8	0.06
丹麦	0	0	161	0.85	0	0
法国	0	0	0	0	8	0.06
荷兰	0	0	0	0	0	0
希腊	1	3.57	44	0.23	0	0
瑞士	0	0	0	0	0	0
南美洲	3	10.71	1123	5.91	2181	16.13
伯利兹	1	3.57	441	2.32	50	0.37
开曼群岛	0	0	0	0	120	0.89
英属维尔京群岛	2	7.14	682	3.59	2011	14.87
北美洲	3	10.71	33	0.17	31	0.23
加拿大	0	0	−69	0	0	0
美国	3	10.71	102	0.54	31	0.23
大洋洲	0	0	0	0	0	0
澳大利亚	0	0	0	0	0	0
其他	2	7.14	1016	5.34	276	2.04
投资性公司投资	2	7.14	1016	5.34	276	2.04

2005 年甘肃省外商直接投资分行业(产业)统计表

表5-1-8 単位：个、%、万美元

行业	项目个数	比重	合同外资金额	比重	实际使用外资金额	比重
总计	34	100	13396	100	2044	100
农、林、牧、渔业	4	11.76	254	1.9	7	0.34
采矿业	2	5.88	131	0.98	0	0
制造业	13	38.24	6721	50.17	1756	85.91
电力、燃气及水的生产和供应业	3	8.82	2392	17.86	0	0
建筑业	2	5.88	2652	19.8	0	0
交通运输、仓储和邮政业	1	2.94	385	2.87	0	0
信息传输、计算机服务和软件业	3	8.82	325	2.43	0	0
批发和零售业	1	2.94	85	0.63	13	0.64
住宿和餐饮业	2	5.88	50	0.37	0	0
房地产业	0	0	−334	0	0	0
租赁和商务服务业	0	0	0	0	10	0.49
科学研究、技术服务和地质勘查业	2	5.88	318	2.37	108	5.28
水利、环境和公共设施管理业	0	0	2	0.01	0	0
居民服务和其他服务业	1	2.94	15	0.11	0	0
教育	0	0	400	2.99	150	7.34

2010 年甘肃省外商直接投资分行业(产业)统计表

表5-1-9 单位：个、%、万美元

行业	项目个数	比重	合同外资金额	比重	实际使用外资金额	比重
总计	28	100	19015	100	13521	100
农、林、牧、渔业	5	17.86	3495	18.38	0	0
采矿业	1	3.57	103	0.54	0	0
制造业	10	35.71	4760	25.03	867	6.41
电力、燃气及水的生产和供应业	3	10.71	5648	29.7	10457	77.34
批发和零售业	6	21.43	3463	18.21	1222	9.04
房地产业	0	0	0	0	9	0.07
租赁和商务服务业	1	3.57	1	0.01	12	0.09
科学研究、技术服务和地质勘查业	2	7.14	1545	8.13	932	6.89
文化、体育和娱乐业	0	0	0	0	22	0.16

2005 年甘肃省分利用外资方式统计表

表5-1-10 单位：个、%、万美元

利用外资方式	批准签订的合同			实际利用外资	
	项目数	外资金额	金额比上年增加	金额	金额比上年增加
外商直接投资	34	13396	−58.86	2044	−42.26
合资企业	13	7255	53.71	1415	−13.14
合作企业	3	1932	−74.97	108	−80.54
外资企业	18	4209	−79.08	521	−61.58

2010 年甘肃省分利用外资方式统计表

表5-1-11   单位：个、%、万美元

利用外资方式	2010 年			1981 年—2010 年合计	
	项目数	合同外资额	比重	项目数	合同外资额
总值	28	19015	100%	2019	330382.6
中外合资企业	11	7382	39%	1119	131929.1
中外合作企业	2	3140	17%	177	45797.3
外资独资企业	15	8493	45%	723	152656.2

2005 年甘肃省外商直接投资分市（州）统计表

表5-1-12   单位：个、%、万美元

地区	企业个数	企业个数	合同外资金额	合同外资金额	实际使用外资金额	实际使用外资金
总计	34	100	13396	100	2044	100
甘肃省	0	0	0	0	73	3.57
嘉峪关市	3	8.82	191	1.43	0	0
金昌市	0	0	0	0	46	2.25
白银市	3	8.82	973	7.26	50	2.45
天水市	0	0	40	0.3	12	0.59
临夏回族自治州	0	0	3	0.02	0	0
酒泉市	2	5.88	1153	8.61	0	0
平凉市	1	2.94	78	0.58	0	0
张掖市	1	2.94	73	0.54	0	0
武威市	1	2.94	451	3.37	150	7.34
庆阳市	1	2.94	270	2.02	0	0
定西市	2	5.88	-30	0	166	8.12
陇南市	0	0	0	0	35	1.71
兰州市	20	58.82	10194	76.1	1512	73.97

2010年甘肃省外商直接投资分市（州）统计表

表5-1-13 单位：个、%、万美元

地区	企业个数	企业个数	合同外资金额	合同外资金额	实际使用外资金额	实际使用外资金比重
总计	28	100	19015	100	13521	100
金昌市	1	3.57	500	2.63	50	0.37
天水市	2	7.14	493	2.59	841	6.22
临夏回族自治州	0	0	0	0	1	0.01
甘南藏族自治州	0	0	11	0.06	2	0.01
酒泉市	5	17.86	9598	50.48	10469	77.43
张掖市	1	3.57	103	0.54	0	0
武威市	3	10.71	1121	5.9	198	1.46
庆阳市	1	3.57	500	2.63	0	0
定西市	2	7.14	451	2.37	0	0
陇南市	1	3.57	103	0.54	0	0
兰州市	12	42.86	6135	32.26	1960	14.5

1981年—2010年甘肃省利用外商投资统计表

表5-1-14 单位：个、%、万美元

年份	项目数	合同外资额		实际利用外资额	
		金额	增速	金额	增速
1981	1	2.6	—	2.6	—
1982	1	100	3702%	100	3702%
1984	1	32	−68%	32	−68%
1985	7	297	828%	297	828%
1986	2	24	−92%	24	−92%
1987	4	142	492%	142	492%
1988	4	1620	1040%	686	383%

第五章 利用外资及利用港澳台地区资金

年份	项目数	合同外资额		实际利用外资额	
		金额	增速	金额	增速
1989	4	435	−73%	435	−37%
1990	8	318	−27%	1138	162%
1991	13	1148	261%	1921	94%
1992	228	14940	1201%	4137	115%
1993	562	29571	98%	5207	26%
1994	186	8434	−72%	8676	66%
1995	156	18975	125%	10954	26%
1996	122	8552	−55%	9002	−18%
1997	62	10722	25%	5270	−41%
1998	68	8364	−29%	3864	−26%
1999	68	9442	11%	4104	6%
2000	76	12340	30%	6235	52%
2001	72	15510	26%	7439	19%
2002	51	11026	−30%	5228	−30%
2003	59	24464	122%	3887	−25%
2004	63	32564	33%	3539	−9%
2005	34	13396	−59%	2044	−42%
2006	38	8556	−36%	2954	44.52%
2007	35	15162	77%	11802	299.52%
2008	40	30698	102%	12842	8.81%
2009	26	34533	12%	13383	4.21%
2010	28	19015	−45%	13521	1.03%
合计	2019	330382.6	—	138865.6	—

2010年甘肃省外商投资企业一览表

表5-1-15

序号	企业名称	登记注册时间	利用外资方式
1	飞天大酒店有限公司	1988年4月20日	直接投资
2	赛弛汽车服务有限公司	1988年8月20日	直接投资
3	兰州正林农垦食品有限公司	1991年7月6日	直接投资
4	兰州正大有限公司	1991年7月16日	直接投资
5	甘肃兰恒塑胶有限公司	1992年3月5日	直接投资
6	甘肃兰泰环境保护有限公司	1992年6月15日	直接投资
7	兰州天业植物制品有限公司	1992年9月28日	直接投资
8	敦煌国际大酒店有限公司	1992年10月12日	直接投资
9	兰州正昌实业有限公司	1992年10月30日	直接投资
10	甘肃金盛实业有限公司	1992年11月5日	直接投资
11	兰州兴陇工贸有限公司	1992年12月16日	直接投资
12	甘肃加荣塑料有限公司	1992年12月31日	直接投资
13	兰州宝佳装饰纺织有限公司	1993年1月8日	直接投资
14	甘肃武港食品有限公司	1993年2月16日	直接投资
15	甘肃金山房地产开发有限公司	1993年3月1日	直接投资
16	兰州兰澳房地产开发有限公司	1993年3月15日	直接投资
17	甘肃甘霖房地产有限公司	1993年3月23日	直接投资
18	兰州新星机械化工程有限公司	1993年4月5日	直接投资
19	甘肃金洲房地产开发有限公司	1993年4月7日	直接投资
20	兰州比科新房地产开发有限公司	1993年4月21日	直接投资
21	甘肃宏港化工有限公司	1993年4月22日	直接投资
22	兰州金泰房地产开发有限公司	1993年5月25日	直接投资
23	兰州陇金建筑装饰工程有限公司	1993年6月19日	直接投资
24	兰州联波塑料制品有限公司	1993年6月22日	直接投资
25	兰州恒裕房地产开发有限公司	1993年7月12日	直接投资

序号	企业名称	登记注册时间	利用外资方式
26	甘肃广兰运输有限公司	1993 年 7 月 16 日	直接投资
27	兰州国贸大厦有限公司	1993 年 7 月 21 日	直接投资
28	兰州天慈医药保健品有限公司	1993 年 7 月 23 日	直接投资
29	兰州嘻嘻哈哈食品有限公司	1993 年 10 月 11 日	直接投资
30	耐驰(兰州)泵业有限公司	1993 年 10 月 17 日	直接投资
31	兰州辰光房地产开发有限公司	1993 年 12 月 24 日	直接投资
32	兰州鼎泰塑料有限公司	1993 年 12 月 25 日	直接投资
33	甘肃丝路敦煌山庄酒店有限公司	1994 年 1 月 22 日	直接投资
34	甘肃耐克特蜂产品有限公司	1994 年 3 月 18 日	直接投资
35	甘肃美达建筑装饰有限公司	1994 年 3 月 23 日	直接投资
36	兰州鑫辉房地产开发有限公司	1994 年 4 月 23 日	直接投资
37	兰州标佳生物技术有限公司	1994 年 5 月 9 日	直接投资
38	甘肃兰港石化有限公司	1994 年 8 月 11 日	直接投资
39	中国市政工程西北设计研究院有限公司	1994 年 9 月 30 日	直接投资
40	兰州固诚化工有限公司	1994 年 10 月 11 日	直接投资
41	甘肃天水街亭温泉度假村有限公司	1994 年 10 月 24 日	直接投资
42	兰州京利兰滑道发展有限公司	1995 年 2 月 3 日	直接投资
43	兰州鑫泰光学有限公司	1995 年 2 月 13 日	直接投资
44	甘肃大成农副土特产品有限公司	1995 年 4 月 13 日	直接投资
45	兰州天正房地产开发有限公司	1995 年 5 月 25 日	直接投资
46	武威百花蜂业天然保健品有限公司	1995 年 5 月 31 日	直接投资
47	兰州正盛食品有限公司	1995 年 6 月 9 日	直接投资
48	兰州正浩包装有限公司	1995 年 6 月 15 日	直接投资
49	甘肃天马啤酒花有限公司	1995 年 8 月 8 日	直接投资
50	甘肃华瑞畜产品有限公司	1995 年 8 月 10 日	直接投资
51	兰州怡庆实业有限公司	1995 年 8 月 24 日	直接投资

序号	企业名称	登记注册时间	利用外资方式
52	甘肃华金房地产开发有限公司	1995 年 9 月 11 日	直接投资
53	兰州中盛房地产开发有限公司	1995 年 10 月 5 日	直接投资
54	兰州金金供热设备服务有限公司	1995 年 11 月 16 日	直接投资
55	靖远第二发电有限公司	1995 年 11 月 28 日	直接投资
56	永登蓝天石英砂有限公司	1995 年 12 月 6 日	直接投资
57	兰州金福乐生物工程有限公司	1995 年 12 月 29 日	直接投资
58	兰州华荣清洗防腐技术有限公司	1995 年 12 月 29 日	直接投资
59	兰州路博润兰炼添加剂有限公司	1996 年 3 月 29 日	直接投资
60	兰星高尔夫工程有限公司	1996 年 5 月 27 日	直接投资
61	甘肃兰炼中旅石化有限公司	1996 年 6 月 20 日	直接投资
62	兰州金科计算机信息技术有限公司	1996 年 7 月 30 日	直接投资
63	兰州金万利房地产有限公司	1996 年 9 月 5 日	直接投资
64	兰州友信置业有限公司	1996 年 10 月 4 日	直接投资
65	甘肃富美安消防工程有限公司	1996 年 11 月 4 日	直接投资
66	甘肃旭华装饰工程有限公司	1996 年 11 月 15 日	直接投资
67	兰州华王塑料容器有限公司	1997 年 4 月 18 日	直接投资
68	兰州晶森房地产开发有限公司	1997 年 5 月 21 日	直接投资
69	兰州东太物业管理有限公司	1997 年 7 月 3 日	直接投资
70	甘肃美申建筑装饰工程有限公司	1997 年 7 月 31 日	直接投资
71	甘肃日升锅炉制造有限公司	1998 年 1 月 21 日	直接投资
72	兰州同心电源有限公司	1998 年 4 月 20 日	直接投资
73	中达(甘肃)投资咨询有限公司	1998 年 4 月 24 日	直接投资
74	兰州科雨建筑材料有限公司	1998 年 4 月 24 日	直接投资
75	兰州七星炉料磨料加工有限公司	1998 年 6 月 3 日	直接投资
76	陇来(甘肃)肠衣食品有限公司	1998 年 7 月 28 日	直接投资
77	兰州金房物业管理有限公司	1998 年 8 月 20 日	直接投资

第五章 利用外资及利用港澳台地区资金

序号	企业名称	登记注册时间	利用外资方式
78	甘肃瀛海稀土材料有限公司	1998 年 10 月 7 日	直接投资
79	甘肃华实高效农业开发有限公司	1999 年 2 月 26 日	直接投资
80	甘肃保丰农业发展有限公司	1999 年 3 月 26 日	直接投资
81	白银银锷钢丝针布有限公司	1999 年 6 月 18 日	直接投资
82	兰州凯达医疗科技有限公司	1999 年 6 月 18 日	直接投资
83	甘肃神磁环保设备有限公司	1999 年 8 月 8 日	直接投资
84	甘肃庆发绿色食品有限公司	1999 年 8 月 9 日	直接投资
85	思巴克石材(兰州)有限公司	1999 年 9 月 23 日	直接投资
86	甘肃佳伟计算机科技有限公司	1999 年 10 月 13 日	直接投资
87	甘肃华伟化工机电有限公司	2000 年 3 月 1 日	直接投资
88	兰州辛力泰德钓俱有限公司	2000 年 4 月 5 日	直接投资
89	张掖斯丹纳酒花有限公司	2000 年 6 月 30 日	直接投资
90	甘肃东方农业开发有限公司	2000 年 7 月 10 日	直接投资
91	兰州民海生物工程有限公司	2000 年 9 月 6 日	直接投资
92	兰州天庆房地产开发有限公司	2000 年 9 月 12 日	直接投资
93	甘肃昌德房地产开发有限公司	2000 年 9 月 28 日	直接投资
94	天水娃哈哈食品有限公司	2000 年 10 月 10 日	直接投资
95	甘肃金信食品有限公司	2000 年 10 月 20 日	直接投资
96	兰州兰石国民油井石油工程有限公司	2000 年 12 月 8 日	直接投资
97	兰州迪威房地产开发有限公司	2001 年 1 月 8 日	直接投资
98	兰州肯德基有限公司	2001 年 3 月 5 日	直接投资
99	甘肃宏洋化工产业有限公司	2001 年 3 月 9 日	直接投资
100	甘肃电力瑞华电气有限公司	2001 年 6 月 21 日	直接投资
101	甘肃天昊电子有限公司	2001 年 8 月 14 日	直接投资
102	甘肃丰蕾天然色素有限公司	2001 年 8 月 16 日	直接投资
103	兰州阳光置业有限公司	2001 年 9 月 3 日	直接投资

序号	企业名称	登记注册时间	利用外资方式
104	甘肃共享化工有限公司	2001 年 9 月 18 日	直接投资
105	甘肃易初明通工程机械维修服务有限公司	2001 年 11 月 12 日	直接投资
106	甘肃小肥羊餐饮有限公司	2001 年 11 月 22 日	直接投资
107	兰州小川服饰有限公司	2002 年 1 月 7 日	直接投资
108	兰州捷时特物流有限公司	2002 年 2 月 27 日	直接投资
109	甘肃大洋房地产开发有限公司	2002 年 3 月 5 日	直接投资
110	甘肃天业节水器材有限公司	2002 年 4 月 4 日	直接投资
111	兰州天瑞制药有限公司	2002 年 4 月 24 日	直接投资
112	兰州基业房地产开发有限公司	2002 年 4 月 24 日	直接投资
113	甘肃高原皮革制品有限公司	2002 年 5 月 22 日	直接投资
114	好食多(兰州)餐饮有限公司	2002 年 6 月 18 日	直接投资
115	兰州戴维制动材料有限公司	2002 年 7 月 9 日	直接投资
116	甘肃陇依交通设计咨询建设有限公司	2002 年 7 月 9 日	直接投资
117	甘肃秦祁力拓矿业勘查开发有限公司	2002 年 7 月 15 日	直接投资
118	兰州金海锑业有限公司	2002 年 9 月 12 日	直接投资
119	甘肃红牛饮料销售有限公司	2002 年 12 月 9 日	直接投资
120	天水华天机械有限公司	2002 年 12 月 18 日	直接投资
121	兰州肃合表面处理工程有限公司	2003 年 1 月 8 日	直接投资
122	兰州爱美信科技咨询服务有限公司	2003 年 4 月 4 日	直接投资
123	千乡万才科技(武威)有限公司	2003 年 5 月 19 日	直接投资
124	兰州德治康姆软件开发有限公司	2003 年 6 月 3 日	直接投资
125	甘肃新天电子科技有限公司	2003 年 6 月 9 日	直接投资
126	盛力(甘肃)装饰设计工程有限公司	2003 年 7 月 26 日	直接投资
127	盛力(甘肃)职业技术教育有限公司	2003 年 7 月 26 日	直接投资
128	白银白利斯皮革有限公司	2003 年 8 月 19 日	直接投资
129	甘肃好为尔爱德现代牛业发展有限公司	2003 年 9 月 29 日	直接投资

序号	企业名称	登记注册时间	利用外资方式
130	兰州亿嘉新型材料有限公司	2003年11月7日	直接投资
131	兰州回音壁餐饮娱乐有限公司	2003年12月1日	直接投资
132	甘肃硕蕾天然色素有限公司	2003年12月24日	直接投资
133	甘肃中粮可口可乐饮料有限公司	2004年1月6日	直接投资
134	兰州实盈婚纱摄影有限公司	2004年1月7日	直接投资
135	张掖市大弓农化有限公司	2004年1月29日	直接投资
136	兰州扶桑绿化技术有限公司	2004年4月14日	直接投资
137	甘肃利汇医药有限公司	2004年4月29日	直接投资
138	甘肃陇金矿产资源有限公司	2004年4月30日	直接投资
139	甘肃陇澳矿业有限公司	2004年4月30日	直接投资
140	天水华圆制药设备科技有限责任公司	2004年6月21日	直接投资
141	甘肃瑞盛 亚美特高科技农业有限公司	2004年7月5日	直接投资
142	中国移动通信集团甘肃有限公司	2004年7月16日	直接投资
143	甘肃金塔县金士顿棉花种业有限公司	2004年8月18日	直接投资
144	甘肃雨润肉类加工有限公司	2004年8月25日	直接投资
145	兰州中富容器有限公司	2004年8月25日	直接投资
146	兰州汇成服装有限公司	2004年9月27日	直接投资
147	甘肃润玉食品有限公司	2004年10月9日	直接投资
148	兰州黄河嘉酿啤酒有限公司	2004年10月18日	直接投资
149	甘肃金川金格矿业车辆制造有限公司	2004年10月22日	直接投资
150	敦煌金銮旅游投资发展有限公司	2004年11月12日	直接投资
151	兰州石油化工机器工程有限责任公司	2004年11月12日	直接投资
152	兰州莱弗士电子科技有限公司	2004年11月15日	直接投资
153	甘肃天水奔马啤酒有限公司	2004年11月30日	直接投资
154	酒泉西部啤酒有限公司	2004年11月30日	直接投资
155	甘肃凯龙淀粉有限公司	2005年1月4日	直接投资

续表

序号	企业名称	登记注册时间	利用外资方式
156	兰州威立雅水务(集团)有限责任公司	2005 年 4 月 6 日	直接投资
157	兰州飞龙汉和土特产开发有限公司	2005 年 5 月 12 日	直接投资
158	兰州之星汽车有限公司	2005 年 5 月 23 日	直接投资
159	兰州福满多食品有限公司	2005 年 7 月 5 日	直接投资
160	甘肃福嘉矿业有限公司	2005 年 9 月 7 日	直接投资
161	白银诺美斯皮革有限公司	2005 年 9 月 30 日	直接投资
162	兰州博士通石化有限公司	2005 年 10 月 9 日	直接投资
163	甘肃金澳矿业资源有限公司	2005 年 11 月 8 日	直接投资
164	甘肃大唐玉门风电有限公司	2005 年 11 月 9 日	直接投资
165	甘肃东方航空食品有限公司	2005 年 12 月 2 日	直接投资
166	甘肃鸿运蕃茄制品有限公司	2005 年 12 月 2 日	直接投资
167	兰州顶津食品有限公司	2005 年 12 月 6 日	直接投资
168	金轮针布(白银)有限公司	2006 年 3 月 15 日	直接投资
169	甘肃威斯特矿业勘查有限公司	2006 年 4 月 13 日	直接投资
170	甘肃厚纪畜牧养殖加工有限公司	2006 年 4 月 25 日	直接投资
171	兰州士兴钢结构有限公司	2006 年 4 月 28 日	直接投资
172	甘肃威宝淀粉有限公司	2006 年 5 月 12 日	直接投资
173	甘肃中集华骏车辆有限公司	2006 年 6 月 6 日	直接投资
174	兰州兰石顺益机械制造有限公司	2006 年 6 月 15 日	直接投资
175	甘肃绿盛堂生物制品有限公司	2006 年 8 月 10 日	直接投资
176	敦煌中澳水泥有限公司	2006 年 8 月 10 日	直接投资
177	敦煌种业先锋良种有限公司	2006 年 9 月 6 日	直接投资
178	甘肃太平矿业有限公司	2006 年 9 月 18 日	直接投资
179	甘肃中电酒泉风力发电有限公司	2006 年 9 月 22 日	直接投资
180	甘肃瓮福化工有限责任公司	2006 年 10 月 27 日	直接投资
181	甘肃丝绸之路博物馆有限公司	2006 年 11 月 2 日	直接投资

序号	企业名称	登记注册时间	利用外资方式
182	甘肃新河生活资讯服务有限公司	2006 年 11 月 8 日	直接投资
183	金昌和兴水电开发有限公司	2007 年 1 月 11 日	直接投资
184	华润雪花啤酒（甘肃）有限公司	2007 年 2 月 2 日	直接投资
185	甘肃鸿远生物科技有限公司	2007 年 3 月 2 日	直接投资
186	甘肃中广核风力发电有限公司	2007 年 4 月 5 日	直接投资
187	甘肃雪山餐饮有限公司	2007 年 4 月 25 日	直接投资
188	甘肃爱地农牧发展有限公司	2007 年 5 月 25 日	直接投资
189	甘肃华圣天宝光伏电池有限公司	2007 年 7 月 12 日	直接投资
190	甘肃爱味客马铃薯加工有限公司	2007 年 7 月 13 日	直接投资
191	你的客栈（陇南）酒店管理有限公司	2007 年 8 月 7 日	直接投资
192	甘肃普瑞制药有限公司	2007 年 8 月 29 日	直接投资
193	甘肃宝利和工贸有限责任公司	2007 年 9 月 13 日	直接投资
194	甘肃石天石业有限公司	2007 年 11 月 28 日	直接投资
195	甘肃集森片装鲜百合有限公司	2007 年 12 月 12 日	直接投资
196	甘肃海航汉莎航空食品有限公司	2007 年 12 月 28 日	直接投资
197	敦煌悦榕酒店有限公司	2008 年 1 月 11 日	直接投资
198	你的客栈（敦煌）酒店管理有限公司	2008 年 1 月 24 日	直接投资
199	酒泉斯丹纳酒花有限公司	2008 年 4 月 8 日	直接投资
200	兰州大润发商业有限公司	2008 年 4 月 8 日	直接投资
201	甘肃天大矿业有限公司	2008 年 4 月 25 日	直接投资
202	天水金威龙农业发展有限公司	2008 年 5 月 28 日	直接投资
203	兰州中晟商贸有限公司	2008 年 6 月 6 日	直接投资
204	泾川恒兴果汁有限公司	2008 年 6 月 19 日	直接投资
205	临夏花儿餐饮有限公司	2008 年 6 月 19 日	直接投资
206	甘肃陇鑫矿业有限公司	2008 年 7 月 30 日	直接投资
207	兰州时尚百盛商业有限公司	2008 年 8 月 18 日	直接投资

序号	企业名称	登记注册时间	利用外资方式
208	敦煌绿洲咖啡餐饮有限公司	2008 年 9 月 11 日	直接投资
209	甘肃海河曜美生物科技有限公司	2008 年 10 月 10 日	直接投资
210	甘肃中电酒泉第二风力发电有限公司	2008 年 10 月 27 日	直接投资
211	中节能港建(甘肃)风力发电有限公司	2008 年 10 月 27 日	直接投资
212	甘肃旭东农业发展有限公司	2008 年 12 月 28 日	直接投资
213	兰州宝盈商务服务有限公司	2009 年 1 月 15 日	直接投资
214	甘肃五鹏农业科技开发有限公司	2009 年 2 月 24 日	直接投资
215	甘肃瓜州协合风力发电有限公司	2009 年 4 月 9 日	直接投资
216	甘肃龙源风力发电有限公司	2009 年 4 月 29 日	直接投资
217	鸿运资源(甘肃)咨询有限公司	2009 年 6 月 3 日	直接投资
218	甘肃中电酒泉第三风力发电有限公司	2009 年 7 月 6 日	直接投资
219	甘肃中电酒泉第四风力发电有限公司	2009 年 7 月 6 日	直接投资
220	甘肃盛德利食品有限公司	2009 年 7 月 13 日	直接投资
221	甘肃陶林文化艺术咨询有限公司	2009 年 8 月 11 日	直接投资
222	甘肃荣瑞达新能源科技开发有限公司	2009 年 9 月 23 日	直接投资
223	兰州星美影城管理有限公司	2009 年 9 月 25 日	直接投资
224	天水金泉矿业有限公司	2009 年 10 月 13 日	直接投资
225	甘南爱地农牧发展有限公司	2009 年 10 月 27 日	直接投资
226	华润电力风能(瓜州)有限公司	2009 年 10 月 30 日	直接投资
227	甘肃源森冶金矿业有限公司	2009 年 11 月 24 日	直接投资
228	甘肃富桥信息咨询有限公司	2009 年 11 月 24 日	直接投资
229	天水鑫都矿业有限公司	2009 年 12 月 2 日	直接投资
230	甘肃迅美信息咨询有限公司	2009 年 12 月 22 日	直接投资
231	甘肃天翔蓝孔雀养殖开发有限公司	2010 年 1 月 25 日	直接投资
232	中广核羿飞(敦煌)太阳能开发有限公司	2010 年 3 月 22 日	直接投资
233	甘肃中移通信技术工程有限公司	2010 年 3 月 25 日	直接投资

甘肃省志 商务志

序号	企业名称	登记注册时间	利用外资方式
234	天水娃哈哈饮料有限公司	2010 年 3 月 26 日	直接投资
235	甘肃陇昌光伏电力有限公司	2010 年 4 月 26 日	直接投资
236	武威宥辰彩印制品包装有限公司	2010 年 4 月 26 日	直接投资
237	甘肃超兴薯业有限公司	2010 年 4 月 26 日	直接投资
238	甘肃中腾天然气利用有限公司	2010 年 4 月 29 日	直接投资
239	兰州百事饮料有限公司	2010 年 4 月 30 日	直接投资
240	华能酒泉风电有限责任公司	2010 年 6 月 10 日	直接投资
241	甘肃百森商贸有限公司	2010 年 8 月 17 日	直接投资
242	甘肃正农葵花产业有限公司	2010 年 8 月 26 日	直接投资
243	兰州弘利农牧科技有限公司	2010 年 8 月 31 日	直接投资
244	庆阳陇泰活性炭有限公司	2010 年 9 月 6 日	直接投资
245	甘肃莫恩葡萄酒业有限公司	2010 年 9 月 10 日	直接投资
246	兰州鸿新泰商贸有限公司	2010 年 10 月 13 日	直接投资
247	兰州纤手工艺品制造有限公司	2010 年 12 月 8 日	直接投资

第二节　外商其他投资

一、外国政府贷款

由于贷款利息低、年限长，侧重扶贫开发等特点，1994年以后借用外国政府贷款一直为甘肃省利用外资的重要方面，也是为新建项目和技改项目筹借资金的重要途径。

1953年—1957年，中国政府同原苏联政府签订了74亿旧卢布（约15亿美元），年利率为2.5%的长期政府间贷款，用于中国第一个五年计划期间的156个重点项目建设，其中在甘肃省布点建设了兰州炼油总厂、兰州化学工业公司、兰州石油化工机械厂、西固热电厂等16项工程，这批项目的建成奠定了甘肃省的工业基础。70年代初，国家又利用卖方信贷引进国外的技术和设备，对兰州化学工业公司进行了扩建和改造，使甘肃石化工业得到了进一步的发展。改革开放以后，甘肃省借用国外贷款工作迅速发展。截至1999年年底，全省累计签约利用国外各类贷款总额达17.52亿美元，实际使用11.25亿美元，相继建成或在建项目108项。

1980年中国恢复在世界银行的合法席位后，1980年10月—1985年2月，世界银行派出考察团广泛了解、考察了甘肃省经济发展现状，初步确定援助领域及贷款意向。1984年甘肃省第一批世界银行贷款项目获得批准，1985年开始执行。1985年12月—1986年8月，世界银行专家在综合性考察的基础上，形成《中国甘肃的经济增长和发展的主报告》《定西和河西地区的农业发展计划》《甘肃工业发展问题》和《甘肃省基础教育与职业教育的现状与前景》等文件，并根据甘肃省的贷款意向对贷款项目进行了评估。这期间批准的贷款项目为：甘肃林业发展项目(科技推广部分)，贷款额70万美元。1986年9月—1987年8月期间，世界银行就甘肃省贷款项目进行了正式评估，世行专家采用较先进的经济分析和财务分析方法，全面论证了项目的可行性，并讨论了与项目有关的技术援助和人员培训问题，完成了贷款的前期工作。这期间批准的贷款项目有：农村卫生改水项目、西北师大电教测试中心、甘肃电大及短大项目、甘肃教育项目、甘肃工业综合开发项目、农村卫生与预防医学项目、关川河流域水土保持综合治理工程、引大入秦工程。此外，1985年甘肃省开始使用国际商业贷款建设旅游设施及工业项目，其中，天水宾馆、酒泉宾馆、嘉峪关长城宾馆、金城宾馆等相继建成或进行了改造。1987年利用世界银行贷款1.23亿美元，建设了被誉为"陇上都江堰"的"引大入秦灌溉工程"，是中国西北地区最大的跨流域引水大型自流灌溉工程，该工程引大通河水灌溉秦王川86万亩农田，规模宏大，时间跨度长。工程的建成对改变全省农业落后面貌，帮助农民脱贫致富，推动区域经济开发具有积极意义。利用世界银行贷款4000万美元建设的马莲河流域水土保持项目，项目区面积4304平方千米，项目建成后，人均产粮由383千克提高到446千克，人均纯收入由302元提高到903元，受益群众达50万人。

1988年以后是甘肃省国外借款的全面发展时期，其中，1988年甘肃省申请使用芬兰政府混合贷款105万美元，建设酒泉牛奶软包装生产线。到1998年底，借用外国政府贷款共建设了49个项目，涉及领域包括工业、通讯、农业、医疗卫生、电力、城市供排水、环保、交通等。外国政府贷款来自日本、法国、西班牙、加拿大、瑞典、芬兰、澳大利亚、科威特、丹麦、挪威、韩国、以色列以及北欧投资银行等国家和机构。1993年，国家计委在兰州召开中西部地区借用国外贷款工作座谈会，会议就中西部地区扩大使用国外贷款，加强贷款管理工作等问题进行座谈，确定支持中西部地区借用国外贷款的基本指导思想，并对中西部地区部分有影响的项目使用国外贷款给予了支持。兰州环境综合治理工程、兰州中川机场改扩建工程、甘肃程控电话等对全省经济发展起重大影响的项目均在这次会议上确定使用国外贷款进行建设。这次会议对甘肃省进一步扩大借用国外贷款起到了积极的推动作用。同时，甘肃省加强与世界银行的合作，为省内贫困地区基础教育项目、疏勒河农业综合开发等项目争取了世界银行的支持。"九五"期间，一批重大项目开始实施，这些项目的实施标志着甘肃省借用国外贷款工作走向成熟，并为进一步扩大借用国外贷款进行经济建设奠定了良好的基础。1992年以后，甘肃省利用西班牙政府混合贷款、澳大利亚政府混合贷款和日本海外协力基金贷款共约8600万美元，建成全省县以上城市的程控电话，铺设省内二级干线光缆，建设省电信数字微波通讯工程和兰州电信枢纽，改变甘肃省通讯落后的状况。利用加拿大政府贷款和日本输出入银行贷款建设的甘肃电力输送工程和西固热电厂改建工程，缓解甘肃省用电负荷增长的供需矛盾。1996年，利用世界银行贷款1.5亿美元，兴建疏勒河农业综合开发项目，项目建成后将大大改变全省农业发展现状。利用外国政府贷款建设的兰化30万吨合成氨及52万吨尿素工程、酒钢中板工程、金昌磷二铵等一批重点工业项目，促进甘肃省支柱产业的发展。1997年，利用日本海外协力基金贷款77亿日元实施的兰州市环境综合治理工程，包括兰州煤气管网工程、兰州第二热电厂供热管网工程、兰州污水处理和兰州自来水供水扩建工程四个子项目，是兰州市实施"蓝天计划"的重点项目，该项目的建成将改善兰州市的环境状况。同年利用日本海外协力基金贷款63.38亿日元建设的兰州中川机场改扩建工程，建成后改变全省航空运输落后的局面。

甘肃省借用国外贷款主要用于能源、交通、通讯、农业及文教卫生等行业，以及一些大中型企业技术改造和出口创汇项目，国外贷款在甘肃省的经济建设中产生了良好的经济效益和社会效益，不仅弥补了全省经济建设中资金不足的困难，而且大量引进了国外先进技术和管理经验，增加了创汇能力。

国外贷款的总体投向体现为"开发型"。根据一些发展中国家使用国外贷款的经验，借用国外贷款使用方向在总体构成上有"开发型"和"开发—财政混合型"两大类。"开发型"是将国外贷款主要用于固定资产投资，而"混合型"是借用国外贷款既搞固定资产投资，也用于进口生产原料、消费品以及军火武器等。甘肃省借用国外贷款的总体投向为"开发型"，这是根据借用国外贷款的基本情况分析确定的。甘肃省是个经济欠发达的省份，经济基础薄弱，基础设施在全省经济发展中的"瓶颈"制约较为严重，对外贸易在国民经济中的比例不大，基本上是内向型为主的经济模式。用贷款搞项目建设，作为建设资金不足的补充，特别是通过借用国外贷款为建设项目引进适用的设备、技术和必要的原材料，改善基础设施在经济发展的"瓶颈"制约状况，是甘肃经济建设中的客观要求和反映。甘肃省借用的国外贷款成为重点建设项目建设资金的重要来源，1998年全省建设的

42项重点工程中，14项都有国外贷款资金的介入。个别项目，如引大入秦工程，不仅利用了国外的资金，而且引进了国外的技术和管理经验，并完全按照国际惯例和管理模式进行建设，为项目建设向国际惯例靠拢提供了示范效应。国外贷款已成为全省经济建设的有益补充。到1999年，能源工业使用的贷款额达33021万美元，占借用国外贷款总额的22.5%；农业水利32717万美元，占22.4%；原材料工业32930万美元，占21.2%；交通通讯19604万美元，占13.4%；机电、轻纺等工业项目5898万美元，占3.7%；科教卫生14082万美元，占9.6%；市政建设10671万美元，占7.2%。

国外贷款的行业投向体现为"基础设施型"。国际上借用国外贷款搞经济建设，从贷款的使用行业看，有"基础设施型"、"基础设施—出口创汇混合型"和"出口创汇型"三大类。"基础设施型"的特点是，将国外贷款较集中地用于农业和能源、交通等基础设施。"混合型"则将国外贷款比较均衡地用于基础设施和加工工业。至于"出口型"则是将国外贷款较集中地用于能增加出口创汇的项目上。甘肃省借用国外贷款的行业投向基本为"基础设施型"，借用的国外中长期贷款几乎全部用于能源、交通、农业等领域，用于工业领域的只占极小一部分，出口创汇项目则基本是使用一般国外贷款，这是由于甘肃省经济建设的需要、经济发展的客观要求和国外贷款条件制约所形成的。

国外贷款促进了教育卫生事业的发展和人力资源的开发。根据世界银行贷款项目的投向特点，甘肃省利用该项贷款进行了农村卫生、地方大学、电视大学、基础教育、农村改水、结核病防治、计划免疫、妇幼保健、贫困地区教育、基本卫生等项目的建设，改善了教育卫生落后状况。据统计，基础教育等项目完成后，全省普及初等教育和初中教育的县由项目实施前的33个和0个分别增加到54个和14个，并为5所师专、23所中师和400所初中配发百余台（套）教学设备，新建17万平方米教学用房等，有效地推动了全省在2000年实现普及九年制义务教育的进程；同时，还为省电大、西北师大购置先进的教学设备，大大改善了教学条件。卫生项目的实施使贷款县的医疗卫生条件得到了显著改善；农村供水项目为134.69万人提供了卫生饮用水，受益区群众的饮水卫生和环境卫生得到改善。

在甘肃省实际使用的国外贷款中，72%的贷款用于引进国外的技术和设备，其中大部分属国内外先进技术和设备。引进的技术和设备涉及石油炼化、化工、通讯、电力、机械电子等行业的项目，很大程度上提高了这些行业的技术装备水平。

甘肃省首例利用外国政府贷款起自于1980年，由兰州电机厂利用日本"黑字还流"贷款和亚洲开发银行贷款，引进西德西门子公司交流伺服电机及主轴电机生产技术。截至1989年年底，全省共利用外国政府贷款6项，外资额1218万美元。主要包括兰州电机厂引进西德西门子公司交流伺服电机及主轴电机生产技术项目，兰州化学工业公司和甘肃光学工业公司，分别利用日本政府提供的"黑字还流"贷款480万美元和600万美元，建成年产15万吨SAN树脂生产装置和年产30万架PANIEX照相机生产线项目。以及酒泉果园乡贷款152万美元引进的牛奶软包装设备项目，兰州啤酒厂贷款106万美元引进的酒糟饲料设备项目等。这些项目的建成，对提高甘肃省机电产品质量、加快老骨干企业技术改造和开发新产品起到了积极的推动作用，同时也为进一步积极有效利用国外贷款积累了经验。

1993年以后，甘肃省争取外国政府贷款通过加大申报力度有较快发展。1994年向国家外经贸部申报项目17项，获批10项，项目涉及能源、城市基础设施、老企业技术改造等领域。另外，还争取到第四批日元项目3项共计1.79亿美元。其中包括7100万美元的兰州中川机场扩建项目，7800万美元的包括煤气管网工程、二热供热管网工程、污水处理和自来水供水扩建工程4个子项目在内的兰州市环境综合治理项目，2900万美元的兰州市程控电话项目等。1997年前后，甘肃省抓住国家对外国政府贷款向西部倾斜的有利时机，在积极开展招商引资、发展外商直接投资企业的同时，将争取外国政府贷款进行基础设施建设，改善投资硬环境和老企业技术改造作为一个重点来抓，认真做好项目的筛选，对项目立项、转贷条件、内配资金、项目效益及还贷能力进行充分论证；进一步完善谁使用，谁偿还的责任制，积极向外经贸部争取新的贷款项目，全年获批准项目共11项，批准金额3233万美元，项目分别是：甘肃省电力局玉门风力发电项目，西北铁合金厂设备项目（使用挪威政府贷款），省邮电局农话点对多点数字微波通讯项目，兰州段家滩输变电项目，省电力局对10县农村电网技术改造项目，天水长城电器三业公司扩大中低压电器生产能力及提高可靠性项目，张掖脱水蔬菜厂年产2000吨脱水蔬菜生产项目：省电力局一点多址微波通讯项目，刘家峡电站229千伏电缆项目，兰医二院更新医疗设备项目，西北铁合金厂环保设备项目（使用北欧投资银行贷款）。

至1998年，甘肃省争取外国政府贷款，贷款国别由1990年的4个，发展到1998年的12个；贷款项目历年累计达到53个，贷款总金额由1990年累计1463万美元，到1998年累计达到4.95亿美元。

在这些项目中，兰州环境综合治理、天然气管网工程、兰州中川机场改扩建工程、甘肃程控电话、刘家峡水电厂五号机组更换、甘肃输变电工程等一批重点项目对甘肃经济的发展起了重大作用。利用外国政府贷款建设的兰化30万吨合成氨及50万吨尿素工程、酒钢中板工程、金昌磷二铵等一批重点工业项目，促进了甘肃省支柱产业的发展。这些项目的建成，不仅使全省基础设施得到改善，也有利于缓解和改变经济发展中"瓶颈"产业制约较为严重的状况。由此产生了良好的经济效益和社会效益，弥补了甘肃经济建设中资金不足的困难，而且大量引进了国外先进技术和管理经验，增加了创汇能力。这些项目的实施标志着甘肃借用国外政府贷款工作走向成熟，并为进一步扩大借用国外贷款进行经济建设奠定了良好的基础。

1999年，甘肃省利用外国政府贷款管理工作由甘肃省对外贸易经济合作厅转交甘肃省财政厅。

二、外商间接投资

外商间接投资包括加工装配、国际租赁、补偿贸易等。改革开放初期，以上形式对于缺少资金、缺少出口渠道和急需引进先进技术设备的甘肃省是十分实用的合作方式，也是甘肃省外商投资的一个重要方面。2000年以后，随着国际投资方式和贸易方式的改变，加工装配、补偿贸易逐步减少。

1985年—1989年以前的全省外商间接投资概况：

1. 补偿贸易。补偿贸易是一种利用国外资金，引进先进技术和设备，用生产的产品偿还外商设备技术借款的合作方式。1979年—1989年，甘肃共签订补偿贸易合同10项，合同外资额7149万美元，实际已利用3326万美元。其中兰州化学工业公司1万吨ABS树脂生产装置，是甘肃省第一个补偿贸易项目。这一项目的建成，改变了甘肃省ABS安全依赖进口的状况，同时也取得了较好的经济效益。此外，1989年前通过补偿贸易方式在全省建设的较大项目还有四0四厂1.5万吨钛白粉项目、酒泉钢铁公司高炉设备项目等。

1986年—1989年甘肃省补偿贸易项目一览表

表5-2-1 金额单位：万美元

序号	项目名称	合同总额	外资额	实用外资	合作中方	合作外方	批准日期
1	甜菜颗粒粕生产	175.00	175.00	175.00	酒泉糖厂	日本共荣商事株式会社	1986.06.10
2	宁县机械化蘑菇	236.50	212.85	0.00	宁县蘑菇厂	意大利吏萨斯工程营造公司	1987.07.27
3	地毯毛纱梳纺设备	210.00	195.35	195.35	甘肃省地毯进出口公司	香港陇港公司,意OCTIR	1987.07.29
4	酒泉硅铁厂	55.95	55.95	55.95	甘肃省五矿进出口公司	日本丸红株式会社	1988.09.10
5	废纺设备	34.70	34.70	34.70	甘肃省地毯进出口公司	香港陇港公司	1988.09.29
6	高炉风机	495.00	495.00	495.00	酒泉钢厂	香港伟兴公司	1988
7	高炉大修设备	990.00	990.00	0.00	中国冶金进出口公司,酒泉钢厂	日本共同通商株式会社	1989.06.03
8	1.5万吨钛白粉生产技术	3449.40	3449.40	829.00	四0四厂、中国化工进出口公司	南斯拉夫卢布尔雅那·斯麦	1989.02.24
9	871厂线塑封生产设备	125.00	125.00	125.00	国营871厂、经济合作公司	香港银荣投资公司	1989.08.05

2.租赁业务。1980年—1989年，甘肃共有11个企业与国内外租赁公司签订了融资租赁合同，合同金额1244万美元，外资额1119万美元。这些项目建成投资后，大多数项目都取得了好的经济效益。

1985 年—1989年甘肃租赁项目情况统计表

表5-2-2   金额单位：万美元

序号	项目名称	合同总额	外资额	合作中方	合作外方	批准日期
1	水泥塑编袋生产线	126.00	126.00	甘肃省塑编厂中国租赁有限公司	日本和兴交易会社、秋原工	1985
2	穆斯林出租汽车	35.00	35.00	丝路穆斯林开发公司、环球租赁公司	日本丰田通商、日本伊藤忠	1985
3	多功位注塑机	120.00	102.00	兰州塑料箱包厂、中国租赁有限公司	美国海汀格公司	1985.12.13
4	铝型材氧化着色设备	305.20	297.00	甘肃铝厂	日本太阳物产	1986.04.14
5	复合软包装生产设备	96.59	84.15	天水塑料厂中国包装租赁有限公司	意大利比龙尼公司	1986.12.25
6	甜菜颗粒粕设备	90.06	81.05	张掖糖厂中国租赁有限公司	日本远大物产株式会社	1987.10.10
7	彩印设备	106.98	92.28	兰州新华印刷厂	—	1988.04.28

3. 来料加工和来件装配。这是一种将利用外资、技术引进、劳务合作、商品贸易结合在一起的综合性贸易方式。甘肃省首次开展这项贸易活动是1980 年兰州手表厂与香港地区华明贸易公司、协和企业签订的电子表来件装配合同。截至1989年底，甘肃共签订来料加工、来件装配合同10项，合同外资额195.24万美元。

1985 年—1989年甘肃省来料加工、来件装配项目一览表

表5-2-3 金额单位：万美元

序号	项目名称	合作方式	合同总额	外资额	实用外资	合作中方	合作外方	批准日期
1	液压履带式凿岩钻车	来料加工	3.40	3.40	0.00	天水风动工具厂	瑞典阿特拉斯·科普柯	1987.04.09
2	睡衣睡袍加工		1.70	1.70	0.00	兰州服装设计制造厂	香港地区协盛贸易公司	1988.05.20
3	室内装饰尼龙布		2.92	2.92	0.00	北京华侨建设公司甘肃开发	香港地区华达贸易公司	1988.07.22
4	胶背地毯来料加工		2.44	2.44	0.00	甘肃省地毯进出口公司	香港地区通兴企业公司	1988.11.30
5	镜后快门照相机		108.00	108.00	40.00	甘肃省机械设备进出口公司	日本旭光学香港大华光学	1988.11.22
6	针刺花纤胶背地毯		2.82	2.82	0.00	甘肃地毯进出口公司	香港地区通兴企业公司	1988
7	毛衫来料加工		0.19	0.19	0.00	兰港毛衫有限公司	—	1989
8	电子表装配生产	来料装配	63.00	63.00	4.24	兰州手表厂	香港地区华明贸易公司协合	1980.04.19
9	收录机装配生产		1.24	1.40	1.05	兰州红卫机器厂	香港地区通洋企业	1982.11.26

第三节 外商投资政策

甘肃省对外开放优惠政策经历了数次大的调整，内容和措施不断充实完善，吸引外商投资政策体系初步形成，执行力度越来越强，政策效能越来越大，促进全省利用外资不断迈向新台阶，为进一步扩大甘肃对外开放奠定了基础。

1989年9月，甘肃省政府制定并发布《甘肃省鼓励外商投资优惠办法》，主要内容包括：土地使用优惠；水、电、气、煤、油和原材料供应保障和优惠价格；企业流动资金贷款优先；交通、运输安排优先；保证外商投资企业享有充分的自主权；劳务人力选配优先；优先解决外汇平衡；给国外投资者提供各种方便；简化办事手续、提高工作效率。这是甘肃第一次制定关于外商投资的优惠政策。具体内容如下：（1）外商在本省投资办企业土地使用实行以下优惠办法：外商投资企业用地优先安排。凡征用菜地五亩、耕地三十亩的，由州、市人民政府、行署和开发小区批准，超过限额的报省人民政府批准。征用荒滩、荒山、荒坡地两千亩（不含两千亩）以下的，由州、市人民政府、行署和开发小区批准，报省政府备案。凡在闹市区以外举办的外商投资企业，经甘肃省对外经济贸易委员会审查，确认为产品出口企业或先进技术企业的，在符合考核标准期间，一律免征土地使用费。其他外商投资企业在基建期间，免征土地使用费。企业投产或开业后，免征土地使用费五年。对于兴办文化、教育、科学研究、医疗卫生、社会公益、交通、采矿、农林、畜牧和各种基础设施的外商投资企业以及在边远地区举办各类外商投资企业，一律免征土地使用费。凡在本规定颁布前签订合同并以土地使用费作为中方合作条件的项目，继续按原合同规定标准征收土地使用费。外商可以在甘肃省指定区域内承租和包片开发土、地，土地使用期最长为五十年，并可依法转让。（2）凡在本省举办的外商投资企业，将在同家控制的固定资产投资规模内优先安排并纳入本省国民经济计划，实行七优先：水、电、气、煤、油等能源供应优先，收费标准与本地国有企业相同；企业流动资金贷款优先；生产所需的省内原材料，纳入行业归口管理分配，由省、地、市主管部门划出一定比例优先供应；交通、运输安排优先；通信设备安装使用优先；基本建设施工优先；劳务人力选配优先。(3) 可以由外国投资者全责经营。凡产品不属于合作一方包销的中外合资、合作经营企业的外方投资者，其投资额及注册资本额超过企业总投资及注册资本的50%以上者，经企业董事会委托，可以全责经营企业。如外国投资者对经营同类企业富有经验，而其投资额低于上述比例，需要委以全责经营时，合作双方可在合同中协商确定。(4) 鼓励与有外贸经营权的外贸、工贸企业合作。凡与甘肃省有外贸经营权的外贸、工贸企业举办合资、合作经营企业，可享受国务院关于鼓励外商投资规定中"产品出口企业"的待遇。(5) 保证外商投资企业享有充分的自主权：企业有权决定本企业的经营管理方式，在人、财、物、产、供、销方面享有自主权。产品在国内市场销售，其价格除国家统一管理和定价的商品以外，由外商投资企业按国家规定自定价格。中外合资和合作企业职工的工资水平按国家有关规定办理。奖励、津贴制度由董事会决定。职工的招聘和解雇，由企业自主决定。企业的职工实行合同招聘。用工人数不受国家劳动力计划指标的限制。用工合同（包括临时工）送当地劳动管理部门鉴证，接受监督，不需报批。外商投资企业所需要的技工，在当地无法解决的，经省劳动部门商得招聘地区劳动部门同意，可跨地区招聘。对在本省招聘的职工，政府允许流动。企业有权按本企业章程，结合生产经营的需要，设置组织机构，聘用或解聘各级负责人。(6) 保证收益。对合资经营企业，由于企业性质而国外投资者收益偏低，可以在签约时适当延长合资期限；如由于经营原因在合营期间无法收回投资时，在合资期满前，可申请延长合资期限。对合作经营企业和外资企业，在经营期中不能收回全部投资的，可申请延长经营期，直至收回全部投资为止。凡需延长经营期限的，均应在合资、合作和外资经营期满180天前，向审批机关提出申请，审批机关应在收到申请的30天内作出答复。(7) 优先解决外汇平衡。外商投资企业在经营活动中外汇不能平衡，需申清政府帮助解决的，应在可行性研究报告中提出，经商金融部门同意，可以申请外汇贷款解决。外商投资企业生产符合替代进口产品标准的产品，省内优先安排采用。经采用的产品，按企业完成出口计算，销售时可按照国家有关规定收取外汇。外商投资企业为解决本企业外汇平衡，需要出口本企业产品以外的产品时，按产品管理权限，经外经贸部门批准出口已税产品的，可视同本企业产品，免征工商统一税。国外投资者以分得的人民币利润需汇出国外，或企业因生产需要而外汇不足，其不足部分和汇出国外部分可通过省外汇调剂中心优先调剂外汇。(8) 外商投资企业在经营期间确有困难，经过批准可返还部分或全部所得税。(9) 外国投资者以分得的利润，在本省再投资举办企业时，其投资行业结合本省实际可适当放宽。以分得的人民币利润再投资举办产品出口企业和先进技术企业，需进口技术设备而外汇不足时，经向省计委申请批准，可优先安排规模和外汇贷款。(10) 对引荐外商来甘肃省直接投资作出贡献的中介人给予奖励。(11) 给国外投资者提供各种方便。下放项目审批权。凡符合国家指导吸收外商投资方向规定的生产性项目，建设与生产经营条件以及外汇、人民币外支、原材料；产品出口不涉及配额或许可证的，总投资一千万美元以下项目，可由开发小区审批，合同、章程由省外经贸委审批。简化办事手续，提高工作效率。凡申请举办外商投资企业的单位所报法定文件必须齐全，批复限额以下项目的项目建议书、可行性研究报告不得超过30天，合同章程与批准证书的审批不得超过30天，营业执照的审发不得超过10天，限额以上项目文件的预审和转报不得超过15天。合资、合作企业应缴纳的各项税、费，可以用本企业经营所得的人民币支付。外商投资企业中的外籍工作人员，可以办理一年以内多次使用有效的签证；中方从业人员，因业务需要出国时，经报请国家批准，每年办理一次审批手续，多次使用。外商投资企业的外籍工作人员，在国内业务出差，其食宿、交通、通信费用，享受国内其他企业职工同等待遇，可用人民币支付。外商投资项目的洽谈、签约和对外履行等事宜，由各级经贸委（局）归口管理；甘肃省对外经济贸易咨询公司及外商投资企业协会，对外商投资者的咨询、投诉等要提供方便。(12) 本办法施行前以批准举办的外商投资企业，除本办法另有规定外，凡符合享受本办法规定优惠条件的，自实施之日起，适用本办法。

1990 年12月19日，由甘肃省政府正式发布《甘肃省鼓励台湾同胞、香港同胞和华侨投资优惠政策》，具体内容如下：(1) 台胞、港澳同胞和华侨在甘肃省投资，除执行《国务院关于鼓励外资的规定》《国务院关于鼓励台湾同胞投资的规定》和《国务院关于鼓励华侨和香港、澳门同胞投资的规定》以及《甘肃省鼓励外商投资优惠办法》等规定的优惠政策外，同时享受本规定所列的优惠政策。(2) 委员会受理。并与省计委、省工商行政管理局等部门组成联合办公室，简化手续，联合审批。(3) 对于符合国家产业政策规定，建设条件以及外汇、人民币投资、主要原材料、能源运输不需要国家和省上平衡，产品出口原材料关键件进口不涉及配额或许可证，引进的设备技术，不受国家限制或控制，总投资200万美元以下的项目，由省级厅局或兰州市、金昌市、白银市、天水市人民政府审批；其他地、州、市人民政府的审批项目限额为总投资50万美元以下。审批的项目须报省计委备案，合同章程由省经贸委审查。(4) 台胞、港澳同胞和华侨在本省境内可以依法取得土地使用权，进行开发经营。土地使用期根据不同用途最长为：住宅用地70年，工业用地50年，商业、娱乐设施用地40年。期满后可依法申请延长。使用权在使用期内可依法转让（包括出售、交换和赠予）、出租抵押。(5) 台胞、港澳同胞和华侨兴建或购买的应纳房产税的房屋，自购买或建成之日起，免征房产税5年。(6) 台胞、港澳同胞和华侨在甘肃省投资兴办的企业，执行国家规定的减免征收企业所得税办法，其他有关财务事宜，按国家和省政府规定执行。(7) 台胞、港澳同胞和华侨在投资企业获得的合法利润，按国家规定缴纳税款后，可以汇出境外。(8) 凡在甘肃省一次实行投资在十万美元以上的台胞、港澳同胞和华侨，可指定其在大陆的亲友一户，在投资企业所在的区、县、市内由农村户口转为城镇户口，享受商品粮供应。(9) 充分保证台胞、港澳同胞和华侨投资企业的用人自主权。台胞、港澳同胞和华侨在内地的亲友，符合本省劳动管理条例及招聘企业条件的，可优先录用。被录用的台胞、港澳同胞和华侨在内地的亲友，在被录用企业连续工作10年的，企业停业后可按国有企业职工待遇允许流动，安排就业，并连续计算工龄。(10) 台胞、港澳同胞和华侨为本省企业或公益事业捐资在五万美元以上的，省人民政府将给予精神奖励，并授予荣誉证书。捐资价值占公益事业总投资80%以上的，经当地政府批准，允许以本人或其亲属的名字命名。(11) 对介绍台胞、港澳同胞和华侨来甘肃省直接投资的中介人给予奖励（不包括从事外经外贸和侨务工作的国家公职人员）。中介人可与合作一方或双方签订中介协议。合资、合作经营企业，由企业奖励；外资企业由受益县、市、区与投资者共同奖励；补偿贸易项目，由项目单位奖励。奖励金额的比例分别如下：台胞、港澳同胞和华侨实际投资额在100万美元以下的，按实际投资额的0.25%计；台胞、港澳同胞和华侨实际投资额在101—500万美元的，其中100万美元按0.25%计，其余按0.2%计；台胞、港澳同胞和华侨投资额在501-1000万美元的，其中500万美元按0.2%计，其余按0.15%计；台胞、港澳同胞和华侨实际投资额在1001万美元以上的，其中1000万美元按0.15计，其余按0.1%计。奖金按投资到账之日的国家牌价折为人民币支付。

1996年5月，甘肃省政府发布《甘肃省鼓励引导外商投资若干政策规定》，并配发《甘肃省鼓励外商投资产业指导目录》和《甘肃省鼓励外商投资的高新技术及产品目录》，吸引外商投资的政策环境得到进一步改善（具体见附录）

1997年7月，甘肃省政府发布实施《甘肃省开发区鼓励引导国内外投资暂行办法》，对甘肃省经国务院或省人民政府（或授权省计划委员会）批准的，由所在地行政公署、州、市人民政府直接管理的，实行特殊经济政策和对外开放政策，进行集中开发建设的特定区域，即国家级兰州高新技术产业开发区和其他省级开发区（以下简称开发区），鼓励国内外投资者根据开发区总体规划布局，放手发展多种经济成分，鼓励国内外企业、其他经济组织、集体或个体在开发区内投资兴办"三资"企业和内联企业，开发经营成片土地，兴建基础设施，设立办事或科研机构，开展各种方式的经济技术合作。国内外投资者到开发区投资，可以兴办国家产业政策规定中鼓励发展的任何产业项目，可以根据各自意愿选择适合自己利益的下列投资形式：（1）全部资本由国外投资者拥有的独资经营企业和国内投资者拥有的独资经营企业：（2）共同投资的中外合资经营或中外合作经营企业，共同投资的内联合资经营和合作经营企业；（3）对现有各种所有制企业的嫁接改制，兼并、购买、租赁、参股和托管国有、集体和私营企业；（4）对现有各种所有制企业进行技术改造，联合组建跨地区、跨行业的企业联合体，企业集团；（5）依法取得土地使用权，进行开发经营；（6）开展补偿贸易、来料加工、来件装配、来样生产等；（7）举办股份制企业，以品牌、专利、技术入股合办企业；（8）举办"建设—经营—移交（BOT）"项目；（9）购置房地产；（10）经允许的其他投资形式。可以采用下列方式兴办企业：可以以现金投入；可以以自用的机器设备、原料和其他物料作价出资；投资企业生产所需的工业产权、专有技术以及其他无形资产等作价出资。

各开发区特别鼓励投资兴办如下经济技术和重点产业：农业经济技术综合开发、基础设施建设、矿产品开采、冶炼和加工、转化技术先进和高新技术产业和产品出口企业、兴办石油化工、生物工程、新材料、新医药和医疗器械工程等地方工业企业、社会公益性事业，经批准投资者可在开发区内举办金融保险、商业零售、对外贸易企业等项目。

开发区管理委员会作为所在地行署、州、市政府的派出机构，代表行署、政府行使综合经济管理职能，享有省级立项审批权限。凡资金、原材料、用电、出口配额等不需省上平衡、符合产业技术政策的项目，外商投资总投资在3000万美元以下（含3000万美元）的，开发区管委会可在审批权限内直接审批。3000万美元以上的由开发区管委会报省计委或省经贸委，由省计委或省经贸委审核后上报国家计委、国家经贸委审批。在开发区新建经营期十年以上的生产性外资企业，从获利年度起，第一年至第二年免征企业所得税，第三年至第五年减半征收企业所得税。兴办生产性内联企业，从获利年度起，两年内由同级财政返还企业所得税，后三年减半返还企业所得税。新建经营期十年以上，投资额在1000万元人民币（外资100万美元）以上的生产性投资企业，在减免和返还企业所得税期满后，可再申请延长三年减半返还企业所得税。对从投资企业获得的利润直接投资该企业，增加企业注册资本，或作为资本投资开办其他投资企业，经营期在十年以上，经投资者申请，开发区管委会确认，在新办企业减免和返还企业所得税期满后，同级财政可继续给予再延长三年减半返还企业所得税。经有关部门认可的高新技术企业（含外资企业）在新办企业减免和返还企业所得税期满后，仍为高新技术企业的，可由同级财政继续给予再延长三年返还企业所得税。在开发区内兴办生产性企业，符合国家产业政策，报经省计委和省级税务部门审批后，固定资产投资方向调节税可执行零税率。兴办矿藏勘探、开采企业，按国家规定缴纳的资源税，地方留成部分经开发区管委会确认，报请当地政府批准由同级财政返还企业三年。在开发区内兴办企业，减征商业网点配套费、城市基础设施配套费、增容费、人防结建费。能源（含供电设施）、交通、基础设施建设和经有关部门确认的高新技术企业、产品出口企业减免城市基础设施配套费。开发区内企业招收工人和经营管理、专业技术人员，报开发区劳动人事部门备案，可按需要向社会公开招用，实行劳动合同制和干部聘用制，并办理人才引进，职工调动等事务。

开发区管委会土地部门办理国有土地使用权有偿出让和转让业务，鼓励中外投资者成片开发建设。土地使用权最长为：农业用地、住宅用地70年，工业用地60年，商业用地50年。期满后可以依法申请延长。其土地使用权在使用期内可以依法转让、出租和抵押。在开发区内成片开发荒地荒滩用于农业林业项目，免征土地出让金。成片开发荒地荒滩兴办工业小区，减半征收土地出让金，土地出让金在规定期限内可记账分期缴纳。开发成片荒地荒滩兴办第三产业的投资者，土地出让金在规定期限内可记账分期缴纳。投资企业在基建期间（2年内）免缴土地使用费。经营期10年以上、投资额300万美元以内的企业，免交土地使用费10年，500万美元以内的企业免缴土地使用费15年，500万美元以上的企业免缴土地使用费20年。在开发区内新建房地产，可依法取得房地产权证，并以此作为抵押向金融部门贷款。开发区内企业以现有土地、厂房、设备出资的合资、合作改造项目，经评估确认资产价值后，成交价可向下浮动10%—20%。

对投资企业所需水、电、热、原材料、货物运输和通信设施配套等，均按当地国有企业收费标准计收费用，并给予优先安排。生产性外商投资企业，按外资实际到位资金所占比例，自项目投产之日起按同等比例减收一年期用电权资金。对引进国内外投资的中介组织和个人，按实际到位资金给予适当奖励。外商合资、合作经营企业由企业的受益中方奖励，外商独资企业由受益开发区所在地政府（或开发区管委会）奖励。开发区对外商投资者从所投资企业取得的股息、利息、红利收入，免征所得税，其收入可以自由汇出境外。

2000年8月，国家实施西部大开发战略后，甘肃省政府发布《甘肃省实施西部大开发战略优惠政策》，共53条，主要内容包括：市场准入政策、国民待遇政策、鼓励投资政策、税收政策、土地政策、人才政策、投资服务及其他政策，提出的政策较国家政策更为优惠。同时，全省进一步放宽项目立项审批权限，简化审批手续，提高办事效率。各项审批最长不超过5个工作日。对外商项目实行全程服务，并及时协调帮助解决建设和经营过程中出现的问题，促进项目落实。此次出台的优惠政策主要内容有：甘肃对生产性的内外资企业免征3%的地方所得税，对其缴纳的城市房地产税，由受益级财政5年内给予补助；对非生产性外资企业缴纳的房地产税，由受益级财政3年内给予补助。对当年出口产值达到总产值70%以上的外资企业，经批准按10%税率征收企业所得说，凡外商外省投资企业生产、出口创汇产品，每创汇1美元，由地方财政给予0.05元人民币内陆运输补贴。对外资企业通过技术转让、技术服务、技术咨询的收入，经批准免征营业税，其中技术服务入股比例可高于35%。对国内外经济组织在省内投资兴办生产性出口企业、先进技术企业等鼓励类产业的用地，其土地使用权出让金减收60%，其他投资项目用地，土地使用权出让金减收40%，在省级以上开发区投资的企业，还可进一步优惠，而且以出让方式取得土地使用权的外资企业不再缴纳场地使用费。对投资城市基础设施、教育及其他公益事业、环保、能源、交通水利等基础产业的企业用地，经批准可采用划拨方式取得土地使用权；对利用荒山、荒坡进行生态环境保护建设的，经批准可以划拨方式取得土地使用权，且50年不变，并可依法继承和有偿转让。对非国有资本购买、兼并、参股国有企业时，可将企业划拨土地评估作价后转为国有股。

2003年5月，省政府重新修订《甘肃省实施西部大开发战略优惠政策》，并制定颁布《甘肃省实施西部大开发若干政策措施》。这次出台的政策从税收和财政、信贷和融资、土地利用、矿产开发、扩大开放、引进人才、投资环境七大方面共提供了41条优惠政策，鼓励国内外企业参与甘肃省的开发建设。此前实施《甘肃省实施西部大开发战略优惠政策》同时废止。

2010年8月，中共中央、国务院出台新一轮的深入实施西部大开发战略的若干意见，主要政策有：

1. 财政政策。加大中央财政对西部地区均衡性转移支付力度，逐步缩小西部地区地方标准财政收支缺口，推进地区间基本公共服务均等化。中央财政用于节能环保、新能源、教育、人才、医疗、社会保障、扶贫开发等方面已有的专项转移支付，重点向西部地区倾斜。通过多种方式筹集资金，加大中央财政资金支持西部大开发的投入力度。中央财政加大对西部地区国家级经济技术开发区、高新技术产业开发区和边境经济合作区基础设施建设项目贷款的贴息支持力度。

2. 税收政策。对设在西部地区的鼓励类产业企业减按15%的税率征收企业所得税。企业从事国家重点扶持的公共基础设施项目投资经营所得，以及符合条件的环境保护、节能节水项目所得，可依法享受企业所得税"三免三减半"优惠。推进资源税改革，对煤炭、原油、天然气等的资源税由从量计征改为从价计征，对其他资源适当提高税额，增加资源产地地方财政收入。各级地方政府在资源税分配上，要向资源产地基层政府倾斜。对西部地区内资鼓励类产业、外商投资鼓励类产业及优势产业的项目在投资总额内进口的自用设备，在政策规定范围内免征关税。

3. 投资政策。加大中央财政性投资投入力度，向西部地区民生工程、基础设施、生态环境等领域倾斜。提高国家有关部门专项建设资金投入西部地区的比重，提高对公路、铁路、民航、水利等建设项目投资补助标准和资本金注入比例。中央安排的公益性建设项目，取消西部地区县以下(含县)以及集中连片特殊困难地区市地级配套资金，明确地方政府责任，强化项目监督检查。加大现有投资中企业技术改造和产业结构调整专项对西部特色优势产业发展的支持力度。中央预算内投资安排资金支持西部大开发重点项目前期工作。国际金融组织和外国政府优惠贷款继续向西部地区倾斜。

4. 金融政策。进一步加大对西部地区信贷支持力度。加强财政政策和金融政策的有效衔接，鼓励政策性金融机构加大对西部地区金融服务力度，探索利用政策性金融手段支持西部地区发展。深化农村信用社改革，培育农村资金互助社等新型农村金融机构。抓紧制定并实施对偏远地区新设农村金融机构费用补贴等办法，逐步消除基础金融服务空白乡镇。落实和完善涉农贷款税收优惠、定向费用补贴、增量奖励等政策，进一步完善县域内银行业金融机构新吸收存款主要用于当地发放贷款的政策。鼓励地方各级政府通过资本金注入和落实税费减免政策等方式，支持融资性担保机构从事中小企业担保业务。积极支持西部地区符合条件的企业上市融资，支持西部地区上市公司再融资。扶持创业投资企业，发展股权投资基金。研究探索西部地区非上市公司股份转让的有效途径，规范发展产权交易市场。

5. 产业政策。实行有差别的产业政策，制定西部地区鼓励类产业目录，促进西部地区特色优势产业发展。凡是有条件在西部地区加工转化的能源、资源开发利用项目，支持在西部地区布局建设并优先审批核准。支持民间资本以合作、参股等方式进入油气勘探、开发、储运等领域。扩大西部地区外商投资优势产业目录范围。加大中央地质勘查基金、国土资源调查评价资金对西部地区的投入力度，鼓励和引导多元资金投入。鼓励外资参与提高矿山尾矿利用率和矿山生态环境恢复治理新技术开发应用项目。

6. 土地政策。进一步完善建设用地审批制度，简化程序，保障西部大开发重点工程建设用地。实施差别化土地政策，在安排土地利用年度计划指标时，适度向西部地区倾斜，增加西部地区荒山、沙地、戈壁等未利用地建设用地指标。稳步开展农村土地整治和城乡建设用地增减挂钩试点。工业用地出让金最低标准，可区别情况按《全国工业用地出让最低价标准》的10%—50%执行，适当降低西部地区开发园(区)建设用地的基准地价。

7. 价格政策。对新建铁路和部分支线铁路，可根据实际情况，按照偿还贷款本息、补偿合理经营成本的原则，考虑当地经济发展水平和用户承受能力，核定新线和支线特殊运价。加快资源性产品价格改革，健全资源有偿使用制度，建立和完善反映市场供求关系和资源稀缺程度以及环境损害成本的生产要素和资源价格形成机制。支持资源地群众便捷使用质优价廉的煤气电。促进水资源节约利用，合理确定城市供水价格，逐步实行阶梯式水价。完善中水优惠利用价格，鼓励中水回用，中央在中水回用设施建设投资上给予支持。科学制定水资源费征收标准，逐步使污水处理费价格达到合理水平。积极推行发电企业竞价上网、电力用户和发电企业直接交易等定价机制。抓紧完善可再生能源发电定价政策。

8. 生态补偿政策。按照谁开发谁保护、谁受益谁补偿的原则，逐步在森林、草原、湿地、流域和矿产资源开发领域建立健全生态补偿机制。探索推进资源环境成本内部化。逐步提高国家级公益林森林生态效益补偿标准。按照核减超载牲畜数量、核定草地禁牧休牧面积的办法，开展草原生态补偿。抓紧研究开展对湿地的生态补偿。充分考虑大江大河上游地区生态保护的重要性，中央财政加大对上游地区等重点生态功能区的均衡性转

547

移支付力度。鼓励同一流域上下游生态保护与生态受益地区之间建立生态环境补偿机制。加大筹集水土保持生态效益补偿资金的力度。继续完善用水总量控制和水权交易制度，在甘肃、宁夏、贵州开展水权交易试点。建立资源型企业可持续发展准备金制度，资源型企业按规定提取用于环境保护、生态恢复等方面的专项资金，准予税前扣除。矿产资源所在地政府对企业提取的准备金按一定比例统筹使用，专项用于环境综合治理和解决因资源开发带来的社会问题。加快制定并发布关于生态补偿政策措施的指导意见和生态补偿条例。

9. 人才政策。完善机关和事业单位人员的工资待遇政策，逐步提高工资水平。进一步加大对艰苦边远地区特别是基层的政策倾斜力度，落实艰苦边远地区津贴动态调整机制。研究完善留住人才、吸引各类人才到西部地区基层工作的优惠政策，在职务晋升、职称评定、子女入学、医疗服务等方面给予政策倾斜。

10. 帮扶政策。进一步加强和推进对口支援西藏、新疆工作，建立经济支援、干部支援、人才支援、科技支援等相结合的全面对口支援机制，完善支援方式，加大支援力度。做好青海等民族地区及集中连片特殊困难地区的对口支援和对口帮扶工作。继续实施中央和国家机关及企事业单位等定点扶贫和对口支援。建立健全军地协调机制，充分发挥人民军队在参加和支援西部大开发中的优势和积极作用。广泛动员社会各界支持和参与西部大开发。鼓励开展各种形式的公益活动和慈善捐助。

11. 外资企业管理体制。甘肃省商务厅为负责外商投资的职能部门（原为省级外经贸部门），具体负责指导全省招商引资工作，拟订并实施招商引资政策。依法核准外商投资企业的设立及变更事项，依法核准重大外商投资项目的合同章程及法律特别规定的重大变更事项；依法监督检查外商投资企业执行有关法律法规规章、合同章程的情况并协调解决有关问题；指导投资促进及外商投资企业审批工作，规范对外招商引资活动，综合协调和指导国家级、省级经济技术开发区的有关具体工作。具体业务处室为外商投资管理处。其职能为：拟订全省招商引资政策和中长期发展规划；负责全省审批权限内外商投资企业合同、章程及有关重大事项变更的审批、备案、批准证书发放工作；牵头组织全省外商投资企业联合年检；指导投资促进及外商投资企业审批工作，规范对外招商引资活动；承担外商投资统计工作；负责全省外商投资企业的投诉工作；综合协调和指导国家级经济技术开发区的有关具体工作；会同有关部门拟订并组织实施促进服务外包发展的规划、政策，推动服务外包平台建设；指导全省外商投资企业协会工作。

甘肃省外商投资企业实行分级管理。在国务院及中央各职能部门统一管理下，实行省级、市（州）二级管理。根据国家和商务部授权，省商务主管部门负责全省外商投资企业的审批管理工作。各市州商务主管部门严格按照法律规定的程序和授权的权限审批投资企业。涉外的管理部门主要有省计划委（现发改委）负责立项（可行性报告）审批，省外经贸厅负责外商投资企业合同章程审批，省工商部门负责办理注册登记。税务、海关、外汇管理等部门根据管理职责办理相关手续。1991年，甘肃外商直接投资审批权限1000万项目由省计委审批，省外经贸部门负责合同章程审批并颁发批准证书。兰州市被列为内陆开放城市后，也享有同等审批权限。1992年，向各地州市下放了审批权限，市州审批总投资3000万美元以下的外商投资项目。2006年，省商务厅授权各市、州商务部门、兰州经济技术开发区按属地管理原则审批投资总额在5000万美元以下的鼓励类和允许类外商投资企业项目。

1994年11月20日，甘肃省外商投资企业协会在兰州成立，举行第一次外商投资企业协会代表大会。参加大会的有省、地、州、市的有关部门和外商投资企业代表及特邀代表。各市（州）也相继成立了外商投资企业协会，作为甘肃省外商投资企业协会的分支机构。外商投资企业协会是从事外商投资服务工作的民间机构，是由在甘肃省的外商投资企业和从事投资业务的机构等组成的全社会性的非营利性社会团体，截至2010年企业会员约200家。

1999年，甘肃省外商投诉中心成立，是甘肃省政府授权处理外商投资企业投诉的专门机构。其主要任务是本着依法切实维护外商投资企业各方的合法权益，处理甘肃省外商投资企业中外双方所反映的各类问题和纠纷，为外商来甘投资提供良好的投资软环境。2000年，甘肃省贸易经济合作厅出台了《甘肃省外商投资企业投诉处理办法（试行）》，对本省外商投资企业的投诉及其处理作出了新的规定。该办法规定，甘肃省行政区域内的外商投资企业及其中外投资各方、外国企业驻甘机构在投资经营活动过程中，认为行政职能部门、企事业单位、社会团体及有关服务机构在履行职能或提供服务中侵犯其合法权益或发生纠纷时，可以向甘肃省外商投资企业投诉服务中心进行投诉。投诉中心在接到符合条件的投诉材料后，在5个工作日内作出受理或不予受理的决定，并通知投诉人，不予受理的投诉还应说明理由。投诉的处理采取协调和调解的办法，具备处理条件的投诉案件，结案期为一个月；案件复杂的，可以延长1至2个月，但累计不得超过3个月。截至2010年，甘肃省已成功搭建起了以省外商投诉中心为协调中心的外商投资企业投诉服务组织网络。这个网络覆盖全省14个市州和省级各行业主管部门，形成了一个外商投诉受理网络、两种外商投诉受理模式（协调模式、调解模式）、三套外商投诉保障机制（各级投诉协调组织机构、投诉督导组、投诉工作通报机制）的完备服务体系。重点建设四类投诉协调服务平台，即：以甘肃外商投诉网站为主的信息平台；以投诉工作论坛、指南、座谈会、恳谈会为主的直接沟通平台；以协调解决外商投诉为主的法律服务平台和以全省投诉协调组织网络部门联席会为机制的协调工作平台。

2007年以后，甘肃省商务厅起草《关于进一步加快开放步伐，扩大招商引资的决定》《关于扩大对外开放推进招商引资的相关政策规定》《关于鼓励外商投资的若干规定》。进一步改革外商投资审批制度，规范审批程序，提高审批效率。建立健全外商投资服务体系。在省、市两级推行"一厅式"服务模式，公开办事程序，简化审批手续，提高服务水平。积极推行专业化、个性化服务，妥善处理外商投诉案件，切实保护投资者合法权益，对重点外商投资项目实行联合办公制度，形成为外商投资审批服务的"绿色通道"。对重大投资项目实行全程跟踪服务，帮助企业协调解决在项目建设和生产经营中遇到困难和问题，为投资商和企业提供更为方便快捷、优质高效的配套服务。跟踪落实已签约的重点项目，及时跟进相关服务工作，获取信息，主动、及时地提供相关服务，督促项目业主加快项目的建设进程，推动项目顺利建设实施，确保项目进得来、留得住。2006年，省投资贸易促进局对全省招商引资统计报表制度进行了修改完善；整合了甘肃招商网、甘肃经济合作网、甘肃投资指南网，建立了投资甘肃网；组建了甘肃省招商引资专家咨询委员会。

自1998年起，对外商投资企业和台港澳侨投资企业进行联合年检，换发批准证书和实施进出口企业代码，《关于开展1998年外商投资企业联合年检的通知》《关于启用新版批准证书的通知》和《中华人民共和国进出口企业代码管理办法外商投资企业实施细则》，各地外经贸部门会同有关部门开始此项检查工作。省统计局、省工商局、省财政厅、省国税局、国家外汇管理局甘肃省分局，按照国家六部门《关于开展2008年外商投资企业联合年检工作的通知》的有关工作要求，每年集中进行联合年检工作，方便企业办理年审。

第四节　国家级经济技术开发区

经济技术开发区，是中国在20世纪80年代开始首先在沿海开放城市设立的，以发展知识密集型和技术密集型工业为主的特定区域。经济技术开发区实行经济特区的某些较为特殊的优惠政策和措施，主要任务是：引进、吸收先进技术和现代管理经验；扩大出口贸易，增加外汇收入，积累建设资金；开发国内紧缺产品，满足全国生产建设需要；及时掌握和传播经济技术信息；培养各方面人才。1984年，中国在14个沿海开放城市建立了第一批国家级经济技术开发区。随着改革开放的推进和深化，经济技术开发区建设也从沿海地区向沿江、沿边和内陆省会城市、区域中心城市拓展。

一、甘肃省国家级经济技术开发区

2002年3月，经国务院批准，兰州经济技术开发区升级为国家级经济技术开发区。截至2010年底，甘肃省共有3家国家级经济技术开发区，分别是兰州经济技术开发区（2002年3月获批），金昌经济技术开发区（2010年3月获批），天水经济技术开发区（2010年4月获批）。有省级经济技术开发区28家，分布在除甘南州之外的13个市州。甘肃省商务厅（原甘肃省外经贸部门）负责对全省国家级经济技术开发区的工作进行综合协调和指导服务。并对全省高新技术开发区、兰州新区、省级开发区的招商引资和利用外资实行行业管理。

2009年7月，为进一步加强对开发区建设发展工作的领导，甘肃省政府成立甘肃省开发区建设发展领导小组。组长由甘肃省委常委，常务副省长冯健身担任，副组长由副省长张晓兰担任。成员单位有省发改委、省科技厅、省工业和信息化委员会、省财政厅、省人力资源和社会保障厅、省国土资源厅、省环保厅、省住房和城乡建设厅、省商务厅、省国税局、省地税局、省工商局、省统计局、省政府法制办、省政府研究室、省政府金融办。领导小组办公室设在省发改委，为全省开发区建设的主管部门。

1. 兰州国家级经济技术开发区。兰州经济技术开发区是在兰州市被国务院批准为内陆开放城市后，中共兰州市委、兰州市人民政府根据中央"一个开放城市可以设立一个经济技术开发区"的精神，于1993年3月成立的省级开发区。2002年3月经国务院批准为国家级经济技术开发区，也是甘肃省首家国家级经济技术开发区。兰州经济技术开发区（以下简称经济区）位于黄河北岸安宁区，距兰州市中心5千米，核定规划面积9.53平方千米。2003年6月—2010年12月，与安宁区实行"区区合一"管理体制。兰州经济技术开发区立足于建设高度集聚的产业发展区，着眼于集聚集约集群发展，依托产业基础，在各园区培育发展特色主导产业，形成各具特色、错位发展、优势互补、多元支撑的产业发展格局。安宁园区重点发展总部经济、航空航天、现代物流等产业；西固园区重点发展新材料、新能源、现代物流等产业；红古园区重点发展有色冶金、环保产业，皋兰园区重点发展现代物流、特色农产品深加工等产业；机场北高新园区重点发展电子信息、生物医药等产业。截至2010年，已基本形成了以食品饮品、生物医药、新型石化、家居建材、现代装备制造等产业集群。园区水、电、热、气等配套设施不断完善，承载能力显著增强。开工建设了总里程达36千米、总面积达110多万平方米的亚行贷款城市交通项目和区列26条规划路等基础设施建设，加快构建系统化、网络化、立体化的路网框架。全区绿化覆盖率达34.91%，人均公共绿地面积达10.87平方米。不断提升科技创新能力，新城区科技孵化大厦全面建成，国家级交大科技产业园等五大科技孵化园功能日趋完善，孵化面积达16.5万平方米。招商引资和项目建设呈现出前所未有的强劲态势。2010年签约引进21项重大项目，合同总投资124.8亿元，实际到位资金48.49亿元，同比增长15.5%，已开工建设8项，完成投资14.78亿元，同比增长41.4%。2010年开发区实现地区生产总值70.8亿元，同比增长16%；规模以上工业增加值完成29.1亿元，同比增长20%；固定资产投资完成89.5亿元，同比增长32.28%；财政收入完成12.1亿元，比上年增长44.08%。

2. 金昌国家级经济技术开发区。金昌经济技术开发区创建于1988年，2010年3月经国务院批准为国家级经开区，核定规划面积7平方千米，依托独有的镍矿资源，建设中国西北重要的有色金属生产加工基地。截至2010年，累计完成固定资产投资121亿元，投入基础设施资金20.74亿元，区内公用市政设施日趋完善，实现"七通一平"，入驻企业180家。经过多年开发建设，开发区已形成了以镍、铜、钴和铂族贵金属新材料及精深加工、有色金属盐类化工、精细化工、新型建筑材料产业为主导的资源型新材料产业集群。截至2010年，金昌开发区已成为甘肃省和西部地区有色金属新材料产业积聚、科技创新、高新技术产业化的重要载体和甘肃省对外开放的窗口和经济发展的重要引擎。2010年实现工业总产值381亿元，完成高新技术产业总产值134亿元，完成工业增加值134亿元，完成固定资产投资33.6亿元，财政收入12亿元，进出口额达2.36亿美元，各项主要经济指标居甘肃省开发区前列。

3. 天水国家级经济技术开发区。天水经济技术开发区始建于1992年，2010年4月经国务院批准为国家级开发区。开发区位于天水市麦积区，审核面积为319.44公顷，包括桥南、下曲、廿铺、社棠四个区块，实际开发面积20平方千米，包括社棠、东十里、廿铺、下曲、东柯河五个工业园。基础设施建设达到了"七通一平"。天水经济技术开发区总的发展思路是："大区域谋划、大产业构建、大集团引领、大项目支撑"和"产业发展集群化、集群发展园区化"，采取"长远规划、分步实施"的建设步骤，把经济开发区建成中国西部现代装备制造业基地和国家循环经济示范区、陇东南新型工业化示范区和关中—天水统筹城乡综合试验区。在产业规划上"围绕一个定位，实施六大战略，打造三大板块，发展六大集群""一个定位"即国家新型工业化产业示范基地和中国西部重要的现代机械电子装备制造业基地；"六大战略"即区域合作战略、项目支撑战略、产业集群战略、技术创新战略、资本运营战略和人才集聚战略；"三大板块"即机械电子装备制造业板块、新材料产业板块和新能源产业板块；"六大集群"即机械加工产业、电子信息产业、电工电器产业、新型合金材料产业、太阳能光伏产业和生物质能产业集群。现开发区主导产业以电子信息、机械制造、电工电器、生物制药及农副产品加工为主的产业集群已初步形成，装备制造业优势凸显，产业聚集效应显现。2010年开发区规模以上企业完成工业总产值47.6亿元，占全市规模以上工业总产值的41.5%，其中高新技术产业企业实现总产值为13.8亿元；主营业务收入为60.1亿元，实现利润4.18亿元；完成税收8.1亿元。截至2010年底，开发区累计完成固定资产投资43.8亿元，安排就业23561人。

二、兰州新区

2010年12月，甘肃省设立兰州新区。2012年8月，国务院批复为国家级新区，这是继上海浦东新区、天津滨海新区、重庆两江新区、浙江舟山群岛新区后的第五个国家级新区，也是西北地区第一个国家级新区。兰州新区是甘肃省下辖的国家级新区，是国务院确定建设的西北地区重要的经济增长极、国家重要的产业基地、向西开放的重要战略平台、承接产业转移示范区。兰州新区位于兰州秦王川盆地，是兰州、白银两市的接合部，地处兰州、西宁、银川3个省会城市共生带的中间位置，也是甘肃对外开放的重要窗口和门户。南北长约49千米，东西宽约23千米，距兰州市38.5千米，白银市79千米，西宁市195千米，距西安560千米，经景泰到银川有470千米，经河西走廊直通新疆，距乌鲁木齐1805千米，是丝绸之路经济带和欧亚"大陆桥"的重要连接点。

三、兰州高新技术产业开发区

兰州高新技术产业开发区是1991年经国务院批准的全国首批27家国家级高新技术产业开发区之一。位于甘肃省会兰州市，高新区规划总面积161.53平方千米，现分为雁滩园区、七里河园区和榆中园区三大园区。其中，雁滩园区占地12.26平方千米(含政策区4.7平方千米)，为高新区的核心区，园区已发展成为兰州城区中的成熟区域，生活配套设施齐全，地理位置优越。七里河园区包括兰州市七里河区马滩、彭家坪和西固区范家坪三个片区，规划面积21.52平方千米。七里河园区的产业区彭家坪片区规划面积7.84平方千米，是装备制造业集中的产业园区，该园区借助兰州理工大学等院所的科研力量，建设方向是以装备制造业及绿色新能源产业为主体，集科研、教育、总部经济、金融、商住为一体的生态化新型园区。榆中园区规划面积136平方千米，其中总体规划60平方千米的核心产业区，一期开发实施范围以定远为核心，规划20平方千米作为起步区。园区重点发展新能源、新材料、装备制造、现代服务、文化创意、生物医药等产业。

兰州高新区作为高新技术企业的主要积聚区，已初步形成了以"新材料、新能源与节能环保、电子信息、先进制造技术、农业高新技术、生物技术与新医药"为主的六大支柱产业，成为兰州市高新技术产业基地和新的经济增长点。全省通过软件产品认证的企业共有61家，其中46家在兰州高新区。年营业收入已达860亿元。

兰州高新区自1991年以后，全区营业收入从1991年的1.21亿元增长到2010年的860亿元，增长711倍，年均增长41.28%；地区增加值从1991年的0.3亿元增长到2010年的152亿元，增长507倍，年均增长38.8%；上缴税收从1991年的0.03亿元增长到2010年的15.4亿元，增长513倍，年均增长39%。2010年，全区实现营业收入860亿元，同比增长32.19%；地区增加值152亿元，同比增长25.9%；工业增加值122亿元，同比增长14.5%；利润（统计大口径）27亿元，同比增长11.2%；上缴税收（统计大口径）47.8亿元，同比增长13.2%；出口创汇10419万美元，同比增长26.13%；固定资产投资30.08亿元，同比增长18.89%；高新区实得财政收入1.9亿元，同比增长54%。

四、白银高新技术产业开发区

2001年10月12日，白银市政府和中国科学院高技术局在深圳高交会上签约共同组建白银高技术产业开发区。于2002年7月3日奠基，2006年7月9日经甘肃省政府批准确立为省级高新区，2010年9月26日经国务院批准升级为国家级高新技术产业开发区。白银高新技术产业开发区由一区六园组成，包括白银高新区、银东工业园、银西工业园、刘川工业园、平川工业园、正路工业园、会宁工业园，总规划面积340平方千米。白银高新区以发展高科技、实现产业化为宗旨，积极开展自主创新，现已初步形成了"化工及精细化工、有色金属及稀土新材料、新能源与节能环保、现代装备制造业、生物制药与医疗器械"等五大支柱产业。截至2011年，入驻高新区的项目达108个，总投资额超过了70.94亿元，其中规模以上项目数26个，建成投产项目数70个，2011年企业实现工业总产值101.97亿元；工业增加值29.57亿元；销售收入103.79亿元，就业人员12415人。高新区三期4.7平方千米和东区11.2平方千米正在开发建设。

白银高新技术产业开发区拥有国内唯一或规模最大产业化技术装置（专利）9项：（1）碳纤维隔热材料生产技术：甘肃郝氏碳纤维公司碳纤维热

场材料产能位居全国第一，是国内唯一从事碳纤维碳化—复合材料—制品生产产业全链条的企业。（2）超导变电站装置：由中科院电工研究所与白银市政府联合建设的目前世界上首座配电级超导变电站。由两院全体院士投票后，被中国科学院、中国工程院评为2011年"中国十大科技进展"成果。（3）甲苯二异氰酸酯（TDI）生产装置：银光集团公司甲苯二异氰酸酯（TDI）生产技术装置，为国内同行业规模最大，技术水平最高。（4）风电叶片生产技术：白银中科宇能科技公司风电叶片制造技术是该领域国内唯一具有自主知识产权的企业。（5）光气法生产PC技术：银光集团公司500吨聚碳酸酯（PC）产业化新技术，填补了国内一步光气界面法聚碳酸酯生产技术的空白，为国际先进水平。（6）稀土分离技术：甘肃稀土公司4000吨/年硫酸体系非皂化联动萃取分离稀土生产线，技术达到国际领先水平。（7）白银炼铜法技术：白银有色集团公司白银炼铜法创新形成第三代白银炉，使"白银炼铜法"技术水平达到国际先进水平。（8）卤水提锂技术：白银扎布耶锂业公司卤水提锂技术，填补了国内盐湖卤水提锂技术的空白。（9）高温超导电缆生产技术：白银有色长通电线电缆公司高温超导电缆，直供国际热核聚变装置用超导电缆导体绞缆项目，获得10多项专利。

拥有国内同行业代表性技术（装置）9项：（1）弹性盖板针布生产技术：金轮针布（白银）有限公司拥有国际先进水平的技术和装备。（2）酵母核心产品生产技术：甘肃杰康诺生物公司的酵母核心产品生产技术达到国际领先水平。（3）隐形眼镜生产技术：白银康视达科技公司拥有十项隐形眼镜专利技术。（4）生物酶生产技术：白银赛诺生物科技有限公司超膜浓缩先进工艺生产多种酶制剂，处国内同行业领先地位，玉米淀粉复合酶为国内首创。（5）湿法炼锌工艺技术：白银有色集团公司湿法炼锌工艺技术达到国际领先水平。（6）锌精矿流态化焙烧工艺节能技术：获得中国有色金属工业科学技术壹等奖。（7）菊粉生产技术：白银熙瑞生物科技工程公司获得多项国家专利。（8）中药材研发生产技术：甘肃长征药业，从事中药材研发、种植、加工，拥有从紫花苜蓿中提取总皂苷和总黄酮工艺国家专利。（9）油田固井减轻剂生产技术：白银金奇化工科技有限公司年产15万吨新型油田固井减轻剂BJY—1产品已申报国家专利成果并已受理。

2010年，正在申报争取的国家级经济技术开发区的省级工业区，主要有：

1. 酒泉经济技术开发区。创建于2000年，发展思路是：按照先进制造业与现代服务业并重，利用外资与境内投资并重，经济发展与社会和谐并重的要求，促进国家级经济技术开发区向以产业为主导的多功能综合性区域转变。2013年1月国务院批准为国家级经济技术开发区。

2. 张掖经济技术开发区。创建于1994年，2006年5月省政府批准为省级开发区，规划总面积73.27平方千米，努力形成农副产品加工、有色冶金新材料、生物制药化工、新能源及先进装备制造和现代服务业五大主导产业。2013年3月，经国务院批准，张掖工业园区升级为国家级经济技术开发区。

3. 甘肃省平凉工业园区。位于平凉市城东5千米处，成立于2002年，是2004年国家清理整顿各类开发区过程中被国务院确定保留的工业园区之一，2006年被省政府批准为省级工业园区。平凉工业园区辖区面积127.4平方千米，发展规划面积66.36平方千米，先后被列为国家煤炭深加工示范区、全省第一批循环经济示范园区、全省军民结合产业园，被授予"甘肃省劳动关系和谐工业园区"荣誉称号。

4. 甘肃嘉峪关工业园区。2002年6月设立，2006年5月由国家发改委核准为省级工业园区。规划面积268平方千米，呈"一区四园"发展格局。其中：嘉东工业园定位为装备制造及高新技术产业园，嘉北工业园规定位为黑色冶炼及循环经济产业园，嘉北酒钢新区铝产业园定位为有色冶金及新型煤化工产业园，嘉西工业园定位为光伏发电产业园。

第六章　招商引资

　　1986 年—2000年，甘肃省招商引资的主要渠道是通过横向经济联合、区域合作开发、举办展会节会、参加省外重点节会而开展的。2000年—2010 年，甘肃省坚持对内开放与对外开放并重，立足两个市场、两种资源，不断承接产业转移，拓展发展空间。更加重视运用资源、产业、技术和劳动力的优势吸引投资，努力扩大利用外资和国内招商引资规模，提高利用外资和招商引资质量。下功夫改善投资环境，提高办事效率和服务质量，形成多层次、宽领域、全方位的开放格局。积极发展会展经济，投资促进、商品展销等活动丰富多彩。区域经济合作的内容更加丰富务实，对口支援和帮扶协作更加深入，各级各层次友好往来更加密切。

第一节　区域经济合作

随着改革开放逐步深入，中国省际的横向经济技术协作，由最初的包括对口帮扶、互设贸易窗口、物资串换调剂等形式，逐步扩展到横向联合、区域开发、举办展会、互相参加省内外重点节会等更加广泛的区域经济合作。在由计划经济向市场经济过渡的过程中，经济技术协作成为一项跨省、跨部门、跨行业、跨经济性质的经济活动，对促进招商引资和全省经济发展起到重要的促进作用。

一、甘肃省区域经济合作机构

甘肃省在1980年初就开始加强横向经济联合和协作，是全国最早成立省级经济协作办公室的省份之一。1982年6月1日，甘肃省政府下发《关于成立甘肃省经济协作办公室的通知》，决定成立甘肃省经济协作办公室（相当于局级）。省经协办的主要职能是：（1）根据甘肃省国民经济建设的需要，会同有关部门编制全省经济技术协作长远规划和年度计划，并组织实施；（2）负责组织省内外经济技术协作项目的洽谈，草签有关协议，负责协作物资签证工作，督促、检查各项协作合同的执行，研究解决问题；（3）与省政府各驻外机构保持业务联系，负责本省经济技术协作代表团出访的组织工作和来访的接待工作；（4）负责拟订经济技术协作管理的办法；（5）负责省内外经济技术协作，物资交流的协调和管理，并逐步开展技术协作的咨询服务活动；（6）做好经济技术协作业务的汇总统计工作。

省经协办对外代表省政府统一组织各项经济技术协作的具体协商和谈判，签署有关经济技术合作协议；对内负责督促、检查各项经济技术合作协议的执行。凡属经济联合项目的提出及其可行性研究由省计委和经协办负责并组织实施。一般物资的正常交流，仍由各主管部门负责组织，重要物资需省统一组织对外交流的，先由主管部门提出，报省计委及省经协办，经省计委平衡审定后，由省经协办对外联系。

1983年8月17日，甘肃省委决定省经济协作办公室同省计委合署办公，主任陈光毅。同年，省委办公厅和省政府办公厅下发了《关于省计委、物委、经协办内部机构设置的批复》，省经济技术协作办公室内设经济联合处、技术协作处、综合处。

1984年7月20日，根据甘肃省编制委员会《关于省经协办增设内部机构和增加人员编制的通知》，省经协办增设信息联络处、物资商贸处；人员编制由原20名增为30名；内设机构分别为综合业务处、经济联合处、信息联络处、物资商贸处、技术协作处五个处室，行政编制30名。省经协办不再与省计委合署办公。

1984年8月8日，省委、省政府决定，中国甘肃国际经济技术合作公司和省经济技术协作办公室合署办公，一套机构、两块牌子，归省政府领导管理。

1988年6月1日，根据甘肃省政府文件通知，甘肃省经济协作办公室改建为甘肃省经济合作总公司。甘肃省经济合作总公司定为省直地级全民所有制企业，实行自主经营，独立该算，自负盈亏。甘肃省经济合作总公司的经营方针是：立足甘肃、面向全国，以引进开发为主，工贸结合，为发展甘肃经济做贡献。

省经协办改建为省经济合作总公司后行政编制收回，财政继续拨款三年(1989年—1991年)，办公用房由财政厅解决租房资金。由总公司向工商银行申请贷款500万元，作为垫底资金，省财政贴息一年。创建初期，根据实际情况，经批准可给减免税的照顾。考虑到省经济合作总公司系以吸引开发为主的企业，在经济协作和物资交流等业务活动中，允许收取适当的手续费。

1988年8月1日，省经济合作总公司下达《关于总公司内部机构设置及干部配备的决定》。总公司内部机构设：总经理办公室、经济开发部、财务部、物资商贸部、人事部、技术开发部，并聘任了部室负责人。

1991年10月11日，省经济合作总公司公布，经1991年10月8日总经理办公会研究决定：公司内部机构5个"部"一律改为"处"，总经理办公室名称不变。

1992年5月15日，甘肃省机构编制委员会核定，甘肃省经济协作办公室行政编制38人。

1992年5月18日，省政府发文，决定恢复甘肃省经济协作办公室，厅级建制，为省政府职能管理部门。

1992年7月24日，甘肃省机构编制委员会下发《关于甘肃省经济协作办公室机构设置和领导职数的通知》，同意甘肃省经济协作办内部设立综合处、经济技术协作处、物资商贸处、联络处、人事处、财务处6个处室。

1995年8月15日，根据中共中央、国务院《关于甘肃省党政机构改革方案的通知》和省委、省政府《关于省级党政机构设置有关问题的通知》，甘肃省经济协作办公室改为甘肃省经济合作总公司，保留经协办牌子及其行政职能。

2002年，为进一步加强经济技术协作工作，甘肃省委、甘肃省政府决定，保留甘肃省经济协作办公室，为省政府直属事业单位。省经济协作办公室按照政企分开的原则，与经济合作总公司彻底脱钩。2002年12月12日，甘肃省政府办公厅印发"关于甘肃省经济协作办公室职能配置、内设机构和人员编制规定的通知"，进一步明确了省经协办的主要职责、内设机构、人员编制和领导职数。

2005年6月1日，甘肃省政府召开常务会议，决定将"省经协办现有机关事业编制、人员整体划归省商务厅。省经济合作总公司资产处理和人员分流比照省建材、机械、电子、医药等行政性公司的做法进行，并由原班子负责具体改革事宜。"

二、主要交流活动

区域经济合作在甘肃的实践和发展是从20世纪80年代开始的。按照国家"对外开放、对内搞活"方针，甘肃省突破地区划分和部门限制、共同推动横向经济协作成为加快区域经济发展的重要方式，对外合作交流步伐进一步加快。通过以联合为平台，以共赢为动力，以发展为目标，在强化招商引资工作的基础上，把资金、技术、人才、物资的有序整合和合理流动，推动了社会主义市场经济体制的建立和完善。

甘肃省经济协作办公室成立于1982年，至2005年甘肃省投资贸易促进局（后改名为省经济合作局）设立之前，经济协作主要围绕组织省与省之间，以及省内部门、企业同外省对口联系单位开展各种形式的经济联合、技术协作和一些必要的物资交流、学习培训等业务活动。1992年中国兰州投资贸易洽谈会举办后，区域经济协作以招商引资、发展会展经济为重点展开（关于兰洽会的内容，在第四节有专门记述）。2005年之后，甘肃省相继对区域经济合作与招商引资工作职能及人员进行了大幅整合，在经济合作中突出了招商引资工作的引擎功能，并迈向一个新的发展阶段。2011年10月，根据《甘肃省人民政府办公厅关于调整甘肃省区域经济发展协调领导小组的通知》精神，整合已设立的兰白和酒嘉区域经济一体化发展协调领导小组、甘肃省关中—天水经济区发展规划实施协调领导小组等，统一成立甘肃省区域经济发展协调领导小组，统筹做好跨省区、跨市州经济区发展的综合协调工作，省区域经济发展协调领导小组办公室设在省发展改革委，作为常设办事机构，承担省区域经济发展协调领导小组的日常工作。

　　1985年3月5日，甘肃省政府与中国船舶工业总公司签订"协作生产铝锭协议书"。协议规定船舶工业总公司提供2000万元无息有偿资金，建设白银铝厂，1986年与1987年各拨付1000万元。白银铝厂1988年投产后，每年供铝锭2000吨，供货期定为10年。铝厂投产的第三年（1990年）开始还款，分10年还清。

　　1985年6月1日—9日，国务院三线建设调整改造规划办公室在成都召开全国一、三线地区经济技术合作洽谈筹备会议。省顾委副主任葛士英同志及省经协办、国防工办负责人参加会议。会议期间，甘肃省分别与一线地区的沪、苏、浙、粤、桂、津等省市区及开放城市广州、深圳、无锡、盐城以及三线地区的豫、川两省代表广泛协商洽谈，达成13项经济技术合作的意向性协议。与河南省签订经济协作洽谈纪要，与上海市签订一、三线经济技术合作洽谈纪要。

　　1985年8月20日—8月26日，国务院三线办公室主持在兰州召开了一、三线地区经济技术合作洽谈会，来自全国15个省、市、区和中央有关部委的1000多名代表参加了大会。甘肃省共签订经协项目256项，其中联合项目221项、物资协作项目8项，合同总金额11365万元。

　　1985年，甘肃省经济技术协作范围广、内容多。经济联合方面，在全国银根紧缩、资金紧张的情况下，同江苏、辽宁、广西、中船公司建材部等省市区和中央部门签订了联合项目208项，落实引进资金2.3亿元，分别是

1983年、1984年的3.79倍、1.6倍。技术协作方面，以"先进、急需、实用"的原则，落实完成先进技术引进项目465项，其中完成了重点技术引进项目242项，超额21%；实现了省政府下达的重点引进200项计划，比1984年提高了1.42倍，促进了技术进步。人才协作方面，围绕经济技术协作，请进、聘请各类专业技术人才2948人，派出学习培训人员3864人，直接由甘肃省经协办介绍赴兄弟省市区考察培训88批，342人次。各种人才的交流和协作，培养锻炼了一批懂技术、会管理的专业技术队伍。物资协作方面，与兄弟省市区串换支援和协作各类物资30余种，协进（出）金额达1.4亿，比1984年增长2.5倍。建立协作关系方面，1985年与江西、安徽、湖南三省建立了新的省际经济协作关系，省内13个州，38个县市区、19个大中小学校，部分行业和公司厂矿，通过各种渠道，与兄弟省市区78个相应单位新建了对口协作关系。

1986年1月15日—19日，全省经济协作工作会议在省会兰州饭店召开。这次会议是甘肃省经协办成立后第一次经协工作会议，也是第一次开到县级的全省性会议。甘肃省委副书记贾志杰、副省长刘恕先后到会作了重要讲话。

1986年3月19日—22日，省经协办与省物资局共同组织甘肃代表团一行30人，参加郑州市"全国物资协作会议"。甘肃省在会上共签订合同32份，协进协出物资总金额1783万元，其中协出物资金额达1146.1万元；协进物资金额637.3万元。这次会议甘肃省成交额在1985年成交额612万元基础上增长了17.4万元。

1986年3月23日，国务院发布了《关于进一步推动横向经济联合若干问题的规定》。同年6月3日，甘肃省政府下发了《贯彻国务院关于进一步推动横向经济联合若干问题的规定的实施意见》，就发展横向经济联合的政策原则，审批手续、组织领导、计划管理，计划单列、统计制度、物资供应，开户贷款、资金市场、征税办法、特别是鼓励投资、鼓励联合建立出口商品基地和开发出口新产品等提出20条实施意见。

1986年10月31日—11月9日，甘肃省副省长张吾乐赴福建省，同福建省委书记陈光毅、省长胡平、副省长游得等领导同志就发展两省横向经济联系有关问题进行交谈。同年10月—12月，省经协办副主任邹容珍和冶金厅、

甘肃省志 商务志

轻工厅，国防工办等一行5人，对上海市、杭州市、宁波市、南京市进行为期25天的经济考察与项目洽谈。省协作办副主任王永昶率团一行9人，在福建进行为期19天的考察，与福建省福州市计委、经委、省市协作办、国防工办、冶金厅、轻工一厅、轻工二厅、机械厅、化工厅，物资厅等18个单位接触和洽谈，推荐洽谈经济技术协作项目，在引进资金、技术、人才，建立长期稳定的协作关系上，进一步加强甘肃省与发达省市的横向联系。

1986年11月1日—6日，内蒙古自治区党委经济部长、政府体改办主任突克率团来甘肃，商谈两省区发展横向经济联合问题，并由突克和李建基签署《关于发展两省区横向经济联合的商谈纪要》，并达成联合开发堆霍各气洞矿、酒钢与内蒙古共同开发利用额济纳旗黑鹰山铁矿、兰州有色公司与内蒙古共同开发内蒙古的稀土、锡、钨等资源等6项意向性协议。

1986年11月12日，江苏省经济协作委员会副主任荆宏亮与甘肃省经协办副主任邹容珍签订《关于扩建兰州铝厂四车间进行补偿贸易的协议书》。协议基本内容是：江苏提供有偿无息资金2000万元，铝厂向江苏供1万号合格铝锭，分五年供完。铝厂正式投产后一年开始还本，分四年还清。

1987年2月22日，甘肃省经协办与中国金属材料公司开发办就订购SAN产品达成协议。开发办分两次支付定金人民币3000万元，甘肃从1990年起至1994年供给符合国家标准的SAN树脂17500吨。

1987年3月17日，经西北五省区政府批准，"西北五省区经济技术协作办事处"在兰州正式成立，是西北五省区经济技术协作联席会议的常设机构。主要任务是：处理联席会闭会期间的日常工作，组织、协调、督促检查西北五省区之间的经济技术协作工作；调查研究进一步开展经济技术协作的有关政策，措施和重大协作项目收集、整理、信息传递，与全国有关信息中心建立联系，逐步形成西北地区经济技术协作信息网络，以及承办西北五省区政府交办的工作。办事处先由青海省、甘肃省经协办抽调人员开展工作。

1987年8月17日—20日，山东省顾问委员会副主任王金山、经协办主任刘光照率山东省经济代表团一行来甘访问，甘肃省副省长张吾乐会见山东省经济代表团一行。双方签署《两省进一步开展横向经济联系纪要》，确定青岛与张掖、烟台与天水、潍坊与定西、烟台与庆阳等地市县企业建立长期协作关系。

1987年9月5日，甘肃省政府、北京市人民政府对两省市联合投资扩建甘肃铝厂的报告作了批复。该批复是对1986年7月28日由中国甘肃国际经济技术合作公司（甲方）代表王永昶、北京市经济技术协作服务公司（乙方）代表姚庆和北京市有色金属工业总公司（乙方）代表胡启章签署的"关于联合投资扩建甘肃铝厂电解铝车间的协议书"做出的。

1987年12月23日，甘肃省政府批复，经省政府第22次常务会议讨论研究，原则同意甘肃省经协办在海南省（筹）成立"金海经济开发实业公司"，创办工业、建材企业、从事房地产开发和劳务输出等业务，坚持"扬长避短、形式多样、互惠互利、共同发展"的原则，发展两省之间的横向联合和经济协作。

1988年8月17日，根据甘肃省政府通知，甘肃省经济合作总公司、省计委举行关于陇西铝厂项目的接交会议，签署《关于陇西铝厂项目交接会议纪要》。

1988年9月5日，根据中国有色金属工业总公司与甘肃省政府签署的《关于全面合作、加快发展甘肃有色金属工业的协议》精神，白银有色金属公司（甲方）和甘肃省经济合作总公司（乙方）在白银市签订《关于合资建设白银铝厂一期工程协议书》。

1988年12月19日，甘肃省经济合作总公司（甲方）与香港银荣投资有限公司（乙方）经过友好协商达成引进价值125万美元的设备协议。由银荣公司按照八七一厂提出的设备清单，组织进口。

1989年8月10日，广州市钢材交易中心（甲方）与酒泉钢铁公司（乙方）在甘肃省嘉峪关市，就集资用钢材补偿贸易方式签订协议：1.甲方于1989年内向乙方提供资金5000万元人民币，用于酒钢2号高炉建设，具体划拨资金时间为：1989年第一季度1000万元，第二、三季度1500万元，第四季度1000万元。2.乙方从1989年开始至1993年向甲方提供高速成材20万吨，交货时间：1989年代0000吨，1990年—1992年每年供50000吨，1993年供30000吨。3.价格一律按乙方自销价格下浮390元/吨结算。

1992年7月5日，全省经济协作工作会议在兰州召开，省顾问委员会主任李子奇、省人大常委会主任许飞青、副主任李文辉、副省长李萍出席会议。全省14个地、州市主管经协工作的领导和经协办主任，省政府驻外办事处主任和省级各厅局、各大企业主管经协工作的领导共180人参加会议，李萍副省长做重要讲话。省经协办吴远庆主任作《加快改革开放步伐，促进全省经济协作登上新台阶》的工作报告，会议研究讨论《甘肃省经协作"八五"计划大纲》。

1992年9月14日—20日，西北国际经济技术洽谈会在兰州举行，甘肃省签订对外技术合作项目25个，引进外资2114万美元。

1992年9月10日—20日，兰州举办首届中国丝绸之路节。应邀宾客12800多人，其中40个国家的外宾和港澳台同胞1000多人参加了节会活动。共签订国内经济联合和技术合作项目98项，签订正式合同39项，引进资金2.25亿元。科技成果转让成交额达5.33亿元。

1992年9月27日—29日，全国横向经济联合和对口支援工作会议在北京召开。会议中心议题是研究新形势下如何进一步解放思想，把横向经济联合和对口支援工作推向一个新阶段。国家计委副主任刘伟民作报告，国务院副总理兼国家计委主任邹家华会见全体会议代表并做了重要讲话。此后，区域经济协作开始向新阶段发展。

1993年4月28日，甘肃省经协办召开全省各地、州、市经协办（委）主任座谈会。自甘肃省经协办恢复一年来，14个地、州、市三分之二的县（市、区）恢复了经协机构。

1993年9月16日—18日，根据中共中央总书记江泽民的建议，西北五省区党政主要领导联席会议第一次会议在乌鲁木齐市举行，甘肃省委书记顾金池率团参加会议。本次会议承办单位中共新疆维吾尔自治区党委书记宋汉良向会议做了题为《共建大通道，联合走西口，努力推进西北地区经济的大协作大发展》的主题报告。会议审议并通过西北五省区党政主要领导联席会议议事规则，提出了广泛开展地区与地区之间、地区与企业之间、企业与企业之间经济技术协作工作和多渠道的智力引进，实施技术开发、技术协作、技术引进、技术管理一条龙作业；把技术引进与技术改造工作密切结合起来。

1994年8月4日—15日，西北五省区党政主要领导在西宁举行第二次联席会议。会议对西北五省区联合会的协作主要内容达成一致，即统筹规划和开工建设一批区域性的能源，交流原材料等基础产生和基础设施，拟好中西部城市和资源密集区的一批重点工程项目和恢复项目，形成若干较大的产业基地；发展一批能够对整个西北地区经济发展起支撑作用的支柱产业和具有西北独特优势的拳头产品，组建企业集团等，力争闯出一条有地区特色的经济发展新路子；联手共建或联合向国家争取建设跨省区光缆通讯重大基础设施项目；以股份制形式，组建西北旅游企业集团，发展汽车旅游业；开展五省科技政策的研究项目、合作交流等工作，充分发挥西北五省区已形成的科委、科协合作团体的作用，增强科技协作联合的牵引力，搞好联手协作和运作攻关；并确定由陕西省教委和甘肃省教委牵头，分别在西安、兰州建立西北五省区人才交流和培训中心，联合培养西北开发与发展急需的科技人才，建立西北信息中心。五省区还就大中型企业联合与经济协作，联合走西口实施方案，联合开发黄河上游水电资源等问题进行专题座谈，决定设立西北五省区党政主要领导联席会议协调机构。

1995年9月18日—20日，省经协办在敦煌召开引进试种美国天然彩色棉第一次现场会，肯定第一年试种初获成功的成绩，就彩色棉今后的发展作了全面规划。这是甘肃首次成功引进试种成功美国彩色棉。

1997年4月3日—4日，西北五省区党政主要领导联席会议第五次会议在西安举行。参加会议的有五省区、新疆建设兵团和中央、国务院16个部门、单位的代表。会议以"突出难点，加强协作，促进发展"为主题，研究讨论西北五省区和新疆建设兵团的扶贫攻坚、水资源开发利用、电力发展、铁路交通发展等内容，省委书记阎海旺率甘肃省代表团参加会议。

1997年4月18日—22日，副省长崔正华带领甘肃省政府代表团赴天津考察访问，与天津市政府商谈进一步加强两省市对口帮扶和经济协作的意见。甘省省政府代表团在津举办97'甘肃·兰州交易会新闻发布会，省经协办组织省内34家企业参加97'天津春季全国商品交易会，商品成交额3200万元。

1997年8月18日—28日，97'甘肃·兰州交易会上，由甘肃省经协办组织的省外展馆共计接待来自捷克、日本等国家和港澳台地区及天津、上海、陕西、宁夏、青海、新疆、浙江、安徽、广东等兄弟省、市、自治区的350多家企业参展。会展期间，共完成交易额9亿多元，省经协办被组委会授予"优秀组织奖"。

1998年4月5日—10日，98'东西部合作与投资贸易洽谈会在西安举行，副省长崔正华率甘肃代表团参加了洽谈会。会上甘肃参展企业的现货交易额为12.5万元，与外省市区企业签订供货、设备供应等协议额为9770万元，另签订9项横向联合协议。

1998年4月18日—25日，98'天津春季全国商品交易会在天津举行，甘肃省由副省长崔正华任团长，由省直有关部门、部分地州市和工商企业组成的代表团前往参加了交易会。会上，展团签订正式合同和意向性合同270多份，成交额达4500万元。同时，两省市领导就进一步加强经济合作和对口帮扶进行会谈。

1998年4月18日—22日，甘肃省经协办主任李源和等赴深圳，同深圳市经协办就进一步落实《关于加强两省市扶贫、干部培训、经济技术协作的商谈纪要》进行具体磋商。深圳市明确表示，将以市政府名义组团参加98'甘肃·兰州交易会。

2004年7月10日—14日，以副省长孙小系为团长、省政府副秘书长张勤和、省经协办主任李源和为副团长的甘肃代表团，参加第五届中国青海结构调整及投资贸易洽谈会。在本届洽谈会上，成功举行"甘青两省经济协作项目签约仪式"，签约8个项目，其中7项为甘肃企业向青海投资项目，投资资金18.8亿元。

2005年3月1日—2日，甘肃省经协办召开全省经协协作与招商引资会议，副省长孙小系到会并作了重要讲话。

2001年—2005年，甘肃省坚持扩大对内对外开放战略和"发展抓项目，改革抓企业"的指导方针，广泛开展招商引资，区域经济合作的内容更加丰富务实，对口支援和帮扶协作更加深入，各级各层次友好往来更加密切。到2005年末，全省已有60多个市县与国内20多个省市区的70个市县区结成友好合作关系。成功举办第九至第十三届"兰洽会"，使"兰洽会"的档次越办越高，规模越办越大，影响越来越广，已成为甘肃招商引资的重要渠道和对外开放的"第一窗口"。同时，有针对性地组织甘肃省广大企业参加国内外重要交易会，借节会广交朋友、推介项目、招商引资、展销产品，取得了良好成效。"十五"时期，全省累计签订省外、境外招商引资合同项目2391个，投资总额623.9亿元，实际到位资金186.7亿元。"引强入甘"

取得重大突破，中国铝业、中粮可口可乐、嘉士伯啤酒、吉利汽车、蒙牛集团、宇通客车、华联、家世界、苏宁电器等一大批国内外知名企业先后投资入驻甘肃，为经济社会发展做出了重要贡献。

2001年2月，甘肃省经济贸易委员会成立招商引资商品展销办公室，与兰洽会办公室合署办公，2012年7月更名为招商引资办公室，归口省经贸委管理。2004年划归省商务厅管理后更名为投资贸易促进中心，当年成立会展中心（属于兰洽会办公室管理），是经省工商局登记注册的全民所有制企业，主要从事展览策划、展馆设计、展位搭建、信息咨询、货运仓储、广告印刷以及展会配套中介服务业务，承担甘肃省参加津洽会（天津）、西洽会（西安）、东盟博览会（南宁）等国内各类展会的设计布展、配套服务工作。

1997 年—2002年甘肃省招商引资签约项目情况统计表

表6-1-1　　　　　　　　　　　　　　　　　　　　　　　单位：亿元、个

年份	内容	签约项目个数			投资总额	其中:拟引进国内外资金额			实际引进国内外资金额		
		总数	内资	外资		总计	内资	外资	总计	内资	外资
1997	合同	70	50	20	54.66	25.03	3.79	21.24	3.06	1.18	1.88
	协议	49	24	25	55.04	32.33	—	32.3			
1998	合同	125	76	49	13.9	8.17	5.1	3.07	7.6	—	—
	协议	65	37	28	65.4	51.8	14.2	37.6			
1999	合同	177	145	32	35.02	25.3	17.83	7.43	11.7	10.71	0.97
	协议	55	33	22	107.87	56.98	14.09	42.9			
2000	合同	358	260	98	169.01	109.03	67.14	41.9	20.3	11.93	8.36
2001	合同	369	310	59	190.15	165.64	99.39	66.25	27.18	24.39	2.79
2002	合同	396	325	71	227.36	186.76	114.6	72.1	32.1	29.01	3.07

2003 年—2005年在甘肃省投资前十位省市排名统计表

表6-1-2 单位：亿元、个

年度	省区	项目数	投资总额	增长%	比重%	到位资金	增长%	比重%
2003	浙江	81	17.70	—	17.74%	6.22	—	13.98%
	广东	28	9.69	—	9.72%	4.62	—	10.40%
	陕西	91	7.38	—	7.39%	4.52	—	10.16%
	北京	29	15.67	—	15.71%	4.34	—	9.77%
	河南	36	4.33	—	4.34%	3.34	—	7.51%
	新疆	18	5.30	—	5.32%	2.60	—	5.84%
	四川	30	5.28	—	5.30%	2.07	—	4.66%
	山东	33	3.56	—	3.57%	1.84	—	4.14%
	江苏	38	5.49	—	5.50%	1.81	—	4.06%
	河北	30	2.22	—	2.23%	1.70	—	3.83%
2004	浙江	85	21.38	20.80%	16.35%	10.32	65.93%	21.74%
	陕西	77	11.46	55.32%	8.76%	5.05	11.80%	10.64%
	福建	30	7.78	428.82%	5.95%	2.99	199.15%	6.30%
	广东	22	10.57	9.00%	8.08%	2.96	−36.09%	6.23%
	山东	39	10.26	187.92%	7.85%	2.94	59.99%	6.20%
	北京	28	10.06	−35.79%	7.70%	2.44	−43.84%	5.14%
	江苏	38	6.79	23.73%	5.20%	2.16	19.27%	4.54%
	河南	38	4.38	1.05%	3.35%	2.10	−37.10%	4.42%
	四川	29	6.05	14.58%	4.63%	1.90	−8.33%	4.00%
	上海	15	6.07	222.09%	4.65%	1.86	33.04%	3.91%

续表

年度	省区	项目数	投资总额	增长%	比重%	到位资金	增长%	比重%
2005	浙江	79	35.65	66.79%	20.04%	8.33	−19.21%	16.57%
	陕西	100	20.28	77.02%	11.40%	6.60	30.72%	13.13%
	广东	24	12.51	18.43%	7.03%	5.45	84.41%	10.84%
	北京	25	24.10	139.48%	13.54%	3.67	50.39%	7.29%
	江苏	31	6.49	−4.43%	3.65%	3.39	57.10%	6.73%
	四川	38	8.54	41.05%	4.80%	2.99	57.18%	5.94%
	福建	28	7.81	0.36%	4.39%	2.84	−4.99%	5.65%
	宁夏	39	5.15	79.84%	2.90%	2.52	237.71%	5.01%
	新疆	27	6.46	291.04%	3.63%	2.32	147.47%	4.62%
	河南	50	5.36	22.30%	3.01%	2.22	5.59%	4.41%

2003 年—2005年在甘肃省累计投资前十位省市排名统计表

表6-1-3
单位：亿元、个

省区	项目数	比重%	投资总额	比重%	到位资金	比重%
浙江	245	13.71%	74.73	18.30%	24.87	17.49%
陕西	206	11.53%	47.40	11.61%	16.00	11.25%
广东	82	4.59%	29.99	7.34%	13.07	9.19%
北京	89	4.98%	38.49	9.42%	9.44	6.64%
河南	179	10.02%	19.52	4.78%	8.89	6.25%
江苏	107	5.99%	16.36	4.01%	7.29	5.13%
四川	68	3.81%	13.82	3.38%	5.06	3.56%
山东	72	4.03%	13.82	3.38%	4.78	3.36%
新疆	45	2.52%	11.76	2.88%	4.92	3.46%
河北	45	2.52%	8.30	2.03%	3.56	2.50%

第二节 承接产业转移

从2005年开始，甘肃省积极承接东部产业转移，境内外经济合作空前活跃，招商引资特别是省外招商引资实现了跨越式发展。"十一五"期间，全省累计执行省外招商引资合同项目5786个，实际到位资金达1902.12亿元，年均增长74.24%，到2009年底提前一年实现翻一番的目标。2010年到位资金807.99亿元，在2007年的基础上基本实现了三年翻两番。

一、招商引资机构

甘肃省进一步加强招商引资和投资贸易促进工作，扩大省际、区域间的经济合作与交流，改变原甘肃省招商引资多头管理、力量分散和专业化水平不高的状况，2004年以后，甘肃省招商引资工作开始与承接产业转移、区域经济合作进行更紧密的整合。

2004年，甘肃省政府将甘肃省经济贸易委员会承担的兰州投资贸易洽谈会组委会办公室（甘肃省招商引资办公室）的职责划入甘肃省商务厅。2005年11月，将甘肃省经济协作办公室的职能划入甘肃省商务厅。同月，设立了甘肃省投资贸易促进局。甘肃省投资贸易促进局定为参照公务员管理的副厅级事业单位，归口甘肃省商务厅管理。其主要职能：（1）贯彻执行国家和甘肃省有关经济技术合作与招商引资的发展战略、方针、政策，制定全省招商引资、投资贸易促进和会展经济发展规划并组织实施。（2）负责指导，协调省内各市、自治州经济技术协作、招商引资与投资贸易促进工作，促进省内外之间的经济合作与交流，为各市、自治州、各行业、企业间开展多种形式的横向联合与经济技术协作提供服务。（3）归口管理各类商务交易会、展览会、洽谈会等活动，会同有关部门组织实施大型投资贸易促进活动，指导、协调外地在甘肃的招商引资和展销博览等工作。（4）负责区域经济横向联合与协作，做好甘肃省参加国内区域合作组织的日常联络。承担黄河经济协作区九省（区）十一方负责人会议甘肃方面的有关工作。（5）参与全国投资促进与会展方面的联席会议，开展与国内外投资贸易促进机构、会展机构及其他经济组织的合作与交流，组织实施双边的投资贸易促进与展览活动。 （6）负责外省市驻甘办事机构的协调和联系，加强对省政府驻外办事处招商引资和经济合作工作的联络。 （7）负责有关省市同甘肃省对口帮扶的经济技术协作工作，会同有关部门编制对口学习培训、人才交流计划，并组织实施。 （8）组织收集、整理经济技术协作、招商引资、投资贸易促进与会展方面的综合信息，建立健全投资贸易信息网络和项目库，为社会提供合作交流信息公共服务。 （9）负责协调对国内投资企业和投资者的服务及投诉，指导内联企业、会展行业等协会工作。 （10）负责中国兰州投资贸易洽谈会的策划、组织实施和展馆的经营管理工作。 （11）承办省委、省政府交办的其他事项。

甘肃省投资贸易促进局设4个职能处室： （1）综合处。负责日常政务事务工作的组织管理，建立健全各项规章制度；负责文秘、财务、劳动工资、后勤保障、资产管理等事务；负责对外新闻宣传与发布；负责信息化建设和管理工作。 （2）招商处。拟定全省招商引资与投资促进工作规划及相关措施；指导各市、自治州招商机构的工作；负责各类投资促进与招商活动的组织实施；负责协调对国内投资者在甘设立企业的服务及投诉受理工作；指导内联企业协会工作。 （3）合作处。负责甘肃省参加国内区域合作组织的日常联络；负责黄河经济协作区省区负责人会议甘肃方承办事项的贯彻落实；承办西北五省区经济发展协调的日常联络工作；承办省际重大合作交流活动；负责外省市驻甘办事机构的协调和联系；负责有关省市同甘肃省对口帮扶的经济技术协作工作。 （4）会展处。负责拟定促进全省会展经济发展的政策措施；组织甘肃省企业举办或参加国内外有关会展活动；负责指导、协调外地在甘举办的各类会展活动；负责兰洽会的总体策划、方案制定并督促检查落实；负责兰洽会统一对外联络工作；指导会展行业协会工作。甘肃省投资贸易促进局事业编制40名，其中局长1名（副厅级），副局长3名（正处级）。

2006年7月，省政府任命张世恩为甘肃省投资贸易促进局局长（副厅级）。2006年，甘肃省投资贸易促进局机构挂牌，班子到位，正式投入运行，全省招商引资队伍开始向统一、效能、和专业化迈进。2010年11月5日，甘肃省投资贸易促进局更名为甘肃省经济合作局，同时加挂中国兰州投资贸易洽谈会办公室牌子。2010年11月23日，甘肃省机构编制委员会办公室同意甘肃省经济合作局内设机构做如下调整：（1）增设办公室。主要负责日常政务事务工作的组织管理，建立健全各项规章制度；文秘、财务、劳动工资、后勤保障、资产管理等事务；对外新闻宣传与发布；信息化建设和管理工作。（2）将综合处作为兰洽会的日常办事机构。主要负责兰洽会前的联络、筹备，会期的组织、协调以及会后相关跟踪和督促落实等工作。（3）将合作处更名为协作处。

二、主要工作开展

2005年，围绕国家西部大开发战略和甘肃省工业强省战略实施，承接产业转移，扩大招商引资规模。全省与境外、省外签订各类项目629项，投资总额177.94亿元，实际引进到位资金50.29亿元。其中：外资项目19个，省外项目610个，与上年同期比外资项目下降了5%，省外项目增长了10.12%；外资项目投资总额6.13亿元，省外项目投资总额171.81亿元，与上年同期比分别增长了11.66%和37.18%；外资项目实际到位资金1.41亿元，省外投资项目实际到位资金48.89亿元，与上年同期比外资项目减少了0.77亿元，省外项目增加了3.3亿元。全国有28个省市区在甘肃有投资项目，尤其是长江三角洲、珠江三角洲地区所占比重较大。按实际到位资金额排序，前五位的省市依次为浙江省、陕西省、广东省、北京市、江苏省，分别占外省实际到位资金总额的16.57%、13.13%、10.84%、7.29%、6.73%，以上五省到位资金合计，实际到位资金占全省的30.28%，占外省的56.13%（汇总分析的项目来源于全省14个市州招商系统的统计数据，纳入汇总分析的项目总数2923个，涉及全省各行业。统计范围为投资额在100万元人民币以上的合同项目，及部分有实际到位资金的协议项目。产权交易项目、国家投资项目和国外政府贷款项目、购销合同项目、捐款以及租赁等项目未纳入本次统计分析的范围）。

项目规模较大、突出特色产业、结构更趋合理。大项目数量增加明显，仅省外5000万元以上项目84个，投资总额达到125.47亿元，占省外项目总数和投资总额的13.35%和70.51%；亿元以上投资项目40个，投资总额达到97.33亿元，占省外项目总数和投资总额的6.36%和54.69%。制造业项目比重明显，全省制造业项目447个，投资总额103.96亿元，占所有项目总数的

41.5%、投资总额的29.66%。特色产业优势明显，制造、商业流通、能源开发、房地产、采矿、农业、建材、餐饮、娱乐和交通运输等行业在所有行业中所占比重明显高于其他行业，体现了甘肃省工业基础相对雄厚，商业流通区位优势明显，基础设施发展迅速，城镇居民住宅需求旺盛，矿产资源丰富的比较优势。

"引强入甘"取得积极进展。2005年10月，由韩国电力公司与大唐甘肃发电有限公司合资成立甘肃玉门风力有限公司，注册资本1920万美元，开发甘肃省河西风力资源；台湾顶新国际集团投资康师傅方便面、饮料加工生产项目，日本东芝电脑正式入驻甘肃，香港新世界集团在兰州的百货商场开业，中粮集团与美国可口可乐公司投资1200万美元的可口可乐生产线正式投产。同时，国内知名企业吉利集团投资进行吉利轿车生产，新疆广汇集团的天然气开发利用，内蒙古庆华集团的大有褐煤资源综合开发以及苏宁电器、国美电器等一批知名企业相继在甘肃进行投资。

在节会招商、以商招商等传统招商方式的基础上，不断开创网上招商、委托招商、中介招商等新方式；通过邀请企业参加招商活动、加强与各类商会的联系等途径，使由政府为主体的招商模式向以企业为主体招商模式逐渐转变。2005年全省在第十三届兰洽会以及省内外其他节会上累计签订各类招商引资项目191项，投资总额78.06万元，实际到位资金20.21万元，分别占招商引资总量的30.37%、43.87%和40.16%。

全省上下招商意识不断加强。"高层推动、基层为主、企业参与、部门服务"的工作机制逐步形成，全省14个市州先后实行目标管理责任制，通过对年度招商引资工作目标的各项指标进行层层分解，并逐级签订目标责任书，明确工作责任，加大督查力度，促进项目实施，合同履约率和资金到位率不断提高。各市州均建立了政务大厅集中办理审批事项，实行"一条龙"的链式服务，建立了"代理制""首问责任制"等制度，通过加强调研，强化协调，不断加强综合服务功能，投资创业的环境得到进一步改善。

2006年，全省新签省外、境外招商引资合同项目704个，投资总额185.38亿元，实际到位资金122.58亿元（其中：境外项目29个，投资总额12.60亿元，实际到位资金3.13亿元；外省项目676个，投资总额172.76亿元，实际引进到位资金60.23亿元；续建项目实际到位59.22亿元）。省内地区间新签投资项目456个，投资总额163.35亿元，实际到位资金34.52亿元。（汇总项目来源于全省14个市州招商系统的统计数据，统计范围为有实际到位资金的合同及协议项目，下同）。

新签项目资金来源中，国内省外资金所占比重较大。其中北京、陕西、浙江、四川和广东五省市实际投资，分别占2006年实际到位资金的12.38%、12.28%、7.14%、4.83%和3.27%。陕西省在天水、平凉、庆阳等市投资较多，新疆则以河西地区为主，地缘合作趋势明显。资金投向行业中，第二产业吸引投资项目数量和实际到位资金所占比重远高于第一、三产业，占实际到位资金的66.10%，第一、三产业分别占5.53%和28.37%。吸引资金较多的行业中，制造业、电力、热力及水的生产和供应业、采矿业、租赁和商务服务业（含市场建设项目）投资额和所占比重较大，分别为26.98%、17.85%、14.03%和13.65%，住宿和餐饮业、农林牧渔业等行业也具有一定吸引外部资金能力。

项目规模效应逐渐显现。投资额在1亿元以上（含1亿元）的项目64项，投资总额302.64亿元，实际到位50.32亿元；投资额在1亿元以下5000万元上（含5000万元）的项目61项，投资总额63.94亿元，实际到位19.22亿元；投资额在5000万元以下1000万元上（含1000万元）的项目253项，投资总额90.73亿元，实际到位39.09亿元；投资额在1000万元以下的项目325项，投资总额20.58亿元，实际到位13.95亿元。

制造业项目比重明显较大。全省新签制造业项目209个，投资总额134.21亿元，实际到位33.07亿元占到位资金总额的26.98%，符合甘肃"工业强省"战略目标。由四川美丰化工股份有限公司在临夏实施的刘化集团天然气自热转化项目和10万吨低压甲醇技术改造工程项目，投资总额25亿元，实际到位25亿元；内蒙古太西煤集团股份有限公司在武威实施的红沙岗矿煤炭资源开发利用项目，投资总额46亿元，实际到位1.825亿元；由中国水利水电集团在平凉实施的华亭燃煤电厂建设两台2*135MW火力发电工程项目，投资总额14.3亿元，实际到位5.37亿元。

2007年，全省共新签、续建省外、境外招商引资合同项目1215个，投资总额755.17亿元，实际到位资金206.11亿元。其中，全省新签省外、境外招商引资合同项目885个，投资总额457.93亿元，实际到位资金149.80亿元（境外项目23个，投资总额12.80亿元，实际到位资金3.98亿元；省外项目862个，投资总额455.13亿元，实际到位资金145.82亿元）。全省继续执行省外、境外招商引资合同项目330个，投资总额297.24亿元，实际到位资金56.31亿元。其中境外项目18个，投资总额14.55亿元，实际到位资金2.72亿元；省外项目312个，投资总额272.69亿元，实际引进到位资金53.59亿元。同时，2007年省内地区间新签、续建招商引资项目805个，投资总额401.89亿元，实际到位资金90.46亿元。

2007年，招商引资工作以创新方式、优化服务、搭建平台、抓好落实为重点，强化对各市州招商引资与区域协作工作指导协调服务，搭建展会平台和信息平台，实行项目跟踪工作机制，健全服务制度。

招商引资总量明显增大。省外境外实际到位资金同比增长68.25%，投资额在1亿元以上（含1亿元）的项目140项。新签项目投资额在1亿元以上（含1亿元）的项目77项，投资总额350.44亿元，实际到位70.93亿元；投资额在1亿元以下5000万元以上（含5000万元）的项目70项，投资总额45.44亿元，实际到位20.1亿元；投资额在5000万元以下1000万元以上（含1000万元）的项目341项，投资总额69.33亿元，实际到位38.36亿元；投资额在1000万元以下的项目374项，投资总额13.85亿元，实际到位11.42亿元。

投资结构出现新变化。在工业项目占主导的同时，农业产业化项目明显增加，同比增加17.24%，其中工业项目中，制造业项目比重加大，全省制造业新签项目333个，投资总额127.5亿元，实际到位46.3亿元，续建项目实际到位10.58亿元，共计到位资金56.88亿元，占到位资金总额的30.75%；外省投资稳步增长的同时，央属大企业投资有较大增长，中国石油、中国铝业公司、中国大唐电力集团、中国航空工业第二集团公司、中国水电建设集团、中国重型汽车集团公司、中青旅、中国药材集团等央企2007年在甘投资总额118.41亿元，实际到位22.94亿元；能源类项目中，传统能源项目比重下降，新能源投资增长，风力发电项目比重增大，由中国大唐集团公司、广东核电集团、明珠集团在甘实施的风力发电项目投资总额16.5亿元，实际到位4750万元。由北京神光太阳能有限公司实施的"万泉·天润"节能示范工程，建设太阳能与建筑一体化供热、供电等系统，投资总额

5000万元，实际到位420万元。

　　大项目开工建设进展顺利。2007年由四川新希望集团投资的年产80万吨聚氯乙烯和120万吨硫酸钾生产线建设项目，投资总额30亿元，实际到位2.17亿元；由中国大唐电力集团甘肃公司实施的西固大唐电网改造项目，投资总额25.4亿元，实际到位13亿元；由中水集团实施的崇信电厂建设项目，投资总额49亿元，实际到位1亿元；由航天研究所实施的50万吨煤化工项目，投资总额9.92亿元，实际到位1.5亿元；华润雪花啤酒（中国）有限公司在兰州建设年产20万吨啤酒生产线项目，投资总额3.77亿元，实际到位3.77亿元；由辽宁方大集团实业有限公司投资1.96亿元，实施的兰州碳素（集团）有限责任公司股权转让项目；由福建达利集团在武威实施的年产20万吨饮料生产线及小食品项目投资总额3亿元，实际到位1.2亿元。来甘考察投资的国内外大型企业和客商明显增多，带动引资项目整体质量和水平的提高。各市州招商部门接待知名客商超过500家，省投资贸易促进局接待广州碧桂园、湖南三一重工、浙江横店集团、浙江万向集团、上海胜华电缆集团公司、台塑集团以及国外的法国伊索贝尔公司、美国亚洲商业发展公司等一批知名企业，进行投资环境和产业推介、项目洽谈。

　　组织参加省外展会。2007年，由甘肃省领导率团，省投促局组织省直有关部门、市州和200多家（次）企业参加西洽会、津洽会、西部博览会、中部博览会、青洽会、宁夏洽谈会、民交会、煤博会、投洽会、东盟博览会等10个省外大型展会，重点开展承接产业转移、招商引资、项目推介洽谈、投资客商邀请和贸易促进工作。在西洽会上，甘肃省共推出项目752个，其中189个项目成功对接，26个项目进行集中签约，签约总额达16.8亿元，还签订金额3000万的产品购销合同；西博会上签订了10个项目；津洽会上达成了7个合作意向。积极推进省际特别是与东部省份的交流合作，进一步加强与天津的帮扶合作。甘肃省党政代表团赴广东考察学习，促进两省的区域合作。广泛加强与各省市区经协招商部门的日常工作联系与交流，密切工作协作关系。继续加强黄河经济协作区省区间的联合协作，参加黄河协作区第二十次工作会议，提出加强新一轮协作区协作工作的建议和设想，共同签署加强黄河治理和生态保护《黄河宣言》。

　　2008年，全省共执行新建、续建省外招商引资合同项目1280个，投资总额1213.56亿元，实际到位资金296.80亿元。其中，全省新建省外招商引资合同项目840个，投资总额637.39亿元，实际到位资金182.14亿元（境外项目14个，投资总额7.10亿元，实际到位资金1.16亿元；省外项目826个，投资总额630.29亿元，实际到位资金180.98亿元）。全省继续执行省外招商引资合同项目440个，投资总额576.17亿元，实际到位资金114.67亿元（境外项目15个，投资总额11.57亿元，实际到位资金3.27亿元；省外项目425个，投资总额564.60亿元，实际到位资金111.40亿元）。全省共执行新建、续建省内地区间招商引资合同项目850个，投资总额528.80亿元，实际到位资金139.91亿元。

　　制造业和新能源招商取得突破性进展。产业优势带动相关园区建设，形成良性互动。省外到位资金首次突破百亿元大关；传统能源项目投资继续保持强劲势头的同时，新能源风力发电项目投资进度喜人，太阳能利用项目进入产业实施阶段。全省制造业执行项目537个，投资总额445.37亿元，实际到位103.43亿元，占到位资金总数的34.85%，同比上升4.1个百分点。制造业中，中国石油长庆油田投资"新建300万吨炼油厂项目"到位8.96亿元，中国蓝星（集团）总公司建设"蓝星兰州化工新材料基地项目"到位4亿元、新建"高性能纤维、高纯丙烯腈、CPP、PAN原丝等生产线项目"到位2.44亿元；传统能源中，中国国电公司兰州热电有限责任公司建设的范家坪"两台30万千瓦热电联产扩建项目"到位10亿元，中水集团在平凉市崇信县实施的"一期装机容量2×60万千瓦电厂建设项目"到位7.44亿元；新能源中，中国国电公司在酒泉市瓜州县实施的"风力发电项目中电投二期4.95万千瓦风电场建设项目"已建成并发电，深圳东方太阳能集团公司在张掖市实施的"建设15万平方米太阳能采暖及2万瓦太阳能光电设施生产线项目"已经开始前期工作。产业园区作为招商引资的重要载体和平台，进一步有力地促进了项目建设、产业链延伸、产业集聚的形成。酒泉市"风电装备制造产业园"2008年4月17日奠基建设，吸引四川东嘉集团、新疆金风科技股份有限公司、中航（保定）惠腾风电设备有限公司、中国复合材料集团、湖南湘电集团、华锐风电科技有限公司、中国水电工程四局水工总厂、南车时代、深圳中技集团、山东双一集团等知名企业落户该园，项目总投资达21亿元。白银风电装备制造产业园区着力建设集研发、制造、认证、测试、培训、配件供应和服务为一体的产业集群，促进风电产业快速发展，落户该园的白银中科宇能科技有限公司投资1亿元的兆瓦级风电叶片项目从开工建设到产品下线，仅用了4个多月的时间。由于优势产业招商项目的带动作用，天水、平凉、白银、临夏、武威、金昌等市州，在加大对园区基础设施投资的同时，还对园区规划进行修编、对入园项目进行清理整改，进一步提高园区承载能力。

投资主体更趋多元化。2008年央企近百亿元资金投向甘肃省的能源、制造、采矿等行业，同时省外非公经济大项目到位资金占据全部的25%。2008年在甘执行到位过亿元的项目共50个，实际到位131.15亿元，其中中国石油、中国铝业、中水集团、中国国电公司、华能集团、中国蓝星等央企在甘执行投资项目28个，实际到位98.74亿元；国内大型非公经济实体在甘投资22个，实际到位32.41亿元。辽宁方大集团有限公司投资建设的"高炉炭砖生产线和特种石墨生产线项目"到位超过5亿元，江苏金浦集团实施的"20万吨/年碳四深加工和6万吨/年丁基橡胶生产基地建设项目"到位2亿元。

坚持可持续发展取得明显成效。2008年全省共实施节水农业、采掘、有色冶金、清洁能源、建材、循环经济、水处理等节能降耗相关项目106个，投资总额208.71亿元，实际到位47.77亿元，占到位资金总数的16.10%。北京雅津技术开发中心实施的"防沙治沙、节水农业示范基地建设项目"在武威市民勤县落户；华能集团实施的"平凉市发电公司二期扩建工程和一期脱硫改造项目"，在全面提升甘肃电力整体水平的同时，还实现每年减少SO_2排放量3万吨，全厂废水零排放；金川公司离子膜烧碱项目、新希望集团硫化工、氯碱化工项目及金昌水泥新型干法水泥生产线项目按循环经济模式统一布局发展；天水市引进的武汉凯迪公司"综合生物质能源项目"总投资89亿元，创新当地单项招商项目引资记录；陇南市将清洁发展机制（CDM）项目与共同致富有机结合，帮助水电能源企业获得国外无偿资金，再由企业拿出部分资金帮助群众脱贫致富，走出一条共同致富的新路子。

以科研带动农业发展。在农业产业化资金投入明显增加的同时，科研投入已成为带动农业产业化发展的龙头。农林牧渔业2007年到位6.81亿元，2008年到位8.01亿元，同比增长17.62%。由加拿大籍华人田映良博士投资的"马铃薯研发中心建设项目"在定西市落户，该项目是国内技术水平最高，设计生产规模最大的马铃薯深加工企业；由深圳怡泰实业有限公司实施的"甜瓜保鲜技术试验项目"在武威市民勤县落户，主要从事"引进美国常温条件下保鲜技术"的试验及甜瓜的保鲜处理、销售；由北京德农种业有限公司实施的"万向德农马铃薯种业有限公司沙漠马铃薯现代化种植示范项目"在张掖市民乐县落户，5000亩优质马铃薯生产基地建成后，将年生产商品马铃薯1万吨；由敦煌种业先锋良种有限公司实施的"敦煌先锋种业二期建设项目"在酒泉市肃州区落户，截至当时，已达到年产7000吨种子的生产能力。

教育投资增加，专业技术教育成为投资新亮点。与以往相比，甘肃省教育方面吸引资金实现从"化缘到投资"的突破。教育方面2007年到位0.54亿元，2008年到位1.33亿元，同比增长147.44%。以往多为慈善资金捐资助学，主要投向基础教育，2008年教育方面吸引的资金有一半以上投向专业技术教育。由伦敦投资基金亚洲部投资的"国际学术中心项目"在西北师范大学顺利实施；由北京新东方科技教育集团投资的"兰州新东方学校"已开始运营；由湖北省随州市机电工程学院在定西市投资的临洮县"洮河机电工程学校"和在通渭县投资的"通渭县机电工程学校"均已建成运营；由湖北省枝江市星火职业技术学校投资的"靖远电子职业技术学校建设项目"开工建设。在高级专业技术人员相对缺乏的局面下，这些项目的实施为培养高素质的专业技术人员开辟了新的渠道。

批发零售、房地产投资项目稳步增长。2008年全球金融危机爆发并迅速蔓延，受其影响房地产、批发零售、商务租赁、居民服务等行业投资，在东南沿海地区呈总体下降趋势，与同期相比，甘肃这些行业外来投资则稳中有增。以上行业全省2007年到位资金58.68亿元，2008年到位资金63.69亿元，同比增长8.54%。由台湾大润发公司实施的"雁滩商贸广场大润发超市项目"在兰州市开业；由乐清普士康电子有限公司投资的"东部市场五期改造暨小商品城项目"在兰州市顺利实施；由浙江绍兴中天置业有限公司实施的兰州市安宁区"十里店城中村改造项目"开始建设。

参加省外重点展会招商。省投促局围绕全省优势特色产业，征集、遴选、梳理9大领域658项重点招商项目，编印《2008甘肃省招商项目册》和《多彩甘肃》，重点介绍甘肃省省情概况、特色资源、优势产业资源和重点招商项目，发布在"投资甘肃"网站；建立重点企业库、客商信息库和签约项目库，加强对客商资源信息的管理和应用。组织参加"西洽会""津洽会""青洽会""乌洽会""东北亚博览会""厦门投洽会"等重点展会，签约33.2亿元。项目涉及循环经济、农业产业化、现代物流、装备制造、旅游等产业；在兰州成功承办"中国—匈牙利节"活动，举办商务论坛、双边企业家洽谈会、旅游推介等专题活动；积极走出去，开展招商，12月份在香港地区举办"甘肃省投资环境暨项目推介会"，重点推出甘肃省285个招商项目。

2009年，全省共执行新建、续建省外招商引资项目1392个，投资总额1874.24亿元，到位资金468.64亿元，同比增长58.28%。提前一年实现翻一番、突破400亿元的目标。其中2009年全省新建省外招商引资项目908个，投资总额1051.99亿元，到位资金293.57亿元（境外项目9个，投资总额8.36亿元，到位资金2.78亿元；国内省外项目899个，投资总额1043.63亿元，到位资金290.79亿元）。2009年全省继续执行省外招商引资项目484个，投资总额822.25亿元，到位资金175.07亿元（境外项目12个，投资总额8.04亿元，到位资金2.57亿元；国内省外项目472个，投资总额814.21亿元，到位资金172.51亿元）。2009年全省共执行新建、续建省内区外招商引资项目810个，投资总额685.47亿元，到位资金192.74亿元，同比增长37.76%。

招商引资总量明显增大，增速持续保持较高增长速度。2009年甘肃省招商引资到位资金为468.64亿元，比上年增长171.84亿元，同比增长58.28%，提前一年实现了在2007年基础上"三年翻番"的目标。

大项目数量不断增多。2009年执行项目中投资总额上亿元的项目共334个，投资总额1610亿元，到位资金340.69亿元，较2008年数量明显增多，数额明显增大。由香港利嘉集团投资的庙滩子危旧房整体改造项目，投资总额93亿元，已到位1.3亿元；由大唐甘肃发电有限公司投资的大唐景泰电厂一期工程项目，投资总额47.47亿元，已到位21亿元；由中核集团504厂投资的504厂国产设备示范工程项目，投资总额25亿元，已到位10亿元；由武汉凯迪控股有限公司投资的武汉凯迪综合性生物质能源开发项目一期工程项目，投资总额32亿元，已到位2.46亿元；由中海油能源投资有限公司投资的中海油玉门昌马第二风电场建设项目，投资总额19.41亿元，已到位1.8亿元。

产业聚集效应良好。各地依据自身资源优势，已逐渐建立起各具特色的产业体系。特别是甘肃省"东西两翼"开发进入实质性阶段，一大批风电能源、煤矿、化工等项目落地，兰州作为中心城市，辐射带动作用增强。全省已初步形成了酒嘉风电及其设备制造基地，兰州装备制造、研发基地及物流中心，天水工业制造及农业产业化基地，平庆煤炭能源化工及相关设备制造基地等多个产业集聚区。在2009年的执行项目中，总投资36.3亿元的中节能港建（甘肃）风力发电公司玉门昌马风电场建设项目、总投资32亿元的天水市综合性生物质能源项目、总投资19亿元的兰州农副产品物流中心、总投资15.72亿元的灵台邵寨煤矿年产180万吨原煤生产线建设项目等一大批具有产业聚集效应的大项目为贯彻落实甘肃省区域发展战略奠定了基础。在总投资超过10亿元以上的34个项目中，风电及能源项目13个，到位资金88.28亿元；煤矿项目4个，到位资金5.29亿元；化工项目5个，到位资金22.41亿元；物流项目2个，到位资金3.55亿元。以上合计119.53亿元，占全省到位资金的25.51%。

清洁能源产业蓬勃发展，西部"陆上三峡"初具雏形。随着2009年酒泉开建总投资额高达1200多亿元的千万千瓦级风电基地，河西走廊已成为风电投资的热点地区，国内外的众多投资者纷纷到河西风电走廊投资开发风电项目，"资源优势"正在向"产业优势"转变。2009年，甘肃省共实施省外投资清洁能源及其装备制造类招商引资项目50个，投资总额195.80亿元，到位资金63.61亿元，占全省到位资金的13.57%。其中，风电项目18个，投资总额88.35亿元，到位资金42.56亿元，占全省到位资金的9.08%。

服务业投资增长较大，第三产业的发展基础不断夯实。甘肃省长期以来主要依靠第二产业来拉动经济发展，在"工业强省"战略的推动下，2009年第三产业项目到位资金在一、二、三产业中所占的比重较上年虽有所降低，但绝对数第三产业项目的数量和到位资金均较上年有较大增加，实现到位资金121.93亿元，增长24.92亿元，增长率为25.43%。其中，居民服务和其他服务业，租赁和商务服务业，住宿和餐饮业，交通运输、仓储和邮政业，金融业、教育等服务业到位资金增长幅度较大，显示出较大的发展潜力和良好的增长势头。第三产业和现代服务业已成为甘肃省实施

"工业强省"战略，推进新型工业化进程，提高城市化水平和促进甘肃省经济科学发展的重要推动力量。

央企和民营资本共同参与，投资主体逐步走向多元化。央企在甘肃省东西"两翼"的煤炭、石油、天然气和风光电新能源、基础设施项目大规模注资的同时，民营资本则利用自身优势全面参与各地各行业项目投资，整体推进项目建设。外来资本在各地投资发展过程中逐步与当地资本融合，央企和民营资本正在形成一种互为补充、共同发展的态势，如中海油能源投资有限公司、中材集团、中化集团、江苏雨润集团、福建达利集团、山东威龙集团、内蒙古太西煤集团等国内知名央企和民营企业加快在甘肃省的投资布局，投资主体走向多元化，产业链不断延伸和完善。

2010年，全省共执行新建、续建省外招商引资项目1524个，投资总额2765.19亿元，到位资金807.99亿元，比上年增长339.35亿元，同比增长72.41%（其中，境外项目35个，投资总额61.68亿元，到位资金14.17亿元，比上年增长8.82亿元，同比增长164.86%；国内省外项目1489个，投资总额2703.51亿元，到位资金793.82亿元，比上年增长330.53亿元，同比增长71.34%）。其中2010年全省新建省外招商引资项目893个，投资总额1300.46亿元，到位资金366.75亿元（境外项目18个，投资总额34.43亿元，到位资金5.21亿元；国内省外项目875个，投资总额1266.03亿元，到位资金361.54亿元）。2010年全省继续执行省外招商引资项目631个，投资总额1464.72亿元，到位资金441.24亿元（境外项目17个，投资总额27.24亿元，到位资金8.96亿元；国内省外项目614个，投资总额1437.48亿元，到位资金432.28亿元）。2010年全省共执行新建、续建省内区外招商引资项目869个，投资总额976.54亿元，到位资金217.7亿元，同比增长12.95%。

全省招商引资到位资金三年翻两番。"十一五"期间甘肃省招商引资到位资金逐年提高，从2005年的50.3亿元增长到2010年的807.99亿元，实现了跨越式发展，年均增长74.24%。2008年，甘肃省政府提出了全省招商引资省外到位资金在2007年206.11亿元的基础上"三年翻番"的目标任务，在全省实行招商引资工作责任制和项目督查通报制度，推动建立比学赶超的工作机制，初步形成各级各部门共同抓招商引资的工作格局，甘肃省招商引资进入新的发展时期。2008年全省招商引资引进到位资金达296.86亿元，

2009 年达到468.64亿元，2010年突破800亿元，取得了"三年翻两番"的历史性跨越。"十一五"期间，全省招商引资项目的资金到位占当年全社会固定资产投资总额的比例分别达到11.96%、15.73%、17.10%、19.29%和23.91%，招商引资对全省固定资产投资的贡献率日益显著。

国家一系列支持甘肃发展政策和规划的出台为甘肃省深化区域合作和招商引资提供了新的发展机遇。2009年6月，国家颁布《关中—天水经济区发展规划》，天水市被列为区域"次核心城市"，平凉、庆阳、陇南三市被列为区域辐射区。2009年12月，《甘肃省循环经济规划》经国务院批复，把甘肃整体列为全国唯一一个循环经济示范区，开启甘肃转变经济发展方式的新阶段。2010年5月，国务院办公厅下发《关于进一步支持甘肃经济社会发展的若干意见》，进一步明确甘肃在全国的五大战略定位，这是中华人民共和国成立以来，国家为甘肃专门制定的第一个全面系统地促进经济社会发展的指导性文件。2010年8月，《国务院关于中西部地区承接产业转移的指导意见》的出台，对促进甘肃产业结构进一步优化升级，区域合作的空间和潜力释放起到重要的作用。同时，甘肃省区域发展战略的深入实施加快了"兰白经济圈"和东西"两翼"的发展步伐。

甘肃省委、甘肃省政府领导高端推动力度进一步加大，招商措施不断加强。省委、省政府领导多次与香港地区、上海、天津、广东、四川、新疆、云南等省区市的领导高层互访，举办投资环境和项目推介会等系列招商活动。省领导还亲自访问央企，对接洽谈项目，构建合作框架，促进了央企在甘投资。各级领导对于重要客商、重点项目主要领导都亲自接待，亲自洽谈。全省各市州不断加强工业园区（集中区）基础设施建设，创新工作机制，突出主导产业，明确功能定位，加大资金投入，完善服务功能，提高产业承载能力，提升招商引资的吸引力。甘肃省通过积极参加西洽会、西博会、投洽会等大型省外展会，开展对外宣传、招商引资、区域合作和贸易促进活动，拓宽了招商引资渠道，带动了省内产品对外推介和销售。2008年—2010年，通过参加省外展会，累计有177个招商引资项目签约，签约金额达到501.4亿元，共组织省内1200多家次企业参会，近3000种产品参展，商品销售总成交额达45.15亿元。

大项目数量继续增多，项目执行质量不断提高。2010年执行项目中投资总额上亿元的项目共479个，比2009年的334个增加了145个，10亿元以上项目有68个，比2009年增加一倍；投资总额2441.34亿元，比2009年的1610亿元增加831.34亿元；到位资金639.41亿元，比2009年的340.69亿元增加298.72亿元，较2009年数量明显增多，数额明显增大。毛家川500万吨煤矿及选煤厂、华能热电联产项目、广汇瓜州柳沟物流基地、中国水电顾问集团北大桥第一风电场、蓝星公司年产12万吨聚甲醛生产装置建设、徐家湾餐饮商业旅游区等一大批投资10亿元以上的新建项目开工建设。同时，2010年执行项目中投资额在1000万元以下的项目200项，数量比2009年减少105个。

兰洽会成为甘肃省开展招商引资的有力抓手和主要平台。第十五届兰洽会签约额首次突破1000亿元，实现了跨越式发展。第十六届兰洽会乘胜前进，签约额达1309.36亿元，比十五届增长23.39%。截至2010年底，第十五、第十六届兰洽会签约项目累计到位资金501.57亿元，占全省招商引资已到位资金的62.08%，有力地促进了国际、省际的交流与合作，向境内外广泛推介了甘肃省在资源、新能源、装备制造、循环经济、特色农产品加工等方面的优势，提升甘肃对外开放的新形象。同时，兰洽会有力带动了餐饮、服务、广告、旅游等第三产业的发展。

组织参加省外大型展会。按照统一安排、分头组织的原则，2010年省投促局共组织参加了8个省外展会。西洽会的参会参展工作，共组织了10个市州（其中5个参展）、4个省直部门和73家企业（其中36家参展）共800多名代表参会。期间成功对接了28个项目，签约3个合同项目总额2.15亿元，签约8个协议项目协议金额8.75亿元，同时举办了"关中—天水经济区"甘肃陇东南四市发展环境说明会。定西市在西安举办了项目推介暨经贸洽谈会。青洽会的参会参展工作，共有兰州、庆阳、定西、金昌、甘南5个市州，省建设厅、工信委等4个省直部门和酒钢集团、祁连山水泥集团等20家企业（其中12家参展）的共160多名代表参会。举行了"甘青两省玉树灾后重建合作座谈会暨捐赠仪式"，酒钢集团向玉树灾区捐赠了价值450万元的1000吨钢材，祁连山水泥集团捐赠了价值100万元的2000吨水泥，西北永新公司捐赠了价值50万元的外墙涂料及配套产品，总价值600万元。津洽会的参会参展工，组织了省人社厅等有关部门和兰州、金昌、定西、庆阳等市州共约220余代表参加大会，省旅游局还组织开展现场旅游推介，两省市人社部门联合召开"甘肃省在天津市优秀务工人员表彰会暨职业培训劳务合作洽谈会"，开展对口帮扶和劳务协作活动。组团参加宁洽会，组织兰州市、庆阳市和临夏州的11家企业参展参会，临夏州政府与银川市政府就加强交流与合作进行深入座谈。西博会的参会参展工作，12个市州、8个省直部门以及15个分团约600余人、24户企业参会。在西博会开幕式上由省歌剧院负责排演了"敦煌韵"舞蹈。甘肃省总投资额达81.25亿元的31个招商引资项目参加集中签约。举办投资环境暨招商项目说明会，舟曲、天水等市县在说明会上进行投资环境和招商项目推介，重点推介"关天经济区"、"舟曲灾后重建""酒嘉新能源建设"等内容。组团参加第三届能博会、湖南经洽会、第七届东盟博览会，开展项目推介和交流学习活动。2008年—2010年，甘肃参加省外展会累计签约招商引资项目177个，签约金额达501.4亿元。省内1200多家次企业参会，近3000种产品参展，商品销售成交45.15亿元。

走出去举办招商推介活动。1月份在广东省东莞市开展招商引资活动，举办"甘肃省投资环境暨招商项目说明会"。本次活动以投资环境说明、产业推介、项目对接为主，同时开展交流洽谈和参观考察活动，加深东莞企业对甘肃的了解。甘肃省作为第十一届西博会轮值主席，省投促局与四川省博览局、四川省招商局一起先后于6月和9月分别在深圳和上海举办第十一届西博会中国西部投资项目推介会。甘肃省以"多彩甘肃、商机无限"为主题进行了推介，与两地近300家知名企业进行交流洽谈，发放甘肃省重点招商项目目录、项目光盘和招商引资政策等资料。9月在北京举行的有50多位中外知名企业家出席的慈善捐助活动中，开展甘肃项目推介交流。组织企业参加天津滨海黄河经济发展论坛，开展项目推介和交流。

2001 年—2010 年甘肃省招商引资项目执行情况统计表

表6-2-1 单位：亿元、%

年度	项目数	投资总额	到位资金	到位资金同比增长	全社会固定资产投资额	到位资金占全社会固定资产投资比例	备注
2001	174	140.70	16.84	—	505.42	3.33	"十五"期间，全省招商引资项目共到位资金186.19亿元，占此期间全社会固定资产累计投资额3366.86亿元的5.53%
2002	429	74.74	26.82	59.26	575.83	4.66	
2003	583	99.76	44.46	65.77	655.07	6.79	
2004	576	130.73	47.77	7.44	756.01	6.32	
2005	629	177.94	50.30	5.30	874.53	5.75	
2006	705	385.36	122.58	143.70	1024.87	11.96	"十一五"期间，全省招商引资项目共到位资金1902.12亿元，占此期间全社会固定资产累计投资额9928.74亿元的19.16%
2007	885	457.93	206.11	68.14	1310.38	15.73	
2008	1280	1213.56	296.80	44.00	1735.79	17.10	
2009	1392	1874.24	468.64	58.28	2479.60	18.90	
2010	1524	2765.19	807.99	72.41	3378.10	23.92	

2010 年甘肃省各市州招商引资省外资金到位情况统计表

表6-2-2 单位：亿元、%

投向	到位金额	占比例	同期增长率
合计	807.99	100.00	72.41
兰州	179.91	22.27	68.27
酒泉	151.73	18.78	139.17
平凉	85.31	10.56	29.28
白银	77.24	9.56	84.43
庆阳	76.04	9.41	40.79
天水	56.16	6.95	64.26
武威	36.87	4.56	155.16
定西	35.99	4.45	78.61

续表

投向	到位金额	占比例	同期增长率
张掖	31.57	3.91	112.86
嘉峪关	24.50	3.03	171.92
陇南	18.95	2.35	28.65
金昌	18.00	2.23	5.57
甘南	10.08	1.25	16.80
临夏	5.64	0.69	67.86

2006年—2010年省外在甘投资情况统计表

表6-2-3   单位：亿元

来源	2010年到位金额	2009年到位金额	2008年到位金额	2007年到位金额	2006年到位金额	5年合计
合计	807.99	468.64	296.80	206.11	122.58	1902.12
境外	14.17	5.35	4.43	6.70	3.13	33.78
北京	322.32	169.08	83.47	37.32	15.17	627.36
陕西	78.56	74.76	44.18	27.20	15.05	239.75
浙江	62.95	37.47	29.04	29.39	8.75	167.60
江苏	39.88	16.99	15.68	9.01	2.09	83.65
广东	39.60	9.08	12.49	12.39	4.01	77.57
四川	39.23	24.93	17.25	14.24	5.92	101.57
福建	27.56	18.69	9.63	11.21	3.08	70.17
上海	21.61	8.02	9.95	4.14	2.21	45.93
山东	15.54	12.04	13.03	9.65	2.13	52.39
宁夏	14.79	8.61	5.63	2.65	1.64	33.32
内蒙古	13.98	6.70	4.63	3.30	1.22	29.83
河南	13.43	8.42	4.53	4.83	3.20	34.41
湖北	13.35	9.52	2.44	2.08	1.20	28.59
河北	10.59	7.70	7.49	6.05	1.61	33.44

来源	2010 年到位金额	2009 年到位金额	2008 年到位金额	2007 年到位金额	2006 年到位金额	5 年合计
新疆	10.30	6.43	7.27	3.19	1.82	29.01
青海	10.22	4.86	2.77	3.02	0.61	21.48
安徽	8.02	8.54	2.05	2.12	1.09	21.82
辽宁	7.76	7.23	8.62	4.84	0.85	29.30
天津	7.03	5.23	1.18	1.09	0.00	14.53
湖南	5.45	5.54	2.60	1.53	0.81	15.93
重庆	4.84	1.49	0.29	0.73	0.42	7.77
江西	4.18	1.86	1.57	1.66	0.50	9.77
山西	2.98	3.14	2.19	2.25	1.54	12.10
广西	1.14	0.38	0.37	0.90	0.17	2.96
黑龙江	0.75	0.66	1.26	0.33	0.37	3.37
云南	0.58	0.76	0.60	0.45	0.33	2.72
西藏	0.43	0.57	0.18	0.29	0.29	1.76
吉林	0.24	1.00	1.01	1.54	0.19	3.98
贵州	0.20	0.40	1.70	1.37	0.93	4.60
海南	0.06	2.63	0.27	0.63	0.20	3.79

2010 年甘肃省招商引资省外资金投向行业分布统计表

表6-2-4

单位：亿元、%

行业	到位资金	
	金额	占比例
合计	807.99	100.00
A 农、林、牧、渔、业	25.45	3.15
B 采矿业	64.65	8.00
C 制造业	242.39	30.00

行业	到位资金	
	金额	占比例
D 电力、燃气及水的生产和供应业	214.21	26.51
E 建筑业	22.03	2.73
F 交通运输、仓储和邮政业	31.41	3.89
H 批发和零售业	27.39	3.39
I 住宿和餐饮业	11.94	1.48
J 金融业	1.31	0.16
K 房地产业	62.81	7.77
L 租赁和商务服务业	81.38	10.07
M 科学研究、技术服务和地质勘查业	8.50	1.05
N 水利、环境和公共设施管理业	2.51	0.31
O 居民服务和其他服务业	4.99	0.62
P 教育	0.48	0.06
Q 卫生、社会保障和社会福利业	3.14	0.39
R 文化、体育和娱乐业	3.34	0.41

2006 年—2010年甘肃省吸引省外资金前10位行业情况统计表

表6-2-5　　　　　　　　　　　　　　　　　　　　　　　单位：亿元、%

排名	行业	累计到位金额	占"十一五"以来到位资金总额比重
1	C 制造业	573.17	30.13
2	D 电力、燃气及水的生产和供应业	452.01	23.76
3	K 房地产业	201.83	10.61
4	B 采矿业	192.73	10.13
5	L 租赁和商务服务业	130.62	6.87
6	H 批发和零售业	66.06	3.47

续表

排名	行业	累计到位金额	占"十一五"以来到位资金总额比重
7	F 交通运输、仓储和邮政业	63.99	3.36
8	A 农,林、牧、渔、业	56.68	2.98
9	E 建筑业	43.20	2.27
10	I 住宿和餐饮业	40.36	2.12

三、主要活动

2006年8月29日,甘肃省商务暨招商引资工作会议在兰州召开,副省长孙小系、省商务厅厅长陈克恭、省投资贸易局局长张世恩以及省市（州）相关部门领导、有关行业商协会主要负责人、甘肃省重点企业负责人等出席了会议。会议回顾了甘肃省几年来的招商引资工作,分析了存在的问题,并对今后招商引资工作重点工作进行了部署。

2006年8月29日,在召开的全省商务暨招商引资工作会议上,随着孙小系副省长的按键点击,"投资甘肃网"（http：//www.gsinvest.gov.cn/）正式开通。"投资甘肃网"成为甘肃省加强招商引资,扩大省际、区域间的经济合作与交流的有效载体和平台,已建设成甘肃省招商引资的门户信息网。"投资甘肃网"是由甘肃省投资贸易促进局在整合了原甘肃招商网（兰洽会网）、甘肃经济合作网、甘肃投资指南网后,建设的投资贸易促进专门网站。其包含10个功能板块：在线招商项目推介、招商引资、省际合作、会展经济、在线兰洽会、投资导向、名优产品、网上办事、新闻中心和在线服务。

2006年12月24日,经甘肃省政府同意,由省政府办公厅和省商务厅主办、省投资贸易促进局承办的甘肃省政府驻外办事处主任招商引资工作座谈会在兰州召开。省政府办公厅、省商务厅、省投资贸易促进局以及省政府驻外办事处主任和有关部门共30多人参加了会议。

2007年春季广交会期间,甘肃省争取到与商务部、广东省政府合作主办第101届广交会开幕招待会的资格。届时,甘肃省组成了以甘肃省委书记陆浩为团长，省长徐守盛、副省长孙小系、省政协副主席邵克文、省长助理陈有安、兰州市市长张津梁为副团长的党政代表团前往广州，全方位宣传甘肃、推介甘肃，扩大出口和招商引资。在广州市举办"甘肃省投资环境说明暨项目推介会"，在省内征集、筛选了涉及石油化工、冶金建材、矿产资源、农业、旅游、能源、医药、基础设施、工业制造等十大行业的600多个项目进行推介、对接、洽谈。4月15日下午3：00，甘肃省在广州市举办"甘肃省投资环境说明暨项目推介会"，甘肃省投资环境说明暨项目推介会由甘肃省副省长孙小系主持，商务部副部长高虎城、广东省副省长佟星分别在会议上致辞。甘肃省省长徐守盛在会议上作了主旨演讲。中国对外贸易中心主任王俊文，以及商务部有关司局、广东省有关部门、甘肃省有关部门和14个市州负责人出席了推介会。来自日本、意大利等14个国家和香港地区、澳门地区、台湾地区及珠三角地区的商协会、投资机构和企业、世界知名企业、甘肃企业和项目单位代表1100多人参加会议。第101届广交会期间，甘肃省共有67个招商引资项目和贸易合同签约，总金额79.27亿元。其中招商引资项目59个，拟投资额64.36亿元；贸易合同8个，合同额14.91亿元（此统计不包括广交会交易团对外贸易合同）。

2007年，甘肃省在上海成功举办了甘肃省投资项目推介洽谈会。来自国内外的120多家企业、140多位客商参会，达成了20多项合作意向。

2008年4月6日—8日，由匈牙利政府主办，甘肃省政府支持，省商务厅、省外事办、省投资贸易促进局等部门承办的"匈牙利节"兰州活动在兰州隆重举办。匈牙利政府派出了由匈牙利中匈关系总理特使、副部长胡斯蒂·安德拉什任团长，匈牙利驻华使馆大使库绍伊·山多尔为副团长的9名政府官员和37家企业的46名企业家为成员的代表团出席。双方共同举办了"匈牙利节"开幕式暨商务论坛、双边企业家洽谈会、旅游专题推介活动，召开了新闻发布会。甘肃省14家企业、商协会与匈方企业通过洽谈，重点在小家电、环境保护、废水处理、建筑和装饰材料、食品加工、园艺建设、节能照明等领域达成了交流合作的初步意向。兰州交通大学与匈牙利Szolnok学院在加强教师、学生交流方面达成了合作意向。

2008年4月，"西洽会"期间，甘肃省组成了甘肃省委常委、甘肃省副省长刘永富任团长，由14个分团、135家企业、800余人组成的代表团参会参展。洽谈会期间，共签订项目合同44个，总投资额17.73亿元，项目涉及循环经济、农业产业化、现代物流、装备制造、旅游等产业。会期实现销售额2954.6万元，获得了组委会颁发的最佳组织奖、最佳布展奖。

2008年4月，第十五届中国·天津投资贸易洽谈会期间，甘肃省组成了由省人大常委会副主任马尚英任团长，9个市州分团、劳务合作洽谈分团和省投资贸易局、省劳动保障厅、省扶贫办等单位共270人组成的代表团参加了"津洽会"，参会企业81家，参展产品共达220种。参展企业共达成了金额11921万元的产品销售协议和意向。兰州金安新包装有限公司与天津4家企业洽谈达成了共计金额5445万元的协议。甘肃省劳动厅、省劳务办与天津市劳动保障局洽谈签订了每年向天津输送农村富余劳动力3万人，并将视天津用工需求情况逐年增加的劳务合作协议；先后在美克国际家私（天津）制造有限公司、天津狗不理大酒店等企业设立了3个甘肃省劳务输转基地，在天津工程师范学院附属技师学院等单位设立了3个甘肃省劳务培训基地，并举行了挂牌仪式。敦煌市举办了"敦煌旅游对接恳谈会"，邀请天津市旅游局及50多家天津旅行社参加，宣传推介敦煌旅游。津洽会期间，马尚英副主任及甘肃省代表团各分团的领导，还与天津市人大常委会副主任邢明军和天津市对口帮扶甘肃的牵头实施部门天津市经协办的领导进行了座谈交流。甘肃省扶贫办、部分参会市县也与天津市对口帮扶部门及区县开展多种形式的交流活动，促进了区域帮扶合作。

2008年12月11日，甘肃省投资环境暨项目推介会在香港地区举行。此次推介会甘肃省推出的经济合作项目共200余个，涉及工业制造、矿产资源、冶金建材、农业产业化、旅游产业等，总投资额达717亿元人民币。甘肃省商务厅厅长王锐在推介会上介绍了甘肃的基本情况、特色优势产业、投资环境、优惠政策和合作专案。甘肃省旅游局局长黄周会推介了旅游开发合作专案，重点介绍了丝绸之路、黄河风情、民俗风情、草原风光等特色旅游线路，欢迎香港地区旅游界共同开发旅游资源和客源市场。香港贸易发展局、香港中华总商会、香港中华厂商联合会等机构以及香港工商界150多人参加了推介会。期间，甘肃省商务厅与香港贸发局签订了《进一步促进双方经贸合作备忘录》。

2009年2月13日，甘肃省政府与中国交通银行股份有限公司在兰州签订银政战略合作协议，甘肃省商务厅厅长王锐参加了签订仪式。

2009年2月14日，甘肃省参加2010年上海世博会组委会与省招标中心联合举行2010年上海世博会甘肃馆展示设计方案第二阶段公开招标评标会。经来自北京、上海等地的13位专家组成的评标委员会评审，现场确定上海大学世博艺术与展示中心和甘肃现代国际展览有限责任公司联合体、STAR GROUP USA INC.星际元集团（美国）、北京点意空间展览展示有限公司三家设计单位入围作为候选方案，进入展示工程优化设计阶段。甘肃省参博组委会副主任、省商务厅厅长王锐，组委会办公室主任、省投资贸易促进局局长张世恩参加了公开招标开标大会。

2009年4月5日—8日，甘肃省委常委、甘肃省副省长刘永富率团参加了在西安举办的第十三届中国东西部合作与投资贸易洽谈会（西洽会）。甘肃省代表团设立了甘肃投资贸易展区，由省投资贸易促进局展示和宣传甘肃的招商环境、资源优势、特色产业、名优企业和重点招商引资项目，并开展招商引资项目现场推介、洽谈、交流等活动。省商务厅厅长王锐作为副团长参加了此次西洽会，并在省际经济合作交流大会上作了"多彩甘肃，无限商机"的演讲。

2009年4月18日，第十六届中国·天津投资贸易洽谈会在天津举行。甘肃省派出了由省人大常委会副主任孙效东任团长，驻省商务厅纪检组组长王勇谦、省商务厅副厅长王旭、省投资贸易促进局局长张世恩及有关市州和省直部门负责人任副团长，50多家企业共180人组成的代表团参加。

2009年4月26日—28日，甘肃省委书记陆浩，省委副书记、省长徐守盛率省党政代表团赴天津学习考察，中央政治局委员、天津市委书记张高丽会见了党政代表团一行，双方就进一步加强合作交流交换了意见。参加会见的甘肃省领导还有陈学亨、刘伟平、刘永富、姜信治、洛桑灵智多杰、张津梁等及兰州大学党委书记王寒松，甘肃省商务厅厅长王锐参加了学习考察活动。

2009年5月5日，中国·青海投资贸易洽谈会暨郁金香节（青洽会）在西宁开幕。受青海省人民政府的邀请，由甘肃省副省长刘永富任团长，省政府副秘书长李志勖、兰州市副市长杨志武、省投资贸易促进局局长张世恩任副团长，省直有关部门和兰州、张掖、临夏分团以及部分企业代表组成代表团参加。

2009年8月6日—9日，2009中国（青海）国际清真食品及用品展览会在西宁市举行。甘肃省政府代表团由副省长刘永富带队出席，企业代表团有55户企业共140余人参加。省商务厅副厅长张立民，省贸促会专职副会长任福康参加了展览会。

2009年8月30日—9月3日，甘肃省委书记、省人大常委会主任陆浩，省委副书记、省长徐守盛率领甘肃省代表团，在香港地区进行了为期4天的访问考察。拜会了中央人民政府驻港联络办，与特区政府、港方企业和社团组织，开展了广泛深入地交流和座谈，还举办了一系列甘肃·香港合作推介活动，成功签约了一批重大项目，签约总额250亿元。

2009年9月1日—3日，甘肃省副省长张晓兰，省商务厅副厅长冯毅广，省投资贸易促进局局长张世恩、省贸促会专职副会长车晓林赴新疆参加第十八届乌鲁木齐对外经济贸易洽谈会（乌洽会）。张晓兰副省长一行参加了乌洽会开幕式及中西南亚区域合作高层论坛，拜访了有关商业协会，并为嘉峪关市招商引资项目推介会邀请宾客。

2009年9月21日，中国甘肃嘉峪关第一届投资贸易洽谈会在嘉峪关举行，中国甘肃省委常委、甘肃省副省长刘永富代表省委、省政府对本届投资贸易洽谈会的召开表示热烈祝贺。省政府副秘书长李志勋，省工信委副主任温隆家，省投资贸易促进局局长张世恩，省贸促会专职副会长车晓林等出席项目推介会。国内外50多家企业、300多位企业商会负责人参加了此次洽谈会。

2010年5月1日—10月31日期间，由中国举办的首届世界博览会–中国2010年上海世界博览会在上海市举行。甘肃省参博工作顺利完成了展览展示及展馆运营、文化展演、网上世博、宣传推介、活动组织等各项任务。甘肃馆被上海世博局等单位评为"上海世博会世博园区服务保障先进集体""青年文明号"。甘肃馆在184天的展期内累计接待境内观众620多万人次，境外观众约4500多人次，其中贵宾团组约390个，吸引了30多家省外境外媒体的关注和报道。9月11日—15日甘肃活动周期间，举办了开幕式、向舟曲灾区捐助代表见面会、"精品丝路·多彩甘肃"旅游宣传推介会、舟曲特大山洪泥石流灾害抢险救灾图片展、生命阳光馆残疾人艺术家现场表演等大型活动。活动周共组织文化演艺、"三民"传统艺术现场展演和巡游等各类演出60余场，接待国内外观众33万多人；向世博会游客派送省内37个旅游景区景点邮资门票30万枚；境内外106家企业、单位和个人，为舟曲灾区捐助3.23亿元资金和价值3700万元的物资，106家捐助单位代表还参加了向舟曲灾区捐助代表见面会。

2010年10月19日，商务部、中国贸促会与甘肃省政府建立部省、会省合作机制。甘肃省委副书记、省长刘伟平分别与商务部部长陈德铭、中国贸促会会长万季飞在北京签署了《合作协议》。中共省委书记陆浩，省委常委、副省长刘永富，省委常委、省委秘书长姜信治等出席签字仪式。

第三节 合作机制

一、西北五省区经济合作

1. 西北五省区经济技术协作联席会议。1983年4月5日—11日，第二届西北五省区经济技术协作联席会议在兰州宁卧庄宾馆召开，陕、甘、宁、青、新五省区政府的省长、主管工作副省长、副主席、计委、经委、协作办的负责同志，国家计委、国家经委及沪、津、苏、川、滇、浙、豫、渝的经协办负责同志应邀参加了会议。会议交流了协作工作情况和经验，商谈了协作项目，协商了加强西北地区协作工作的措施，一致同意报请国务院帮助西北"老少边穷"地区开展协作和解决急需问题。会上甘肃省委常委、副省长葛士英同志致开幕词；陕西省副省长刘邦显同志就第一届联席会议后的工作情况向会议作了报告。西北五省区、国家计委、国家经委以及与会省市的领导同志做了专题发言。甘肃省经协办王永昶副主任作题为《努力开创甘肃经济技术协作的新局面》的书面发言。甘肃省经协办陈光毅主任做了会议总结讲话。

1983年9月19日—20日，西安、银川、西宁、乌鲁木齐、兰州等西北区省会城市在兰州举行了经济技术协作座谈会。省计委、经委、科委、经协办、兰州铁路局的有关负责同志及兰州部分新闻单位共88人参加了会议。甘肃省委副书记贾志杰同志，常务副省长侯宗宾同志到会并讲了话。会议在建立情报信息网、互设贸易窗口、联合发展对外贸易、建立经常的物资串换调剂关系、组织"拳头"产品的技术攻关、农副产品加工协作、联合开发智力、开展旅游一条龙服务等方面进行了研讨，达成经济技术协作物资项目79项。

1985年9月21日—26日，西北五省区经济技术协作第三次联席会议在西宁市召开，正式代表96名。甘肃省常务副省长侯宗宾同志率领24人的代表团出席了会议。会议通过《关于设立西北五省区经济技术协作常设办事机构的意见》（办事处设在兰州）以及加强协作区科技工作，流通领域互惠性协作、人才交流及代培工作，加强五省会之间经济技术协作的意见。甘肃省共洽谈了45个项目，其中经济联合2项，技术协作33项，人才培训6项，物资协作4项，交流资料570多份。会上达成了《陕西省与甘肃省关于开展对口协作的商谈纪要》，议定：庆阳地区与咸阳市、平凉地区与宝鸡市、宝鸡县与武山县、长安县与永登县结成对口协作关系。两省高教厅（局）乡镇局，结成对口协作关系，旅游一条龙协作等。

1986年3月17日，经西北五省区政府批准，"西北五省区经济技术协作办事处"于1986年3月17日在兰州正式成立。为西北五省区经济技术协作联席会议的常设机构，主要任务是：处理联席会闭会期间的日常工作：组织、协调、督促检查西北五省区之间的经济技术协作工作；调查研究进一步开展经济技术协作的有关政策，措施和重大协作项目收集、整理、信息传递，与全国有关信息中心建立联系，逐步形成西北地区经济技术协作信息网络，以及承办西北五省区政府交办的工作。办事处先由青海省、甘肃省经协办抽调人员开展工作，办公地点在兰州市南昌路兰州军区第一招待所四号楼。

1986年9月21日—27日，西北五省第四次经济技术联席会议在乌鲁木齐市召开，由新疆区政府主持，陕、甘、青、宁四省区派代表团参加。国家教委、民委、经贸部也派代表出席了会议。甘肃省代表团由副省长张吾乐同志任团长和省经协办副主任李建基任副团长并率领参加会议。会上，张副省长介绍了甘肃开展横向联合情况，并对加强西北地区经济技术协作提出了具体建议。会议就组建"西北地方贸易进出口总公司"联合发展对苏贸易，统一对外，统一协调平衡进出口贸易业务；加强电子行业的联合；五省区近期物资协作问题；加强西北地区高等教育和人才协作；联席会议办事机构设置问题，即将西北五省区协作办事处改为松散型的"西北五省区经济技术协作联席会议联络处"等达成一致协议。

1988年1月11日—14日，西北经济协作区第五次联席会议在西安举行。到会正式代表136人，五省区政府及内蒙古自治区有关领导率团出席，甘肃代表团由贾志杰省长率领，省经协办副主任王永昶、邹容珍同志参加。国家经委协作局、计委地区局、民委财经司负责同志应邀到会并讲话。会议同意接受内蒙古两市三盟加入，决定将"西北五省区经济技术协作联席会"改称"西北经济协作区联席会"并通过联合向国务院申请《关于给西北地区发展经济优惠政策的报告》；联合组建"中国西北伊斯兰国际投资公司"，待准备就绪后以协作区名义上报；联建原料基地和组建企业集团，会议赞同省区领导互访制度。本届联络处设在陕西外协委。确定第六次联席会由甘肃省政府主持。

2. 西北五省区党政主要领导联席会议。1993年9月16日—18日，西北五省区党政主要领导在新疆乌鲁木齐举行第一次联席会议。陕西、甘肃、宁夏、青海、新疆的党政主要领导张勃兴、顾金池、任启兴、田成平、宋汉良、铁木尔·达瓦买提等出席了会议。参加会议的还有国务院研究室主任袁木、国务院特区办副主任赵云栋，中央政策研究室、对外贸易经济合作部、国务院发展研究中心等部门负责同志，以及五省区党委、政府秘书长、办公厅主任、政研室主任和有关地市、业务部门的负责同志。这次会议的中心议题是贯彻落实江泽民同志在西北五省区经济工作座谈会上的讲话精神，共商西北地区加强区域联合协作，扩大对外开放，促进经济共同发展的问题。会上新疆维吾尔自治区党委书记宋汉良作了题为《共建大通道，联合走西口，努力推进西北地区经济的大协作大发展》的主题报告。张勃兴、顾金池、任启兴、田成平分别介绍了本省区的基本情况和经济形势，交流了加强联合、扩大开放的意见，探讨了联合走西口的思路。袁木等领导同志在会上作了重要发言。

二、黄河经济协作区省区负责人协调会议机制

黄河经济协作区1998年由山东省牵头成立，是以黄河为纽带、以新亚欧大陆桥为依托而建立的区域性经济协作组织，也是国内最早成立的区域经济组织。它由山东、河南、山西、陕西、内蒙古、宁夏、甘肃、青海、新疆、新疆生产建设兵团和黄河水利委员会9省区11方组成。协作区自成立以来，以"区域经济协调发展，逐步缩小地区差距"为区域经济发展战略，坚持优势互补、互惠互利、共同发展的原则，不断加强各省区之间在项目、资金、人才和技术等各方面的广泛合作，形成了独具特色的区域协作模式和协调运行机制，建设为经常性的联络协调制度和省区负责人的会议制度，促进了黄河流域的可持续发展。

1994年9月21日—27日，由甘肃省主办的黄河协作区省区负责人第七次

会议在嘉峪关市召开。会议通过了甘肃省提出的《关于发挥区域优势，利用亚欧大陆桥，联合培育黄河大市场的意见》和关于组建黄河经协区乡镇企业联系会，建立黄河经协区黄河技术大市场的提案。会议期间，共签订各类合作项目118项，协议总金额4.08亿元。其中经济技术协作项目89项，协议金额2.42亿元；物资协作29项，金额为66亿元。

三、陕甘川宁四省16方毗邻经济协作区

1986年11月17日，陕甘川宁毗邻十二方经济区在宝鸡市成立。这是我国西部第一个组建的跨省毗邻地区经济区，由陕西的宝鸡市、汉中地区，甘肃的天水市、平凉地区、庆阳地区、陇南地区，四川的绵阳市、广元市，宁夏的西海固地区、银南地区、银川市11个地市及西安、安康、兰州、成都、银川5个铁路分局组成，区域面积达16.2万多平方公里，人口2260多万。协作区的组织机构包括"十六方经济联合会"、行业分会等。以中国西部商品交易合作交流形式为依托，进行大联合、大流通、大协作，促进区内项目、技术和资金的交流与协作。

甘肃省平凉、庆阳、天水和陇南等四地市作为陕甘川宁四省12方毗邻经济协作区的成员，利用各方每年轮值办公的平台，结合自身资源禀赋优势、产业发展基础、生态环境条件，在突出抓好主导产业和首位产业的同时，积极扩大区域合作，打造上下游产业链，拓宽产业发展空间和商贸交流。

1987年10月27日—29日，陕甘川宁毗邻12方经济联席会第二届年会在川北重镇广元市举行，会议总结经济联合成立一年的成就，探讨加速发展区域经济大计，审议通过首届年会工作报告，讨论修改章程，决定1988年活动计划，商定下届年会在天水市举行，通过年会纪要。

1987年11月20日—25日，在庆阳地区召开三省十二方经济协作会议，同时举行各方产品评比展销会，甘肃省天水市、庆阳、平凉、陇南地区参加会议。为加强运输，各方一致同意兰州、西安、安康、成都四个铁路分局加入协作组织。

1998年9月11日—15日，第十届中国西部商品交易会在陕西宝鸡市举行，同时举办98'中国宝鸡炎帝节。全国人大常委会副委员长王光英出席

了会议。平凉地区商品展销成交6.5亿元，天水市成交2.3亿元，陇南地区成交1.7亿元，庆阳地区成交0.86亿元，取得了优异成绩。

2000年9月6日，第十二届中国西部商品交易会暨伏羲文化旅游节在天水落幕。商品成交总额达到61.52亿元，其中现货成交20.68亿元，期货40.84亿元；科技市场1.93亿元；招商引资、产权交易资金32.35亿元。本届西交会是国家实施西部大开发战略后的首届西交会，参会客商范围广、人数多，除甘陕川宁西省区十六方外，还有天津、河北、江西、上海、广东、新疆等14省、市、区以及香港地区、台湾地区的客商，海尔集团、创维集团、长虹集团、康佳集团、九州集团等国内一些大型企业和北大、清华、天津科大等一批名牌高校也组团参会。参加交易的厂家、客户达1300余家。同时，澳大利亚、德、日、韩等8个国家的168名客商代表参加了交易会。展馆布展首次全部采用国际标准展位，招商引资产权交易成为交易会重中之重，天水、宝鸡、汉中、陇南及邯郸等地市都签约了一批项目，共计75项。文化旅游活动也丰富多彩，数十种（场）的展览、比赛文艺演出和旅游观光活动，尽情展示了羲皇故里丰厚的文化底蕴和多彩的旅游资源。

陕甘川宁毗邻地区经联会自1986年成立以来，平凉市作为成员方和发起方之一，广泛开展了多层次、多渠道、多形式的经济合作与交流。1996年和2004年成功举办了两届西交会，有力促进了平凉市城市建设的快速发展和社会经济的全面进步。庆阳市于2003年成功举办了第十五届中国西部商品交易会暨中国庆阳香包民俗文化节，有包括港澳台在内的我国32个省市区及美、日、澳、英等在内的19个国家和地区的1.2万名代表参加了这次节会。

四、宁蒙陕甘区域经济共同发展联席会议

作为西陇海兰新经济带、呼包银经济带沿线的宁蒙陕甘毗邻地区，地缘相邻，人缘相亲，区域资源优势突出，经济和社会发展既有同质性，又有互补性，有着广泛的合作空间。2004年，经宁夏银川市、内蒙古阿拉善盟、陕西榆林市、甘肃平凉市等有关方面共同协商，提出建立宁蒙陕甘毗邻地区联席会议制度，形成优势互补、共同发展的区域经济协作机制。这一战略构想得到了宁蒙陕甘四省区党委、政府的高度重视和大力支持，也

得到了26个相关市（盟）县（旗）的积极响应。其中宁夏有银川市、石嘴山市、吴忠市、固原市、中卫市5个市，平罗县、青铜峡市、盐池县、海原县、同心县5个县；内蒙古有阿拉善盟、鄂尔多斯市、乌海市3个市（盟），阿拉善左旗、阿拉善右旗、额济纳旗、鄂托克旗、鄂托克前旗、伊金霍洛旗、磴口县7个县（旗）；陕西省有榆林市1个市，定边县、靖边县、吴旗县3个县；甘肃省有平凉市、庆阳市2个市。并于同年8月在银川召开了宁蒙陕甘毗邻地区共同发展联席会议首届年会，这次会议也标志着宁蒙陕甘毗邻地区区域合作机制全面启动。现成员城市包括：宁夏有银川市、石嘴山市、吴忠市、固原市、中卫市5个市，平罗县、青铜峡市、盐池县、海原县、同心县、西吉县、泾源县、彭阳县8个县；内蒙古有阿拉善盟、鄂尔多斯市、乌海市巴彦淖尔市4个市（盟），阿拉善左旗、阿拉善右旗、额济纳旗、鄂托克旗、鄂托克前旗、伊金霍洛旗、磴口县7个县（旗）；陕西省有榆林市、延安市2个市，定边县、靖边县、吴旗县3个县；甘肃省有平凉市、庆阳市2个市。共31个成员城市，合作部门行业扩大到14个。区域合作面积达60.44万平方公里，辐射人口2290万人，分别占西部地区总面积和人口的11.2%。按照惯例，每年召开由各成员城市党政领导和联络处负责人参加的主题年会，已成为区域合作的重要组织形式。

2009年9月4日—6日，宁蒙陕甘毗邻地区共同发展联席会议第六届年会于在甘肃省平凉市召开。年会主题为"生态建设与环境保护"。会议审议并通过《宁蒙陕甘毗邻地区共同发展联席会议第五届年会以来秘书处的工作报告》《关于加强宁蒙陕甘毗邻地区生态建设与环境保护的倡议书》《第一届宁蒙陕甘毗邻地区经济技术合作洽谈会工作方案》，12个地市城市主要领导共同签署了《宁蒙陕甘毗邻地区生态建设与环境保护合作框架协议》《关于建立宁蒙陕甘毗邻地区经济技术合作洽谈会机制的协议》。2010年5月份，首届"宁蒙陕甘毗邻地区经济技术合作洽谈会"在银川成功举办，使企业对接活动进一步丰富，为产业互补及合作配套搭建了良好平台。

五、关中——天水经济协作区

关中——天水经济区简称"关天经济区"，2009年经国务院批复通过，其范围包括陕西省的关中平原地区及甘肃省天水地区，共六市一区。经济区以大西安（含咸阳）为中心城市，宝鸡为副中心城市，天水、铜川、渭南、商洛、杨凌、庆阳、平凉、陇南等为次核心城市。依托陇海铁路（欧亚大陆桥）和连霍高速公路，形成中国西部发达的城市群和产业集聚带与关中城市群相呼应。关中—天水经济区的总体目标定位是：建设成为西部及北方内陆地区的"开放开发龙头地区"，以高科技为先导的先进制造业集中地，以旅游、物流、金融、文化为主的现代服务业集中地，以现代科教为支撑的创新型地区，领先的城镇化和城乡协调发展地区，综合型经济核心区，全国综合改革试验示范区。农业方面，建成全国重要的在世界上有重要影响的果业、畜牧业基地，建成全国农业示范基地和航天育种基地。2011年11月21日，陕西省商务厅与甘肃省商务厅就贯彻落实《关中—天水经济区发展规划》达成加强商务领域合作的协议，建立两省商务合作长效机制，促进了关天经济区在商贸物流、对外贸易、招商引资、园区建设等方面加快发展。

六、与甘肃有关的其他部分合作机制

陇海——兰新经济带的联合与协作。以1986年12月陇海—兰新经济研究促进会在西安成立为标志，促进了东起江苏连云港，西到新疆霍尔果斯口岸，跨越江苏、安徽、河南、陕西、甘肃和新疆六省区的联合与协作；建立了一批多层次行业联合组织，促进发展了各市、地、州及行业、企业之间的经济技术协作，为后来的更具体的联合起了先导作用和奠定了基础。

黄河上游多民族经济开发区。成立于1988年，该开发区包括青、甘、宁三省区的有关地、市和一些少数民族聚居区。该区域内有色金属和水电资源丰富，工业基础较为雄厚，开采、冶炼和加工能力均较高。开发区制定了一岸两翼发展战略，发挥了独特的发展民族经济，开发民族地区资源，促进民族地区对外开放的作用，为西北地区利用地缘优势发展对外贸易起到了协同作用。

甘、青、川、滇、藏少数民族毗邻协作区。1987年4月18日—22日，在成都召开甘、青、川、滇、藏少数民族毗邻协作区成立大会。国家民委、国家经委协作局发来贺电、贺信。省经协办副主任孙占琪、省民委副主任邢树义率甘南、碌曲、玛曲、舟曲、迭部、夏河县、陇南文县、武都、宕昌县22人代表参会。协作区三管及5省区11个地州45个县，划分4个协作片，甘青川毗邻5地州17县协作片，甘、青、藏、毗邻9县协作片藏滇川毗邻12县协作片及青藏毗邻3地州7县协作片。协作区设联络组组长按顺序轮流担任，从1987年起，每届2年。

临夏—海东民族经济开发协作区。1987年8月18日，临夏—海东民族经济开发协作区宣布成立。该协作区使甘肃、青海两省回族聚居的河湟地区在开放搞活中再次携手合作，增强了两地区经济的交流与合作。

七、对口帮扶

1.天津市与甘肃省的对口帮扶。天津与甘肃有着长期良好的合作基础和经济联系，早在1981年12月，两省市就签署了对口帮扶经济协作纪要。1996年中央扶贫开发工作会议确定了津甘对口帮扶关系以来，津甘两省市贯彻落实中央、国务院部署，进一步巩固、发展双方传统友谊，不断拓展合作领域，加强帮扶力度和层次，实现了全面的互利共赢。天津市在扶贫开发、经济协作交流、教育科技文化卫生合作、干部交流培训等方面给予了积极的支持和帮助，尤其是2008年"5·12"大地震后，天津市向甘肃地震灾区捐资捐物累计5364万元。天津、甘肃连续14年由省市领导率团相互参加"津洽会""兰洽会"，签订合作协议80余项。200多名甘肃科级以上干部在天津挂职锻炼，培养、培训各类干部上万人次。根据国务院扶贫办《关于完善天津、甘肃东西扶贫协作工作的通知》，天津与甘肃的东西扶贫协作扩大到甘肃省甘南州、武威市天祝藏族自治县。从2010年起，天津和甘肃东西扶贫协作工作中的政府援助、社会帮扶、人才交流等工作集中支持上述藏区，天津市首批援甘干部于2013年7月抵甘肃甘南州正式开展工作，并成立了援甘前方指挥部。

两省市高层重要互访活动：1984年9月17日，经国务院批准，由国家经委、计委、民委和国家物资局联合在天津召开"全国经济技术协作对口支援会议"甘肃省在会上作了"实行两个开放、搞活甘肃经济"的发言。会议期间，省长陈光毅与天津市市长李瑞环举行会谈，并就甘肃省引进资金2亿多元与天津市达成意向协议。

1996年10月11日，甘肃省委书记阎海旺、甘肃省省长孙英率甘肃省党政代表团赴天津，商谈对口支援。

1997年8月14日—16日，由中共天津市委书记、市长张立昌率领天津市代表团前来甘肃考察访问，进一步落实对口帮扶任务，受到甘肃省委、省政府热情接待，两省市签订《关于进一步落实对口帮扶，扩大经济技术合作的会谈纪要》，决定进一步加强对口扶贫力度，扩展经济合作与交流领域。天津市分三年向甘肃无偿捐赠4000万元，由天津14个区县与甘肃省定西、天水、陇南3个市的13个贫困县结为对子。为定西市安定区凤翔镇柏林村和陇南市西和县晚家峡流域安排实施了整村推进扶贫试点项目，并先后实施了30多个整村推进示范项目，建设了一批提灌供水设施和蓄水窖、温室大棚，新建卫生院39所，修缮乡镇卫生院150所，大大改善了群众的生产、生活、就医、就学等条件，有力促进了甘肃顺利实现八七扶贫攻坚计划。

2. 深圳市对口帮扶。深圳建立特区以来，甘肃深圳两省市经贸文化交流日益密切。自1998年开始，深圳市就以市政府名义组团参加"甘肃、兰州交易会"。"5·12"汶川大地震发生后，按照中央和广东省的部署，深圳对口支援甘肃省毗邻汶川受灾最严重的陇南市武都区、文县、康县和甘南藏族自治州舟曲县。深圳在第一时间成立了由主要领导牵头负责的市抗震救灾对口支援工作领导小组及其办公室，统筹全市对口支援事项。中共广东省委副书记、深圳市委书记刘玉浦、深圳市代市长王荣等市领导先后多次率队赴灾区，部署对口支援工作。对口支援资金总规模达到30亿元，累积超出国家规定标准6.4亿元，增幅达27%。24个直接援建项目，深圳用不足两年时间，完成援建项目工程总量的95%，实现了中央提出"三年灾后重建任务两年基本完成"的目标。通过对口援建工作，加深了甘深两地的交流、合作与友谊，为双方的长期战略合作奠定了坚实基础。

两省市高层重要互访活动：2001年5月21日，甘肃省省长陆浩、深圳市市长于幼军在兰州签署《关于建立助学基金的协议》，甘肃省副省长崔正华、深圳市副市长王顺生签署《深圳市与甘肃省经济合作的协议》。

2009年9月6日—7日，甘肃省党政代表团赴深圳市学习考察。9月6日，甘肃省党政代表团与深圳市委、市政府座谈，共商对口援建大计，并就进一步加强合作进行了交流。座谈会上，甘肃省委书记、省人大常委会主任陆浩，中共广东省委副书记、深圳市委书记刘玉浦分别讲了话。甘肃省委副书记、省长徐守盛，广东省委常委、深圳市代市长王荣分别介绍了甘肃、深圳经济社会发展及对口援建情况。

陆浩代表省委、省政府和全省各族人民，向深圳市各级领导、社会各界和广大干部群众表示衷心感谢，并希望以对口帮扶和这次学习考察为契机，进一步拓宽与深圳市的合作渠道，实现两省市在更大的范围和更高的层次上长期有效的合作。刘玉浦表示，对口支援甘肃受灾严重地区灾后恢复重建工作，是党中央国务院和广东省委、省政府交给深圳的一项光荣而艰巨的政治任务。2008年以来，在甘深两地的共同努力下，对口援建工作取得了扎实进展。下一步对口援建工作要在已有工作的基础上，继续加大力度、积极推进，全力保障前方援建人员和志愿者扎实有效开展工作，确保对口支援善始善终，力争2010年上半年全面完成24个直接援建项目，实现中央提出的"三年援建任务两年完成"的目标。落实对口支援资金，按照中央的要求按时如数拨付。积极探索长效合作机制，不断拓宽深甘合作领域，促进双方互利共赢。

3. 厦门市对口帮扶。甘肃省与福建省厦门市自20世纪80年代就已开展经济协作。1984年7月13日—22日，根据甘肃省省长陈光毅的指示，由甘肃省经协办副主任王永昶同志带队一行17人对福建省福州市、厦门市进行了考察，与厦门市政府就两省市协作项目进行商谈。并就在福州、厦门两地设立办事处，设立对台贸易口岸，中药材联合加工，出口，毛纺织工业的合作，兰州市与厦门市合作共建旅游宾馆，福州和厦门开办清真餐馆，两省产品对口展销，引进汽车发动机、车身冲压生产线、买断汽车总成发展甘肃汽车工业，胡平省长与陈光毅省长互访等达成协议。

1986年8月18日—23日，厦门市副市长的习近平一行3人应甘肃省经协办邀请来甘肃访问。经与甘肃省有关部门、部分企业负责同志座谈，双方同意，先在工业方面、外贸外经及技术引进、商品物资及旅游方面入手发展协作联合。双方于8月23日在兰州签署了《甘肃省与厦门市建立横向经济联合》的协议。

1997年8月24日，由厦门市委常委、市经协办主任郭晓菱率领的厦门市代表团前来参加"兰交会"。甘肃省经协办与厦门市经协办签订关于发展两省市友好合作协议。双方商定，对甘肃1997—1999年三年内考入厦门大学的贫困生，由厦门市经协办协调落实由企业资助在校期间的学习、生活费用。

2010年6月，国务院确定厦门市对口帮扶甘肃省临夏回族自治州以来，甘肃省与厦门交流合作更加紧密。

八、甘肃省与其他部分省（区、市）际合作

1. 与上海市的合作。甘肃省与上海市的经济技术合作源远流长，改革开放以来向更广泛的领域发展。1981年11月—1982年5月，甘肃省省长李登瀛，副省长葛士英、吴俊扬先后带领有关部门负责同志出访上海等省市考察经济技术协作工作等方面的经验，同上海市签订了一批经济技术协作协议。

1985年6月，在全国一、三线地区经济技术合作洽谈筹备会议上，甘肃省与上海市签订了"一、三线经济技术合作洽谈纪要"。

1992年7月23日—8月4日，甘肃省委书记顾金池、省长贾志杰率甘肃党政代表团赴上海市进行考察学习。

2000年，在兰州举行的甘肃省—上海市合作项目签约仪式上，双方共达成63个合作项目，总金额84.5亿元。标志着双方的经济技术合作进入了一个新的阶段。中共中央政治局委员、中共上海市委书记黄菊，上海市委副书记、市长徐匡迪，人大常委会主任陈铁迪，政协主席王力平，甘肃省委书记孙英，甘肃省人大常委会主任卢克俭，省委副书记、省长宋照肃等领导参加了签约仪式。

2001年—2006年，上海企业在甘投资逐年增加，在2007年兰洽会期间签约合作项目10个，投资总额4.67亿元。主要涉及机械电子制造、能源、矿产开发、冶金建材、农产品加工、生物制药、物流商贸等行业。

2010年，上海举办以"城市，让生活更美好"为主题的世博会。甘肃省参加2010年上海世博会工作历时3年，经过认真筹划和精心组织，圆满完成了展览展示、文化展演、网上世博、宣传推介、活动组织等各项任务，得到了组织方、参观者和社会各界的广泛认可，在提升甘肃省形象、扩大对外交流与合作、促进经济快速发展等方面发挥了重要作用。

2. 与江苏省的合作。甘肃省与江苏省经济技术合作由来已久，有着良好的合作基础。改革开放以来，甘肃省与江苏省的经济技术合作日益密切。

1981年11月—1982年5月，甘肃省省长李登瀛，副省长葛士英、吴俊扬先后带领甘肃省有关部门负责同志出访江苏等省市，考察经济技术协作工作、企业管理等方面的经验，签订了一批经济技术协作纪要或协议，这是开展经济协作工作以来甘肃省主要负责同志首次带队出访并签订的第一批经济技术协作项目。

1986年11月12日，江苏省经济协作委员会与甘肃省经协办签订了《关于扩建兰州铝厂四车间进行补偿贸易的协议书》。

1995年8月18日—28日，1995年兰州丝绸之路经济贸易洽谈会兰交会期间，江苏在兰首次举办了名优产品展销会，并签订了"关于进一步加强江苏省和甘肃省经济合作的协议"。

2000年4月，甘肃省委书记孙英、省长宋照肃率党政代表团到江苏考察访问，甘肃省经协办主任李源和同志陪同考察。

2004年4月4日—9日，甘肃省委省政府领导率领甘肃省党政代表团对江苏省进行了考察访问。江苏省委书记李源潮、省长梁保华与甘肃省领导就新形势下全面加强两省经济技术合作进行了广泛深入的会谈。双方在优势互补、携手合作、共同加快两省发展；积极推进西部大开发，推动基础设施和生态环境建设；采取多种形式，联合推进结构调整和产权转移；积极引导，扩大非公有制经济；加强科技合作，扩大人才交流和培养；加强旅游资源的合作开发，共同发展旅游产业等诸多方面达成共识。双方确定，两省经济技术合作的具体工作协调和日常联络工作，由双方的经济协作主管部门负责。访问江苏期间，在两省项目签约仪式上共签订合同项目9个，投资总额10.51亿元，拟引进资金6.93亿元；随访的10个市州共签订经济合作项目67个，投资总额33.7亿元，拟引进资金21.6亿元。

通过党政代表团的出访，推动了两省地区间、企业间的多形式交流合作，两省经济技术协作不断深入，地区间友好合作不断加强。在原来兰州市与南京市、天水市与扬州市、酒泉市与连云港市建立友好城市的基础上，2004年又有嘉峪关市与南京市秦淮区、庆阳市与泰州市、平凉市与徐州市、靖远县与溧阳市、金川区与大丰市、民乐县与宜兴市等6个市县间建立了友好合作关系。特别是平凉市与徐州市2004年2月结为友好城市后，徐州矿务集团以3650万元拍卖价格取得了新周煤田采矿权，又于当年11月开工建设年产90万吨、总投资2.69亿元的新安煤矿，使两市合作迈出了实质性的步伐。

3. 与新疆维吾尔自治区合作。甘肃省与新疆维吾尔自治区山水相连，从古至今两省区人民交往与商贸交流密切，具有悠久的合作传统和良好的合作基础。随着1982年西北五省区经济技术协作联席会议的建立，特别是1993年9月西北五省区党政主要领导联席会议第一次会议之后，双方经贸合作范围进一步扩大。

2004年9月1日，第十三届乌鲁木齐对外经济贸易洽谈会在新疆乌鲁木齐市举行，甘肃省委常委、常务副省长徐守盛率甘肃省政府代表团参加了洽谈会，期间，甘肃省与新疆就两省区进一步发挥各自优势、加强劳务合作、发展劳务经济与新疆维吾尔自治区人民政府进行了协商会谈，签订《新疆维吾尔自治区人民政府甘肃省政府关于加强劳务合作发展劳务经济的会谈纪要》。主要内容是，（1）发挥互补优势，进一步拓宽劳务合作领域。本着优势互补、互惠互利、长期合作、共同繁荣的原则，全面加强两省区长期的劳务合作，进一步密切劳务协作关系，不断拓宽劳务合作领域。新疆维吾尔自治区欢迎甘肃方面按照新疆劳动力市场需要组织劳动力赴新疆开展劳务；甘肃省欢迎新疆方面组织劳动力按照甘肃劳动力市场需要到甘肃开展劳务。（2）加强劳务信息交流，建立信息共享机制。在双方劳动保障部门建立规范的信息发布制度和快捷方便的信息共享机制。双方及时提供可输出的劳动力资源信息，供对方用人单位按市场需求选择。双方将积极创造条件，不断加强信息交流，共同拓宽劳务合作领域。（3）采取多种形式，联手做好劳务培训工作。双方将进一步发挥各自优势，协同整合，联手培训，不断提高务工人员的素质，切实拓展劳务合作领域。双方将根据对方提供的劳务用工信息，积极开展劳务输出前的培训工作，切实提高务工人员的素质，以适应用工单位的需要。（4）坚持以人为本的科学发展观，切实做好务工人员的服务管理工作。双方将按照"规范程序、公开透明、方便办理"的原则，全面清理针对农民跨地区就业和进城务工的各种歧视性规定，切实保障务工人员的合法权益。对劳务人员在输出前要造册登记，加强思想教育和政策引导，根据用工需求，进行技能性培训，输出后积极做好跟踪管理服务工作。双方按国家政策规定将进一步简化务工人员外出务工的各种手续，取消不合理的收费，帮助务工人员解决生产生活中遇到的实际困难。（5）加强组织领导，搞好协调配合。建立领导协调机制，定期开展劳务交流洽谈活动。两省区劳务合作的具体协调和日常联络工作，由双方的劳动保障部门负责。双方的劳动保障部门要加强沟通联系，互通劳务工作情况，交流劳务工作经验，积极为两省区劳务合作的有效开展提供优质服务。

4.与浙江省经济合作。甘肃省与浙江省经济技术合作起步早，发展快，特别是浙江民营企业在甘肃的迅速发展，对促进两省经济发展和合作交流发挥了重要作用。1985年10月24日，经甘浙两省经协办商定，甘肃省经协办以甘经协办字（1985）040号通知，甘浙两省地（州）、市确定对口协作关系，即：兰州市—杭州市，张掖地区—嘉兴市，平凉地区—绍兴市，庆阳地区—宁波市，陇南地区—湖州市，临夏市—金华市，甘南州—温州市。

2000年4月，甘肃省委书记孙英、省长宋照肃率党政代表团到浙江考察访问。2006年9月11日，由中共兰州市委、市人民政府主办，甘肃省浙江企业联合会承办的"2006兰州·全国浙商论坛"在兰州开幕。近400名来自全国25个省市自治区的浙商，对兰州市进行了经贸投资考察洽谈。浙商与兰州企业及有关部门共签约8个项目，总投资额26.98亿元。至2006年，浙江企业在甘肃民营经济中所占比重已接近50%，其中在兰州的浙商企业有2000多家，浙江籍商户超过10万人。

5.与福建省经济合作。甘肃省与福建省的经济技术合作，在20世纪80年代在时任甘肃省省长、后任福建省委书记陈光毅同志的关注和推动下开启良好，发展迅速。1984年3月9日—17日，甘肃省经协办副主任王永昶等5人对福建省进行了考察访问，分别与福建省经协办、厦门市经协签订《福建甘肃两省经济协作意向书》和《厦门市和甘肃省建立经济技术协作关系的会谈纪要》。

1984年7月13日—22日，根据甘肃省省长陈光毅的指示，由省经协办副主任王永昶同志带队一行17人对福建省福州市、厦门市进行了考察，与福建省经协办、有关厅局、公司、厦门市政府就两省、市协作项目进行商谈。

并就在福州、厦门两地设立办事处，设立对台贸易口岸，中药材联合加工，出口，毛纺织工业的合作，兰州市与厦门市合作共建旅游宾馆，福州和厦门开办清真餐馆，两省产品对口展销，引进汽车发动机、车身冲压生产线、买断汽车总成发展甘肃汽车工业，胡平省长与陈光毅省长互访等达成协议。1987年7月31日—8月6日，福建省副省长游德馨和副秘书长陈元魁率考察团一行13人应邀来甘肃参观访问。8月5日，张吾乐、游德馨签署《福建省、甘肃省建立全面经济技术合作协议书》。

6. 与广东省经济合作。甘肃省与广东省的省际经济技术合作自20世纪80年代就已开展起来。长期以来，广东省一直是甘肃省党政领导学习考察的重点，也是甘肃省引进资金的重点省份，投资甘肃省的领域十分广泛。

1981年11月—1982年5月，省长李登瀛，副省长葛士英、吴俊扬先后带领甘肃省有关部门负责同志出访广东等省市，考察经济技术协作工作。1992年7月23日—8月4日，甘肃省委书记顾金池、省长贾志杰率党政代表团赴广东省、上海市进行考察学习。2007年4月15日，由甘肃省委书记陆浩、省长徐守盛率领的甘肃省党政代表团对广东省进行为期六天的学习考察。与中共中央政治局委员、省委书记张德江，省长黄华华在广州举行座谈。学习考察期间，甘肃省党政代表团参加了由甘肃省与商务部、广东省政府合作主办第101届中国进出口商品交易会开幕招待会及开幕活动，先后在广州、深圳、佛山和东莞四市进行深入的学习考察。

九、甘肃省与商务部合作

长期以来，在商务部的大力支持下，甘肃商务加快发展，有力促进了甘肃省对外开放和经济发展。

2010年10月19日，甘肃省政府与商务部在北京签署部省合作协议。合作目标是，深入贯彻党中央、国务院实施西部大开发战略，全面落实国务院办公厅《关于进一步支持甘肃经济社会发展的若干意见》和国务院批复的《甘肃省循环经济总体规划》，共同推进商务事业又好又快发展。合作领域是，在商务发展规划与战略研究、商贸流通、对外贸易、利用外资、国际合作、开发区建设、会展经济、人才培训和干部交流等方面加强合作。商务部全力支持甘肃省商务事业持续、快速、科学发展。甘肃省政府承诺加大工作倾斜力度，出台更多支持商务事业的政策措施。双方利用各自条件、优势和资源等，通过共同努力，推动国民经济又好又快发展。合作重点是，加强对商务工作的领导和支持力度，推动国内贸易快速发展，保持对外贸易稳定增长，大力发展服务贸易，提高利用外资的质量和水平，加快"走出去"步伐，加强开放平台建设，加强公共商务信息服务体系建设，培养高素质商务人才队伍。建立商务部与甘肃省政府负责间志定期联系机制，成立商务部与甘肃省政府合作工作协调小组，商务部办公厅、产业司、驻西安特办和甘肃省政府办公厅、甘肃省商务厅为成员单位，承担小组日常工作。2011年11月，商务部和甘肃省政府在北京召开部省合作第一次工作会议。

第四节　中国·兰州投资贸易洽谈会

中国兰州投资贸易洽谈会（Lanzhou Investment & Trade Fair，以下简称兰洽会），是由商务部、国家工商总局、国务院台办、全国工商联、中国贸促会、甘肃省政府主办的国家级经贸盛会。兰洽会自1992年创办以来，至2010年已经连续举办了16届，成为甘肃规格最高、规模最大、影响最广的经贸盛会，并已发展成为西部地区国际化和专业化的大型展会，成为甘肃对外开放的窗口、经贸合作的桥梁、招商引资的平台和连接世界的重要纽带。

一、兰洽会发展概况

兰洽会是甘肃省深化改革开放，加快市场经济发展的产物。1992年邓小平同志南方讲话发表之后，中国改革开放再掀高潮，党的十四大确立了社会主义市场经济体制，兰洽会正是在这种历史机遇下应运而生的。1992年9月10日—20日，兰州市举办了"首届中国丝绸之路节"，以旅游文化活动为主、经贸交流与合作为辅，进一步扩大对外开放，促进交流与合作，在国内外产生了一定影响，这是兰洽会的前身。1993年8月18日—23日，举办了"兰州丝绸之路经贸洽谈交易会"，这是历史上的第一届兰洽会。随着不同时期的开放重点，兰洽会不断赋予新的定位和内容。

1. 第一阶段。1993年—1996年。经甘肃省政府批准，名称为"兰州丝绸之路经贸洽谈交易会"，由兰州市政府主办，连续举办了4届。1993年—1996年举办的一至四届兰洽会，以商品贸易为重点，开展经贸交流，为国内外客商推介和展示产品搭建了一个平台。1993年，中共兰州市委、兰州市人民政府提出以后每年举办"兰州丝绸之路经贸洽谈交易会"的提议，省委、省政府给予了充分肯定和支持，确定了兰洽会初期以兰州市为主的办会模式。分别于1993年—1996年的每年8月举办了四届"兰州丝绸之路经贸洽谈交易会"。这四届兰洽会突出了外引内联、进出口贸易、商品物资交易的重点，在经贸洽谈、商品展销、物资交易和对外开放等方面都取得了较好的成果。

2. 第二阶段。1997年—1999年。1997年—2000年举办的第五届至第八届兰洽会，以招商引资为重点，加强经贸合作，实现了由商品交易向投资贸易洽谈的转型。1997年，以国务院五部委批准建设兰州商贸中心试点为契机，"兰州丝绸之路经贸洽谈交易会"改名为"甘肃·兰州交易会"，举办方式改为省、市联办、以省为主，此后各届盛会得以延续。1997年和1998年举办的第五届、第六届"甘肃·兰州交易会"，突出投资洽谈功能，集项目洽谈、商品展销、科技交流、旅游观光为一体，在参会宾客规模、招商引资签约、商品展销成交、技术成果转让等方面都超过了前四届。1998年国家内贸部的参与联办，使兰洽会由区域性开始向国家级盛会迈进。1999年，经国家经贸委（国家内贸局）批准，由国家内贸局、全国工商联、中贸促会与甘肃省政府主办，提升为"中国兰州投资贸易洽谈会"，并一直沿用至今。

3. 第三阶段。2001年—2010年。除2006年和2008年由于没有场馆未举办外，其余每年举办一届。2000年的第八届兰洽会，突出了西部大开发的理念，实现了兰洽会由商品交易为主向投资洽谈为主的转型。2004年第十二届兰洽会国家工商总局开始联合主办，2009年第十五届兰洽会国务院台湾事务办公室参与联合主办，2010年第十六届兰洽会国家旅游局开始参与联合主办。2001年—2010年举办的第九届至第十六届兰洽会，办会形式不断创新，商贸成果日益扩大。2001年举办的第九届兰洽会，以投资促进活动为重点，强化投资洽谈与贸易洽谈相结合，逐步突出专业化特色。2002年举办的第十届兰洽会，进一步丰富了投资促进活动。2003年的第十一届兰洽会，以投资促进活动、专业展会、文化旅游活动成为本届兰洽会的三大支撑点，首次举办的文化博览会创造了兰洽会经贸与文化融合的成功范例。2004年的第十二届兰洽会，得到了国家发改委、国务院国资委、商务部等国家部委的大力支持，主办单位增加到10家，协办单位增至19家。2005年的第十三届兰洽会，除设立主会场外，还设立了文博会、建材、汽车机械、劳务洽谈等专业展会。从2005年起，兰洽会由一年举办一届改为隔年举办一届。2009年，甘肃省委、省政府决定兰洽会恢复一年举办一届。第十五届兰洽会规模大、人气旺，第四届文博会、首届陇商大会、汽车机械展销会、建材展销会等57项经贸、文化活动盛况空前，参会宾客达1.5万人，签约总金额达1061.12亿元，商品展销总成交额达80.56亿元。2010年，兰洽会主办单位达到23家，在新建成的甘肃国际会展中心举办，国际化、专业化水平进一步提升。

兰洽会聚集了来自国际国内、五湖四海的专家名商和信息流，给甘肃带来了大量新思想、新观念、新视野和新知识，成为连接世界的重要纽带。同时，历届兰洽会都举办内容丰富的多种高端论坛峰会活动，与会知名专家学者带来了不少真知灼见和独到见解。这一盛会对于世界了解甘肃和甘肃进一步走向世界发挥了重要的纽带作用。同时，对全省进一步解放思想，更新观念，启迪发展思路、提高发展质量产生了积极而重要的影响。

二、历届兰洽会情况

1. 首届中国丝绸之路节。1992年9月10日—20日，在古丝绸之路重镇甘肃省省会兰州的东方红广场、兰州天河大厦、皋兰路一条街举办了历史上一次规模宏大的节会——"首届中国丝绸之路节"，是兰洽会的前身。本届中国丝绸之路节出席领导有万里、康世恩、费孝通、赵朴初、雷洁琼、王恩茂，应邀宾客12800多人，其中来自美国、德国、日本、韩国、独联体等41个国家的外宾和港澳台同胞1000余人，来自全国30个省市、自治区的宾客、客商、新闻记者和文艺界的朋友11000多人。节会期间还接待了国际旅游宾客7300多人。洽谈成交总额达87亿元。其中对外经济技术合作项目104项，国内经济联合和技术合作项目98项；签订正式合同39项，引进资金2.25亿元。科技成果转让成交额达5.33亿元。

2. 93'兰州丝绸之路经贸洽谈交易会。1993年8月18—23日在兰州天河大厦、皋兰路一条街举行，由甘肃省委常委、兰州市委书记李虎林主持开展，应邀参加本届兰交会的中外宾客4211人，其中来自日本等12个国家和地区的代表315人。签订外资项目合同46个，投资总额6.61亿元，其中引进外资6672万美元；进出口贸易成交额1097.21万美元，其中出口总额1083.21万美元；签订国内横向经济联合内联项目合同52个，资金1.12亿元，其中引资4946万元。节会商品交易额5.89亿，物资交易额1.16亿元。共有省内外800多家企业参展的工业品展销会实现成交额2.98亿元，其中订货合同销售

2.76亿元。科技成果展示交流会，实现交易额1.49亿元，其中成果转让签订合同3个，资金总额26万元，科技工业品期货销售1.48亿元。节会期间还签协作意向性经济合作项目99个，资金总额9.75亿元。

3. 94'兰州丝绸之路经贸洽谈交易会。1994年8月18日—27日在兰州华谊大酒店、皋兰路一条街举办，在此届"兰交会"上还同步举办了第四届中国艺术节兰州市经贸活动，本次活动由甘肃省委常委、兰州市委书记李虎林主持举办，出席领导有乔石、李瑞环、李铁映、王丙乾、彭佩云。期间，签订兰州市对外经济合作项目30项，总投资1.7亿多元，其中引进外资1025万美元；签订内联项目77项，总投资5.5亿多元。节会期间进出口贸易成交总额98万美元；国内商品、物资、工业品和农产品交易总额2.7亿多元；科技成果转让项目10项，成交额350万元。

4. 95'兰州丝绸之路经贸洽谈交易会。1995年8月16日—26日在兰州春风广场举行，本次活动由甘肃省委常委、兰州市委书记李虎林主持举办，这次展销会面向国内外开放，参展的各类企业多达500家，省外企业占40%。参展产品14大类、1万多种。展销会日均客流量达12万多人次，日均商品成交1.3亿元，商品总成交额约6.5亿元。

5. 96'兰州丝绸之路经贸洽谈交易会。1996年8月18日—22日在甘肃省博物馆举行，本次活动由甘肃省委常委、兰州市委书记陆浩主持举办，参会的国内代表团27个。节会期间共签订对外经济技术合作项目合同28项，总投资84012.6万元，其中引进外资额达4761.68万美元，占合同投资总额的47%。签订内联项目合同74项，总投资金额76907万元，其中引进资金46992万元，占合同投资总额的61%。除此之外，还签订外引内联项目协议43项。外贸进出口成交总额1658.17万美元，其中出口成交额1177.7万美元，进口480.47万美元。国内工业产品展销成交额87681.4万元，其中地方工业产品展销成交额28552万元。科技成果转让项目18项，成交总额2066万元。

6. 97'甘肃·兰州交易会。1997年8月18日—24日在兰州百货大楼，甘肃国贸中心举行，本次活动由甘肃省副省长崔正华主持举办，出席领导有国务委员宋健，从本年度起"兰交会"改为省、市联办，以省为主的方式举行。参加的中外宾客7700多人，共签订各类投资项目合同70多项，合同总金额54.66亿元，其中引进国外资金2.56亿美元，引进国内资金3.79亿元；

签订各类投资项目协议49项，协议金额55.03亿元，其中国外资金3.87亿美元，国内资金8.87亿元。签订科技成果转让合同7项，转让金额229万元，签订转让协议6项，协议金额1400万元。签订产权转让协议1项，总投资额1800万元，转让额990万元。共有1600多户国内外企业参展，展销商品30个大类、上万个花色品种，商品总成交额15亿元。

7. 98'甘肃·兰州交易会。1998年8月26日—8月30日在兰州国贸大厦，甘肃国贸中心举行，由甘肃省副省长崔正华主持举办，参会中外宾客8000多人，12个国内团和26个境外团参会。共签订投资项目合同113项，合同总金额11.6亿元，其中引进国外资金3821万美元；签订投资项目协议59项，协议金额63.2亿元。全省产权交易共成交304个，交易资产总额21.7亿元。交易会下设的各展馆及专业分会场共设展位2500个，展销国内外商品上万种，成交总额突破22亿元，其中订货合同总金额达10多亿元。

8. 99'中国兰州投资贸易洽谈会。1999年8月26日—8月30日在兰州国际博览中心（国芳百盛）举行，从本届开始原"兰交会"更名为"中国兰州投资贸易洽谈会"，简称"兰洽会"，本次大会由甘肃省副省长崔正华主持举办。参加本届兰洽会的中外宾客达8000多人，其中来自美国、日本、法国及香港地区、台湾地区等近40个国家和地区的嘉宾510多人。参加洽谈会的各省市区政府代表团和经贸代表团组有187个；有全国20个省市区的300多个企业代表团；还有40个国家和地区的境外代表团74个。会上共签约投资项目合同177项，总投资35.02亿元，引进国内外资金25.26亿元，其中引进国外资金项目合同32项，总投资12.09亿元，引进外资8991万美元；引进国内资金项目合同145项，总投资22.93亿元，引进资金17.83亿元。同时，还签订投资项目协议55项，总投资107.87亿元，协议引进国内外资金56.98亿元。产权交易共签订合同项目40个，合同金额2.57亿元；签订协议项目16个，协议金额2.8亿元。展销商品22大类、上万个品种，商品成交额17.97亿元，其中订货合同17.58亿元，现货销售0.39亿元。

9. 第八届中国兰州投资贸易洽谈会。2000年8月26日—8月30日在兰州国际博览中心（国芳百盛）举行，本次大会由甘肃省副省长崔正华主持举办，出席本次大会的领导有全国政协副主席陈锦华、原中顾委常委李德生，参加本届兰洽会的中外宾客有7640多人，其中，有来自美国等60多个国家和地区的国外嘉宾近740人；来自国家经贸委、外经贸委、国务院西部开发办、国务院研究室、国家国内贸易局、国家机械工业局和全国三十多个省市区的宾客和参展商约6600多人；有全国15个省市区的1200多个企业代表团。共组织筛选了670多个招商引资项目，其中有96个重点项目，向国内外广泛推介，寻求合作。洽谈会共签约投资项目合同226项，总投资88.68亿元，其中，引进国内资金44.59亿元，引进外资2.9亿美元；同时还签订投资项目协议316项，总投资220.16亿元。参展企业共1350多家，展销商品共23个大类。

10. 第九届中国兰州投资贸易洽谈会。2001年8月26日—8月30日在兰州国际博览中心（国芳百盛）举行，本次大会由甘肃省副省长崔正华主持，出席大会的领导有全国人大常委会副委员长许嘉璐、全国政协副主席经叔平，参加本届兰洽会的中外宾客有11000多人，其中来自美国等49个国家和地区的嘉宾910多人。省上组织筛选了621个招商引资项目参加本届兰洽会，全省共签订招商引资项目合同164项，合同总金额62.7亿元，其中，引进国外资金合同38项，合同总金额20.3亿，引进外资2.1亿美元；引进国内资金合同126项，合同总金额42.4亿元，引内资36.3亿元。洽谈会同时签订了协议项目71项，协议总金额36.2亿元。本届兰洽会吸引了来自省内外的1100多家企业的数千种产品参加展销，商品交易总额达26.5亿元。

11. 第十届中国兰州投资贸易洽谈会。2002年8月26日—8月30日在兰州国际博览中心（国芳百盛）举行，本次大会由甘肃省副省长崔正华主持举办，出席大会领导有中共中央政治局委员李铁映、全国政协副主席张思卿，参加本届兰洽会的国家部委、各省市区及重点城市政府代表团有42个，来自全国各地的企业团有52个，境外代表团有66个。国内外参会宾客和客商达到1.3万多人，其中来自美国等30多个国家和地区的外宾有800多人；来自国内的宾客和客商1.2万多人；来自境内外80多家新闻单位的记者300多人。甘肃省签约招商引资合同项目81个，签约总额64.77亿元，拟引进省外资金54.35亿元，其中外资12.70亿元，内资41.65亿元；协议项目26个，签约总额40.83亿元，拟引进省外资金35.67亿元，其中外资22.82亿元，内资12.85亿元。本届兰洽会商品总成交额39.01亿元，其中，订货合同35.32亿元，现货销售3.69亿元；还签订贸易协议49.4亿元。

12. 第十一届中国兰州投资贸易洽谈会。2003年8月26日—8月29日在兰州国际博览中心（国芳百盛）举行，本次大会由甘肃省副省长孙小系主持举办，出席大会领导有全国政协港澳台侨事务委员会副主任俞晓松，参加本届兰洽会的国家部委、各省市区及重点城市政府代表团有46个，来自全国各地的企业团有80个，境外代表团有45个。国内团组中，副省级以上领导担任团长的有23个。国家和有关省市区的代表以及参展的厂商代表近14000人，其中，85%以上是客商；来自美国、英国等20多个国家和地区的境外宾客有400多人。会期甘肃省共签约招商引资合同项目104个，签约总额79.26亿元，拟引进省外资金64. 38亿元，外资14.88亿元。另外，黄河经济协作区九省区十一方之间共签订各类合作项目138个，项目总投资额40.35亿元；其中，涉及甘肃省的项目有134个，总投资额37.4亿元。在本届兰洽会期间，还召开了黄河协作区省区负责人第十六次会议，分别举办了甘吉、甘津、甘沪两省（市）合作交流座谈会，签署了多项合作协议和纪要。

13. 第十二届中国兰州投资贸易洽谈会。第十二届兰洽会2004年8月26日—8月29日在兰州国际博览中心 （国芳百盛）举行，本次大会由甘肃省副省长孙小系主持举办，出席大会领导有全国政协副主席李蒙，参加本届兰洽会的境内外代表团共有96个。其中，国家部委、各省市区和重点城市政府代表团有48个，境外代表团有48个。来自美国、法国等20多个国家和地区的境外宾客有300多人。在本届兰洽会组委会组织的重大项目签约仪式上，共签约招商引资合同项目36个，签约总额48.73亿元，拟引进国内外资金45.94亿元；其中，拟引进内资（外省市区）41.27亿元，拟引进外资5622万美元。另外，省内各地区组织签约了132个项目，签约总额59.79亿元，拟引进国内外资金52.37亿元。主展馆和各分会场（馆）商品展销总成交额13.5亿元；其中，订货合同达11亿元，现货销售2.5亿元。

本届兰洽会的特点，（1）在项目签约方面，提出了"三个必须"的标准。必须是合同项目，必须是与省外、境外的合作项目，必须是从未签约的项目。从组织上淡化了签约，突出了洽谈。组委会只组织了一场集中签约，签约了36个项目。由于前期准备工作比较充分、实在，项目质量明显好于往年。（2）企业和项目单位成为推介、洽谈的真正主体。本届兰洽会各地各有关单位共推出1000多个招商引资项目，进行洽谈，寻求合作。据统计，市州地自行组织签约132个，兰州市签约88个项目。从洽谈的情况看，项目单位主动寻找商机的积极性比较高。（3）投资促进活动比较丰富。组织了科技、产权交易、文化旅游、外商投资、外省市区投资、私营企业等6个项目洽谈会。24场（次）新闻发布和项目推介会。参加各种投资促进活动的国内外投资商和项目单位达5000多人次。（4）产权交易成为各方关注的亮点。本届兰洽会推出了120多项产权交易项目。省交通厅首次推出的12条高速公路经营权转让项目，引起了参会客商的极大兴趣。同时，成功举办了高层次的"中小企业与资产重组"论坛。（5）布展结构和形式有较大调整和变化，展会功能进一步提高。展馆布展从内容、形式、展区划分和材料选用等方面都有新的调整和变化。突出了项目和企业的展示与推介，强化了项目洽谈和贸易洽谈。大量压缩成就展示和大而全的综合性展示，布展时间也大大缩短。在布展材料上，采用了新型展具展架。科技展区、医药展区、产权交易区和企业展区布展有新意。总体上体现了围绕投资洽谈、围绕项目进行布展的要求。文化旅游、汽车机械、药品药材、建材等4个专业展会从参展规模、档次、布展水平上都比往年有新的突破。（6）大公司、大厂商的数量明显增多，如沃尔沃、宝马、奔驰等一些世界顶级品牌亮相兰洽会，引起了社会各界的广泛关注。主展馆和各专业展会商品交易有较大增长，展销洽谈的实效更加突出。

14. 第十三届中国兰州投资贸易洽谈会。第十三届兰洽会于2005年7月6日在兰州黄河展览中心举办，本次大会由甘肃省副省长孙小系主持举办，出席大会领导有全国人大常委会副委员长许嘉璐，按照"突出企业、突出项目、突出洽谈、突出名牌和区域化、专业化"的思路，确定了"控制规模，优化结构，提升档次，突出特色"的办会原则，以改革、创新和务实的态度，以项目推介、投资贸易与劳务输出洽谈和论坛研讨活动等为主要内容，突出以企业为主体开展了一系列投资贸易洽谈活动。总体上，准备充分，组织严密，内容丰富，亮点突出，成果显著，取得了较好的经济效益和社会效益。本届兰洽会得到了国家发改委、国务院国资委、商务部、国家工商总局、国务院侨办、中科院等国家部委的大力支持，得到了各联办、协办单位的积极配合。主办单位增加到12家，协办单位增至22家。有90个境内外代表团组参加了本届洽谈会，参会参展宾客和客商人数达15000

多人，展会观众约16万人次。其中，境外有博茨瓦纳前总统马西雷等重要外宾，以及美国、法国等10多个国家和地区的34个团组参会。国家发改委、商务部、国家工商总局、全国工商联、中国贸促会、中科院等6个部委和中国个协、中国水利水电建设集团、中国地质工程集团、兴业银行等有关单位和金融机构；有上海、天津等14个省市区代表团和深圳、厦门等4个城市代表团参会参展。本届兰洽会共签订合同项目41个，签约总额55.44亿元，拟引进国内外资金51.35亿元。中小企业、民营企业项目签约仪式集中签订招商引资合同项目151个，签约金额26.4亿元。劳务合作洽谈会共签约输出劳务9.31万人。主展馆和各分会场商品展销总成交额10.54亿元；其中，订货合同达4.89亿元，现货销售5.65亿元。会期组织了"友好合作与甘肃发展"论坛、"甘肃经济发展论坛"等丰富的活动内容。本届兰洽会除在黄河展览中心设立主会场外，还设立了文博会、建材、汽车机械、劳务洽谈等专业展会，各展会都按照突出企业、突出项目、突出品牌、突出洽谈的原则进行布展。

15. 第十四届中国兰州投资贸易洽谈会。第十四届兰洽会于2007年7月6日—9日在投资洽谈馆在甘肃省博物馆，商品贸易馆在兰州市体育馆举行，本次大会由甘肃省副省长孙小系主持举办，出席大会的领导有全国政协副主席、全国工商联主席黄孟复，参会的境内外重点参会代表团组70个，参会参展宾客和客商达到5000余名。全国政协副主席、全国工商联主席黄孟复率团参加了本届兰洽会，10个主办、协办单位的省部级领导到会。全国工商联代表团、民进中央代表团，天津、上海、江苏、山东、四川、广西、陕西、宁夏、青海、新疆等省市区代表团，厦门市、深圳市代表团，以及国家发改委、国务院台办、商务部、国家知识产权局等10个部委和中国国际投资促进会等单位代表参加了本届兰洽会；参会国家和地区有白俄罗斯、伊朗、津巴布韦、蒙古、土库曼斯坦等国家的重要外宾；有美国、英国、日本、澳大利亚、韩国、奥地利等国家和香港、澳门特别行政区以及台湾地区的投资机构、工商界知名人士、国际专家。参会的世界500强、中国500强及中国民营500强企业有16家。本届兰洽会签约重大项目合同42个，签约总金额175.3亿元。其中，签约项目投资额在1亿元以上的项目31项；工业类项目仍然是投资热点，主要集中在化工、装备制造、农业产业化、现代服务业等领域。商品展销成交额19.67亿元，其中现货销售3.42亿元，订货合同16.25亿元，比第13届增长了87%。非公企业项目签约仪式共签订招商引资合同项目99个，签约总金额23.7亿元。全省14个市州各自组织的签约活动也签订了一大批合同项目。参展企业达1017家，展销总成交额19.67亿元，比第13届增长了87%；其中现货销售3.42亿元，订货合同16.25亿元。会期，举行了2007年新亚欧大陆桥区域经济合作国际研讨会暨新丝绸之路市长论坛、"友好合作与甘肃发展——特色优势产业与区域经济发展论坛"、"世界杰出华商大会投资促进恳谈会"、2007新丝绸之路城市文化周暨第六届兰州黄河风情文化周、物流信息化论坛、企业家峰会等多彩纷呈论坛、峰会活动，提升了兰州内陆中心城市的国际地位。

16. 第十五届中国兰州投资贸易洽谈会。第十五届兰洽会于2009年6月12日—15日在兰州瑞德摩尔城市购物广场万国港商城举行，本次大会由甘肃省委常委、副省长刘永富主持召开，全国政协副主席李金华出席了大会开幕式并宣布开幕。本届兰洽会围绕投资贸易洽谈、商品展销、论坛峰会、文化旅游博览以及兄弟省市区活动等五个方面的内容，开展了57项活动，取得了丰硕成果。本届兰洽会由国家发改委、商务部支持；国家工商总局、国家旅游局等同家部委和天津、山东等11个省市区政府、新疆生产建设兵团共18家单位共同主办；商务部投资促进事务局、香港中华总商会等18家单位共同协办；甘肃省政府和兰州市政府具体承办。参加本届兰洽会的境内外代表团组有95个，加上省内各市州代表团，参会团组过百。其中，境外有马达加斯加、韩国、日本、澳大利亚等团组17个；有香港特区驻京办、香港贸发局、台湾统一集团等港台代表团7个。境内有17个国家部委和机构、20个政府代表团、34个丁商企业代表团。各有关部门及专业展会还邀请了有关方面的2500多名参会参展代表。参加本届兰洽会的宾客15000多人，参观人数超过36万人次。深圳市组成了300多家企业上千人的大型代表团参加兰洽会，展位总面积达11000平方米，举办了招商、产品采购、人才招聘等一系列活动，成为深圳在市外组织的展览面积最大、参与企业最多、内容最为丰富的一次大型经贸活动。四川、陕西、宁夏等兄弟省区也在兰洽会上举办了项目、产品推介会。本届兰洽会共签约合同项目530个，签约金额1061.12亿元。其中兰洽会组委会组织集中签约项目499个，投资总额

967.8亿元；深圳市签约项目31个，投资总额93.32亿元。截至2009年年底已开工建设的项目到位资金158.38亿元，占全年全省招商引资到位资金的33.80%。签约项目中体现甘肃省具有区域产业特色的大项目好项目明显增多，产业结构布局更趋合理，项目投资更加符合可持续发展战略。第十五届兰洽会展馆面积为历届兰洽会中最大，达到40000平方米。文化旅游博览交易会、汽车机械展销会、建材展销会、兰州市第三届茶博会等专业展会相比往年在布展档次和水平上都有较大提高，参展的大公司、大厂商数量明显增多，一些世界顶级品牌亮相兰洽会，引起了社会各界的广泛关注：主展馆和各专业展会商品交易成交80.56亿元，较往届有较大增长，签订的基本上是大宗销售合同，展销洽谈实效突出。

17. 第十六届中国兰州投资贸易洽谈会。第十六届兰洽会于2010年7月5日—9日在甘肃国际会展中心举办，本次大会由甘肃省委常委、副省长刘永富主持举办，出席大会领导有十一届全国人大常委会副委员长周铁农、十届全国人大常委会副委员长顾秀莲，本届兰洽会吸引力、凝聚力和影响力进一步提升，实现了兰洽会国际化、区域性的新跨越。主办单位达到23家，比上届增加5家，云南、江西、安徽、黑龙江和厦门首次参与主办，协办单位比上届增加2家。省外、境外代表团组有95个，参会宾客2万多人，比上届有新的增长。十一届全国人大常委会副委员长周铁农、十届全国人大常委会副委员长顾秀莲出席了本届兰洽会开幕式，还出席了兰洽会重大项目集中签约仪式。12个国家部委和20个兄弟省市区、计划单列市派代表团参会。参会国家和地区明显增加。国外团组有24个，比上届增加7个，还有一批港台代表团组参会。共有来自澳大利亚、匈牙利、伊朗、日本、韩国、泰国、美国、新西兰、西班牙、荷兰、加拿大、瑞士、瑞典、法国、英冈、丹麦、印度尼西亚等30个国家和港澳台地区的300多名境外宾客参加了本届兰洽会。有34个省外经贸代表团参加本届兰洽会，来自北京、浙江、江苏、上海、福建、广东、宁夏、山西、辽宁、山东的投资商代表团和全国各地的16个陇商代表团等，还有17家中国500强企业和部分央企参加。

本届兰洽会招商引资实现新突破。共推出了1518个推介项目，涉及总投资4360亿元。签约项目426项，签约总额1309.36亿元。签约项目中，1亿元以上的项目有204个，投资额达1170.5亿元，占投资总额的89.39%；10亿元以上的项目35个，投资额达761.8亿元，占投资总额的58.18%。另外，在非公企业项目洽谈会上，签约142个非公企业投资项目，总投资65.83亿元。湖北、宁夏、陕西等兄弟省区代表团在本届兰洽会上签订了一批投资项目，签约总额达46.5亿元。商品展销总成交额（含现货销售和订货合同）达到12.6亿元。

本届兰洽会在新建成的甘肃国际会展中心举办，专业化、智能化和信息化水平大幅提高，办展条件大为改善。省内外参展的积极性也明显提高，展位供不应求。展出的功能分区和布局更为合理，共有900多家企业参展，观众超过40万人次，商品展销总成交额（含现货销售和订货合同）达到12.6亿元。关中—天水经济区发展规划论坛引起了国家发改委、陕西省和专家学者的广泛关注。首届甘肃商标节将甘肃省15件驰名商标、24件地理商标和354件著名商标集于一体，参展企业80多家，社会反响比较好。第二届甘肃旅游博览交易会内容丰富，气氛热烈。通过专题活动和专业展会开展了不同形式、不同内容的交流合作，展现了甘肃省扩大开放的新形象。还成功召开了第二届陇商大会暨甘肃省陇商联合会成立大会，有外省市区的16个陇商代表团和210多名甘肃籍企业家参加，以"凝聚陇商力量、促进合作发展"为主题，成立了甘肃省陇商联合会，还开展了形式多样的交流活动。

2010年上海世博会甘肃主题论坛——丝路·城歌论坛，演讲嘉宾围绕"丝绸之路与城市发展"的主题，重点对丝绸之路上的甘肃城市兴衰与再生，探索践行和谐发展之路等问题开展演讲和研讨。同时，举办了"上海世博会甘肃宣传周"系列活动，召开了世博会甘肃宣传周新闻发布会，在兰洽会展馆组织了世博会巡展，举行了上海世博会吉祥物"海宝"落户仪式，在兰州大学举行了世博校园行活动等。

第七章　管理机构

　　1986 年以后，随着国家行政管理体制改革的深入推进和历次机构改革的实施，甘肃省商务机构几分几合，人员多次重组，职能多次调整，工作内涵不断丰富、外延不断拓展、责任不断加大，经历了历史性的变迁。在这个过程中，甘肃省商务系统认真贯彻落实党中央国务院和甘肃省委省政府决策部署，严格按照党内纪律和法规要求，加强自身建设。结合不同时期商务工作面临的新形势新任务，多次开展商贸流通、外经贸发展等多层次业务知识培训，将理论和实践相结合，围绕全省中心工作，不断增强商务系统服务全省经济社会发展的能力。

第一节　机构沿革

1950 年3月，甘肃省政府成立省商业厅。1956年从省商业厅分出省对外贸易局，1958年省商业厅、外贸局等四个厅局合并组建成省商业厅，1970年成立省商业局，1975年再次从省商业局分立出省对外贸易局，1982年之后外贸局又先后改为对外经济贸易厅、对外经济贸易委员会、对外贸易经济合作厅，省商业局改为省商业厅、商务厅。2000年，省商务厅、外经贸两厅撤销成立省贸易经济合作厅。2004年，撤销省贸易经济合作厅，组建成立省商务厅。新的甘肃省商务厅划入原省贸易经济合作厅的全部职能；原省经济贸易委员会承担的内贸流通管理、对外经济协调、产业损害调查、口岸管理、机电产品进出口和重要工业品、原材料进出口计划组织实施，以及整顿和规范市场经济秩序领导小组办公室、中国·兰州投资贸易洽谈会组委会办公室（甘肃省招商引资办公室、甘肃省投资贸易促进中心）等职责；原省发展计划委员会承担的组织实施农产品进出口计划等职责；后来又划入省经济协作办公室（省经济合作总公司）的职责。2009年机构改革后，根据商务发展形势的变化和省委省政府对商务工作新的要求，部分职能有过调整，部分处室名称有过变化，但大的框架没有变动。

一、国内贸易管理机构

1. 甘肃省商业厅（1985年—1995年）

1985 年，按照省政府下达的编制，撤并省商业厅内部处室。撤销组织技术处，将组织技术处业务并入业务处，将计划处与业务处合并，组成计划业务处；撤销保卫处、劳动工资处、人事处，将以上3个处的业务并入新成立的人事劳动工资处；将政策研究室并入办公室；基建处与储运处合并，成立基建储运处；新设立食品工业科技处、商业管理处。后又恢复了保卫处，编制为80人。

1985 年3月，省糖业烟酒公司改名为甘肃省糖酒副食公司。同月，省商业厅提出继续筹建甘肃飞天公司。5月，省经济委员会同意成立甘肃省友谊公司、甘肃省商业信息中心（事业单位、企业编制）。10月，省商业厅同意成立兰州陇丰食品厂，新增职工定员192人，县级建制。

1986年2月，省经济委员会复函，甘肃飞天股份有限总公司原是集体所有制企业，同意改为全民所有制。同年10月，省编委同意省商业厅内设机构：办公室、人事劳资处、财务处、物价处、计划业务处、保卫处、基建储运处、科技工业处、商业管理处、宣传教育处、老干部工作处、纪律检查组等12个处室；省商业厅所属企业单位：省百货公司、省五金交电化工公司、省糖酒副食公司、省食品公司、省民族贸易公司、省饮食服务公司与友谊公司（一套机构、两块牌子）、省酒类专卖局与省盐业公司、省飞天贸易公司、省商业储运公司、省商业经济开发公司、省商业农副贸易公司、省华茂公司（集体所有制）、兰州商业通用机械厂；省商务厅所属事业单位：省商业科技研究所、省商业设计研究所、省商业厅生活服务公司与劳动服务公司（一套机构、两块牌子）、省商业学校、省商业干部学校、省财贸经济刊授联合大学。省编办同意《信息导报》编辑部定编14名（省上9名，兰州市5名），县级事业单位，实行企业管理，逐步向全企业过渡。

1988年4月，省商业厅同意成立兰州飞天大酒店筹建处。

1989年4月，经甘肃省建设委员会批复，成立甘肃省商业工程承包公司。

1990年11月，省商业厅劳动服务公司与省商业厅生活服务公司分设。

1993年1月，甘肃省商业设计研究所改为甘肃省商业设计研究院。同月，甘肃省商业厅生活服务公司改为甘肃省商业综合贸易公司。4月，甘肃省商业广告艺术公司成立。11月，甘肃省商业对外贸易公司改名为甘肃省商业对外贸易总公司。

2. 甘肃省商务厅（1995年—2000年）

1995年7月，甘肃省商业厅改为甘肃省商务厅。同年8月，启用中国共产党甘肃省商务厅党组印章。10月，省政府办公厅印发甘肃省商务厅职能配置、内设机构和人员编制方案，省商务厅内设机构：办公室、计划业务处、政策体改处、企业指导处、财务资产管理处、科技工业处、基建储运处、离退休干部管理处、人事劳资处、机关党委，行政编制75名。纪检组与监察室合署办公，一个机构、两块牌子，核定行政编制3名，审计处核定行政编制3名，两项编制在机关总编制内单列。机关后勤服务中心，为县级事业单位，编制10名。

1997年5月，甘肃省商业工业总公司与甘肃省商办工业原辅材料供应站分立；10月，省商办工业原辅材料供应站改建为甘肃省商办工业原辅材料供应公司。

1998年1月，省五交化公司采用发起方式组建甘肃省五金交电化工股份有限公司。甘肃省百货公司组建甘肃百货（集团）股份有限公司，省盐业公司、省糖酒副食公司发起组建甘肃省盐业（集团）股份有限公司。

1998年5月，省经济体制改革委员会、省经济贸易委员会、省商务厅、省国有资产管理局联合文批复，同意将甘肃省驻咸阳五交化站改建为陕西甘咸五交化有限责任公司。同年10月，省体改委、省经贸委、省商务厅、省国资局批复，省商业科技研究所组建甘肃商科食品工业科技开发有限责任公司；兰州陇丰食品厂组建兰州陇丰食品有限责任公司。

1999年3月，省商务厅发文通知，以下企业列为省商务厅直属企业：省五交化总公司、兰州商通厂、省食品总公司、省盐业集团公司、省商业储运公司、省民贸总公司、省饮食服务公司、省飞天工贸总公司、省综合贸易公司、省百货公司、省友谊公司、兰州陇丰食品厂、省商业农副公司、省华商电子公司、省商办工业原辅材料供应公司、省商业工程承包公司、咸阳五金站、省商业物资公司、咸阳百货站、省商业广告公司。所属事业单位：省商业设计院、省商科所。

1999年4月，省体改委、省经贸委、省商务厅、省国资局批复，省友谊公司改制为甘肃省友谊商贸有限责任分公司；同意省商业综合贸易公司分别组建甘肃省金盈实业有限责任公司、甘肃省现代仿红木家具有限责任公司。同年6月，省体改委同意甘肃省商业储运公司发起设立甘肃省商业储运股份有限公司。12月，省体改委、省经贸委、省商务厅、省国资局批复，上海陇申经济技术开发公司改制为上海陇申商贸有限责任公司；兰州商业通用机械厂改制为甘肃工业锅炉制造有限责任公司。

2000年5月，省体改委、省经贸委、省商务厅、省国资局批复，甘肃省华商电子技术公司组建甘肃省连邦软件有限责任公司；甘肃省商办工业原辅材料供应公司组建甘肃商工实业有限责任公司。

1985 年—2000年甘肃省商业(商务)厅领导人一览表

(按任职时间先后顺序排列)

表7-1-1

机 构	姓 名	性别	职 务	任职时间
省商业（商务）厅	刘涤行	男	厅 长	1980.12—1988.05
	张源清	男	副厅长	1983.09—1993.09
			党组书记	1991.03—1993.03
	贺启民	男	副厅长	1983.09—1986.08
	孔令鉴	男	副厅长	1983.09—1988.04
	霍世威	男	顾 问	1983.09—1985.12
	高文彦	男	顾 问	1983.09—1985.12
	单得真	男	厅 长	1988.05—1991.05
	蔡志清	男	副厅长	1986.10—1996.08
	杨应详	男	副厅长	1986.10—1996.11
			党组书记、厅长	1996.11—2002.01
	邵克文	男	厅 长	1991.03—1993.03
			党组书记、厅长	1993.03—1996.11
	赵 毅	男	副厅长	1991.04—2000.08
	葛青凡	男	纪检组长	1991.05—1993.06
			副厅长、纪检组长	1993.06—2000.05
	吴祉虎	男	副地级调研员	1992.03—1993.07
	王 盛	男	副厅长	1994.11—2000.05
	陈美信	男	副地级调研员	1995.04—1997.08
	李荣富	男	副地级调研员	1997.12—1999.08
	张汉文	男	党组成员、副厅长	1998.03—2000.05
	张立民	男	党组成员、副厅长	1998.04—2000.08
	雷文翔	男	助理巡视员	1999.03—2000.08

备注：

1.领导任职时间一般按照省委、省政府发文日期，下同。

2.领导涉及商务（商业）、外经贸部门两大系统，主要是省管干部，下同。

二、国际贸易管理机构

1. 甘肃省对外经济贸易厅（1982年—1985年）

1982年11月，甘肃省委决定省进出口管理委员会（省外经办公室）、省外贸局合并为甘肃省对外经济贸易厅。

1985年3月，省对外经济贸易厅文件通知，根据国家外经贸部批复，从中国土畜产进出口公司划出，成立中国粮油食品进出口公司甘肃分公司、中国医药保健品进出口公司甘肃分公司；从甘肃进出口公司划出，成立中国纺织品进出口公司甘肃分公司、中国化工进出口公司甘肃分公司、中国五矿进出口总公司甘肃分公司，保留中国土产畜产进出口公司甘肃分公司，撤销甘肃省进出口公司。

2. 甘肃省对外经济贸易委员会（1985年—1993年）

1985年11月25日，甘肃省对外经济贸易厅改为甘肃省对外经济贸易委员会。同年12月，省政府确定将甘肃国际经济技术合作公司与省经济协作办公室分设，由省外经委归口管理。

1986年1月13日，"甘肃省对外经济贸易厅"印章改为"甘肃省对外经济贸易委员会"。1月15日，根据省政府通知，中国甘肃国际经济技术合作公司隶属甘肃省对外经济贸易委员会领导。

1986年10月21日，省编委通知，省对外经济贸易委员会内部机构增设情报信息处等4个处，共设14个处室：办公室、综合计划处、财务基建处、基地开发处、外经处、对外贸易管理处、技术引进处、外资处、情报信息处、审计处、干部处、劳动工资处、宣教处、纪检组等。下属企业单位：中国甘肃国际经济技术合作公司、中国五金矿产进出口公司甘肃省分公司、中国化工进出口公司甘肃省分公司、中国纺织品进出口公司甘肃省分公司、甘肃省对外贸易包装运输公司、中国土畜产进出口公司甘肃省分公司、中国医药保健品进出口公司甘肃省分公司、中国粮油食品进出口公司甘肃省分公司、中国土畜产进出口公司、甘肃省地毯公司、甘肃省进出口贸易公司。

1988年6月11日，省对外经济贸易委员会行文通知，同意中国工艺品进出口公司甘肃分公司与省纺织品进出口公司分署办公。同年8月30日，省计划委员会文件通知，同意成立甘肃省对外经济贸易综合服务公司。11月10日，省对外经济贸易委员会将省纺织品进出口公司的纺织、轻工、工艺三个独立核算合署办公的公司正式对外分设经营，分别成立中国纺织品进出口公司甘肃省分公司、中国轻工品进出口公司甘肃分公司、中国工艺品进出口公司甘肃分公司。

1988年12月15日，省对外经济贸易委员会文件通知，中国粮油食品进出口公司甘肃省分公司、中国土产畜产进出口公司、甘肃省地毯公司等11个公司名称不再冠总公司名称，公司名称为：甘肃省粮油食品进出口公司、甘肃省地毯进出口公司、甘肃省土畜产进出口公司、甘肃省医药保健品进出口公司、甘肃省纺织品进出口公司、甘肃省轻工品进出口公司、甘肃省工艺品进出口公司、甘肃省化工进出口公司、甘肃省五金矿产进出口公司、甘肃省机械进出口公司、甘肃省机械设备进出口公司（省机械厅主管）。同年，省工商局核准中国对外贸易运输总公司分立为中国包装进出口总公司甘肃分公司、甘肃外运经营公司。

1989年12月24日，甘肃省对外经济贸易委员会发文通知，省对外经济贸易委员会下属企业有：省土畜产进出口公司、省地毯进出口公司、省粮油食品进出口公司、省医药保健品进出口公司、省五金矿产进出口公司、省化工进出口公司、省纺织品进出口公司、省轻工产品进出口公司、省工艺品进出口公司、省进出口贸易公司、省基地建设进出口公司、省外贸运输公司、省包装进出口公司、省机械进出口公司、省外贸开发公司、省对外贸易广告公司、北京金燕有限公司、省对外经济贸易委员会驻西安办事处、陇港有限公司。撤销省对外经济贸易综合服务公司、省外运经营公司。

3. 甘肃省对外贸易经济合作厅（1993年—2000年）

1993年5月25日，省政府将原甘肃省对外经济贸易委员会更名为甘肃省对外贸易经济合作厅。同年6月18日，省对外贸易经济合作厅文件通知，将内部机构增设：纪检组（监察室）、贸研所（政策法规处）、对外经贸报社。12月28日，省对外贸易经济合作厅文件通知，撤销对外经贸报社。

1995年2月25日，省政府办公厅印发省对外贸易经济合作厅职能配置、内设机构和人员编制方案，确定省对外贸易经济合作厅内设机构为：办公室、人事教育劳资处、贸易管理处、贸易发展计划处、商投资管理处、引进处、对外经济合作处、对外经济关系处、财务处、运输处、外事管理处、党群工作处。派驻机构：纪检、监察室、审计处。机关行政编制122人（含纪检、监察4人、审计4人和在职不在岗的省级、正厅级领导各1人），另成立机关后勤服务中心，核定事业编制15人。

1995年5月22日，省机构编制委员会文件通知，省对外贸易经济合作厅事业单位设：甘肃省外贸学校（培训中心）、甘肃省对外贸易经济合作厅驻外办事处、甘肃省对外贸易经济合作厅计算机中心，撤销甘肃省国际贸易研究所。

1985年—1993年甘肃省对外经济贸易委员会领导人一览表
（按任职时间先后顺序排列）

表7-1-2

机　构	姓　名	性别	职　务	任职时间
甘肃省对外经济贸易委员会	黎　中	男	党组书记、主任	1985.11—1989.09
	王致祥	男	党组副书记、副主任	1985.11—1988.06
	彭子彬	男	党组成员、副主任	1985.11—1991.06
			陇港有限公司副董事长、总经理（副地级）	1991.07—1995.01
	脱德禄	男	党组成员、副主任	1985.11—1993.06
	王　斌	男	副主任	1985.12—1992.08
	郝介一	男	党组成员、顾问	1985.12—1990.12
			中国国际贸易促进会甘肃分会副主任（兼）	1986.04—1990.12
	孔新宁	男	中国甘肃国际经济技术合作公司党委委员、副经理	1985.12—1988.06
	张永生	男	中国甘肃国际经济技术合作公司总经理(代)	1985.12—1990.03
			中国甘肃国际经济技术合作公司总经理、党委委员	1990.03—1993.06
	李纯益	男	副主任	1986.08—1991.05

机 构	姓 名	性别	职 务	任职时间
甘肃省对外经济贸易委员会	李 桂	男	党组书记、副主任、代理主任	1989.12—1990.07
			党组书记、主任	1990.07—1993.05
	刘广珍	男	中国甘肃国际经济技术合作公司党委副书记	1990.03—1993.06
	赵永宏	男	中国甘肃国际经济技术合作公司总经理、党委委员	1990.06—1993.06
	刘绳祖	男	党组成员、副主任	1991.04—1993.06
	王惠霖	男	党组成员、副主任	1991.04—1993.06
	李逢太	男	党组成员、副主任	1991.04—1993.06
	张文涛	男	党组成员、纪检组组长	1991.10—1993.06
	何栓庆	男	副地级调研员	1992.04—1993.06

备注：1984年3月，经国务院和省政府批准，将中国甘肃国际经济技术合作公司改设为地级单位，由省政府直接领导，省对外经济贸易厅归口代管，1985年随着机构改革，由省对外贸易经济委员会归口代管。

第七章 管理机构

1993 年—2000年甘肃省对外经济贸易合作厅领导人一览表

（按任职时间先后顺序排列）

表7-1-3

机　构	姓　名	性别	职　务	任职时间
甘肃省对外经济贸易合作厅	程有清	男	党组书记、厅长	1993.05—1994.06
	李克勤	男	党组副书记、副厅长	1993.06—1997.11
			正地级调研员	1997.11—2000.07
	费舜筠	男	党组副书记、副厅长	1993.06—1994.04
			党组书记、副厅长	1994.04—1994.06
			党组书记、厅长	1994.06—1998.04
	王惠霖	男	党组成员、副厅长	1993.06—1997.09
	李逢太	男	党组成员、副厅长	1993.06—1995.02
	闵德新	男	副地级调研员	1993.06—1994.02
	张亚生	男	党组成员、副厅长	1994.11—2000.05
	冯毅广	男	党组成员、副厅长	1994.11—2000.05
	王代喜	男	副地级干部	1995.02—2000.05
	白学林	男	党组副书记、副厅长	1995.03—1997.06
	侯自贵	男	党组成员、纪律检查组组长	1995.03—2000.05
	阚建彬	男	副地级调研员	1995.12—1999.01
	张为民	男	副地级调研员	1997.02—2000.07
	曾明沂	男	助理巡视员	1999.03—2000.07

三、合并后的国内外贸易管理机构

1. 甘肃省贸易经济合作厅（2000年—2004年）

2000 年，甘肃省对外贸易经济合作厅与甘肃省商务厅（原省商业厅）合并成立甘肃省贸易经济合作厅。6月9日，甘肃省贸易经济合作厅文件通知，启用"甘肃省贸易经济合作厅"印章，废止使用"甘肃省对外贸易经济合作厅"印章。

2001年2月26日，省政府办公厅印发甘肃省贸易经济合作厅职能配置、内设机构和人员编制规定，确定甘肃省贸易经济合作厅内设机构为：办公室、人事教育劳资处、对外贸易管理处、对外贸易发展处、外商投资管理处、科技发展与技术进出口处、对外经济合作处、国际经济关系处、消费品流通处、饮食服务处、食品工业处、营销发展处、财务处、外事处。机关行政编制为90名（厅长1名，副厅长4名，纪检组长1名，处级领导职数41名），单列编制5名。核定机关离退休职工管理工作人员编制7名。保留后勤事业编制28名，处级领导职数2名。另成立甘肃省酒类商品管理局，县级事业单位，核定事业编制10名，局长1名（由贸易经济合作厅副厅长兼任），副局长2名。

甘肃省贸易经济合作厅是省政府主管全省对外、对内贸易与经济技术合作的组成部门。在职能调整方面，划出的职能是，将管理外国政府贷款的职能交省财政厅。划入的职能是，省经贸委对拍卖业（不涉及国有工业企业破产拍卖）管理职能，省物价局对宾馆、饭店、餐馆评等定级职能。转变的职能是，厅机关与直属各企业要通过多种方式逐步脱钩，实行行业管理，服务企业，监控市场；按照建设大贸易、大流通、大市场的要求，由对国有企业的管理，转变为对社会各种经济成分商贸行业的管理和服务；逐步实行生产企业自营进出口经营权登记备案制。根据职能调整，省贸易经济合作厅的主要职责是，贯彻实施全省对外贸易、经济合作、外商投资和商品流通、饮食服务的政策和地方性法规；研究拟定全省内外贸、经济合作的发展战略，对省委、省政府和省对外开放领导小组有关对外开放的决策和政策的贯彻落实进行督促检查；协调、指导和联络全省各地州市对外开放机构有关工作。

2002年3月19日，省政府文件通知，中国甘肃国际经济技术合作公司业务归属省贸易经济合作厅管理。

2000 年—2004年甘肃省贸易经济合作厅领导人一览表
(按任职时间先后顺序排列)

表7-1-4

机　构	姓　名	性别	职　务	任职时间
甘肃省贸易经济合作厅	赵　毅	男	党组副书记、副厅长	2000.05—2004.03
	冯毅广	男	党组成员、副厅长	2000.05—2004.03
	王代喜	男	党组成员、副厅长	2000.05—2004.03
	张立民	男	党组成员、副厅长	2000.05—2004.03
	葛青凡	男	党组成员、纪检组长	2000.05—2002.11
	李克勤	男	巡视员	2000.07—2001.06
	何栓庆	男	助理巡视员	2000.07—2004.12
	张为民	男	助理巡视员	2000.07—2000.12
	曾明沂	男	助理巡视员	2000.07—2003.01
	雷文翔	男	助理巡视员	2000.07—2004.03
	侯自贵	男	助理巡视员	2000.08—2001.07
	陈有安	男	党组书记、厅长	2003.02—2004.01
	王勇谦	男	纪检组长	2003.12—2004.03

2. 省商务厅（2004年—2010年）

　　2004年2月26日，根据《甘肃省人民政府机构改革方案实施意见》,《甘肃省人民政府机构设置及有关问题的通知》，撤销省贸易经济合作厅，组建省商务厅，为省政府组成部门，履行经济调节、市场监管、行业管理和公共服务职能。

　　2004年6月1日，省政府办公厅印发甘肃省商务厅职能配置内设机构和人员编制规定，确定甘肃省商务厅内设机构为：办公室、人事教育处、政策法规处、规划发展处（挂甘肃省口岸管理办公室牌子）、财务处、对外贸易处、机电处（挂甘肃省机电产品进出口办公室牌子）、科技贸易处、市场体系建设处、市场运行调节处、饮食服务处、食品流通监管处、外资处、外经处、国际援助处、老干部处。机关行政编制为99名（厅长1名，副厅长4名，纪检组长1名，处级领导职数45名），保留机关离退休管理工作人员编制7名。保留后勤事业编制29名和处级领导职数2名。另将中国·兰州投资贸易洽谈会组委会办公室更名为甘肃省投资贸易促进中心，仍为处级建制，保留事业编制10名，处级领导职数3名。核定甘肃省整顿和规范市场经济秩序领导小组办公室事业编制8名，处级领导职数3名。

划入的职责是，原省贸易经济合作厅的职责，原省经济贸易委员会承担的口岸管理、内贸管理、对外经济协调、产业损害调查、机电产品进出口和重要工业品、原材料进出口计划组织实施等职责，原省发展计划委员会承担的组织实施农产品进出口计划等职责，原省经济贸易委员会承担的整顿和规范市场经济秩序的职责，原省经济贸易委员会中国·兰州投资贸易洽谈会组委会办公室（甘肃省招商引资办公室）的职责。

主要职责是，贯彻落实国家有关内外贸易、国际经济合作和招商引资的发展战略、方针、政策；制订全省商务领域规章、制度、标准和发展规划；研究制订全省规范流通领域市场体系及流通秩序的政策，促进内外贸结合，建立健全统一、开放、竞争、有序的市场体系；监测分析市场运行和商品供求状况，组织实施重要消费品市场流通管理；研究提出流通体制改革意见，培育发展城乡市场，推进流通产业结构调整及现代流通方式和组织形式现代化；负责对食盐、成品油、酒类等重要商品的流通管理；负责拍卖、典当、租赁、汽车、旧货流通活动的监督管理；执行国家制定的进出口商品管理办法、进出口商品目录和进出口商品配额招标政策；负责进出口配额计划的编报、下达和组织实施及配额、许可证管理工作；负责全省商务系统涉及世贸组织相关事务的研究、指导和服务工作；组织协调反倾销、反补贴、保障措施及其他与进出口公平贸易相关的工作；组织全省产业损害调查；制订并实施全省外商投资政策，负责全省对外经济合作工作，负责中国·兰州投资贸易洽谈会的组织和实施工作，归口管理各类涉外商务交易会、展览会、展销会等活动，负责全省商务新闻发布会、宣传工作和提供信息咨询服务，指导全省流通领域信息网络和电子商务建设；宏观指导各市、州商务工作。

2005年11月18日，省政府办公厅《关于省商务厅职能调整的补充通知》，将"甘肃省整顿和规范市场经济秩序领导小组办公室"列入省商务厅内设处室。在甘肃省酒类商品管理局加挂"甘肃省商务厅酒类商品管理办公室"牌子。成立甘肃省投资贸易促进局，为依照公务员管理的副厅级事业单位，归口省商务厅管理。划入原省经济协作办公室承担的职能。在保留省商务厅职能的基础上，进一步加强招商引资、经济调节、市场监管和行业管理职能。同日，省政府办公厅《关于印发甘肃省投资贸易促进局职能配置内设机构和人员编制规定的通知》确定，甘肃省投资贸易促进局内设机构为：综合处、招商处、合作处、会展处。投促局事业编制40名（其中局长1名（副厅级），副局长3名（正处级）；处级领导职数9名）。省投资贸易促进局机关工作人员参照公务员管理。另外，将"甘肃省整顿和规范市场经济秩序领导小组办公室"原核定的8名事业编制改为行政编制。给省商务厅增加2名行政编制，1名厅级领导职数。

2006年11月15日，甘肃省实施公务员法领导小组文件通知，陈克恭等110名机关干部依法登记为公务员。

2008年1月7日，省编委文件通知，同意在省商务厅办公室加挂"甘肃省商务厅港澳台经贸办公室"牌子，增加处级领导职数2名。

2009年，根据《中共中央办公厅国务院办公厅关于印发〈甘肃省人民政府机构改革方案〉的通知》和《中共甘肃省委甘肃省人民政府关于印发〈甘肃省人民政府机构改革实施意见〉的通知》精神，设立甘肃省商务厅，为省政府组成部门。

职责调整。取消的职责：（1）取消已由国务院和省人民政府公布取消的行政审批事项。（2）取消直接办理与企业有关的评比及品牌评定活动、编报并执行机电产品配额年度进口方案、对引进技术的再出口进行监督的职责。划入的职责：（1）将原省劳动和社会保障厅有关中国公民出境就业管理、境外就业职业介绍机构资格认定、审批和监督检查等职责，划入省商务厅。（2）将省物产集团所属省散装水泥办公室承担的散装水泥推广等职责，划入省商务厅。3.将原省经济委员会承担的再生资源回收管理、报废机动车回收管理职责，划入省商务厅承担。划出的职责，将全省盐业行政管理和食盐流通管理职责，划给省工业和信息化委员会。其他事项：（1）

将省物产集团所属的省散装水泥办公室（省原材料节约办公室）整建制划转至省商务厅。 （2）全省加油站、成品油库的网络规划和布局建设职责由省发展和改革委员会承担；成品油市场监管职责由省商务厅承担。

甘肃省商务厅设18个内设机构：办公室、人事处、政策研究室、综合处（省口岸管理办公室）、法规及公平贸易处、财务处、省整顿和规范市场经济秩序办公室、市场体系建设处、服务业管理处、市场运行调节处（省茧丝绸协调办公室）、食品流通监管处、对外贸易处、机电和科技产业处（省机电产品进出口办公室）、外资处、外经处（省境外劳务管理办公室）、国际经贸关系处、对外联络处（省商务厅港澳台经贸办公室）、离退休干部处，机关党委负责机关和直属单位的党群工作。

甘肃省商务厅机关行政编制为127名。其中：厅长1名、副厅长5名、纪检组长1名，处级领导职数50名（含机关党委专职副书记1名）。纪检、监察机构的人员编制和领导职数，按省编办、省纪委甘机编办〔2006〕34号文件执行。保留机关后勤服务中心事业编制32名，处级领导职数3名。将省物产集团所属的省散装水泥办公室（省原材料节约办公室）整建制划转省商务厅，为厅下属事业单位，保留事业编制10名，处级领导职数2名。成品油库的网络布局和成品油市场监管职责分工：全省加油站、成品油库的网络规划和布局建设职责，由省发展和改革委员会承担；成品油市场监管职责由省商务厅承担。

2009年12月15日，省编办文件通知，将甘肃省对外贸易经济合作厅驻外办事处更名为甘肃省商务厅驻北京联络处。

2010年11月5日，省编办文件通知，将省投资贸易促进局更名为省经济合作局，同时加挂中国·兰州投资贸易洽谈会办公室牌子。11月23日，省编办文件通知，省经合局内设机构做以下调整：增设办公室；将综合处作为兰洽会的日常办事机构，主要负责兰洽会前的联络、筹备，会期组织、协调及会后相关跟踪和督促落实等工作；将合作处更名为协作处。

2010年12月27日，省编办就省政府有关部门药品流通管理职责分工明确如下：省商务厅是药品流通行业主管部门，负责研究拟订全省药品流通行业发展规划、政策和相关标准，推进药品流通行业结构调整，指导药品流通企业改革，推动现代药品流通方式的发展。

2004年—2010年甘肃省商务厅领导人一览表

（按任职时间先后顺序排列）

表7-1-5

机构	姓名	性别	职务	任职时间
甘肃省商务厅	陈有安	男	党组书记、厅长	2004.01—2006.03
	赵毅	男	党组副书记、副厅长	2004.03—2006.06
			巡视员	2006.06—2007.08
	冯毅广	男	党组成员、副厅长	2004.03—2008.11
			巡视员	2008.11—2012.10
	王代喜	男	党组成员、副厅长	2004.03—2012.12
	张立民	男	党组成员、副厅长	2004.03—2009.12
			巡视员	2009.12—2013.03
	王勇谦	男	纪检组长	2004.03—2004.10
			党组成员、纪检组长	2004.10—2011.03
	王旭	女	副厅长	2004.08—2005.10
			党组成员、副厅长	2005.10—2012.11
	李树启	男	厅长助理（正处级，挂职）	2004.10—2007.06
	赵永宏	男	党组成员、副厅长	2005.06—2005.07
			副厅长	2005.07—2008.08
			巡视员	2008.08—2010.05
	马红林	男	助理巡视员	2005.07—2005.11
	肖立群	男	助理巡视员	2005.12—2011.03
	陈克恭	男	党组书记、厅长	2006.03—2008.03
	刘杰华	男	党组成员、副厅长（正厅长级）	2006.06—2011.05
	王玉武	男	助理巡视员	2006.06—2012.08

续表

机　构	姓　名	性别	职　务	任职时间
甘肃省商务厅	李书敏	男	甘肃省投资贸易促进局副局长（正处级）	2006.06—2011.05
	赵　涛	男	甘肃省投资贸易促进局副局长（正处级）	2006.06—2011.05
	何　静	女	甘肃省投资贸易促进局副局长（正处级）	2006.06—2011.05
	张世恩	男	甘肃省投资贸易促进局局长（副厅级）	2006.07—2009.11
			党组成员、副厅长	2009.11—
	刘　强	男	厅长助理（正处级，挂职）	2007.04—2009.04
	李西新	男	厅长助理（正处级，挂职）	2007.12—2012.12
	王　锐	男	党委书记、厅长	2008.03—2011.09
	任福康	男	中国国际贸易促进委员会甘肃省分会专职副会长（副厅长级）	2009.01—2012.11
	车晓林	男	中国国际贸易促进委员会甘肃省分会专职副会长（副厅长级）	2009.01—
	杨文廷	男	党组成员、甘肃省投资贸易促进局局长（副厅级）	2009.11—2011.50
	邓乃平	男	厅长助理（正局级，挂职）	2010.05—2010.07
	马相忠	男	党组成员、副厅长	2010.11—

备注：1.甘肃省投资贸易促进局更名为甘肃省经济合作局后，时任领导根据省政府文件转任。 2.因志书下限为2010年，2011年之后厅领导任职情况再未列写。

第二节　政务公开

2006年1月6日，省政府政务大厅窗口进入单位办公室主任会议召开，研究贯彻落实国务院《全面推进依法行政实施纲要》和《中华人民共和国行政许可法》，深化行政审批制度改革，提高行政效率。按照要求，省商务厅于当年2月进入省政府政务大厅，并从10月开始，逐步将行政许可项目和非行政许可审批项目纳入政务大厅办理。省商务厅作为第一批进驻甘肃省政府政务大厅的单位，2006年—2010年先后有8个处室10位公务员在省政府政务大厅工作，免费受理群众咨询，办理业务。编印了《甘肃省商务厅行政审批项目服务指南》，对省商务厅所有行政审批项目的办理依据、审批条件、所需资料、工作流程、收费标准、办理时限、承办人及负责人姓名、房号、联系电话等内容进行了梳理，汇编成册，在印发厅机关各处室和各市州商务局的同时，在省政府政务大厅窗口为群众免费发放，方便群众查询。2010年甘肃省商务厅驻省政府政务大厅窗口共接待咨询370人次，为企业受理、咨询、提供资料，群众满意率100%，受到了省政府政务大厅领导和群众的好评。

一、甘肃省商务厅政务公开项目

行政许可项目1，与境外合资、合作举办社会福利机构审批，由厅外资处承办。办理依据是，《国务院对确需保留的行政审批项目设定行政许可的决定》（2004年6月29日国务院第412号令）第69项，甘肃省政府关于保留行政许可项目受委托实施行政许可项目备案制管理项目的公告》（甘政发〔2005〕38号）。必须具备的条件是，符合国家有关部门的发展规划；中方投资者必须具有一定规模和经营管理经验的社会福利企业法人；合营公墓应设在华侨及港澳台同胞家属聚居的城市，营业对象对华侨、港澳台同胞为重。需提供的材料：设立企业申请；国家民政部审批同意后出具的书面意见；企业合同、章程；其他需要提供的文件。工作流程是，合资、合作者申请，省商务厅审核，同意后报商务部审批。办理时限为20日。

行政许可项目2，设立拍卖企业核准，由市场体系建设处承办。办理依据是，《中华人民共和国拍卖法》（第八届全国人大常委会第20次会议通过，1996年7月5日中华人民共和国主席令第70号）第三章第十一条"拍卖企业可以在设区的市设立。设立拍卖企业必须经所在地省、自治区、直辖市的人民政府负责管理拍卖业的部门审核许可，并向工商行政管理部门申请登记，领取营业执照"；《拍卖管理办法》（2004年11月15日商务部第24号令）；《甘肃省人民政府关于保留行政许可项目受委托实施行政许可项目备案制管理项目的公告》（甘政发〔2005〕38号）。必须具备的条件：有100万元人民币以上的注册资本；有自己的名称、组织机构、住所和章程；有与从事拍卖业务相适应的拍卖师和其他工作人员；有符合《拍卖法》和其他法律法规的拍卖业务规则；符合国务院有关拍卖业发展的规定；法律、行政法规规定的其他条件。需提供的材料有：所在地市州商务行政主管部门的审核意见及申请报告；会计事务所出具的验资报告、进账单、合伙人出资协议及亲笔签名；工商行政管理机关核发的《企业名称预先核准通知书》；固定办公场所产权证明或租用办公场所合同（双方签订的房屋租赁合同书复印件）；公司章程、拍卖业务规则及相关管理制度，企业组织机构、详细地址、电话号码、邮政编码；拟聘用的三名以上取得拍卖从业资格人员的资格证书和国家注册拍卖师执业资格证书、中拍协签署同意调动意见的原件及复印件，拍卖行业从业人员资格证书原件及复印件；企业法人及股东基本情况（包括姓名、年龄、性别、住址、职业、简历）、联系电话、身份证复印件。工作流程是，各市州商务主管部门受理审查，省商务厅核准发证。办理时限为20日。

　　行政许可项目3，食盐批发许可证核发，由省盐务管理局承办。办理依据是，《食盐专营办法》（1996年5月27日国务院第197号令）第10条第一款"国家对食盐批发实行批发许可证制度"；第11条第一款"经营食盐批发业务的企业由省、自治区、直辖市人民政府盐业主管机构审查批准，颁发食盐批发许可证，并报国务院盐业主管机构备案"；《甘肃省人民政府关于保留行政许可项目受委托实施行政许可项目备案制管理项目的公告》（甘政发〔2005〕38号）。必须具备的条件有，有与其经营规模相适应的注册资本；有固定的经营场所；有符合国家规定的仓储设施；符合本地区食盐批发企业合理布局的要求。需提供的材料有，填写食盐批发许可证申报表。工作流程是，企业申请，省盐务局审批发证，国务院盐业主管部门备案。根据《关于对食盐批发许可证收取适当工本费的通知》（中盐专营〔2000〕192号），"食盐批发许可证由国务院盐业主管机构统一制作收取费用，由省级盐业主管机构统一领取颁发"；"经综合测算，确定对食盐批发许可证（含转代批）每套统一收取工本费30元"。办理时限为3日。

行政许可项目4，食盐准运证核发，由省盐务管理局承办。办理依据是，《食盐专营办法》（1996年5月27日国务院第197号令）第18条第一款"托运或者自运食盐的单位和个人，应当持有国务院盐业主管机构或者其授权的省、自治区、直辖市人民政府盐业主管机构核发的食盐准运证"；《甘肃省人民政府关于保留行政许可项目受委托实施行政许可项目备案制管理项目的公告》（甘政发〔2005〕38号）。必须具备的条件是，国家食品定点生产企业和承担国家食盐调拨计划的食盐企业。需提供的材料是，国家发改委下达的食盐分配调拨计划正式文件（复印件）。工作流程：承运单位或个人提出申请，省商务厅盐业主管部门审批发证。收费标准为铁路运输10元/本。办理时限为3日。

行政许可项目5，设立典当行及分支机构审核，由市场体系建设处承办。办理依据是，《国务院对确需保留的行政审批项目设定行政许可的决定》（2004年6月29日国务院第412号令）第181项；《典当管理办法》（2005年2月25日商务部、公安部第8号令）；《甘肃省人民政府关于保留行政许可项目受委托实施行政许可项目备案制管理项目的公告》（甘政发〔2005〕38号）。必须具备的条件是，有符合法律、法规规定的章程；有符合本《典当管理办法》规定的最低限额的注册资本；有符合要求的营业场所和办理业务必需的设施；有熟悉典当业务的经营管理人员及鉴定评估人员；有两个以上法人股东，且法人股相对控股；符合《典当管理办法》第九条和第十条规定的治安管理要求；符合国家对典当行统筹规划、合理布局的要求。需提供的材料是，地市主管部门初审意见；申办典当行的申请报告（包括：拟设立典当行的机构名称、注册资本数额及来源、机构所在地、经营范围及可行性分析等）；有符合法律法规规定的章程；工商部门出具的企业名称预先核准书；典当行业务规则、内部管理制度及安全防范措施；具有法定资格验资机构出具的验资报告（注册资金最低限额人民币300万元以上、从事房地产抵押业务注册资金最低500万元上）、进账单复印件；法定代表人和高级管理人员简历、身份证复印件；企业组织机构、办公场所证明（有符合要求的营业场所、安全设施和办理业务必需的其他设施，产权或者使用权的有效证明材料、房屋租赁合同、企业详细地址、联系电话、邮政编码）；企业法人及股东基本情况（包括姓名、年龄、住址、职业、简历）。工作流程是，省商务厅受理审核，报商务部审批发证。办理时限为20日。

行政许可项目6，设立外商投资企业审批，由外资处承办。办理依据是，《中华人民共和国中外合作经营企业法》（2000年10月31日颁布）第五条"申请设立合作企业，应当将中外合作者签订的协议、合同、章程等文件报国务院对外经济贸易主管部门或者国务院授权的部门和地方政府（以下简称批准机关）审查批准"；《关于修改〈中华人民共和国外资企业法实施细则〉的决定》（国务院令〔2001〕第301号）附件之第二章第七条"设立外资企业的申请，由中华人民共和国对外贸易经济合作部审查批准后，发给批准证书。设立外资企业申请属于下列情形的，国务院授权省、自治区、直辖市人民政府审查批准后，发给批准证书"；《中华人民共和国中外合资经营企业法实施条例》（国务院令〔2001〕311号）第六条"凡具备下列条件的，国务院授权的省、自治区、直辖市人民政府或者国务院有关部门审批"；《甘肃省人民政府关于保留行政许可项目受委托实施行政许可项目备案制管理项目的公告》（甘政发〔2005〕38号）。必须具备的条件是，投资总额在审批权限以内；不需要国家平衡资金、建设、生产条件和出口配额；产品涉及出口许可证、出口配额、进口许可或属于限制进口的应事先征得对外经济贸易主管部门的同意。需提供的材料是，设立企业申请；可行性研究报告及项目核准批复；企业"合同、章程"；企业名称核准通知书；投资者法律证明文件和资信证明文件；法定代表人或董事会成员名单及委派书；其他需要报送的文件。工作流程是，企业申请，省商务厅审批。办理时限是，外资、合资企业0日，中外合作企业45日。

行政许可项目7，除白酒以外的酒类商品生产许可证核发，由省酒类商品管理局承办。办理依据是，《甘肃省酒类商品管理条例》（2000年9月23

日甘肃省人民代表大会常务委员会第31号公告）第7条"白酒的生产许可证由省质量技术监督部门核发，其他酒类商品生产许可证由省酒类商品行政主管部门核发。省质量技术监督部门或省酒类商品行政主管部门收到申请书及相应文件后，在20个工作日内对符合条件的发给酒类商品生产许可证，对不符合条件的书面予以答复"；《甘肃省人民政府关于保留行政许可项目受委托实施行政许可项目备案制管理项目的公告》（甘政发〔2005〕38号）。必须具备的条件是，符合本省酒类生产规划布局；具有一定的生产规模；有相应的注册资金、生产场地、设备；有所需检测的仪器、试剂和专业技术人员；符合卫生、环保和安全生产有关法律、法规规定；产品质量达到国家规定的标准。需提供的材料是，书面申请；甘肃省酒类商品生产许可证申请书；企业营业执照或企业名称核定通知；资金信用证明和验资证明；酒类产品质量执行标准；酒类产品质量检验报告；企业管理主要规章制度；生产场地使用权证明或租赁合同；中国人民银行开户许可证；卫生、环保、安全生产等证明；企业章程或合同；企业检验人员、技术人员上岗资格证明；换证企业原许可证正副本；企业法人代表1寸免冠照片1张；生产配制酒（包括露酒）企业须提供基酒生产企业的生产许可证、质检报告、与提供基酒企业的购货合同。工作流程是，企业申请，地（州、市）、县酒类商品行政管理部门审核，省商务厅核准发证。收费标准及依据是，省财政厅、省物价局《关于批准收取酒类商品许可证登记费的复函》（甘财综发〔2001〕19号）第一条"根据《甘肃省酒类商品管理条例》的规定，为加强酒类商品生产和流通的监督管理，同意收取酒类商品生产、批发许可证登记费"；《省物价局、省财政厅关于收取酒类商品许可证登记费标准的批复》（甘价费〔2001〕112号）第一条"收费标准：酒类商品生产许可证登记费每证1800元"。办理时限为20日。

行政许可项目8，鲜茧收购资格认定，由市场运行调节处承办。办理依据是，《国务院对确需保留的行政审批项目设定行政许可的决定》（2004年6月29日国务院412号令）第185项；《甘肃省人民政府关于保留行政许可项目受委托实施行政许可项目备案制管理项目的公告》（甘政发〔2005〕38号）。必须具备的条件是，与蚕农具有不低于3年的长期稳固的产销关系，并签订经济合同；具有固定的收购场地、评茧仪器、烘茧和仓储设施，设备设施要符合国家安全生产、环境保护的有关规定；具有相应的收购资金和良好的信用关系；具有国家规定的相应的专业技术人员；具有健全的质量保证体系及管理制度。需提供的材料是，已明确鲜茧收购经营范围的企业，应提交复印件，未明确的应提交《企业名称预先核准通知书》；鲜茧收购资格认定申请表；企业法定代表人的身份证明；企业技术人员的职称证书和劳动合同；鲜茧收购合同；鲜茧收购、干茧加工质量保证条件审核意见书；收购经营场地的土地使用权证明文件或场地房屋租赁协议；企业质量保证体系及管理制度。工作流程是，企业申请，省商务厅核发。办理时限为20日。

行政许可项目9，设立旧机动车鉴定评估机构审批，由市场体系建设处承办。办理依据是，《国务院对确需保留的行政审批项目设定行政许可的决定》（2004年6月29日国务院412号令）第182项；《二手车流通管理办法》（2005年8月29日商务部、公安部、工商总局、税务总局第2号令）；《甘肃省人民政府关于保留行政许可项目受委托实施行政许可项目备案制管理项目的公告》（甘政发〔2005〕38号）。必须具备的条件是，是独立的中介机构；有固定的经营场所和从事经营活动的必要设施；有3名以上取得国家劳动和社会保障部门职业资格证书的二手车鉴定评估师，其中有1名高级二手车鉴定评估师；有规范的规章制度。需提供的材料有，设立二手车鉴定评估机构申请报告（应写明企业名称、办公地点等内容）及可行性研究报告；所在地市、州商务行政主管部门审核意见；经营场所的产权证明或租用合同；国家劳动和社会保障部门颁发的二手车鉴定评估师高、中级职业资格证书；高、中级职业评估师劳动合同；经营二手车鉴定评估机构的规章制度；注册资金，验资报告；法人代表有效证明材料（身份证复印件、住址、电话）；企业地址、邮编、电话。工作流程是，省商务厅受理审批发证。办理时限为20日。

行政许可项目10，酒类商品批发许可证核发，由县级以上地方人民政府酒类商品主管部门承办。办理依据是，《甘肃省酒类商品管理条例》（2000年9月23日甘肃省人民代表大会常务委员会第31号公告）第十条"酒类商品批发实行许可证，由县级以上酒类商品行政主管部门按照各自职责审查核发，酒类商品行政主管部门收到申请书后，在15个工作日内，对符合条件的发给酒类商品批发许可证,并报省酒类商品行政主管部门备案，对不符合条件的书面予以答复"。《甘肃省人民政府关于保留行政许可项目受委托实施行政许可项目备案制管理项目的公告》（甘政发〔2005〕38号）。必须具备的条件是，有相应的注册资本金；有符合规定的经营场所和仓储设施；有卫生许可证；有熟悉酒类专业知识的营销人员。需提供的材料有，书面申请；甘肃省酒类商品批发许可证申请书（表）；企业营业执照或企业名称核准通知；资信证明和验资证明；经营场所所有权证或租赁合同；仓储设施所有权证或租赁合同；卫生许可证；企业章程和管理制度；企业法人代表1寸免冠照片1张。工作流程是，企业申请，县级以上酒类商品管理部门核准，省商务厅备案。收费标准及依据是，省财政厅、省物价局《关于批准收取酒类商品许可证登记费的复函》（甘财综发〔2001〕19号）第一条"根据《甘肃省酒类商品管理条例》的规定，为加强酒类商品生产和流通的监督管理，同意收取酒类商品生产、批发许可证登记费"；《省物价局、省财政厅关于收取酒类商品许可证登记费标准的批复》省物价局、省财政厅（甘价费〔2001〕112号）第一条第二款"酒类商品批发许可证每证100元"。办理时限为15日。

行政许可项目11，对外劳务合作经营资格审核，由外经处承办。办理依据是，《国务院决定对确需保留的行政审批项目设定行政许可的目录》（2004年6月29日国务院412号）第186项；《对外劳务合作经营资格管理办法》（商务部 国家工商行政管理总局令2004年第3号）第七条：企业申请对外劳务合作经营资格，应向注册地省、自治区、直辖市或计划单列市商务主管部门（以下简称"地方商务主管部门"）提出书面申请。第八条：地方商务主管部门在收到企业的全部申请材料后，应在10个工作日内完成初审，并将初审意见连同企业全部申请材料一并报商务部；《甘肃省人民政府关于保留行政许可项目受委托实施行政许可项目备案制管理项目的公告》（甘政发〔2005〕38号）。必须具备的条件是，依法登记注册的企业法人，注册3年以上，注册资本金不低于500万元人民币，中西部地区企业不低于300万元人民币；具有相当经营能力，资产负债率不超过50%，无不良行为记录；拥有固定的经营场所，办公面积不低于300平方米；具备健全的管理制度，通过ISO9000质量管理体系认证；具有足额交纳对外劳务合作备用金的能力；具有大专以上学历或中级以上职称的对外劳务合作专业人员不少于5人，专职培训管理人员和财务人员均不少于2人，法律人员不少于1人；具有相应市场开拓能力和现场管理能力；具有一定工作基础，近3年向具有对外劳务合作经营资格的企业提供外派劳务人员不少于300人。需提供的材料有，企业的申请报告；企业法人营业执照复印件、银行资信证明原件；会计师事务所出具的企业验资报告、财务年度报告、资产负债表复印件，税务机关出具的完税证明原件；经营场所产权证明或固定场所租赁证明复印件；公司章程、经营管理制度、ISO9000质量管理体系认证证书复印件；本办法第五条第六项规定的相关专业人员证书复印件；拟开展对外劳务合作的国别及地区可行性报告；具有对外劳务合作经营资格的企业出具的提供外派劳务人数证明原件；法律法规要求的其他材料。工作流程是，企业申请，省商务厅审核合格后，报商务部核准并颁发《资格证书》。办理时限为10日。

行政许可项目12，开发盐资源、开办制盐企业审核，由省盐务管理局承办。办理依据是，《盐业管理条例》（1990年3月2日国务院第51号令）第8条"开发盐资源，开办制盐企业（含非制盐企业开发盐资源，下同），必须经省级盐业行政主管部门审查同意，报省、自治区、直辖市人民政府批准"；《甘肃省人民政府关于保留行政许可项目受委托实施行政许可项目备案制管理项目的公告》（甘政发〔2005〕38号）。必须具备的条件是，申请企业应当符合法律、行政法规及国家有关政策规定的企业设立条件；必须取得采矿许可证；盐产品必须符合国家质量标准。需提供的材料有，营业执照（复印件）；采矿许可证（复印件）；企业负责人（法定代表人）身份证（复印件）。工作流程是，企业申请，省盐业行政主管部门审核，报省人民政府批准，盐业主管部门发证。办理时限为20日。

行政许可项目13，石油成品油批发、仓储、零售经营资格审批，由市场体系建设处承办。办理依据是，《国务院对确需保留的行政审批项目设定行政许可的决定》（2004年6月29日国务院412号令）第183项；《成品油市场管理暂行办法》（2004年12月2日商务部第23号令）；《甘肃省人民政府关于保留行政许可项目受委托实施行政许可项目备案制管理项目的公告》（甘政发〔2005〕38号）。必须具备的条件是，具有稳定的成品油供应渠道；具有全资或控股的、库容不低于4000立方米的成品油油库，油库建设符合《石油库设计规范》（GBJ74-84）；具备接卸成品油的输送管道、铁路专用线或成品油水运码头等设施；油库及其他设施符合国家安全生产、环境保护的有关规定；具备成品油检验、计量、储存、消防安全等知识的专业技术人员；符合成品油批发网络发展规划的要求；各项管理制度健全。需提供的材料有，申请报告（应当写明企业名称、法人、办公地点等内容）及可行性研究报告；合法稳定的成品油供应渠道证明；全资或控股的、库容不低于4000立方米的成品油油库，建设符合《石油库设计规范》（GBJ74-84）的相关证明材料；成品油输送管道、铁路专用线或成品油水运码头等设施的证明材料；油库及其他设施具备国家安全生产、环境保护部门规定的证书或相关证明；成品油检验、计量、储存、消防安全等专业技术人员的资质证书及证明；企业的各项管理制度。工作流程是，批发企业经营资格由省商务厅受理审核，报商务部审批发证；零售、仓储企业经营资格由各市、州商务主管部门受理审核上报，省商务厅审批发证。办理时限为20日。

行政许可项目14，易制毒化学品进出口审核，由对外贸易处承办。办理依据是，《中华人民共和国对外贸易法》（2004年4月6日第十届全国人大常委会第八次会议修订）第十六条第十一款"国家基于下列原因,可以限制或者禁止有关货物、技术的进口或者出口：根据中国缔结或者参加的国际条约、协定的规定，其他需要限制或者禁止进口或者出口的"；第十八条"国务院对外贸易主管部门会同国务院其他有关部门，依照本法第十六条和第十七条的规定，制定、调整并公布限制或者禁止进出口的货物、技术目录"；《易制毒化学品进出口管理规定》（外经贸部1999年第4号令第三条第二款"各省、自治区、直辖市外经贸委（厅、局）负责本地区的易制毒化学品进出口管理工作"；第十条第二款"地方进出口企业或隶属中央管理的企业向其所在地外经贸主管部门提出申请，经其审核后报外经贸部批准"；《甘肃省人民政府关于保留行政许可项目受委托实施行政许可项目备案制管理项目的公告》（甘政发〔2005〕38号）。必须具备的条件：经国家禁毒委、药监局和商务部核定后的对外贸易经营者。需提供的材料有，加盖进出口企业公章的《易制毒化学品进（出）口申请表》一式二份；一般贸易方式进（出）口易制毒化学品，提交进（出）口合同（正本复印件）；加工贸易方式进口易制毒化学品，应提交加工贸易审批文件和与外商签订的加工贸易合同以及国内加工生产企业签订的加工协议（正本复印件）；最终用户国家（地区）政府主管部门签发的进口许可，若出口需经第三国（地区）转口，在提供上述文件和资本的同时，还要提供第三国（地区）政府主管部门出具的有效转口证明；进口企业出具的进口核查化学品的保证书，及其上级行政主管部门或中央管理企业为其下属企业进口核查化学品出出具的保证书。工作流程是，企业申请，省商务厅审核，商务部审批。办理时限为20日。

行政许可项目15，焦炭出口企业资质审核，由对外贸易处承办。办理依据是，《中华人民共和国对外贸易法》（2004年4月6日第十届全国人大常委会第八次会议修订）第十六条第六款"出口经营秩序出现严重混乱，需要限制出口的"；《中华人民共和国货物进出口管理条例》（2001年12月10日国务院令第332号）第五十七条第二款"有下列情形之一的，国务院外经贸主管部门可以对特定货物的出口采取限制或者禁止的临时措施：出口经营秩序严重混乱，需要限制出口的"；《焦炭出口企业资质标准和申报程序》（商务部2004年第74号令）第二条申报程序"各地焦炭出口企业应向所在地省级商务主管部门提出申请。省级商务主管部门根据上述焦炭出口企业资质标准，对本地区申请焦炭出口配额的企业进行资格初审"；《甘肃省人民政府关于保留行政许可项目受委托实施行政许可项目备案制管理项目的公告》（甘政发〔2005〕38号）。必须具备的条件是，生产企业：按国家有关规定经工商行政管理部门登记注册，获得进出口经营资格或办理对外贸易经营者备案登记、具有独立法人资格；符合焦炭行业准入标准、相关产业政策以及2004年5月27日九部委联合下发的《印发关于清理规范焦炭行业的若干意见的紧急通知》（发改产业〔2004〕941号）的要求，年产量在60万吨（含）以上，铸造焦生产企业年产量在50万吨（含）以上（以国家统计局统计为准）；上一年焦炭出口供货在20万吨（含）以上。通过外贸公司代理出口的生产企业，须提供上一年与外贸公司签订的代理出口合同、出具当地税务部门开列的退税证明和报关单；为外贸公司提供货源的企业，应提供增值税发票，同时提供外贸公司的出口证明；产品质量达到现行国家标准,并取得ISO9000质量体系认证;符合"中华人民共和国环境保护炼焦行业标准HT/T126—2003三级标准"。具有与生产规模相适应的环保治理设施,主要污染物排放达到国家规定的《污水综合排放标准》和《大气污染综合排放标准》等有关排放标准,经省级以上环保部门评估达标并出具当年度达标排放的环境监测报告;符合国家土地管理的相关政策规定;遵守三家相关法律法规,按规定缴纳职工社会养老保险、失业保险和医疗保险;近三年无违反国家有关法律、法规的行为。流通企业:按国家有关规定经工商部门登记注册、获得进出口经营资格或办理对外贸易经营者备案登记、具有独立法人资格;注册资本在3000万元人民币(含)以上,近三年年均焦炭出口数量在10万吨(含)以上(以海关统计数字为准);自实施之日起,出口产品须来自符合以上生产企业标准要求的企业,并提供其货源企业符合标准的有关材料及相关增值税发票和供货企业证明;遵守国家相关法律法规,按规定缴纳职工社会养老保险、失业保险和医疗保险;近三年无违反国家有关法律、法规的行为。外商投资企业和从事边境贸易方式出口焦炭的企业仍按现行规定办理。需提供的材料有,申请企业法人营业执照副本复印件、加盖备案登记印章的《对外贸易经营者备案登记表》或《中华人民共和国进出口企业资格证书》;省级以上环保部门出具的《达标排放证》或《立项环境评估报告》和省级环保部门出具的当年环境监测评估报告;ISO9000质量认证证书;生产企业须提供上一年与外贸公司签订的代理出口合同,并出具当地税务部门开列的退税证明和报关单;为外贸公司提供货源的企业,在提供增值税发票的同时,还须由外贸公司提供相关证明;贸易企业须提供其货源企业符合标准的有关材料、相关增值税发票或代理未退税证明和供货企业证明;生产企业须提供国家土地管理部门批准用地的有效法律证明文件;所在地劳动和社会保障部门出具的已缴纳职工社会养老保险、失业保险和医疗保险的相关证明。工作流程:企业申请,省商务厅审核,商务部审批。办理时限为20日。

行政许可项目16,钨、锑生产企业出口供货资格审核,由对外贸易处承办。办理依据是,《国务院决定对确需保留的行政审批项目设定行政许可的目录》(2004年6月29日国务院第412号令)第180项;《钨品、锑品出口供货资格认证暂行办法》(国家经贸委、外经贸部2001年第21号令)第三章第五条"由各地经贸委会同外经贸厅根据本办法第二章，对本地区申报出口供货资格的企业进行初审；《甘肃省人民政府关于保留行政许可项目受委托实施行政许可项目备案制管理项目的公告》（甘政发〔2005〕38号）。必须具备的条件是，钨品出口供货企业必须是国家主管部门批复准予生产的冶炼加工企业；锑品生产能力4000吨（含4000吨，下同）以上（以2003年底前已具备的生产能力为准，下同），2001年—2003年三年出口供货量平均每年1500吨以上；在同等条件下，采选冶综合类企业，出口供货的产品中深加工产品所占比例较高的企业优先考虑；产品质量达到现行国家标准或行业标准，并通过国家ISO9000质量体系认证，正在进行质量体系认证的企业须在2005年3月31日前完成认证工作；遵守国家相关法律、法规，按规定缴纳职工社会养老保险，失业保险和医疗保险，并提供由所在地劳动和社会保障部门出具的已缴纳职工社会养老保险、失业保险和医疗保险的相关证明；锑精矿到精锑矿总回收率大于80%；精锑冶炼能耗小于1.27吨标煤/吨产量；工业粉尘、废水、废气排放等环保要求达到国家现行标准，并获得省级环保部门批准，并须提供当年由省级环保部门出具的检测报告；装备水平先进，主要设备、仪器、仪表是1990年以后制造的；制造冶炼企业所采购的均是来自取得采矿许可证的开采企业和取得出口供货资格的冶炼企业的产品。工作流程：企业申请，省商务厅审核，商务部审批。办理时限为20日。

行政许可项目17，援外项目实施企业资格认定审核，由外经处承办。办理依据是，《国务院决定对确需保留的行政审批项目设定行政许可的目录》（2004年6月29日国务院第412号令）第187项；《对外援助成套项目施工任务实施企业资格认定办法（试行）》（商务部令〔2004〕第9号）第四条：中央管理的企业向商务部申请援外施工企业资格。其他企业向注册地省、自治区、直辖市商务主管部门（以下简称"省级商务主管部门"）申请，省商务主管部门自受理申请之日起20个工作日内完成初核，初核合格的，将初核意见连同企业资格申请文件一并报商务部审核；《对外援助物资项目实施企业资格认定办法》（商务部令〔2004〕第10号）第四条：中央管理的企业向商务部申请援外物资企业资格。其他企业向注册地省、自治区、直辖市商务主管部门（以下简称"省级商务主管部门"）申请，省商务主管部门自受理申请之日起20个工作日内完成初核，初核合格的，将初核意见连同企业资格申请文件一并报商务部审核；《甘肃省人民政府关于保留行政许可项目受委托实施行政许可项目备案制管理项目的公告》（甘政发〔2005〕38号）。必须具备的条件是，所有出资人均为中国投资者；具有国务院有关行政主管部门核准的一级（B级为二级）以上或相应等级的技术资质；具有商务部批准的对外承包工程经营资格；通过ISO9000质量体系认证且认证资格有效；申请（核验）前2年连续无亏损经营；申请（核验）前2年的对外承包工程累计完成营业额A级不低于3000万美元，B级不低于500万美元；申请（核验）前2年内未受过刑事处罚、未因进行非法经营活动或严重违反国家有关对外援助管理规定受过行政处罚。需提供的材料有，申请函；企业法人营业执照（副本）；验资报告；出资人身份证明文件（出资人为自然人的，附其身份证明及复印件；出资人为非自然人的，附其注册登记证明及复印件、法定代表人身份证明及复印件）；技术资质证书；对外承包工程经营资格证明文件；ISO9000质量体系认证证书；经会计机构或审计机构审计的前2个年度企业会计报表；本企业关于申请前2年内未受过刑事处罚、未因进行非法经营活动或严重违反国家有关对外援助管理规定受过行政处罚的声明；商务部认为必要的其他文件。工作流程是，企业向注册地商务主管部门申请，省商务厅初核合格后，将初核意见连同企业资格申请文件一并报商务部审核。办理时限为20日。

行政许可项目18，设立内、外贸社团审核，由市场体系建设处承办。办理依据是，《甘肃省人民政府关于保留行政许可项目受委托实施行政许可项目备案制管理项目的公告》（甘政发〔2005〕38号）。必须具备的条件是，有50个以上的个人会员或者30个以上的单位会员；个人会员、单位会员混合组成的，会员总数不得少于50个；有规范的名称和相应的组织机构；有固定的住所；有与其业务活动相适应的专职工作人员；有合法的资产和经费来源，全国性的社会团体有10万元以上活动资金，地方性的社会团体和跨行政区域的社会团体有3万元以上活动资金；有独立承担民事责任的能力。社会团体的名称应当符合法律、法规的规定，不得违背社会道德风尚。社会团体的名称应当与其业务范围、成员分布、活动地域相一致，准确反映其特征。全国性的社会团体的名称冠以"中国""全国""中华"等字样的，应当按照国家有关规定经过批准，地方性的社会团体的名称不得冠以"中国""全国""中华"等字样。需提供的材料有，筹备申请书；业务主管单位的批准文件；验资报告、场所使用权证明；发起人和拟任负责人的基本情况、身份证明；章程草案。工作流程是，省商务厅受理审核，省民政厅审批发证。办理时限为20日。

受商务部委托实施的行政许可项目1，国内企业在境外开办企业（金融企业除外）核准暨内地企业赴香港、澳门特别行政区投资开办企业核准，由外经处承办。办理依据是，《国务院对确需保留的行政审批项目设定行政许可的决定》（2004年6月29日国务院412号令）第191项。《关于境外投资开办企业核准事项的规定》（商务部2004年第16号令）第四条：商务部委托各省、自治区、直辖市及计划单列市人民政府商务行政主管部门，核准中央企业以外的其他企业在附件所列国家投资开办企业；第五条：对于国内企业在境外投资开办企业，商务部和省级商务主管部门从以下方面进行审查、核准。商务部、国务院港澳办《关于内地企业赴香港、澳门特别行政区投资开办企业核准事项的规定》（商合发〔2004〕452号）第五条：商务部是核准内地企业赴港澳地区投资开办企业（金融类除外）的实施机关。省级人民政府商务行政主管部门根据商务部委托，对本地区企业赴港澳地区投资开办企业进行初审或核准。核准时，如有必要，应事先征求国务院港澳办、中央政府驻香港、澳门联络办的意见。《甘肃省人民政府关于保留行政许可项目受委托实施行政许可项目备案制管理项目的公告》（甘政发〔2005〕38号）。必须具备的条件：国家支持和鼓励有比较优势的各种所有制企业赴境外投资开办企业；国家鼓励和支持内地各种所有制企业在港澳地区投资开办企业。需提供的材料是，国内企业在境外投资开办企业应提供以下申请材料：申请书（主要内容包括开办企业的名称、注册资本、投资金额、经营范围、经营期限、组织形式、股权结构等）；境外企业章程及相关协议或合同；外汇主管部门出具的境外投资外汇资金来源审查意见（需购汇或从境内汇出外汇的）；我驻外经济商务参赞处（室）的意见（仅对中央企业）；国内企业营业执照以及法律法规要求具备的相关资格或资质证明；法律法规及国务院决定要求的其他文件。赴港澳地区投资开办企业的内地企业应提供以下申请材料：申请书（主要内容包括开办企业的名称、注册资本、投资金额、经营范围、经营期限、组织形式、股权结构及人员构成等）；拟投资开办企业的章程，相关协议或合同；内地企业营业执照及法律法规要求具备的相关资格或资质证明；外汇主管部门出具的外汇资金来源审查的批复（需以外汇出资的）；法律法规及国务院决定要求的其他文件。工作流程是，企业向商务主管部门提出申请；商务主管部门对受理的材料（项目）征求我驻外使（领）馆经济商务参赞处、国务院港澳办、中央政府驻港、澳联络办征求意见；综合意见后，出具核准或不核准决定书。办理时限为15日。

受商务部委托实施的行政许可项目2，进出口许可证核发，由对外贸易处、机电处承办。办理依据是，《中华人民共和国对外贸易法》（2004年4月6日第十届全国人大常委会第八次会议修订）第十五条"国务院对外贸易主管部门基于监测进出口情况的需要，可以对部分自由进出口的货物实行进出口自动许可并公布其目录。实行自动许可的进出口货物，收货人在办理海关报关手续前提出自动许可申请的，国务院对外贸易主管部门或者其委托的机构应当予以许可，未办理自动许可手续的，海关不予放行"；《中华人民共和国货物进出口管理条例》（2001年12月10日国务院令第332号）第七条"国务院对外经济贸易主管部门依照对外贸易法和本条例的规定，主管全国货物进出口贸易工作。国务院有关部门按照工作的职责，依照本条例的规定负责货物进出口贸易工作"。第十五条"实行自动许可的进出口货物，收货人在办理海关报关手续前提出自动许可申请的，国务院对外贸易主管部门或者其委托的机构应当予以许可，未办理自动许可手续的，海关不予放行"；《货物进口许可证管理办法》（外经贸部〔2000〕第22号令）第二条"国家实行统一的进口许可证制度。国家对数量限制和其他限制的进口货物实行进口许可证管理"。第五条"许可证局及其委托发证的外经贸部驻各地特派员办事处（以下简称"各特办"）和各省、自治区、直辖市及计划单列市外经贸委（厅、局）为进口许可证发证机构"。《出口许可证管理规定》（外经贸部〔2001〕第9号令）第五条"许可证局及其委托发证的外经贸部驻各地特派员办事处和各省、自治区、直辖市及计划单列市外经贸委（厅、局）（以下简称"各地方发证机构"）为进出口许可证发证机构，在许可证局的统一管理下，负责授权范围内的发证工作"；《机电产品国际招标投标实施办法》）（商务部〔2004〕第13号令）第三条"商务部是机电产品国际招标投标的国家行政主管部门，负责监督和协调全国机电产品的国际招标投标工作，制定相关规定。各省、自治区、直辖市、计划单列市、各部门机电产品进出口管理机构依据本办法负责监督、协调本地区、本部门的机电产品国际招标投标活动"国家机电产品进出口办公室《机电产品自动进口许可证签发工作规范》（机电办进字〔2004〕29号）第二节第七条"各机电办对进口申请审查后，除当场签发进口许可证的外，应当在十个工作日内按照规定程序签发进口许可证"。《甘肃省人民政府关于保留行政许可项目受委托实施行政许可项目备案制管理项目的公告》（甘政发〔2005〕38号）。机电产品必须具备的条件是，商务部规定的79大类机电产品（含部分旧机电产品）。需提供的材料有，机电产品进口申请报告，机电产品进口申请表一式二份（国家机电办审批的产品须报一式三份），13万美元以上的机电产品需提交招标机构出具的中标通知书复印件。工作流程是，企业申请，省商务厅审核，商务部审批发证（进口汽车产品需商务部审批）。其他产品必须具备的条件有，对外贸易经营者；具有进出口货物配额或其他有关批准文件。需提供的材料有，填写完整并加盖印章的进出口许可证申请表（正本）1份；从事货物进出口物的资格证书、备案登记文件或者外商投资企业批准证书；货物进出口合同；属于委托代理进口的，应提交委托代理进口协议（正本）；对进口货物用途或者最终用户法律法规有特定规定的，应提交进口货物用途或者最终用户符合国家规定的证明材料；针对不同商品在《目录》中列明的应提交的材料。工作流程是，企业申请，省商务厅审核，商务部审批发证（进口汽车产品需商务部审批）。收费标准及依据是，国家物价局、财政部《关于发布中央管理的经贸系统行政事业收费项目及标准的通知》（〔1992〕价费401号）第三条第一款"进出口货物许可证每份二十元"。办理时限为，其他产品30日，机电产品10日。

　　受商务部委托实施的行政许可项目3，出口商品配额审核，由对外贸易处承办。办理依据是，《中华人民共和国对外贸易法》（2004年4月6日第十届全国人大常委会第八次会议修订）第三章第十九条第一款"国家对限制进口或者出口的货物，实行配额、许可证等方式管理"；《中华人民共和国货物进出口管理条例》（国务院令2001年12月10日第332号）第三十七条"实行配额管理的限制出口货物，由国务院外经贸主管部门和国务院有关经济管理部门按照国务院规定的职责划分进行管理"；《出口商品配额管理办法》（外经贸部2001年12月20日第12号令）第二条"对外贸易经济合作部负责全国出口商品配额管理工作。各省、自治区、直辖市外经贸厅根据外经贸部的授权，负责本地区出口商品的配额管理工作"。第十四条"地方管理企业向地方外经贸主管部门提出配额申请，地方外经贸主管部门对本地区的申请审核、汇总后，按外经贸部的要求，上报外经贸部"。《甘肃省人民政府关于保留行政许可项目受委托实施行政许可项目备案制管理项目的公告》（甘政发〔2005〕38号）。必须具备的条件是，对外贸易经营者；具有近三年内配额商品的出口业绩，具备一定的经营能力。需提供的材料有，加盖对外贸易经营者备案登记专用章的《对外贸易经营者备案登记表》；出口商品配额申请表；近三年出口供货或自营出口实绩；生产能力证明；其他相关材料（特殊管理商品）。工作流程是，企业申请，省商务厅审核后报商务部审批。办理时限为20日。

受商务部委托实施的行政许可项目4，对外经济合作经营资格审核，由外经处承办。办理依据是，《中华人民共和国对外贸易法》（2004年4月6日第十届全国人大常委会第八次会议修订）第十条第二款"从事对外工程承包或者对外劳务合作的单位，应当具备相应的资质或者资格。具体办法由国务院规定"；《中华人民共和国对外经济合作和经营资格证书管理办法》（外经贸部〔2000〕外经贸合发第685号）第四条"外经贸部授权地方外经贸主管部门负责对本地区登记注册企业进行资格证书的发放、审核和管理工作"；《国外承包工程 劳务合作经营许可证管理办法》（外经贸部（1998）外经贸合发第488号）第六条第二款：年审由归口管理的各主管部门负责。主管部门系指国务院各部委，各省、自治区、直辖市及计划单列市外经贸委（厅、局）。企业须填报申请表一式两份，并交回原《许可证》。各主管部门审核后，将通过年审企业的申请表和原《许可证》于4月20日前一并报外经贸部；《甘肃省人民政府关于保留行政许可项目受委托实施行政许可项目备案制管理项目的公告》（甘政发〔2005〕38号）。须具备的条件是，大型实体企业资格条件：凡具有国务院有关主管部门核定的一级工程资质的专业实体型企业，均可申请本行业的对外承包工程经营权及与承包工程有关的劳务合作经营权，不再考核其对外业绩；凡具有施工总承包一级资质的实体型企业，均可申请全方位（无行业限制）的对外承包劳务经营权。设计院资格条件：凡具有国务院有关主管部门核定的甲级设计资质的设计院，均可申请对外设计、咨询、勘测和监理经营权；具有一级工程资质、企业法人性质的甲级设计院可申请本行业的对外承包工程经营权；具有施工总承包一级资质、企业法人性质的甲级设计院可申请全方位的对外承包工程经营权。外经窗口公司原则上对县级外经窗口公司不再赋予外经权。对地（市）级外经窗口公司不再赋予对外承包工程经营权，仅赋予对外劳务经营权。具体申请条件为是，申请对外劳务经营权的地（市）外经企业须符合以下条件：注册所在地地（市）国民生产总值沿海地区须超过150亿元人民币，中西部地区须超过100亿元人民币，少数民族地区及革命老区应达到50亿元人民币；企业注册资本达到或超过500万元人民币；对西部地区、少数民族地区及革命老区企业可适当放宽注册资本要求。通过有对外劳务经营权的公司从事外派劳务业务三年以上；申请前两年年均对外承包劳务的营业额不少于200万美元，外派劳务人员不少于100人；必须是国有企业。对外劳务经营公司资格条件：原则上不再审批单纯经营外派劳务业务的公司。但对自有船只总吨位10万吨以上，自有船员1000人以上，申请前两年年均外派船员不少于100人，并设有船员培训基地的大型航运企业，可赋予与航运业相关的对外劳务经营权。外经公司子公司资格条件：主营对外承包劳务业务的公司的子公司申请对外承包劳务经营权须具备以下条件：母公司为中央部委或中央大型企业工委管理的企业，获得对外承包劳务经营权5年以上，申请前两年年营业额超过1亿美元，外派劳务人员超过500名；子公司年营业额超过3000万美元，与母公司债权债务关系清楚；子公司须具有一级工程或施工总承包资质。外贸公司资格条件：上年出口额达到1亿美元的外贸公司可申请对外劳务经营权；上年出口额达到5000万美元的经营机电设备为主（占年出口额60%以上）的专业外贸公司，可同时申请对外劳务经营权和对外承包工程经营权。自营进出口生产企业申请外经权资格条件：凡具备设计、生产（含组织生产）、出口大型成套设备条件、年出口额超过1000万美元的大型自营进出口生产企业，经批准可赋予与出口自产设备相关的对外承包工程经营权和设计、安装、调试、操作等技术人员及售后服务人员的外派劳务权，暂不赋予非机电行业生产企业外经权。国家120家大型试点企业集团申请外经权资格条件：集团母公司可赋予对外承包劳务经营权，经营本集团有关行业的对外承包和劳务业务；企业集团的子公司和其他成员企业，凡具有一级工程资质的，可单独申请本行业对外承包劳务经营权；具备设计、生产（包括组织生产）、出口大型成套设备能力的成员企业，可赋予与出口自产设备相关的对外承包工程经营权和设计、安装、调试、操作等技术人员及售后服务人员的外派劳务权。凡属国家确定的1000家重点企业，经批准均可赋予对外承包劳务经营权，经营本行业对外承包劳务业务。需提供的材料有，大型实体企业申报材料：主管部委的审查意见或省、自治区、直辖市、计划单列市外经贸委（厅、局）的申请文件；企业的申请报告（包括企业的基本情况、经营能力、近几年承建的主要工程项目、对外工程业绩）；企业法人营业执照（复印件）；国务院有关主管部门核发的一级工程资质证书或施工总承包资质证书（正本和副本复印件）；有限责任公司和股份公司应有工商行政管理部门出具的出资比例和出资者所有制性质的证明材料；设计院申报材料：主管部委的审查意见或省、自治区、直辖市、计划单列市外经贸委（厅、局）的申请文件；设计院的申请报告（包括设计院的基本情况、经营能力、设计项目和对外经营业绩）；企业法人营业执照或其他执照（复印件）；国务院有关主管部门核发的甲级工程设计资质证书或一级工程或施工总承包资质证书（正本和副本复印件）；外经窗口公司申报材料：省、自治区、直辖市、计划单列市外经贸委（厅、局）的申请文件；企业的申请报告（包括企业的基本情况、经营能力、开展外经业务的条件及业绩）；企业开展对外经济技术合作业务的业绩及证明材料（由具有对外承包劳务经营权的公司或中国驻外使馆经商处出具）；企业法人营业执照（复印件）；有限责任公司和股份公司应有工商行政管理部门出具的出资比例和出资者所有制性质的证明材料；公司章程；对外劳务经营公司申请材料：主管部委的审查意见或省、自治区、直辖市、计划单列市外经贸委（厅、局）的申请文件；企业的申请报告（包括企业的基本情况、经营能力、开展外经业务的条件及业绩）；企业开展对外经济技术合作业务的业绩及证明材料（由具有对外承包劳务经营权的公司或中国驻外使馆经商处出具）；企业法人营业执照（复印件）；资信证明（银行或会计师事务所出具）；公司章程；外经公司子公司、外贸公司申报材料：主管部委的审查意见或省、自治区、直辖市、计划单列市外经贸委（厅、局）的申请文件；企业的申请报告（包括最近两年外贸500强的名次和出口额）；进出口企业资格证书（复印件）；企业法人营业执照（复印件）；自营进出口生产企业申报材料：主管部委的审查意见或省、自治区、直辖市、计划单列市外经贸委（厅、局）的申请文件；企业的申请报告（包括海关出具的近年出口额的证明和出口机电产品的种类和数量）；进出口企业资格证书（复印件）；企业法人营业执照（复印件）；国家120家大型试点企业集团申请外经权申报材料：企业的申请报告（包括企业集团的介绍）；企业法人营业执照（复印件）；大型试点企业集团的批准文件（复印件）；相关资质证书（复印件）。国家确定的1000家重点企业申报材料：企业申请报告；企业法人营业执照（复印件）；重点联系企业的批准文件；工作流程是，企业申请，省商务厅初审，商务部审核发证。办理时限为15日。

受商务部委托实施的行政许可项目5，对外贸易经营者登记备案，由规划发展处承办。办理依据是，《中华人民共和国对外贸易法》（2004年4月6日第十届全国人大常委会第八次会议修订）第二章第九条"从事货物进出口或者技术进出口的对外贸易经营者，应当向国务院对外贸易主管部门或者其委托的机构办理备案登记"；《对外贸易经营者备案登记办法》（商务部〔2004〕114号令）第二条"从事货物进出口或者技术进出口的对外贸易经营者应当向中华人民共和国商务部或商务部委托的机构办理备案登记，但是，法律、行政法规和商务部规定不需要备案登记的除外。对外贸易经营者未按照本办法办理备案登记的，海关不予办理进出口的报关验放手续"。第四条第二款"商务部委托符合条件的地方对外贸易主管部门负责办理本地区对外贸易经营者备案登记手续；受委托的备案登记机关不得自行委托其他机构进行备案登记"；《甘肃省人民政府关于保留行政许可项目受委托实施行政许可项目备案制管理项目的公告》（甘政发〔2005〕38号。必须具备的条件是，中华人民共和国境内符合条件的自然人或法人。需提供的材料有，《对外贸易经营者备案登记表》；营业执照复印件；组织机构代码证书复印件；外商投资企业还应提交外商投资企业批准证书复印件；个体工商户须提交合法公证机构出具的财产公证证明，外国（地区）企业须提交经合法公正机构出具的资金信用证明文件。工作流程是，领取申请表、填表、法人代表签字；向备案机关提交登记材料；办理机关5日内办理登记表，加盖公章。办理时限为5日。

备案制管理项目1，机电产品国际招（投）标备案，由机电处（省机电产品进出口办公室）承办。办理依据是，《中华人民共和国招标投标法》（1999年8月30日第九届全国人大常委会第十一次会议通过）第十二条第三款"依法必须进行招标的项目，招标人自行办理招标事宜的，应当向有关行政监督部门备案"；《机电产品国际招标投标实施办法》（商务部2004年第13号令）第三条"商务部是机电产品国际招标投标的国家行政主管部门，负责监督和协调全国机电产品的国际招标投标工作，制定相关规定，各省、自治区、直辖市、计划单列市、各部门机电产品进出口管理机构（以下简称"主管部门"）依据本办法负责监督、协调本地区、本部门的机电产品国际招标投标活动"。第二十五条"招标文件经评审专家组审核后，招标机构应当将招标文件的所有审核意见及招标文件最终修改部分的内容通过招标网报送相应的主管部门备案，同时将评审专家组审核意见的原始资料以及招标机构的意见报送相应的主管部门备案"；《甘肃省人民政府关于保留行政许可项目受委托实施行政许可项目备案制管理项目的公告》（甘政发〔2005〕38号）。必须具备的条件是，关系社会公共利益、公众安全的基础设施、公用事业等项目中进行国际采购的机电产品；全部或者部分使用国有资金投资项目中进行国际采购的机电产品；全部或者部分使用国家融资项目中进行国际采购的机电产品；使用国际金融组织或者外国政府贷款、援助资金项目中进行国际采购的机电产品；政府采购项目中进行国际采购的机电产品。需提供的材料有，由招标人根据所需机电产品的商务和技术要求自行编制招标文件或委托招标机构、咨询服务机构编制招标文件，并报省机电办审核备案（网上备案）。招标文件需经评审专家审核后，招标机构应当将招标文件的所有审核意见及招标文件最终修改部分的内容通过招标网报选相应的主管部门备案，同时将评审专家选中审核意见的原始资料以及招标机构的意见报送相应的主管部门备案。招标机构根据评标结果公示期的内容，上报评标报告由省机电办备案（同时网上备案）。工作流程：企业网上报材料，省商务厅（甘肃省机电产品进出口办公室）登记备案。办理时限为3日。

备案制管理项目2，自由进出口技术合同备案，由科技贸易处承办。办理依据是，《中华人民共和国对外贸易法》（2004年4月6日第十届全国人大常委会第八次会议修订）第三章第十五条第三款"进出口属于自由进出口的技术，应当向国务院对外贸易主管部门或者其委托的机构办理合同备案登记"。《中华人民共和国技术进出口管理条例》（2001年12月10日国务院第331号令）第六条第三款"国务院对外经济贸易主管部门（以下简称国务院外经贸主管部门）依照对外贸易法和本条例的规定，负责全国的技术进出口管理工作。省、自治区、直辖市人民政府外经贸主管部门根据国务院外经贸主管部门的授权，负责本行政区域内的技术进出口管理工作"；《技术进出口合同登记管理办法》（外经贸部2001年第17号令）第三条"对自由进出口技术合同实行网上在线登记管理，外经贸主管部门是技术进出口合同的登记管理部门"；第五条"各省、自治区、直辖市和计划单列市外经贸委（厅、局）（以下简称"地方外经贸主管部门"）负责对重大项目以外的自由进出口技术合同进行登记管理。中央管理企业的自由进出口技术合同，按属地原则到地方外经贸主管部门办理登记"；《甘肃省人民政府关于保留行政许可项目受委托实施行政许可项目备案制管理项目的公告》（甘政发〔2005〕38号）。必须具备的条件是，企业有进出口经营资格。需提供的材料有，技术进出口合同登记申请书；已签字的合同副本；签字双方法律地位的证明文件。工作流程是，企业网上登记后，提交合同副本、双方营业执照、登记申请表到省商务厅登记备案，省商务厅对登记内容核对无误后，为企业发放登记证书。办理时限为3日。

备案制管理项目3，生猪定点屠宰场设置备案，由食品流通监管处承办。办理依据是，《生猪屠宰管理条例》（1997年12月19日中华人民共和国国务院令第238号）第五条"定点屠宰厂（场）由市、县人民政府根据定点屠宰厂（场）的设置规则，组织商品流通行政主管部门和农牧部门以及其他有关部门，依照本条例规定的条件审查、确定，并颁发定点屠宰标志牌"。内贸部《生猪屠宰管理条例实施办法》（1998年2月27日）第八条第二款"按照省、自治区、直辖市人民政府确定的生猪厂（场）设置规划，会同有关部门向市、县人民政府提出定点屠宰厂（场）设置意见，经批准后组织实施，并向省、自治区、直辖市人民政府商品流通行政管理部门备案"；《甘肃省人民政府关于保留行政许可项目受委托实施行政许可项目备案制管理项目的公告》（甘政发〔2005〕38号）。必须具备的条件是，有与屠宰规模相适应，水质符合国家规定标准的水源条件；有符合国家规定要求的待宰间、屠宰间、急宰间以及生猪屠宰设备和运载工具；有依法取得健康证明的屠宰技术人员；有经考核合格的专职或者兼职的肉品品质检验人员；有必要的检验设备，消费设施和消毒药品及污染物处理设施；有生猪及生猪产品无害化处理设施；有符合动物防疫法规定的防疫条件。需提供的材料有，市、州商务主管部门审批意见；市、县人民政府颁发定点屠宰标志牌有关文件。工作流程是，各市、州商务主管部门上报材料，省商务厅备案。办理时限为3日。

非行政许可审批项目1，享受民族贸易优惠政策的县及民族贸易公司的审核，由市场运行调节处承办。办理依据是，《甘肃省人民政府关于保留非行政许可审批项目和备案制管理项目的通知》（甘政办发〔2005〕77号）。领导机构：该项工作由省民贸民族用品领导小组办公室负责。其组成部门是：省民族事务委员会、省财政厅、中国人民银行兰州中心支行、省税务局、省商务厅。由省民族事务委员会牵头负责。工作流程是，县民族部门按中央政策提出申请；所在市（州）民族用品领导小组初审；省民贸民族用品领导小组办公室审核；全国民族贸易和民族用品生产联席会议办公室审批。办理时限为20日。

非行政许可审批项目2，食盐定点生产企业证书审核，由省盐务管理局承办。办理依据是，《甘肃省人民政府关于保留非行政许可审批项目和备案制管理项目的通知》（甘政办发〔2005〕77号）。必须具备的条件是，申请企业应符合法律、行政法规及国家有关政策规定的企业设立条件，已取得营业执照、食品卫生许可证；自觉遵守国家的食品法规、法令，严格按照国家计划组织生产和销售；产品质量达到GB5461—2000食用盐国家标准；符合食品生产企业有关规定。需提供的材料有，食盐定点生产申请表；营业执照（复印件）；食品卫生许可证（复印件）；企业负责人、法定代表人身份证（复印件）。工作流程是，省级盐业行政主管部门审核，并签署初审意见，报国家发改委审批。办理时限为20日。

二、甘肃省商务厅政务信息公开

按照《中华人民共和国政府信息公开条例》和《甘肃省政府信息公开试行办法》，省商务厅自2010年开始推进政务信息公开工作，成立政务信息公开领导小组，厅巡视员冯毅广担任厅政务信息公开领导小组组长，副厅长王旭担任副组长，厅办公室、政策法规处、信息中心主要负责人为领导小组成员。日常工作机构设在厅办公室、信息中心，由专职人员负责，做到依法公开、依规公开、有序公开。按照"公开是原则，不公开是例外"的要求，推进商务工作政务信息公开，提升服务效能和工作效率。制定《甘肃省商务厅政务信息公开管理办法》，并经厅长办公会议讨论通过后印发各市州商务局、厅机关各处室、厅属各事业单位施行。《办法》就全省商务领域政务信息公开内容和方式、公开信息审查程序、依申请公开政府信息的办理、政府信息公开工作的监管等做出规定。进一步充实商务信息公开的内容，包括厅领导名单、分工；厅机关各处室及厅属各事业单位主要职责、人员组成和联系方式；有关涉及商务领域的法律法规及规范性文件；省商务厅依法行政的职能及具体项目；全省商务领域主要经济指标统计数据；省商务厅出台的重大政策及实施情况；由省商务厅筹备组织召开的重要会议的主要内容；全省商务工作年度重点、阶段性工作安排、工作总结；省商务厅重大活动；厅人事任免，以及其他需要公开的事项，并规定，自2010年8月份起，凡是不涉密信息原则上一律上网公开，同时完善政务信息公开保密程序。充实省商务厅政务信息公开目录，包含了机构介绍、规划发展、网上政务、办事指南、会展信息、文件通告等一级栏目，下设20个二级栏目，基本涵盖商务领域的各项工作。制定了政务信息公开受理的规定，明确了厅信心中心作为政务信息公开的受理机构，明确了申请人可以用在线递交、电子邮件递交、信函邮寄递交等多种方式申请信息公开，规定了信息公开的期限，做到限时公开。推行电子政务，机关办公程序在机关内部公开透明运转，着力提升工作效率。

建设甘肃省商务厅门户网站（www.gsdofcom.gov.cn）公开信息。该网站从2003年9月开通，设厅领导、组织机构、厅机关内网、机关大事记、工作动态、领导讲话、通知公告、视频在线、领导批示、办事指南、会展信息、对外经贸、市场建设、商务工程、招商引资、会议专题、网上政务、市县商务之窗、各省商务荟萃、国内经贸要闻、国际市场快讯、商务工作统计资料、商务信息分析研究等一级栏目56个，二级栏目82个。对外贸易经营者登记、加工贸易审批、对外承包工程经营资格认定、援外项目企业资格认定等进行网上办公审批。截至2010年12月底，主动公开信息679条，未收到要求获取主动公开以外政府信息的申请，也未收到过申请复议、诉讼和申诉。该网站开通以来，随着内容的逐步充实，受关注的程度也在逐步提高，每天点击人数在3200人次左右，浏览人数达到上万人次。

利用新闻媒体公开信息。建立新闻发言人制度，由冯毅广担任新闻发言人，定期不定期向新闻媒体通报全省商务领域的工作动态。截至2010年，甘肃电视台播出省商务厅商务信息新闻93条次，其中，"今日聚焦"、项目甘肃、百姓生活栏目专题报道10次。《甘肃日报》刊登商务新闻报道66篇，《国际商报》刊登甘肃商务新闻报道80余篇。中国政府网、商务部网站、人民网、新华网转载甘肃商务信息210余次。甘肃人民广播电台、甘肃经济日报、甘肃农民报、西部商报、兰州晨报、鑫报、兰州晚报分别报道了甘肃商务工作1540余次。2010年底，厅长王锐接受甘肃电视台专访，就"十一五"期间商务发展取得的成就和"十二五"发展理念及思路进行阐述，并回答了主持人提出的问题。2010年12月23至24日，中国进出口商品交易会新闻中心在广州召开"2010年度优秀通讯员和记者联谊会"，省商务厅信息中心副研究员黄智杰发表在广交会《新展望》期刊的文章《开启电子商务——顺应贸易流通方式变革》被广交会评为2010年度优秀稿件奖，颁发了荣誉证书。

建立甘肃省商务系统政务信息员制度。为提高政务信息工作质量，加强商务领域政务信息报送及政务公开、信息公开，省商务厅建立商务系统政务信息员制度，各市州商务局、厅机关各处室、厅属各事业单位指定一名干部作为政务信息报送员，负责政务信息的报送工作。2007年、2009年、2010年连续三年举办了全省商务系统政务办公室主任暨政务工作培训会，主要领导和分管领导亲自出席并讲话。邀请相关部门负责人为学员进行了新闻写作与报道、公文写作、政务信息写作与报送、信息保密工作等专题讲座，全省商务系统政务工作者的综合业务能力和商务系统行政工作效率得到进一步提升。2010年，共编发《甘肃商务》简报36篇，上报《甘肃信息快报》56篇，多次受到省上分管领导的批示，其中《定西马铃薯综合交易中心带动农民增收致富成效显著》《甘肃省商务部门积极应对舟曲山洪泥石流灾害保障市场供应恢复商业网点》《甘肃省加强"放心肉"服务体系建设全面提升畜禽屠宰管理水平》三篇信息被商务部以简报（工作情况交流）形式刊登后印发全国商务部门。

第三节　行业内部建设

新的甘肃省商务厅组建后，2004年—2005年，全面推进机关事业单位改革，包括以提高商务行政管理能力为着力点的机关人事制度改革、以实行聘用制、任期制为重点的事业单位改革、以货币化用车为切入点的公务用车改革、以树立健康文明节约和谐新理念为重点的公务接待改革与机关建设，还有企业改革（上述改革简称"5项改革"，企业改革在第一章第二节已有记述，此处不再赘述）。

一、甘肃省商务厅机关干部人事制度改革

省外贸厅、商业厅两厅合并后干部人事方面遗留诸多问题，公务员年龄偏大、受过国民教育序列高等教育的干部数量少、公务员知识面较窄，开放意识、创新意识、服务意识不强；对外影响差，内部士气低，内外贸职能还未完全融合。厅党组认真开展调查研究，摸清底子，从执政能力的高度审视眼前的困难和问题，拉开了商务厅历时两年多的"两改革一转变"的帷幕，即：直属企业改革改制、干部人事制度改革和转变机关行政职能。

在干部人事制度改革方面，厅党组贯彻《党政领导干部选拔任用工作条例》，结合新一轮的政府机构改革，坚持干部队伍"四化"方针和德才兼备、注重实绩、群众公认的原则，建立选人用人新机制，采取了一系列大胆选人用人、激励人、培养人的政策措施，创造机会、释放潜能、提倡竞争、鼓励创造、清除障碍、合理引导。

处级干部全员竞争上岗。制订《甘肃省商务厅机关处级领导职位竞争上岗实施办法》，推行处级干部全员竞争上岗。科学设计每个竞争上岗程序，通过本人申请、资格审查、竞争演讲、民主测评、组织考察、党组票决、任前公示、处长就职宣誓等程序产生了全厅正副处长，扩大干部群众对竞争上岗的知情权、参与权、选择权和监督权，保证竞争上岗公开、平等、竞争、择优原则的实现。

实行投票表决。制订《厅党组会议无记名投票表决干部任免事项办法

（试行）》，规定厅党组会议讨论决定的干部职务任免、推荐和提名人选及干部晋升职级和确定职级都实行无记名投票表决。

机关处级干部实行任用任期制。打破干部管理工作中"终身制"，解决任命制带来的领导干部能上不能下、当官不负责的问题，促使现职干部增强工作的责任心和紧迫感，让品行好、作风正，有谋事之策、干事之才、成事之力，能够按照科学发展观创造政绩的干部在相应的工作岗位上发挥作用，厅党组对新任用的处级干部一律由原来的任命制改为任用任期制，任期3年（新提拔干部试用期1年），并颁发任用书。

对干部实行轮岗。增加不同工作岗位的经历，消除和避免干部的能力在业务型与政工型、内贸型与外贸型、管理型与服务型之间形成偏废，有利于干部的全面发展，提高干部的适应、运筹和决策能力，使干部成为多面手。同时也可避免干部因长期在"实权"岗位工作可能引发的腐败问题。2004年，省商务厅党组对大多数公务员实行了大范围、大跨度的轮岗，共有38名处级干部轮换了工作岗位，占处级干部总数的55.9%。其中：84.2%的正处级干部轮换了工作岗位。

处长就职举行宣誓仪式。为进一步激发处长们的荣誉感、责任心和使命感，更好地履行本部门的职责，商务厅党组规定，凡新任职的处长都要举行宣誓仪式。2004年7月12日，厅党组举行第一次隆重简朴的"甘肃省商务厅处长就职宣誓仪式"，机关全体公务员、事业单位职工参加了就职宣誓仪式，并邀请就职处长的亲属朋友列席仪式。在仪式上，全体与会人员起立，演奏国歌，厅领导向14位处长颁发任用书，赠送了《中华人民共和国宪法》《中国共产党党章》《中国共产党党内监督条例》《中国共产党纪律处分条例》《中华人民共和国行政许可法》五本书。

大力培养年轻干部，鼓励优秀人才脱颖而出。在2004年机构改革中，落实省委省政府干部分流优惠政策，并为提前退休的干部提供优厚补助，妥善安置，使全厅13名公务员提前退休，让出职位，使那些经过实践锻炼和急难险重工作考验，特别是在企业改革中担当重任、业绩突出的年轻干部有机会到处级领导岗位上发挥才干。

通过机关人事制度改革，干部和公务员队伍结构得到了优化。2005年，全厅公务员的平均年龄由原来的44.5岁下降为43.4岁。其中：正处长的平均年龄由原来的49.7岁下降为44.5岁，下降了5.2岁；副处长的平均年龄由原来的45.8岁下降为40.8岁，下降了5岁。全厅公务员大专以上文化程度的比例达到98%。其中：正处长大学以上文化程度的比例由原来的63%上升到74%；副处长大学以上文化程度的比例由原来的45%上升到75%。

二、甘肃省商务厅直属事业单位人事制度改革

按照"脱钩、分类、放权、搞活"的要求，厅属事业单位改革全面展开。

以岗位管理为基础，实行竞争上岗和聘用制。从2004年后半年开始，贯彻中组部《关于加快推进事业单位人事制度改革的意见》，省商务厅加大事业单位人事制度改革力度。10月，首先在省投资贸易促进中心实行了岗位管理和竞争上岗。对空缺的1位中心副主任和5个部的正副部长实行了竞争上岗。竞争上岗前根据中心的职能，设立了4个业务部和1个综合部，明确了各部职能及部长的岗位职责，制定了竞争上岗程序。竞聘成功的部长，与中心签订劳动合同，享受相应待遇，解聘后则恢复原来待遇。中心主任全部改为聘用制，聘用期限3年。新聘用人员试用期1年。

分类指导，推行科研设计单位企业化改革。按照国务院《关于深化转制科研机构产权制度改革若干意见的通知》和甘肃省有关规定，省商务厅对省商业科技研究所、省商业设计研究院进行了股份制改造。将该所由国有科研单位先转制为企业，再将企业转制为管理人员、技术骨干和职工共同持股的股份制企业，一次性过渡到民营科研法人实体。转制当中以现有资产量化，预提在职职工转换身份和离退休职工安置所需的各项费用。

鼓励教育类事业单位自主创业。省商业学校、省商务厅幼儿园，在全员推行竞争上岗，实行聘用制的同时，挖掘教育资源潜力，走特色办学的路子，自我积累，自我发展，在市场竞争中发展壮大自己。加快厅机关后勤事业单位改革步伐。厅机关后勤服务中心、信息中心事业单位向机关保障社会化、管理企业化、服务市场化的方向推进。

三、甘肃省商务厅公务用车改革

从2003年下半年起，省商务厅推行公务用车改革，目的是节约行政经

费，促进机关作风建设。改革循序渐进，逐步深入。

初期实行车辆使用代金券制，对各处室车辆使用实行指标控制，核定每个处室的全年和每个月的车辆使用经费，探索实行车辆使用代金券制。处室使用小车、面包车和中巴车分别按每千米1元、1.5元、2元向司机支付代金券，由车辆科定期与财务科核算支出。从2004年1月1日起，取消厅领导固定专车，采取费用包干制和车改补助的办法，实行厅领导用车货币化车改，节约归己，超支不补。商务厅领导到兰州市内办理公务、参加会议和其他公务用车一律按实际车程计算，使用轿车、面包车分别按每千米1元、1.6元收费；市外（只限本省）长途用车按出差对待，车费从差旅费中核销。补助标准是：厅长每月1800元（含600元车辆使用代金券，陈有安主动提出不享受该政策），副厅长、纪检组长每月1500元（含500元车辆使用代金券），巡视员、助理巡视员1000元（含300元车辆使用代金券）。厅领导公务用车实行签单制，用车结束后，由驾驶员根据行驶车程登记，由厅领导签字，从厅领导车改补助中扣除（不足部分，从工资中扣除）。

2004年6月，商务厅从减少厅机关公务车辆入手，经省财政厅审查批准，并经过专门的车辆评估机构评估作价，对机关6辆使用期10年以上公务车进行了内部拍卖，向本厅公务员和机关工作人员出售转让。其中1辆切诺基越野车售价1.5万元，其余5辆小轿车售价从0.88万元到3.3万元不等。在妥善处置多余车辆的基础上，做好富余司机的分流安置工作。在有关部门的大力支持下，商务厅克服财力窘迫的困难，参照去年机构改革时公务员提前退休时的优厚政策，鼓励符合条件的司机在自愿申请的前提下，提前退休。2004年共有7名司机办理了提前退休手续。2005年厅机关有司机6名，人员减少了54%。

随着车改的不断深入，全体机关干部特别是司机对车改的认识逐渐明晰，从刚开始的有所顾虑、迷茫甚至个别司机有抵触情绪到积极赞同和投入改革。车辆使用开支大幅下降。2003年未进行车改前，商务厅有23辆车，全年车辆使用开支近40万元；2004年由于机构改革，职能、人员合并，商务厅人数和业务都相应增加了不少，但车改后，车辆开支不仅没有增加，反而有了下降。2004年，商务厅车辆共计16辆（比上年减少7辆，其中1辆报废，6辆内部拍卖出售）；在人员增加、汽油价格上涨30%以及职能业务大量增加的前提下，全年厅机关车辆使用费用为35.3万多元，单车运行成本2万元，如果剔除人员、业务增长和油价上涨等不可比因素，厅机关车辆使用开支较上年下降49%。另外，商务厅内部拍卖出售6辆公车，减少运行成本12万元，再加上司机人工成本18万元，仅此一项，2004年商务厅车辆使用开支节省了30万元。当时，省商务厅是甘肃省政府部门中第一个对公务用车改革进行探索的部门。2005年年初，省政协委员贾光明在省政协会议上提交的关于实行车改的提案里，以省商务厅为例力陈车改的必要性。省内外多家媒体相继进行了报道，省商务厅此项改革在社会上才引起了强烈反响。省委领导多次在不同场合，肯定了省商务厅的车改。

四、甘肃省商务厅机关公务接待改革和内部建设

本着"表达情意，有利健康，减少时间，节约费用"接待的原则，从2004年起，厅党组制订了《甘肃省商务厅公务接待暂行办法》，规定机关公务接待用餐无论对方职务高低均一律实行"四菜一汤"，每批客人原则上只安排一次宴请。严格控制陪餐人员，以处室名义宴请，陪餐人数不超过3人，以厅里名义宴请，厅领导出席，陪餐人员一般不超过4人。同时，严格禁止各处室之间以任何名义用公款互相宴请。据统计，2004年厅机关接待费11.46万元，剔除不可比因素，比2003年减少3万元，同比下降28%。

厅党组坚持以内强素质、外树形象为突破口，以转变职能、改进作风为目的，相继建立会议制度、考勤制度（上下班盖章，2005年改为指纹打卡）、推行文明用语、挂牌上岗、企业联系制度（包括厅领导在内的每位公务员联系1户出口额在100万美元以上的进出口企业或销售额在1500万元以上的大型商厦、超市、市场进行调研与服务）、绩效考核、无讲稿站立发言制度等10余项制度，以制度来规范机关工作人员的行为，调动每一位人员的积极性，引导积极向上的工作风气。

在机关干部的日常工作和生活中，厅党组坚持将以人为本的思想贯穿于多个方面，开设了干部工间休息室，每日上、下午各休息15分钟，并提供免费茶点和咖啡。2003年和2005年连续两次组织在职和离退休职工进行了体检（此前13年未曾全面体检）。开展登山比赛、春游等活动，锻炼身体。为职工过生日，厅领导为过生日的每一位工作人员送生日礼物和贺卡。

2004年、2005年春节前，厅领导去过93%的职工家里看望，当场解决部分干部的生活困难。厅机关工会不定期编辑健康知识小材料，普及健康知识；成立女职工无伴奏合唱团，普及乐理知识。开设女职工着装礼仪讲座，提高美学修养。对生病及家庭有特殊困难的公务员（如突遭火灾、家属瘫痪等）给予困难补贴，厅领导亲自送去慰问金，组织全厅干部捐款。春节前给每位职工及家属发出慰问信和贺卡，培养团队精神。重大决策都采取无记名问卷形式征求全体机关干部意见。创造晋升、培训、出国考察、增加货币收入的各种机会。充分利用省上出台的优惠政策，创造条件，鼓励年龄大的机关干部提前退休，并给予优厚的补贴，使他们心情舒畅地退下来，为年轻干部提供了发挥聪明才智的空间与舞台。男性处级干部夜间及休息日值班，及时处理省委、省政府安排的紧急工作，协调解决厅系统、厅机关干部家庭遇到的紧急事件。请全体干部提合理化建议，进言献策，2004年年初组织机关干部开展献计献策活动，共有93人提交了书面建议书；第12届兰洽会结束后，商务厅机关公务员每人从不同角度，写出一页纸的感想与建议。

　　完善厅党组议事决策机制。省商务厅新一届党组通过建立健全执行民主集中制的具体制度，以决策过程的民主化、程序化和制度化，保证决策的科学性、合理性和有效性。在重大工作部署、干部任免和奖惩等问题上，都坚持集体讨论、民主集中、个别酝酿、会议无记名投票决定的原则。厅党组中心组坚持每周学习的制度，学习计划每季度安排一次，保证学习时间和质量。2004年中心组共集中学习讨论14次。党组成员带头转变作风，2005年下基层调研、指导工作的时间平均占到每人工作时间的50%以上。厅党组还通过与职工一对一谈心、家访、召开形势分析会、情况通报会、支部书记座谈会等形式，征求群众对党组和班子的意见。

五、商务系统干部培训

　　历届厅党组都非常重视厅机关干部的培训工作。除了按照规定，选派到省委党校、省行政学院的短期后备干部培训、各类专业培训外，还大力支持厅机关青年干部参加在职学历教育，组织部分好学上进的青年干部自主参加了中央党校、省委党校、兰州大学研究生教育。2004年-2008年期

675

间，厅里按照规定为这些公务员报销了70%的学费。2004年，厅党组提出加强公务员队伍建设，加快培养复合型人才、专业型人才、开拓型人才和学习型人才（既懂内贸又懂外贸，既懂流通又懂生产，既懂贸易又懂金融投资，既懂多边又懂双边，既懂外语又懂法律的复合型人才；熟悉不同行业和领域，具有专门知识的专业型人才；立足国内、立足当前，又能面向世界、面向未来的开拓型人才；能够把握形势、适应变化，具有更新观念、更新知识的学习型人才）。

省商务厅制订鼓励继续教育的优惠政策，同时采取请进来、送出去的方式，引导和鼓励机关公务员特别是年轻公务员脱产或不脱产参加提升学历层次的学习，改善公务员队伍的学历层次和知识结构。凡是经过厅党组同意派出学习的人员，除酌情报销部分学习费用外，保留一切工资福利待遇。2004年底，参加省商务厅与天津大学联合开办的工商管理专业（MBA）研究生课程进修班的33名机关公务员完成了课程学习。1人完成了澳大利亚国立大学攻读公共政策管理硕士的学习，10人参加了相关专业的继续教育。2005年，1名公务员前往德国攻读MBA学位。

2003年—2005年，先后有3人参加了在国外的培训，38人参加了商务部举办的各类业务培训，211人次参加了甘肃省组织的各类培训。11人参加了省外专局、兰州商学院举办的为期5个半月的英语培训。厅领导和邀请的专家学者定期不定期地为机关公务员和直属单位职工进行各类专题知识讲座。设立了外语沙龙，每周由专人负责组织，拟定谈话主题，调动了机关公务员学习外语的热情。2005年有6人出国（出境）学习培训，其中1人赴英国伍斯特大学培训，1人赴香港地区接受会展业务培训。4人参加了中国派往德国的人力资源专业培训。两次比较集中地培训为：天津大学MBA培训。2004年，甘肃省商务厅与天津大学联合开办工商管理专业（MBA）研究生课程进修班。由天津大学的老师前往省商务厅，把会议室当作教室，利用晚上和双休日全天，组织教授完课程，厅机关33名干部参加了学习，学完管理学等20几门课程，取得了天津大学颁发的工商管理专业（MBA）结业证书。

新加坡南洋理工大学公共管理专业培训。经联系并报请省政府领导同意，履行了省外办和省外专局审批手续，省商务厅从2005年12月—2007年5

月，先后组织4批共138人，赴新加坡南洋理工大学商学院学习公共管理专业，每批学习21天。第一批学习时间为2005年12月，共22人参加；第二批学习时间为2006年3月，共45人参加；第三批学习时间为2006年9月，共37人参加；第四批学习时间为2007年5月，共34人参加。本次培训，参加人员主要是厅机关干部，同时还邀请了各市州商务局局长、省政府办公厅、省人事厅、省财政厅、省审计厅、兰州海关等有关部门的工作人员。这种大规模、有计划的政府外派培训方式，开创了西北五省区在国外学习培训的先河；新加坡南洋理工大学商学院也十分重视，配备了很强的授课队伍，既有教学经验丰富的大学教授，又有政府部门和有关公司的资深人士；教学方式灵活，学习内容丰富，有案例、有理论、有实践考察，设置了新加坡经济发展经验、物流管理、电子商务、人力资源管理、公务员制度和公共行政管理体系等18个专题，同时还组织大家参观了新加坡经发局、贸发局、国际贸易公司等单位。学员当中，大多数是首次踏出国门，首次在他乡长时间集中培训。通过学习培训，大家了解了新加坡政府在公共管理、社会服务和促进经济发展方面的成功经验，开阔了眼界、拓宽了思路、增长了见识。

省商务厅多方筹措建立了120万元的商务教育基金，并制定了管理办法，支持商务人才培养。为干部锻炼成长创造机会。有计划地组织干部到国家部委、沿海开放城市和基层挂职。2005年安排了1名处级干部和1名副处级干部分别到沿海省市和甘肃省少数民族地区挂职锻炼，还安排1至2名市、州县级干部在省商务厅挂职锻炼。建立处长联系企业制度。每人联系1户出口100万美元以上或销售额在1500万元以上的内外贸企业，经常深入下去，提高服务基层、解决问题的能力。

2004年8月，省商务厅聘请德籍专家费艾思博士（Dr. Ernst Von Fischer）为厅长特别助理，对厅机关行政工作、公务员管理、绩效评价和激励机制等提出改善意见。费艾思博士受聘期间，深入80多户企业调研，应邀为省国资委等部门举办了国企改革的讲座，为甘肃省10户企业吸引外资、发展对外贸易牵线搭桥。2005年初又被续聘为甘肃省投资贸易促进中心国际顾问。6月28日，费艾思博士在回国前拜会了省委副书记王宪魁，就民营经济发展、宣传甘肃、开发区建设、年轻人培养、外语应用等问题进行了深入交谈。谈话内容由省人事厅转发全省。2005年甘肃省委领导到德国访问期间，费艾思又提出了对甘肃改善投资环境、招商引资、培养人才方面的意见和建议。2004年，省商务厅还通过甘肃省委组织部组织的引进博士后高级人才洽谈会，引进了新加坡国立大学博士后李树启为厅长助理。

省商务厅改进考核和激励机制，建立个人绩效考核档案，把年度考核和平时考核结合起来，每季度对机关工作人员"德、能、勤、绩、廉"方面的情况进行量化考核。量化指标也通过发文广泛征求全体机关干部的意见。考核内容细分为职业道德、业务能力、工作质量、出勤情况、廉洁自律等24个小项，采取由上到下的逐级考核方式。机关工作人员由处长评价，副处长由分管厅长评价，处长由厅长评价，副厅长由厅长评价后上报省委组织部，厅长由省委组织部评价，建立起激励与约束相结合的量化考核制度。

2007年，省委组织部选派省商务厅副厅长王旭参加国家外专局组织实施的"地方党政机关中青年领导干部培训"项目，赴美国杜克大学参加"公共政策和公共管理培训"，培训时间2007年8月–2007年12月（2007年5月国内预培训3个月）。

2007年10月13日，省商务厅举办自2000年以来的全省首次商务系统办公室工作暨政务信息工作培训班，主题是围绕中心、服务大局、努力做好新时期商务系统办公室工作。全省14个市州商务局办公室主任和政务信息工作人员参加了培训。省商务厅副厅长王代喜出席会议并讲话，强调办公室工作的重要性和特殊性，要研究把握商务系统办公室工作的基本规律，努力提高工作质量、效率和水平，在公文处理、政务信息、档案工作、构建节约型机关等方面做出新的亮点，并对做一个出色的办公室主任提出要求。省政府办公厅秘书处副处长滕继国作指导发言，兰州市、酒泉市、定西市商务局办公室主任分别作大会交流发言。

2009年5月25日，省商务厅举办全省商务系统政务工作培训班。培训的主要任务是：规范公文写作，提高公文质量；加强政务信息报送、强化政务公开；进一步掌握必要的保密知识和技能，熟悉新闻宣传、会议组织、秘书事务、机关接待、外事礼宾、信访等有关工作，全面提高综合业务能力。会议由副厅长王旭主持，厅长王锐出席会议并讲话。

从2008年开始，省商务厅每年安排负责产业安全预警和数据库建设的工作人员参加商务部贸易救济调查局、产业安全与进出口管制局举办的应对贸易摩擦培训班与产业预警、产业安全数据库培训班，及时掌握贸易摩擦应对工作及产业安全预警工作的方法和变化，并将会议精神及要求及时传达到各市州商务局和监测企业。2008年—2010年，全省共举办4期产业预警和公平贸易、产业安全数据直报工作业务培训班，各市州商务局催报员和各监测企业直报员累计400多人次参加了培训，针对产业预警和产业安全数据库建设等相关业务进行了授课培训，讲授具体操作流程，组织参训人员上机操作，随时解答出现的问题。

2009年，省商务厅在兰州举办首期甘肃省"走出去"业务与政策综合培训班，就当时的"走出去"政策、境外投资项目申报程序、对外直接投资统计、年检及绩效评价要求作了宣传讲解，并请有关方面专家对"走出去"财政支持、外汇管理、境外财产人身安全等方面作了详尽解析。就对外经济技术合作专项资金政策专题培训，指导省内企业按照《对外经济技术合作专项资金实施细则》按时申报资金支持。厅机关、企业代表110多人参加了培训。

2010年7月15日—8月12日，省商务厅分别在临夏、金昌、天水三地举办甘肃省"走出去"政策与综合业务培训班，以"市（州）中小企业如何参与'走出去'战略"为主线，详细介绍了中国实施"走出去"战略的方针和政策，包括对"走出去"企业的核准、报批、投资促进和优惠鼓励政策，并对比介绍了甘肃省开展"走出去"业务的现状。

2006年11月开始，甘肃省酒业协会连续举办全省酒类营销人员岗位资格培训班。主要内容是酒类商品基础知识、酒类管理法律法规、酒类营销基础知识培训，至2010年底，在庆阳市举办4期、在陇南举办1期，500多人参加了培训。

第四节　教育科研

兰州商学院　兰州商学院始建于1952年，其前身是甘肃省政府行政干部学校；1955年，甘肃省政府行政干部学校更名为"甘肃省行政干部学校"；1956年，甘肃省人民委员会组建了财政干部学校等6所财贸干校；1958年由兰州大学经济系与甘肃财经干部学校（由甘肃财政干部学校、商业干部学校、粮食干部学校、银行干部学校、合作干部学校、服务干部培训班及甘肃统计学校等7所财贸类干校合并而成）重组升格为甘肃财经学院，隶属甘肃省政府领导，实施本科教育；1972年，甘肃省委决定在原甘肃财经学院旧址上成立"甘肃省财贸学校"；1981年，更名为兰州商学院，先后隶属原国家商业部、原国内贸易部领导；1998年7月，根据国务院《关于调整撤并部门所属学校管理体制的决定》精神，学校实行中央与地方共建，以地方为主的管理体制；2001年6月和2002年9月，经甘肃省政府批准，分别与甘肃省职工财经学院、甘肃冶金工业学校合并，并以兰州商学院和并入学校为基础，建立了兰州商学院第一校区和第二校区；2003年，该校增列为硕士学位授权单位，开展研究生教育。

2010年，学校有和平、段家滩两个校区，占地面积102公顷，校舍建筑面积64.29万平方米，教学科研仪器设备总值6219.49万元，图书馆现有纸质图书110.52万册、各类电子资源5950GB，是甘肃省重要的经济管理类文献资料信息中心。学校面向全国招生，现有全日制在校研究生898人、本科生17950人，成人教育类学生6000余人。

学校设有经济、国际经济与贸易、金融、工商管理、会计、统计、信息工程、外语、艺术、商务传媒、法学、财税与公共管理、农林经济管理、马克思主义、国际教育、继续教育等16个二级学院及MBA教育中心和体育教学部；现有甘肃经济发展数量分析研究中心、甘肃省商务发展研究中心2个省级人文社会科学重点研究基地，有经济研究所、敦煌商业文化研究所、理财规划发展研究中心、西部经济开发研究中心、注册会计师培训中心、法商研究所等16个研究所（中心）。

学校有教职员工1300余人，其中专任教师927人，具有教授、副教授职称教师439人，博士、硕士研究生学历教师663人，专任教师中享受国务院政府特殊津贴专家、省部级优秀专家、教育部新世纪优秀人才支持计划入选者、全国"五一劳动奖章"获得者、全国优秀教师、甘肃省领军人才、甘肃省"333""555"人才工程人选、甘肃省学科带头人、甘肃省高等学校教学名师等高层次人才30余人。

学校有理论经济学、应用经济学、统计学、工商管理、管理科学与工程等5个省级重点学科，有应用经济学、统计学、理论经济学、工商管理、管理科学与工程等5个一级学科硕士点，有政治经济学、经济思想史、经济史、世界经济、西方经济学、人口资源与环境经济学、国民经济学、区域经济学、财政学（含税收学）、金融学（含保险学）、产业经济学、国际贸易学、数量经济学、劳动经济学、国防经济、统计学、经济法学、马克思主义基本原理、思想政治教育、会计学、企业管理（含财务管理、市场营销、人力资源管理）、旅游管理、技术经济及管理、管理科学与工程等24个二级学科硕士点，有工商管理（MBA）、会计、金融、应用统计、国际商务、保险、资产评估等7个硕士专业学位授权点，在省属高校中最早获得MBA专业学位授予单位资格；具有应用经济学、工商管理学科副教授职务任职资格评审权；现有省级教学名师1人，省级教学团队4个，省级精品课程20门，本科专业50个，其中统计学、会计学、市场营销专业是国家级特色专业建设点，统计学、会计学、市场营销、财务管理、金融学专业是省级特色专业建设点；经济管理实验教学中心是国家级实验教学示范中心，商务信息技术实验教学中心是省级实验教学示范中心。

甘肃省商业学校　甘肃省商业学校位于兰州市西固区福利东路27号，1979年经甘肃省政府批准成立，隶属于甘肃省商务厅。1994年与原省商业干部学校、省商业技工学校、省商业培训中心合并实行统一领导和管理。随着政府机构的改革，2000年将省对外经济贸易学校并入，加挂甘肃省对外经济贸易学校牌子。2000年12月，被教育部确定为国家级重点中专学校。2006年，根据甘肃省机构编制委员会办公室会议研究决定，将甘肃省商业学校从甘肃省商务厅整建建制划转甘肃省经委管理。

经过三十年的艰苦创业，已发展成为集中专、中技、成人大专、成人本科、农民工培训、职业技能鉴定等为一体的多层次、多类别的国家级重点中等专业学校。学校占地面积5公顷，共有教学楼两栋、学生宿舍楼三栋、教学实训楼一栋，体艺馆一栋。建有计算机中心、动漫实训室、电子商务实训室、酒店管理实训室、会计模拟实训室、收银实训室、电子电工实训室、计算机组装实训室、学生实习超市等教学实训设施，并建有校园局域网和闭路电视系统。学校为甘肃省第一所财经类国家级重点中等专业学校，国家劳动部第一批设立的国家职业技能鉴定所，是甘肃省唯一一家外派劳务考试中心，建有甘肃省计算机高新技术考试站、普通话测试站、国家职业资格电子商务师职业培训鉴定站（ECP），是全省首家实现中专、大专、本科直通车的公办职业中专。学校有教职员工99人，其中高级讲师41人，讲师32人，现有教师基本毕业于财经类和师范类院校，教师的学历合格率为100%。领导职数核定为6人，实有4人。

学校专业建设坚持"实际、实用、实践"的原则，以人才需求为导向，积极发展特色专业，优化传统专业，重点开发、建设新专业，以会计电算化、计算机应用等拳头专业为依托，开设了计算机动漫制作、网络安防系统安装与维护、装饰设计与制作、物流、酒店管理、市场营销与策划、电子商务、航空服务、城市轨道交通与管理（服务方向）等社会急需专业，其中会计电算化为省级重点专业。全面推行"多证制"，把各类岗位职业技能的培养与鉴定纳入教学计划。建立了计算机技术考试站（站号：73054）。

在职业教育人才培养上，学校充分利用各种教育资源，实行订单式培养模式和多证书制度。与兰州商学院、北方工业大学、对外经济贸易大学、兰州理工大学、兰州石化技术学院、甘肃省化工学校、甘肃省建材工业学校、兰州市卫生学校、河北网讯、民航干部管理学院等实施多样化联合办学，并开办了以高考为目的的高考升学班。学校自建校以来，共培养毕业生27000余人。学校根据开设的具体专业，与省内外多家企事业单位合作，在全国建立了稳定的校外实习实训基地20多个，做到理论学习和实践技术相结合、职业能力训练和就业岗位相结合，毕业生就业率稳步提高，向社会各行各业输送了大量优秀人才，为职业教育发展做出贡献。

甘肃省商业科技研究所　甘肃省商业科技研究所前身为1978年由原商业部组建的全国五个检测中心站之一的"西北肉蛋食品卫生检测研究中心

站"。1983年12月，经甘肃省商业厅经报请省编制委员会批准，决定将"西北肉蛋食品卫生检测研究中心站"改名为"甘肃省商业科技研究所"，县级建制、事业单位，隶属甘肃省商业厅直接领导，职工人数30人，主要研究方向由单纯肉蛋食品卫生检测转变为面向商业流通和商办工业服务。1985年8月，该所迁入五里铺新建的科研大楼，内部机构设置为：第一研究室——食品应用技术及新产品开发研究室；第二研究室——中心化验室；科技管理办公室和行政办公室。至1986年，甘肃省商业科技研究所共有职工38人，其中科技人员28人，占职工总数的73.6%。高级技术职称1人，中级技术职称16人。拥有各种试验仪器设备74台（件）（其中大型精密仪器7台。包括超速冷冻离心机、荧光分光光度计、原子吸收分光光度计、万能显微镜、气相色谱仪、自动试验发酵、1/10000电子天平等）。科研试验楼3000平方米。固定资产总值185万元。主要研究方向为：食品新产品、新技术开发研究；食品工业应用技术研究；食品检测技术研究。所内设有省质量管理局授权的"甘肃省食品产品质量监督检验站"，负责全省食品的质量监督检验工作。

甘肃省商业科技研究所自建所以来至1986年，共完成科研项目25项，其中部列研究课题7项，省列研究项目4项，商业厅列研究项目4项，科研所自列研究课题10项。其中已完成并通过省厅级以上技术鉴定或验收的6项，待鉴定的项目2项，这些项目的80%都已用于生产。1985年—2006年，是甘肃省商业科技研究所不断顺应改革开放、适应市场经济、搞活科研体制、探索尝试多元化发展的10年。科研工作紧密结合市场需求，推出一批新兴型实用的科研技术成果。期间，通过创办饮料实验工厂、科技开发公司、食品添加剂经营部及甘肃省华科工贸公司，走科工贸一体化发展之路。完成主要科研项目20多项，其中部列项目3项，省列项目8项，地区和企业委托项目7项，企业自立3项，完成成果鉴定10项。科工贸一体化发展取得实效，为缓解科研经费紧张、解决内部职工就业、增加职工收入方面起到重要作用。单位年综合收入从50多万元跃升200多万元，累计固定资产达到500多万元。2006年—2010年，是甘肃省商业科技研究所（有限公司）迅速发展崛起的5年。2006年，根据《甘肃省人民政府批转省科技厅关于进一步深化省属科研机构管理体制改革的意见和关于省属社会公益类科研机构管理体制分类改革实施意见的通知》和《关于省属开发类科研院所管理体制改革的补充通知》精神,甘肃省商业科技研究所由科研事业单位成功改制为股份制科技型企业。通过转变科研体制机制,科研、人才、技术活力得以充分释放,食品检测、工程咨询及科研三驾马车齐头并进。

2010年底,检测业务已延伸到原料、加工、流通、零售领域,检验范围已辐射甘肃、青海、宁夏、新疆、内蒙古、西藏、陕西、四川、重庆等省区,每年服务企业100多家,承担检测样品量达到6000多批次。公司具有国家甲级轻工、化工行业咨询资质,国家乙级医药、商务行业咨询资质及国家丙级农业行业咨询资质,省工信委食品、医药、纺织专业节能评估资质,拥有国家注册咨询师13人。1990年—2010年,为省内外千余家大中型企业,百余个大中型项目提供了工程设计、咨询等服务,参加完成甘肃省多项重大引进项目和重点投资项目的可行性分析论证,有98%的项目通过了政府决策部门组织的专家评审。内容涉及"农产品加工、农产品加工废弃物综合利用及商业流通体系建设","中药制药、中药提取原料药、药渣综合利用及商业流通体系建设"和"生物有机肥加工及相应行业污染物治理"三大领域。引导一批省内外知名的龙头企业集团——南京雨润集团、丹马油脂集团、甘肃华羚乳品集团、青海三江集团、新疆特克斯乳品集团等参与甘肃省重点经济项目的投资开发建设,帮助企业争取国家创新基金、成果转化基金和重大科技专项等各类计划项目,涉及固定资产投资75个亿,申请国家支持资金5个亿。

甘肃省商务研究基地 2009年7月,甘肃省委省政府下发了《关于成立甘肃省委省政府专家顾问团的通知》,成立甘肃省委省政府专家顾问团,专家顾问团主要采取会议咨询和函件咨询两种方式,一事一议,向省委省政府提供决策建议或方案论证。其中,商贸流通组专家10人,分别为张志刚(原商务部副部长、全国政协经济委员会副主任、中国对外贸易中心理事长、高级经济师)、沈丹阳(商务部国际贸易经济合作研究院副院长、研究院)、王肃元(兰州商学院党委书记、教授)、刘志坚(兰州大学法学院院长、教授、博导)、蒋兆远(兰州交通大学机电技术研究所所长、教授、博导)、李兴江(西北师范大学经济管理学院副院长、教授)、祁永安(西北民族大学经济学院院长、教授)、董雅丽(兰州大学管理学院教授)、蔡文浩（兰州商学院副院长、教授）、王秋红（西北师范大学经济管理学院教授）。

2010年1月，在兰州商学院举行商务研究基地成立暨甘肃省委省政府专家顾问团商贸流通组成员聘任仪式。甘肃省商务研究基地由省商务厅和兰州商学院协商联合共建，主要方式是通过聚集流通经济和商务管理优秀人才，贯彻落实省委、省政府决策部署，开展甘肃省商务流通发展理论研究与管理咨询服务，将商务发展置身于全省经济发展大局中去布局、去谋划，进一步深化对甘肃省情商情的认识和把握，使得甘肃省商贸流通事业发展的理论支撑和实践探索更加坚实、更加有效。在厅政策研究室的牵头下，商务研究基地编印了"十一五"商务发展报告。

甘肃省商务研究基地主要职能：（1）依托基地专家学术研究优势，对商务管理及商贸流通方面国家重大政策进行研究，重点开展甘肃省商务事业改革发展相关课题研究，为甘肃商务事业发展提供理论支撑。（2）依托基地教育资源优势，开展相关管理咨询和人才培训活动，为甘肃商务事业发展提供智力支持。（3）依托基地平台网络优势，邀请国内外知名专家参加，举办商务领域研讨交流活动，沟通情况，交流经验，学习借鉴其他省市商务发展新思路、新做法、新举措，开展阶段性的重点课题和项目攻关调研。

甘肃省商务研究基地为甘肃省商务厅与兰州商学院联合设立的内部研究机构，以甘肃省商务厅和兰州商学院为支撑，以商务管理及流通经济研究专家为主导，以学术研究为基础，以市场运作为手段，以产学研结合为途径，在政府指导下，为全省商务事业和甘肃经济发展服务。基地下设国际贸易项目组、投资促进项目组、国际经济合作项目组、市场流通项目组和基地办公室。基地办公室设在兰州商学院科技处。研究基地主要采取项目管理形式进行管理。所有项目成果的著作权由项目委托方和研究基地及项目负责人共同拥有，由研究基地统一进行成果管理和推广应用。

甘肃省对外经济贸易学校（培训中心）　　1984年6月22日，经甘肃省对外经济贸易厅报经甘肃省计划委员会、甘肃省教育厅联合批复，同意筹设甘肃省对外经济贸易学校。学校筹建工作于1989年底基本就绪，并于1990年开始招生。1991年7月9日，甘肃省对外经济贸易委员会以〔1991〕甘经贸干字第464号文确定，根据培训中心（外贸学校）当时担负的在职职工业务培训和外贸中专的教学任务，内部机构先设外语教研室、专业课教研室和办公室。1995年，根据甘肃省机构编制委员会甘机编〔1995〕031号《关于印发甘肃省外贸厅直属事业单位机构改革方案的通知》，机构改革后，甘肃省对外经济贸易学校（加挂甘肃省对外贸易经济合作厅职工教育培训中心牌子）为甘肃省对外贸易经济合作厅直属事业单位之一。外贸学校开设专业有：国际贸易、国际贸易财会和外贸英语。培训中心负责全省外贸系统的职工业务培训、岗位培训和其他长、短期培训；负责北京经贸大学兰州函授站的教学管理和部分课程的面授工作。核定全额拨款事业编制24名，领导职数3名。

甘肃省国际贸易研究所　根据1991年7月30日甘肃省对外经济贸易委员会〔1991〕甘经贸干字第535号文《关于贸研所和政策法规处机构设置的通知》，甘肃省对外经济贸易委员会政策法规处对外和贸研所（甘肃省国际贸易研究所）对外两块牌子，对内合署办公。人员编制20人，其中行政编制5人，事业编制15人。贸研所内部机构设办公室、综合研究室、法律法规研究室、信息研究室（对外加挂甘肃省贸促分会信息中心牌子）。是为全省开拓国际经贸市场提供研究、信息服务的综合性研究、咨询机构。1995年5月22日，根据甘肃省机构编制委员会甘机编〔1995〕031号《关于印发甘肃省外贸厅直属事业单位机构改革方案的通知》，撤销甘肃省国际贸易研究所。

甘肃省商务厅幼儿园　甘肃省商务厅幼儿园创建于1957年，位于兰州市城关区民主东路56号，是一所省级一类教育园所，隶属于省商务厅机关后勤服务中心管理。幼儿园占地面积3400多平方米，建筑面积1882平方米，招收3至6岁幼儿，设有八个班级，共有200多名幼儿，每班配有钢琴、DVD、消毒柜等设备，有供幼儿学习、活动、游戏的多功能室、儿童沐浴室、会议室，以及炊事操作间等用房；配有大型组合游乐设施，是甘肃省幼儿师范学校的教育实习基地。园内拥有一支学历层次高，专业素质过硬和结构合理的教师队伍，全园教职工37人，其中95%均为女性，高级教师8人，一级教师5人，二级教师5人，员级2人，平均年龄三十三岁，90%以上的教师是幼儿教育专业的专科学历。

省商务厅幼儿园以培养健康、快乐儿童为目标，坚持"服务于幼儿，服务于家长"的理念，全面实行科学化、规范化、制度化管理，创特色、争一流，逐步形成了教育特色，赢得了社会各界的赞誉。2006年—2009年，先后在"双优一文明"创建活动中被评为"优秀党支部"，多次被省市电视台、兰州各大媒体报道，被评为城关区幼儿园卫生保健先进单位。2008年被授予"城关区创建精神文明先进单位"称号。

对外经贸报社　1992年3月20日，根据甘肃省机构编制委员会甘编〔1992〕038号文《关于成立甘肃省对外经贸报社的批复》，同意成立甘肃省对外经贸报社，为县级事业单位，所需编制由甘肃省对外经济贸易委员会内部调剂解决，经费自筹。

1993年12月28日，甘肃省对外贸易经济合作厅以〔1993〕甘经贸办字第1111号文《关于撤销对外经贸报社的决定》，自1994年1月1日起，撤销对外经贸报社机构。

第五节　商贸领域行业协会

甘肃省烹饪协会　甘肃省烹饪协会于1989年经甘省民政厅批准成立，是全省餐饮行业的社团组织，在中国烹饪协会和省商务厅等上级主管部门的指导下工作。协会由从事餐饮业经营及烹饪技艺、烹饪管理、烹饪教学、烹饪理论和食品营养研究的企事业单位、团体和厨师、专家、学者、经营管理等人员自愿组成。以弘扬祖国烹饪文化，发展与提高烹饪技艺，研究烹饪科学，宣传烹饪知识，培养烹饪技术人才和管理人才，维护行业和企业合法权益，促进与发展甘肃烹饪事业为宗旨。协会在全省各地建立联络工作站，成立了烹饪协会技术培训中心、烹饪协会人才交流管理中心、烹饪协会兰州拉面管理中心、烹饪协会高校伙食专委会、烹饪协会名厨专委会、烹饪协会职业经理人专委会和甘肃陇菜研发中心、甘肃敦煌菜研究基地等。不定期编发"甘肃烹饪信息"内部刊物，并建立了"甘肃省烹饪协会网站"等交流平台，在行业指导与服务等方面已形成较完善地网络体系。

协会在全省范围内曾多次组织举办烹饪技术比赛、菜品展示会、美食节、小吃节等活动，提高企业知名度，提升厨师的社会地位，树立品牌形象。先后为全省、全行业乃至周边省区培训、考核等级烹调师、面点师、服务师3万多人次。在全省范围内评选出一批"甘肃烹饪、面点、服务名师、大师""甘肃酒店与餐饮管理职业经理人""甘肃餐饮业优秀企业家"等。推荐评选出国家级酒家酒店17家，国家绿色餐饮企业30多家，中华餐饮名店10多家，中华名小吃、中国名菜、名点、名宴、近百个品种。培养、推荐考取国家级评委和裁判员10多人，省级评委200多人；中国烹饪名师、大师40多人。积极为会员创造行业交流条件，先后组织30多批次专业人员、技术能手赴日本、韩国等地参加世界型的比赛及学习交流活动，组织参加全国烹饪技术比赛5届，获得10多枚金牌，40多枚银牌、20多枚铜牌，为甘肃争得荣誉。还先后带领天龙美食城、长安餐饮管理公司和敦煌宾馆连续参加两届中国美食节，为企业赢得奖牌50枚之多。

甘肃省饭店协会　甘肃省饭店协会成立于1994年11月3日，由省商务厅、省劳动厅、省人事厅、省旅游局、省总工会联合发起。协会以团结、引导、服务、协调为宗旨，树立以人为本，坚持可续发展观，全面构建为企业服务的体系，推进全省饭店业经营管理水平的不断提高，实现与发达地区经营管理与服务接轨的步伐。截至2010年，协会拥有会员400余家，遍布全省各市州。2004年被民政部授予"全国先进民间组织"。协会共向会员和相关单位发放调查问卷20次，专题调查25次，提供无偿咨询服务600余次，涉及管理咨询服务、服务咨询服务、工程建设服务、烹饪技术咨询服务、洗衣技术服务、国标创建等多项服务，提供人才交流信息千余次。

2005年，协会组织起草《甘肃省绿色饭店地方标准》，于当年6月由省质检局颁布。2006年，协会组织起草《甘肃省饭店与餐饮业职业经理人执业资格条件实施规范》《甘肃省饭店与餐饮业质检师执业资格条件》《甘肃省饭店与餐饮业采购师执业资格条件》三个地方行业标准，于当年10月由省质量技术监督局颁布。协会还制订《甘肃省名宴、名菜、名点、名小吃认定标准》《甘肃省饭店与餐饮业大师名师认定标准》行业标准等。1995年—2010年，协会共组织举办全省性服务技能大赛4届，专项性全省大赛2次，饭店经营管理高级论坛数十次，举办各类培训班130多期，培训人次12000多人，同时积极与各大专院校举办脱产、半脱产的高层次大专、本科水平的成人教育，提升从业者文化和专业素质。开展"名宴、名菜、名点、名小吃"认定和研讨会等活动，促进陇菜发展。

甘肃商业联合会　甘肃商业联合会1995年9月经省民政厅注册登记成立，由从事商品生产、商品流通、饮食、服务业的企事业单位，有关社会组织及从事商品流通活动的个人自愿组成，是中国商业联合会的常务理事单位。截至2010年，联合会有会员400多家，行业涵盖商贸、服务、餐饮、酒类、食品、医药、金融、供销、物资、石油、烟草、汽车、房地产、水产、信息等。

甘肃商业联合会自成立以后，围绕商品流通领域改革与发展这一中心，发挥桥梁和纽带作用，维护市场秩序，保护会员合法权益，规范商业企业经营行为，积极推进市场化运作机制，在促进甘肃省经济社会发展中发挥着积极作用。坚持"自主、自立、自强、自律"的办会方针，在协会改革转型方面初步探索出一条发展之路，已成为甘肃省商品流通领域中一支涵盖面广、影响力大的社团组织，为全省市场经济的繁荣与发展做出了一定贡献。协会的业务范围包括以下方面：协调会员贯彻执行国家有关方针政策和法律法规，维护企业合法权益，搞好行业自律，信守商业道德，保护消费者合法权益。开展调查研究，向政府反映商品流通和服务行业的情况和问题，提出政策性建议；协助政府制定商品流通和服务行业的方针政策，积极完成政府委托、交办的各项任务。协助政府有关部门对行业内重大的投资、改造、开发项目的先进性、经济性、可行性进行前期论证，接受委托参与项目责任监督。推广先进技术成果，经政府有关部门批准，组织行业技术成果的鉴定。参与制定、修改本行业技术标准、经济标准、管理标准等，并组织推进标准的贯彻实施，开展行业规范工作。维护会员的合法权益，向政府和有关方面反映会员的合理意见、要求和建议。根据授权，组织开展市场统计，向企业提供市场分析、市场预测、产业政策、经营策略等方面的信息服务和科学技术导向，引导企业按照市场需求，确定经营战略和经营目标。帮助企业开拓新的经营领域和流通渠道，受政府委托承办或根据市场和行业发展需要主办各类展览会、博览会，协助企业引进国外先进技术、经营管理方法和资金，促进国内流通企业和服务业企业的现代化，实行现代企业制度。做好会员间、会员与各部门、各地区间的协调服务工作。为会员提供有关咨询、培训和市场调查研究等各项服务。开展对外交流与合作，帮助会员企业寻找合作伙伴。为会员企业招商引资牵线搭桥，促进企业参与国际大流通。

甘肃陇台经贸文化交流协会 协会自1995年成立以后，贯彻国家对台工作的方针政策，顺应两岸经济融合的趋势。2007年，利用"第十四届兰洽会"召开的有利时机，组织举办"陇台经贸合作论坛"。2009年11月28日—12月4日，召开第二届陇台经贸合作论坛会议。协助省内重大经贸活动的贵宾邀请，多次邀请台湾中华中小企业研究发展学会、台湾省产业科技推动协会等单位和企业界的代表人士访问甘肃，介绍投资环境，增进相互了解，并组织部分专家赴各大学发表专题演讲。巩固陇台合作基础，实践定期互访交流。先后与台湾中华商业发展协会、中华中小企业研究发展学会、中华海峡两岸经济贸易文化教育关系促进会建立了长期友好的合作关系。同时积极与国内各省市的台资企业协会进行联系接触，沟通合作意向，扩大交流半径。通过组团赴台交流或邀请台湾工商团体和工商界人士来访等形式，与台湾各工商团体和工商界人士建立起广泛的联系，为在台湾地区宣传甘肃省对台经贸政策提供便利条件。注重人员往来，促进项目合作。多次组织省内企业界的代表人士访问台湾地区，介绍投资环境，增进相互了解，并组织部分专家赴各大学发表专题演讲。邀请台湾发展研究院长一行参加第十六届兰州投资贸易洽谈会，赴甘肃农业大学做了"两岸签订'经济合作架构协议'（ECFA）对于双方经济之冲击"专题讲座。2010年8月，陪同友好合作团体台湾中华中小企业研究发展学会一行36人，赴东北三省进行了考察交流。

甘肃省美发美容协会 协会于2000年在省民政厅注册成立，是全省美发美容行业唯一的社团法人机构。设有秘书处、办公室、外联部、投诉受理中心、企划中心及发型化妆艺术研创中心、发型剪烫染专业委员会、化妆品代理专业委员会、美甲专业委员会等十多个职能部门和专业委员会。自成立以后，协会始终坚持"精诚务实"的服务理念，秉承"贴近市场、服务企业、创新发展"的宗旨，弘扬中华民族美发美容文化，引导行业规范化、有序化发展。先后举办了甘肃省美发美容化妆品博览会、制定了甘肃省美发美容化妆品两个地方标准、开展了甘肃省美发美容化妆品名师、名店、名牌及发型化妆大赛等活动，同时，为规范市场，与甘肃省劳动厅、甘肃省卫生厅、省工商管理局、省质量技术监督局等部门开展了甘肃省美发美容行业市场规范整顿管理活动，推动了甘肃省美发美容行业的规范有序发展。协会还先后组织会员单位及发型技术人员免费为兰州养老院的孤寡老人理发，为皋兰县农村小学赠送书包、文具盒等学习用品。同时，在四川汶川地震、舟曲泥石流等自然灾难面前，协会积极组织会员单位及企业为灾区伸出援助之手，捐款捐物。

甘肃省市场营销协会 甘肃省市场营销协会成立于2001年4月26日。截至2010年，有工商企业界、金融界及科研院校142家单位加入，个人会员317人。作为全省性行业社会团体，协会是联结市场需求和企业经营活动的中介，也是政府与企业沟通的参谋。协会以服务企业，提升企业市场营销水平，协调企业及行业关系，反映企业要求，维护企业合法权益为己任。主要活动有：2007年4月，创立营销甘肃论坛，2008年6月，在天祝县举办第二届论坛。2009年7月，在徽县举办金徽酒品牌营销论坛。2010年8月，在徽县举办第二金徽酒品牌营销论坛。2001年—2010年，成功举办甘肃名牌发展战略与市场营销研讨会、企业营销与人力资源管理研讨会、甘肃中小企业营销创新论坛、甘肃与台湾贸易经济合作发展研讨会、学术界理事座谈会、企业营销经理训练营活动、营销战略训练营活动、市场营销座谈交流及企业市场营销论坛、品牌甘肃与企业发展战略论坛、陇台经贸合作论坛等营销研讨会和活动。适应市场，加强对外交流与协作，陆续组织甘肃省企业家赴台参访活动、甘肃省乡镇企业赴台考察活动等系列活动。组织企业赴吉林大学、山东海阳市、山东龙口市等地区考察交流。

甘肃省浙江企业联合会 甘肃省浙江企业联合会成立于2001年8月7日，是连接甘浙两省经济、企业与政府之间的桥梁和纽带。截至2010年，在甘浙商人数已超过18万，工商企业经营户7万余户，创业的工商经营户约10万，浙江企业3000多家，涉足建筑建材、生物科技、制造业、房地产、商贸流通、水电、化工、餐饮、娱乐等多个行业和领域，每年销售金额200多亿元，解决再就业人数50万人以上，在甘肃民营经济领域，浙江企业的比例占48%，对甘肃民营经济发展起着重要推动作用。据不完全统计，2010年，浙商在甘肃总投资额超过400亿元。

联合会积极参与省内各地的招商引资、信息交流活动，为理事单位解决资金贷款难问题。通过联合会加强甘浙两省沟通、汇报、接触，收集民营企业、中小企业投资信息、优惠政策以及相关法律法规知识并及时传达给联合会各理事单位，引导浙江企业守法经营、健康发展。甘肃国芳百盛工贸集团，甘肃大陆桥房地产开发分公司，兰州亿嘉新型材料有限公司，三森美居家具中心，天水娃哈哈集团，白银卡森皮革有限公司，兰州金宝城房地产有限公司、浙江红楼集团等，是一批浙商企业典型。在社会公益事业方面，联合会积极发动浙江企业多次参加献爱心等一系列捐助活动，2010年累计捐款（物）已超过1800万元，其中仅为舟曲灾区捐款一项就超过1000万元。多次组织浙江企业家到全省各地进行投资考察活动，特别是在2003年7月中旬，联合会与浙江金华市党政代表团一同赴定西地区考察，其间共签订了七个工业和商业项目，总投资达6.5亿，其中"定西国芳百盛商贸中心"和"浙江高科技工业园区"两个项目总投资4.76亿元，金宝置业有限公司与陇西县政府合作的"金宝城"项目，总投资达1.38亿元。2003年8月，联合会应兰洽会组委会的邀请下，通过浙江省政府联络60多家浙江企业参加"兰洽会"，在参会期间共签订投资项目6项，累计投资金额约达10亿元。

甘肃省酒业协会　甘肃省酒业协会成立于2002年11月23日，旨在加强企业之间联系，充分发挥桥梁和纽带作用，扩大甘肃省酒类产品销售，促进酒类市场的繁荣和发展。省酒业协会每年选择重点酒类商品生产和营销企业的市（州）进行调研，并与相关的协会开展"实战营销技巧训练营"等活动，组织省内企业参加国家级评选、品评和交流等活动。

举办的主要活动有：2005年，与省消费者协会联合开展2005年消费者信得过酒类品牌申报推荐活动，共评出泸州老窖、莫高等23个消费者信得过酒类品牌。举办了酒类企业"实战营销技巧训练营"活动。2006年，召开全省酒类商品管理工作暨甘肃酒业发展趋势研讨会。联合省劳动和社会保障厅下发了酒类行业营销人员岗位资格培训的通知，指导省内酒类营销人员培训。组织企业参加了在西藏拉萨举办的甘肃（西藏）经贸洽谈暨名优产品洽谈会。与省消费者协会联合开展了推荐省级消费者放心酒类品牌活动。对"莫高""泸州老窖特曲""陇派""紫轩"等九个品牌进行了颁奖授牌，授予放心酒类品牌。2007年，参加了省酒管局在嘉峪关召开的全省酒类商品管理工作会。多次与省质量技术监督局联系申请葡萄酒原产地域（地理标志产品）保护事宜；与中国酒类流通协会、中国酿酒工业协会联系参与祁连葡萄酒业公司申报"中国冰酒之乡"等事宜。举办全省酒类营销人员培训班8期共培训400多人，为全省酒类营销人员持证上岗打下了坚实的基础。2008年，统一组织莫高、紫轩、祁连、国风、皇台等五家葡萄酒生产企业参加在山东省蓬莱市举办的"2008年中国葡萄酒经济年会""中国国际葡萄酒·烈酒品评赛"，并选送了9个酒样参评。其中，在参加由国际葡萄与葡萄酒组织（OIV）、国际葡萄酒·烈酒大赛联盟（VINFED）、国际酿酒师联盟（UIOE）、法国酿酒师联盟（UOEF）主办的2008中国国际葡萄酒·烈酒品评赛上，甘肃祁连酒业有限公司冰白葡萄酒荣获国际金奖（中国共获金奖4个）。在参加由《华夏酒报》主办的2008中国葡萄酒经济年会上，甘肃莫高葡萄酒股份有限公司被评为2008中国葡萄酒榜样企业（中国有6个企业获奖）；甘肃紫轩酒业有限公司被评为2008最具潜力葡萄酒品牌（中国有16个企业获奖）。2009年，省酒业协会主办酒类营销人员培训班一期，培训学员100多人。2010年，召开了甘肃省酒业协会第二届会员代表大会，听取和审议了第一届理事会工作报告和第一届理事会关于《甘肃省酒业协会章程》（修正案）的报告；同时选举第二届理事会理事。组织省内优秀经销商代表10名参加了在上海举办的"2010全国酒类优秀经销商代表大会"及"全国酒类优秀自主品牌交易会暨2010中国酒类包装设计大奖赛"。

甘肃省中小企业发展协调服务中心　甘肃省中小企业发展协调服务中心前身是2003年4月经原省贸易经济合作厅批准成立的"甘肃中小企业经济合作协调服务中心"，中心于2008年12月10日变更名称，具有独立法人资格，是专门从事支持中小企业发展的综合性协调服务机构，即是政府企业之间的桥梁和纽带，也是省级中小企业公共服务平台，属非营利组织。中心自成立以来，始终以服务中小企业为宗旨，以促进甘肃省中小企业经济发展为己任，加强与国内外有关机构、团体、公司的联系和沟通，充分发挥桥梁和纽带的作用，以提高综合服务能力为核心，以建设公共服务平台为支撑，帮助企业开展多种形式的经济技术交流与合作，并与有关部门和机构及金融单位建立了良好的合作关系，不断增强服务功能，拓展服务范围，提高服务水平，尤其是在中小企业信用评价、项目申报、资金协调、招商引资、项目合作、经贸往来、人员培训等方面提供服务，加快甘肃省中小企业经济交流与合作的步伐，提升省内中小企业的市场竞争力，促进中小企业健康发展服务，省委《党的建设》、省政府《发展》杂志，《西部商报》、中国中小企业网等媒体给予了多次宣传报道，得到上级领导的充分肯定，赢得中小企业的信赖和赞誉。

甘肃省职业经理人协会　甘肃省职业经理人协会成立于2003年5月，由省内企业家、职业经理人、资深专家、学者共同发起。协会个人会员主要是企业中担任中层以上管理职务的经营管理者，团体会员为具有法人资格、经营管理规范的企业。甘肃省职业经理人协会是中国职业经理人协会团体会员、中国中小企业协会团体会员、中国职业经理人协会联席会议成员单位、甘肃省工商联商（协）会联席会议成员单位、省工商联团体会员。被省民政厅授予"5A级"协会、"政府采购服务10佳社会组织"。

2004年，协会发起并创办了"西部企业发展与职业经理人高峰论坛"，成思危、李子彬、吴敬琏、吴晓灵、茅于轼、樊纲、毛玉麟、韩秀云、刘永好、单祥双、陈平、俞尧昌等数十位著名专家学者、职业经理人出席论坛并发表演讲。省领导徐守盛、刘永富、石军、杜颖、杨志明、孙小系、邵克文等出席论坛并致辞。论坛期间还举办了高层会晤、企业考察、项目对接、调研座谈等系列活动，获得社会各界好评。截至2010年，协会先后承办或协办"甘肃省中小企业银企洽谈会暨融资研讨会"，第12届兰洽会"中小企业发展与资产重组论坛"，第13届兰洽会"项目投资与区域可持续发展论坛"，第16届兰洽会"甘省招商项目推介会"等活动，被兰洽会执委会评为"兰洽会最佳合作单位"。协会不定期举办各类沙龙、座谈会、小型研讨会和休闲活动五十余次，为职业经理人搭建了互动交流平台。邀请国内外专家、企业家、职业经理人等组织开展各类职业化培训公开课共58期，参加人数7000多人次。被国家发改委授予"中小企业银河培训工程甘肃培训点"。先后为甘肃移动、兰州银行、兰州石化、酒泉卫星发射中心、酒钢集团、金川集团、正大集团、蓝星清洗、兰州铁路局等数十家企业举办企业内训班42期，参加人数4600多人次。开办国家外国专家局授权的美国注册项目经理（PMP）培训，国务院国资委职业经理研究中心授权的职业经理资格认证培训，人社部人力资源管理师、企业培训师、营销师、物流师、物业管理师、项目管理师、企业文化师、理财规划师等职业资格认证考前培训，共57期，参加人数3000多人次。

协会还多次组织会员单位和企业参加全国职业经理人协会联盟年会暨全国优秀职业经理人颁奖大会及中国中小企业节等活动，并邀请广东职业经理人协会等十几家机构连续多年组团参加兰洽会论坛等活动，增进甘肃同发达地区的交流和经贸合作。

甘肃省人像摄影协会 甘肃省人像摄影协会成立于2003年6月28日，为甘肃省一级社会团体组织，其业务主管单位为甘肃省商务厅，行政主管单位为甘肃省民政厅民间组织管理局。甘肃省人像协会第一届会长是雷文翔（2003年6月–2007年5月），秘书长是王芳萍；第二届会长是孙继龙（2007年6月–2011年7月），常务副会长兼秘书长是郭建平。协会业务范围包括行业指导、行业管理、专业培训、技术交流。协会自成立以后，在会员发展、行业管理、行业活动等方面取得了可喜成绩。已有在册企业会员180余个企业，个人会员800余人，覆盖全省14个地市。2004年举办了"甘肃省首届摄影师、化妆师名师评选"活动，全省共评选出10名摄影和化妆名师；2006年6月承办了"中国人像摄影学会年会暨中国人像摄影行业经验交流会"。2009年制定颁布实施了"甘肃省人像摄影企业等级评定标准"。2010年首次进行了甘肃省人像摄影企业第一批等级评定工作，共评选出了19个省特级、一级、二级、三级人像摄影企业。

甘肃省河南商会 2006年7月，河南籍甘肃商人在兰州成立"兰州中原商务发展联合会"。在此基础上，2008年12月16日，正式成立甘肃省河南商会。截至2010年底，商会已有城关、七里河、西固、天水、雁滩、东岗等六个办事处，共有会员588人，其中荣誉会长6人、名誉会长17人、会长1人、执行会长4人、常务副会长兼秘书长1人，常务副会长12人、副会长31人、常务理事44人、理事61人、会员329人（含天水141人）、联谊会员82人。商会创办了《甘肃豫商》刊物，刊名由时任省委书记宋照肃题写，采取不定期出版，主要任务是及时宣传时政要闻、提供商务信息，通报基层活动情况、交流经商经验，介绍好人好事等。协会成立以后参加的重大活动有，由河南省政协、河南省豫商联合会主办的豫商大会、"全国豫商新疆行活动"和"全国会长联席会"，在郑州召开的"中国商帮峰会"、兰州新区投融资高峰论坛以及各地商会组织的高峰论坛，参加了秦王川开发新区考察活动、"看榆中，谋发展"活动、"百名豫商看许昌"活动、皋兰县的"温州品牌步行街奠基活动"，观摩了甘肃省工商联举办的"大众一汽车展"活动等。参加多家兄弟商会的庆典活动，组织部分会员去日本等多地考察，有针对性地学习了先进管理经验。参加甘肃省工商联组织的各类体育比赛，在乒乓球比赛中获得优秀组织奖。在商会内部首次开展了评选先进办事处、诚信会长、诚信会员和先进工作者活动，成效显著，营造了比、学、赶、帮、超的浓厚氛围。青海省玉树地震、舟曲特大泥石流灾害，会员单位和会员都踊跃捐款、捐物，折合人民币近200万元。

甘肃省湖北商会 甘肃省湖北商会是在甘肃、湖北两地政府的支持下，于2007年12月20日在兰州正式挂牌成立。商会第一届理事会拥有理事34名、常务理事11名、副会长7名、常务副会长5名、荣誉会长2名和会长1名。商会设有会员部、商务部、维权部、外联部、财务部及秘书处。商会以"凝聚精楚商，陇原铸辉煌"为宗旨，整合在甘楚商资源，相互促进、共谋大计，通过理念创新、服务创新和管理创新，不断增强商会的凝聚力和影响力，努力打造品牌楚商、文化楚商，创建甘肃省一流商会组织。截至2010年，鄂商在甘投资兴办的企业已达600多家、从商人士约11万人，分布于甘肃省各地、州（市），包括房地产开发、医疗卫生、能源化工、建筑装饰、公路建设、文化教育、旅游开发、园林绿化、交通物资、餐饮娱乐、珠宝首饰、服装鞋业以及水电、五金、机械、百货、建材、通讯、种植等多个行业，涉及不同领域。其中兰州实创园区开发有限公司、兰州友信置业有限公司、兰州凯达医疗科技有限公司均已成为省内知名企业。投资总额近百亿元人民币，上缴税收上亿元，解决就业岗位万余个，为甘鄂两地的经济建设作出了重要贡献。

甘肃省广东商会 甘肃省广东商会成立于2008年4月30日，是由甘肃省行政区内来自广东投资、经营、与广东相关联的经贸团体、企业和个人自愿组成的、具有法人资格的非营利性社会团体。商会名誉会长、省委原书记李子奇为商会题写了"甘肃省广东商会"会名，原省人大常委会主任卢克俭为商会会刊题写刊名"甘肃粤商"。商会始终把围绕科学发展，引导会员企业转变经济发展方式，促进陇粤经贸合作作为工作的重点来抓，商会成立以来，共组织会员企业600多人次先后参加了150多场经贸洽谈活动。同时，还邀请、接待发达地区的领导和企业家500多人次来甘肃考察，组织他们与相关政府部门、企业进行座谈交流，洽谈项目。通过上述活动，充分发挥了商会为促进陇粤区域经济合作的桥梁与纽带作用，收到了很好的成效。甘肃省广东商会被甘肃省政府评为"全省招商引资工作先进单位"。商会积极参与抗震抗洪救灾、捐资助学、拥军优属、扶危济困等各种社会公益活动，累计捐款捐物达3200多万元。甘肃省民政厅授予我会"甘肃省社会组织抗震救灾先进集体"称号。

甘肃省福建商会 甘肃省福建商会于2008年由在甘经商非公经济人士共同发起，有会员300多名，主要涉及的行业有：房地产开发、机械制造、石油化工、建筑装饰、电子通讯、矿产开发、投资管理、消防设备、医疗服务、建材石材、物流运输、市场开发、水暖器材、服装百货、运动器材、体育服装、餐饮娱乐、食品、水产、茶叶销售等二十多个行业。商会在陇、闽两地统战部、工商联等有关部门的业务指导下，以服务会员、团结互助、互利共赢、共谋发展为宗旨，坚持服务会员、服务社会，为两地经济发展服务，充分发挥桥梁纽带作用，在引领会员遵守国家法律、法规、政策，遵纪守法、合法经营，维护公平竞争，维护会员合法权益，向政府提出合理化建议，帮助会员企业发展。商会自成立以后，积极组织会员参加各项公益慈善活动，为甘肃省希望工程捐款20万元，为甘肃省贫困县康乐县捐建希望小学一所。在汶川"5.12"地震、2010年青海玉树地震、甘肃舟曲泥石流、福建水灾等巨大自然灾害中捐款83万元，捐赠物资价值22万元，资助帮扶50名舟曲贫困优秀大学生四年的学习生活费。2008年—2010年在各项公益活动中累计捐款捐物价值达200多万元。2008年9月被甘肃省团委评为"抗震救灾、重建家园"先进单位。2010年4月甘肃省慈善总会为商会颁发"扶危济困、守望相助"荣誉证书。2010年11月被甘肃省团委授予"情系学子、惠泽陇原"牌匾证书。

甘肃省物流行业协会 甘肃省物流行业协会成立于2008年10月16日，是依法登记的独立社团法人，是行业性、自律性、非营利性的新型社会组织。截至2010年共有会员单位300家，个人会员100多人，会员单位分布于省内各州、市，从行业布局、经济实力、品牌效应、发展潜力等方面具有较强的代表性。被中国社会组织评估机构评为AAAA级行业协会。协会常设办事机构为秘书处，秘书处内设一室三部，即办公室、综合部、外联部、《甘肃物流》编辑部，已成立甘肃省物流行业协会学术专业委员会、木材及建材专业委员会、医药物流专业委员会、专家咨询专业委员会、物流园区专业委员会、电商物流专业委员会、冷链物流专业委员会、食品物流专业委员会，正在设立钢材物流、汽车物流、煤炭物流、物流金融等专业委员会。

甘肃省婚庆行业协会 甘肃省婚庆行业协会成立于2009年2月18日，为甘肃省一级社会团体组织，其业务主管单位为甘肃省商务厅，行政主管单位为甘肃省民政厅民间组织管理局。甘肃省婚庆行业协会第一届会长杨江平，常务副会长兼秘书长郭建平。协会业务范围包括行业管理、业务指导、专业培训、技术交流。协会成立以后，在会员发展、行业培训、技术交流、大型活动等方面取得了积极进展。截至2010年底，有在册团体会员300多个企业，个人会员1000余名，覆盖全省14个地州市。已在酒泉、张掖、武威、兰州、定西、平凉、庆阳、陇南、天水、白银等10个地市成立了婚庆行业协会（分会）。2009年6月，协会在兰州市成功举办了"甘肃省婚庆行业首届婚庆高峰论坛"，兰州市举办了"首届甘肃·兰州婚庆文化节"，参展企业160余家，涉及婚庆产业有家用电器、床上用品、婚宴酒店、喜烟喜酒、房地产、婚庆公司、婚纱影楼等11个相关门类，参展客户达到2万余人，成交额达到1200多万元。2010年11月，协会在兰州成功举办了"甘肃省首届暨全国第四届婚礼主持人大赛甘肃赛区选拔赛"，12月甘肃选派10名选手参加了在江苏省苏州市全国总决赛，取得三金两银的成绩。

甘肃省葡萄酒产业协会　2010年4月6日，成立了甘肃省葡萄酒产业发展领导小组，办公室设在省发展和改革委员会。主要职责是制定和组织实施葡萄酒产业发展规划，研究制定扶持葡萄酒产业发展的政策措施，协调解决葡萄酒产业发展中的重要问题，努力把葡萄酒产业培育成特色优势产业。同年，公布了甘肃省葡萄酒产业发展领导小组职责及小组办公室职责。以省政府名义出台了《甘肃省葡萄酒产业发展规划（2010年—2020年)》，为产业发展描绘了总体蓝图。2011年3月，成立了甘肃省葡萄酒产业协会。

附 录

GANSU SHENG ZHI SHANG WU ZHI

一、地方性法规规章

甘肃省实施盐业管理条例办法

（1993年3月3日甘政发〔1993〕32号文发布，
1997年10月22日甘肃省人民政府令第27号第一次修正，
2004年6月25日甘肃省人民政府令第14号第二次修正)

第一章　总　则

第一条　为了加强盐业管理，保护和合理开发我省盐资源，促进盐业生产的发展，保证盐的正常运销，根据国务院《盐业管理条例》（以下简称《条例》），结合我省实际，特制定本办法。

第二条　凡在本省行政区域内从事盐资源开发、盐业生产和运销活动的单位和个人，均适用本办法。

第三条　对盐的生产经营实行计划管理，坚持有效保护、统筹安排、合理利用、划区供应。

第四条　省盐业行政主管部门，主管全省盐业工作，统一管理全省盐的质量管理、计划、收购、分配、调拨、运销和储备等管理工作。各地（州、市）、县（市、区）的盐业行政主管部门，主管本辖区的盐业工作。

第二章　资源开发

第五条　要在保护资源的前提下，有计划地开发利用我省盐资源。对自筹资金投资办盐场或者与现有制盐企业联合经营的化工企业和其他全民所有制企业、集体所有制企业，可予以扶持。

第六条　盐资源的开发必须符合国家标准，不符合国家标准的，应限期治理，经治理仍达不到标准的，应立即停止和封闭。

第七条　开发盐资源，开办制盐企业，必须按照环境保护法律、法规的规定，处理废渣、废液和废气，防止污染环境。

第三章　盐场（厂）保护

第八条　为了保证盐资源的开发利用，维护制盐企业的正常生产，每个制盐企业都应划定合理的盐场（厂）保护区。保护区的划定由省盐业行政主管部门、省轻纺部门会同省土地、矿产管理部门、根据盐场（厂）生产规模、发展规划提出方案，报省计委批准。

第九条　任何单位和个人不得在盐场（厂）保护区域内，从事有碍盐场（厂）正常生产的活动；不得破坏盐场（厂）保护区内的防护林带、植被和其他防护设施。

第四章 生产管理

第十条 制盐企业必须严格按省盐业行政主管部门和省轻纺部门下达的计划组织生产。

第十一条 制盐企业必须强化管理，建立健全各项规章制度，不断提高管理水平和企业素质，逐步实现管理规范化，保证安全生产。

第十二条 制盐企业必须积极开展设备更新和技术改造。学习先进技术，不断改进生产工艺，提高技术水平，降低消耗，增加效益。

第十三条 加强产品质量管理，完善质量管理制度和检测手段，做好质量检测记录。原盐生产，实行定期自查及抽查检验；加工精盐产品，每批检验，配发合格证。不符合质量和卫生标准的产品不准出场（厂）。

第十四条 在食盐中添加营养强化剂或药物，须经省盐业行政主管部门、省轻纺部门和省卫生部门批准。食盐加硒、碘要有专人、专用场地和专用工具，有记录、有检测、有标记，含量必须符合国家标准。硒碘盐的包装，必须采用密封性能好的包装物，有明显标记，与非硒碘盐分别贮存或堆码。

第十五条 严格禁止利用盐土、硝土和工业废渣、废液制盐。但以盐为原料的化工企业综合利用资源加工制盐不在此限。

第十六条 鼓励综合利用盐资源，发展盐化工产品和提倡盐硝分解。

第十七条 加强盐田盐池建设，制定长远发展规划。对现有坑洼蜂窝状的盐池进行有计划的改造，逐步建设成条田式的盐田。

第五章 运销管理

第十八条 盐的收购、分配和调拨，由省盐业公司按照国家计划统一组织实施。盐的批发，零售业务实行许可证制度，许可证由省盐业行政主管部门统一制作。盐的批发许可证由省盐业公司各购销站（部）负责核发，零售许可证由各县、市盐业批发单位核发。

第十九条 盐的批发业务，按照盐的合理流向和经济区划，由各盐业购销站和县（市、区）糖酒副食公司或经省盐业行政主管部门批准的兼营单位经营。

703

第二十条　食盐的零售业务以国营商业、基层供销社为主。集体商业、个体工商户也可从事食盐的零售业务。

第二十一条　食盐是人民生活必需的重要商品，各经营单位，要按计划组织经营，并保证合理库存，不得脱销。

从事盐的批发、零售和农、渔、牧、工业用盐的单位和个人，必须到指定的单位进货，按经济区划销售，不准跨区自行采购和销售。

第二十二条　禁止在市场上销售不符合国家食盐标准的原盐、加工盐、土盐、硝盐和工业废渣、废液制的盐。

制盐企业不得将不符合食盐质量标准和卫生标准的盐按食盐出场（厂），不得向无盐业经营资格的单位销售盐。

酸、碱、肥皂、制革、饲料等其他工业用盐，必须办理有关审批手续，保证专盐专用，不得挪作他用或转卖，任何单位和个人不得擅自改变盐的用途和盐价。

食盐零售，应逐步推广精细化、小袋化。小包装袋由省盐业行政主管部门指定的生产点按标准生产。

第二十三条　硒、碘缺乏的地区必须供应加碘加硒食用盐。省外调入的硒碘盐，由省地方病防治办公室会同省盐业行政主管部门组织落实，安排供应。

第二十四条　工业用盐企业，必须按时提报用盐计划。需调整计划时，应及时申报。未经盐业行政主管部门批准，不得计划外购进或销售盐。

第二十五条　各级盐业经营单位要认真执行省盐业行政主管部门分月安排的调运计划。铁路、公路等运输部门应当将盐列为重点运输物资，优先保证运输。

第二十六条　凡其他省的盐，以汽车运输通过我省境内的，必须持有该省盐业行政主管部门证明。铁路运输凡发站、到站同在我省境内者，均须持有我省盐业行政主管部门的证明方可放行。

第六章　监督管理

第二十七条　对违反条例和本办法规定，违法从事盐业经营活动的，任何单位和个人都有权向盐业行政主管部门和其他有关部门举报。对举报单位和个人予以保密，并对有功人员给予奖励。

奖励办法，按国家有关规定执行。

第二十八条　各级盐业行政主管部门应配备盐业行政执法人员，对举报的盐业案件和其他盐业违法案件进行调查处理。上级盐业行政主管部门对下级盐业行政主管部门的执法情况要进行监督、检查。

第二十九条　盐业行政执法人员执行公务时，应当佩戴中国盐政徽章，在执行任务时，主动向被检查、被处罚的单位和个人出示《中国盐政检查证》。

第三十条　各级工商、卫生、交通、公安、税务、地矿、轻工等部门应积极配合盐业行政执法人员，对盐资源开发和盐业生产、运销等进行监督检查，纠正违法违章行为，维护盐业市场秩序。

第三十一条　盐业行政执法人员应严格执行国家有关法律、法规和规章，秉公办事，不得以权谋私。违者由主管部门给予批评教育或行政处分，情节严重构成犯罪的，由司法机关依法追究刑事责任。

第七章　处罚

第三十二条　违反本办法第九条规定的，盐业行政主管部门有权制止。情节严重、构成犯罪的，由司法机关依法追究刑事责任。

第三十三条　违反本办法第十三条、第十四条、第十五条规定的，盐业行政主管部门、工商行政管理部门和食品卫生监督机构按照职责分工，有权予以制止，责令其停止生产和销售，没收其非法所得，并可处以不超过非法所得额五倍的罚款，情节严重的，工商行政管理部门可吊销其营业执照。造成严重食物中毒、构成犯罪的，对直接责任人员依法追究刑事责任。

第三十四条　违反本办法第二十二条、第二十三条规定的盐业行政主管部门、各级地方病防治办公室食品卫生监督机构工商行政管理税务，物价部门按职责分工，有权予以制止，责令其停止销售，没收其非法所得（折算方法：当地批发价减去进价之差额，为非法所得）。

第三十五条 不执行国家计划和有关规定，未经省盐业行政主管部门批准，擅自运销、购进原盐、加工盐、液体盐的，除没收盐外，并按下列规定处以罚款：

（一）违法购销数量一吨以下的，处以违法所得额一倍的罚款；

（二）违法购销数量一吨以上、五吨以下的，处以违法所得额二倍的罚款；

（三）违法购销数量五吨以上的，处以违法所得额三至五倍的罚款。

情节严重的，工商行政管理部门可依据有关法律、法规的规定进行处罚。造成严重食物中毒构成犯罪的，对直接责任人员依法追究刑事责任。

第三十六条 罚款必须使用财政部门统一制定的票据，否则单位和个人有权拒付。罚款上缴当地财政。

盐业行政主管部门的办案经费，由各级盐业行政主管部门向同级财政部门编报专项支出预算。

第三十七条 当事人对盐业行政主管部门的处罚决定不服的，可在接到处罚决定之日起十五日内向上一级盐业行政主管部门申请复议。上一级盐业行政主管部门应在收到复议申请之日起两个月内作出复议决定。申请人对复议决定不服的，可在接到复议决定之日起十五日内向人民法院起诉。期满不起诉又不履行的，由作出处罚决定的机关申请人民法院强制执行。

第八章 附则

第三十八条 盐业生产发展基金管理，按国家和省上有关规定执行。

第三十九条 本办法由省盐业行政主管部门负责解释。

第四十条 本办法自发布之日起施行。

甘肃省酒类商品管理条例

（2000年9月23日省第九届人大常委会第十八次会议通过，2005年9月23日省第十届人大常委会第十八次会议修正）

第一条 为了加强酒类商品生产和流通管理，保证产品质量，防止假冒伪劣产品流入市场，维护生产者、经营者、消费者的合法权益，促进酒类产业健康发展，根据国家有关法律、法规，结合本省实际，制定本条例。

第二条 在本省行政区域内从事酒类商品生产、经营活动的企业或个人，必须遵守本条例。

第三条 本条例中所称酒类商品是指酒精度（乙醇含量）大于0.5％的酒精饮料，包括发醇酒、蒸馏酒、配置酒、食用酒精以及其他含有酒精成分的饮品。

第四条 省商务行政主管部门是全省酒类商品的主管部门，其所属的省酒类商品管理机构具体负责本条例的实施。

市、州、县（市、区）酒类商品管理机构负责本行政区域内的酒类商品管理工作。

各级商务、工商行政管理、质量技术监督、卫生和公安等行政管理部门，按照各自的职责，依法做好酒类商品生产、经营的监督管理。

第五条 县级以上人民政府应加强对酒类商品生产、流通管理工作的领导，按照国家产业政策要求，统筹规划，优化结构，扶持发展名优酒。

第六条 酒类商品生产实行许可证制度。

申请领取酒类商品生产许可证的企业，应具备下列条件：（一）符合本省酒类商品生产规划布局，具有一定的生产规模及相应的注册资本金、生产场地、设备、检测仪器、专业技术人员等基本生产条件；（二）符合卫生、环境保护和安全生产的有关规定；（三）产品质量达到国家规定的标准。

第七条 白酒的生产许可证由省质量技术监督部门核发。

其他酒类商品生产许可证由省酒类商品管理机构核发。

申请领取酒类商品生产许可证的企业，应向所在地的县级质量技术监督部门或酒类商品管理机构提出书面申请。

质量技术监督部门或酒类商品管理机构在15个工作日内提出初审意见，并征得市、州（地区）质量技术监督部门或酒类商品管理机构的同意，然后报省质量技术监督部门或省酒类商品管理机构审核。省质量技术监督部门或省酒类商品管理机构收到申请书及相应文件后，在20个工作日内对符合条件的发给酒类商品生产许可证，对不符合条件的书面予以答复。

第八条 酒类商品生产应严格执行国家质量、卫生标准，禁止使用非食用酒精和有害人健康的添加剂，不符合质量、卫生标准的酒类产品不得进入市场。

第九条 酒类商品批发实行许可证制度。

申请领取酒类商品批发许可证的企业或个人，应具备下列条件：（一）有相应的注册资本金；（二）有符合规定的经营场所和仓储设施；（三）有卫生行政管理部门核发的卫生许可证。

从事酒类商品批零兼营的企业或个人，应申请办理批发许可证。

第十条 酒类商品批发许可证由县级以上酒类商品管理机构按照各自的职责审查核发。申请领取酒类商品批发许可证的企业或个人，应提出书面申请。酒类商品管理机构收到申请书后，在15个工作日内，对符合条件的发给酒类商品批发许可证，并报省酒类商品管理机构备案，对不符合条件的书面予以答复。

第十一条 酒类商品生产、批发许可证由省酒类商品管理机构统一印制。

任何单位或个人不得伪造、涂改、转借、买卖和复制。

第十二条 从事酒类商品零售的企业或个人，必须从持有酒类商品生产、批发许可证的企业购进酒类商品，并具有合法的票据。

第十三条 酒类商品生产、销售，禁止下列行为：（一）无厂名、厂址或伪造、冒用他人厂名、厂址，无生产日期或伪造生产日期；（二）伪造、冒用认证标志、名优标志等质量标志；（三）伪造他人注册商标标识或者假冒他人注册商标；（四）掺杂、掺假、以假充真、以次充好，以不合格产品冒充合格产品；（五）销售过期、变质的酒类商品；（六）从未取得生产、批发许可证的企业购进酒类商品；（七）逃税、抗税。

第十四条　酒类商品生产、批发企业或个人，因企业名称、场所、法定代表人变更或企业合并、停业的，应在30日内到原发证单位办理许可证及营业执照变更或注销手续。有关单位应在10个工作日内予以办理。

第十五条　酒类商品管理机构在查处酒类商品违法案件时，须两人以上执行，并出示省政府核发的行政执法证。当事人必须接受检查，不得拒绝、阻挠。

酒类商品管理机构在收集证据时，可以采取抽样取证的方法，也可以查阅账册等有关资料。在证据可能灭失或者以后难以取得的情况下，经查处机关负责人批准，可以先行登记保存，并应当在7日内作出处理决定。在此期间，当事人或有关人员不得销毁或转移证据。

第十六条　对酒类商品生产和经销活动中的违法行为，消费者可以向当地酒类商品管理机构或工商行政管理、质量技术监督等部门举报、投诉，有关部门应及时调查处理。对举报和查处生产、销售假冒伪劣酒类商品行为有功的单位或个人，予以表彰和奖励。

第十七条　酒类商品行政主管部门应协同工商行政管理、质量技术监督、卫生以及有关行政管理部门，依照国家有关法律、法规规定，对生产、销售的酒类商品进行定期监督检测工作。

对认定为假冒伪劣酒类商品有争议的，由法定质量检验机构进行鉴定，并出具鉴定书。

第十八条　酒类商品生产、经营企业或个人违反国家有关法律、法规和本条例规定，给消费者造成损失的，应依法承担赔偿责任。

第十九条　违反本条例规定的下列行为，由酒类商品管理机构或有关行政管理部门依据各自职责处罚：（一）对未取得酒类生产许可证生产酒类产品的，责令改正，没收违法生产的酒类产品和违法所得，并处以10000元以上30000元以下罚款；（二）对未取得酒类商品批发许可证批发酒类商品的，责令改正，没收违法所得，并处以500元以上10000元以下罚款；（三）对涂改、伪造、转借、买卖酒类生产、批发许可证的，责令改正，没收违法所得，并处以500元以上5000元以下罚款；（四）对从未取得生产、批发许可证的企业购进酒类商品销售的或未按规定办理酒类生产、批发许可证变更、注销手续的，责令改正，可以处100元以上1000元以下罚款；（五）对生产、销售、运输、储存假冒伪劣酒类商品的，责令改正，没收违法酒类商品，处以同类商品正品货值总金额50%以上三倍以下罚款，直至停业整顿，依法吊销营业执照；情节严重，构成犯罪的依法追究刑事责任；（六）对逃税、抗税的，依照有关税收法律法规的规定处罚。

第二十条　对违反本条例的同一行为，两个以上行政执法部门都有管辖权的，由先立案的部门查处，其他部门不得重复处罚。

第二十一条　酒类商品管理机构的工作人员玩忽职守、滥用职权、徇私舞弊的，依法给予行政处分；给公民、法人或者其他组织造成损失的，依法承担赔偿责任；构成犯罪的，依法追究刑事责任。

第二十二条　本条例自2000年11月1日起施行。

甘肃省家畜屠宰管理办法

（甘肃省人民政府令第23号）

（2005年8月26日甘肃省人民政府第72次常务会议审议通过，
2005年9月5日甘肃省人民政府令第23号公布，自2005年11月1日起施行）

第一条 为了加强家畜屠宰管理，保证家畜产品质量，保障人体健康，维护消费者、经营者合法权益，根据国务院《生猪屠宰管理条例》和有关法律、法规的规定，结合本省实际，制定本办法。

第二条 本办法所称的家畜是指猪、牛、羊。本办法所称的家畜产品是指屠宰后未经加工的家畜胴体、肉、脂、脏器、血液、骨、头、蹄、皮等。

第三条 省人民政府商务行政主管部门负责全省家畜屠宰活动的监督管理。市州、县区市人民政府商务行政主管部门负责本行政区域内家畜屠宰活动的监督管理。乡镇人民政府协助县级人民政府商务行政主管部门做好本乡镇家畜屠宰活动的监督管理工作。农牧、工商、卫生、质监、公安、民族事务、食品药品监督等有关部门，依照有关法律法规的规定在各自的职责范围内做好家畜屠宰活动的监督管理。

第四条 家畜定点屠宰厂（场）的设置规划，由省商务行政主管部门编制，经省人民政府批准后实施。

第五条 生猪定点屠宰厂（场）设置条件应当符合《生猪屠宰管理条例》第七条规定，屠宰生猪应当符合国家规定的操作规程及屠宰工艺。

第六条 牛、羊定点屠宰厂（场）的设置条件应当符合下列条件：

（一）选址、布局、建设应符合《中华人民共和国动物防疫法》规定的防疫条件和环境保护的要求；

（二）有与屠宰规模相适应的待宰间、屠宰间和病畜、污水、粪便、垫草无害化处理设施；

附录

（三）有不渗水地面和不低于1米水泥墙裙，操作工艺流程合理，防止交叉污染；

（四）有专用的屠宰工具和装运胴体、头、蹄、内脏的容器；

（五）有必要的检疫检验设备，包括器械、工具、消毒设备，有健全的兽医防疫、检疫、卫生消毒制度和具有相应资格的屠宰技术人员、检疫人员、肉品品质检验人员。

第七条 屠宰供清真食用的牛、羊，除符合本办法第六条规定条件外，还应符合《甘肃省清真食品管理办法》规定。

第八条 设立定点屠宰厂（场）应当向市州、县区市人民政府商务行政主管部门提交书面申请和有关技术资料。市州、县区市人民政府商务行政主管部门应当在接到申请之日起20日内，会同农牧等有关部门依照设置规划和本办法规定的条件进行审查，经审查合格并报同级人民政府批准后，颁发定点屠宰标志牌。

第九条 肉品生产加工企业，需自行屠宰家畜的，依照本《办法》规定的条件和程序申办定点屠宰资格。

第十条 屠宰家畜必须在批准的定点屠宰厂（场）内进行。未经市州、县区市人民政府定点，任何单位和个人不得屠宰家畜。农村地区（牧区）个人自宰自食的家畜不得上市销售。

第十一条 定点屠宰厂（场）屠宰的家畜必须有家畜产地动物防疫监督机构出具的检疫合格证明和免疫耳标。定点屠宰厂（场）的屠宰检疫由当地动物防疫监督机构实施，检疫与屠宰必须同步进行。

第十二条 经检疫合格的家畜产品，必须出具动物防疫监督机构统一制发的检疫合格证明，并加盖检疫合格印章。检疫不合格的家畜产品，必须按国家有关规定进行无害化处理或销毁。发现家畜患染有国家法定传染病的，应立即停止屠宰，并报请农牧部门紧急处理，发现人畜共患传染病时应同时报请卫生部门处理。

第十三条 定点屠宰厂（场）必须建立严格的肉品品质检验制度。肉品品质检验必须和家畜屠宰同步进行，检验结果应真实、详细，并登记造册。登记资料必须妥善保管备查。肉品品质检验人员必须经考核合格并取得《肉品品质检验人员合格证》后，方可上岗。

第十四条　定点屠宰厂（场）不得对家畜或者家畜产品注水或者注入其他物质。

第十五条　定点屠宰厂（场）对肉品品质检验合格的家畜产品，应当加盖检验合格的验讫印章，并出具产品检验合格证明。检验不合格的家畜产品，按照国家有关规定进行处理，未经肉品品质检验或者经肉品品质检验不合格的产品，不得出厂（场）。

第十六条　任何单位和个人，不得转让、涂改、伪造家畜屠宰检疫和肉品品质检验证、章。

第十七条　定点屠宰厂（场）对未能及时销售或者出厂（场）的家畜产品，必须采取冷冻或者冷藏等必要措施予以贮存。运输家畜产品必须具有该家畜产品的检疫、检验合格证明，运载工具应当符合卫生标准。

第十八条　从事家畜产品销售、加工的单位和个人以及宾馆、饭店、集体伙食单位，必须销售、使用定点屠宰厂（场）屠宰的家畜产品。

第十九条　违反本办法规定，未经定点擅自屠宰家畜的，由市州、县区市人民政府商务行政主管部门予以取缔，并会同有关部门没收非法屠宰的家畜产品和违法所得，可并处违法经营额1倍的罚款，对拒绝、阻挠检查以及违法情节严重的，可并处违法经营额1倍以上3倍以下的罚款。

第二十条　违反本办法规定，定点屠宰厂（场）对经肉品品质检验不合格的家畜产品未按国家有关规定处理的，由市州、县区市人民政府商务行政主管部门责令限期处理，可并处3000元以上3万元以下的罚款，情节严重的可并处3万元以上5万元以下罚款；对拒不处理的，取消其定点屠宰资格。

第二十一条　违反本办法规定，定点屠宰厂（场）出厂（场）未经肉品品质检验或者经肉品品质检验不合格的家畜产品的，由市州、县区市人民政府商务行政主管部门没收家畜产品和违法所得，可并处违法经营额1倍以下的罚款。市场销售的家畜产品未经肉品品质检验或者经肉品品质检验不合格的，由卫生行政、工商行政管理等有关部门按照各自的职责分工，对负有责任的生产者、销售者依法给予处罚。

第二十二条　违反本办法规定，定点屠宰厂（场）对家畜、家畜产品注水或注入其他物质的，由市州、县区市人民政府商务行政主管部门责令停止屠宰活动，没收注水或者注入其他物质的家畜、家畜产品和违法所得，可并处违法经营额1倍以上5倍以下的罚款，情节严重的，经市州、县区市人民政府批准，取消定点屠宰厂（场）资格。

第二十三条　违反本办法规定，转让、涂改、伪造家畜屠宰检疫证、检疫印章的，由当地动物防疫监督机构依照《中华人民共和国动物防疫法》的有关规定处罚。转让、涂改肉品品质检验证明、检验印章的，由市州、县区市人民政府商务行政主管部门收缴其转让、涂改的证明、印章，并处以2000元以上5000元以下的罚款。伪造肉品品质检验证明、检验印章的，由市州、县区市人民政府商务行政主管部门收缴其伪造的证明、印章，并处以1万元以上3万元以下的罚款。

第二十四条　定点屠宰厂（场）经商务、农牧等行政管理部门检查不合格的，限期整改；整改仍不合格的，经市州、县区市人民政府批准，取消其定点屠宰厂（场）资格。

第二十五条　以暴力、威胁等方法阻碍家畜屠宰行政执法人员依法执行公务的，由公安机关依照《中华人民共和国治安管理处罚条例》处罚；构成犯罪的，由司法机关依法追究刑事责任。

第二十六条　家畜屠宰执法人员进行执法检查时，必须两人以上并按规定出示行政执法证件。检查可以采用感官检查、取样化验、查阅资料、询问、查验证件等形式。被检查的单位和个人不得阻碍、拒绝检查。

第二十七条　县级以上人民政府商务行政主管部门的工作人员及其行政执法人员滥用职权、玩忽职守、徇私舞弊、索贿受贿的，依法给予行政处分；构成犯罪的，依法追究刑事责任。

第二十八条　上市销售的家禽和其他动物的屠宰管理参照本办法执行。

第二十九条　本办法自2005年11月1日起施行。

甘肃省家畜定点屠宰厂(场)设置规划

为强化家畜屠宰监督管理，规范屠宰行为，杜绝私屠滥宰，防止病害肉流入市场，保障人民群众食肉安全，根据国务院《生猪屠宰管理条例》（以下简称《条例》）和《甘肃省家畜屠宰管理办法》（以下简称《办法》），结合我省实际，制定本规划。

设置目标　全面提高全省家畜屠宰加工水平，保证肉品质量,确保人民群众吃上放心肉；实现家畜定点屠宰厂（场）布局合理，有利流通，方便群众，便于检疫和管理。"十一五"末，市州政府所在地家畜定点屠宰厂要达到机械化、工厂化、规模化屠宰水平；县城家畜定点屠宰厂要达到工厂化、半机械化屠宰水平；乡镇家畜屠宰厂要达到选址合适、条件改善、布局合理、健康发展的目标。鼓励通过招商引资发展屠宰加工冷藏企业集团，加快调整产品结构；发展冷却肉、分割肉、小包装肉上市，提高肉类产品质量；积极开展家畜副产品加工，发展生化制药；积极参与国内国际市场竞争，拓展国内市场，扩大家畜产品出口。

设置原则　按照"统一规划、合理布局、有利流通、方便群众、便于检疫和管理"的原则，家畜定点屠宰厂（场）的设置要与城市规模、人口数量、交通运输条件、家畜资源及经济发展情况相适应。

设置条件　符合《条例》第七条和《办法》第五条、第六条、第七条规定的条件。符合《畜类屠宰加工通用技术条件》（GB/T17237—1998）、《肉类加工厂卫生规范》（GB12694—1990)、《猪屠宰与分割车间设计规范》（GB50317—2000）规定的条件。符合国家有关动物防疫、卫生、环保等方面法律法规的相关要求。

设置数量　生猪定点屠宰厂（场）的设置数量：市州政府所在地城市设置1—2个；县区市政府所在地城市（镇）设置1个；县区市城区范围以外的乡镇和工矿区的具体设置数量，应根据县区市城区定点屠宰厂（场）的屠宰能力、交通运输条件和辐射能力及肉食需求量等因素综合确定。

牛、羊定点屠宰厂（场）的设置数量：市州政府所在地城市设置1—2

715

个；县区市政府所在地城市（镇）设置1个；县区市城区范围以外的乡镇和工矿区的具体设置数量，应根据县区市城区定点屠宰厂（场）的屠宰能力、交通运输条件和辐射能力及肉食需求量等因素综合确定。

民族自治州、民族自治县、民族乡和食用清真食品人口较多的地方可根据实际情况，确定相关屠宰厂（场）的设置数量。各地依托当地资源优势，通过招商引资发展以外销为主的屠宰加工厂（场）时，原则上应结合定点屠宰厂（场）的设置要求合并设置。确需增加数量时，应严格按照设置条件和申办程序，由有关部门审查批准后增设。

申办程序 申请设立家畜定点屠宰厂（场），应向当地人民政府商务行政主管部门提交书面申请和有关资料，当地人民政府商务行政主管部门会同农牧等有关部门依照《办法》和本规划要求，严格进行审查，经审查合格并报同级人民政府批准，并按有关法律法规申领营业执照后，颁发定点屠宰标志牌。

甘肃省鼓励引导外商投资若干政策规定(节选)

(1996年5月)

一、总则

第一条 为进一步改善投资环境，鼓励和促进中外合资经营企业、中外合作经营企业和外资企业及其他按国家法律规定由外商投资设立的企业（以下简称外商投资企业）在甘肃省的发展，根据国家向中西部倾斜的政策和鼓励外商投资的有关规定，结合甘肃省的具体情况，特制定本规定。

第二条 本规定适用于香港地区、澳门地区、台湾地区的投资者和华侨在甘肃省境内投资设立的企业及其他外国公司、企业、经济组织和个人（以下简称外商）在甘肃省境内投资设立的企业。

二、外商投资方式

第三条 外商可采用以下方式进行投资：

（一）举办投资者拥有全部资本的企业；（二）举办合资经营企业、合作经营企业；（三）举办股份制企业；（四）开展补偿贸易、来料加工、来件装配；（五）购买、参股、承包和租赁经营省内国有、集体、私营企业；（六）购置房地产；（七）依法取得土地使用权，开发经营；（八）举办"建设—经营—移交（BOT）"项目；（九）共同投资，建立专项建设基金或投资公司；（十）"无追索"融资或不增加债务的其他投资方式；（十一）法律、法规允许的其他投资方式。

三、外商投资产业导向

第四条 外商可以举办国家《外商投资产业指导目录》中所允许的任何产业项目。并特别鼓励外商投资于农业综合开发、基础设施、基础产业、社会公益性事业和高、新科技产品开发及其他新兴产业。

（一）农业综合开发。1.共同建设经营农田水利灌溉工程；2.节水农业、中低产田改造及荒山、荒地开发；3.建设经营优良品种培育基地和先进的农业示范基地；4.开发经营农、林、牧、渔新产品；5.开发经营农副产品保鲜及加工。

（二）能源、交通、通信和基础设施。1.建设经营火力和水力发电站；2.建设经营高等级公路；3.共同建设先进通信设施；4.共同建设经营民航机场；5.共同建设经营甘肃境内铁路及地方铁路、城市地铁及其他交通设施；6.土地连片开发及其配套设施；7.经批准的城市其他基础设施建设。

（三）矿产品开采、冶炼和加工。1.有色金属及系列产品开发和生产；2.黑色金属及系列产品开发和生产；3.非金属矿产品开发和生产。

（四）石油、石油化工及化学工业。1.化肥及高效安全的农药生产；2.聚氯乙烯树脂、乙烯及副产品综合利用；3.工程塑料及塑料合金、合成橡胶和精细化工；4.经批准的其他石油化工产品生产。

（五）新兴产业。1.微电子技术；2.新材料；3.生物工程技术；4.信息、通信系统网络技术；5.同位素、辐射及激光技术；6.节约能源开发技术；7.资源再生及综合利用技术；8.环境污染治理工程及监测和治理技术。

（六）产品出口企业和技术先进企业。

（七）现有企业的技术改造。外商可采用多种方式参与对全省范围的现有国有、集体和私营企业的技术改造，可以参与对一个车间、一个产品的嫁接改造和整厂的改造乃至全行业的嫁接改造和购买股权；

（八）医疗、卫生、文化、教育、体育及其他公益性事业。1.建设经营医院；2.合作开办除义务教育之外的各级各类教育机构；3.共同开发经营文化产业；4.建设经营卫生防疫项目；5.建设经营体育场馆；6.经批准的科学研究、新技术开发试验和其他社会公益事业。

（九）旅游服务业。1.历史遗迹和旅游景点的开发；2.旅游设施的建设与经营；3.旅游产品的开发；4.旅行社。

（十）经省政府批准的其他产业。

四、外商投资地区导向

第五条　甘肃省欢迎外商在全省范围内建立外商投资企业，特别鼓励

甘肃省志 商务志

外商投资于兰州市区和兰州高新技术产业开发区、兰州连海经济开发区、白银经济开发区、敦煌旅游经济开发区、金昌经济技术开发区、西成经济技术开发区、天水经济技术开发区、陇西文峰经济技术开发区、临夏商贸经济开发区等国家和省级开发区（以下简称开发区）。并鼓励外商举办开发区或技术园区。

第六条 根据国家对外开放政策向中西部倾斜的方针，经批准外商可在兰州市区和开发区内举办金融保险、商业零售、对外贸易企业，及其他《外商投资产业指导目录》中列为限制类的项目。

五、外商投资优惠政策

第七条 外商投资企业享有以下自主权：

（一）外商投资企业在人、财、物，产、供、销及经营管理方面享有自主权；（二）外商投资企业自主决定职工的工资、奖金、各种津贴（除国家规定部分外）；（三）外商投资企业自主决定职工的招聘和解雇，允许跨地区、跨省招聘，不需送劳动管理部门报批；（四）外商投资企业有权按本企业章程，设置组织机构，聘用和解聘各级负责人；（五）外商投资企业在国内外购买自用的办公和生活用品（含汽车、摩托车等），不受社会集团购买力的控制，并免交地方附加费；（六）外商投资企业产品的内外销比例除国家有特殊规定之外，不受限制；（七）外商投资企业享有产品定价自主权。

第八条 优先保证土地使用、劳动力雇用、原材料供应、水和电力供应、进出口配额等各种生产要素。

第九条 外商投资企业享有以下税收优惠：

（一）经营期在10年以上的生产性外商投资企业，从获利年度起，两年内免征企业所得税，第3年至第5年减半征收企业所得税；

（二）从事农业综合开发、交通、能源等基础设施的外商投资企业，经批准后按15%的税率征收企业所得税；

（三）产品出口企业按国家规定减免企业所得税期满后，当年企业出口产品产值达到当年企业产品产值70%以上的企业，按现行税率减半征收企业所得税。属于先进技术企业按国家规定减免企业所得税期满后，延长3年减半征收企业所得税；

（四）凡举办本规定第四条所列特别鼓励产业的技术密集、知识密集的生产性外商投资企业，按15%的税率征收企业所得税或按国家规定税率纳税后，高于15%税率的部分，由同级财政返还给企业；

（五）设立在兰州市区（城关区、七里河区、安宁区、西固区）的外商投资企业，按24%的税率征收企业所得税；设立在兰州市区以外的外商投资企业，在减免所得税期满后，按国家规定税率纳税后，高于24%税率的部分，由同级财政返还给企业；

（六）对符合国家《外商投资产业指导目录》鼓励类和限制乙类范围，并转让技术的外商投资项目，在投资总额内进口的自用设备，除《外商投资项目不予免税的进口商品目录》所列商品外，免征关税和进口环节增值税；

（七）对符合规定的项目，按照合同随设备进口的技术及数量合理的配套件、备件，免征关税和进口环节增值税；

（八）外商将其在企业分得的利润再投资于该企业或开办其他外商投资企业，经营期不少于5年的，经批准返还其再投资部分已缴纳所得税款的40%，投资兴办、扩建产品出口企业或先进技术企业，经营期不少于5年的，经批准全部返还其再投资部分已缴纳的企业所得税税款；

（九）外商从所投资企业取得的利润（股息、红利），可自由汇出境外，免征所得税；

（十）新建的生产性外商投资企业、非生产性外商投资企业，其应缴纳的房地产税从房产建成之日起可分别享受5年和3年的先征后退税收优惠；

（十一）新建的外商投资企业的车辆（除从事交通运输业外）缴纳的车船使用牌照税实行先征后退；

（十二）外商投资企业免征屠宰税；

（十三）为履行产品出口合同所需的进口原材料、元器件、燃料、零部件、辅料和包装物料等，享受保税优惠。

第十条 外商投资企业使用土地享有下列优惠：

（一）外商可依法取得土地使用权进行土地成片开发，其土地使用权最长为：农业用地60年；住宅用地70年；工业用地50年；商业服务用地40年。

期满后可依法申请延长。其土地使用权在使用期内可以依法转让、出租和抵押；

（二）土地使用权出让金有如下优惠：

1.成片开发荒山荒地建设以工业为主的新开发区，在规定的出让金底价上减收15%的土地出让金；2.开发荒山荒地、水面用于发展农、林、牧、渔业的项目，在规定的出让金底价上减半征收土地出让金；3.举办合营改造项目，中方以土地作价为出资条件的，在规定的出让金底价上减收15%的土地出让金；4.举办本规定第四条特别鼓励产业的和在开发区内举办的生产性外商投资企业，在规定的出让金底价上减收20%土地出让金或经省政府批准划拨土地；5.利用非宜农荒山、荒滩举办外商投资企业的，免征土地出让金。

（三）以出让方式取得土地使用权的外商投资企业和属于本规定"第四条"特别鼓励的产业及设在开发区内的外商投资企业，免征土地使用费；

（四）外商投资企业在基建期间（2年内），免缴土地使用费；经营期10年以上，投资额50万—100万美元，投产开业后，免缴土地使用费5年；100万—300万美元，免缴土地使用费7年；300万—500万美元，免缴土地使用费10年；500万美元以上，免缴土地使用费15年。

第十一条 外商投资企业享有以下费用优惠：

（一）参与旧城改造的外商投资企业，减半征收商业网点配套费、城市基础设施配套费、增容费和人防结构费；产品出口企业、先进技术企业和能源、交通、基础设施建设、原材料生产企业免征城市基础设施配套费；

（二）外商投资企业的外籍工作人员及其家属，在省内出差、旅行、食宿、就医、购物、子女入托上学和旅游景点门票的收费一律与省内居民相同；

（三）外商投资企业按每出口创汇1美元，由地方同级财政给予0.05元人民币内陆运输补贴；

第十二条 举办第四条所列产业的外商投资企业，享有下列配套条件优惠：

（一）给予中方合营者优先安排扶持外商投资专项贷款，其中外商投资额在250万美元以上的项目，纳入地方重点基本建设和技术改造计划，并优先安排固定资产投资、开发性贷款和技术改造贷款；

（二）中方企业以现有厂房、场地、设备出资的合资、合作改造项目，经评估确认资产价格后，成交价可优惠5%—10%；

（三）建设经营高等级公路及桥梁、隧道的，车辆过往收费标准按核准的高于省同等级公路收费标准一定比例自主收取，经营期内政府不再批准新建与其并行的同类项目。经营期内不能获得预期利润的可以延长经营期，直至获得合理的利润；

（四）建设经营发电站的，其上网电价按有关规定从宽核定，由电力部门负责收购与销售；

（五）合作开办教育机构、建设经营医院、资源再生利用、环保项目和经批准的社会公益性事业，可给中方企业配套建设资金补助；

（六）成片开发荒山荒地用于农、林、牧、渔业发展项目的，政府给予农业建设资金配套开发；

（七）经政府批准的其他特殊配套条件优惠。

第十三条 外商投资企业可采用以下方式和渠道，为建设和生产经营筹措资金：

（一）经批准向社会发行债券，在企业内部发行股票；（二）外商投资企业根据国家外汇管理的有关规定，可在有外汇经营权的银行开户，办理外汇收支和融资业务；（三）外商投资企业可向境外借款，自借自还。经批准也可由中方担保向境外借款。

第十四条 外商投资企业在经营期内外汇平衡有困难的，经批准可以收购本企业以外的产品出口，解决外汇平衡。

第十五条 外商投资企业经国税部门批准，可实行固定资产加速折旧。

第十六条 外商持有25%以上股份的外商投资股份制企业，享有进出口经营权。

第十七条 省内外原有的外商投资企业在甘肃省新办的企业，外商资产占总投资达到25%以上者，可享受本规定的优惠政策。

第十八条 对引进外商来甘肃省直接投资的中介人（包括个人和组织）给予奖励。合资、合作经营企业，由企业的受益中方奖励；外资企业，由受益县、市、区人民政府奖励，奖励的比例如下：

1.外资额在100万美元以下的，按外资额的0.3%计；2.外资额在101万—500万美元的，其中100万美元按0.3%计，其余按0.25%计；3.外资额在501万—1000万美元的，其中500万美元按0.25%计，其余按0.2%计；4、外资额在1001万美元以上的，其中1000万美元按0.2%计，其余按0.15%计。奖金按实际外资到账额计算，并按引进外资的币种奖励。县级以上人民政府还可根据本地情况，确定本地区的奖励措施。

第十九条　香港、澳门、台湾地区的公民和华侨为内地亲友捐赠10万美元以上的资金或生产设备兴办生产企业者及捐赠资金或生产设备用于向国内企业投资或购股达到企业资产总额25%以上者，可以申办为外资企业，享受本规定的优惠政策；个人兴建或购置应纳房产税的民用房屋，暂不征收房产税。

第二十条　实际投资10万美元以上的台湾、港澳同胞和华侨，可指定其内地的一户亲友，在投资企业所在地落为城镇户口，并免收城市增容费。

第二十一条　香港、澳门、台湾同胞和华侨为甘肃省企业或公益事业捐资5万美元以上的，省人民政府授予荣誉证书以资鼓励；捐资价值占该项公益事业总投资80%以上的，经省政府同意，允许以本人或其亲属的名字命名。

六、外商投资的服务和管理

第二十二条　各级政府和有关职能部门应根据国家的法律、法规和规定，各司其职，各负其责，主动协调，密切配合，坚持公正、公开的办事原则，简化工作程序，提高办事效率，做好外商投资企业的指导、协调、管理、监督和服务工作，努力为外商创造一个可以按照国际惯例投资、管理、经营的环境，充分保障外商投资企业的合法权益。

第二十三条　与外商投资相关的部门，要实行行政公示制和推行社会服务承诺制，将办理外商投资企业有关事宜的工作规则、办事程序、所需的文件材料目录及具体要求、收费标准及依据、服务时限、办事人员的职责、违诺处罚措施及投诉部门等，在本单位办公场所明显位置上张榜公布，接受监督，并严格按社会服务承诺内容办理；实行服务内容细化、服务标准量化、奖惩措施硬化、接受监督公开化的内部监督检查机制。

第二十四条　对外商投资企业的审批，资料齐全的，各审批职能部门须在7天内答复批准或不批准，并在15天内办理完本部门的审批手续，逾期不办者，申报者可直接报上一级主管部门审批。

第二十五条　外商投资企业用地，由企业向土地管理部门提出申请，土地管理部门按审批权限，在收到申请15天内预先批用地批复，并在以后的6个月内补办完有关手续。

第二十六条　各部门要严格按国家法律、法规和政策办事，主动为外资投资企业搞好服务。行政事业性收费一律实行"两证一票"（收费许可证、收费人员工作证、财政部门统一印发的收费票据）制度，收费人员要严格亮证收费，企业有权拒绝巧立名目的摊派和变相收费。并逐步推行一个窗口收费。

第二十七条　外商投资企业建设和生产所需要的水、电、气、交通运输、通讯等基础设施配套方面，及在金融、保险、法律、劳动用工、咨询、设计、广告宣传等社会服务方面，收费标准与省内企业等同；各有关部门要给予充分保障，并不得随意终止或暂停服务。

第二十八条　对外商投资企业的重点项目要实行跟踪服务和项目责任人制度，对项目的产前、产中、产后进行跟踪服务，及时组织有关部门帮助解决存在的问题。

第二十九条　建立健全外商投资企业投诉中心和调解中心，及时处理外商投资企业的投诉，协调解决外商投资企业在建设、生产、经营中的有关问题，调解纠纷和矛盾，监督合同的执行，并建立督办制度和反馈制度。

七、实施

第三十条　各地、各有关部门和开发区可以依据本规定，制定具体实施细则，报省政府备案后实施。

第三十一条　本规定自颁布之日起实施，以往规定凡与本规定不符的，一律以本规定为准。

第三十二条　本规定由甘肃省计划委员会负责解释。

二、规范性文件

中共甘肃省委　甘肃省人民政府
关于进一步扩大对外开放的决定

（1999年5月11日）

为了贯彻落实党的十五大精神和中共中央、国务院《关于进一步扩大对外开放，提高利用外资水平的若干意见》，省委、省政府决定实施开放带动战略，把进一步扩大对外开放作为实现我省"九五"计划和2010年奋斗目标，将社会主义现代化事业全面推向二十一世纪的重大举措。为此，特作如下决定：

一、统一认识，解放思想，抓住机遇，开创我省对外开放的新局面

对外开放是邓小平理论的重要组成部分，是一项长期不变的基本国策，是我省加快经济发展、推进实现现代化进程的重要途径。我省要实现"九五"计划和2010年远景目标，从根本上改变落后的面貌，就必须在利用自身资源、发挥自身优势的同时，充分利用国际国内两种资源，同其他国家和地区开展广泛的合作和交流，互通有无，取长补短。必须大量引进资金、技术和人才，解决经济结构不合理等问题。必须进一步扩大对外开放，加快实施对外开放带动战略，以开放促发展。

实施对外开放带动战略，一是要进一步转变观念，解放思想。各级党政机关、所有经济管理部门、公检法司等执法部门都要服从和服务于改革开放的大局，坚持以"三个有利于"为标准，正确处理改革开放中出现的新事物、新问题，以实际行动促进对外开放。二是要充分利用国际、国内两个市场、两种资源，实行外贸、外资、外经三外并举。千方百计通过进出口贸易，扩大对国际商品市场的开放；通过吸引外资和对外投资，扩大对国际资本市场的开放；通过技术转让、人才引进和科技交流，扩大对国

际技术市场的开放；通过对外工程承包、劳务合作和国际旅游，扩大服务贸易的对外开放。省外经贸厅要强化对外经贸工作的行业管理，统一制定发展规划和措施，统一组织实施。三是在扩大对外开放中，不断深化对内开放，继续坚持和扩大同东南沿海及周边省区的经济技术合作。各地区、各部门、各行业和企业之间也要打破界限，加强交流，开展合作，共同发展，真正形成全方位、多层次、宽领域对外开放的新格局。

二、进一步积极合理有效地利用外资，加快我省经济发展

利用外资要坚持积极、合理、有效的方针，努力扩大利用外资规模，保持一定的发展速度、到2002年，全省利用外资协议金额和实际利用金额要在1998年的基础上翻一番，同时，要努力提高利用外资的质量和水平。要充分发挥甘肃优势，坚持以资源换资金，以市场换技术，以存量换增量，鼓励和引导外商投资农业综合开发和农业产业化、基础设施建设、出口创汇以及高新技术产业、环保产业和其他新兴产业；要进一步优化外资结构，积极吸收国际大财团和跨国公司的投资，引导沿海劳动密集型外商投资企业向我省转移。对于符合国家政策，有利于甘肃经济发展的项目和资金都要积极引进。项目开发要跟踪本行业、本领域世界先进技术和发展方向，努力提高项目的科技含量，使利用外资与优化产业结构紧密结合。

继续大力吸引外商直接投资，大胆探索有利于提高利用外资规模和效益的新方式。现有能源、交通等基础设施项目可以出让股权或经营权，以回收资金，投入新项目的建设。组织有实力的国有大中型企业利用整体合资、产权出让、外商参股、境外上市等方式筹集重点项目建设资金。可以一个产品、一个车间、一个企业乃至一个行业进行"嫁接"改造，推动国有资产存量的合理调整，形成新的生产力。省经贸委、体改委和外经贸厅要尽快研究理顺涉外产权交易项目的办理程序。省计委、省经贸委要会同有关部门加快落实"兰洽会"签约的产权交易项目。同时，各主管部门要积极争取外商在金融、保险、商业批发零售、对外贸易等方面进行投资试点。

选择一批好的能源、交通等基础设施项目进行招商。在巩固和扩大原有外资的同时，要积极吸引欧洲各国投资，争取在外资来源多元化上有大

的突破。

进一步改进传统招商方式。要把综合招商与专业招商结合起来，把重点招商与全面招商结合起来，把国内招商与国外招商结合起来，充分利用现代信息技术，提高项目招商的成功率。要充分利用"兰洽会"、"厦交会"及各种境内外招商机会，积极开展招商活动。

认真扎实地做好招商项目的前期准备工作。招商内容和形式要有针对性，符合国际惯例，满足投资者的要求。招商项目的准备应经常化、规范化，建立联网项目库。省计委、经贸委、外经贸厅要及时对项目进行筛选、补充、更新。确定项目应实现多向选择，突破现有产业结构局限，促进和加快产业结构的调整和优化。各级财政要拨出专项经费给予支持，出国审批部门要适当放宽招商团组的审批，主管部门要讲求实效，加强回国后的项目跟踪落实。

省外经贸厅要争取每年在国外举办一次较大规模的投资及贸易洽谈会。要充分发挥省贸促会、省国际商会及各进出口企业、驻外机构的"窗口"作用，加强与各国驻华商务代表机构的联系，广泛宣传甘肃，积极为外商到我省投资牵线搭桥。

争取更多地使用外国政府贷款、国际金融组织贷款和其他形式的外资。要紧紧抓住国家政策向中西部地区倾斜的契机，做到借的来、用得好、还得上。

三、进一步改善投资环境，加强涉外队伍建设

改善投资环境是一项复杂的系统工程，需要全社会的共同努力。当前要在进一步改善基础设施等硬件环境的同时，更要注重改善投资软环境。要针对我省投资环境方面的突出问题，下大力气进行综合治理，尽快建立规范高效的体制，努力为投资者营造一个方便、快捷、有利的良好投资环境。

进一步完善外商投资的法制环境，保护投资者的合法权益。政府各部门、各司法机关要规范办事程序，提高办事效率，从速办理有关涉外项目及外省（市、区）来我省投资项目的审批业务，处理好涉外经济案件。严禁任何单位和个人干扰外商投资企业的合法经营。坚决制止对外商投资企

业乱检查、乱收费、乱集资、乱罚款、乱摊派。除职能部门的法定检查外，其他自行进行的检查、评比要经省对外开放领导小组办公室批准。各有关部门要按照《甘肃省鼓励引导外商投资若干政策规定》，制定细则，逐条落实。

加强对外商投资企业的管理和服务。要尽快建立和加强为外商投资企业提供服务的中介机构和组织。建立健全外商投资企业投诉受理中心、法律咨询中心、争议解调中心以及外商投资企业协会。各级政府部门和公、检、法要有一位负责人负责督办外商投资企业的投诉，依法迅速、正确地处理各项投诉事项。外商投资企业协会要发挥企业与政府联系的桥梁作用，积极为外商投资企业排忧解难。

各级领导干部要学习对外开放理论，熟悉涉外政策法规，掌握对外经济贸易知识，随时了解国际市场行情，提高对外开放工作水平。各涉外部门、涉外企业的领导干部和管理人员，要认真学习和贯彻对外开放政策和法律、法规，不断提高自身素质和业务水平，在对外经济活动中，依法办事，遵守国际惯例，重合同、守信用。把加强涉外队伍的建设和培养当作扩大开放的一项重要工作来抓，采用引进和培养相结合、在岗培训和脱产学习并举的方法，提高涉外队伍的整体政治、业务素质。人事、教育、外事、外经贸等部门要制定规划，对现有涉外部门、企业和合作项目进行认真的清理整顿，切实加强现有涉外队伍的建设，提高涉外项目管理的水平，时刻注意树立和维护甘肃的对外形象。省外经贸厅要会同有关部门加强对涉外经贸活动的管理、指导和监督，认真审查中外合作各方资信，提高合作成功率。

鼓励留学回国人员和我省急需的人才来甘肃工作，在工资、住房、福利待遇、工作及科研条件等方面对他们给予优惠。要扩大国外智力引进，积极吸引国外学者、专家来我省指导科研生产，进行学术交流和人才培训。对于来我省企业工作的具有博士学位的国内外科技人员，由所在单位尽可能提供良好的科研和工作条件。国内外科技人员将其科研成果和掌握的技术应用于我省企业并产生经济效益的，可按一定比例给予奖励，其技术也可作价入股分红。

四、调整出口结构，加快发展对外贸易

要按照全省经济结构调整的总体要求，加快调整和优化出口结构的步伐，提高对外贸易对全省经济增长的贡献率和依存度，要尽最大努力培养外贸出口新的增长点。

对出口创汇超千万美元的大企业，有关部门要给予一定的政策扶持。要简化出口退税手续，足额保证出口信贷资金，适当倾斜出口计划配额。对促进出口有贡献的人员要予以奖励。通过扶持和鼓励，不断壮大出口创汇的主力军。

已获得自营进出口权的生产企业，要加强专业人才培养、扩大出口渠道、提高出口效益，增强在国际市场的竞争力。凡连续三年没有业务实绩的自营进出口生产企业，要限期进行整顿，到期仍达不到要求的，注销自营进出口权。

省计委、经贸委、外经贸厅要根据全省经济发展的整体布局，加快出口商品结构调整，制定出口商品升级换代的规划和措施，确定骨干产品和骨干行业，确立"双高"产品，制定出口龙头产品计划，并在投资、信贷、税收、技改等方面给予政策倾斜。各地区、各行业都要面向国际市场，积极筹集资金，加强对出口产品基地建设及技术改造的投入，争取在五年内建成机电产品、轻纺产品、地毯、土畜产品、中医药保健品、精细化工品、粮油食品、铁合金产品、铅锌矿产品、镍铝稀土有色金属等十大出口商品基地。

外贸企业和出口生产企业要以国际市场为导向，把争创名牌、培育拳头商品作为商品结构调整的最终目标，积极推行ISO9000体系认证，提高出口商品质量，使我省更多的商品进入国际市场。争取在21世纪末培育出20—30个年出口额在500万美元以上的单个或单类的拳头商品。

围绕出口基地建设与发展，加快外贸企业改革步伐，优化外贸企业组织结构，大力推动贸、工、农、技、商、银的相互结合，实现国有外贸企业组织机构的整体优化。由省外经贸厅牵头，有关部门配合，尽快成立几家集贸、工、科一体化的外贸企业集团，逐步形成大经贸的经营格局。

省属外贸专业公司要加快改革、改制、改造步伐，加强经营管理，争

取三年走出困境。对一些由于政策性亏损形成历史包袱的困难企业，由银行支持，实行新老贷款分开管理、新账老账划断运行、新老经营分别考核的办法，促其克服困难，轻装上阵。

1998年—2000年连续三年，由省财政每年安排2000万元，省外经贸厅自筹500万元，共同作为全省外经贸发展专项资金，扶持外经贸企业开拓市场和扩大出口。资金由省外经贸厅和省财政厅共同管理。使用计划由省外经贸厅安排，按企业划入资金比例，周转使用，有借有还；省财政厅负责监管。对我省大宗高耗能出口商品继续给予优惠用电的政策。省上各有关单位要共同努力，力争在兰州市开办内陆口岸和兰州国际商贸保税区，不断改善外经贸工作的运营环境。

在省内组织出口货源的各类企业，其货源组织、收购价格均需接受有关部门的管理和协调，严禁抬价抢购、低价竞销，以保证我省资源的整体优势，维护良好的经营秩序。在搞好出口的同时，要把进口经营搞活。省内大宗生产资料、基本建设和技术改造项目所需设备的进口，在同等条件下优先安排我省外贸企业代理。

五、扩大对外工程承包和劳务输出，积极争取国际无偿援助

以外贸企业为骨干，经贸结合，联合联动，组建工程、劳务、设备技术一体化的企业群体和外贸企业集团，开展从咨询、勘测、设计、施工、安装、经营到维护和技术服务的总承包，并实行工程承包与成套设备出口相结合，商品输出与劳务输出相结合，提高综合效益。

积极推动有实力的大中型企业走出国门，在境外开办企业，在东欧、俄罗斯建立"投资贸易中心"和"分拨中心"，进行跨国经营。充分发挥科特迪瓦中国投资开发贸易促进中心、香港陇港公司等现有基地的窗口作用，以贸易开路，与投资结合，探索外经与外贸相互促进、各种经济合作方式一体化发展的路子，扩大对外经济技术的交流与合作。要逐步实现贸易、投资、承包、经援的最佳组合，实现我省外经工作的多元化。

劳务人员的选派，要把高新技术劳务、一般劳务、农民劳务结合起来，发挥各行业的积极性，努力开拓劳务合作市场。

继续做好争取国际无偿援助工作。外援项目要实行多双边、双边、民

间相结合，充分利用各种渠道，巩固和扩大合作关系，增加受援金额，以改善农业、教育、卫生等基础条件，促进环境保护、脱贫致富和技术人才培训工作的发展。各级政府要对无偿援助项目的配套资金及相关费用给予支持和保证。

六、加强横向联合，加大省际的经济技术协作

发展与兄弟省市和东南沿海的经济协作，是我省对外开放的重要组成部分。要积极推进跨省区的横向经济联合与技术协作，按照企业自愿、政府推动、互利互惠的原则，组织有关部门、地区和企业走出去、请进来，参加区域经济协作，扩大对内开放，通过开展经贸洽谈、商品展销、引进资金、技术和人才，促进我省经济和社会各项事业的发展。

鼓励外省投资者积极参与我省国有企业的改组、改造。选择一批国有企业，包括一批发展较好、实力较强的大中型企业，以参股、控股、联营、兼并、收购、租赁、托管、承包等形式，吸引国内企业尤其是沿海发达地区的企业对其进行嫁接改造。在这方面，省经协办和省政府及各部门的驻省外办事机构要很好地发挥穿针引线、内引外联的作用。

七、充分利用旅游资源，大力发展旅游经济

继续贯彻落实省政府《关于加快发展我省旅游业的决定》，坚持境外旅游和国内旅游并重的方针，促进旅游、贸易和投资共同发展。要加快旅游基础设施的建设，改善旅游环境，进一步加强宣传促销，积极开拓旅游市场，做到境外旅游逐年增长，国内旅游有较大突破，经济效益不断提高。

深化旅游业改革，提高旅游业的对外开放水平。要充分利用现有条件，大胆吸收利用外资。要通过建立现代企业制度，增强综合配套功能，在全省形成几个集食、住、行、游、购、娱一条龙服务的大型旅游服务团体。要依托我省驻外机构，在境外设立一批旅游驻外窗口，努力开辟境外客源市场。对旅游局和经营国际旅游业务的旅行社需出国参展促销的业务人员，实行出国任务一次审批、一年内多次有效的方法。

继续抓好旅游资源开发，扩大旅游贸易，增加旅游收入。加快敦煌国际旅游开发区的开发和建设，抓好丝绸之路旅游资源深度开发，发展具有

甘肃特色的旅游景点。加强管理，规范服务，继续改善旅游硬环境，正确处理好旅游开发与文物保护的关系，防止旅游资源开发利用中的短期行为。加强管理，提高服务质量，努力为国内外游客创造良好的旅游环境。

八、搞好对外宣传，促进对外开放

各地区、各部门特别是外宣部门要坚持对外宣传为对外开放和经济建设服务的思想，贯彻落实省委、省政府有关对外宣传的方针、政策、原则。全省各行各业都要参与外宣，支持外宣。涉外部门要抓住重点、不断增强对外宣传的主动性、针对性和时效性，充分利用海内外媒体阵地，广开渠道，讲究方法，搞好对外宣传，促进对外开放。要积极采用新技术，通过电子信息网络扩大甘肃信息传播；注重利用经贸、文化、旅游等重大涉外活动开展对外宣传；选择重点国家和地区，做好重点对象的对外宣传；充分利用对外友好城市关系，广泛开展多元化的对外文化交流活动。要组织各地区、各部门联手协作，形成合力，为提高甘肃的知名度，让世界了解甘肃，让甘肃走向世界，创造良好的外部舆论氛围。

九、加强领导，建立健全激励和监督机制，促进对外开放工作健康发展

为切实加强对全省对外开放工作的领导，省委、省政府成立了甘肃省对外开放领导小组及其办公室。各级党政部门要按照领导小组的部署和要求，加强协调服务，提高工作效率，采取切实可行的措施，搞好本地区、本部门的对外开放工作。要建立和完善管理机构，强化管理职能，充实管理人才，提高管理水平。从1999年起，各级党政部门要将利用外资、对外经济技术合作、对外贸易和国内经济协作指标列为考核内容，在目标、措施、实效等方面进行考核，并作为考核领导任期内政绩的主要内容之一。

对于引进资金的中介机构和个人，要按贡献大小、资金到位数额、高新技术价值等给予重奖。在引进外资中，奖励实际到位外资额的1—3%。合资、合作经营企业，由企业的受益中方奖励；外资企业，由受益的市、县、区人民政府对中介机构和个人进行奖励（不含个人所得税）。对于依法经

营，经济效益和社会效益好的外商投资企业，也应予以表彰奖励。

各级纪检监察部门要认真履行职责，加大对外开放工作的监督力度。对各级党政机关、公检法、行业管理部门中工作不力，甚至拒不执行省委、省政府关于对外开放的有关政策规定的，要视其情节轻重，给予党纪、政纪处分，直至调离岗位；触犯法律的，要依法追究刑事责任。

省外经贸厅要制定措施，加强对涉外经济活动部门和人员的资格审查及工作情况的追踪调查，对不信守合同，甚至借机欺骗和坑害合作对象，对我省对外开放形象造成不利影响的企业和个人，一经查实，要给予经济处罚，直至追究刑事责任。要加强对境外企业的监管，督促其建立健全管理机构，并定期经行考核审计，保证国有资产的保值、增值。对由于经营不善，造成国有资产流失的，要追究责任。对私自以各种方式将国有资产化为私有的，要追求其法律责任。

各级党委、政府和有关部门要层层负责，高度重视，上下齐心，真抓实干，为全省的对外开放创造良好的环境和条件，努力开创全省对外开放的新局面。

（发至县）

附录

甘肃省人民政府办公厅关于印发甘肃省贸易经济合作厅职能配置、内设机构和人员编制规定的通知

（甘政办发〔2001〕24号）

各地行政公署，各市、自治州人民政府，省政府各部门：

《甘肃省贸易经济合作厅职能配置、内设机构和人员编制规定》已经省政府批准，现予印发。

甘肃省人民政府办公厅

2001年2月26日

甘肃省贸易经济合作厅职能配置、内设机构和人员编制规定

根据中共中央、国务院批准的《关于甘肃省人民政府机构改革方案的通知》，组建甘肃省贸易经济合作厅。省贸易经济合作厅是省政府主管全省对外、对内贸易与经济技术合作的组成部门。

一、职能调整

（一）划出的职能

将管理外国政府贷款的职能交省财政厅。

（二）划入的职能

1.省经贸委对拍卖业（不涉及国有工业企业破产拍卖）管理职能。

2.省物价局对宾馆、饭店、餐馆评等定级职能。

（三）转变的职能

1.厅机关与直属各企业要通过多种方式逐步脱钩，实行行业管理，服

务企业，监控市场。

2.按照建设大贸易、大流通、大市场的要求，由对国有企业的管理，转变为对社会各种经济成分商贸行业的管理和服务。

3.逐步实行生产企业自营进出口经营权登记备案制。

二、主要职责

根据以上职能调整，省贸易经济合作厅的主要职责是：

（一）贯彻实施全省对外贸易、经济合作、外商投资和商品流通、饮食服务的政策和地方性法规；研究拟定全省内外贸、经济合作的发展战略，对省委、省政府和省对外开放领导小组有关对外开放的决策和政策的贯彻落实进行督促检查；协调、指导和联络全省各地州市对外开放机构有关工作。

（二）拟定和执行全省外经贸进出口中长期规划；负责储运和国际货代的管理和服务。

（三）拟定和执行全省对外技术贸易进出口发展规划和措施；管理技术引进、设备进出口和国际招标，管理国家限制出口的技术、执行国家出口管制政策。

（四）宏观指导全省对外招商引资工作；拟定和执行外商投资的管理规章；核准国家规定的限额出口、限制投资和涉及配额、许可证管理的外商投资企业的设立；核准审批外商投资项目的合同、章程及变更；参与制定外商投资的发展战略和中长期规划；负责经济技术开发区的综合协调和指导服务工作。

（五）负责全省对外经济合作工作；拟定和执行对外经济合作的政策、规章，指导和监督对外援助、对外承包工程、劳务合作、设计咨询、境外投资等业务；负责争取和接受联合国、友好国家多、双边无偿援助项目申报、组织、协调和管理工作。

（六）负责省内经贸临时、大型出国出境团组和地级干部出国出境的审核报批工作；负责全省境外企业常驻人员的选审、报批；指导境外企业的经营管理；负责审核报批设在本省的外商、侨商和港澳厂商的常设代表机构，会同有关部门处理对外经贸活动中发生的涉外事件。

附录

（七）研究拟定全省商品流通、饮食服务业的发展规划、行业规章、标准；负责全省贸易产业政策的协调执行，维护行业公平竞争秩序；组织对商品流通，领域重大问题的调查研究；提出政策建议，推进流通体制和营销方式的改革；负责商品流通产业的科技进步工作，促进商品流动产业的现代化。

（八）承担全省各种经济成分的商品流通、饮食服务、流通加工业的行业管理，负责对盐业和酒类商品及生猪定点屠宰的监督管理；负责对化学危险品（剧毒品）和特种劳动防护用品定点经营的资格审查。

（九）负责全省商品市场形势的分析预测，提出调控市场运行的政策建议；组织实施肉、糖、菜、食盐等关系人民生活的重要商品的市场调节储备、风险基金管理和各种救灾物资的储备；负责民族贸易工作。

（十）组织协调内外贸重大建设项目的规划、论证、立项；负责全省区域性批发市场和大型营销设施的规划布局；监督管理各类消费品专业市场的规范运营。

（十一）负责对国家、省上投资及划拨的调控资金、专项资金的管理；参与管理出口退税工作；负责管理政府授权范围内的国有资产，依法行使国有股权。

（十二）负责全省商品流通、饮食服务和流通加工行业质量体系认证、达标管理；负责行业的职业分类、培训和专业技术人员上岗执业资格的申报认定等工作。

（十三）负责全省国内外经贸交易会、展销会、展览会、洽谈会的审核、报批及管理工作；负责本系统行业协会、研究会、商会、学会等社会团体的管理工作。

（十四）负责直属单位的改革和国有控股企业的领导班子建设，向国有控股、参股企业委派国资股权代表和监事会代表。

（十五）宏观指导各地、州、市及省直各部门对外经贸活动和工作；对全省各类进出口企业和外贸企业实行行业指导；归口管理中国贸促会甘肃分会（甘肃国际商会）；协调招商引资工作。

（十六）承办机电产品进出口管理工作。

（十七）承办省委、省政府交办的其他事项。

三、内设机构

根据以上职责，贸易经济合作厅设置14个职能处室。

（一）办公室

负责厅机关的综合协调工作，处理厅机关日常政务；负责厅机关文秘、新闻发布、对外宣传、政务信息、机要、保密、档案、信访、提案督办、政策法规等工作，指导贸易经济体制和企业改革：负责厅机关的财务、机关住房制度改革和住房资金管理：负责厅机关接待、安全保卫和后勤服务工作。

（二）人事教育劳资处

承办厅机关公务员的管理工作，负责厅属企事业单位领导班子的建设，负责指导厅直系统人事劳资、安全生产工作：负责职工培训和教育工作：负责全省外销员的培训、考试和发证工作；负责统战、侨务、国家安全等工作；负责管理厅机关离退休人员，指导厅系统离退休干部工作。

（三）对外贸易管理处

研究拟定并组织实施货物进出口发展战略和政策措施；负责全省货物进出口配额及许可证的管理，发放货物进出口（包括纺织品）许可证；负责全省货物进出口配额招标的组织实施；负责货物进出口经营的协调管理；联系进出口商会工作。

（四）对外贸易发展处

制定实施市场多元化战略的规划和阶段性重点市场开拓的计划；组织实施"以质取胜"战略；研究全省外经贸发展中的重大问题，对全省外贸宏观运行状况进行监测、分析；负责全省各类企业外经贸经营权的审核和后期管理工作；负责外贸系统境内外各类展销会、洽谈会、交易会的管理和组织实施；负责全省外贸进出口商品的运输管理、协调和全省国际货代企业、国际货代市场的行业规划、管理；规划、指导出口商品基地建设与新建项目的审批、报批；研究和推广各种新的国际贸易方式、电子商务；指导出口广告宣传，联系企业管理协会。

（五）外商投资管理处

指导对外招商引资工作；负责全省外商投资企业合同、章程和各项重

附录

大变更事项的审批，颁发批准证书；编制、上报、下达外商投资企业各类进出口计划，负责审批、管理各类进出口及"三来一补"项目；负责外商常驻代表机构的审批、管理；负责组织全省对外招商和全省经济技术开发区的综合协调、指导服务；负责、承办外商投资企业协会和招商引资联合服务中心的日常工作。

（六）科技发展与技术进出口处

负责全省内外贸科技进步、促进高新技术产品出口和高新技术改造传统出口产业项目的立项、审查、报批；指导高新技术开发区和经济开发区的出口工作，促进科贸结合、技贸结合、工贸结合和多、双边工业技术合作；负责技术性贸易壁垒的研究和技术进出口统计分析工作；负责管理全省各类企业限额以下的技术引进及设备进口合同的登记注册工作；选报和审定高新技术产品出口目录项目；管理机电产品进出口工作。

（七）对外经济合作处

负责全省对外经济合作工作；审批对外承包工程及设计咨询企业的对外经营权；管理全省劳务合作业务和劳务人员派出的审批工作；负责我省承担的援外项目的组织实施和带动设备、技术、物资出口；参与多双边经济合作谈判，举办我省在网外合作业务洽谈会。

（八）国际经济关系处

管理全省接受联合国、友好国家、国际民间组织无偿援助和赠款项目的争取和实施工作；编制项目中长期规划和年度执行方案；审查、申报、争取无偿援助和赠款项目，负责对外谈判；协调部门间的合作关系，监督检查受援项目的执行情况；负责项目出国考察团组、培训和进修人员的组织、审查和派出以及聘请外国专家工作；接待项目来访官员和专家；负责受援资金和设备的报批、管理与使用。

（九）消费品流通处

研究制定全省商品流通行业中长期发展规划、年度计划和消费品市场的运行规则、管理办法；负责协调、指导全省盐业工作；组织实施肉、糖、菜等关系人民生活重要商品市场调节的分级储备制度和风险基金管理；负责对化学危险品、特种劳动保护用品的定点经营和资格审查；负责对军特需和救灾物资的调拨供应以及民贸政策的落实；负责商品流通信息工作。

（十）饮食食服务处

研究拟定饮食服务行业规章、市场规则、技术服务质量标准和营业等级标准；组织评定宾馆、饭店、餐馆的营业等级；负责对各种经济成分的餐饮业、宾馆饭店业、洗浴业、美容美发业、洗染业等行业的监督管理；负责对全省饮食、服务专业技术人员的业务技术培训工作。

（十一）食品工业处

研究拟定食品行业的政策规定和发展规划，实施绿色食品工程；负责对全省生猪定点屠宰、冷藏加工、食品加工等行业的监督管理；负责对肉制品、副食品、饮料、生化制药生产加工的行业管理和技术改造工作；负责对流通加工行业专业技术人员的业务培训工作。

（十二）营销发展处

负责对全省酒类商品生产、流通的监督管理工作；负责对全省消费品批发市场和大中型营销设施的规划布局，组织对重大建设项目的论证、立项；研究拟定连锁经营、代理制、配送制、电子商务发展规划并组织实施；负责仓储行业的业务指导和安全工作；兰负责对全省拍卖业、典当业、租赁业、旧货业的行业管理；负责行业评先表彰工作；归口管理行业中介组织和社团；负责全省商品营销、商品监督人员和拍卖、典当、租赁行业专业技术人员的业务培训、执业资格申报认定工作。

（十三）财务处

负责政府有关调控资金、专项资金的管理和使用，编制预决算；负责授权范围内国有资产的监管工作；指导或监督行业扭亏增盈、财务管理、会计核算；参与管理外经贸行业出口退税和出口收汇的考核与检查；负责系统商品基地生产周转金的申请、平衡使用和管理工作。

（十四）外事处

负责我省在境外设立经贸机构、常驻人员的审查报批和境外企业的管理工作；归口负责全省经贸临时出国团组的审批工作；负责收集、整理和传递国外经贸信息和本系统的外事管理工作；负责全省外商邀请工作以及省级领导率团出访经贸团组的联络服务和其他外事礼宾工作。

直属单位党委、纪检监察、审计机构按有关规定设置。

四、人员编制和领导职数

贸易经济合作厅机关行政编制为90名。其中：厅长1名，副厅长4名，纪检组长1名，处级领导职数41名。非领导职务职数按有关规定另行核定。

根据有关规定，单列编制5名。

核定机关离退休职工管理工作人员编制7名。

保留后勤事业编制28名，处级领导职数2名。

五、其他事项

成立甘肃省酒类商品管理局，县级事业单位，核定事业编制10名，局长1名（由贸易经济合作厅副厅长兼任），副局长2名。

甘肃省人民政府办公厅关于印发甘肃省商务厅职能配置内设机构和人员编制规定的通知

(甘政办发〔2004〕66号)

各市、自治州人民政府，陇南行署，省政府各部门：

《甘肃省商务厅职能配置内设机构和人员编制规定》已经省政府批准，现予印发。

甘肃省人民政府办公厅

2004年6月1日

甘肃省商务厅职能配置内设机构和人员编制规定

根据《中共中央办公厅、国务院办公厅关于印发甘肃省人民政府机构改革方案的通知》（厅字〔2004〕2号）和《中共甘肃省委、甘肃省人民政府关于印发甘肃省人民政府机构改革方案实施意见的通知》（省委发〔2004〕12号）精神，组建甘肃省商务厅。省商务厅是主管全省国内外贸易和国际经济合作，履行经济调节、市场监管、行业管理和公共服务职能的省政府组成部门。

一、划入的职责

（一）原省贸易经济合作厅的职责。

（二）原省经济贸易委员会承担的口岸管理、内贸管理、对外经济协调、产业损害调查、机电产品进出口和重要工业品、原材料进出口计划组织实施等职责。

（三）原省发展计划委员会承担的组织实施农产品进出口计划等职责。

（四）原省经济贸易委员会承担的整顿和规范市场经济秩序的职责。

（五）原省经济贸易委员会中国·兰州投资贸易洽谈会组委会办公室（甘肃省招商引资办公室）的职责。

二、主要职责

（一）贯彻落实国家有关内外贸易、国际经济合作和招商引资的发展战略、方针、政策；制订全省商务领域规章、制度、标准和发展规划。

（二）研究制订全省规范流通领域市场体系及流通秩序的政策，促进内外贸结合，建立健全统一、开放、竞争、有序的市场体系；监测分析市场运行和商品供求状况，组织实施重要消费品市场流通管理；研究提出流通体制改革意见，培育发展城乡市场，推进流通产业结构调整及现代流通方式和组织形式现代化。

（三）调查研究流通行业重大问题，提出政策建议；负责对食盐、成品油、酒类等重要商品的流通管理；负责拍卖、典当、租赁、汽车、旧货流通活动的监督管理。

（四）执行国家制定的进出口商品管理办法、进出口商品目录和进出口商品配额招标政策；负责进出口配额计划的编报、下达和组织实施及配额、许可证管理工作。

（五）负责组织科技兴贸战略在全省的实施；贯彻执行国家机电产品进出口战略和方针、政策。

（六）负责全省商务系统涉及世贸组织相关事务的研究、指导和服务工作；组织协调反倾销、反补贴、保障措施及其他与进出口公平贸易相关的工作；组织全省产业损害调查。

（七）制订并实施全省外商投资政策，指导全省外商投资工作；参与制订全省利用外资的中长期规划；监督外商投资企业执行有关法律法规、规章及合同、章程的情况；指导和管理全省招商引资、投资促进及外商投资企业的审批和进出口工作，综合协调和指导国家级、省级经济技术开发区的有关具体工作；负责国外（境外）常驻我省商务代表机构的设立和管理工作；负责全省出国商务考察团组的审批。

（八）负责全省对外经济合作工作；制订并执行对外经济合作政策，指导和监督对外承包工程、劳务合作、设计咨询等业务的管理；制订我省境外投资管理办法和具体政策；负责对外经济合作企业的经营资格认定和管理工作；审核或核准省内企业对外投资项目并实施监督管理；管理联合国及其他国际组织或外国政府、民间组织对我省的无偿援助项目及赠款工作。

（九）负责中国·兰州投资贸易洽谈会的组织和实施工作；归口管理各类涉外商务交易会、展览会、展销会等活动；制订并实施赴境外举办上述活动的管理办法。

（十）负责全省商务新闻发布会、宣传工作和提供信息咨询服务；指导全省流通领域信息网络和电子商务建设。

（十一）宏观指导各市、州商务工作。

（十二）指导全省商贸流通行业协会、学会等社团组织工作。

（十三）承办省政府交办的其他事项。

三、内设机构

根据上述主要职责，甘肃省商务厅设16个职能处（室）。

（一）办公室。拟订厅机关工作规章制度，负责厅机关公务运转的组织协调工作；负责文电运转、会议组织、新闻发布、政务信息、秘书事务等日常政务，管理机关行政事务工作；负责厅机关保密、档案管理、信访和安全保卫工作；负责机关接待和外事礼宾工作；负责全省商务出国团组的审批及我省在境外常驻人员的审查报批；联系驻外商务代表工作。

（二）人事教育处。负责厅机关公务员的录用、培训、考核、调配、奖惩和工资管理；负责厅属事业单位领导班子建设和指导事业单位人事制度改革；负责统战、对台和侨务工作；负责全省国际商务专业的职业资格审查和全省商务人员的行业培训。

（三）政策法规处。负责有关世贸组织（WTO）规则及国内外贸易、国际经济合作、外商投资方面的法律、法规、条约的宣传，地方性法规草案、重要文件的研究制订和落实；指导、协调反倾销、反补贴和保障措施实施及进出口公平贸易相关工作和有关应诉事宜；组织全省产业损害调查；贯彻落实《行政许可法》，承办有关行政复议和行政诉讼等商务领域的法律事务。

（四）规划发展处（挂甘肃省口岸管理办公室牌子）。拟订全省外经贸发展规划并负责检查规划的执行落实；负责全省外贸进出口市场的运行监测及市场调控措施的制定和实施；负责全省进出口统计编报、运行分析和相关的协调工作；负责全省外经贸电子商务建设规划的制定、落实及区域协作；指导境内外各类贸易促进活动及外贸促进体系的建立；负责全省口岸建设、物流建设的规划、管理和实施；负责国际货运代理企业和市场的规划建设。

（五）财务处。拟订与内外贸易、利用外资、国际经济合作有关的财税、信贷、保险、奖励等地方性政策、规定；归口管理中央和省上扶持内外贸发展的各种专项基金和专项资金；负责各项外借资金的清收；负责全省对外贸易和商品流通经营状况和效益的分析；负责省内、省外、国外各种洽谈会、交易会、展览会等的资金管理和财务清算工作；负责厅机关及直属单位的财务管理和财务预决算工作。

（六）对外贸易处。落实全省对外贸易发展规划，组织年度出口商品计划的实施；负责进出口商品许可证发放及各类配额、重要工业品、原材料、农产品的进出口管理工作；承办企业外贸经营资格及进出口商品经营范围的审核与登记发证；负责加工贸易的审批工作。

（七）机电处（挂甘肃省机电产品进出口办公室牌子）。拟订和执行全省机电产品进出口中长期发展规划和年度指导性计划；依法监督进口机电设备采购项目招投标活动，承办从事与工程建设有关的进口机电设备招标代理机构资格初审工作；监督管理全省机电产品进出口招标工作。

（八）科技贸易处。负责组织科技兴贸战略在全省的实施，拟订鼓励高新技术产品出口的政策措施，指导和促进重点企业、重点城市高新技术产品出口工作；拟订并执行技术贸易发展规划和年度指导性计划；归口管理高新技术产品的出口、技术贸易及涉及进出口管制的敏感物项的管理；负责技术进出口统计工作。

（九）市场体系建设处。负责组织实施深化流通体制改革，市场体系建设，拍卖、典当、租赁、旧货等特殊流通行业市场准入等方面的法规、政策、规章、标准并指导专业技术人员的培训；负责组织实施流通现代化发展工作；研究提出连锁经营、物流配送、电子商务等现代流通方式的发展规划并组织实施；指导城市商业网点规划、大中型商业网点建设听证制度的实施；负责汽车市场、旧机动车市场管理、酒类商品市场、成品油市场的监督管理工作；指导全省商贸流通行业协会、学会等社团组织工作。

（十）市场运行调节处（挂甘肃省茧丝绸协调办公室牌子）。提出市场运行和调控方面的政策建议，组织协调市场运行中的重大问题；监测、分析市场运行和重要商品供求状况；负责市场预测、预警和信息发布；组织实施重要消费品市场的调控工作，负责重要商品储备、监督和管理；负责食盐专营和"菜篮子"产品流通的行业指导和管理；负责甘肃省茧丝绸协调办公室的日常管理工作。

（十一）饮食服务处。拟订全省饮食服务业发展规划、行业规章、市场规则、技术服务质量和营业等级标准；负责对全省餐饮、宾馆饭店、洗浴、美发美容、洗染、人像摄影和家政服务等行业的监督管理；负责组织全省酒家酒店、洗浴、美发美容、洗染、人像摄影和家政服务业营业等级评定；指导全省饮食服务业专业技术人员的业务培训工作。

（十二）食品流通监管处。贯彻落实国家和省上有关食品放心工程、绿色工程等法规和政策；负责全省猪、牛、羊、家禽定点屠宰以及冷藏加工、食品加工业的行业监督管理；负责全省流通领域食品安全检测体系的建立，食品安全准入制度的贯彻执行；负责全省流通领域食品加工行业专业技术人员的业务技术培训。

（十三）外资处。拟订全省吸收外商直接投资的政策、法规和中长期发展规划；负责全省审批权限内外商投资企业合同、章程及有关重大事项变更的审批、备案、批准证书发放及统计工作；负责全省外商投资企业进出口计划的编制上报和实施；牵头组织全省外商投资企业联合年检；指导和管理全省招商引资和投资促进工作；负责全省外商投资企业的投诉工作；负责国外(境外)企业在甘肃省设立常驻代表机构的审批和管理；协调国家级、省级经济技术开发区吸收外商直接投资工作；指导全省外商投资企业协会工作。

（十四）外经处。负责组织"走出去"战略的贯彻实施，拟订我省对外经济技术合作业务的发展战略及规划，拟订对外承包工程、劳务合作、对外直接投资业务的规章制度并负责监督实施；组织实施国家对外援助项目，管理全省对外直接投资、对外承包工程、劳务合作、设计咨询以及国外经济合作项下设备材料出口业务；负责对外直接投资、对外承包工程和对外劳务合作的监测、分析及统计工作；负责对外经济合作企业经营资格的审核、报批；负责全省境外投资项目的审批和管理工作；归口管理外派劳务人员出国前的培训工作，负责组织外经企业管理人员的业务培训。

（十五）国际援助处。落实、管理和组织实施全省接受联合国、友好国家、国际民间组织无偿援助和赠款项目工作；编制项目中长期规划和年度执行方案，负责对外谈判，接待项目来访官员和专家；审查、申报、争取无偿援助和赠款项目，协调部门间的合作关系，监督检查受援项目的执行情况；负责受援项目出国考察团组人员的培训、进修和派出以及聘请外国专家工作。

（十六）老干部处。负责厅机关离退休人员的待遇落实及服务工作；负责组织厅机关离退休人员的政治学习和有关活动。

机关党委、纪检监察、审计机构按有关规定设置。

四、人员编制和领导职数

省商务厅机关行政编制99名，其中，厅长1名，副厅长4名，纪检组长1名；处级领导职数45名。非领导职务职数按有关规定另行核定。保留机关离退休管理工作人员编制7名。保留后勤事业编制29名和处级领导职数2名。

五、其他事项

（一）将中国·兰州投资贸易洽谈会组委会办公室更名为甘肃省投资贸易促进中心，仍为处级建制，保留事业编制10名，处级领导职数3名。

（二）核定甘肃省整顿和规范市场经济秩序领导小组办公室事业编制8名，处级领导职数3名。

甘肃省人民政府办公厅关于印发甘肃省商务厅主要职责内设机构和人员编制规定的通知

(甘政办发〔2009〕214号)

各市、自治州人民政府，省政府各部门：

《甘肃省商务厅主要职责内设机构和人员编制规定》已经省政府批准，现予印发。

甘肃省人民政府办公厅

2009年11月17日

甘肃省商务厅主要职责内设机构和人员编制规定

根据《中共中央办公厅国务院办公厅关于印发〈甘肃省人民政府机构改革方案〉的通知》（厅字〔2009〕16号）和《中共甘肃省委甘肃省人民政府关于印发〈甘肃省人民政府机构改革实施意见〉的通知》（省委发〔2009〕9号）精神，设立甘肃省商务厅，为省政府组成部门。

一、职责调整

（一）取消的职责。

1. 取消已由国务院和省人民政府公布取消的行政审批事项。

2. 取消直接办理与企业有关的评比及品牌评定活动、编报并执行机电产品配额年度进口方案、对引进技术的再出口进行监督的职责。

（二）划入的职责。

1. 将原省劳动和社会保障厅有关中国公民出境就业管理、境外就业职业介绍机构资格认定、审批和监督检查等职责，划入省商务厅。

2.将省物产集团所属省散装水泥办公室承担的散装水泥推广等职责，划入省商务厅。

3.将原省经济委员会承担的再生资源回收管理、报废机动车回收管理职责，划入省商务厅承担。

（三）划出的职责。

将全省盐业行政管理和食盐流通管理职责，划给省工业和信息化委员会。

二、主要职责

（一）贯彻落实国家有关国内外贸易、国际经济合作和招商引资的发展战略、方针、政策；拟订全省商务领域有关制度、标准和发展规划；研究区域经济合作、现代流通方式的发展趋势和流通体制改革并提出建议。

（二）负责推进我省流通产业结构调整，指导流通企业改革、商贸服务业和社区商业发展，提出促进商贸中小企业发展的政策建议，推动流通标准化和连锁经营、商业特许经营、物流配送、电子商务等现代流通方式的发展。

（三）拟订全省市场体系发展规划，促进城乡市场发展，指导大宗产品批发市场规划和城市商业网点规划，推进农村市场体系建设，组织实施农村现代流通网络工程。

（四）承担牵头协调整顿和规范市场经济秩序工作的责任，拟订并执行规范市场运行、流通秩序的政策，推动商务领域信用建设，指导商业信用销售，建立市场诚信公共服务平台，按有关规定对特殊流通行业进行监督管理。

（五）承担组织实施重要消费品市场调控和重要生产资料流通管理的责任，负责建立健全生活必需品市场供应应急管理机制，监测分析市场运行、商品供求状况，调查分析商品价格信息，进行预测预警和信息引导，按分工负责重要消费品储备管理和市场调控工作，负责酒类等商品流通的行业指导，负责再生资源回收管理，做好成品油流通市场监管。

（六）拟订全省进出口商品、加工贸易管理办法和进出口管理商品、技术目录，拟订促进外贸增长方式转变的政策措施，组织实施重要工业品、原材料和重要农产品进出口计划，会同有关部门协调大宗进出口商品，指导贸易促进活动和外贸促进体系建设。

（七）拟订并执行对外技术贸易、进出口管制以及鼓励技术和成套设备进出口贸易政策，推进进出口贸易标准化工作，依法监督技术引进、设备进口、国家限制出口技术的工作。

（八）拟订全省服务贸易发展规划并开展相关工作，会同有关部门拟订我省促进服务出口和服务外包发展的规划、政策并组织实施，推动服务外包平台建设。

（九）负责全省商务系统涉及世贸组织相关事务的研究、指导和服务工作，组织协调反倾销、反补贴、保障措施及其他与进出口公平贸易相关的工作，组织全省产业损害调查，指导协调产业安全应对工作及国外对我省出口商品的反倾销、反补贴、保障措施的应诉工作。

（十）指导全省招商引资工作，拟订并实施招商引资政策；依法核准外商投资企业的设立及变更事项，依法核准重大外商投资项目的合同章程及法律特别规定的重大变更事项；依法监督检查外商投资企业执行有关法律法规规章、合同章程的情况并协调解决有关问题；指导投资促进及外商投资企业审批工作，规范对外招商引资活动，综合协调和指导国家级、省级经济技术开发区的有关具体工作。

（十一）负责全省对外经济合作工作，拟订并执行对外经济合作政策；依法管理和监督对外承包工程、对外劳务合作等；负责对省内中国公民出境就业进行管理，负责牵头我省外派劳务和境外就业人员的权益保护工作；拟订并实施境外投资的管理办法和具体政策，依法审核或核准省内企业对外投资开办企业（金融企业除外）。负责联合国及其他国际组织或外国政府、民间组织对我省的无偿援助项目及赠款工作。

（十二）负责中国·兰州投资贸易洽谈会的组织和实施工作；管理各类涉外商务交易会、展览会、展销会等活动；制定赴境外举办上述活动的管理办法并组织实施。

（十三）负责全省商务新闻发布会、宣传工作和提供信息咨询服务；指导全省流通领域信息网络和电子商务建设。

（十四）负责全省经贸业务指导、队伍建设，指导全省商务领域行业协会、学会等社团组织工作。

（十五）承办省委、省政府和商务部交办的其他事项。

三、内设机构

甘肃省商务厅设18个内设机构：

（一）办公室。

拟订厅机关工作规章制度；负责文电、会务、机要、档案等机关日常运转工作；承担信息、安全保密、新闻发布、政务公开、提案办理、对外宣传、信访等工作；联系厅驻外机构工作。

（二）人事处。

承担机关、直属单位的机构编制、人事管理、队伍建设和教育培训等工作；负责全省商务人员的行业培训和国际商务专业的职业资格审核备案工作。

（三）政策研究室。

研究我省扩大对外开放、流通体制改革、区域经济合作并就重大问题提出意见和建议；研究提出健全我省现代市场体系的综合政策建议；负责协调本厅重大课题调研工作；负责全省商务重点工作落实情况的督查工作；负责有关综合性文献的编纂工作；管理厅机关及直属单位内部刊物和公开发行刊物。

（四）综合处（省口岸管理办公室）。

拟订全省国内外贸易和国际经济合作、招商引资发展战略、规划；监测分析商务运行状况，研究商务运行和结构调整中的重大问题，提出相关政策建议，牵头落实综合性政策措施；指导内外贸易运行监测系统建设；负责国内外贸易、对外经济合作、招商引资等信息、数据的汇总、分析及处理、发布工作；组织起草有关重要综合性文件及材料；拟订全省口岸管理政策并组织实施；负责全省口岸开放规划和开放口岸审核申报工作；协调处理口岸工作中重大问题；承担全省口岸基础设施及信息化建设。

（五）法规及公平贸易处。

负责全省商务领域的法律、法规、条约的宣传，地方性法规草案的拟订及落实；提出商务立法计划并组织落实；负责对本部门拟订的规范性文件进行合法性审核，承办有关行政复议和行政诉讼等商务领域的法律事务；承担与世贸组织（WTO）相关工作；推进进出口贸易标准化工作；指导协调反倾销、反补贴和保障措施实施及进出口公平贸易相关工作和有关应诉事宜；组织全省产业损害调查，建立完善产业损害预警机制；依法对经营者集中行为进行反垄断调查，指导我省企业在国外的反垄断应诉工作。

（六）财务处。

研究提出与我省商务工作相关的财税、金融、价格等政策建议；承担本部门归口的各项业务资金、专项基金、援外经费等的具体使用和管理工作；负责厅机关的财务管理和财务预决算工作；承担本部门的资产管理、基本建设和内部审计工作；指导监督直属单位财务管理工作。

（七）省整顿和规范市场经济秩序办公室。

承担牵头协调整顿和规范市场经济秩序的相关工作；推动商务领域信用建设，指导商业信用销售，建立市场诚信公共服务平台；参与组织打击侵犯知识产权、商业欺诈等工作；指导全省商务领域综合行政执法工作。

（八）市场体系建设处。

组织拟订并实施健全规范全省市场体系的政策措施；推进流通标准化；牵头组织规范零售企业促销行为；指导大宗产品批发市场规划和城市商业网点规划、商业体系建设；推进农村市场和农产品流通体系建设；按有关规定对拍卖、典当、租赁、直销、汽车流通和旧货流通行业等进行监督管理；负责再生资源回收管理工作，指导全省商贸流通行业协会、学会等社团组织工作。

（九）服务业管理处。

承担全省商贸服务业（含餐饮、住宿、洗浴、美容美发、洗染、人像摄影及家政服务等行业）的行业管理工作；组织拟订全省商务领域物流发展规划，推动流通体制改革和连锁经营、商业特许经营、物流配送等现代流通方式的发展；指导社区商业发展、流通领域节能降耗工作，提出促进我省商贸中小企业发展的政策建议；按照有关规定对成品油流通市场进行监督管理；指导全省散装水泥推广工作。

（十）市场运行调节处（省茧丝绸协调办公室）。

监测分析全省消费品市场运行、商品供求状况，进行预测预警；组织协调建立健全生活必需品市场供应应急机制的相关工作；负责重要消费品储备（肉类、食糖、边销茶等）的监管和市场调控的有关工作；负责酒类商品流通的行业指导；承担茧丝绸相关工作。

（十一）食品流通监管处。

执行落实有关食品放心工程、三绿工程等政策法规；拟订全省屠宰行业的发展规划并负责该行业升级改造项目的实施；负责全省家畜（禽）定点屠宰和肉类冷藏加工行业的监督管理；承担全省肉品质量可追溯体系建设的相关工作；负责全省肉类行业定点屠宰企业肉品品质检验人员的技术培训。

（十二）对外贸易处。

落实全省对外贸易发展规划，组织年度出口商品计划的实施；负责进出口商品许可证发放及各类配额、重要工业品、原材料、农产品的进出口管理工作；承办企业进出口商品经营范围的审核与发证；负责协调相关部门落实国家有关加工贸易政策及加工贸易的审批工作；指导进出口交易会、境外商品展会和洽谈会等贸易促进活动和外贸促进体系建设。

（十三）机电和科技产业处（省机电产品进出口办公室）。

拟订我省机电产品和高新技术产品进出口、成套设备出口和加工贸易管理政策和有关目录并组织实施；承担机电产品、高新技术产品贸易促进工作；拟订进口机电产品招标办法并组织实施；负责高新技术产品的出口管理、技术贸易及涉及国家出口管制的敏感物项的管理；牵头拟订服务贸易发展规划；拟订技术贸易政策和促进服务出口规划、政策并组织实施；承担技术进出口管理、服务贸易促进和服务贸易统计工作；承担与中国机电进出口商会的联络工作。

（十四）外资处。

拟订全省招商引资政策和中长期发展规划；负责全省审批权限内外商投资企业合同、章程及有关重大事项变更的审批、备案、批准证书发放工作；牵头组织全省外商投资企业联合年检；指导投资促进及外商投资企业审批工作，规范对外招商引资活动；承担外商投资统计工作；负责全省外商投资企业的投诉工作；综合协调和指导国家级经济技术开发区的有关具体工作；会同有关部门拟订并组织实施促进服务外包发展的规划、政策，推动服务外包平台建设；指导全省外商投资企业协会工作。

（十五）外经处（省境外劳务管理办公室）。

执行对外经济技术合作政策；拟订我省对外经济技术和劳务合作业务的发展规划；依法监督管理我省对外投资、对外承包工程和设计咨询等对外经济合作业务；执行省内公民出境就业管理政策，承担外派劳务和境外就业人员的权益保护等工作；负责我省援外企业资格认定、援外项目申报并组织实施；依法核准境内企业对外投资开办企业（金融企业除外）、对外经济合作企业经营资格和境外劳务合作经营资格；承担对外直接投资、对外承包工程企业年检、统计和绩效评价工作；负责对我省外派劳务人员的培训与管理；承担对外直接投资、对外承包工程和劳务合作统计工作。

（十六）国际经贸关系处。

承担联合国等国际组织对我省经济技术合作的中方有关管理事务，管理多双边对我省的无偿援助和赠款；牵头组织我省经贸对外谈判；审查、申报、争取无偿援助和赠款项目，接待项目来访官员和专家；负责受援项目出国考察团组人员和发展合作奖学金候选人员的筛选、培训和派出以及聘请外国专家工作。

（十七）对外联络处（省商务厅港澳台经贸办公室）。

拟定厅外事工作制度，管理厅机关的外事礼宾和重大外事活动，指导全省商务系统外事礼宾工作；负责我省出国（境）业务团组从事经贸活动的业务审批及国（境）外经贸宾客的邀请；贯彻执行对港澳台地区的经贸政策、贸易中长期规划及管理规定；指导全省的经贸机构与港澳台地区有关经贸机构开展经贸合作；负责统战、对台和侨务工作。

（十八）离退休干部处。

负责机关离退休干部管理工作，指导直属单位的离退休干部管理工作。

机关党委 负责机关和直属单位的党群工作。

四、人员编制

省商务厅机关行政编制为127名。其中：厅长1名、副厅长5名、纪检组长1名，处级领导职数50名（含机关党委专职副书记1名）。

纪检、监察机构的人员编制和领导职数，按省编办、省纪委甘机编办

〔2006〕34号文件执行。

五、其他事项

（一）保留机关后勤服务中心事业编制32名，处级领导职数3名。

（二）将省物产集团所属的省散装水泥办公室（省原材料节约办公室）整建制划转省商务厅，为厅下属事业单位，保留事业编制10名，处级领导职数2名。

（三）成品油库的网络布局和成品油市场监管职责分工：全省加油站、成品油库的网络规划和布局建设职责，由省发展和改革委员会承担；成品油市场监管职责由省商务厅承担。

（四）所属事业单位的设置、职责和编制事项另行规定。

六、附则

本规定由甘肃省机构编制委员会办公室负责解释，其调整由甘肃省机构编制委员会办公室按规定程序办理。

三、甘肃省"中华老字号"企业

中华老字号是指历史悠久，拥有世代传承的产品、技艺或服务，具有鲜明的中华民族传统文化背景和深厚的文化底蕴，取得社会广泛认同，形成良好信誉的品牌。2006年4月，国家商务部发布了《"中华老字号"认定规范（试行）》和"振兴老字号工程"方案，在3年内由国家商务部在全国范围认定1000家"中华老字号"，并以中华人民共和国商务部名义授予牌匾和证书。2006年—2010年，商务部先后认定了两批"中华老字号"企业，甘肃省共有14家企业获得"中华老字号"称号。

兰州佛慈制药股份有限公司（注册商标：佛慈） 公司主要从事中成药、中药材的生产、来方加工和销售。其前身是由王慧观先生1929年创建于上海的佛慈大药厂股份有限公司，当时提出了"科学提炼、改良国药"的办厂宗旨，首创中药浓缩丸剂型，开中药工业化生产之先河，是"中药西制"的倡导者和实践者。1956年为利用甘肃丰富的药材资源，支援大西北建设，迁入兰州，改名为兰州佛慈制药厂。

1993年，佛慈厂与美国美威行贸易公司合作成立了兰州佛慈制药有限公司，获得自营进出口权，出口专用商标"岷山"牌在22个国家和地区注册，传统产品在欧美市场的份额开始增加，曾一度占领了美国东部同类产品市场的50%。

1994年，佛慈公司自筹资金5000余万元，兴建了建筑面积达12000平方米的GMP制剂大楼，1996年11月竣工投产。1996年以后，通过了澳大利亚TGA组织的GMP认证及多次复验，成为当时全国医药行业为数不多的几家GMP达标企业之一，并被列为全国中药工业企业50强之一。1999年以来，固体制剂生产线通过了国家GMP认证及多次复验，中药生产达到了国内先进水平。2004年4月份，液体生产线的GMP改造一次通过了国家认证，至此企业的全部生产线都已通过了国家GMP认证。

2000年，佛慈制药厂为主发起人，联合其他六家企业共同发起成立了兰州佛慈制药股份有限公司，同年被列为甘肃省高新技术企业，产值、销售收入双双突破亿元大关，跻身甘肃省工业60强。截至2005年，企业有职工800人，有大专以上学历者总人数的27%，占地面积20481.7平方米，主要生产设备176台，有从国内外引进的液相色谱仪、原子吸收分光光度计、薄层扫描仪、喷雾干燥等高、精、尖检测仪器和生产设备。企业设有前处理、提取、制剂和辅助4个车间、11个国内办事处、2个经营部，主要以浓缩丸系列中成药为主导产品，此外能够生产加工片剂、胶囊剂、颗粒剂、液体制剂等七种剂型百余个品种，主要产品重点覆盖治疗胃肠系统疾病、妇科、儿科疾病及益补类药品领域，"佛慈"牌六味地黄丸、逍遥丸、天王补心丸、香砂养胃丸、知柏地黄丸、金匮肾气丸、杞菊地黄丸等产品尤为畅销。企业具备年产浓缩丸60亿粒，片剂3亿粒，胶囊剂1亿粒，中药颗粒剂300吨的生产能力。产品以"工艺精、品质优、疗效好"受到消费者信赖和推崇，行销全国并出口至美国、加拿大、日本、新加坡、印尼、泰国、马来西亚、德国、荷兰、新西兰、澳大利亚等27个国家和地区。

2005年，企业总资产2.63亿元，净资产为1.64亿元，总负债0.987亿元，完成工业总产值1.88亿元；工业增加值8500万元；销售收入1.53亿元；利税3738万元，其中实现利润2238万元；实现出口创汇268万美元。

佛慈产品1931年就出口至东南亚、日本一带，以"选材地道、工艺精良、疗效确切、服用方便"享誉境外市场。自20世纪80年代起企业推行全面质量管理以来，各级药品监管部门对佛慈的质量管理一直给予充分肯定。由于企业一直坚持"选材地道，加工精良"，其产品也获得了大量殊荣，得到了广大消费者的认同。当归丸获甘肃省优质产品、国家医药管理总局优质产品称号；六味地黄丸荣获国家医药管理总局优质产品、甘肃省名牌产品和首批中国中药名牌产品等殊荣；桂附地黄丸、当归浸膏片获国家优质产品银质奖章；浓缩当归丸、天王补心丸、补中益气丸、香砂养胃丸等14种产品获甘肃省优质产品称号；"岷山""宝炉"牌浓缩丸系列产品被评为"陇货精品"；板蓝根颗粒、抗感片（现名复方贯众阿司匹林片）被评为兰州名品；小儿百部止咳糖浆为国家中药保护品种；香砂养胃丸、杞菊地黄丸被列为甘肃省免检产品。"岷山""宝炉"商标获甘肃省著名商标称号。

兰州景扬楼餐饮有限责任公司（注册商标：景阳楼） 公司（简称景

扬楼）主要经营淮扬、川粤、京帮和陇菜。1902年，由出生扬州的清宫御厨王钰发以"景以文传、文以景扬"为理念，在扬州当时的闹市区辕门桥西多子街（现甘泉路）创办了景扬楼。1958年，为响应国家"支持大西北建设"的号召，"景扬楼"第二代传人王少山带领众位师兄弟肖步奎、杨桂林等，将扬州"景扬楼"总店整体搬迁至西北兰州。兰州市政府对"景扬楼"名店迁兰给予高度重视，特批兰州最繁华的中央广场黄家园为店址，从此"景扬楼"这一百年老店就与兰州紧密地连在一起。

20世纪70年代，兰州市商业局批准翻建"景扬楼"，对"景扬楼"进行了较大规模的、全方位的建筑和装修，形成了有江南建筑风格、古香古色的酒店。第三代传人屈照树继续发扬"以景文传、文以景扬"的"景扬楼"创立旨意，在继承传统的基础上努力奋发、大胆拼搏、不断探研，求新求异、索取硕果。

兰州"天生园"食品工业有限公司（注册商标：天生园） "天生园"1937年由浙江萧山人高鹤年创建于西安，1945年由西安迁至兰州。经过多年来的艰苦创业和不断努力，成为兰州乃至省内外食品加工行业中的品牌企业。高鹤年15岁步入社会在原籍三秦、永昌、恒丰等南货店当学徒。1932年，远离家乡赴沈阳与他人合作开办了稻香村南货店。"七七"事变爆发后，携资迁陕，在当时的西安东大街开办酱园。由于当时酱制品作坊大都称"园"，为发展民族工商业，故起名为"天生园"。

中国抗日战争胜利后，高鹤年再次卖掉酱园，携资来到兰州，在原中华路176号（现城关区张掖路，省政府西侧）重新开办酱园，仍定名为"天生园"。在兰州建厂（店）初期，前店后厂，有技工、辅工及营业员等共计员工15人，作坊式生产经营，主要产品有手工饼干、面包、苏式糕点、南糖、酱油、豆面酱和酱菜等，颇受顾客欢迎，再加之其经营有方，生意日渐兴隆。三、四年间就先后在双城门、东梢门开设了第一、第二支店，与总店形成三足鼎立之势。到中华人民共和国成立初期，员工已发展到48人，生产经营场地面积增至2870平方米。

中华人民共和国成立后，私营工商业受到党和政府的保护，并在信贷、税收等方面得到相应的照顾和扶持。天生园便利用其网点多、人员多和独自经营等优势，大量生产饼干、面包、桃酥等大众化食品，使业务得以迅速恢复和发展，经济实力不断增强。在此基础上，又把地处南关什字的全盛丰食品店兼并，更名为天生园第三支店，至此全市所有繁华地区都设有天生园的网点，成为兰州有名的老商号。

1955年，天生园在同业中率先实行公私合营，促进了企业发展壮大。1958年先后又与大同酱园、三合公食品店、新华食品厂合并，仍统称天生园食品厂。到60年代末，天生园食品厂的员工增至170人，资产68万元。期间由于"左"的思想影响，天生园几易厂名，几迁厂址，企业发展严重受挫。党的十一届三中全会后，恢复了"兰州市天生园食品厂"的老名称，并且对"天生园"进行了商标注册登记。1985年筹资新建了5800平方米的综合生产大楼，改善了生产环境，随后又引进了饼干生产线、新型电烤炉等先进设备，酱油生产工艺也由原始的堆积发酵改进为低盐固态发酵，使产品质量上了一个新台阶。1989年被评为甘肃省二级企业，1991年晋升为甘肃省一级企业。2001年，"天生园"进一步深化企业改革，职工积极参与入股，企业性质由国有企业改制为股份制性质的公司制企业，并重新注册登记为"兰州天生园食品工业有限公司"。同时，不断加大了新产品、新花色的研制开发力度。加大直销力度，开展连锁经营，先后在兰州市及周边地区设立了多个直营店或加盟店，截至2006年，共有直营店3个、加盟店53个，方便消费者的同时也拉近了企业品牌与消费者的距离。

天水飞天雕漆工艺家具有限责任公司（注册商标：飞天牌） 天水漆器闻名遐迩、源远流长，早在汉代就有很大的发展，是中国传统漆器的四大流派之一。天水飞天雕漆工艺家具有限责任公司前身是天水市雕漆工艺厂，1953年9月，由漆器艺人郭力学、郭炳学等27人成立了天水市雕漆生产合作社，1958年过度为地方国营企业，初具天水雕漆工艺厂的规模，1998年企业家张晓彤先生投资600多万元，以52%的股份成立天水雕漆工艺家具有限责任公司且担任董事长，并于2002年9月对公司进行一次彻底的改制，全员置换身份。

天水"飞天牌"漆器以东北的椴木、红松及当地产天然上等生漆制成漆胎，选用寿山石、青天石、绿冻石、黄石和珍贵的珊瑚、玛瑙、象牙、玉石、螺钿等材料，采用不同的工艺装饰手法，做成人物、花鸟、鱼虫、山水等图案，产品漆纯正，光润如玉，耐酸、耐碱、耐高温，装饰既富丽堂皇，又古朴典雅，不开裂变形，经久耐用，既有实用价值，又具有欣赏和收藏价值，在长期经营过程中，天水"飞天牌"漆器不仅赢得了广大消费者的交口称赞而且也打造出自己的品牌，也为自己赢得了荣誉，共在省部国家级工艺美术百花奖评比中获省百花奖6项，轻工部工艺美术百花奖2项，国家银质奖1项，并有不少产品获得省级以上创作设计一、二等奖，还有一些产品获得国家旅游纪念品单项奖，1992年"飞天牌"漆器荣获省、部、优质产品奖及国家金杯奖，在质量管理方面被轻工部工艺美术总公司评为全国质量管理优秀企业，同年荣获轻工业部优秀出口产品，"金龙腾飞"铜牌奖，创汇先进企业，外贸出口免检产品生产单位曾多次接待过江泽民主席等党和国家领导人的视察。

甘肃红川酒业有限责任公司（注册商标：红川） 公司是2008年9月在原国有红川酒厂的基础上改制成立的一家民营控股、国有参股股份制白酒企业。公司位于素有"陇上江南"之称的成县红川镇。诗圣杜甫旅居成州（今成县）写下了"酿得万家合欢液，愿与苍生共醉歌"的千古名句；明清时代享有"烈酒产横川，盛名贯九州"的美誉；清代时还有"名驰冀北三千里，味压江南十二州"之说；1960年出版的《中国名食指南》一书记载："横川烧酒，状若清露，醇香四溢，味长回甜，称著甘陕川诸省"；中国首版《辞海》以"陇上名产"将其收录书中。经过发展，公司年生产原酒已从建立初期的20吨扩大到2010年的4000余吨，占地面积17万多平方米，总资产2亿余元。先后开发出了以"红川特曲"和"金红川"为代表的红川系列，以"金成州""成州老窖""成州接待"为代表的成州系列和以"锦绣陇南"为代表的锦绣系列等三大系列50多个品种的产品，已成为陇南纳税大户。2005年红川酒业生产的白酒被国家酒类及食品质量监督检验中心评价为"该企业具有持续稳定生产优质多粮浓香白酒能力"，2007年7月被国家工商总局授予"重合同守信用企业"；2008年、2010年被省工商局授予"重合同守信用企业"；2009年11月通过了ISO9001:2008国际质量体系认证。"红川特曲"酒于1985年、1988年被评为甘肃省省优产品和商业部部优产品，并获得银爵奖；2008年"成州"系列白酒被评为甘肃名牌产品；2010年"成州""红川"系列白酒被评为甘肃名牌产品。

甘肃金徽酒业有限公司（注册商标：金徽酒业） 公司地处秦岭南麓、

附 录

嘉陵江畔、与世界自然遗产九寨沟毗邻的陇南伏家镇，和五粮液等名酒企业同属中国长江流域西南黄金酿酒板块。据地方志记载和出土文物考证，金徽酒源自西汉，盛于唐宋，明清时期这里就是闻名遐迩的"西部酒乡"。公司始建于1951年9月，当时名称为地方国营徽县酒厂，只生产一种白酒定名为"金徽酒"，年产量不到300吨，于1960年5月经原甘肃省商务厅确认"金徽"商标使用权并备案，自建厂到70年代末"金徽酒"一直是甘肃乃至西北公众认可的名酒，供不应求，是商业部门凭票供应的紧俏品牌。1982年经国家工商总局正式注册该商标"金徽"牌一直沿用至今。

20世纪80年代初，金徽酒厂研制开发了"陇南春"牌浓香型系列白酒，2003年，又相继开发了"世纪金徽"品牌，使公司主导品牌为"金徽""陇南春""世纪金徽"三大系列38个品种，年产量达5600吨，销售量达6000余吨。2000年以后，先后被评为"全国白酒最具竞争力品牌""全国白酒最具竞争力企业""全国五一劳动奖状""全国五一巾帼标兵岗""全国轻工行业先进集体""全国绿化模范单位""国家AAAA旅游景区"。2010年荣获联合国"世界特供产品"和"千年优秀奖"。是江南大学、复旦大学、上海交大、中国地质大学、兰州大学等国内多所高等院校的教科研实习基地，获得"纯粮固态发酵白酒"和"国家地理标志保护产品"和"绿色食品"三项国家级认证。

平凉市新世纪柳湖春酒业有限公司（注册商标：柳湖春） 公司坐落于国家五A级旅游景区崆峒山下，酿酒历史远溯于宋代的"老烧酒"，源远流长。1951年，由当地几家小制酒作坊正式合并组建了国营平凉柳湖春酒厂，隶属于甘肃省工业厅，产品由省烟酒专卖公司经销；1953年4月—12月，隶属于甘肃省工业厅酿酒工业管理局，产品由省烟酒专卖公司经销；1954年1月—1958年12月，隶属于甘肃省工业局，产品由市烟酒专卖公司经销；1959年—1983年7月，隶属于平凉市轻化工业局，产品由市烟酒专卖公司经销；1983年8月—1987年12月，隶属于平凉市经贸局，产品自产自销；1988年8月—1999年2月，隶属于平凉市粮食局，产品自产自销；1999年3月—2003年7月，企业改制成为股份制企业，产品自产自销；2003年7月—2010年12月，隶属于平凉市新世纪工贸开发集团，产品自产自销。历年来荣获国际、国家、省、市各种荣誉，主导产品以"崆峒"系列白酒为主，有"崆峒"和"柳湖春"两大系列十多个品种。高档产品有世纪崆峒、问道崆峒，中档产品有水晶崆峒、新崆峒、精品福禄禧、精品陇原情，中低档产品有普品陇原情、普品福禄禧、精品柳湖春、新品柳湖春。

兰州悦宾楼餐饮娱乐有限公司（注册商标：悦宾楼）　早在1911年，北京旗人王志壮与烟台名厨于秀廷在北京创建了悦宾楼，第二年移址上海。当时的旧上海滩中西餐馆繁多、土洋酒楼林立，但初来乍到的悦宾楼硬是凭着精湛的烹饪技艺与诚信周全的服务，博得了"上海京帮魁首""名高天下而光邻国"等盛誉。1956年10月，上海悦宾楼京菜馆实行了公私合营。不久，全馆42名职工响应党和国家"支援大西北"的号召，自愿放弃上海大城市舒适安逸的生活，来到高原古城兰州，落户庆阳路。期间改名为"红卫兵菜馆"，1976年又更名"庆阳路菜馆"，1978年合并为"兰州餐厅"，1980年恢复称号。2010年，悦宾楼共五层大楼，经营面积近3000平方米。酒楼有餐厅3个，对外销售部1个，大小包厢20多间，可供600名宾客同时就餐。一楼为烤鸭厅，二楼为风味厅，三楼为宴会厅，是有着良好口碑的聚餐场所。

悦宾楼经营的菜肴，以正宗北京菜为主，并充分利用甘肃丰富的土特产品做原料，"葱烧海参""糖醋里脊""雪花鸡片""烧三鲜""北京烤鸭"等都是顾客赞不绝口的传统经典菜肴。企业多次代表甘肃参加全国比赛，派厨师到国家驻外使馆工作，为陇上饮食烹饪文化的发展做出了积极的贡献。1991年，晋升为国家二级企业的饮食企业；1994年，被国家物价局、全国总工会授予"执行物价计量政策法规优秀单位称号"；1994年起连续四年被兰州市政府评为"最佳效益企业"；1997年被国内贸易部批准为首批36家国家特级酒店之一。2002年11月被中国烹饪协会授予"中华餐饮名店"荣誉称号；2003年被兰州市企业联合评审会评审为优秀企业获"奔马奖"；2004年被省卫生厅审定为首批食品卫生A级单位。

兰州马子禄牛肉面有限公司（注册商标：马子禄）　兰州牛肉面历史悠久，工艺独到，特色突出，脍炙人口，是兰州最具知名度和影响力的餐饮品牌，也是中国最具特色和知名度的风味小吃之一。先后荣获全国名小吃"金鼎奖""清真名牌食品""中华小吃奖"等称号，被中国烹饪协会评为三大中式快餐推广品种之一。

"兰州马子禄牛肉面"创立于1954年，是兰州餐饮业的著名品牌。"兰州马子禄牛肉面"品牌的先驱马福德出身于1883年生，回族，兰州市人。他23岁时开始独立经营兰州民族特色小吃，最初经营灌汤包子、油饼、油茶、牛羊肉泡馍等，1907年，在同行经营牛肉面的启发下，开始钻研制作经营清汤牛肉面。民国初期，开设了较大的餐馆，主营牛肉面及兰州风味小吃，牛肉面这一兰州特色风味小吃开始盛行起来，为后来"马子禄牛肉面"品牌的创立奠定了基础。

第二代传人马子禄创建"兰州马子禄牛肉面"品牌。1938年，马子禄接手经营餐馆，经营规模在原基础上有所扩大。后迁址于南关什字酒泉路原"意姆登洗染店"旧址改开二层楼的清真饭庄，仍然主营牛肉面。到1943年，兰州社会动荡不安，经济连年萧条，货币不断贬值，牛肉面餐馆被迫停业。1950年，中华人民共和国成立后政府号召发展经济，马子禄重新开始在兰州黄河铁桥北口（现白塔山公园大门西侧）恢复经营牛肉面。1954年，在兰州隍庙巷口（现第一工人俱乐部大门东侧）租了铺面正式打出"马子禄牛肉面"招牌，专营牛肉面。1956年，公私合营后，"马子禄牛肉面"品牌开始走向集体化。第三代传人马继祖于2000年3月创建了"兰州马子禄牛肉面有限责任公司"，担任董事长兼总经理。

陇西金华福利肉制品公司（注册商标：金华福利） 金华肉制品的生产地陇西位于甘肃东南部的渭河上游，为古代中原文化西进、西域文化东入的结合部。气候四季平缓，夏无酷暑，冬无严寒，光照充足，其特殊的自然、社会、人文环境为金华肉制品的形成和发展提供了必不可少的客观条件。

"金华肉"创始人梁京栋在继承前辈腌制腊肉、金钱肉、腌驴肉传统工艺的基础上，总结出了独特的制作方法和技艺，通过长期的实践经验对腌制中的配料加以整合，形成了独具特色的梁氏腌肉秘籍。第二、三代传人继续继承和发展了梁氏腌肉方法，由小作坊简单腌制加工买卖近70余年，后经历个体经营腌制20余年。第四代继承人梁建华总结祖辈的腌肉秘籍，进一步改善了生产工艺，使其个体经营迈向肉制品加工厂的跨越式发展，由工厂改制为有限责任公司制的发展，形成了具有现代化流水线操作的全新生产工艺。现代加工工艺比传统工艺更具有特色。

1999 年，金华肉制品被中国食品工业协会确定为"质量合格达标食品"。2001 年，金华肉制品的生产地陇西县被中国特产之乡推荐暨宣传活动组织委员会命名为"中国腊肉之乡"，陇西腊肉的名字驰名全国，走向世界。2002 年2月12日，通过了国家质监局"原产地标记注册认证"。2004年6月，在中国与欧盟组织举办的世界著名地理标志研讨会上，陇西腊肉（火腿）得到参会的国际国内朋友的品尝和称赞。

甘肃陇西渭水酒业有限公司（注册商标：渭水酒业）　甘肃陇西渭水酒业（集团）有限公司（原陇西酒精厂）是1956年由食品工业部直接建设的。1959 年12月，设计规模8000吨/年的工业酒精生产线正式投产，系中华人民共和国成立后国家在西北地区兴建的全国大型酒精生产单位之一，1997 年11月改制为国有控股公司。第一届中共陇西酒精厂筹建处临时委员会书记为边铸久（1956年8月—1963年4月），第二届中共陇西酒精厂委员会书记为刘满海（1963年4月—1965年9月）。1998年，刘建华担任公司董事长兼总经理。陇西渭水酒业作为地方支柱企业，为推动发展定西工业繁荣和振兴定西经济做出了积极贡献。

公司生产的"陇花"牌白酒，在计划经济时代是供不应求。在市场经济条件下，公司努力开发新产品，提高科技酿造工艺，建成了多套生产线，生产40多个白酒产品先后荣获省、地"双文明企业"等80多项荣誉称号，进入国务院发展研究中心，国家统计局综合评价最佳效益企业之列，为甘肃50 强企业和全国500家最大饮料制造企业。

甘肃武酒酒业有限公司（注册商标：武酒）　甘肃武酒酒业（集团）有限公司（简称武酒集团）前身为甘肃武威酒厂，建于1953年，坐落于武威市。截至2006年，企业占地面积36043.3平方米，建筑面积25630平方米，拥有各类资产2亿元以上。1989年被甘肃省政府授予"甘肃省一级企业"称号，1995 年被中华人民共和国国内贸易部授予"中华老字号"企业称号，1997 年企业晋升为国家大型二档企业。企业生产的雷台系列酒和凉都系列酒荣获"甘肃省名牌产品"殊荣。

2005 年5月，甘肃三丰农业生产资料有限公司出资4300万元收购重组了武酒集团。武酒集团注册资本3000万元，经营范围为白酒制造、销售，百货、日用杂品、五金交电批发零售，农副产品的收购加工。2005年8月，由企业自主研发的雷台牌雷台酒和武九牌武酒，在西北地区第二届白酒产品质量鉴评会上被评为优秀产品。2006年11月圣武酒和凉都老窖被甘肃酿酒工业协会评为甘肃省酒类产品质量鉴评优秀产品。企业多次荣获国家、省、市、区全面质量管理先进单位荣誉标号。1998年，武酒集团在甘肃省首家通过了GB/T19002-ISO9002质量体系和产品质量的国家质量认证，并率先实现了全部产品由纯净水生产的先进工艺，2006年12月，武酒集团再次通过了GB/T19002-ISO9002质量体系的认证和GB/T24001-ISO1400环境体系认证。

酒泉市晶玉工艺有限公司（注册商标：晶玉工艺） 酒泉夜光杯光彩溢照，集实用、观赏、收藏于一身，距今已有二千多年的历史，深受海内外人士的喜爱。据东方朔《海内十洲记》记载"周穆王时，西胡献夜光常满杯，杯是白玉之精，光彩夜照，冥冥出杯于向天……"唐代诗人王翰游至西域，对夜光杯赞不绝口，写下了著名诗词《凉州曲》，"葡萄美酒夜光杯，欲饮琵琶马上催，醉卧沙场君莫笑，古来征战几人回"。葡萄美酒产于凉州，夜光杯则产于酒泉。酒以杯得名，杯以酒传世，相得益彰，名驰千秋。酒泉夜光杯是一种用玉琢成的名贵饮酒器皿，放在月光下，杯中就会闪闪发亮，由此得名。制作夜光杯的玉料就是采自距酒泉城百余公里的祁连山中，称为祁连玉，俗称噶巴玉。

酒泉市夜光杯厂于1956年建厂，专门生产"酒泉夜光杯"和玉雕旅游工艺品。清朝时，酒泉有十多家玉石作坊，后来由于种种原因，到了民国时期，酒泉仅剩下三家玉器生产作坊，这就是王家、杨家和郇家，他们的作坊分别在酒泉城内的东关、北关和南关，当时规模较大的是东关的王家，后来发展成为现在的酒泉夜光杯厂。中华人民共和国成立后，酒泉夜光杯的生产走上了公私合营的道路，1956年3月王家玉石传人王三忠将自家的手工玉器作坊合营成立了国营酒泉夜光杯厂，成为夜光杯加工的领头师傅，时年57岁，1957年8月，他以老艺人的身份，参加了全国首届工艺美术老艺人大会暨传统工艺观摩大会，受到了毛泽东主席和周恩来总理的亲切接见，并向毛泽东主席敬献了两只夜光杯。1966年又在此基础上并入了玻璃、银器生产小组，成立酒泉县工艺美术厂，1977年，酒泉夜光杯厂厂长巴天才代表酒泉人民将三块优质祁连玉敬献北京毛主席纪念堂。三块玉分别长20厘米，宽10厘米，厚5厘米，墨玉黑中透亮，蛇皮花纹，白玉温润细密，晶莹剔透，黄玉羽绒疏淡，意趣深渺。为提高玉器生产工艺技术，扩大玉雕生产，提高产品质量，该厂先后派出30多人到北京、上海、天津的玉雕生产厂家学习先进工艺技术，经过老、中、青三代几十年地不断奋斗，历史悠久的夜光杯才得以传承，发扬光大。

1958年，国家领导人朱德到西北视察来酒泉，指出"夜光杯这个传统工艺品不能灭绝，要大力发展"。国家领导人方毅、陈慕华、乔石、马万祺，原国家主席刘少奇的夫人王光美、彭德怀元帅的夫人莆安修等先后来到夜光杯厂参观视察。酒泉夜光杯厂生产的传统夜光杯和仿古异型夜光杯曾多次荣获省优、部优称号，并先后荣获全国旅游商品研评会金奖、轻工部优秀出口产品银质奖、全国工艺美术行业优秀质量管理奖等18项奖项。该厂1994年经国家旅游局、国内贸易部等部委评定为全国旅游商品定点生产企业。1996年被国内贸易部认定为"中华老字号"企业。2006年夜光杯雕制作工艺被国家文化部评定为国家级非物质文化遗产。产品远销欧美、东南亚及港、澳、台等二十多个国家和地区。每年接待外宾和境外侨胞三万多人次，曾圆满完成对五十多个国家的驻华大使及泰国公主诗琳通的外事接待任务，是酒泉地区对外参观旅游景点之一。酒泉夜光杯厂的发展始终受到党和国家的重视和关怀，《光明日报》《羊城晚报》《甘肃日报》等多家报刊，曾对该厂及夜光杯产品作过报道。每当旅游季节，中外游客便蜂拥而至，以目睹夜光杯的制作而欣慰，以得到酒泉夜光杯为满足。

甘肃省地方史志编纂委员会文件

甘志委发〔2018〕6 号

甘肃省地方史志编纂委员会
关于《甘肃省志·商务志（1986-2010)》
出版的批复

省商务厅：

你厅 2016 年 12 月 8 日《关于送审〈甘肃省志·商务志〉（1986-2010）的报告》及志稿收悉。经省地方史志编纂委员会 2016 年 12 月 29 日主任会议终审，批准该志出版，公开发行。

此复。

甘肃省地方史志编纂委员会
2018 年 7 月 24 日

甘肃省地方史志办公室　　　　　　　2018 年 7 月 24 日印

后 记

本轮商务志续修工作，自2012年下半年开始，经过组建机构、确定篇目、推敲大纲、资料收集、编纂修改、审校文字等环节，到出版共历时六年。本志书共7章、33节、70万字，97张表格、63幅图片。

回顾六年来的编修历程，汗水与喜悦同在，辛苦伴收获同生。

2011年5月26日，省地方史志办副主任车安宁、省志处处长李拾良来省商务厅检查调研志书编写工作，对续修《甘肃省志·商务志》（以下简称商务志）进行指导并提出要求，当时厅党组将商务志的上下限确定为1986年—2010年。2012年6月，省商务厅正式成立商务志编纂委员会，由厅政策研究室承担具体任务，聘用孙继龙、方向明两位退休同志一起参与编纂工作，起草编纂大纲。7月份印发工作方案，将下限延伸至2015年，向各处室（单位）提出资料收集和编写的要求，邀请省史志办为厅机关各处室（单位）联络员进行辅导培训。由于涉及时间跨度长，资料收集难度大，工作进展相对缓慢。

为确保完成编纂任务，省商务厅政策研究室（省商务志编纂办公室）于2014年重新梳理思路，完善编纂大纲，多次召集编纂人员倾听意见，反复研究及修改编撰方案，不辞辛劳地进档案馆、入图书资料室、跑书店、走访退休老同志等，收集了大量的文献资料，再经过对资料文献仔细查阅、分析、索取、筛选、分类、编撰和修改等细致工作，2015年7月编写完成了二轮商务志的雏形。7月—12月，向厅领导、厅机关各处室（单位）、省贸促会、省经合局以及部分退休老同志征求意见，并向省史志办李拾良副巡视员汇报进展情况，聆听指导意见。

2016年年初，在吸收各种意见建议的同时，按照横不缺主项、纵不断主线的编纂原则，编修人员对志书雏形进行资料补充，对内容进行整合完善，对数据进行研究核实，克服困难，五易其稿，于6月向省史志办提交了《甘肃省志·商务志（1986—2015）（征求意见稿）》，省史志办在志书结构、叙述方式等方面提出了修改意见。当时，因各厅局二轮志初稿的下限截止日期不一，为提高志书质量，统一下限，省史志办要求全省二轮志书年代下限统一为2010

年。根据要求，7月份编修人员对志书进行了集中修改，对2011年—2015年的内容进行大幅删减，对2010年前的内容进行补充完善、细化丰富。2016年7月底，提交并经过专家评审，9月经过厅编纂领导小组初审，10月底报省史志办复审。11月11日，省史志办召开复审会议，认为本志稿总体上具有良好基础，相对比较成熟，原则通过复审。按照复审会议提出的意见，编修人员逐条进行修改完善。

2016年12月29日，省政府副省长、省地方史志编纂委员会主任夏红民主持省地方史志编纂委员会主任会议，省委办公厅副主任赵有宁，省政府副秘书长、省地方史志编纂委员会副主任张正锋，省地方史志办公室副主任车安宁、李振宇出席会议。会议原则通过本志终审，要求按照复审、终审意见认真修改完善，报省地方史志办公室审核、批复后出版。会后，省商务志编纂办公室对全志书做了多次认真细致的修改，并及时向省史志办请示汇报，得到了省史志办的积极支持和大力帮助。2018年7月24日，省地方史志编纂委员会批准本志出版，公开发行。

盛时修志乃历史之规律。编纂志书旨在存史、资政、教化。在长期的编纂工作中，我们深深地体会到，志书能够按期出版，领导重视、部门支持、编辑人员努力等缺一不可。领导重视是关键。志书编纂期间，厅领导主持召开动员大会和督促会，成立编纂委员会，把修志纳入省商务厅工作重点之一统筹安排和部署，在设备配置、修志经费、编修人员等方面给予了保障。部门支持是基础。志书编纂是系统工程，其资料年代远、涉及面广，仅凭几名编辑的殚精竭虑是难以实现的。因此，本志书的编纂离不开相关单位、部门的大力支持和社会各界同仁的鼎力相助，特别是省地方史志办的悉心指导。可以说，本志书是一部众手之作。编辑人员努力是保证。编辑人员在编纂过程中不断加强志书专业知识和编纂能力学习，以"勤学、严谨、细致、奉献"的工作态度和高度的事业心和责任感，努力克服经验缺乏等不利因素，妥善处理好点、线、面的关系，力求志书结构合理、特色突出、体裁章法符合要求。

本次修志所涉及的时间段正是国家改革开放全面展开并不断深化的历史时期，国家对经济类型、行业类型的划分几次调整，数据统计口径亦相继变化，对这一时期的数据只能按当时的统计口径分段记载。加之商务工作点多面广，重点业务相互促进、互有关联，因此着重围绕着在工作中形成的相对固定的几个板块来记述，每章为一个板块。部分内容在记述中有交叉现象，但各有侧重。在本轮商务志的编纂过程中，得到省商务厅机关各处室（单位）、省贸促会、省经济合作局和省内各市州商务局等单位的大力配合，得到许多专家、学者和离退休老同志的热心支持，省档案局等单位给予了积极协助，省史志办始终给予了有力指导。在付梓之际深表谢意。

由于我们专业水平有限和经验不足，志书中难免有疏漏和失误之处，诚请读者赐教指正。

编　者

2018年10月8日

后记